勒·柯布西耶书信集

[法] 让·让热　编著
牛燕芳　译

中国建筑工业出版社

著作权合同登记图字:01-2005-5898号

图书在版编目(CIP)数据

勒·柯布西耶书信集/(法)让热编著;牛燕芳译.—北京:中国建筑工业出版社,2007
 ISBN 978-7-112-09458-5

Ⅰ.勒… Ⅱ.①让…②牛… Ⅲ.柯布西耶-书信集 Ⅳ.K835.656.16

中国版本图书馆CIP数据核字(2007)第099116号

LeCorbusier-Choix de lettres / sélection, introd. Et notes par Jean Jenger
Copyright © 2002 Fondation Le Corbusier, Paris, pour l'ensemble de l'œuvre de Le Corbusier © 2002 Birkhäuser Verlag AG (Verlag für Architektur), P.O. Box 133, 4010 Basel, Switzerland
Chinese Translation Copyright © 2008 China Architecture & Building Press
All rights reserved.
本书经Birkhäuser Verlag AG出版社授权我社翻译出版

责任编辑:戚琳琳
责任设计:赵明霞
责任校对:李志立　王爽

勒·柯布西耶书信集

[法]让·让热　编著
牛燕芳　译

*

中国建筑工业出版社出版、发行(北京海淀三里河路9号)
各地新华书店、建筑书店经销
北京嘉泰利德公司制版
北京中科印刷有限公司印刷

*

开本:880×1230毫米 1/32 印张:18⅛ 字数:628千字
2011年3月第一版　2018年1月第二次印刷
定价:**69.00**元
ISBN 978-7-112-09458-5
　　(31307)

版权所有　翻印必究
如有印装质量问题,可寄本社退换
(邮政编码100037)

目 录

中文版序言 ·· 4
原版序言 ·· 5
前言 ·· 7

书信集 ·· 33

收信人目录 ·· 515
收信人简介 ·· 521
名词索引 ·· 543
插图目录 ·· 553
生平介绍 ·· 556
参考文献 ·· 575

中文版序言

作为一名先师,勒·柯布西耶,他的建筑和他的思想直接或间接地影响了20世纪以及21世纪几乎所有的建筑师。有些建筑师抹去或否认他的影响;但更多的建筑师承认、接受并最终超越了他的影响。在中国亦如在世界的其他地方,勒·柯布西耶的影响已深入每一位建筑师的专业修养之中。

借助在世界范围内诸多国家中实现的建筑作品以及他刊印并翻译成多种文字的书籍,他的建筑已为世人所熟悉。然而,作为一个人,从拉绍德封艺术学校那个毛头小伙子夏尔·爱德华·让纳雷,到迈向法国地中海海岸而再没有回头的那个孤独的泳者勒·柯布西耶,一直都远未被了解。

如此著名,然而却又如此神秘,如此令人难以捉摸,甚至是有些羞涩的。很难简单地定义这样一种特异的个性,充满了复杂性与矛盾性。传教士般的煽动性更增添了他身上的神秘色彩。这也就丝毫不奇怪,他常常被人误解,他的思想被扭曲,他的作品被嘲笑。1965年9月1日,在巴黎卢佛尔宫的方庭,在勒·柯布西耶的棺椁前,安德烈·马尔罗就曾这样宣告:"勒·柯布西耶一生有很多对手……但是,没有哪一位像他那样长久以来招致各方的攻击,也没有哪一位像他那样坚定而有力地倡导建筑的革命。"

在勒·柯布西耶众多的方案以及建成的作品之中,可以找到许多接近东方(印度、日本以及中国)建筑与文化的元素:对光的控制,人和思想对物质的超越,神圣感,对自然的亲近,对数的兴趣,体量的和谐,形式的严谨,对哪怕是最粗野的材料的提炼。不过对建筑的解析并非本书最直接的目的。作为书信集,就信件的选择而言,恰恰有意回避了那些与方案以及工地相关的事务所的公函。与母亲、妻子、哥哥或朋友间的通信更加真切地反映了勒·柯布西耶的个性。借此,读者可以更加深入地了解一个完整的人,无疑也可以让我们更好地去理解他的作品。

让·让热
2007年6月

原版序言

夏尔·爱德华·让纳雷（勒·柯布西耶），大量关于他作品及生平的著作都以他的信函为线索和依据。其中一些信函作为相当重要的资料已经发表，但绝大多数仍未公开。

这本书信集并非旨在直接阐释他的作品或描述他生平诸事件的线索，而是意图勾勒他的人格、他的思想、他的情感以及他的友情和论战。这本书信集的目的就是要描绘一个鲜活的个体，通过这样的途径或许可以对其作品的理解有所帮助。

作为这位建筑师财产遗赠的继承方，柯布西耶基金会持有的书信大致可分为两类：一部分来源于柯布-皮埃尔以及后来的柯布西耶事务所的档案资料；另一部分信函来源于个人，主要是家人朋友间的书信往来，此类信函的所有权绝大多数已归属于柯布西耶基金会，也有少数属于复制版权，原版权属于其他机构或个人。[1]

源于本书编纂的初衷，信函的选择集中在私人往来的信件中。自1907年始，到1965年止，其间涉及958位不同收信人的4261封信函被整理编目：其中682封寄给他的父母和哥哥，144封寄给他的妻子伊凡娜·迦丽，246封寄给他的老师夏尔·艾普拉特尼尔，其余3146封分别属于951位不同的收信人，信函的署名是夏尔·爱德华·让纳雷或勒·柯布西耶或两名俱署。本书信集从这些信函中选择了329封，其中寄给父母和哥哥的56封，寄给妻子的6封，寄给威廉·怀特的14封，寄给老师夏尔·艾普拉特尼尔的7封，其余246封分别寄给166位不同的收信人。

书信集的作者和编者就两项事宜与柯布西耶基金会达成共识：一、出于发行开本的考虑，选录的书信不宜篇幅过长；二、理所当然地，要保证对一些信函中涉及的第三者的尊重。

信件的选择力求尽可能通过夏尔·爱德华·让纳雷（勒·柯布西耶）的亲笔所书反映他人格的不同侧面；力求不对任何一个单一的方面过分偏颇；力求尽可能扩充不同种类信函的数量，扩大信函在所涉及时间上的延展性、所涉及主题上的丰富性，及其所阐发观点的多样性。

除以上因素外，信函的选择并未受任何其他客观标准的影响。从几千

---

[1] 特别提到的有：法国建筑协会，毕加索美术馆，巴黎国立工艺博物馆兼学校，当代出版研究所，瑞士伯尔尼国家图书馆，拉绍德封图书馆，威利·鲍梅斯特私人收藏，哈佛大学，加拿大蒙特利尔建筑中心。

封信函中选择几百封，这样的选择完全有其他组合的可能性。一些收入集中的信函的重要性并非无可置疑，而如果篇幅允许的话，还有很多有价值的信函应当收录其中。

除了前面提到的篇幅以及对第三者保持尊重的原则外，信函的选择并未受到任何先入之见的限制，当然，也避免了由夏尔·爱德华·让纳雷，即勒·柯布西耶本人来筛选信函的主观性。作为柯布西耶文学艺术精神财产的持有方，柯布西耶基金会给予作者充分的自由，按照作者自主的标准来进行信函的选录。

集中的书信以时间顺序呈现。只有年代没有日期的信函原则上被安排在同年靠首的位置。在书信集的结尾，读者还将看到一个以字母顺序排列的、附注了对应信函日期页码及编码的收信人名录，以及一个关于各位收信人简短介绍的收信人目录。

每封信结尾的小注简短介绍了柯布西耶信中特别提到的人物、地点、作品、机构及事件。那些没有注释的要么是没有详细解释的必要，要么是因为无从查对。相关名词的总索引附在整个书信集的最后，包括人名、地名、作品及机构名称共600余项。

另外，原手稿中误拼的字词及无可读性的横杠都相应地进行了修改和删除。然而，柯布西耶信函中使用的专有名词，在拼写有误及前后不一致的情况下仍予以保留。原信中被划掉但仍可辨读的词句在此次印刷中被保留在方括号中。柯布西耶自己简化的词没有保留原来的形式。原信中被柯布西耶特别强调的字眼在印刷中都加上了下划线。为了使意思的表达更加清楚连贯，那些在他的信函中，尤其是青年时期经常出现的潦草的信末附言及行间按语，被归入信函的整体结构之中；实在无法归并的，则安排在信函的最末。在一些信函中出现的由柯布西耶妻子伊凡娜·迦丽增补的词句也被保留下来。

前　言

从1912年出版的《德国装饰艺术运动调查》到他去世数月后于1966年出版的最后一部遗作《校准》，勒·柯布西耶一生完成的大量著作表明了他对写作的兴趣。他书信的内容也有力地说明了这一点。年轻的时候，他在德国、在意大利、在东方之旅，以及在巴黎安顿下来的时候，写就了大量书信，其中大部分写给他的父母、他的老师夏尔·艾普拉特尼尔，以及他的朋友威廉·怀特。后来，随着他事业的发展频繁到国外逗留的时候，他又以大量的书信来为他的妻子填补他离开的空白，这些信通常很简短，但却很殷切。以一种细密而紧凑的笔迹，他年轻时的信有时会长达数页，8页，12页，甚至24页，例如1910年他写给威廉·怀特的信。

年轻的夏尔·爱德华·让纳雷酷爱写作，以致当他加入法国国籍之时在他的身份证上"职业"那一栏写道："作家"。1943年，申请瑞士旅游签证的时候，他写道："建筑师—作家"。[1] 1940年，当他多少清闲下来的时候，他开始专注于巴尔扎克[i]，福楼拜[ii]，坡[iii]，以及雨果[iv]的作品的阅读，他甚至在给母亲的信中严肃地写道："我现在以一种同行的眼光来阅读。"[2] 的确，他年轻的一些书信中提到各种实际的问题：钱的问题，需要帮助，请父母寄些衣物，和同伴筹划旅行，搜寻建议，或希望得到老师或朋友的支持……但他的大部分信件的内容远远超越了这些琐事。

夏尔·爱德华·让纳雷（勒·柯布西耶）喜欢表达他的思想，论证它们，并与人分享。他经常表现出一种传播信仰的热忱，这源于他个人信念的力量，以及他教育的自修的特点。尽管他也会承认自己对某些问题不了解，也懂得接受意见或兴趣的分歧；但通常情况下，他会以最坚决的态度陈述自己的思想。他的母亲不欣赏他的绘画，他满怀爱意地俏皮地写道："亲爱的老妈不喜欢他小儿子的艺术作品，她觉得它们是丑陋的，她宣称'我绝不会在我家里挂这样的画'。"[3] 当约瑟夫·萨维纳打算从他那里购得一张挂毯放在给女儿制作的大木箱上，他拒绝出售并抗议道："这是犯罪！一张挂毯从地面开始至少2米高，否则就不能称之为挂毯。"[4] 当他赠送或出售他的画作时，他会以一种不可更改的精确态度向他的受赠人或买主解

---

[1] 签证 N. 5428. 08. 02. 1943. E1－9－271。
[2] 致母亲及哥哥信 02. 08. 1940. R2－4－11。
[3] 致母亲及哥哥信 23. 12. 1949. R2－2－14。
[4] 致约瑟夫·萨维纳信 14. 11. 1958. F3－18－179＊信248。

释它们应当以怎样的方式陈列在怎样的环境中，并附上简图。米勒公司购得了他的两幅画作，他在致对方的信中以强硬的口气写道："我的画作应当镶嵌在我附上的精确草图所示的那样的画框中。我不接受任何其他形式的画框。"[5]

他透过书信，有时甚至是对同一位收信人，所表现出来的亲切友好与粗鲁尖刻的态度的反差令人印象深刻。间隔数日写下的以同一个信封寄出的致让－雅克·杜瓦尔的两封信就是个典型的例子。[6] 某种形式的过于敏感，或者一份真实的未加掩饰的羞涩，是否可以解释如此的反差呢？

他年轻时的信，尤其是那些写给父母和威廉·怀特先生的信，其表现的不仅仅是传情达意和分享旅行发现的需要；毫无疑问，柯布通过它们也实现了对自己未来人生的构建。将自己的思想和兴趣表达出来，这对他而言是很好的自我发现和剖析的方法。一个自修者，他在他的书信中不断认识自我、构建自我。

在一些书信中，多种动机相互重叠。年轻的夏尔·爱德华在吐露自己心声的同时，认识自我，并寻求对方的建议。1913 年，25 岁的爱德华渴望最终离开拉绍德封，他写给威廉·怀特一封不同寻常的充满了不安和疑问的信："我该何去何从？深夜里，何以让小小的可怜的火苗不致熄灭？我请求您给我解答：您觉得我该做些什么呢？责任：我有一位父亲和一位母亲……"[7]

勒·柯布西耶很珍视与他往来的书信，并按时间顺序加以保管。他坚决要求他的父母以及其他通信人在信中注明日期，甚至要明确是针对哪封信的回复。[8] 他的母亲曾表示要销毁一部分书信，他对此表示强烈不满，他写道："古怪的想法。毫无疑问，如果您真的这么想，那我可不赞成。我还想着有一天能够回头看一看自己 1907~1910 年间写的东西呢。"[9]

尽管他喜欢写作，然而他在文字方面也遇到不少困难。当他在准备他《城市建造》一书的时候，他向他的老师夏尔·艾普拉特尼尔坦言："用法语写作令我非常痛苦[10]"，好像这不是他的母语似的。事实上，他

5　致米勒公司信 27.08.1947. E2-15-421。

6　致让－雅克·杜瓦尔信 13.12.1950. E1-20-471 * 信 170，及信 20.12.1950. E1-20-473 * 信 172。

7　致威廉·怀特信 09.05.1913. R3-18-265 * 信 24。

8　致父母信 31.07.1918. R1-6-35，及致海蒂·韦伯信 25.08.1958. E1-5-125。

9　致母亲及哥哥信 03.07.1949. R2-2-2 * 信 157。

10　致夏尔·艾普拉特尼尔信 02.06.1910. E2-12-66。

的信中这里那里经常出现些不恰当的语言表达上的错误。[v] 他不是就曾写道："morfondu de travail[11]"，"d'accord de signer[12]"，"d'accord de donner la priorité[13]"，"Vous pouvez vous referrer de moi[14]"，"un gain pécunier"[15]……一些应当运用虚拟的条件句他常用成将来时。他的拼写有时不够准确，他的标点经常遗漏。他毫不掩饰地向威廉·怀特吐露："最简单的词汇的拼写以及最粗浅的动词变位，我也会出现纰漏。您将在这封信中发现拼写的错误。"[16]

忽略这些不足之处，勒·柯布西耶的书信风格可谓鲜明生动。尽管其中的语言不比他书中的那般严谨，但它们积极生动，往往具有煽动性。当然，他1950~1960年间的书信风格较之1910~1930年间的风格有了很大变化。年轻时的书信更加丰富密集，到后来逐渐变得简单明确，他的思想也常常不再展开论述，不像年轻的爱德华曾热衷的那样。

相反，柯布表现出越来越强烈的对词本身的兴趣，他似乎把它们视为某种真正的素材。他喜欢给物品、机构以及他的创造起名字。难道他不曾给自己重新命名，放弃姓氏，用母亲祖上一位先人的名——Lecorbesier——变形而成的名字 Le Corbusier 取而代之吗？我们知道他给他的每一项发明都附上一个别出心裁的名字：多米诺住宅，瓦赞规划，游牧民的壁画挂毯，Murondins 住宅，尺度相当的居住单位，光辉城市，等等。

他自己也强调他的这一爱好。在向安德烈·马尔罗提及他1937年体育场方案的时候，他明确指出："我们的十万人体育馆名为：'拥有十万参与者的国民欢庆中心'。"[17] 同样是给马尔罗的信中他也提到为奥利维蒂设计的一个工厂方案[vi]，他写道："我将其命名为奇迹工厂。"[18] 在给母亲的信中他用下划线强调他构思了"一个名为'布宜诺斯艾利斯大工程'的规划"。[19] 他详细与加布里埃尔·谢罗讨论他给南特-雷泽的居住单位[vii]所起的"光辉住宅"的名字。[20]

11　致威廉·怀特信 01.10.1918. R3-19-288 * 信43。
12　致 H. Meng 医生信 04.05.1936. E2-15-281。
13　致艾耐斯特·罗杰斯信 11.10.1954. R3-1-122。
14　致迈耶·布鲁姆夫人信 08.05.1919. E2-15-295。
15　致卡尔·恩斯特·奥斯特豪斯信 05.10.1922. E2-17-333。
16　致威廉·怀特 08.05.1911. R3-18-75。
17　致安德烈·马尔罗信 11.02.1959. E2-14-117 * 信255。
18　致安德烈·马尔罗信 16.03.1962. E2-14-237。
19　致母亲信 29.10.1929. R2-1-63 * 信77。
20　致加布里埃尔·谢罗信 03.03.1955. E1-14-149。

这种对词本身的兴趣发展到极致，就成了柯布所表现出的对新词的特殊癖好。他的书信提供了大量的最多样化的例子。[viii]谈到他的自负，他写道他不允许自己有丝毫的"塌气[ix]"。[21]他不欣赏官员的作风，他写道："这些圆滚滚的皮垫儿将我淹没。"[22]他评价一出戏剧"庸俗到底"。[23]他自认为有"鼻涕虫式的理由"。[24]晚年，他给他的哥哥阿尔伯特提供一部分生活费，作为对他这位"老杠头"[25]的支持。他担心他哥哥作曲的积极性，他这样表达他的愿望："阿尔伯特，挺住。"[26]他把他为父母在莱芒湖畔建造的小住宅称作："柯布西耶莱芒天堂"。[27]当他卧病在床，为了使母亲安心，他写道："医生启动了全套医疗。"[28] 1940年，尽管当时形势危急，但在他看来如果不是日耳曼的入侵，法国将仍是"一块不化的顽石"。[29]

他擅长以一种巧妙的独创性来运用新造或原本普通的词语。他乐观地认为"未来是玫瑰色的，正如西涅克[x]希望天空所是的那样"。[30]作为一名非教徒，他不止一次提到："当人们需要找些事来做，图书和绘画便是上帝。"[31]他说他的生活令他筋疲力尽，他发现他的哥哥"过着更加水彩化的日子"。[32]在维希的大花园旁，他描绘了一幅声音的画面："在我们的窗前，有鹳鹤，有火烈鸟，还有从远方飞来的野鸭，它们合奏没有润色的乐曲。各种各样的鸣叫声，嘎嘎吱吱，有的尖锐似门轴扭动的声音。"[33]

有时他的笔尖会更轻佻。他的音乐家哥哥去了一趟美国，他写道："阿尔伯特漂到美国去了。"[34]他有时将他的这位老兄戏呼为"扎尔贝"（Zalbert）。在一次家宅的维修中，这位哥哥解决了一些问题，他写道："好样的阿尔伯特……了不起的先生。"[35]关于他的妻子他这样描述："伊凡娜装

---

21 致夏尔·艾普拉特尼尔信 16.01.1910. E2－12－54。
22 致威廉·怀特信 24.06.1912. R3－18－192。
23 致威廉·怀特信 31.01.1918. R3－19－214。
24 致父母信 2.12.1910. R1－5－502。
25 致哥哥信 05/06.09.1964. R1－10－462。
26 致母亲及哥哥信 15.06.1952. R2－2－1958。
27 致母亲信 08.1931. R2－1－130。
28 致母亲及哥哥信 20.09.1953. R2－2－84。
29 致母亲信 31.10.1940. R2－4－17＊信136。
30 致威廉·怀特信 18.04.1922. R3－18－171。
31 致威廉·怀特信 16.08.1916. R3－19－57。
32 致母亲及哥哥信 16.03.1947. R2－4－100。
33 致母亲及哥哥信 02.06.1941. R2－4－33＊信138。
34 致母亲信 23.12.1933. R2－1－183。
35 致母亲及哥哥信 11.08.1948. R2－4－134。

出一副很凶的样子，虚张声势。她不会真的发脾气。正是由于这一点我迷上了她！不是吗？"[36] 伊凡娜出门去了，他给母亲的信中写道："凡凡今晚跟她的朋友花天酒地去了。"[37] 当他的小狗在角落里呻吟，他说："现在，这家伙学会唉声叹气了，肖邦式的。"[38]

甚至，即使在绝大多数情况下含蓄而节制的表达仍能透射出激情。他敬仰他的母亲，他称："母亲——我们最亲近的人。"[39] 结束在奥古斯都·佩雷事务所的工作几年之后，在他给他的这位前辈的信中写道："是的，这才是我眼中的建筑，被梦想赋予生命的<u>建造</u>[40]"，这可能比任何我们耳熟能详的他关于建筑的语录都更有意思。在给埃利·富尔的信中，他畅言："<u>光辉城市</u>……<u>光辉</u>，因为取得了完全的胜利。<u>光辉城市</u>，我胸有成竹。"[41]

正如他喜爱绘画，他擅于运用直观的语言。凡尔赛城堡的一处美丽的形象令他想起"柑橘园楼梯上的冰碛"。[42] 他看到马约尔雕刻用的与纸莎草纸一样强韧的纸板，他写道："在这上面雕刻维吉尔的《牧歌》，感觉一定很好；一刀刀划过结实的颗粒，林间羊羔的轮廓渐渐显露出来。"[43] 看过马约尔的作品，他写道："我的天啊！在罗丹主持的现代雕塑的圣坛上，怎么竟然会开出如此的奇葩！马约尔，如此安静泰然，经营着自己的李子园和苹果树，用圆柱来刻画粗壮的腿和结实的腹部。"[44]

有时他会勾勒出一幅真正的镜头感极强的画面："凌晨4点，当人们突然从博斯普鲁斯海峡出来，看到的是横卧在海边绵延的斯坦布尔的山丘上……所有的清真寺在破晓的天空的掩映下泛着琥珀色的光。"[45] 再或者，还有更加细致微妙的场景的构建，叠韵和半谐音烘托出一种恬静的氛围："薄雾将全部的注意力集中在近处的物体上，老爸驼背的身形，站在花园里，依在朴素的栏杆旁，一种非凡的灵魂被赋予背景中的一切事物：白

36　致母亲信 28.11.1932. R2 – 1 – 175。
37　致母亲信 28.11.1932. R2 – 1 – 175。
38　致母亲信 03.08.1935. R2 – 1 – 197 * 信 100。
39　致威廉·怀特信 17.02.1914. R3 – 18 – 339。
40　致奥古斯都·佩雷信 01.07.1914. E1 – 11 – 112 * 信 28。
41　致埃利·富尔信 10.01.1931. E2 – 2 – 36 * 信 83。
42　致威廉·怀特信 14.01.1913. R3 – 18 – 243。
43　致威廉·怀特信 13.01.1917. R3 – 19 – 101 * 信 38。
44　致威廉·怀特信 24.03.1914. R3 – 18 – 329 * 信 27。
45　致威廉·怀特信 17.11.1912. R3 – 18 – 220。

墙，木棚架，斜靠在山坡上的房屋，以及成片的树林。"[46]

柯布的书信并不能构成它们的作者以绝对客观的意志而描绘的自画像。他在他的每一封书信之中，根据时间、情景及所涉及的关系，只展示他希望展示的一个侧面。此外，这些书信只是众多资料中一类特殊的素材，任何有关生平的研究都应当对照其他可获取的原始资料。然而，它们的内容是如此丰富，如此宽泛，如此多样，以致我们可以尝试着用这些素材勾勒出它们作者的面貌。

在他年轻时，尤其是写给父母的信中，已经透露出他的野心。爱德华毫无遮掩地将其表达出来。"于是，我选择在今晚好好回顾并整理一下我的经历，追问一下其中的缘由：'为何'，'如何'。问题将涉及我周遭的一切，涉及自然，涉及大师的杰作，涉及文学音乐和造型，总之，涉及一切崇高的神圣的触及美的事物。"[47] "我需要大工程，在其中艺术扮演至关重要的角色，在其中可以挥洒我的力量和激情。"[48] 他既不掩饰他的忧虑，也不隐瞒他对自己未来的憧憬。"应当尽量做到最好，只往高处看，摆脱并远离与优秀事物之实现无关的一切。"[49] "生活中有两种人：比所有人都更强大的支配者，以及乌合之众。我决不想让自己沦为乌合之众。"[50]

爱德华尽力使父母接受，为了实现他感到受召唤的事业，他必须离群索居。他写道："生活于我是艰难的，而且越来越是如此。不过，请不要以为我会变得冷漠。我只是不得不作出抉择。一年一年，时光匆匆流逝，不能让我的事业在我的指尖滑落。"[51] 他以一种对工作的狂热来浇灌他的这份野心，对此他不断提及。在给父母的信中写道："您们很难想像我的日子。没有哪怕一刻钟的时间不是用来投入紧张的工作。"[52] 给母亲的信中写道："每一分钟都得完全地充分地利用"。[53] "我一周的时间安排得满满当当。我的生活没有间隙，使人筋疲力尽。"[54] 他在一封给朋友的信中写道："在这世上我就注定不得闲暇"。[55] 为了更加生动地塑造勤勉的形象，他以

---

46 致威廉·怀特信 12.1914. R3-18-386。
47 致父母信 02.06.1908. R1-4-11*信8。
48 致卡尔·恩斯特·奥斯特豪斯信 07.08.1913. E2-17-334。
49 致威廉·怀特信 31.01.1918. R3-19-214。
50 致威廉·怀特信 05.10.1918. R3-19-294。
51 致父母信 10.11.1920. R1-6-93*信48。
52 致父母信 20.04.1920. R1-6-89。
53 致母亲信 17.02.1932. R2-1-145。
54 致母亲信 16.03.1947. R2-4-100。
55 致约瑟·路易斯·舍特信 02.03.1957. R3-3-387。

第三人称写道:"柯布,他被沉重的工作压垮……压得喘不过气来。"[56] 70多岁的时候,为了显示自己的繁忙,他出示他超负荷的时间表:"6月23、24、25日,我将在斐米尼;6月29、30日及7月1日,在斯德哥尔摩。另外,我7月3日有一场讲座,7月4、5、6日赴意大利旅行。生活就是这样……"[57]

这紧张的工作,柯布不单单把它视为一种以生产为目的的持续的努力。他把他的工作变成一种反抗、一种斗争,针对他思想所遭遇的不理解,针对当局的冷漠,或针对"敌人"对他的敌意。[58]"随时剑拔弩张……永不休战。"[59]"我生活在风雨和雷电之间,每一天都是一场战斗。"[60]

两句简短的话语,影射他不被理解、未被接受的方案,他同时提到他的失败和他思想的胜利,表达了一个不被赏识的创造者的骄傲以及那些奴隶般的模仿者们的平庸,他写道:"我几乎总是受挫。但我的思想得到发展,渔利他人。"[61]

正如他抱怨工作的繁重,柯布同时也不停地抱怨没能接到更多的方案的委托。在他50岁生日将至的时候,他发牢骚:"我即将迈入知天命之年,在这个年纪我很想做些大建筑,而非总是发表空泛的议论。"[62] 在他人生的终点,当总体来看他已完成了大量建造的时候,他写道:"这么多年以来,我从未受到过重建局或建设部的召唤"。[63]

他对工作的狂热不仅仅服务于他的野心。年轻的爱德华已经懂得享受全力以赴的快感了。或沉重或轻松,他的工作带给他自我的满足。"我的生活有不同的取向,以致我最大的开心就在于克服我工作及任务中的困难。"[64] 为此他感激对他有过极大影响的他朋友威廉·怀特,他写道:"是您传输给我这信仰,即,每次努力的价值就在于它本身,而非它的结果或它产生的影响。"[65] 以一种超出常规的不易被理解的方式,他再次表达了他对行动的渴望,这也许是他自我训练的结果:"闲暇的时间愈少,创

---

56 致哥哥信 05.02.1957. R1-10-437。
57 致约瑟夫·萨维纳信 14.06.1961. F3-18-207。
58 致母亲信 06.09.1932. R2-1-171 及信 07.12.1959. R2-2-191。
59 致母亲信 04.01.1926. R1-6-111。
60 致玛格丽特·哈里斯·杰德信 17.06.1949. E3-10-49。
61 致亨利·洛纪信 24.03.1953. E2-7-322 * 信 195。
62 致阿尔瓦罗·吉约·米诺信 10.01.1937. E2-11-94。
63 致马塞尔·鲁信 07.07.1965. R3-1-441。
64 致母亲信 09.12.1936. R2-1-209。
65 致威廉·怀特信 31.10.1917. R3-19-185。

作愈丰。"⁶⁶

1914~1916年间,他在他出生的小城镇拉绍德封建起了施沃布别墅和拉斯卡拉电影院,在此之前,年轻的爱德华已经在洛科和拉绍德封分别建起了一座和四座别墅。他开始关于居住细胞的研究,并申请了多米诺ˣⁱ的专利。然而,就在1908年,在致父母及老师夏尔·艾普拉特尼尔的信中,他仍然表现出对于所选择的道路的巨大困惑。他承认他对建筑所知甚少以及他在数学方面的不足。他渴望双重的教育:在一个建筑事务所中实践,并通过一些课程获得理论和更加全面的知识。他在德国、苏黎世和巴黎之间犹豫,但他以他糟糕的德语为由,越来越倾向于法国。

爱德华经过一段长期的蜕变,才让勒·柯布西耶破茧而出。1907~1922年的15年间,他旅行,他工作,他认识自我。在巴黎奥古斯都·佩雷事务所工作一年多,在柏林彼得·贝伦斯事务所工作数月,他再度陷入踌躇,他又回到拉绍德封教书,当时还没有决定要离开那里。最终他选择在巴黎定居,但当时他似乎放弃了建筑,而在一些工业性质的活动中扮演商人的角色,正是在那个时候他又开始画画,并打算把他主要的精力投入其中。

然而,尽管犹豫不决,他却很早就开始有意识地锻造引导他事业的思想。在他的《走向新建筑》(1923年)出版前十几年,他在信中就埋下了伏笔。他谈到建筑的定义,建筑师的职责,现代思想,当代创造与过去作品之间的关系……所有的元素都在那里,未来的一切写作、绘画及建造的作品都以此为基础建立起来。

对于他那个时代的建筑师,他的观点是明确的:"我感觉我们是些羸弱的、被人操纵的玩偶,我认为建筑师是些没有主见的人。我的赞美毫无保留地献给工程师,他们建造惊人的桥梁,他们以实用、坚固以及合理为目的努力工作。"⁶⁷ 1908年3月,他表示迫切需要好好学习"关于石材的做法⁶⁸";但他立刻又宣布了钢筋混凝土的优先权:"我们可以谈论一种即将来临的艺术,它的背景是一种新的材料——钢。新的艺术的花蕾必将借此而绽放。钢是一种新的建造手段,它恰恰弥补了混凝土在结构受力方面的缺陷。这将是一项难以置信的创造,必将在人类的营造史上竖立起一座标志胆量和勇气的丰碑。"⁶⁹

---

66 致母亲信 04.09.1928. R2-1-12。
67 致威廉·怀特信 23.12.1913. R3-18-301。
68 致夏尔·艾普拉特尼尔信 02.03.1908. E2-12-32*信4。
69 致夏尔·艾普拉特尼尔信 22.11.1908. E2-12-38*信9。

对他来说，只是确认建筑作为"艺术之首"[70]的主导地位还不够，他希望认清其本质。"对建筑不可以弄虚作假，要时刻保持清醒的头脑。"[71]"建筑是艺术——源于内，它是生命的有机体；发于外，它是宏大而丰富的体量的诗篇！"[72]他在早先给朋友威廉·怀特的信中写道："我，一个去过雅典的人。"[73]他多次提到希腊的教义："初期的建筑总能体现非凡的力度和崇高的表达。"[74]他将审美的关注提升到道德的层面："和谐统领一切……比例。那是全部。生命的全部。目标，真实，正直。"[75]

他安排他的生活，以便将大块的时间用于通过绘画实现纯粹的造型研究。他写道："我很快就可以完全实现我画家的志愿……我围绕这个决定安排其他的活动。"[76]尽管他谈到以绘画来充实他的建筑，但前者在他心中有独特的位置。在国外度过一段无法绘画的时光之后，他写道："我又可以画画了，一种强烈的不可抑制的欲望。我无法放弃它。"[77]若干年后，他坦言："失去它，生活便不复存在。"[78]"我绘画，因为这是一种救赎。"[79] 1954年，一封致《人名词典》编辑部的信否认了绘画于他只是"安格尔的小提琴[80]"，表达了他给自己对这种表达形式的积极参与所赋予的重要意义。

很早他便视自己为一名革新者。"在这个时代一切都陷入混乱。平庸的得到褒奖，新生的力量却遭到怀疑。但我始终相信，不走别人走过的路，才是智慧的行者。"[81]到了晚年，他更加明确："革新者是这样一批建造者，他们先毁灭，而后在其基础上建造。"[82]

他希望进步以历史，以对传统的认识，以对往昔诸世纪之作品的"为何"与"如何"的询问为基础。[83]"我发展一切大胆的想法，但它们皆以

---

[70] 致威廉·怀特信 31.10.1916. R3－19－69＊信37。
[71] 致威廉·怀特信 16.12.1928. R3－19－417。
[72] 致威廉·怀特信 24.03.1914. R3－18－329＊信27。
[73] 致威廉·怀特信 01.11.1911. R3－18－128。
[74] 致威廉·怀特信 28.06.1914. R3－18－344。
[75] 致父母信 16.03.1918. R1－6－19。
[76] 致威廉·怀特信 19.04.1929. R3－19－335。
[77] 致威廉·怀特信 22.04.1930. R3－19－423。
[78] 致母亲信 11.08.1937. R2－1－213。
[79] 致母亲信 28.09.1930. R2－1－92＊信82。
[80] 致人名词典编辑部信 29.12.1954. R3－7－101＊信212。
[81] 致父母信 29.06.1910. R1－5－18＊信12。
[82] 致 Chastanet Vitalis 夫人信 05.02.1962. E1－15－96。
[83] 致父母信 02.06.1908. R1－4－11＊信8。

传统为依据。"⁸⁴ 在他的书信中，他反复提到这一观点。他知道人们视他为过去的诋毁者，对此他明确予以否认："我不是一个蔑视过去的家伙，相反，我是一个对传统虔诚的人。"⁸⁵ 在给向他提供比萨斜塔资料的合作者艾耐斯特·罗杰斯的信中，他写道："我肯定将从中引出关于建筑尺度的极有趣的研究。"⁸⁶ 西格弗雷德·吉迪恩认为 1925 年新精神馆在法国的出现是不可理解的，他回答："去国家图书馆研究一下法国 19 世纪的钢和玻璃的建筑，您将看到一些了不起的事物。"⁸⁷

他还用他的笔来保护风景和古迹。1939 年，为福煦元帅雕像的事他写信给当时的教育部部长，人们打算把它安置在特罗卡迪罗广场上，在他看来这将破坏面向埃菲尔铁塔的景致。⁸⁸ 1950 年，他谈到马赛慈善收容所的修复，当时这栋建筑还很少被关注。⁸⁹

正如他否认他蔑视过去的作品，他同样直截了当地反驳那些指责他漠视自然的人："真想不通粗鲁的人竟然指责我否认自然。持续的浸渍，不绝的赞叹，每一步都有令人惊喜的发现。自然，自然，法则，这法则支配着我们，对于善于发现的人来说，其中蕴含着和谐。"⁹⁰

在政治方面，柯布透过书信表现出惊人的不成熟。"当混合了所有的颜色，我们便得到了白色"⁹¹，这个在他 1930 年的信中使用的形象化的比喻充分显示出他的幼稚。以参与地块的治理、建设或战后重建为目的，他接近"权力"⁹² 的渴望将他推向机会主义，但对此他似乎并不在行。1941 年，他提出"社会动荡的根源在于人们没有得到安居"⁹³，这在当时是敏感的话题。二战爆发后，他在维希定居，通过战前结识的朋友的引荐成为临时政府的参议员……他一度效命于情报总特派员让·吉罗杜，他获得了一项对抗失业的专员的使命，但他筹建城市规划问题研究中心（C. E. P. U.）的尝试终告失败。另外，它在国务参赞罗伯特·拉图尔奈伊出任主席的不动产建造及居住问题研究委员会的工作中所扮演的核心角色

---

84 致奥古斯都·佩雷信 18. 04. 1913. E1 − 11 − 78。
85 致 René Lespes 信 28. 05. 1936. E2 − 8 − 234。
86 致艾耐斯特·罗杰斯信 02. 06. 1956. R3 − 1 − 167，及信 18. 07. 1956. R3 − 1 − 168。
87 致艾耐斯特·罗杰斯信 25. 11. 1958. R3 − 1 − 175 ∗ 信 252。
88 致国家教育部部长让·扎伊信 04. 07. 1939. R3 − 9 − 146 信 128。
89 致莫里斯·雅匈信 26. 04. 1950. E2 − 5 − 144 ∗ 信 165。
90 致母亲及哥哥信 07. 1935. R2 − 1 − 196 ∗ 信 99。
91 致埃莱娜·德·曼德洛特信 28. 06. 1930. E2 − 14 − 400 ∗ 信 80。
92 致母亲及哥哥信 02. 08. 1940. R2 − 4 − 11。
93 致母亲及哥哥信 22. 04. 1940. R2 − 4 − 30。

也很短暂。1940年9月，在致妻子的信中，他写道："维希政府欢迎我加入，但一切尚处于动荡中。"[94] 1942年4月，他表示无法获得他期望的任何东西："这样下去，我将仍在原地踏步。应当做别样的打算。"[95] 7月，他与维希政府决裂。

他的机会主义反而不断地伤及他自己。和一些左翼党派的代表以及苏维埃政府的往来，使他在右翼分子眼中成为共产主义的旗手。他鼓动右翼分子，并试图接近墨索里尼[xiii]，又使他遭到左翼势力的排斥。他天真地以为他与政治顾问及负责人的接触并不会令他卷入政治。他想当然地以为可以作为建筑和城市规划的专业人员表达自己的思想，而同他对话的人与机构不会从政治的角度考量他的方案。在一封致母亲的信中，他炫耀道："昨天，一本60页厚的法西斯政党的宣传册交到我的手上。结尾一章是关于巴黎中心的规划——那是我做的规划——分成几个必需的阶段；最后，直截了当地提出要任命我为住宅及城市规划部部长"，但他天真且极真诚地补充道："您是知道的，我决不参与政治。"[96] 不过要指出的是，1927年，当时"法西斯"一词在法国民众的字典里还不具备它后来被赋予的意思。

二战以后，他也没有得到法国政府更多的垂青。当然，第一任重建部部长拉乌尔·多迪支持他启动了马赛居住单位的项目，继任的欧仁·克劳迪斯-佩蒂帮助他最终将其实现。但当局并未接受他提出的圣迪埃的规划方案；尽管克劳迪斯-佩蒂将斐米尼一组重要的建筑委托给他，但那是以斐米尼市的市长而非建设部部长的身份。1963年，安德烈·马尔罗打算将位于巴黎附近拉德方斯的大型文化综合建筑的方案委托给他，其中包括一座宏大的20世纪博物馆；但这太迟了，方案刚刚起草，柯布就匆匆离开了人世。

的确，他是个个性不随和、不易相处的人。他写道："我的母亲经常说我'性格不好'。她是了解我的。我父亲的一位挺喜欢我的朋友说我'脾气暴躁'。"[97] 他母亲还说他"不会讨人喜欢"。[98] 晚年，他坦言："瓦雷兹的倔脾气上来，跟我一样。"[99] 他是个性格孤僻的人，他写道："在巴黎国

94　致伊凡娜·迦丽信 18.09.1940. R1-12-51 * 信135。
95　致母亲及哥哥信 15.04.1942. R2-4-56。
96　致母亲信 17.03.1927. R1-6-154 * 信64。
97　致威廉·怀特信 22.03.1916. R3-19-18。
98　致威廉·怀特信 27.01.1918. R3-19-194。
99　致弗朗西斯·奥利特信 04.06.1960. R3-6-76 * 信274。

立高等美术学院旁听了两个学期,而未跟那里的学生说过一句话。"[100] 他向威廉·怀特愉快地讲述他去拜访一位画家朋友的经历:"他画室的门上有一句以我们美丽的语言雕刻在木板上的话:'我不想有人来烦我'。"[101] 毫无疑问,他也非常乐意出示这样一块招牌……

当他不旅行的时候,他上午的时间用于独处,待在他个人的工作室里画画、写作;下午的时间留给建筑,同他事务所的合作者们在一起。与他对独处的需要相应的是他对社会生活愈来愈强烈的排斥。"节庆和聚会使我感到厌烦……我不参与任何娱乐……"[102] "我终止了一切社交活动。不见人,不露面,在来访者面前筑起了一道不可逾越的障碍。"[103] "即使我自己的展览我也不会去;我没有那个时间;我没有那个兴趣。我不是热衷频繁社交的人＝我是一个孤僻的家伙。"[104]

正如许多喜欢离群索居的人一样,他意志坚定,持之有恒,近乎固执。"不过我承认,一旦我抓住的东西,就很难放手。"[105] 他意识到自己的固执,甚至在可能错误的情况下仍会坚持:"与其让我知道我错了,还不如杀了我。我宁可以我的理由对抗整个城市,于我看来是它犯了错。"[106]

他这种孤僻的性格被不断强化,一方面因为他有他自己的信念,另一方面也因为他在他的工程和方案中屡屡受挫。"我的角色使我脱离平庸。我遭排斥是自然的结果,尽管令人辛酸。"[107] 独处于他也是一种自我保护,将他与由于他的工程、他的书以及他的声望而在世界范围内招致的繁杂的请求隔绝开来。有些请求是严肃的,而另一些则并非如此。人们请他帮忙介绍或推荐工作,人们为社会、政治或文化活动索要他的签名,人们希望他担任各种评审委员会的主席,人们向他咨询建筑、城市规划以及各种意想不到的问题。一位医生建议他让塞纳河改道,以便对它在巴黎范围内的河床加以更好的利用;一位肉店老板的邻居向他咨询他家与隔壁冷藏室的噪声问题,他觉得噪声难以忍受;一个喜欢修修补补的发明者向他提供了一种他发明的疏通烟囱的新方法;因为他经常与国外有书信往来,一位药

100　致威廉·怀特信 23.03.1914. R3－18－329＊信 27。
101　致威廉·怀特信 08.05.1911. R3－18－75。
102　致母亲信 09.12.1936. R2－1－209。
103　致母亲信 04.03.1955. R2－2－112。
104　致简·德鲁信 07.06.1960. E1－19－83＊信 275。
105　致母亲信 03.08.1935. R2－1－197＊信 100。
106　致威廉·怀特信,写在一幅水彩画的背面,日期不详,R3－1－343。
107　致母亲信 29.09.1935. R2－1－198。

剂师请他给自己寄些外国的邮票,等等。令人不可思议的是,对于这些请求大部分他都作了回复。那位药剂师也收到了他的邮票……

像勒·柯布西耶这样一个角色,他生活中会接触到很多人。随着时间的推移,他和别人的友谊会建立,也会瓦解。他在早期致夏尔·艾普拉特尼尔的大量书信中,充分流露出一名学生对他授业恩师的尊重与爱慕。"您永远是我最敬爱的老师。"[108] "我亲爱的老师……您自己的力量是非凡的。"[109] 然而他们之间的矛盾到后来变得无比尖锐,尽管他没有透露直接的原因:"我和艾普拉特尼尔先生,我们之间完了!结束了!我搞不懂为什么会这样。几年之间建立的默契和友谊,缘何在六个月内就全部化为乌有了?他见我仍以朋友相称,但我已丝毫感受不到友情……我们的艺术观点竟是如此不同,甚至对立。我们的分歧已渐渐瓦解了我们的友谊。"[110] 仰慕变成鄙视,甚至蔑视:"我的天分比起只有一点点的艾普拉特尼尔先生来说,是更多呢,还是不如?"[111]

阿梅戴·奥赞方,爱德华曾把他尊为兄长,他写道:"我很珍视同他的友情。他比我强百倍。"[112] 他们一同经历纯粹主义的短暂冒险,有时他们分享同一个静物主题,描绘阿拉松盆地上同一处昂泰尔诺斯角的风景。1922年,他为奥赞方在雷依尔大道建造了一座别墅—工作室。但两个人就纯粹主义的技巧问题发生了争执,柯布头也不回地离开。"阿梅戴出版了一本他寄希望引起轰动为自己歌功颂德的书,以篡改20年来艺术之现状为基础,一本自欺欺人的故事书。"[113]

1908~1909年间,爱德华在佩雷兄弟事务所工作了15个月。1910~1922年间,他在致"亲爱的奥古斯都"的大量书信中表达了他对这位前辈的仰慕和尊敬。然而后来,他却以一种尖刻的方式与之决裂:"请您允许其他人有不同的想法,即使人们承认您是一位杰出的工程师,然而对于您作为一名造型艺术家的天赋却并不能那么肯定。"[114] 若干年后,在给母亲的信中,他对奥古斯都·佩雷的评价相对于他们往昔的友情仍显得过于尖

---

108 致夏尔·艾普拉特尼尔信02.03.1908. E2-12-32 * 信5。
109 致夏尔·艾普拉特尼尔信22.11.1908. E2-12-38 * 信9。
110 致奥古斯都·克里普斯坦因信20.08.1912. E-6-152 * 信22。
111 致威廉·怀特信09.05.1913. R3-18-265 * 信24。
112 致父母信17.02.1918. R1-6-13 * 信41。
113 致母亲信12.12.1928. R2-1-27。
114 致奥古斯都·佩雷信13.12.1923. E1-11-237。

刻："这是一个巨大的打击,特别是对于他的傲慢和狭隘的心胸。"[115] 1954年3月1日,致刚刚失去丈夫的佩雷夫人的信,尽管不乏敬词,但也包含了一句意味深长的话："生活之河在流淌,改变了许多事。"[116] 在同一天写给母亲的信中谈到佩雷："他早已从我心中根除。"[117]

与这些人的不和甚至决裂,使他不总是拥有忠于友情的好名声。然而对他书信的解读得出了不同的结论。人们忽略了他在众多或远或近长期保持来往的关系中表现出来的情义:费利克斯·克里普斯坦因、马塞尔·勒瓦扬、路易·苏提尔、伯莱斯·桑德拉、威廉·怀特、约瑟夫·萨维纳及其他人,青年时期或较晚在方案、旅行、讲座、展览或出版过程中结识的朋友。有时是直接了当地,但是更经常地,他会选择以有意义的行动来表达他的情感。他向病重的伯莱斯·桑德拉致以殷切的慰问,并以一种小心翼翼的腼腆为他提供帮助。[118] 为了出售他堂兄路易·苏提尔的画作,他不断从中斡旋。诺贝尔·贝扎尔,起先是个农民,后来在雷诺工厂做工,晚年专心制陶;为了使他的作品有销路,柯布帮了不少忙。[119]

许多事业上的伙伴变成了他的朋友,而且友谊常常保持一生。替他打理着一些事务的保罗·杜克雷及其妻子戈尔曼·杜克雷、继子克劳德,共同分享着他的友情,无论在幸福抑或不幸的时刻。[120] 让－雅克·杜瓦尔将圣迪埃工厂的重建委托给他,视其为自己最尊敬的建筑师,并请他担当自己儿子雷米的教父。让·马丁虽然指责过他的一些绘画和珐琅作品,但仍热情地在位于都兰[xiii]的花园府邸中接待他。在法国被占领期间,他的一些朋友帮助他和他的妻子度过了巴黎的粮荒。

他有时甚至会对更远的关系表现出忠诚。汉斯·希尔德布朗特,《走向新建筑》德文版（1926年）的译者;在他75岁生日的时候,柯布赠送他一幅画作。1932年,得知泰奥多尔·菲舍尔教授的学生们为他庆祝70大寿,22年后,他为这位1910年仅在赴德旅行中见过一面的先生献上自己真诚的祝愿,并对他20余年前给予自己的接待表示感激。[121]

---

115 致母亲信 08.05.1927. R1－6－161＊信 68。
116 致奥古斯都·佩雷夫人信 01.03.1954. E1－11－267＊信 205。
117 致母亲及哥哥信 01.03.1954. R2－2－92＊信 204。
118 致伯莱斯·桑德拉信 14.11.1960. E1－13－22＊信 280。
119 致诺贝尔·贝扎尔信 08.07.1952. E1－7－236＊信 186,信 08.10.1952. E1－7－250＊信 189,及信 05.03.1953. E1－7－266＊信 194。
120 致母亲及哥哥信 17.06.1958. R2－2－137＊信 244,杜克雷夫妇驱车帮柯布运送妻子伊凡娜·迦丽的骨灰。
121 致泰奥多尔·菲舍尔信 18.04.1932. E2－2－267＊信 90。

他妻子去世若干年后，在致她的教子伊夫·贝尔多西[122]及其朋友玛德莱娜·戈索[123]和让娜·阿斯普拉纳多[124]的信中仍不断提到"以伊凡娜的名义"或"纪念伊凡娜"。他和他的妻子1922年相识，1930年结婚。当他离开她去旅行的时候，他会频繁地写信给她。他对她表现出一种周到的无微不至的父亲似的关怀，给她建议，关心她的健康、饮食，以及她对烟草的使用。

在父母及朋友面前他常常夸奖伊凡娜："多情诚恳而忠贞的小姑娘，非常可敬。"[125] 他坦言他从妻子那里得到鼓舞："伊凡娜勇气十足，她令她的男人保持高昂的斗志。"[126] 他对玛格丽特·哈里斯·杰德在他1935年首次纽约之旅期间对他的招待表示感激，没有她，无法想像"我的纽约之行，我的美国之旅将会是怎样的"；柯布在返航的客轮上写给杰德的信中提到他的妻子："我的生活也将重新找回一颗有生命力、有信仰的纯净的心，我非常尊敬她"。[127]

他对他的妻子满怀爱意和尊敬，然而他给她的信常常很简短，几乎没有什么真正深入的交流。如果偶尔与他的"小凡凡，亲爱的凡，亲爱的摩洛哥的凡，亲爱的小姑娘"谈起他的工作，也往往停留在最肤浅的层面；有时他提到他的日程，与其说是跟妻子交流，毋宁说是向她证明"她的男人离开小窝儿后，被视为一个大人物"。[128] 这是他对伊凡娜独有的态度，抑或是他对女人普遍的态度？他在信中偶尔提及："女人应当被好好宠爱，美丽的愚蠢的女人"。[129] "不必计较女人们的任性天真，以及她们的无知。"[130] "再一次，我意识到女人们崇高的利己主义"。[131]

在严肃的外表下，爱德华似乎掩饰了他内心真正的敏感。就《青年杂志》上一篇关于他的文章，他在给母亲的信中写道："第一次，我遇到一个人，在我的'理性主义'背后揭示出我一点点内心世界"。[132] 不惑之年，

122　致伊夫·贝尔多西信06.1962. E1－7－145＊信300。
123　致玛德莱娜·戈索信15.12.1958. E2－3－366＊信253，及信31.10.1958. E2－3－370。
124　致让娜·阿斯普拉纳多信17.07.1961. E1－4－97。
125　致母亲信08.1931. R2－1－130。
126　致母亲及哥哥信21.01.1951. R2－2－34。
127　致玛格丽特·哈里斯·杰德信14.12.1935. E3－10－12＊信103。
128　致伊凡娜·迦丽信，日期不详，R1－12－69。
129　致威廉·怀特信05.10.1918. R3－19－29。
130　致马塞尔·勒瓦扬信11.12.1923. H3－7－86＊信52。
131　致Chastanet Cros夫人信27.04.1963. E1－15－130。
132　致母亲信01.05.1926. R1－6－121。

他坦言："我是个极感性的人（与表面看上去正相反）。"[133]

年轻时他几乎从不袒露自己内心深处情感的萌动。然而对威廉·怀特的信任偶尔会解放他的鹅毛笔。"一天晚上，我偷了一位姑娘的香吻；今天，一只猫咪……它炽热的眼神打动我……傍晚，我独自在小树林里逗留了许久，在玫瑰色的天空下观察一只乌鸫娓娓地歌唱……我听到春天嘹亮的号角声在整个自然回荡。"[134] 他对性的描述有时很隐晦："我的兴趣几乎仍留在床笫之外，但我体验到一种私密的快感，当我把舌头伸向一朵硕大的娇嫩的玫瑰花——我房间中众多玫瑰花中的一朵，是的，如此硕大，如此鲜红，如此丰满，如此深邃，它的香气是一种甘甜的液体。"[135] 但有时他也会驱除羞涩："一股浓烈的百合花的味道，似乎脑浆要迸出，血管要破裂。那里是滚烫的，让人清醒，夜！……勃起！！！怎样的体验！"[136] 以暧昧的语言，他向玛格丽特·哈里斯·杰德吐露："夜晚，我的脑海里充斥着紧张的想像。黎明的阳光将它们驱散。"[137]

像这样的心声很少吐露。柯布几乎总是保持着他的冷峻。他表现出的往往是他孤僻秉性固有的矜持，或矛盾的性格，他的书信中这样的例子比比皆是。

他被授予最高的官方勋位、最令人羡慕的奖章、最著名学府的荣誉证书，然而他却写道："我讨厌所有这些不真实的事物……我宁可不存在，也不想被这些与我无关的桂枝缚住手脚。"[138] 对此他的态度近乎傲慢，在致伊凡娜的信中，他写道："人们到处封我为院士，授我金质奖章，请我出席各种仪式。我的回答是：谢谢，见鬼去吧。"[139] 同样的，他告诉他的母亲英国女王要将英国建筑师协会金质奖章"强加于"他的时候，他略带戏谑地谈道："女王……小小的，挺可爱。"[140] 然而，在马赛居住单位的落成仪式上，当欧仁·克劳迪斯-佩蒂将三等荣誉勋位的绶带授予他的时候，他的这种傲慢和无所谓却没能令他止住夺眶而出的热泪。

他与金钱的关系同样显示出他性格的矛盾。他在朴素的环境中成长。

---

133 致母亲信 28.11.1928. R2-1-25 * 信 76。
134 致威廉·怀特信 01.03.1911. R3-18-59。
135 致威廉·怀特信 18.06.1918. R3-19-249。
136 致威廉·怀特信 07.1910. R3-18-93。
137 致玛格丽特·哈里斯·杰德信 21.03.1939. E3-10-34 * 信 125。
138 致约瑟·路易斯·舍特信 04.10.1960. R3-3-424。
139 致伊凡娜·迦丽信 03.09.1957. R1-12-132。
140 致母亲信 01.02.1953. R2-2-72。

年轻时旅行中写给父母的信显示出他擅于对自己的开支精打细算。后来，生意上有时遇到困境，他毫不客气地与吕西安·埃尔维讨价还价，柯布认为他提供的照片底片价格过于昂贵；同样他也不避讳拿自己的酬金与更加富足的同行们进行比较。[141]在昌迪加尔举行落成仪式的当天，为了索要拖欠他的工钱，他甚至亲自跑去找尼赫鲁。[142]然而一生之中，他对他的父母、朋友，以及合作者却有许多慷慨的表示——馈赠，借贷，垫付保证金……他的妻子伊凡娜去世后，他对她的朋友们也很慷慨，"以伊凡娜的名义"，他变借贷为馈赠。他的父亲去世后，他承担起小住宅的维修和养护，他为母亲和哥哥提供生活费，给他们送去各种礼物，请他们去旅行，还邀他们来巴黎小住。有些人甚至滥用他的慷慨。当他将一位朋友在救世军庇护城最好的条件中安顿下来，他的这位朋友竟给他寄来十天间的消费发票；尽管他指责了这位仁兄的行为，却无条件地为他结了账。[143]

起初的爱德华以及后来的柯布与瑞士的关系，从另一个侧面揭示了他的矛盾性。他经常对他的祖国以及他出生的城镇表现出强烈的不满，甚至鄙视。他的书信揭示了他更为复杂的情感。的确，他常常排斥瑞士的环境和精神。"我回到瑞士已经20天了。奥古斯都，这里令人忧郁，天气又阴又冷。"[144]他更进一步："但我厌恶这座城镇，厌恶这里的人。"[145]"瑞士人的法则，令我厌恶，令我反感，令我战栗，令我愤慨。"[146]他首先想到的是，他在瑞士无法获得他渴望的成功："在这里，我的理想将无法得到充分的发展……我不必再向您重复在这里无法搞现代作品的理由，我除了设计小客厅就是设计小客厅，而当要建造的时候，又得考虑经费的问题，结果是归于陈腐和平庸。"[147]他感觉自己"在瑞士受压抑"[148]"人们不给我盖房子的机会，人们不允许我盖房子。"[149]然而，在他内心深处，他对他的汝拉山怀有一种深深的眷恋："一草一木，每一处地势的起伏，我都熟悉。它们深深印在我的脑海，历历在目。从出生，我的童年、我的青年都

141　致约瑟·路易斯·舍特信 26.11.1952. R3-3-334。
142　致尼赫鲁信 23.09.1953. E2-17-5 ＊信 201。
143　致救世军庇护城信 22.01.1935. E2-3-125，及信 09.05.1935. E2-3-127。
144　致奥古斯都·克里普斯坦因信 21.11.1911. E2-6-163。
145　致威廉·怀特信 09.05.1913. R3-18-265 ＊信 24。
146　致母亲信 10.10.1931。
147　致奥古斯都·佩雷信 21.03.1916. E2-111-197。
148　致母亲及哥哥信 19.03.1940. R2-4-5。
149　致威廉·怀特信 09.05.1913. R3-18-365 ＊信 24。

在那里度过。这片土地的气质已融入我的身体。"[150] 岁月并没有淡化这份眷恋："只要闭上眼睛,任想像发挥,就可以骄傲地变成纳沙泰尔的山丘。"[151] 与他表现出的轻蔑相对的情感也溢于言表。当他开始严肃地考虑申请法国国籍的时候,加剧了这种矛盾,他写道："您知道,我对国界一向没有概念。然而,在面临抉择的时候,我感觉在我内心深处竖立着一道建立在教育基础之上的感情壁垒。这让我感到痛苦。"[152]

如果说野心、对工作的狂热以及孤僻的倾向解释并勾勒出勒·柯布西耶性格中某些最突出的特征,那么他与父母、哥哥及妻子的关系则有力地阐释了他的某些心理特质。1907~1926年间,他写给父亲母亲（通常以联合的方式）的信息是很长,显示了他与父母之间深厚的情感。他坦言："您们可知道我多想念您们,多爱您们,多以您们为骄傲……我向您们表达我对您们的爱,写到这里,我的眼泪不禁流下来。"[153] "我亲爱的爸爸妈妈……您们永远是我最爱的人。"[154]

父亲的去世令他很痛苦。在一封致妻子的信中,简短的话语表达了他悲伤的情感："夜里,我父亲在我身旁安静地去了,没说一句话……我体会到真正的莫大的悲伤。"[155] 父亲的去世改变了他同母亲以及某种程度上同哥哥的关系。他感到自己将肩负起保护母亲的责任："我们变成了母亲的支柱。我们不能再像孩子一样。我们感觉到作为儿子应当承担的使命。我几乎成了母亲的靠山,就像她的父亲——温柔的情感。"[156] 他强调自己的责任："我亲爱的妈妈,您看,老爸嘱咐我照顾您是有道理的。我成熟而审慎。我提出我的建议,结合着温存和爱意。"[157]

他无拘无束地向母亲表达他的情感,这一点令人印象深刻。"您微笑的样子很好看。"[158] "我又找回了我永远崇敬的亲爱的老妈。"[159] "您的来信清新得仿佛一束花朵。您内心充满了阳光。您给我们展现了生活中光明的

---

150 致威廉·怀特信 17.11.1912. R3-18-220。
151 致威廉·怀特信 18.01.1926. R3-19-408*信62。
152 致母亲信 28.11.1928. R2-1-25*信76。
153 致父母信 07.01.1908. R1-4-63。
154 致父母信 08.03.1908. R1-4-98*信6。
155 致伊凡娜·迦丽信 11.01.1926. R1-12-21*信61。
156 致威廉·怀特信 18.01.1926. R3-19-408*信62。
157 致母亲信 28.09.1930. R2-1-92*信82。
158 致母亲信 30.03.1958. R2-2-188。
159 致母亲信 27.09.1932. R2-1-172。

一面。"[160] "请相信我们对您的尊重、敬仰和爱戴,但首当其冲的是感激。您是了不起的母亲。"[161]

除了直接的表达,儿子对母亲的深情还表现在诸多方面。柯布在经济上帮助他的母亲,送她各种礼物,很体贴地关注她的健康、膳食、护工的选择、佣人的聘请等等生活的细节,甚至还询问母亲喜欢的小狗的性别和品种,以便托人在巴黎为母亲寻觅一只。柯布的母亲年逾百岁,50余年间(其中包括父亲去世后将近35个年头),他与母亲有大量的书信往来,情感的表达不断更新。

然而,儿子与母亲的关系的核心也许并不在于情感本身的表达。爱德华从来都很在乎他的父亲母亲对他的作品及其成就的评价。在他父亲去世之前,他致在一个瑞士专栏中提到自己名字的朋友威廉·怀特的信中写道:"不知老爸有一天看到自己儿子的大名白纸黑字刊印出来,脸上是否会露出会心的微笑。我的父亲坚信他的儿子不会一事无成!"[162]

父亲去世后,他把这种情感集中地寄托在了母亲的身上。柯布强烈的被认同的需要,部分原因在于他身为钢琴教师的母亲对他学习小提琴的哥哥的偏爱。尽管由于种种原因,他的哥哥从未展开过真正的音乐家的事业。爱德华扮演了双重的角色,两个组成部分矛盾地纠缠在一起:一方面,他是一个成熟的男人,家里的顶梁柱,父亲去世后母亲积极而有力的保护者;另一方面,他是他母亲的儿子,像个孩子一样,吸引母亲的注意,向母亲展示他所做的工作的重要、他所见的人的非凡以及他所获得的荣誉的光辉。

他的骄傲有时毫不掩饰地表现在他对自己作品的肯定。他对他的母亲谈到朗香教堂:"不可言喻的空间,长久以来我们完成的最具革命性的建筑作品。"[163] 马赛居住单位的落成仪式之后,他兴奋地写信给他的母亲:"一件建筑的杰作(无论什么时候)。它白天是动人的,晚上是奇妙的。"[164] 谈到昌迪加尔:"我写信迫不及待地要告诉您大法院的壮观……这是一部建筑的交响乐,大大超出我的期望,以一种不可思议的不知疲倦的方式在阳光下展开并发展……我想,昌迪加尔(市政广场)标志建

---

160 致母亲信 03.11.1934. R2-1-191 ∗ 信 94。
161 致母亲信 11.11.1945. R2-4-129。
162 致威廉·怀特信 07.1911. R3-18-93。
163 致母亲信 27.06.1955. R2-2-25 ∗ 信 216。
164 致母亲信 15.10.1952. R2-2-65 ∗ 信 190。

筑的一个时代。"[165] 母亲的小儿子有时也会用些天真和无聊的事在母亲面前炫耀:"在华盛顿,我入住20美元一晚的豪华酒店……我的房间有26盏灯。"[166]

柯布自己也意识到他与母亲关系的复杂性和重要性。一位美国的精神分析学家在看过他的画作后对他说:"您同您的母亲之间存在某种争端,某种尚未解决的问题。"[167] 他从母亲那里获得对自己事业的认同和肯定的渴望,在很大程度上解释了上面的话。在母亲去世之后,他在致哥哥的信中写道:"我意识到母亲已去了天堂,我失去了一个搜集对我工作表示积极肯定的信件的邮箱,于我,那是独一无二无可替代的。其余的,其他人的评价,我统统不在乎。"[168]

听取了一个关于莱昂纳多·达芬奇的讲座后,翌日,柯布致信讲座人,感激他让自己重新认识了一个鲜活的人物,他写道:"人们往往将一名创造者或一名艺术家的形象过于呆板化了。"[169] 他难道不曾抱怨不仅在创造而且在审美和感受方面自己不被理解或被曲解吗?

的确,他的书信向我们揭示人们赋予他的形象往往过于简单化了。单单思想革新者的特征无疑并不能解释他经常表现出来的极端的言行。他鲜明的具有煽动性的表达往往被曲解。围绕他思想的争论总是异常激烈,他的支持者亦如他的反对者各自根据自己的理解强化自己的阵地。

另外,他意识到自己不仅仅将在建筑的历史上占据一席特殊的地位,而且他将代表一个非凡的形象:"我,勒·柯布西耶——柯布,一个神圣的角色。"[170] 这句话的意思再清楚不过了。只是一名创造者、一个不被理解的人、一个坚持不懈的工作者,这对他来说还不够;他希望在他人面前塑造一个创造者、一个不被理解的人、一个坚持不懈的工作者的鲜明的形象。

在每日的事务之外,他很早就运用那个时代先进的信息手段来宣传他的思想、他提出或建成的方案,并构建他个人的形象。在他的书信中也提供了许多相关的线索。

于此,不得不提到他自己名字的选择,这是他构建自己形象的一个

165　致母亲信 17.11.1954. R2-2-103*信211。
166　致母亲信 24.01.1946. R2-4-131。
167　致母亲信 19.02.1937. R2-1-149。
168　致哥哥信 30.05.1960. R1-10-448。
169　致莫里斯·罗歇信 09.06.1954. R3-1-87。
170　致母亲及哥哥信 13.01.1956. R2-2-170*信221。

最重要的环节。如果说他解释过他这个别号的来源,他似乎未曾坦言他这么选择的原因。他的名字"Le Corbusier",其中"Le[xiv]"是法语中引导名词的介词,它构成了一种简单明了的提示,同时强化了某种距离感。相反,在亲朋好友间常用的经删节后的名字"Corbu"则显得亲切随和得多。一些书信中,在签名的旁边还常常可以看到一只乌鸦(Corbeau)的漫画——形象化的文字游戏。

他写道:"伟大的事由一切微小的行为构成。"[171]走到人生的终点,他明确指出:"没有小事。"[172]他严格地将这一原则应用于对自己形象的塑造和经营,他尽力控制一切与之相关的公开资料。在给德文版《走向新建筑》译者遗孀希尔德布朗特夫人的信中,针对她打算出版他与她丈夫往来的书信一事,他要求务必将她选择的书信提交他过目。[173]在致铸币及像章厂厂长的信中,他对呈给他过目的铸币的草稿提出异议,他不满意他的头像,并提出命令式的修改意见。[174]

他致力于一切有关他作品的出版和发行事宜。关于建筑照片的选择,他对摄影师吕西安·埃尔维寸步不让。在给朋友莫里斯·雅度的信中,谈到一本关于他的书的提纲,他表示要亲自审校"将在书中表达的审美观点"。[175]对一个准备发表有关他工程的评论文章的孟买杂志,他直截了当地指出:"我拒绝一切未经我许可的发行。"[176]他甚至将一篇文章的草稿退还给《听众》杂志社,要求对方"务必先审慎校对标点符号的使用"。[177]让-雅克·杜瓦尔编辑了一本相关的书,柯布要求他尽可能再认真复核一遍清样。[178]

他所著的大部分书的版面和封面设计都由他自己完成。不言而喻,他非常重视图书的设计。他曾威胁编辑让-路易·费里埃,如果不按照他亲自选定的字体和版式排版,将会惹上官司。[179]

当他向坂仓准三索要在日本编织的由他设计并绘制草图的一幅挂毯的

171　致 Robert Ratonie 信 01.05.1959. E2-20-102。
172　致让-克劳德·马赞信 15.02.1965. E2-15-60。
173　致希尔德布朗特夫人信 23.06.1964. E2-4-556。
174　致铸币及像章厂厂长信 15.02.1951. E2-7-65 * 信 173,及致让-夏尔·拉勒蒙信 24.06.1957. E2-7-844。
175　致莫里斯·雅度信 11.01.1959. E2-5-185。
176　致 Marg 出版社信 17.09.1960. E2-14-548。
177　致 The Listener 出版社信 03.12.1932. E2-9-38。
178　致让-雅克·杜瓦尔信 15.11.1963. E1-20-603。
179　致 Jean-Louis Ferrier 信 14.05.1963. E2-2-132。

样品时,他明确指出他打算在"视线高度"加入他的签名,具体位置由他选定。[180]

柯布关注他的形象,他也很清楚他在一些同仁心目中所招致的反感。当他热情地推荐他的朋友让·普鲁威加入美国建筑师协会的时候,他在信末补充道:"如果由于我的推荐对让·普鲁威造成了什么不好的影响,那么希望您就当从未读到过这封信好了。"[181]

他对待自己形象的态度,正如他在其他方面一样,也表现出矛盾性。他反复提到他不在乎媒体的评价,他甚至命令他的秘书不要给他看有关的报道。他给皮埃尔·博杜安的信中写道:"我没时间也没兴趣去关心这个世上的人们对我的看法。"[182] 但他不时也会表达出截然不同的愿望。他请保罗·莱斯特·维纳替他搜集《纽约客》杂志发表的关于昌迪加尔的文章。[183] 他给泰利亚德的信中写道:"您上次提到《直角之诗》的反响出奇地好。关于我的这本书,我从未读到过任何相关的报道。我不是一个爱慕虚荣的人,但如果您能借我您搜集的剪报一读,我将非常高兴。"[184]

自 1929 年起,在他的监督下出版了 7 卷《作品全集》,加之他死后出版的一卷,一共 8 卷。其中 4 卷是他自己的作品,另外 4 卷是 LC-PJ(柯布-皮埃尔·让纳雷)事务所的工作;从方案和工程的选择,到人像照片,到排版印刷,一切都在他的控制之下。但知道他建成的作品将被划定为建筑遗产,他著的书将纳入建筑历史,这对他来说还不够。很早他便开始关注他的著作手稿及他一直坚持的艺术创作的作品和素材的传承和保存问题。1949 年,他将他的忧虑告诉了让-雅克·杜瓦尔:"人随时都有可能死去……这里……有大量的各种形式的手稿:绘画、书信、笔记、旅行速记本、画册等等。我可不想看到一个小流氓或随便什么人轻易将其掠走,并打乱它们的顺序,它们的价值就在于它们是井然有序的。"[185] 这段话让人想起"一个文化机构或博物馆",当时成立专门的基金会的想法还没有出现,不过柯布很快就萌生了这一念头。他和他各行各业的朋友谈及此事,并邀请其中几位以分散的方式帮助他实现这一构想,毕竟任何人的

180　致坂仓准三信 04.02.1957. R3-02-90。
181　致美国建筑师协会信 13.02.1957. E2-19-365。
182　致皮埃尔·博杜安信 17.02.1959. C2-10-276。
183　致保罗·莱斯特·维纳信 27.05.1955. R3-07-179。
184　致泰利亚德信 04.09.1962. R3-05-78。
185　致让-雅克·杜瓦尔信 30.04.1949. E1-20-465 * 信 156。

一己之力都太有限。[186] 在一些朋友的建议下，尤其在负责文化事务的国务部长安德烈·马尔罗的支持以及法国行政法院审查官米歇尔·波米的帮助下，这个构想最终变成了现实。勒·柯布西耶基金会，柯布生前将其全部有形和无形资产遗赠给了于 1968 年宣告成立的这个机构。

勒·柯布西耶的书信比其他类型的资料更好地拉近了人们与它们的作者之间的距离。它们使这样一个人的个性变得鲜活，粗鲁而多情，严肃而感性，腼腆而好斗，贪婪而慷慨。它们可以帮助我们梳理它们的作者那复杂而充满矛盾的个性，轻轻揭开他自我保护的外壳，正如雅克琳·沃蒂埃-让纳雷致柯布的信中写道："您，外表坚硬，内心柔软。"[187] 它们也可以帮助我们更好地理解他的孤独，贝尔纳·吉尔菲斯曾写道："您知道，您被全世界的建筑师所仰慕；往昔遭到抨击和诽谤，如今在法国亦如在全世界，您已是公认的不容置疑的大师。无数的人爱戴您，追随您。如果您不固执地坚持您的傲慢，那么无疑您将会更强大；如果您对慕名而来的人多一些信任，那么您一定不会像现在这般孤独。"[188]

让·让热

所引书信皆附有勒·柯布西耶基金会档案封存编号/在本书信集中选录的书信以 * 予以标明

---

i 奥诺雷·德·巴尔扎克（Honoré de Balzac, 1799 ~ 1850）：19 世纪法国伟大的批判现实主义作家，欧洲批判现实主义文学的奠基人和杰出代表。一生创作 96 部长、中、短篇小说和随笔，总名为《人间喜剧》。
ii 古斯塔夫·福楼拜（Gustave Flaubert, 1821 ~ 1880）：法国 19 世纪写实派最伟大的作家之一。他对作品精心推敲，对文字异常挑剔。代表作有《包法利夫人》、《圣安东尼的诱惑》以及《情感教育》等。一生过着隐士般的生活。
iii 埃德加·爱伦·坡（Edgar Allan Poe, 1809 ~ 1849）：美国 19 世纪诗人、小说家、评论家。他提

---

186 致让-皮埃尔·德·蒙莫兰信 10.04.1957. E2 – 16 – 108，信 25.09.1957. E2 – 16 – 111 * 信 235，信 01.10.1957. E2 – 16 – 112 * 信 236，及信 16.09.1960. E2 – 16 – 147。
    致瓦尔特·格罗皮乌斯信 11.05.1953. E2 – 11 – 33 * 信 199。
    致西格弗雷德·吉迪恩及安德烈·布克希信 24.11.1953. E1 – 9 – 185 * 信 203。
    致詹姆斯·约翰逊·斯威尼信 16.07.1955. R3 – 4 – 475 * 信 218。
    致让·佩蒂信 22.05.1957. E1 – 10 – 70 * 信 231。
    致加布里埃尔·谢罗信 22.10.1962. E1 – 14 – 244。
    致欧仁·克劳迪斯-佩蒂信 14.09.1962. E1 – 16 – 315 * 信 305（此信未被寄出）。
187 雅克琳·沃蒂埃-让纳雷致勒·柯布西耶信 24.02.1962. R3 – 6 – 108。
188 贝尔纳·吉尔菲斯致勒·柯布西耶信 23.01.1957. R3 – 9 – 66。

倡"为艺术而艺术",宣扬唯美主义和神秘主义,因《毛格街血案》、《金甲虫》等被尊称为"侦探小说的鼻祖",因《黑猫》、《红死魔的面具》等被誉为"恐怖小说之父"。

iv 维克多·雨果（Victor Hugo, 1802~1885）：法国诗人、作家。代表作《悲惨世界》。

v 这些错误多是涉及词性超出常规的活用，例如，形容词用作名词，名词用作形容词，动词用作表语，以及语法介词的错用，随后列举的即是这方面的几个具体的例子。

vi 奥利维蒂电子计算机中心→参见《勒·柯布西耶全集》第7卷，第115页。

vii 南特 – 雷泽的居住单位→参见《勒·柯布西耶全集》第5卷，第157页。

viii 此处涉及诸多柯布自己新造的词，他会把动词或名词形容词化，或者将形容词名词化，另外还有很多组合词，甚至还会将动词短语组合成一个词并名词化。

ix 塌气：此处原文的法语词汇"aplaventrissage"是个无法在法语辞典中查到的词，意译为泄气，这是柯布西耶根据法语的构词方法自己生造的新词。柯布西耶的确有造词的癖好，译者在书信集的翻译过程中，多次遇到类似的新造词。

x 保罗·西涅克（Paul Signac, 1863~1935）：法国新印象派理论和实践的创始人。→见致卡尔·恩斯特·奥斯特豪斯信 28.07.1911。注 iv

xi 多米诺（Domi-ino）→参见《勒·柯布西耶全集》第1卷，第18页，"多米诺住宅"。

xii 贝尼托·墨索里尼（Benito Mussolini, 1883~1945）：意大利政治家，法西斯军国主义独裁者，在 1922~1943 年期间任意大利首相，意大利国家法西斯党的首脑。

xiii 都兰（Touraine）：都兰地区是法兰西文化的发源地，位于巴黎西南的卢瓦河谷，距离巴黎 200km，是法国一座历史、文化和旅游胜地，法国最著名的城堡就坐落在其间。

xiv 相当于英语中的"the"。

夏尔·爱德华·让纳雷（勒·柯布西耶）自画像（日期不详）

书信集

1 | 1907 年 9 月 14 日,致父母信

1907 年 9 月 14 日,星期天,于佛罗伦萨[i]

亲爱的父亲、母亲:

长信悉表儿子近况,儿亦时时盼望得到您二老安康的消息。非常感谢老爸精美的明信片;老妈一定还是闲不住,把我们小小神圣的家收拾得干干净净。您们将收到我的明信片,那是我周二晚抵达佛罗伦萨时投寄的。在那儿我与佩兰[1]重逢,我们都为发现了一方新天地而欣喜若狂。我们一路同游,周三来到乌菲齐美术馆[ii],亲见了波蒂切利[iii]、拉斐尔[iv]和维罗齐奥[v]等人精美绝伦的大作,还有很多很多大师的作品,数不胜数,那里还陈列着许多古董。周四参观了佛罗伦萨主教堂[vi],建筑上布满了乔托[vii]和加迪[viii]的壁画,太美了。同日还参观了巴杰罗美术馆[ix],一座 15 世纪遗留下来的古老而粗犷的宫殿,其建筑风格简洁而有力。石材是雄壮的褐色,

---

i 佛罗伦萨(Florence):意大利语意为"鲜花之城"。全城共有 40 多所博物馆和美术馆、60 多座宫殿及许许多多大大小小的教堂,收藏着大量优秀的艺术品和珍贵文物,有"西方雅典"之称,是文艺复兴的发源地。

ii 乌菲齐美术馆(Uffizi Gallery):建于 1560~1580 年间,当时是宫殿,后成为政府所在地,如今是以出色的艺术收藏而世界闻名的美术馆,收藏了许多文艺复兴艺术大师的经典作品。

iii 波蒂切利(Sandro Botticelli):意大利著名画家,佛罗伦萨画派重要代表人物,代表作有《春》及《维纳斯的诞生》等。19 世纪他的风格又被大力推崇,被认为是拉斐尔的前奏。

iv 拉斐尔(Raphael Sanzio):意大利著名画家建筑师,文艺复兴三杰之一,在他短短的 37 年生命历程中创作了许多辉煌的作品,代表作有圣彼得大教堂和梵蒂冈的壁画。

v 维罗齐奥(Verrochio):意大利文艺复兴时期雕塑家兼画家,多纳泰洛(Donatello)之后佛罗伦萨最著名的雕塑家。他曾是多纳泰洛的学生。他在佛罗伦萨有一个著名的工作室,那里培养了大量著名的艺术家,其中包括达芬奇。

vi 佛罗伦萨主教堂:又称"圣母之花大教堂",世界第四大教堂。建于 1296~1436 年。它的巨大穹顶的设计与建造,标志着意大利文艺复兴建筑史的开端。穹顶的设计和建造由伯鲁乃列斯基(Fillipo Brunelleschi)完成。

vii 乔托(Giotto):意大利文艺复兴初期佛罗伦萨画家、雕塑家、建筑师。他在美术上的突出贡献是突破了中世纪的绘画程式,将哥特式雕刻的写实风格和拜占庭绘画的明暗、透视法结合起来,创造出真实生动的形象。

viii 加迪(Gaddi):乔托的学生,在乔托画室学艺 24 载。

ix 巴杰罗美术馆(Bargello):这座城堡似的建筑始建于 1255 年,早期曾是市政厅,后来还被用作监狱。1865 年改成意大利最早的国家博物馆,现在是佛罗伦萨第二大博物馆。

建筑朴实无华的立面上分布着含精巧石柱的白色大理石镶边的小窗洞：捍卫着往昔佛罗伦萨的艺术。在这座美术馆里，我得以亲见多纳泰洛[i]的杰出作品，得以触碰它们，毕竟触摸丰富的形式可以感受由指尖传达的愉悦。我还看到一些特别的挂毯、珐琅制品、象牙雕塑（!）、轧花金饰，还有勾着金银丝图案的盔甲……一句话，15世纪伟大时期的精神无处不在！于此，美是一切的宗旨，身临其境，眼前不禁浮现出艺匠们全神贯注于各种素材加工的场景……奇妙的是，当以某种鉴别的眼光来审视这些浩若繁星的艺术或以艺术为名的作品时，一眼就可以剔除次等的作品，留在脑海里的只有那些真正的杰作。（有时我也担心赴意大利之旅是不是过早了？）行程安排得井然有序，没有什么戏剧性的插曲。就在昨晚，日落时分，我们登上了那座远眺佛罗伦萨的山丘——菲耶索莱，这里哺育了弗拉·安吉里柯[ii]，也是勃克林[iii]蛰居之处；山顶上的修道院更是拥有得天独厚的景致，美不胜收。我终于可以理解那些文艺复兴的巨匠们，他们不过是些率真的艺术家，有感于这瑰丽的自然，他们懂得并善于从中汲取养分。我所不理解的是晚期的耶稣会和洛可可的风格，它们竟也曾经能够在这样的土壤中立足。我看意大利已经沉沦堕落，那曾经伟大的民族性已荡然无存。此前信中我就提到，意大利是个肮脏龌龊的国度，机关、旅店、商铺、膳宿公寓都一样。我和佩兰住一个房间，半个月30法郎，含晚餐。住的还算舒适，晚餐差强人意：意大利极品浓汤（就是一大盘浓汤通心面，拌着肉和各种意大利蔬菜，特殊的配方，特殊的口感……那味道确实古怪!）。我与佩兰的友情出现了点儿危机，已不如上周二重逢之时了！在维罗纳我们住同屋的时候，已经几乎没有任何交流了……教育背景不同，意气不相投，总之，擦不出思想的火花来！真糟，我是个不善与人相处的家伙！希望我们之间的不愉快早点儿消除。昨天是星期六，参观了皮蒂宫[iv]，那里馆藏许多拉斐尔的作品（肖像画，美到极至！还有提香[v]的美人像，佳作！）。总之，来这里就是为了开阔眼界，当真不虚此行。

很高兴十月一日之后老妈的病痛将得到缓解。阿尔伯特[2]近来可好吗？

---

i　多纳泰洛：意大利早期文艺复兴第一代美术家，15世纪最杰出的雕塑家。
ii　弗拉·安吉里柯（Fra Angelico）：僧侣画家，20岁进入修道院作修士，绘画的题材多与宗教有关，画风优雅恬静，体现了文艺复兴的自由主义精神。
iii　勃克林（Bocklin Arnold）：瑞士画家。1827年出生于巴塞尔，1901年卒于意大利的菲耶索莱。1850年移居意大利，曾在罗马和佛罗伦萨钻研古典艺术。
iv　皮蒂宫（Pitti）：这里曾是美第奇家族的住所。皮蒂宫内的画廊收藏着美第奇家族收集来的艺术珍品，包括拉斐尔、波蒂切利、提香等诸多艺术大师的名作。
v　提香（Titien）：威尼斯画派代表人物，意大利文艺复兴色彩大师。

很希望能收到他的明信片。

　　周一晚。今天一早收到您的来信，我收回昨晚唠唠叨叨的抱怨。读了您的信，了解您二老安康的近况，令我非常开心。在这遥远的城市，作为异乡之客，一切都是陌生的，人们都是漠然的，找不到一个可以倾诉的对象，很容易唤起对故乡的思念。其余一切都好，生活起居、健康、精神。请原谅我昨天信中的嗔词吧，那是趴在公共走廊的写字台上写的，人来人往，光线恍惚。如果是在卡尔特修道院[3]的回廊上就不会这样了，那里窗明几净。希望之前没跟您提起过，昨天我去了艾玛的卡尔特修道院，在那里我找到了标准工人住宅的解答，只是那风景是无法复制的。那些修士真是幸运。周六晚在菲耶索莱的帕维亚卡尔特修道院，我的感觉是一样的，就是非常羡慕这里的修士们，他们是真正的幸运儿。虽然弃绝了红尘，他们却懂得如何惬意地安排生活。我相信他们一定感到很幸福，因为他们面对着天堂！我给比隆小姐写了封信，想通过她把《吉拉尔说》寄到艾普拉特尼尔[4]先生手上，我要向他表达我深切的感激之情，他的教导让我受益匪浅。在欣赏这些伟大的艺术作品的时候，他的声音总是萦绕耳畔，于此他所传授的这条审美法则突现出来，于彼又会是他教授的另一条法则。我总是把我的感受记录在随身的小本子上，逐渐形成了习惯，这将是一本很好的备忘录。我花了7法郎买了一支金质笔尖的灌水钢笔，花了2法郎买了一个不错的折叠板凳。除了2法郎的膳宿费，我每天额外的开销为30～40生丁。为了多维持几日，我得节约开支。公共食堂的人非常多，早上没有什么食欲。通常我会买上4苏[i]的水果和两三个小面包作为干粮。凭借工艺美术学校的证件，我们可以免票进入博物馆和美术馆；至于教堂，我们选择礼拜日或公众开放日去参观。——我要告诉艾普拉特尼尔先生，在乌菲齐美术馆的展廊上，在丢勒[ii]和伦勃朗[iii]的版画面前，我竟看得出了神。在所有这些杰出画家的肖像画中，给我印象最深刻的就要数乌菲齐美术馆的丢勒、伦勃朗、维拉斯贵兹[iv]、拉斐尔和提香的作品了。昨天在圣马克修道院[v]亲见了安吉里柯的作品。我对他的绘画作品非常熟悉，在学

---

i 1苏=5生丁，1生丁=1/100法郎。

ii 丢勒（Albrecht Durer）：德国文艺复兴时代画家、版画家。他的系列版画《启示录》奠定了他在欧洲画坛的地位。

iii 伦勃朗（Rembrandt）：荷兰画家，在绘画史上他所占据的地位与意大利文艺复兴诸巨匠不相上下。其作品取材广泛，数量繁多，有素描、油画及蚀刻版画。

iv 维拉斯贵兹（Diego Velazquez）：西班牙巴洛克画家，西班牙具有贵族威望的绘画巨匠。29岁赴意大利深造，在威尼斯研究意大利的绘画。

v 圣马克修道院：是佛罗伦萨一座由修道院改成的博物馆，主要收藏僧侣画家安吉里柯的绘画作品。

校的时候常常翻阅他的画册。那是一种非常质朴的画风，毫不造作，他是个追求表达思想震撼心灵而忘乎手中之笔的画僧。修士个人小室中的壁画也是同样的风格。而在《耶稣受难》中画家所传递的则是另一种感觉：秩序、色彩、线条、装饰性，总之，一切的一切，就像昨天才刚刚完成，没有刮痕、颜色鲜亮——简直令人无法相信是出自同一个人之手——仿佛还能感受到作者昨日的创作激情。当天下午参观了旧宫[i]，真是一个伟大的奇迹。在热那亚的一些细节，让我特别想起了老爸。附带告诉老爸，如果他想看看奇花异草簇拥之下的世外桃源可以去卢加诺[ii]，那里真的很美；再或者，让老爸剃掉头发、蓄上胡须，戴上圣布鲁诺的头巾，来到菲耶索莱，他一定会沉醉于此，并找到心灵的归宿。热那亚：凌晨1点到达，随即上了公车（贝厄得科[iii] 真是极棒的创举），当晚在苏黎世旅店过夜。第二天早上8点来到港口（我不知道是不是米兰大教堂[iv]让我对尺度失去了概念）。热那亚是座巨大的港口城市，的确如此，沿着卸货码头一路小跑也要用上45分钟，可见码头的巨大。每次只可见其局部，从未能窥其全貌……沿海滨大道的旅程非常惬意，如果不是时常被从热那亚到拉斯皮查一路上67个隧道打断的话，会更加完美。另外，我不得不分两次去盥洗间清洗我的脸和手；毫不夸张，我被烟熏得黢黑。意大利人真是些十足的大烟鬼（这还是在特二等车厢）。简直像坐在冒黑烟的拖拉机上……您二老收到我途中写的明信片了吧，我说我在热那亚遇到了布古勒夫人。她想通过委托人查验佛雷[v] 家最后的发票总金额。对于这样的人，我只能说，市侩！不用问，我没有接受她最后毫无谢意趾高气昂的道别。等到了赫佛，我会给她写信的。我还买了些极棒的照片，小小破费了一下。

佩兰是个憨憨的闷闷不乐的家伙；我觉得他跟亨利[5]叔叔的性格很像。无论做什么总是一副沮丧的神情，令人扫兴。也许不该用这样不礼貌的词。信差不多该收尾了，请原谅我行文的跳跃，写信利用的都是些零碎的时间。我会尽快告知您们我的地址，希望能经常收到您们的来信。对于这

---

i 旧宫（Palais-Vieux）：这座修建于1298~1314年间的宫殿以前曾经长时间是富商美第奇家族的府邸，全部用石材建造。
ii 卢加诺（Lugano）：建于公元前6世纪，瑞士南部与意大利接壤的小镇。环境优美，气候宜人。
iii 贝厄得科（Baedecker）：中世纪专业的导游机构出版发行的系列旅游手册。
iv 米兰大教堂：位于米兰市中心，1386年开始兴建，直到20世纪初才全部完工。整座建筑物融合哥特、文艺复兴、新古典等多种建筑风格。
v 路易·佛雷（Louis Fallet）：拉绍德封工艺美术学校校委会委员。1905年，夏尔·爱德华·让纳雷在老师艾普拉特尼尔的引荐下，与另一位建筑师合作为佛雷设计别墅，这是他接到的第一份设计委托。

种旅行生活我很适应,觉得很开心很愉快!请老妈别替我操心,我现在一天刷两次牙;衣着很整洁;山羊脂皂用来洗衣服很方便;这几日来穿活领衬衫最合适。当地的气候和拉绍德封差不多,更加清凉舒爽;只是在比萨的那几日觉得闷热——蚊子很多!

请代我向大家问好,尤其向那些我未及辞行的亲朋表示歉意。我准备了一大堆的明信片。今晚我要出去走走,吃点儿小吃……

昨晚的尝试导致消化不良,我打算去买点儿药丸,会管用的!

向爸爸妈妈、姑姑波利娜[6]、舅舅、舅妈吉纳德[7]及路易丝阿姨致以最深切的问候!

不早了,眼睛累了。晚安。

儿:夏尔·爱德华·让纳雷

---

1 莱昂·佩兰(Léon Perrin):雕塑家,夏尔·爱德华·让纳雷的朋友。→详见收信人目录
2 阿尔伯特·让纳雷(Albert Jeanneret):夏尔·爱德华·让纳雷的哥哥。→详见收信人目录
3 位于佛罗伦萨附近的艾玛卡尔特修道院(Chartreuse d'Ema):柯布1907年赴意大利北部托斯卡纳地区的旅行中发现了这个修道院。他特别欣赏该建筑中私密空间和公共空间的关系,对此他后来不断提及,并从中获取灵感。
4 夏尔·艾普拉特尼尔(Charles L'Eplattenier):画家,夏尔·爱德华·让纳雷在拉绍德封工艺美术学校的启蒙老师。→详见收信人目录
5 亨利·让纳雷-格里斯(Henri Jeanneret-Gris):夏尔·爱德华·让纳雷的父亲乔治·爱德华·让纳雷·格里斯的弟弟。
6 波利娜·让纳雷(Pauline Jeanneret,1849~1933):夏尔·爱德华·让纳雷的姑姑。
7 爱丽丝·吉纳德(Elise Guinand):她的丈夫是叙利·吉纳德(Sully Guinand),夏尔·爱德华·让纳雷的舅舅。

---

2 | 1907年11月1日,致夏尔·艾普拉特尼尔信
1907年11月1日,于威尼斯[i]

我亲爱的老师:

威尼斯好像有意在躲避我们的视线;连续五天的降雨后又是两天的浓雾。雨水漫流、潺潺淙淙,周六的时候上涨的海水竟把小广场[ii]给淹了。

---

i 威尼斯(Venise):文艺复兴时期,继佛罗伦萨和罗马之后的第三个中心。
ii 小广场(Piazzetta):圣马克广场旁边的一个码头,又称小广场。

由于湿度太大，浑身沤得痒痒的……或者是因为蚊虫的叮咬吧。间或两三缕阳光已经是威尼斯的恩赐了。一天傍晚时分我们就目睹了这一奇观：戏剧化的天空布满层层叠叠的黑色云团，微微泛黄的迷雾笼罩之下，一缕阳光掠过安康圣母教堂[i]的顶塔照射下来；透过蒙蒙雨丝，天空、海洋、城市共同构成一把巨大的火炬。7天一晃就过去了，我们哪儿也没去。威尼斯举办的国际绘画展昨天闭幕，我们偶尔得知，前后去了两次。第一次完全晕头转向，第二次方才能够清楚地辨析繁复的色彩和线条，形成欣赏的脉络和体系。比利时馆一开始便给我一个很好的整体印象。透过作品能感觉到画家肯定的审美，尤其能感觉到一股巨大的凝聚力。像诺夫和迈因[ii]，还有卢梭，这样的人稳健而有力，足可以教书育人。意大利的15个展厅里没见到什么有意思的作品，但即使什么也没有也无所谓，那些贫乏的参观者仍会唏嘘地离开，仿佛看到了杰作。英国厅更没什么好看，布兰温的作品简直糟透了。维也纳、俄国和法国的展厅对我有所触动，它们是剩下的仅有的三个比较有意思的展厅。蹩脚画匠的作品已经不能入眼了，可以说，两个月的意大利之旅让人变得眼光挑剔而不再轻许赞叹了。维也纳展厅充斥着刺激的色彩和匠气十足的雕塑，多少显得有些疯狂而空洞。俄国展厅的作品则洋溢着生机，自然而有力，既有色彩基础又能体现一些不错的新想法，只是目前手法尚显粗糙。特别是一个叫尼古拉·罗赫斯基的画家的作品（《古城》和《海战》），其中装饰性仍占主导，还未体现达·芬奇式的构图……法国展厅品位颇高，或许是出于我对这个民族的好感吧。无论怎样，感觉很好。方丹·拉图尔[iii]、布德尔[iv]（他的帕拉德[v]女神像让人联想到美轮美奂的古埃及艺术）、达普特以及贝纳尔，他们都是严肃的画家，比那些冒着新的心理需求之名而玷污绘画的国际粉刷匠强多了！此外瑞典的卡尔·拉赫松，德国的史杜克和英国的瓦尔特·克拉姆，他们真是<u>勇气可嘉</u>……罗丹展出了他的思考者：眉头紧锁，陷入沉思。我真的没办法让自己喜欢上这个粗笨愚鲁的屠夫：身体扭曲蜷缩，努力把他右边的胳膊放在左边的膝盖上，农民一样厚实的嘴唇放在送奶工一样粗实的手指上。米开朗琪罗有一尊非常类似的雕像《昼》，却表现出非凡的力度。

---

i　安康圣母教堂（Ste. Maria del Salute）：威尼斯巴洛克建筑的杰作。在1630年黑死病肆虐之际，威尼斯共和国政府决定兴建此教堂献给圣母玛利亚。
ii　乔治·迈因（George Minne）：比利时雕刻家，其代表作品是1906年完成的《跪姿的喷泉》。
iii　方丹·拉图尔（Fantin Latour）：法国画家，以艳丽花卉及肖像画著称。
iv　布德尔（Bourdelle）：法国现实主义雕塑家。曾在罗丹门下学徒15载，后因艺术分歧而分道扬镳。
v　帕拉德（Pallade）：即雅典娜，雅典娜全名帕拉德·雅典娜（Pallade Athene）。

康斯坦丁·迈尼埃[i]的《装卸工》和《播种者》就安放在院子里，胜利地沐浴在阳光下，同时展出的还有他的两尊母子雕像。此外，乔治·德斯瓦列尔的耶稣像也挺有意思、挺有想法。奥斯卡·兹文舍的一尊肖像散发着德意志式的严肃和安详。总体印象：石膏制品取代了绘画，平滑取代了往日壁画中动人的颤抖，对一朵花、一片叶、一只蝴蝶的生动的再现变成了艺术卑贱的奴仆涂抹在画布上的平庸的墨迹。

我想把我看到的毫无遗漏地都告诉您，但无疑，我会忘记早先发生的比较重要的事，而谈及刚刚发生的印象深刻的琐事。如果您感兴趣的话，我将把我简短的日记一并寄给您。您对我非常好，也非常了解我，您总是能够理解并宽容我的愚蠢和有违常规的行为（尽管我有我的理由）。

根据我们的行进路线，离开佛罗伦萨，我们取道比萨向鲁卡[ii]兜了个弯儿，由于愚蠢的行政管理限制，我们之前未能参观鲁卡古城。此行不奢求有多大收获，只要能让我见到四个而不是一个伯鲁乃列斯基的穹顶，就不枉这一路周折了。临行的前一天，我登上了佛罗伦萨主教堂的穹顶，感受它惊人的巨大，简直比圣米尼亚托教堂[iii]恢宏百倍……毕竟，在教堂前广场的车水马龙或送葬队列之间左躲右闪地窥视穹顶，和从佛罗伦萨周边的山丘欣赏它，完全是两个概念。当异族登上山顶的时候，透过清晨蓝色的薄雾，这个巍峨高耸的石头怪物便会突现在眼前。我于是理解中世纪佛罗伦萨的先民们为什么要给他们的主教堂冠上一个人类技艺所能想像的最宏伟最壮丽的顶了。[iv]

就这样，在城市间的列车上，透过清晨霭霭的迷雾，我得以四次远眺伯鲁乃列斯基的穹顶。随后在比斯托、波洛尼亚、拉韦纳也见到了他的非凡杰作……不同于丹纳[v]教授书中的描述（他总是会花上大部分时间来嘲弄他的读者），"这个大街小巷弥散着无聊噩梦的花花世界的灯红酒

---

[i] 康斯坦丁·迈尼埃（Constantin Meunier）：与罗丹同时期欧洲重要雕塑家，比利时人。他的雕塑作品取材于现实，主要塑造码头工人、煤炭工人等劳动者的形象。

[ii] 鲁卡（Lucca）：位于佛罗伦萨以西，位于比萨以东，伯鲁乃列斯基设计的诸多教堂建筑中，在鲁卡有一处，在比萨有三处。

[iii] 圣米尼亚托教堂（San-Miniato）：始建于1018年，前方是著名的米开朗琪罗广场。

[iv] 佛罗伦萨在13世纪是意大利最强大的城市共和国之一。1293年，行会起义，把贵族完全摈斥在政权之外。为了纪念这场平民斗争的胜利，市政当局决定兴建和"市民的财富……相称"的主教堂。在给建筑师的委托书里写道："您将建立人类技艺所能想像的最宏伟、最壮丽的大厦，您要把它塑造得无愧于这颗结合了万众一心的公民精神而显得无上伟大的心灵。"

[v] 丹纳（Taine）：法国艺术史学家批评家，代表著作《艺术哲学》。

绿"并没有俘虏我们。在拉韦纳[i] 六天的时间里，我们过得既开心又充实。圣阿波里奈教堂的外部正在修缮，但没有影响到我们参观其内部的艺术杰作——某位深深感动于自然瑰丽的艺术家在教堂半圆形后殿的墙壁上用马赛克镶嵌出一面巨幅的壁画。相形之下：丁托列托[ii] 在圣马可大教堂的壁画则显得黯然失色了。新圣阿波里奈教堂，光芒四射；圣维塔教堂，华彩照人；圣洗大教堂，玲珑考究；加拉-普拉西迪亚陵[iii]，金碧辉煌。我们仔仔细细地逐一欣赏。这里的镶嵌画真是无与伦比，完全凌驾于圣马可大教堂之上……从拉韦纳到波洛尼亚，途经费拉拉。这里的大教堂是一种真正的壮丽风格，于此，建筑师的成就远远超越了雕塑家，后者不懂得如何吸引观者的目光。

波洛尼亚拥有两件珍宝。拉斐尔的《圣茜西里亚》[iv] 首当其冲，这个头像收藏于当地的公民博物馆之中。该馆的馆藏比帕多瓦博物馆的馆藏丰富得多。在看过卡拉齐[v] 令人作呕的绘画之后，看看伊特鲁里亚[vi] 古壁画原大的复制品，则令人愉悦，且深受启发。另外，圣史蒂法诺大教堂[vii] 也很有意思，于此，八个教堂通过可爱的回廊联系成一个整体，从一处到另一处，帽子不必摘了戴、戴了摘的，既节省了时间，又避免了鼻炎的发作。美丽的红砖宫殿，镶嵌着精致的白色大理石窗洞，这是波洛尼亚惟一而独特的风格样本……我想您当初跟我谈及波洛尼亚砖墙石窗的宫殿形式多样的时候，一定是和锡耶纳搞混了。

从波洛尼亚到曼托瓦，途经摩德讷没有停留（我们都不是很感兴趣，贝厄得科上对这个小镇也未提及）。在曼托瓦，曼特尼亚[viii] 的作品太美

---

i 拉韦纳（Ravenne）：位于佛罗伦萨东北180多公里，靠近亚得里亚海，是历来的军事重地，东罗马的首都。同时也是欧洲拜占庭文化的宝库，尤其以镶嵌画闻名于世。城中有教堂多处，外表是极其朴素的砖制结构，里面则铺满了金碧辉煌的镶嵌画。

ii 丁托列托（Tintoret）：15世纪威尼斯画家。威尼斯画派代表人物。

iii 加拉-普拉西迪亚陵（Mausoleo di Galla Placidia）：意大利拉韦纳（Ravenne）地区的一座陵墓，建于公元6世纪。

iv 《圣茜西里亚》（Ste. Cécile）：作品描绘的是音乐守护神圣茜西里亚，为了强调音乐之都的印象，由波洛尼亚市政府出资买下这幅作品。

v 卡拉齐（Carrache）：巴洛克早期画家，其作品糅合了古典主义和巴洛克主义风格。

vi 伊特鲁里亚：意大利前罗马时期的辉煌文明，神秘而富于创造力，伊特鲁里亚人信奉身体和灵魂的每一部分都该知道宗教并与神灵保持联系。

vii 圣史蒂法诺大教堂（St-Stéfano）：以安放圣彼得圣体而闻名，由8~13世纪的4座教堂、2座礼拜堂、2座修道院通过回廊相互连通而成的一幢宏伟的教堂建筑。

viii 曼特尼亚（Mantegna）：文艺复兴早期北方重要画家。他的作品以雄伟有力、感情充沛著称，代表作有《哀悼基督》。

了，特别是他绘制在贡扎克公爵家书房中的那组壁画[i]，堪称杰作。除此之外，这个小城就没什么好看的了。晒着太阳在长凳上睡了一觉，突发奇想，我们决定去加尔达湖[ii]看看。于是，我们取道维罗纳，来到这人间天堂。佩兰的痢疾刚好，我又有点儿腹泻，好在没有影响我们看风景。这里就是勃克林梦想中的世外桃源吧，难怪斯卡利杰家族[iii]选择在这里建造他们的别墅城堡。岸边是红色或灰色的岩石构成的险峻的峭壁，山顶是青翠欲滴的松柏和橄榄树，树影婆娑倒映在湖面上。而这湖水更是独特，颜色变幻莫测：时而清可见底，时而绿如翡翠，时而又会呈现出一种从未见过的湛蓝。刚刚还是阳光明媚，马上进入迷雾霭霭的洞穴，真像是有去无回的冒险，不知不觉，我们在这流动的环境中已经待了两周了。斯卡利杰最后在维罗纳上了断头台，我们毫不犹豫地掏了5苏，想看看历史的再现。可惜，台上稀稀落落几个演员的表演，实在不能引人入胜。圣泽诺大教堂[iv]很美，内部也有一幅曼特尼亚的壁画……下一站是帕多瓦，又看到了多纳泰洛的雕塑作品，勾起了对佛罗伦萨的美好回忆。他的代表作《加塔梅拉达》[v]，如此有力，如此安静，如此信心百倍，有一颗结实而棱角分明的小脑袋，是个不皱眉头但永不屈服的骑士。

最后，来到了威尼斯。大教堂圣坛上可爱的小天使，技艺纯熟栩栩如生的浅浮雕，装饰感都极强。曼特尼亚的画很美，而且他也是个高产的画家，但想法太少。相比之下，乔托，尽管他的画作有很多经后人修缮之处，但仍然能够感觉到他是个理性感性相融合、心智健全实力雄厚的天才。圣马可大教堂及广场、总督府和黄金宫都值得一去。尽量去看，尽量去感受，尽量去学习……但这城市不是久留之地。这雾，这雨，这潮湿的天气，这上涨的海水，还有这环礁湖。因为天气，所以有太多无所事事的时间了，船在河里摆来摆去，让人感觉懒洋洋的。削好的铅笔还没动，画纸都是空白的……

您精美的明信片我已收到。课程进展得还顺利吗？有新的学员加入了吗？新生们度过他们的懵懂期了吗？他们最终下定决心了吗？这个领域太

---

i 贡扎克公爵家组壁画（Gonzague）：这组壁画作品是追求视错觉效果的大胆尝试。
ii 加尔达湖（Garde）：意大利境内最大的天然湖泊，湖泊的南面是地势较低的乡村，而往北走海拔就急剧升高，直到最北边，出现了陡峭的悬崖。
iii 斯卡利杰家族（Scaliger）：13～14世纪间，在维罗纳地区占统治地位的家族。
iv 圣泽诺大教堂（San Zéno）：建于1120～1138年间，它是意大利北部最富丽堂皇的罗马式教堂。
v 《加塔梅拉达》：造型有力的人物稳坐在高大的马匹上，目视前方，反映了人的力量和信心。这是多纳泰洛晚期的作品，充分体现了他的创作风格，自然不失庄严，精确不乏气势。

宽广，很容易迷失！装饰艺术要求和谐，而一次意大利之旅将引发对这一问题的严肃思考——然后达瓦纳人[i]才会迈开双腿，年轻人才能下定决心！

我收到佛雷[1]先生一封彬彬有礼的来信，这让我很高兴。毕竟，在长时间的一丝不苟的努力工作之后，还要遭到尖酸刻薄的对待，是令人无法忍受的。如果由于无知或疏漏而出现了什么差错，也属情理之中。我对佛雷先生已经彻底失去了耐心。当初，他提出条件把设计委托给我的时候，是考虑过的，是满意的。现在又变卦了，我不明白，<u>老实说</u>，接受这项工作的时候我没想到会这样。对壁画的研习使我稍感宽慰，我发现它们<u>都会发出空洞的声音</u>；所以，很自然地，应当尽量避免在上面敲击以防止剥落。我不知道佛雷先生做了什么，或者什么也没做，结果都一样——我将把他付给我们三个人每人那150法郎悉数奉还。我无所谓，这笔钱将回到他的资金总额之中！但请您想一想，用这150法郎可以请两个工人返工，哪怕只是重描一遍，或者改变格调增添些特别的装饰也好（这150法郎包含在我客厅和餐厅的报酬中）。问题的关键在于为石膏找到附着层；我做了很多尝试，但仍然尚未找到解决的方法。或许可以先用镀锌铁钉把粗麻片固定在墙壁上，然后再把石膏附着上去？隔着这么遥远的距离，我是心有余而力不足。

坦诚而论，我尽我所能，问心无愧。如果他们仅仅满足于学徒劳动力的廉价，那他们未免过于狭隘了。我不能让可怜的佛雷先生在混乱的石膏堆里趟来趟去。

还有件事：我可不可以请某位同事，有偿的，给这个房子拍几张像样的照片（我自己抽不出时间）。从室外拍会比较好，尤其是雪景。在新雪点缀之下（屋顶、露台、栏杆等等），建筑的整体效果会更加统一。从第二个露台的西南角拍一张应该不错，正面来一张，背面再来一张。室内也拍几张：客厅、餐厅和厨房；选择角度的时候，请勿让附属取代了主体。

好了，又要请您多费心了！

我就要到维也纳工作了，我将全神贯注于雅克迈—斯特兹[2]这两栋别墅的设计，直到完成再回拉绍德封。

请原谅我用这样的小纸片给您写信，我的信纸都用完了，今天是假日，商店都关门了。

每每在入睡的时候，总能回想起课堂上一起度过的美好时光。尽管工作会很辛苦，但我们一定会努力的，一定不会让您失望。

---

i 达瓦纳（Tavanne）：瑞士一个以精制制造钟表闻名的小镇，据说那里的人早上起来先看天，再决定行止。

我们多年来真挚的友情,化作生活的点滴历历在目。

就写到这儿吧,我亲爱的老师,我会时时想念您!

谨上

向我所有同事致以最深切的问候

夏尔·爱德华·让纳雷

附:在帕多瓦公民博物馆欣赏现代绘画的时候,我们被偷了,身上只剩下您留给我的那幅精美的高戴特[i] 眼镜了。

一张华丽的法国挂毯让我们有幸领略提埃波罗[ii] 的大作。

---

1 路易·佛雷(1879~1956):钟表雕镂、上釉、镶嵌珠宝的工艺师。拉绍德封工艺美术学校校委会委员。在艾普拉特尼尔的引荐下,佛雷委托夏尔·爱德华·让纳雷设计自己的别墅。该别墅由夏尔·爱德华·让纳雷与建筑师勒内·夏伯拉兹(René Chapallaz)合作完成。→见致夏尔·艾普拉特尼尔信 02.03.1908 * 信 4 注 2

2 在拉绍德封建造的两座别墅,它们的主人分别是阿尔伯特·斯特兹(Albert Stotzer, 1872~1956)和于勒·雅克迈(Jules Jaquemet, 1873~1942)。夏尔·爱德华·让纳雷在意大利和奥地利旅行期间一直在考虑这两个方案。阿尔伯特·斯特兹是拉绍德封钟表学校的机械教授,于勒·雅克迈是钟表抛光工。夏尔·爱德华·让纳雷与建筑师勒内·夏伯拉兹合作完成这两栋别墅的设计与建造。→见致夏尔·艾普拉特尼尔信 02.03.1908 * 信 4 注 1

---

3 | 1908 年 2 月 26 日,致夏尔·艾普拉特尼尔信

1908 年 2 月 26 日,于维也纳州[iii]

我敬爱的先生:

1. 今天,在一封家信中,我收到一枚崭新的未盖邮戳的精美邮票。第一次,我得以真切地欣赏这枚小小的邮票,并为它感到骄傲。毫不夸张地讲,自欧仁·格拉塞[iv] 设计的那枚绝美的邮票问世以来,这枚要算是欧洲

---

i 高戴特(Cottet):世界著名钟表眼镜品牌。

ii 提埃波罗(Tiepolo):18 世纪一位杰出而多产的威尼斯画家。代表作有编制挂毯草图《女士小阳伞》。

iii 维也纳州(Wien):奥地利全国共分九个行政州,维也纳市位于维也纳州。

iv 欧仁·格拉塞(Eugène Grasset, 1845~1917):法国画家,插图、海报及平面画师,祖籍瑞士,新艺术运动的代表人物之一。

迄今为止发行的惟一数得上的具有较高审美价值的邮票了。与同时期的维也纳分离派[i]领军艺术家科罗曼·莫瑟[1]值皇帝庆典之际创作的系列作品相比，我们的优越感会更加明显。仅有4000人口的拉绍德封竟让拥有200万人口的奥地利首都维也纳[ii]相形见绌。斯坦诺拉克，这个德国艺术的沙文主义者，不知他会作何感想。

2. 让我们谈谈您寄来的照片：音乐厅的那几张拍得足够清晰，但效果并不好。是的，的确，佩兰[2]和我都大吃一惊，<u>我们所知的美好事物是不是在照片中走了样？</u>翻到霍夫曼[3]这个建筑作品室内的照片时，我们赫然感到无比的失望：照片上，顶棚是如此不协调；柱头的雕刻没有产生任何效果；纤维灰浆的粉饰与建筑本身格格不入；木构件显得太稀疏；大厅的座椅更是扎眼，完全看不出其曲线的造型与音乐厅的其他部分有任何呼应。我们以为会看到整体的效果，看到根据一定的审美而分类的标准统一的建筑构件，就像常常在杂志上看到的霍夫曼建筑中对前厅和餐厅的处理那样：统一，朴素，简洁，美观。

让我们再来好好看看：那座椅，粗大、笨拙、丑陋，还缺乏舒适性；那墙壁，粗糙的纤维灰浆的质感，好像帕多瓦那剥落的连拱廊的内表面；还有那个假壁炉，完全是个毫无意义的附庸；桌子隔架还有其他陈设，则显得生涩僵硬、毫无生气。<u>怎么会建起这样的建筑呢？</u>

不过，可以用来宽慰自己的是，在我们意大利之旅的相册中也很难找到一两张好的建筑照片。因为，对于看过原作的眼睛来说，照片所呈现的效果总是令人恼火地变了形。

3. 一路上，我们不停地搜寻着这座城市的线索。不时，在普遍的水泥的灰色背景下，偶尔可以发现几栋新近落成的色彩较为明亮的现代建筑。有瓦格纳[4]的邮政储蓄所，戴宁格兄弟[iii]的商学院，还有瓦格纳在斯坦霍夫的教堂及其附属建筑，间或还有几座不知名的建筑师设计的出租房屋。这些建筑都是用水泥和白铁建造的，经费的投入主要在于大理石的饰面，饰面板用螺栓固定在主体结构上，就像在装甲舰的船体或甲板上固定钢板一样。这些饰面板是伟大而独特的发明；但最绝的还是那些清晰可见的起

---

i 维也纳分离派（Secession）：分离派是新艺术运动在奥地利的分支。分离，意指：这个团体是从保守的维也纳学院分离出来的。分离派与新艺术运动的差异在于：新艺术运动强调非几何的曲线，分离派强调直线与简单的几何曲线。

ii 维也纳市（Vienne）：维也纳在19、20世纪的交替时期，往往与伦敦、纽约、巴黎与柏林相提并论，被誉为当时的五大城市之一。

iii 戴宁格兄弟：尤翰·戴宁格（Johann Deininger），泰奥多·戴宁格（Theodor Deininger），奥地利建筑师。

固定作用的螺栓。这些螺栓的装饰效果也一定给使用它们的道桥工程师或其他有趣机械的制造者带来了不少乐趣吧。建筑内部同样以饰面板构成，不同的是，固定它们的螺栓不是铝制的，而是表面镀金的；面板上或者点缀着蓝底白边的小块正方形釉面瓷砖；墙壁和顶棚是石膏的刺目地白；入口的门由四边磨成斜面的厚玻璃制成；分支吊灯是些方形的玻璃箱，衬以抛光的黄铜板。总体印象：像考究的荷兰砖窑，或者，就像个典型的公共厕所（以上提到的是瓦格纳设计的斯坦霍夫教堂的室内，以及戴宁格兄弟设计的商学院的门及门厅）。

这些都挺有意思，但就像用功的差等生，除了真诚，几乎或根本看不到任何创造性。作品既没有艺术感，也没有情感。就像那些觉得威尼斯的圣马可和圣米歇尔大教堂有美感的愚笨弟子一样，只能给他们不及格！

的确，这里是掀起了一场声势浩大波及广泛的运动。于此，瓦格纳是旗手、是导师。这是一种冰冷洁净、闪闪发光的风格，在这风格下诞生了两座迷人的店面，因为店里出售鲜花的缘故，所以显得特别可爱。但他已将这风格引向歧途，他诱惑并吸引了许多年轻人。因为毕竟是审美之父呀，所以瓦格纳他便可以造假的三角楣，可以取消屋顶，取消窗的竖梃和雨披，他便可以完全无视自然的要求。他可以生产他的作品，（目前）没有人比他更原创，没有人比他更新颖（至少在十年之内是这样）。然而，这风格将随着瓦格纳的逝去而逝去，将不会侵蚀达姆斯塔特、杜塞尔多夫、柏林、德累斯顿以外的任何地方。

在环形大道旁（一条环形的包含古城和商业区的宽阔道路），有一座大规模的商店，这是维也纳式建筑中最美的一个。这里出售一些由科罗曼·莫瑟和霍夫曼筹建的维也纳工作同盟的成员们设计的最现代的家具，还可以见到一些日前最新产品的设计草图。

我参观了艺术之家[i]（维也纳早期学院派矫饰艺术家的建筑作品），想看看维也纳美术学院[ii]的学生们组织的一场化装舞会。我们看到了古代维也纳传统的女士连衣裙和男士礼服，一两套蒂罗尔[iii]和措丰根地区[iv]的服装，还有几个小混混、一个神甫、一个蒙玛特[v]的蹩脚画家以及另外两三

---

i 艺术之家（Kunstlerhaus）：维也纳一个重要的展览和演出场所。
ii 维也纳美术学院：世界著名的艺术学府之一。专门培养画家、雕刻家、美术家、舞台设计师和建筑师。
iii 蒂罗尔（Tyrol）：奥地利九州之中最西部的一个州。
iv 措丰根（Zofingen）：位于瑞士东部，与奥地利接壤的一个山麓地区。
v 蒙玛特（Montmartre）：巴黎北部的高地，著名的画家村就在这里。

套丑陋而怪诞的装束……如此尔尔。看不出任何思想，与巴黎一年一度的"四艺化装舞会"[i]简直不能同日而语。要不是出现雷同，那么头上戴古祭司编带饰，身着红蓝格罩衣的家伙将是整个舞会最有创意的人了。在艺术之家所有由学院派矫饰艺术家装饰的沙龙之中，有一个维也纳传统风格的房间非常可爱，朴素而不失品位。另一类房间的装饰风格是分离派——又名青年维也纳派——身处其中，我不由得发笑；于是，我叫斯坦诺拉克也进来看看。他起初嘴里还念叨："Ach, es ist ja ganz hübsch!"[5]但在仔细看过陈列的物品之后，这些变质的资产阶级的玩物构成的闹剧令他感到很不是滋味。

现代维也纳分离运动的奠基人便是摇旗呐喊的闹剧演员。我要向您描述他们如何宣扬他们的思想，又如何掩盖他们的缺陷。通过一张展厅的<u>照片</u>，他们就能让您相信分离派展馆今年春季的展览是多么成功。奥布里奇[6]师承瓦格纳，在维也纳和随后的达姆斯塔特的路德维希学院掀起了分离派的运动。瓦格纳对奥布里奇的影响，正如他对整个德意志地区的影响，在于思辨的头脑，而全无艺术气质的感染。

这种亲属关系是显而易见的。请注意奥布里奇设计的音乐厅，试比较马泰·多雷的同类作品。再看看霍夫曼设计的家具，不难看出他对克莱斯[7]、奥布里奇、罗梭[8]以及库恩[9]创作的影响。还可以再比较一下安格斯特设计的家具作品。

这场日尔曼尼亚的运动，过分追求新奇了，既不关心建造，也不关心逻辑，更不关心美；并且找不到任何自然的<u>支点</u>。类比斯堪的纳维亚的运动，后者还朴素地追求让古老而蕴含智慧的日常用品焕发新的活力。拉丁的运动则在于努力剔除包裹在往昔杰作表面的脉石，重新发掘哥特建筑（对于家具，则是路易十五和路易十六时期的风格），<u>因循自然和自然法则</u>，通过<u>建造</u>，来追求<u>首要</u>的对美的表达。但总体来说，这次运动[ii]以我的现代（<u>当代</u>）的眼光来看，似乎仍不够大胆：面对艺术法则的条条框框，显得过于谨小慎微了。

4. 多亏了乐于助人的格朗金小姐，我们得以详细地了解德累斯顿的有

---

i 四艺化装舞会：19世纪末，由巴黎国立高等美术学院的学生组织的一年一度的化装舞会。四艺，得名于当时组织活动的国立高等美术学院的四个艺术系。

ii 新艺术运动（Art Nouveau）是一次内容广泛的设计形式主义运动。1895年左右在法国兴起，随后蔓延到荷兰、比利时、意大利、西班牙、德国、奥地利、斯堪的纳维亚国家、中欧各国，乃至俄罗斯。这次运动在欧洲各国产生的背景虽然相似，但体现出来的风格却各不相同。在德国被称为"青年风格派"（Jugendstil），在奥地利被称为"分离派"（Seccessionist），在斯堪的纳维亚各国，则被称为"工艺美术运动"。

关情况。德累斯顿艺术学院已经两岁了（乳牙都已经该长齐了）：罗梭，学校主管；克莱斯，建筑学教授；古斯曼，绘画教授；格罗斯，装饰性雕塑教授。如果您手头有介绍德累斯顿建筑的书，或者就那本《德累斯顿艺术家》1906年2~3（我记得在教室或学校的图书馆里有）：翻开书页，精美的照片跃入眼帘，有树有草有鲜花，足见摄影技术之高超；翻到第44和第45页，您看到了柱式；第45页右半部分，门的曲线和额坊；第47页，饰以凹槽的多立克柱和布满花纹的墙面，还有栅栏；第54页，壁炉；第55页（对应插图第10页），壁炉的炭围；第58页，椅子及木构件；第62页（对应插图第11页），水彩画；第63页，柜子和顶棚；第65页，分支吊灯；第66页，桌子；继续往下翻：看看第82、83、84页（还有插图第13页、第14页），天马行空的发明；好好看看第85页的壁炉和第86页的栅栏；仔细瞧瞧第95、96、97、99页的桌子；格罗斯的作品出现在第103、104、106、107页（以及插页第17页）；古斯曼的作品出现在第102页（以及插页第20页），与库恩联名的门窗设计出现在第115页（以及插页第21页）；第116、117页，是些纯粹的装饰和线脚；第120页，完！那么，我亲爱的老师，请您告诉我，在那些所谓的创造性篇章里，何处体现了真正的美？又在何处体现了深入的探索和自然的启发？请您坦率地告诉我，从中我究竟可以学习和借鉴些什么？哪里有木材的节点？哪里有石材的做法？哪里有现代思想的确定性？？

当然，您会问了，那些没有提及的页码呢？

是的，这正是我将要对您说的。我要告诉您，罗梭的小住宅是多么可爱，多么现代；我要告诉您，他与克莱斯那腐朽而杂糅的风格究竟有多么不同。罗梭，他的作品证明他才是真正年轻的具有彻底的革新思想的天才。您已迫不及待想看看书中罗梭的作品了吧。您将看到这栋建筑的风格是多么典雅，多么值得我向它致敬！

罗梭，具有现代思想的年轻人，56岁；克莱斯，思想落后的老古董，35岁。第87页呈现的那栋可爱的小住宅<u>便是罗梭的作品</u>——如果他不是他们学校某位设计者或他的合作者库恩的中间委托人的话。

如果不能保持审慎，如果不能了解确实的情况，那在这样繁盛的艺术花期，我们则打算退而观之。面对如此情况，如果要选择的话，那我宁可选择去瓦格纳的工作室学习制造精良的……卫生设施。克莱斯，俾斯麦40栋大楼的设计者（日耳曼式惊人地多产），已经被聘为杜塞尔多夫大学的校长。这纸聘书是对克莱斯本人的礼遇，但同时也证明了这种思想已经同化了整个德国。

5. 在拉绍德封，您酝酿着一场将结出真正有价值果实的艺术运动，因为它的根深深扎在<u>自然的土壤</u>之中。一方面，在于其实施手段之诚实；另一方面，在于其贯彻始终的基本的逻辑：这是一条生命的逻辑线，从胚胎到根、到茎、到叶、到花朵，同样的逻辑将支配着思想的实施。石材通过一些做法相互搭接，木材通过节点相互联系，屋顶还在，服务于对风雨的遮蔽。

而正在德国掀起的运动与此完全相反，我想我们应当坦诚相见，我们应当认识到我们可能犯了严重的错误。我在维也纳，一待就是四个月。于此，我获得了实物的证据。再看看那些图书和杂志上印刷精良的图片和照片，我意识到，我们像孩子一样被诱拐了。我们尚不懂得如何<u>仔细地审慎地去看</u>。梅茨纳[i] 给我们上了严肃的一课；瓦格纳、奥布里奇、克莱斯、和贝伦斯[10]等人，他们证明了数字的力量。是的，我在维也纳呆了 4 个月，但这 4 个月没有虚度；于此，我获得<u>一条确信</u>。这确信，我可以向您保证，无人可以撼动它！

6. 为什么我要离开学校离开您的课堂去旅行呢？首站，意大利。首先接受美的洗礼，并培养尺度的概念，这两项素质在随后的旅途中将成为向导。

第二站，德国。我要学习实践我的艺术所必需的技术。但学习德语比我想像的要困难得多，简直让人伤透脑筋。像德累斯顿艺术学院这样的学校不允许旁听。技术学校可以旁听（只要持有中学会考的资格证书），但德语授课，我完全听不懂。我也没有学数学的脑子，记得中学那几年在这个科目上就一直表现平平。

无法跟上德国学校的课程，语言的障碍增加了理解的难度，我决定向自己妥协。

7. 我打算放弃学校这条路（语言是个问题，长达几年的培训期也是个问题）。我准备打份工，边干边学。不过，我恐怕也不会讨老板的喜欢，我甚至会妨碍他的想法；因为，在绘制或誊清一份草图之前，我还搞不懂水泥、白铁、螺栓、油漆和胶合剂。

既然我选择放弃长达 4 年、甚至 6 年的严格正规的建筑学教育，那么也就意味着，从今往后，我就要像俗语说的那样"笨鸟先飞"了。抓住一切学习的机会，每一分钟都要竖起耳朵，擦亮眼睛，吸纳每一条建议，记

---

[i] 梅茨纳（Metzner）：雕塑家，霍夫曼代表作斯托克雷特宫（Stoclet Palace）顶部就是他的雕塑作品。

下每一条术语，留心每一次交谈，尽量把所看所听所想都记录下来。一句话，夕惕若厉，不敢懈怠。

我要储备足够的知识，以便能够通过获取文凭的考试（尽管我还没有具体的打算）。我曾经是如此地蔑视文凭，但没有它，将会徒增许多阻力。

您了解年轻人，您知道当他们被迫接受一种更为强悍的思想影响的时候，有多么不情愿。

雅克迈—斯特兹[1]这两栋别墅的设计毫无疑问将辜负我们的维也纳，因为它们都将拥有水泥的窗和白铁的窗台板。看过瓦格纳的作品，感觉他的思想已经变得混乱，古老的宫殿的记忆被抹去，凭空去找寻美，但如果我们冷静地看，这门、这柱、这窗，不过是些丑陋而不合逻辑的形式罢了。

语言不通的缘故，我们一次讲座也没听，一场戏剧也没看。每天晚上回到住所，看看书，写写字，然后上床睡觉。

维也纳什么也没有，找不到一处教堂，也没有任何独具特色的古城片断，除了有几处早先的仿法兰西风格的建筑。[i] 德累斯顿的情况差不多：可以见到几处德国文艺复兴时期的建筑；柏林，在我哥哥的引领下，也只看到一些文艺复兴时期的三角楣和砖石建筑；杜塞尔多夫则是一座现代城市；达姆斯塔特是一座工业城市，我们在城市的近郊看到了当地分离派建筑师的作品——水泥建造的艺术家基地。

8. 让我们作个简单的回顾吧。

艺术图书乃一种人为的工具，迄今为止，我尚不懂得如何应用它。在维也纳的逗留给我一个深刻的启示：在作出判断之前，务必仔细观察比较。

瓦格纳和他德国流派的弟子们都是些真诚的人，不过他们大部分作品都缺乏品位。他们是一场处于萌芽状态下的运动的旗手。这场运动，一方面，其初步的探索尚未摆脱陈旧风格的熏染；另一方面，却又显得毫无章法。

当务之急，我要学习手艺，对此我还一窍不通。举步维艰让我觉得很恼火，如果我不能克服困难学习技术，那我将什么也盖不起来！

我应当学习技术建造的课程。

我应当打份工，每天工作几小时，积累一些经验，学习一下大型建筑的实践方式。

---

i 维也纳作为奥匈帝国的首都，在历史上与法国有着不解的渊源，路易十六和拿破仑的妻子都是奥地利女皇的公主。自然地，法国的建筑风格对维也纳有一定的影响。

我应当继续学习您主讲的装饰艺术的课程，那已成为我们生活的必需。

我年轻，我有理想，我应当活下去。

我哥哥在柏林，他已经受到这股压抑思想的巨大浪潮的冲击。我要逃开，我要保持我这个年纪应当的状态。

保持对自然的关注，用健康的材料建造以及学习技艺的便利，这是只有巴黎才能提供给我的环境。我和佩兰接下来的一个月打算在巴黎度过。

决心已下，不可动摇。我们是经过观察和判断的。我亲爱的老师，如果您要指责我们，那好吧，我向您表示歉意；但应当受到指责的还有您自己，正是遵从了您的教导，我们才决定去巴黎。

反了！您会说。是的，但这个词太严重了。我们相信您是不会这么说的，我们相信您终将认同我们的做法。

我手头有三本书：《德国艺术，1906年2月号》《艺术》《德累斯顿艺术》，还有一本杂志《罗丹》。

我好好回忆了一下亲见的奥布里奇设计的别墅及其室内，还有这个流派其他成员的作品，我明白照片的欺骗性有多大了。我将选择沿着马蒂耶-多雷音乐厅[i]所指明的道路（或说方向）前进。

如果说巴黎的风格是肤浅的，它缺少覆板和黄铜或白铁的螺栓，那我们便足以为我们美丽的国家而感到骄傲。巴黎人因循自然奉献出一片叶子；德国人打磨出一块光洁如镜的正方形；我们瑞士人将放上一枚取自松果原型的三角形，我们将保持自己的审美，我们将学习自己的技艺，我们将不会糟蹋短暂的学习时间。

好了，这便是我的想法。

我向夏伯拉兹[12]先生请教，他为我的学艺之旅勾勒了一条路线。不过，我仍然要征求您——我惟一的导师——的意见，我希望得到您有益而可靠的建议。我们请夏尔·勒施奈尔作为那边的内线，确认搜集完备所需的信息，再启程。必须先确认巴黎的学校和建筑师，这就是我们要找的。您觉得是否有必要向在那边生活多年的加莱先生[13]咨询一些细节呢？

我和佩兰的信加起来能构成一本小书了，有必要好好阐述一下我们的**想法**（idée）。在标记字母 i 上那个小点时，居然形成了一个醒目的延长号![ii]

---

i 马蒂耶-多雷音乐厅（La Salle Musique Matthey-Doret）：位于拉绍德封的新艺术风格的建筑。
ii idée（法语），思想，想法；⌒音乐中用于强调的延长号，表示音乐的高潮或延伸。

我最最亲爱的老师，在追求艺术的道路上，我们永远忠于您！我们向您致以最真诚的敬意！

谨上

您忠实的学生
夏尔·爱德华·让纳雷

附：请您务必不要向我父母透露此事，我需要向他们作更多的解释，现在还不是时候。

---

1 科罗曼·莫瑟（Koloman Moser，1868~1918）：奥地利画家，插图、海报及平面画师，维也纳分离派运动最初的创始人之一。
2 莱昂·佩兰→见致父母信14.09.1907 * 信1注1
3 约瑟夫·霍夫曼（Josef Hoffmann，1870~1956）：奥地利建筑师，奥托·瓦格纳（Otto Wagner）的弟子。分离派运动的领军人物之一。于1903年组建了维也纳版的工艺美术运动工作室，名为"维也纳工作同盟"。一些关于勒·柯布西耶的传记中提到夏尔·爱德华·让纳雷1907年曾在他的事务所工作过数月。但阿兰·布鲁克斯（Allan Brooks）对这一提法表示怀疑，他认为年轻的夏尔·爱德华·让纳雷的确收到了霍夫曼的聘书，但他拒绝了，因为他当时正在准备赴巴黎之行。→见勒·柯布西耶生卒年表
4 奥托·瓦格纳（Otto Wagner，1841~1918）：奥地利建筑师，任维也纳美术学院教授。维也纳分离派运动的两位领军人物莫瑟和霍夫曼都曾在维也纳美术学校学习。
5 一句德语，即，"哦，太美了！"
6 约瑟夫·奥布里奇（Joseph Olbrich，1867~1908）：与奥托·瓦格纳一起工作过的奥地利建筑师。
7 维汉姆·克莱斯（Wilhelm Kreis，1873~1955）：德国建筑师，于1926~1941年间担任德累斯顿艺术学院的教授。
8 威廉·罗梭（William Lossow，1852~1914）：德国建筑师，教授。与赫尔曼·韦维格（Hermann Viehweger）的合作截止到1906年，此后与自己的女婿马克思·汉思威廉·库恩合伙开办事务所。在转变为朴素风格之前，他的建筑中曾运用大量绘画及雕塑的装饰元素而体现出新巴洛克的风格。
9 马克思·汉思威廉·库恩（Max Hans Kuhne）：德国建筑师，与其岳父威廉·罗梭合作创办建筑事务所。→见注viii
10 彼得·贝伦斯（Peter Behrens，1868~1940）：德国著名建筑师，工业产品设计先驱，德意志制造联盟（Deutscher Werkbund）首席建筑师。曾任杜塞尔多夫艺术学校校长。密斯·范·德·罗在他的事务所工作过一段时间，之后，1910~1911年间，夏尔·爱德华·让纳雷也在那里工作了5个月。
11 雅克迈－斯特兹（Stotzer-Jaquemet）→见致夏尔·艾普拉特尼尔信01.11.1907 * 信2注2
12 勒内·夏伯拉兹：拉绍德封建筑师→见致夏尔·艾普拉特尼尔信01.11.1907 * 信2注1、注2
13 路易·加莱（Louis Gallet）：法国雕塑家，1873年出生于拉绍德封。他在拉绍德封的别墅由建筑师勒内·夏伯拉兹设计建造。

4 | 1908 年 3 月 2 日，致夏尔·艾普拉特尼尔信
1908 年 3 月 2 日，于维也纳州

我敬爱的先生：

非常感谢您昨天的来信；有些事看来要重新考虑，您使我比从前任何时候都更加犹豫了。信中您一方面对我说，在投入实践之前，最好先进行一到两年的理论学习；在同一封信的另外一段中，您又说，投入到实践中去吧，如果你还有时间的话，就选择一所高等综合工科学校去学习理论知识。

目前对于我来说，情况是这样的：只接受纯粹的艺术教育，我所构建的知识大厦实际上是一幢空中楼阁，因为，我头脑中还没有任何技术的概念。这令我举步维艰，每当我构想，就会变得沮丧，因为，对于将来它如何实现，我一无所知。我比任何时候都更畏首畏尾，不敢做任何大胆的尝试，不敢哪怕只是稍稍放纵一下自己的想像。情况越来越糟。另一方面，如果我进入一个设计大型建筑的事务所，那我亦不能<u>有所长进</u>。因为，所有的建造和技术问题对我来说，仍然是纸上谈兵。好比：我见到了瓦格纳在斯坦霍夫的穹顶[1]、普拉特的摩天轮[i]，但我未能好好地观察它们。因为我对它们的建造方式根本一无所知，所以这些问题也<u>丝毫不能</u>引发我的好奇心。我看到那些钢，看到那些巨大的辐条，但它们令我觉得无趣，因为它们于我是完全陌生的；它们的构造不能提起我的兴趣，因为我压根儿什么也不明白。

<u>在目前这种情况下</u>，进入大型事务所学习将有何裨益呢？

如果只是计算些柱网和方材，那我就无虑了。但是，为了创造出一种新的艺术，需要计算拱，需要计算大跨度，需要计算惊人的悬挑，总之，一切我们保守的前辈未曾尝试过的东西。因为您知道的，我的野心远不止于盖几栋小别墅和小住宅。

另外，我需要自食其力。但在不工作的情况下，目前的积蓄仍然可以维持一年半到两年的时间。所以，如果您认为两到三个学期的技术课程对我有益，那请您务必要明确地告诉我，我将调整我自己的意愿。但就像您说的，四五年后，我将<u>再没任何兴趣</u>进入德国高等综合技术学校学习了。上学有个合适的年龄，20 岁还可以，25 岁就太晚了。

这是非常重要的问题。

---

i 普拉特（Prater）是维也纳市第二大自然公园。普拉特的这座摩天轮建成于 1897 年，它的设计师是英国人。整座摩天轮重 430 吨，高 67m，共有 120 根辐条，当时可称世界之最。

我对您说过,我一点儿也不喜欢德国的风格。您说,法国的风格是泡沫似的荒唐怪诞的。但跟德国相比,那里的确可以找到更多更复杂的关于石材的做法;而后者只知道通过在小梁上贴砖的方法来实现凹凸。巴黎难道不正是个学习石材做法的好地方?在我们汝拉[i],当地的建筑风格要求更多的是石材的做法,而非如何往小梁上贴砖。

另一个观点。

您说:先实践,再进行理论学习。这样对知识的吸纳会更主动更有意识。是的,我同意您的观点,否则我就不会接受佛雷先生[2]别墅的设计委托了。

如今,我对盖房子究竟是怎么一回事已经有了一个足够清晰的概念;确切地说,我不再迷信非去学校学习愚蠢而无用的技术问题。<u>我目前已经能够明辨有用和无用了。</u>

我也想去库里-莫瑟[3]事务所学习,他们是您眼中当下最负盛名的建筑师。但几乎可以肯定的是,不到一周我就会被打发走人。因为语言不通又不懂技术,没法适应,也没机会证明自己在其他方面的才能。如果我先学习,然后再去这样大型的事务所实践,那就不是做样子(屈从于老板的审美取向而非忠实于自己的),而是去学习解决大型建筑的设计问题,从中我必将受益匪浅。

至于,我学习艺术的课堂,那就是<u>博物馆</u>(当然不只是关于绘画)和大自然了;完全用不着奥布里奇[4]和库里来向我灌输审美。

简言之,我亲爱的老师,我要向您请教的问题是这样的:

先学技术再去实践是否必然?

就这一问题的解决,我想出两个好办法。

1. 到巴黎去。那里有专门教授建造的学校(而不是像您想像的那样只有纯艺术类院校),我可以旁听那里的课程;还会比较容易找到一份事务所的工作,每天进行五六个小时的实践(合理地推想:无论建筑的数量,还是建筑的规模,巴黎都不会逊于德国)。

2. 到苏黎世去。到您介绍的威德利及其朋友的事务所去,一边兼顾着苏黎世综合工科学校的课程。希望学校能够接收走读的学生,这样比较适

---

i 汝拉(Jura):汝拉山是绵延的石灰石山脉,连接在日内瓦湖和莱茵河之间,并延伸到法国东部和德国南部,大约占瑞士领土的12%。汝拉山区的平均海拔为700m,地形主要为高原河谷。夏尔·爱德华·让纳雷的出生地拉绍德封就是瑞士纳沙泰尔州汝拉山下的一个小镇。让纳雷祖上源自法国南部,因信奉阿尔比教而遭到天主教权威的排斥;14世纪让纳雷的先人随加尔文教派一同移居瑞士汝拉山区。

合我的情况。(我想您可以帮我确认这一点)

如果能去苏黎世也挺好,将会和一些朋友重逢。

不过在巴黎……人类学博物馆无可估量的馆藏,工艺美术作品,特罗卡迪罗广场[i],巴黎圣母院,这些都将成为我艺术课的老师。相比之下,<u>苏黎世则什么也没有</u>。

无论如何,请您解释一下这封描述威德利要求的图画形式的信;请您告诉我,我是否有机会,或者,时间是否还来得及。

我非常需要<u>明确了解您的意见</u>。

我们将于下周日上午即本月 15 号上路,您了解情况有多紧急了吧。

再次向您表示感谢,我敬爱的老师,我永远忠于您!

希望先通过您的引荐,

然后我再给威德利写信。

---

1 维也纳斯坦霍夫大教堂(Eglise Am Steinhof),建于 1905 年,瓦格纳设计。
2 佛雷→见致夏尔·艾普拉特尼尔信 01.11.1907 ∗ 信 2 注 1
3 库里 – 莫瑟(Curjel-Moser):罗伯特·库里(Robert Curjel)和卡尔·莫瑟(Karl Moser)在德国卡尔斯鲁厄合作开办的建筑事务所(1888 ~ 1915)。新苏黎世大学是他们最具代表性的作品之一。
4 约瑟夫·奥布里奇→见致夏尔·艾普拉特尼尔信 26.02.1908 ∗ 信 3 注 6

5 | 1908 年 3 月 2 日,致夏尔·艾普拉特尼尔信
1908 年 3 月 2 日,于维也纳州

我亲爱的老师:

时间紧迫,必须作出审慎而成熟的决定。本月 15 号,也就是下周日,我们两个就要带着全部行李和干粮上路了。

昨天收到夏伯拉兹[1]的消息,他非常实际地给我指明了两个截然不同的解决方法!于是,正如您所看到的,问题变得清晰明朗!这封信紧接上午给您寄出的那封。

---

i 特罗卡迪罗广场(Trocadéro):特罗卡迪罗广场是塞纳河右岸的一处高地,这里是观赏艾菲尔铁塔雄姿的最佳地点。

想必您已经读过那封信了,您看到了,我们的决定比您上周五写信时所设想的要成熟些了。

好了,目前我对我的情况以及对未来的打算已经有了比较清楚的认识:

艺术修养和审美:德国和法国于我是两个迥异的国度。无论奥布里奇还是普吕梅[i],都于我无益。在我看来,可以代替您作为我导师的,只有<u>博物馆</u>和<u>大自然</u>,<u>除此无他</u>(举例来说,我在装饰艺术博物馆看到一个原大的完整的摩尔人的房间,它将比任何学校教授的知识都更直观、更生动,无论是关于平面、陈设、光线,还是关于美和<u>基本法则</u>。我想您一定会同意我这一观点)。在书本上看15世纪构造严谨的哥特家具,跟看无论什么样式的现代家具,没有什么不同。

所以,让我们姑且先把审美问题放在一边,先不就现代艺术运动的观点来讨论德国和法国孰优孰劣。

我目前迫切需要解决的是技术的问题。

夏伯拉兹先生提到两三个学期的技术学习。关于这一点,您是清楚的,如果我现在忽略职业技能中这个建设性的部分,那我今后将无法弥补。审美、风格、淳朴,这些都将随年龄的增长而形成。一个作家是不可以称之为作家的,除非他认识单词,了解句法,能够组织通顺连贯的句子。然后,他逐渐形成风格,他的内容也越来越丰富,越来越广泛;直到有一天,他的精神不再受句法结构的羁绊,自由地组织一切,意识只关注艺术,用一种读者理解的清晰流畅的语言来表达他的<u>思想</u>。

学习技术是必由之路,除此我看不到其他可能。

在专业学校之外,在事务所里学习技术,这于我是可能的。但地点是在法国——(目的是)和最优秀最渊博的同伴凑在一起,每天榨取一点点;或者,和他们成为朋友,建立友谊。

而在德国,您是知道的,我不好这样做。因为你首先要表明政治立场,要保持敏感,要时时戒惕。

这个决定于我应该是最好的选择:在一个法国城市,一边上学(走读),一边在一个<u>大事务所打工</u>(每天五六个小时)(应当理性地分析并承认:巴黎和德国相比,它们大事务所的数量及其大型建筑的产量,应当不相上下)。以这样的方式,我可以一边学习理论知识,一边在每日的实践中应用它们。

---

i 夏尔·普吕梅(Charles Plumet):法国建筑师兼作家,新艺术运动旗手。

巴黎，一个非常便利之处还在于，他们的工作时间按小时计，所以我白天就可以告假去上学。另外，夏伯拉兹先生对我说，巴黎肥皂泡似的荒唐怪诞的建筑风格令他厌恶。

然而，这不正有助于我好好学习一下石材做法各种可能的情况吗？您是知道的，在德国石材很少用到，偶尔出现在风格矫揉造作的大型建筑上。但即使在那上面，奇异夸张的石材凹凸也不多见，几乎没有（看看奥布里奇的作品：完全是平的，我没法学到任何东西）。就我们当地的建筑风格而言，是非常在意石材做法的。

但巴黎对于一个异乡人而言，似乎是个人情冷漠的地方，最好能找到熟人。您觉得我请路易·加莱[2]先生帮我向他的建筑师朋友正式引荐一下是不是会有所裨益？

夏伯拉兹先生还给我提了另一个建议：到威德利和毕绍夫位于苏黎世的事务所去应聘，他们正需要一个年轻的绘图员。但不知道现在还有没有空缺。在那里还可以获得进入苏黎世综合工科学校学习的机会。但这个著名的学府是用德语授课的，于我那确实是个大麻烦。我该如何把握去德国旅行和在大事务所实习的机会呢？

<u>作为一个全职而可靠的职员</u>，老板就不会挑剔我语言不通了，那我便有机会参与大项目的实施，并且一边兼顾德语的学习。

苏黎世和巴黎，两条出路。

但显然在巴黎，我会有更多的机会来提高我的艺术修养，而艺术于建筑绝非退而次之的附属。

必须尽快作出决定，如果去巴黎，那就要请路易·加莱先生为我引荐。

如果不能如愿去巴黎，而是要去苏黎世，那也得早点儿决定；我好安排我的开销。去巴黎要经过慕尼黑，我必须及时缩减开支。

我敬爱的先生，希望您已经不生我们的气了，希望您能够理解我们所做的一切都是为了更快地达成目标，并遵从您的思想（尽管，有时候我们并没有遵从您的建议，因为，针对我们所处的具体环境，您的建议难免有失偏颇）。如果我们与您之间出现了什么隔阂，那太令人心痛了；我们只是想把事情做好，不过有些急于求成，对应当付出的努力没有充分的认识。

我觉得夏伯拉兹的建议很好。但这不妨碍我觉得他这个人有时候缺乏务实精神，并且缺乏睿智（这种判断如果不是针对他的全部思想，至少也是针对他的专业）。他的审美取向偏向于德国，偏向于釉面瓷砖、瓷漆和石膏，他甚至还谈到文化石；我想他最多也就谈谈奥布里奇的水泥和白铁什么的了（通过他设计的办公和住宅就看得出）。

但他仍是个了不起的家伙，为人大方，又忠于职守。见鬼的是，无论你怎么追问，他都不会讲述他数学以及其他方面的专业知识。

所以我还是想听听您的意见，您永远是我最敬爱的老师。

谨上

夏尔·爱德华·让纳雷

---

1 勒内·夏伯拉兹（1881~1976）：瑞士建筑师，自1908年定居拉绍德封，夏尔·爱德华·让纳雷与他合作完成了佛雷、斯特兹及雅克迈别墅的设计与建造→见致夏尔·艾普拉特尼尔信 01.11.1907 * 信2 注1. 注2

2 路易·加莱→见致夏尔·艾普拉特尼尔信 26.02.1908 * 信3 注13

6 | 1908年3月8日，致父母信
1908年3月8日，周日晚9点，于维也纳州

亲爱的父亲母亲：

有些事需要作出解释；昨天收到您二老的来信，发现确实有必要向您们阐述一下我去巴黎的动机。非常感谢艾普拉特尼尔[1]先生把我的信转给您二老过目，我本没敢要求他这么做。您们已看到关于我的观察及思考结果的完整陈述。您们希望我在给您二老的信中如何谈及此事呢？

不了解我提到的人名及其作品，您二老恐怕很难明白其中的意思。您责怪我在您们面前回避我所有的感情和想法；但事实是，除了近几日几封决定性的书信，关于感情和想法，我对艾普拉特尼尔先生也只字未提过。12月的某日，我见到了某某设计的某某商店；半月后，见到了瓦格纳[2]设计的两栋住宅；1月某日又参观了一座他设计的著名的大教堂；然后，见到科罗曼·莫瑟[3]设计的系列邮票；仔细研究了一下霍夫曼[4]设计的一些室内的照片；2月见到奥布里奇[5]的大作，感觉分离派的建筑好丑（或者说，和我们想法不同，不对胃口）；然后是哈根布特[i]的三个展览；艺术之家的

---

i 哈根布特（Hagenbund, 1900~1930）：奥地利致力于新艺术运动的艺术家团体之一。

化装舞会；瓦格纳设计的一栋移民公寓；他弟子设计的六七栋小住宅；还参观了戴宁格兄弟设计的商学院及其室内（由于禁止参观，我们偷偷潜入）等等，您们觉得我跟您二老事无巨细地说这些有何用呢？日复一日，新鲜的讯息从四面八方涌来，使我惊愕，使我烦乱，使我开始学会自己进行比较和判断。在维也纳逗留期间，艾普拉特尼尔先生明确指示我去德累斯顿看看；于是我便请您把《德累斯顿艺术家》以及另外一两份德国刊物寄给我。不过后来在一个书吧也找到了一些关于达姆斯塔特、杜塞尔多夫、柏林以及慕尼黑等地的信息。还从格朗金小姐那里了解到一些消息，关于一所新成立的学校[i]，学校师资很强（主要是教授都比较有名）；那张倒霉的佩兰寄给他父亲的明信片上的照片就是这所学校的校舍，一座宏大的纪念性建筑，一件杰出的建筑作品。

  我仍在继续考虑那两栋别墅[6]的设计，晚上看看书，偶尔也翻翻在意大利拍的那些照片。我和佩兰[7]一般周日碰面，谈谈德累斯顿，谈谈一周的见闻：" 你看到那个住宅了吗？觉得怎么样？""那个学校呢？"……有一次，为了验证初次的印象，我和佩兰又折回斯坦霍夫去看那个维也纳现代艺术运动的代表作品[ii]；我们兴奋了三分钟，随后便感到沮丧。回来的路上我们一言不发，只聊了聊德累斯顿的葬礼；当时，还没有想到要去巴黎，这个曾经被我们否定的城市。佩兰显然也没法适应德国的思想，他总是提到布鲁塞尔。[iii]我想，总这么兜圈子回避问题也不是办法，早晚要切入正题的。

  我给您二老的信中写道："见异思迁，喜新厌旧。"同时，我给艾普拉特尼尔先生和夏伯拉兹[8]先生各写了一封长信。然而，没头脑的佩兰以明信片的形式把这一尚未成熟的想法[iv]告诉了他爸爸。他爸爸很是吃惊，赶去见艾普拉特尼尔先生；于是我们很快便收到了老师连夜写给我们的一封态度坚决口气强硬的信。这个时候，我的信已经寄出去了，于是我又追加了另外一封，以澄清我们的观点。现在，艾普拉特尼尔先生已经认同我们的想法，并不再为我们担心了（这说明他宽宏大度，不为流俗的观点所左右；也就是说，通常情况下，人们总是喜欢道听途说）。经过分析考证，

---

i 德累斯顿艺术学院（Kunstgewerbschule）→见致夏尔·艾普拉特尼尔信 26.02.1908。
ii 瓦格纳设计的斯坦霍夫大教堂及附属建筑→见致夏尔·艾普拉特尼尔信 26.02.1908。
iii 布鲁塞尔（Bruxelles）：比利时首都。比利时是 19 世纪末 20 世纪初席卷欧洲的新艺术运动的发源地，作为欧洲大陆工业化最早的国家之一，工业制品的艺术质量问题在这里比较尖锐。19 世纪初以来，布鲁塞尔就已是欧洲文化和艺术的一个中心，并在那里产生了一些典型的新艺术作品。维克多·霍尔塔（Victore Horata）和亨利·凡·德·维尔德（Henry van de Velde）是两位最杰出的代表人物。
iv 打算赴巴黎继续旅行。

老师认为我们的理由是可靠的，我们应当毫不迟疑地动身去巴黎。

如果每次写信如实讲述我的失望和沮丧，那您二老势必非常担心。因为我亲爱的老爸老妈，您们对我太好了，您二老全身心地都是为我好——您们会跑去向这个咨询，向那个咨询，向很多很多人咨询，但其实您们并不了解我们的具体情况；您们将为此而苦恼，您们会想很多办法，提很多建议，信像雪片一样飞过来，但其实您们并不知道问题的症结在哪里。对未来的打算给我带来很多麻烦，但这毕竟是我自己的打算呀，理应由我自己来处理麻烦。我一点一点梳理自己的思路，直到最近通过格朗金小姐了解到关于德累斯顿艺术学院的消息，<u>我便拿定了主意</u>。

完全由自己独立制定计划，精神上不依赖任何人。不惜一切代价也要拓开一方新天地；同时，我也清醒地认识到自己的不足，重新恢复理性的思维。喜新厌旧！再一次，见异思迁！我得承认年轻人说话比较泛泛，但人总会如此，直到生之将止。

（那些没有明讲的人是些聪明人，我发现自己是个天生的话痨。）

<u>我拿定的主意</u>是这样的：我缺乏坚实的基础，我对我的职业尚不了解，这些就是我将要学习的。我要进修学校的课程，我还要进入事务所工作，<u>以便有所提高</u>。而在德国事务所，我是没办法提高的。首先，语言不通。另外，无论去哪里，不出一个星期准会被打发走人。因为没有哪个老板愿意雇用一个既<u>不懂得建造又跟他审美取向背道而驰的员工</u>。

而在法国，对于<u>善于用人</u>的老板来说，我则会是个相当优秀的员工——因为我的审美倾向是拉丁式的。我可以<u>留在事务所做一名绘图员</u>；对于缺乏的知识我可以通过旁听学校的课程来弥补，毕竟<u>法语授课</u>，我还能听懂些。我咨询过夏伯拉兹先生，他让我意识到自己不会是最受欢迎的职员，况且，<u>相对于我自己理想的标准而言，我尚是个无能鼠辈</u>。但我相信，和事务所的其他成员相比，我有我的价值。

巴黎，（有充分的理由相信）与德国相比，人们建造的<u>规模同样宏大</u>，建造的方法同样现代。我有一些事实的论据，但在此不想引证。除非十年之后，当我真正透彻体会二者的风格，再作结论不迟。我今后要避免佩兰明信片那样的事。

有一件事您二老大可放心，您们的儿子绝不是个"轻浮的夸夸其谈者"。我需要鼓起我全部的勇气来勇敢地面对未来，我所预见的未来。我当比其他人更加勤勉；但勤勉不该到<u>迂腐</u>的程度，我<u>年轻的心必须发出声音，否则便会僵死</u>。从前，我晚上的娱乐除了无所事事，就是晃晃悠悠。本来可以一直如此，但我已经<u>被污染了</u>，佩兰常就此指责我。自从我离家上路以来，就像个卖苦力的小工，从来没有哪一天哪一个周末踏踏实实地休息过。博物馆、展览会、城市角落、音乐会、歌舞剧——总之，想方设法从沙堆里淘出一两颗艺术的宝钻。

我有个严重的缺点，那便是武断。我自惭形秽，并往往为此而感到恼火。对于艺术家来说，这是相当危险的。因为一个艺术家一生都将面对审视的目光，他必须冷静处事，必须坦诚地面对自己。一个艺术家之所以高贵，就在于他保持清明的判断，同时懂得克制经常燃起的怒火。感谢您们提醒我注意到这个危险，并常请严格监督改正。我的职业，或者说我的志愿，与艺术密不可分。但在我这个年纪还不懂得如何随时随地拨动艺术的心弦。所以，还需要每天都摄取艺术的食粮，呼吸艺术的空气。在维也纳，没有音乐就等于死亡；每次我试图寻觅声音之外的艺术时，结果都一无所获败兴而归。

巴黎，有巴黎圣母院，有凡尔赛宫，有卢佛尔宫，还有特罗卡迪罗广场等等，不可尽数；总之，这是一座光辉的城市。在博物馆，我敞开我的精神，我浇灌我的心灵，我打下坚实的基础，建立审美的原则。在事务所，我接受职业的启蒙；同时，我兼顾学习。这将是个漫长的过程，需要时间，需要很长的时间，需要日复一日不懈地努力。总会伴有辛酸和失意，但这将是法兰西式的，我将知难而进，勇往直前。

您二老看到了，以上便是我提高职业技能的计划。

现在是我一生中最紧张的时刻，我没法让别人理解我，如果我再多作解释，人家就会毫不犹豫地扭过头去把门关上（字面意思，绝不夸张）。除了继续向前，无路可走。对那些自以为是的家伙，我会不懈地从牙缝里挤出三个字：德国胚！

路易·施沃布就是这样一个自以为是的家伙，他就是喜欢和我作对。而且在他眼里就他正常，我们其他人，艾普拉特尼尔先生的学生，我们都不正常。就艾普拉特尼尔先生在我们学校开设的结合新艺术运动的钟表雕镂课程，就足以显示我们老师非凡的勇气和过人的胆识，还有他的宽宏和慷慨。老师相当尽责，学生相当尽力，看看我们的作品就可以了解我们的水平。[i] 老师总给我们开小灶，因此我们储备了大量进修同样课程同等程度的学员不曾了解的知识。八年免费的艺术课程[ii]，对一个立志成为建筑师

---

[i] 夏尔·爱德华·让纳雷在拉绍德封工艺美术学校学习期间，在他老师夏尔·艾普拉特尼尔开设的钟表雕镂课程上的作业——一块手工雕刻表蒙的怀表——送选参加1902年都灵举办的国际装饰艺术博览会，获得一张荣誉证书。

[ii] 夏尔·爱德华·让纳雷1900年进入拉绍德封工艺美术学校学习。在那里遇到了他的启蒙老师夏尔·艾普拉特尼尔，从此开始对绘画和建筑产生兴趣。

的学生来说是相当难得、相当珍贵的；毫不夸张地讲，老师的小课堂甚至可以与维也纳的著名学府相媲美。学生，如我，<u>要证明自己</u>，就在于猎取他人了解而我尚不了解的一切事物。这猎取肯定不是什么惬意的事，所要面对的是一望无际的艺术战斗的疆场；而这漫无边际本身就会吞噬人的生命。但我决心已下，从现在开始投入战斗。<u>就是出于这个目的，我要去巴黎</u>。

对于我们的职业，德语是一样不可或缺的工具。当我掌握了基本的职业技能，我就要去家德国事务所试试。——正如艾普拉特尼尔先生信中所说，审美的冲突对我们是有益的，有利于我们巩固自己的审美原则。这便是他在德国逗留期间的心得，然而他担心在巴黎会精神麻痹。谁知道呢？全球的现代运动还是个未长大的娃娃，一个有朝一日可能会长成巨人的娃娃，他将何去何从呢？

德国、法国、南欧诸国，在我看来都一样；如果存在什么差别的话，与其说在于整体的运动，不如说在于个体的艺术家。

德国似乎有点儿集权的怪癖，这一现象透过德国学校的体制就看得出来。事实上，维也纳的瓦格纳是德国现代艺术之父，直到现在仍然保持着首要的不可动摇的领袖地位。他有两个非常出色的学生：他们是霍夫曼[9]和奥布里奇。[10]霍夫曼在维也纳开创了自己的风格；奥布里奇去了达姆斯塔特，后来在德国扎根。以上便是三个最重要的名字。我希望您们有足够的信心相信您们的儿子还不至于头脑混乱。但我已忍耐到极点，我已忍无可忍了。我受不了这里压抑的空气，我要去巴黎，我要去那里找我想要的。说实话，我没有什么具体的打算，但是确实应当在回去之前多走走多看看。相信我吧，我需要您们的信任。我亲爱的爸爸妈妈，尤其不要再说"我令你们悲伤"这样的话了。您们永远是我最爱的人。

周日晚上就要动身去慕尼黑，在那里待上三四天；然后去纽伦堡，在那里画两三天的速写；然后去巴黎。我有一位巴黎官方建筑师（艾普拉特尼尔先生的朋友）的地址，我可以去找他。我要去见见世面了。

在尚不知晓会发生什么的情况下，计划有何用呢。又一次，我们选择了非常规的道路，这就意味着注定要比正常留在学校继续学业的同学吃更多的苦头。

老爸的话很有道理，一件作品的产生是我们与前辈间接合作的结果。

我指望您们给我汇些盘缠来应急，我已没钱买车票了，身上的钱只够支付周日前的住宿费了（200 法郎就够了）。

最好能汇 500 法郎，我想应该有些结余的，以备不时之需。

请相信我吧，您二老是我在这个世上最最深爱的人。

紧紧拥抱您们，永远感激您们！

您们的儿子：让纳雷

关于我的打算我已像佩兰的明信片一样过早透露了我的想法，您们可以考量它的有效性。

1　夏尔·艾普拉特尼尔：画家，夏尔·爱德华·让纳雷在拉绍德封工艺美术学校的老师。→详见收信人目录
2　奥托·瓦格纳→见致夏尔·艾普拉特尼尔信 26.02.1908 * 信 3 注 4
3　科罗曼·莫瑟→见致夏尔·艾普拉特尼尔信 26.02.1908 * 信 3 注 1
4　约瑟夫·霍夫曼→见致夏尔·艾普拉特尼尔信 26.02.1908 * 信 3 注 3
5　约瑟夫·奥布里奇→见致夏尔·艾普拉特尼尔信 26.02.1908 * 信 3 注 6
6　雅克迈—斯特兹别墅（Stotzer-Jaquemet）→见致夏尔·艾普拉特尼尔信 01.11.1907 * 信 2 注 2
7　莱昂·佩兰→详见收信人目录
8　勒内·夏伯拉兹→见致夏尔·艾普拉特尼尔信 01.11.1907 * 信 2 注 1. 注 2./致夏尔·艾普拉特尼尔信 02.03.1908. 注 1
9　约瑟夫·霍夫曼→见致夏尔·艾普拉特尼尔信 26.02.1908 * 信 3 注 3
10　约瑟夫·奥布里奇→见致夏尔·艾普拉特尼尔信 26.02.1908 * 信 3 注 6

---

7 | 1908 年 4 月 15 日，致奥古斯都·佩雷信

佩雷先生 | 建筑师 | 学府路 9 号 | 本市 | 1908 年 4 月 15 日，于巴黎

尊敬的先生：

　　上周三与您的会晤令我印象深刻，我愿完全听从您的吩咐，并不再寻找其他机会。如能得到您的允许，在您的事务所工作，对我来说将是一件非常幸运的事情，我将遵从您的指示。

　　我可以完成诸如求透视、加阴影、上水彩还有为建筑作装饰的工作。

　　鉴于近三年曾有建筑具体实施的实践经验，我还可以下工地，制定执行计划，草拟合同，并完成建筑的初步概算。

　　至于报酬，您可以在 15 天的试用期结束后再予以考虑。

　　需要补充说明的是，如果以上条件您还满意，我希望每天只工作 5 小时。

　　尊敬的先生，我向您致以我最崇高的敬意！

夏尔·爱德华·让纳雷

8 | 1908年6月2日,致父母信
1908年6月2日,于巴黎

亲爱的父亲母亲:

  好久没和家里联络了;无论如何我都该抽出时间给您二老写封长信。上周二乔治·奥贝尔¹来了,一个星期又忙忙叨叨地过去了。今天天气闷热,只穿一件薄衫就好。纷纷扰扰的一天之后,傍晚,我得以安静地坐下来……粉红色天空下灰色的巴黎圣母院就矗立在眼前,来吧,让我和我亲爱的老爸老妈好好聊一聊。

  我想您二老大概已经习惯了孩子不在身边的晚年生活了,我们的离开无疑换来了宝贵的宁静。而在这过去的一年中,我们则饱受颠沛流离之苦。辗转各地,繁缛的行政手续,加之我淡薄的时间观念,徒增了许多恼人的麻烦。今天坐在这里的,已经俨然一个少年老成的家伙,整日里不知疲倦地忙着在荆棘下拣拾麦穗。

  很奇怪:今晚突然感觉到一种直觉的需要,需要回顾一下曾经的日子。我需要明确,和一年前相比我现在的状态如何,当然,我指的是精神状态。这迫切的内省的需要还源自近几日沉闷的天气所造成的萎靡;难以忍受的炎热似乎要窒息我所有的思想,精神在身体的局限前止步。然而,正是这样一种强迫休息,使我得以有机会对往昔的日子作一个回顾,清点一下过去一年在精神上的收获。

  我刚把台灯打开,被灯罩笼住的灯光洒在我卷曲的信纸和由于难捱的闷热而微有些浮肿的双手上。一双赤脚搭在阳台栏板突出的边缘上,惬意地吹着风。是的,的确有微风袭来,在钻进我的卧室之前,它们轻拂过巴黎圣母院钟楼上那几个石头的精灵——几个世纪以来,它们就在那里,居高临下地骄傲地俯瞰并守护着巴黎的芸芸众生,有智慧,也有愚鲁,有崇高,也有猥琐……

  如政党之于国家,学生之于老师,可以用一句话来综述我这一年的收获:自由,我获得了自由。我之所以这么说,那是因为我拥有了完全自主的权利。每一天,每一分钟,我都面临选择。在意大利,在艺术珍品的海洋中,选择那些特别的真正启示美的作品。在维也纳,长达数月的逗留期间,一直面临着抉择。一方面,我可以选择满足自己的虚荣;选择接受聘任进入霍夫曼²事务所工作,以此博取他人的肯定;选择踏踏实实继续完成学业;选择怀抱幻想保持甜蜜的安宁,这样做大家都会支持我称赞我。然而,我选择了另外一条道路,我选择了节衣缩食,投身漫长的旅途,来到一座人人都乐于用可恶的名号装点自己的城市;选择做一名不顺从的学

生，冒险违抗自己最敬爱的老师的命令；选择一意孤行，不顾任何人甚至父母的反对。因为，我已不屑地摒弃了我曾热衷的事业，而选择投身一场没有尽头的战斗，并为此忍受以前从未经受过的愚蠢的讽刺和挖苦。最后，在巴黎，面临不同的学习系统之间的选择。必须自己拿主意！首先，没有任何人向我提供建议；另外，即使有什么人提出了什么建议，那采纳它们也是相当冒险的，因为提出建议的人完全不了解我具体的精神状态。一天运转 14 小时，这负荷的确不低，且很难提前制定出有效合理的计划。您们不难理解，如此九个月的磨炼，我不得不放弃所有的先入之见，而选择严格地按照我个人的观察和思考行事。这样的作息的确非常辛苦，但我以为有益。我也常想，为什么阿尔伯特³总能制定出明确的学习计划，并且严格地执行呢？他的脑子为什么就那么聪明呢？不过，现在我不这么想了，看到他寄来的明信片和书信，我认为他的口气过于轻松了；确切地说，我认为他并没有充分地发掘自己的才能。阿尔伯特，就他的年龄而言ⁱ，既没有个性，也没有梦想；老实说，我希望看到他实现自我，也就是说，离开马尔托⁴，<u>投身生活</u>，来巴黎或去其他什么地方，走一走，看一看。

我可以对我的话负责。佩兰⁵、佩罗瑟⁶，还有我，我们三个就是相反情况最好的例证。我们获得了自由，我们提出的每个想法都是自己的观察和独立思考的产物（在大多数情况下，我们同老师的想法也能不谋而合）。

和乔治·奥贝尔的交谈，让我感觉到今天的我同一年前那个专心学业的我之间的差别。乔治·奥贝尔，他确实有想法、有激情，是个颇有才华的小子；他的画面效果比我强很多，技巧也比我娴熟。但不过如此了，他仍旧很盲目很迷茫，思想幼稚且贫乏。于是，我选择在今晚好好回顾并整理一下我的经历，追问一下其中的缘由："为何"，"如何"。问题将涉及我周遭的一切，涉及自然，涉及大师的杰作，涉及文学音乐和造型，总之，涉及一切崇高的神圣的触及美的事物。

我获得了自由，也就意味着我获得了我字母表中的"<u>a</u>"。艾普拉特尼尔⁷先生首先教我明白自己的无知，我不懂得什么是神圣，什么是伟大，我不懂得这些抽象的概念。但同时，他唤起了我对艺术的渴望，激发了我一种积极的批判意识；我认为，这种渴望和这种意识对我这个年纪的年轻人来说是非常有益的。这便是我老师的不可替代之处，他会把你掏空而不

---

i 阿尔伯特·让纳雷：夏尔·爱德华·让纳雷的哥哥，1886 年 2 月 7 日出生，比 1887 年 10 月 6 日出生的夏尔·爱德华·让纳雷大一年零八个月。

是填满。如果我们不能感觉到我们都是同样的人，站在同样的起点，面临同样的问题，忍受着同样的痛苦；那么，当我们面对一项看上去超出常人可能的任务时，便会望而却步。

人一生中会遇到很多帮助你的人；而当机缘巧合让我遇到艾普拉特尼尔这样的启蒙老师，格拉塞[8]这样引导灵魂的传教士，卡里埃[i]这样具有感染力的人物，那便是生活对我特别的恩赐了。这些坚实的守护神，这些强悍的牧羊人，他们的手臂坚实而柔软。当一个年轻人独自面对生活的大幕在他面前悄然拉开的时候，看到真实生活上演的时候，正为难以避免的幻想的破灭而灰心失望的时候，是他们在路边扶我重新站了起来。夏凡纳[ii]，传承了乔托[iii]和安吉里柯[iv]的思想；霍德勒[v]，奥尔卡尼亚[vi]的门徒，现代思想的先知；罗丹，为女人的裸体所展现的美而感叹的神圣祭司；库斯[vii]，一个受大地的广阔诗意感召的灵魂。接触他们的思想和作品，会让胸膛里燃起火焰。仔细体会并分析这种种感受是有益的。应当每天记录下我们所思所想以及我们感受的种种印象，无论那是强烈的刺激，还是隐约的暗示；我们都希望把它变成垂在我们生命之树枝头的一颗新鲜的果实，蕴含在我们灵魂之花花蕊里的一滴晨露。以哲学的思辨来反省并调整我们的思想是有益的。这是一种体操般的运动，不过人们通常把它看作是无用的、无益的，甚至是有害的。但这是人之所以称之为人的惟一理由！在我们这个年纪，在关于一些话题的激烈的讨论和争辩中，难以避免地会触及到一些普遍的真理，一些人们通常的简单说法，比如，上帝存在，国际主义是祖国这一概念最美好的表现……这个时候，我们就要询问我们的内心，追问事实的真相，要为这样那样的论点找到事实的依据；我们要充分地利用和发掘我们的才智，毕竟每个人都有义务浇灌并让我们的智慧结出

---

i 欧仁·卡里埃（Eugène Carrière, 1849～1906）：法国象征派画家，石版画家。
ii 皮埃尔·皮维·德·夏凡纳（Pierre Puvis De Chavanne, 1824～1898）：法国象征主义主要代表画家之一。他的画面强调理性的抽象和统一，传达一种梦幻的、充满诗意的意境，和平宁静的气氛中带有一丝忧郁。代表作《希望》，收藏于卢佛尔宫。他的作品影响到高更、梵高、修拉、德尼、毕加索等人的创作。就对画面统一性的关心而言，他是塞尚真正的先驱。
iii 乔托：意大利文艺复兴初期佛罗伦萨画家、雕塑家、建筑师。→见致父母信 14.09.1907 ＊ 信 1 第 33 页注 vii
iv 弗拉·安吉里柯：僧侣画家。→见致父母信 14.09.1907 ＊ 信 1 第 34 页注 ii
v 费迪南德·霍德勒（Ferdinand Hodler, 1853～1918）：瑞士画家。生前即已被广泛认可。
vi 安德里亚·奥尔卡尼亚（Andrea Orcagna, 1308～1368）：佛罗伦萨画家、建筑师和雕塑家。以湿壁画著称。
vii 维克多·库斯（Victor-Koos, 1864～1925）：法国画家，皮维·德·夏凡纳的朋友和追随者。其风格以质朴自然为主导。

果实。

阿尔伯特给我寄来一张明信片,他告诫我远离这样的讨论,他说这是自寻烦恼。绝对不是的,我亲爱的哥哥,这回是他搞错了,他已经在日内瓦学院的温床上甜蜜地睡去。<u>心弦</u>,是一个关乎艺术的词,只有崇高的思想才能将它拨动。

老妈和阿尔伯特最近跟我谈到施特劳斯。在我看来,他的音乐毫无生气,这一点令我非常失望。确实,我不清楚您们究竟如何看待艺术;但我认为,在类似场景下,人们应当陶醉其中,应当享受,应当兴奋。或者,也许施特劳斯乐团在巴黎的表现会卖力些,而多少没把外省放在眼里吧。相形之下,爱乐乐团的音乐会则演绎得相当出色;甚至可以说喜出望外,因为经常可以听到施波尔[i]的作品,还有韦恩加德纳[ii]和科洛纳[iii]演绎的音乐。

还有一次,在拉穆勒[iv]音乐厅,有幸莅临了一场令人难以忘怀的晚会:加布里埃尔·福列[v]的音乐展演。当晚福列本人,蒂博[vi],卡萨尔斯[vii]以及其他音乐人展现了他们各自不同凡响的天赋,奉献了一场非常精彩的演出。

您们觉得福列的音乐怎么样?那是朝着疯狂的青年的理想迸发的一股激流。我现在满脑子都是福列和蒂博演奏的奏鸣曲,他们的音乐能够把听者带入一种非凡的境界。我想起了我可爱的母亲[viii],在她那装饰了美丽东方地毯的小客厅里,弹奏着美妙的钢琴曲……一句弥撒的续唱在耳边萦

---

i 路易·施波尔(Louis Spohr, 1784~1859):德国小提琴家,作曲家,指挥家,教育家。是第一个用指挥棒指挥的人。作品有九部交响曲,室内乐,十部歌剧,包括《浮士德》。

ii 费利克斯·韦恩加德纳(Felix Weingartner, 1863~1942):20世纪伟大的指挥家,擅长演绎马勒和贝多芬的作品。

iii 爱德华·科洛纳(Édouard Colonne, 1838~1910):法国小提琴家,指挥家。1873年在巴黎创立自己的乐团。

iv 夏尔·拉穆勒(Charles Lamoureux, 1834~1899):法国小提琴家,指挥家。1881年创立了信乐团,后称为拉穆勒乐团。

v 加布里埃尔·福列(Gabriel Fauré, 1845~1924):法国20世纪初具影响力的一代音乐家。是当时与印象派音乐共同存在,而又保持了法国传统音乐特色的主要代表人物。

vi 雅克·蒂博(Jacques Thibaud, 1880~1953):法国小提琴家。与大提琴家卡萨尔斯(Casals),钢琴家柯尔托(Cortot)所组成的三重奏乐团被称为黄金三重奏,是20世纪最伟大的三重奏乐团。

vii 卡萨尔斯(Casals, 1876~1973):大提琴家,原籍西班牙。与拉穆勒乐团合作在巴黎一举成名。他与柯尔托、蒂博合作的贝多芬、舒伯特与勃拉姆斯的三重奏堪称经典。

viii 夏尔·爱德华·让纳雷的母亲原名玛丽·夏洛特·佩雷(Marie Charlotte Perret),是一位钢琴教师。比让纳雷大一岁多的哥哥遗传了母亲的音乐天赋,后赴日内瓦学习小提琴。

绕:"觊觎(艺术的)无价瑰宝,要历受万般辛苦。"如果我还算懂一点音乐的话,那这便是我为您们在谱表上填写的第一句唱词。我希望听到阿尔伯特用激情和灵魂,用投身生活的感悟来演奏他的小提琴。他应当体会一下这疯狂的理想,这欢乐的激情的放纵。我和佩罗瑟一起聆听了这场音乐会,那是在我们三个小时敞开心扉的交谈之后……于是,一曲动人的五重奏一下冲开了我们的灵魂,掀起巨大的波澜,达到了一种高潮的至善至美的和谐之境。不过,结束的时候我们并不是还以掌声,我们对彼此说:来吧,为什么我们不拥抱一下呢!

昨天上演的是贝多芬第五交响曲。我们得特别提一下福列,尽管他的头发已经半白,胸膛里却跳动着一颗20岁的年轻的心。

是的,我也该谈谈贝多芬,谈谈他的第五交响曲。有必要明确我们的感受,并从中引导出思想。首先应当精神饱满,应当反复聆听这来自天国的巨人的声音。这是我第五次听这个交响曲,我熟悉其中的每一段旋律。但不是的,我从未,从未如此真切地目睹这场可怕的战斗,从未如此身临其境……我几乎可以看到从庞大巨兽的肌肉之间迸发的思想。与这样一个不可估量的庞然大物的交战是难以想像的,因为精神根本无法衡量它的尺度;只有噩梦可以形容它的印象,那是一场充溢着年轻的狂喜和欢乐的冲动的战斗!

贝多芬的作品中,总是洋溢着一种不可言喻的富有生命力的神圣微笑。这微笑在最美的古希腊雕塑中见过,在最光辉的建筑的启示中见过,这些伟大的作品曾经使那个地方充满生机,那里的人们以美为他们的信仰。

今晚,我用两个小时整理我的思想,写下这封不算长的信,把它们统统呈现在您们面前。但其实到目前为止,并没有谈到什么值得您们浪费时间和耗费眼力的事件。请原谅我,将您们的思想暂时抽离了构成您们生活的日常事务。是否您们更希望我向您们列举我一日三餐的菜单,或者谈些艺术之外的每日蒙受的生活的无常的恩赐呢?

如果这话题让您们觉得无聊,至少我自己有所收益。而且,从今往后,我打算多写写我的感受,少说些无聊的蠢话。比如,关于那顶在贝林佐纳[i]买的草帽,被风吹到塞纳河上,并最终消失在一道水坝的下方;还有那双深受柯奈夫特理论启发的皮鞋,可以让双脚呼吸,不过当然不适合踩在清晨的露水上。

---

i 贝林佐纳(Bellinzone):瑞士南部提契诺州(Ticino canton)首府。

我几经发誓每天10点之前必须上床睡觉,因为已经连续一个星期睡得很晚了。现在马上就11点了。

紧紧拥抱您们。同往常一样,这个时候老爸一定已经上床了,把他的鸭绒被一直拉到鼻子下;老妈永远那么认真仔细……好了,该道晚安了!

儿:让纳雷

---

1 乔治·奥贝尔(Georges Aubert):画家,夏尔·爱德华·让纳雷青年时期的朋友。→详见收信人目录
2 约瑟夫·霍夫曼→见致夏尔·艾普拉特尼尔信26.02.1908 * 信3注3
3 阿尔伯特·让纳雷:夏尔·爱德华·让纳雷的哥哥。→详见收信人目录
4 亨利·马尔托(Henri Marteau, 1874~1934):日内瓦音乐教授,阿尔伯特·让纳雷的导师。
5 莱昂·佩兰→见致父母信14.09.1907 * 信1注1
6 佩罗瑟(Perrochet):夏尔·爱德华·让纳雷在拉绍德封工艺美术学校的同学。
7 夏尔·艾普拉特尼尔:画家,拉绍德封工艺美术学校教授。→详见收信人目录
8 欧仁·格拉塞(Eugène Grasset, 1845~1917):法国室内装饰建筑师,原籍瑞士。著有《装饰构成方法》一书。1908年,年轻的夏尔·爱德华·让纳雷去巴黎拜访他,他促成了夏尔·爱德华·让纳雷去佩雷兄弟事务所的工作。

---

9 | 1908年11月22日,致夏尔·艾普拉特尼尔信
圣米歇尔码头3号 | 1908年11月22日,于巴黎

我亲爱的先生:

再过些日子就要重返家乡了,为此我感到非常高兴,又可以见到您,又可以见到我亲爱的父亲母亲了。但同时,我也感到不安。佩兰¹寄来的书信和明信片多少透露出一点紧张的气氛……我想我有必要向您说明我现在的状态(尽管就我的年纪,有些话还是难以表达清楚),以便我们重逢之时感受到的是喜悦以及您对我的鼓励,而不是误解和冷漠的隔阂。

也许您让我放弃选择钟表雕镂师作为终身职业是正确的,因为我已<u>渐渐感觉到</u>自己的力量。您说人生不是儿戏,没有轻而易举的事情,我们需要付出辛苦的努力。但远不止于此,从曾经的学钟表雕镂的小子,到一名符合我自己对这一<u>使命</u>的定义的建筑师,需要迈出巨大的一步……如今,我已认清自己要往哪里去,我将充满喜悦和胜利的激情迈开我的脚步。

巴黎是一片沃土,只要肯于耕耘便会有所收获。巴黎是一座巨大的思

想的迷宫，倘若对自己不够严酷，便会迷失。巴黎应有尽有，只要敞开我们的灵魂去爱——用我们持有的神圣的精神去爱，这精神被邀请来完成这项崇高的任务，那它便有可能融入我们，成为我们的精神。巴黎一无所有，如果你不懂得绷紧自己额头后面的思想，学会判断一天之中每一时刻的价值。巴黎的生活是严肃的，是积极的。巴黎是梦想者的死地，每一分钟精神都承受着严酷的鞭笞。

巴黎的生活对我来说是孤独的。8个月来独自生活——每天与自己的精神独处，试着与它交流。如今，我已能够同我的精神对话——那是孤独丰产的时刻，是用镰刀收获的时刻，也是忍受鞭笞的时刻。哎！再多一点时间来学习来思考该多好！现实的生活总是那么吝啬，贪婪地吞噬着时间。

我的构想已建立起来——我将向您表述它，我还要向您描述它的缘起（是什么引发了这思想）和它的基础。我要对您说："这不再是空中楼阁。"这个构想相当宏大；它令我兴奋……但同时也鞭笞着我的精神；它无关紧要，但当我内心的力量呐喊的时候，它便为我插上翅膀。这内心的力量激发自外部事物所引发的询问——"你怕了?!"我打算花40年的时间来实现我在我那至今尚空空如也的地平线上勾勒出的巨厦。今天，我已结束我幼稚的梦想，比如，完成德国、维也纳或达姆斯塔特某学校的通关考试——这太容易了，我要做的是和真理本身交战。尽管，为此我须付出惨痛代价、遍体鳞伤。我所期望面对的不是今日的安宁，我要面对的是未来，我为未来作准备。也许可以在人群中享受凯旋，也许不会……但我都会活着，真诚地活着，哪怕是在谩骂声中，我也将享受实在的幸福。当我表达这些的时候，我不是在痴人说梦，那是我内心的力量所发出的声音。现实，有一天（也许就在不久的将来），会是残酷的：战斗已经迫近，这是一场残忍的与自己的所爱展开的战斗。必须如此，否则我将无法再满足自己。是的，我是多么希望我的朋友我的同志远离狭隘的自得其乐的生活，燃起他们生命的火焰，焚毁他们曾经的最爱，相信他们的所爱只是曾经的好——并认识到自己的目光是多么短浅，自己的思想是多么狭隘。只有今日或明日的思想才能孵化新的艺术。这思想在逃避，我们必须抓住它。为了能够找到它以便同它正面交锋，需要到一僻静处。巴黎正为渴望寻求寂静和退省的人提供了这样的蛰居之所。

我对建造艺术的构想已被粗略地勾勒出来，但到目前为止，单凭我浅薄的或尚未被完全开发的资质，还不能将其实现。维也纳给我单纯追求建筑造型的想法（只关注形式）以致命一击。等到了巴黎，我又感觉到脑子一片空白，我对自己说："可怜的家伙！你还是一无所知呀；而且，更可悲的是，你都不知道自己究竟不知道什么。"这令我感到无比地焦虑和不安。为此，我多方询问：我咨询了夏伯拉兹[2]，他所知更少，并使我更加混乱；还有格拉塞[3]、儒尔丹[4]、索瓦吉[5]和巴克[6]（我还见到了奥古斯都·佩雷[7]，但没敢开口向他询问此事），他们都对我说："你对建筑的了解已经足够多了。"但我的精神不能认同这种说法，于是我便求教古人。我选择那些曾经最疯狂的战斗者；我们，我们20世纪的斗士正是要效法他们。我已经研习了三个月的罗马文明，每晚去图书馆自修。我参观巴黎圣母院，我去法国国立巴黎高等美术学院旁听马涅[8]教授关于哥特的课程……渐渐有所领悟。

佩雷兄弟[9]是我的马刺，这些强悍的人时时提醒我，时时督促我：通过他们的作品，通过他们的博学，他们告诉我："你一无所知。"对罗马文明的研习，使我开始怀疑建筑不是单纯追求形式的和谐，它一定还意味着别的什么……我现在还不得而知。我开始研究机械，还有力学；这些知识我生生啃了一个夏天。多少次我曾自欺欺人；今天，我愤怒地发现关于现代建筑的知识我还有那么多漏洞。

既愤怒，又喜悦。因为我终于发现了问题。我研究材料力学；很艰涩，但很美，其中的数学，如此逻辑清晰，如此完美！马涅教授还开设了意大利文艺复兴的课程；通过否定的方式，我进一步了解了什么是建筑。博纳瓦尔教授关于罗马－哥特的建筑课程使建筑的概念变得愈发清晰。

在佩雷兄弟的建筑工地，我见到了混凝土，这种材料要求形式的变革。八个月的巴黎之行教会我：逻辑，诚实朴素的真理，以及如何从往昔的艺术中汲取营养——教会我高瞻远瞩！一个词，一个词，所有单词串连起来，巴黎对我说：焚毁你曾经所爱，爱你曾经所毁。格拉塞、索瓦吉、儒尔丹、巴克等等，还包括您我亲爱的老师，您们都是诚实的楷模，但同时，你们又都是说谎者，十足的骗子。因为你们根本不清楚什么是建筑。更不用说那些所谓的建筑师了，他们都是些匠人，是些术士，是些愚蠢的笨蛋。

作为一名建筑师，必须有一颗辩证的脑袋：既要有缜密的逻辑思维，又要保持对造型的热爱；既要有理性，又要有情感；既要博学多识，又要不失对艺术的鉴赏力。我明白这一点，不是通过您们中的任何一位，而是拜我们的先人所赐。我们的先人，他们会给用心求教的学生以指点。埃及建筑之所以如此，因为信仰如此，材料如此。信仰神秘力量，平滑的石材砌合，决定了埃及神庙的形式。哥特建筑之所以如此，同样是由信仰和材料决定的。信仰向上的扩张的力量，采用小块的石材，决定了大教堂的形式。

结论是：使用大块平整的材料，便会建造出埃及、希腊或墨西哥式的神庙来。而运用小块的石材，则必然导致哥特教堂的形式。随后六个世纪的建造活动，证明人们运用这种材料只能造就这种形式，除此没有其他可能。

我们谈论一种新的艺术，明日的艺术。这艺术必然来临。因为人类已经改变了他们生活及思考的方式。纲领是新的，背景是新的。我们可以谈论一种即将来临的艺术，它的背景是一种新的材料——钢。新的艺术的花蕾必将借此而绽放。钢是一种新的建造手段，它恰恰弥补了混凝土在结构受力方面的缺陷。这将是一项难以置信的创造，必将在人类的营造史上竖立起一座标志胆量和勇气的丰碑。

11月25日，星期三，晨

我仍想继续这学习这工作这战斗的生活，幸福的生活，年轻人的生活。留在巴黎或继续旅行，直到有一天我所知<u>足够</u>。我乐而为之，因为我获益匪浅。如果事情没有变化，我将不再同意您的观点——我无法再同意您的观点——您认为20岁的年轻人应当朝气蓬勃，<u>积极向上</u>，应当是个执行者（承担并履行他们所继承的责任）。因为您，您个人感觉到强劲的丰产的力量，您相信年轻人既已获得了这种力量。是的，这力量的确存在，但它将不自觉地朝着相反的方向发展。您今日的观点不啻于在否定您自己青年时代的生活——您在巴黎的生活和您的旅程，还有您初到拉绍德封时的<u>孤寂</u>。

您课堂上的学生，您已通过他们的作品把他们培养成骄傲的自以为是的人了。是的，20岁应当懂得谦逊，不过这骄傲甚至在他们的现实生活中也溢于言表。他们在墙上涂抹漂亮的颜色，相信自己下笔便是美。但恐怕他们这美不过是可悲的虚假的美：这美太做作，这美太肤浅。必定是<u>偶然的美</u>：所谓创作，必须有意识，必须知道。这些课堂上的学生，他们还不知道，因为他们还没有开始真正的学习。他们被淹没在自己天真的幻想中。他们没有经历任何痛苦任何磨难；而不经历痛苦和磨难，就不可能诞生艺术——艺术是一颗跳动的心的呐喊。但他们的心从未跳动过，他们甚至<u>还不知道</u>自己有一颗心。

要我说，他们小小的成就不过是天真的幻像，是沙上建屋，是空中楼阁，倾倒只在一瞬之间。

他们毫无生气。当战斗打响的时候，<u>您只剩下孤身一人</u>。因为您的士兵都是些幽灵，他们不知道自己<u>存在</u>，<u>为什么</u>而存在，<u>如何</u>存在。您的士兵从不思考，而明日的艺术将是思想的艺术：构想宏大，远见卓识！

您的队伍里只有您看得远，其他人都很盲目。他们摸黑前行，偶尔一两次侥幸，但最终都将屈服。您是惟一拥有力量的人。您懂得如何了解自己，您知道痛苦、愤怒和激情的价值。您说：让我来承受这痛苦，为他们铺平生存的道路。就像峭壁上的一棵大树，花了20年的时间把它的根扎向干燥岩石下的泥土；然后慷慨地说："我已完成了战斗。就让我的孩子们来收获吧！"

大树把种子播在积聚于岩石表面的腐殖土里，它自己继续完成着痛苦的新陈代谢。岩石在阳光下升温，种子发芽了；它如此迫不及待地把它稚嫩的根须向下伸展，如此兴奋地把它小小的叶子举向天空！……但是，太阳把岩石晒得滚烫，我们小小的植株焦急地环顾着四周，它被这难耐的高温搞得头晕目眩；它努力把侧根伸向它的靠山。而它的靠山，那棵大树，它花了20年的时间不间断地抗争，它的根系已深入岩石细小的缝隙，并将那里占满。在极端的焦渴的煎熬中，小树抱怨着创造它的大树，含恨而亡。它死于从未<u>自立地生长过</u>。

这便是我在我们小镇见到的，这便是我的焦虑不安。我说：20岁开始创造，那么接下来是否还有勇气是否还有力量继续创造：荒谬的、错误的、难以置信的盲目，不可思议的自大。肺叶还没有长好就想要高歌，<u>他的存在是一种怎样的愚昧无知的状态呀</u>！

树的预言令我不寒而栗……您是一个心中充满爱的人，当您看到这些小小的植株正在骄傲地喜悦地把头抬向天空的时候，却被骄阳一样无情而炽热的生活（它们本该学着直面并与之抗争）煎熬并吞噬了生命；当您看到这一幕的时候，心中一定无比感伤。

我将如何再面对我的朋友？我不像佩兰那样有涵养，可以委身同他们在一起。我受够了。我感到无比压抑，我要逃开。旅途中与两三人的相处，已经让我领教了非常紧张的关系，于是我逃开了。

我与您的抗争，我亲爱的老师，将是我与一项谬论的抗争：您自己的力量是非凡的，您完全被自己非凡的力量所征服所迷惑。您相信类似的力量普遍存在。您相信在您的收容所里看到了一膛<u>年轻的</u>、<u>炽热的</u>、充满激情的炉火：这是一膛已经成熟的、象征胜利的炉火——但炉火只是您眼中的幻像，您在，它燃烧；您离开；它便熄灭。

至于我，我不敢作什么断言。因为我还年轻，对于再远处我没法看得真切。但是，目前我就看到这里了。因为，我只能说我看到的，我切身感受到的。

我与朋友们的抗争，将是我与他们的愚昧和无知的抗争。不是因为我知道些什么，而是因为我知道我一无所知。我没法与他们相处，因为每当我想看得更高看得更远，他们便会扼住我。

我必将受到他们的攻击，因为我爱他们，以一种严肃的方式。——甜蜜的友谊将土崩瓦解，这就是我这段时间所看到的和所经历的。两三株小苗已经枯萎，他们曾是我们当中被认为最有生气的：他们不理解艺术究竟为何物。艺术，是对自我的深切的爱。这个神圣的自我，我们将在孤独和退省中找到它，并通过内心的抗争接近它，聆听它的声音。它会向我们透露关于存在于深处的秘密：艺术显现，稍纵即逝——像黑暗中闪过的一道强光。在孤寂之中与自我抗争，忍受责罚与鞭笞。但愿那两三株枯萎的小苗找到能够让它们恢复生机的僻静之所。

……去哪里？

如何找寻？

星期三，晚

很抱歉这么长时间没有给您写信。我一直想动笔，但迟迟未能如愿。为此我也感到很内疚，没有我的消息，您一定替我担心了。有太多事要做，一分钟也停不下来。我也渴望片刻安宁，但只有等到来年的夏天了，那时学校的课程将告一段落……

请您永远不要怀疑我，我是如此想念您，从来没有一刻把您忘怀；我是如此喜爱您的作品，到了如痴如醉的地步。我们肩负您的信任，我们将不辱使命，准备迎接那决定性的时刻的到来。这里简短向您道别，因为很高兴不久就能和您重逢了。

谨上

您忠实的学生
夏尔·爱德华·让纳雷

谨请艾普拉特尼尔夫人接受我诚挚的敬意

附：急！——冒昧地请您把我在意大利完成的所有绘画作品尽快寄给我——它们将被用于一件对我非常有益的事情——请于下周前寄到。

1 莱昂・佩兰→见致父母信 14.09.1907 * 信 1 注 1
2 勒内・夏伯拉兹→见致夏尔・艾普拉特尼尔信 01.11.1907 * 信 2 注 1、注 2
3 欧仁・格拉塞→见致父母信 02.06.1908 * 信 8 注 8
4 弗朗兹・儒尔丹(Frantz Jourdain, 1847~1935):法国建筑师兼作家,原籍比利时。秋季沙龙(创办于 1903 年)最重要的创始人之一。
5 亨利・索瓦吉(Henri Sauvage, 1873~1932):法国建筑师。初期是一名新艺术运动的旗手,后转向朴实无华的风格,尤以白色瓷砖覆面的阶梯形建筑为代表。
6 皮埃尔 - 安娜・巴可(Pierre-Anne Paquet, 1875~1959):法国建筑师,历史古迹保护协会总建筑师。一战后,由他主持重建了阿拉斯(Arras)市的中心广场、市政厅及大教堂。
7 奥古斯都・佩雷→详见收信人目录
8 吕西安・马涅(Lucien Magne, 1849~1916):法国建筑师,法国国立巴黎高等美术学院教授,法国国家工艺美术馆馆长以及法国历史古迹保护协会总督察。
9 佩雷兄弟(Les Perret)→详见收信人目录

威廉・怀特画像(1915?)
《威廉・怀特写生路上》(1916 年 1 月 23 日)

1910年，致威廉·怀特信（节选）

亲爱的怀特先生：

……

我亲爱的先生，在贝伦斯[1]事务所实践了两个月之后，我感觉自己就是个名副其实的蠢货。

我承认，并且已经开始接受这种状态了：一个熟练工，一个无脑的绘图员；在办公室里就像个十足的傻子，被安排去完成无关紧要的工作。贝伦斯，一个非常强干的家伙，他变成了他个人成就的牺牲品，他被荣誉致命的藤蔓缠住了手脚。想要的太多，控制欲极强，什么都要干涉；以至于我们20个人奴隶一样违心地画着图，还经常要忍受不公的专制的责罚。作为一个人，作为一个男人，我敬佩贝伦斯；但为了保持这份敬佩，我只好让自己认为他生了病。但沉重的奴隶的枷锁让我感到不堪。更令我无法忍受的是我的那些同事们。他们完全符合您所不齿的庸俗的标准，上周日在您家的宴会上他们表现得淋漓尽致（我真希望自己不曾到过那个宴会）。他们是些肤浅而庸俗的建筑师，毫无艺术细胞，毫无激情；只对饮料和舞曲感兴趣，时不时（或说经常）投身淫逸的生活。

没有朋友；生病的贝伦斯，难以接近，无法相处，动不动就滥发脾气——这些因素足以让我决定缩短在此逗留的时间。

我认为一个建筑师首先应当是一个爱思考的人。他的艺术反映的是抽象的关系，他所描述所绘制的应当只是些符号；他的艺术不仰赖灵巧的双手。而且，过于娴熟的技艺对他来说可能是致命的。作为一名韵律的支配者，他必须具备高度发达、极端灵活的大脑。

如今，没有哪一种风格占主导；在我看来，普遍的文明是一切的基础。

无视一切行业的规矩和技巧，我打算继续我那非常规的野路子的学习。职业，在若干年后，将沦为纯粹为生计而搏。上周末我见识了这种麻木，当时我就差点逃掉。去德累斯顿，去建筑师特森诺[2]的事务所。在那里我将可以参与雅克-达尔克罗茨[3]剧院及新学院的设计。我真是很受诱惑。同时，我提出了严格的条件，我强调：分配给我的必须是极具意义的工作。特森诺，非常谦和，非常诚实，他承认他将把最具意义的工作留给自己；结果，他没有让我下定决心离开贝伦斯。其实，这个决定倒让我安心了，因为现在离开为时尚早。再过两个月，我将接触到新的方案。

……

所以，我已下定决心，从今往后独自为营以待时机。您，还有卡德哈先生[i],我将永远不会忘记您们。

您的夏尔·爱德华·让纳雷

附：以前在巴黎结识了一位同事，他有引用格言警句的癖好，给我写信的时候也常常如此。每次我都很气愤，觉得他太幼稚了，然后笑笑，把信攒成一团投入废纸篓。如果读我的信让您有同样的感觉，那么，请便吧！

---

1 彼得·贝伦斯→见致夏尔·艾普拉特尼尔信 26.02.1908 * 信 3 注 10
2 海因里希·特森诺（Heinrich Tessenow, 1876～1950）：德国建筑师，德国青年风格派的领军人物之一。1907 年成立的德意志制造联盟中颇具影响力的成员（见致奥古斯都·佩雷信 01.07.1914 * 信 28 注 1.）。曾先后在维也纳、德累斯顿及夏洛特伯格担任过教授。其代表作品是 1910 年建造的由雅克·达尔克罗茨（Jaques-Dalcroze）创办的达尔克罗茨音乐舞蹈学院，该学院位于德国的海勒洛（Hellerau），后来夏尔·爱德华·让纳雷的哥哥阿尔伯特·让纳雷曾在这所学院学习（见致卡尔·恩斯特·奥斯特豪斯信 05.10.1912 * 信 23 注 2.）。
3 埃米尔·雅克·达尔克罗茨（Emile Jaques-Dalcroze, 1865～1950）：著名的瑞士作曲家、音乐教育家。创立了本世纪最早的音乐教育体系。"音乐是我们的感觉和精神机能的汇合，是永远变化的感情交响，它被自然而然地创造出来，被想像力加以变形，由节奏加以整理，由意识加以和谐化"——达尔克罗兹引述古希腊艺术观念。他也是最早的配乐艺术体操的创始者。→详见收信人目录

---

11 │ 1910 年 6 月 21 日，致威廉·怀特信
星期一，下午三点，于柏林

亲爱的怀特先生：

今天一早在邮局收到您的来信，请原谅我以如此仓促的方式给您写信。我现在在从波茨坦开出的列车上，夜里要很晚才能返回住地。但我会连夜整理好三本展品目录，并尽快寄给您。

让我们切入正题。

国际城市建设博览会[i]：着实令人眼花缭乱，但对内行来说还是极有看头的。艺术被重新置于市井及日常生活之中，以解决现实的问题。就此

---

i 卡德哈·雅戈（Czadra Janko）：威廉·怀特（William Ritter）的密友。

而论，此次博览会的思路是全新的，与"美国风格"的博览会存在根本的差异。这是一次真正盛大的活动：德国首当其冲，奉上许多佳作；还有奥地利；英国也展出了它的花园城市[i]（汉波斯戴郊区、伯恩村、阳光港，这些地区已是闻名遐迩）。[ii]

瑞典、荷兰、比利时、苏黎世，还有几座美国城市，仍然坚持着它们几何化的城市规划思路。维也纳交出的竞赛答卷是关于卡尔广场和史瓦岑堡广场之间地块的整治问题；方案通过开辟一条逐渐趋向平行卡特纳大街的道路，缓解后者的交通压力，为内城打开一道透气的豁口，提出了一个有趣的解答。如果说维也纳以同心圆的方式在扩张；那么，柏林则通过更好的中心辐射的方式使森林得以渗透到城市的中心。这便是展出的"大柏林"设计竞赛的方案所表达的规划构想。其中，扬森的方案基本上可以说是立竿见影切实可行的；布鲁诺·施密茨的方案则更像个标榜"Wo ein Will, da ein Weg"[2]的乌托邦，以建筑学的解答达成宏伟壮丽与崇高。

展出的竞赛方案很多，值得关注的还有：瑞典哥德堡市的城市规划；汉堡公园及公墓规划（由德累斯顿的舒马赫[iii]提供）；几项菲舍尔[iv]的提案；以及针对海勒洛（由雷迈斯克米德[v]提供）、达姆斯塔特、斯图加特等城市的问题所提出的解答。

分离派展出的画作寥寥无几，且效果平平；与整个展会热烈的气氛相比，显得冷冷清清。

绘画展厅的入口处是梅金杰[vi]的巨幅画稿。

---

[i] 花园城市（Garden City）：这个概念的倡导者是霍华德（Ebnezer Howard），他是英美规划思想家中最具影响力的一位。他的代表著作是《明日的花园城市》（Garden Cities of Tomorrow, 1898）。"花园城市"的提出是19世纪乌托邦人道主义者对当时城市问题的一种解答。

[ii] 面对恶劣的城市问题，19世纪一些慈善实业家开始在空旷的乡间兴建工厂以及相应的工人社区。追随欧文（Robert Owen）在苏格兰著名的实验社区（1800~1810），19世纪末建立的许多公司镇（company town）成就了不少资本家传奇，包括英国伯明翰郊外由巧克力制造商卡德伯里（George Cadbury）建造的伯恩村（Bournville）；化学药品巨子利弗（William Hesketh Lever）建造的阳光港（Port Sunlight）。

[iii] 弗立兹·舒马赫（Fritz Schumacher, 1868~1957）：德国建筑师，德意志制造联盟最早的成员之一。

[iv] 泰奥多尔·菲舍尔（Theodor Fischer, 1862~1938）：德国建筑师，德意志制造联盟第一任主席。

[v] 理查德·雷迈斯克米德（Richard Riemerschmid, 1868~1957）：德国建筑师，德意志制造联盟最早的成员之一，青年风格派的重要人物。

[vi] 让·梅金杰（Jean Metzinger, 1883~1956）：法国画家，立体派的倡导者，代表作《马背上的女人》。

当代造型运动与法国印象派的渊源透过展出的马奈、莫奈、凡·高、利伯曼等人的画作就可以见到端倪。马蒂斯的两幅画作[i]吸引了我,因为它们那美丽的色彩和构图(嬉戏的人)。特律波奈尔[ii]的画作也不错,但没有什么特别有意思的作品。凡·邓肯[iii]的作品相当诱人(去年在秋季沙龙就欣赏过他的作品)。考林特[iv]的作品风格粗野。左恩[v]的画作表现出非凡的技巧。赫伯曼展出了他早期以及最近创作的一些画作(我觉得近期的作品很美)。霍德勒[vi]采用更加强烈的色彩重新描绘了他在伯尔尼创作的日光主题,还展出了《伐木工》、《收割的庄稼人》和一幅《男裸体》,不过感觉一般。

给我的总体印象是:德国画家羽翼不丰,和他们的法国同仁相比,显得多少有些呆头呆脑的。

大致来说,柏林的画家们又比他们慕尼黑的同仁强很多。

不可否认,德国画家的作品总能营造一种凝重的气氛,但绘画给人的第一印象无疑首先应当是美。

如此而已。再多的名字我就没有留意了。总的来说,值得特别关注的并不多,也很少看到哪位资深的建筑师关注首要的基本问题。不过拉埃芒斯的两项提案都饱含激情,很高兴在这次展会上又见到他(在卢森堡的时候,我就注意到他的作品了)。值得一提的还有威廉·凡·贝肯豪斯,他的画作(《耶稣受难》)有一种美妙的装饰效果(只要留心,便不难看出,他深受霍德勒的影响,尤其是在色彩方面)。

波茨坦[vii],夜

回到住地,我今晚将完成给目录加注的工作。我将在重点的页码上作

---

i 马蒂斯 1909~1910 年间创作的《舞蹈》和《音乐》两幅画作。
ii 威廉姆·特律波奈尔(Wilhelm Trubner,1851~1917):德国画家。
iii 凡·邓肯(Kees Van Dongen,1877~1968):野兽派画家,原籍荷兰。他是野兽派中独来独往的一个,也是后来德国"桥社"的成员之一。
iv 洛维斯·考林特(Lovis Corinth,1858~1925):德国油画家、版画家。喜欢用豪放的笔触描绘物象。
v 左恩(Zorn,1860~1920):瑞典画家。最初画水彩画,色彩明朗,造型准确。1888 年以后专画油画,追求画面的光感和色彩变化。
vi 费迪南德·霍德勒:瑞士画家。→见致父母信 02.06.1908. 注 vi
vii 波茨坦(Potsdam):德国勃兰登堡州(Brandenburg)首府,是首都柏林的一座行宫城市。17 世纪末,大量的受迫害的法国难民来到波茨坦并定居,而普鲁士王室一向钟情于法国文化,这些法国人和他们的后裔把波茨坦建成了一座带有法国风格的城市,波茨坦又有德国的凡尔赛之称。

出标记,以便您浏览的时候节省时间。

关于新材料的应用,在陶土—石灰—水泥展提供的详尽的技术资料之中,附带了几点艺术性的说明:新型玻璃(陶瓷制品),彩绘玻璃的替代材料,在灯光和日光下能达到同样有趣的半透明的效果……

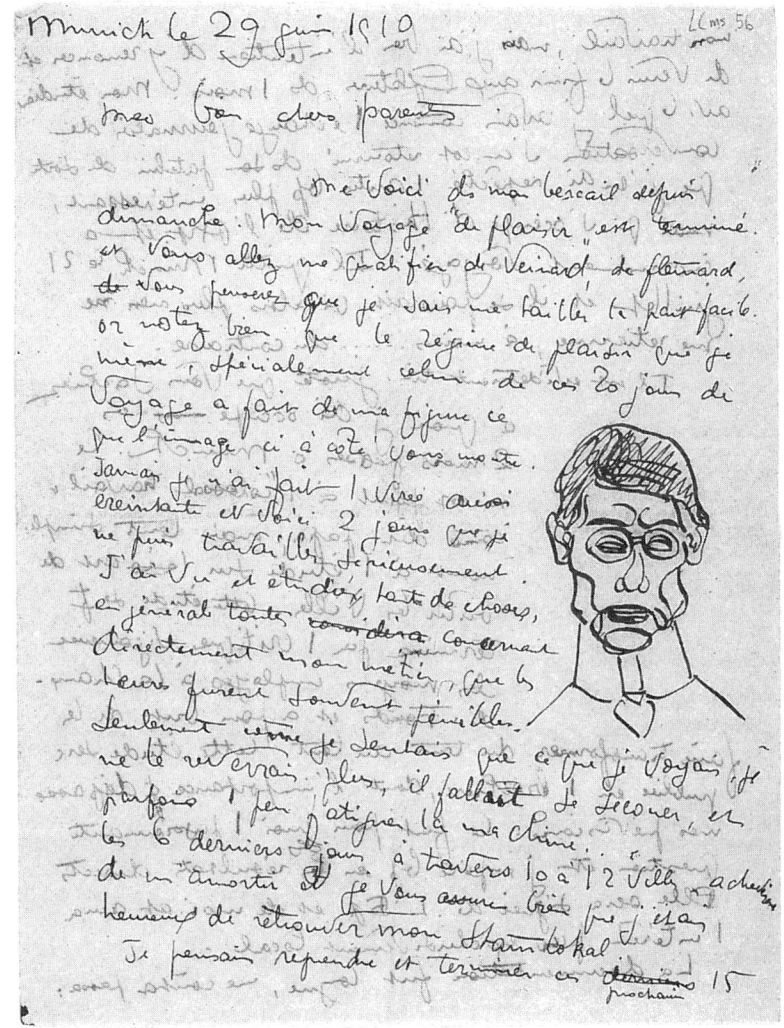

→12 | 1910年6月29日,致父母信,及一张自画像

我在无忧宫[i]、柑橘园[ii]及美景阁度过了难忘的一晚。这里似可以与路易十五所崇尚的宏大奢华相媲美。

明天，我要启程去魏玛[iii]，在附近那些古镇逗留几日，写写生。不过，我有些担心；因为我在纽伦堡[iv]的时候就没找到感觉……

很高兴将再次见到您，并向您及卡德哈先生致以最诚挚的敬意。

谨上

夏尔·爱德华·让纳雷

---

1 国际城市建设博览会（Exposition Steadtebau）：1910年于柏林举办的建筑及城市规划大型国际博览会。名为"大柏林"的设计竞赛就是借这次盛大活动的时机发起的。此次竞赛还征集到一些其他国家及德国其他城市在建筑和城市规划方面所作的研究。竞赛的一等奖授予了海尔曼·扬森（Hermann Jansen）及其他两名建筑师。夏尔·爱德华·让纳雷信中提到的布鲁诺·施密茨（Bruno Schmitz）是此次竞赛中获第四名的建筑师小组的成员。

2 Wo ein Will, da ein Weg：一句德语谚语，即，我想即我能。

12 | 1910年6月29日，致父母信
1910年6月29日，于慕尼黑

亲爱的父亲母亲：

周日小羊归了圈，我快活的旅行结束了。您们一定觉得这旅行既轻松又惬意，觉得我是个玩心不改又爱偷懒的家伙。不过，这快活的日子，尤其是这20天的旅程，已令我形如枯槁（您们可以看看我的自画像）。如果说是闲逛，那么我还从未如此筋疲力竭地闲逛过，以至于这两天来都还没

---

i 无忧宫（Sans-Souci）：位于波茨坦城西郊，占地290hm^2。是普鲁士国王腓特烈二世（Friedrich II）于1745~1747年建造的夏宫，模仿了法国的凡尔赛宫。洛可可式的装饰风格渗透到建筑物内外的每一个角落，极尽奢华。

ii 柑橘园（L'Orangerie）：始建于1851~1864年间隶属于无忧宫的园林，其中有罗马风格的建筑。

iii 魏玛（Weimar）：位于德国中部。是一座自然风景秀丽，并拥有悠久的历史及文化传统的历史文化名城。历史可以追溯到公元975年皇帝奥托二世时期，留下许多文化古宫古堡。魏玛浓郁的历史文化和美丽的风光吸引了德国历史上许多著名的哲学家，他们生后留下许多优秀的纪念馆建筑。

iv 纽伦堡（Nuremberg）：高原上的纽伦堡，是德国南部巴伐利亚高地仅次于慕尼黑的第二大城。纽伦堡自古就是著名的工艺之都，保存了完整的中世纪风貌。

有完全恢复工作的状态。我看到我学到很多东西，总体上（我认为）都是与我的职业直接相关的。经常还是蛮辛苦的，而且我总觉得我今日所见未必有机会再见，所以必须打起精神来，多吸收多消化，有时难免超负荷运转。

旅途的最后六天大概穿越了 10 ~ 12 座城市，这还算是轻松的一段；可想而知，能活着回来，真是我的幸运了。

本想这个月 15 号重新投入，并于下个月 15 号完成我的工作。但我打算放弃这个计划，我打算去艾普拉图尔[i] 用一个月的时间专心整理收集到的资料。一个我每日都同他交流的学生返乡去了；于是我找到了另一个，这个家伙[ii] 更有意思，他是学艺术史的，着实去过不少地方。不过，他下个月 21 号也要离开慕尼黑了，连个说话的人都没有了，这里也就没什么好留恋的了。

当然，您们应该清楚我这两个月来在慕尼黑都忙些什么。我要做的不是像老爸说的"巨人般的工作"，不过是考察学习城市的建造艺术而已。[1] 这项研究最终导向对拉绍德封现行建设方案的严格批判，以促其彻底改观。研究报告将以小册子的形式出版发行，它的影响甚或会超出我们的预期。对于我来说，这是一个饱含情感的论题，我热切盼望它产生直接的效果。书的署名将是夏尔·艾普拉特尼尔先生[2]和我，这不是我一人之功。

要收集的资料很多，我着实下了一番功夫。如今资料基本都已准备就绪，只剩下用标准的法语将其编纂成书的工作了。我希望乡野的宁静可以使我更加专注。我们曾与艾普拉特尼尔先生商定，在书完全定稿、一切手续准备就绪之前，不要对任何人谈及此事。切勿张扬，以免市政当局采取防御工事；如果被禁止出版，那就惨了。这便是为什么之前我对此事绝口不提的原因，尽管我从未怀疑过您们可以替我保守秘密。如今，眼看这项艰难的编纂工作接近尾声，已经整理出令人满意的头绪；我便迫不及待地要与您们分享。再次声明，绝对机密！

我们和艾普拉特尼尔先生建设了许多宏伟的构想，比大众普遍所能想像的还要宏伟。泄露我们的构想，无异于让它成为愚蠢和好妒者的众矢之的。不过，我们要做的就是拉开大幕，备好战场，该来的到时候自然会来。我们的构想是如此之宏大如此之不确切，以至于尽管我们很想，但很难找到合适的词语来描述它。

---

i 艾普拉图尔（Eplatures）：拉绍德封附近的一个小山村。
ii 奥古斯都·克里普斯坦因（August Klipstein）→详见收信人目录

请不要以为我变成了个神神道道故弄玄虚的家伙。我只是用笔在描述我脑子里的想法，尽管多少有些怪诞；我只是在阐释我的构想，尽管现在看来还没有任何实现的可能，而且这思想不断变化，每日都有所不同。就是因为这样，人们才害怕，认为我是夸夸其谈，痴人说梦，认为我是神经质。

人们只谈论当下事；未来不属于任何人，甚至不属于它的构想者。

您们一定不难想像国际城市建设博览会[3]对我产生了怎样的影响。很高兴，它们为我的文字带来了光辉。在我短短二十几年的生活中，还从未度过一段像最近三个月这样充实而饱满的时光。我甚至为自己没有一上来就找到一份办公室的工作而感到庆幸。今天，我比曾经任何时候都感觉方向明确；我对这个冬天以及未来的一年都有合理而美好的规划。如果事情能按照我设想的那样发展，那前景将无比广阔；但同时，我很清楚，也很有可能事与愿违。

就像登山，攀登建筑的高峰，这是我所能想像的最贴切的描述了。我们没有中转站，只有充分准备，在较长的时间间隔里尝试冲击顶峰；这是一个无比艰难的过程，但也最有可能激发潜能。那是一种令人疲倦的恶劣的生活，惟有达成目标的愿望支撑我前行。

阿尔伯特把他的打算告诉了我。我理解您们为此感到震惊，感到苦恼，您们觉得一切都完了。但于我而言，我替他感到高兴，并热切盼望着他的计划付诸实践。

倘若阿尔伯特只是一个技艺娴熟的演奏者，那才真是糟糕呢。他15年来的辛苦和昂贵的学费，还有您二老所作出的全部努力和牺牲，就真的白费了。但是感谢上帝，阿尔伯特天资聪慧，他的意志经受了漫长而痛苦的考验，他放弃了人们所艳羡的米歇尔和施奈德[i]的那种青春的炫技。通过15年的音乐学习，阿尔伯特已成为一个真正有音乐鉴赏力的人，在作曲和谱写交响乐的时候，他不是两手空空！当必要的部件不听使唤，那死抱着一样乐器又有何益呢?[4]非常高兴看到阿尔伯特脱身而出，迈出这艰巨的一步，把他对音乐全部的爱投入到对他来说大有作为的疆场上去。

老爸的话很有道理：在我们这个年纪，我们已经很清楚自己该干些什么了。对于身为父母的您们而言，只有一件事令我不快：那便是，阿尔伯特还没有获得自由。但我相信他会尽力争取的。

---

i 米歇尔（Miche）和施奈德（Schneide），当时两位著名的年轻炫技派小提琴演奏家。

老爸一向善于发现问题，善于找到齿轮的损伤之处[i]；有时竟到了过于紧张小题大做的地步。但比明察（这明察并不难做到）更迫切需要的是找到补救的办法。找到良医开出对症的药方来，本就不是件容易的事；而有时则需要我们自己去寻找解决的办法，那可是难上加难，一晃数年就过去了。但这几年收益颇丰。我从来不认为阿尔伯特变成个碌碌无为的小提琴教授——每天把10个小时浪费在一群愚蠢的学生身上——是件好事。我相信凭他的资质，加之<u>一个明确的目标</u>，他一定可以做得更好。

我想您二老对您们两个儿子的信心已经打了折扣，镇上小报的荣誉栏里还从未见到过我们的名字。但是，天啊，那只是因为我们还不懂得如何炫耀自己罢了，那只是因为我们还有太多东西要去学习！我们从未迷失自己。雅克教授[5]觉得阿尔伯特已经不像从前那样傻傻地孩子气了；我为阿尔伯特终于成为自己的主人而感到高兴。这个可怜的家伙，他的人生不是一帆风顺，但我会不停地鼓励他，因为我相信他的实力。至于那些说闲话的人，就让他们说去吧！这个我领教过了。他们嚼他们的舌根，我们过我们的生活。这些家伙什么也不会，只知道照他们老爸教他们的样子伏案工作；没办法，他们这些人就是喜欢说长道短。

请别责怪我的态度过于无礼和不敬。我完全可以理解那些嚼舌者，就像我理解老爸相信是上帝赋予了他神圣的职责一样。但我理解不等于我一定要认同老爸的观点！

尽管我很清楚您们不会接受我的这种说法，但我还是要说：是我们深刻的觉悟和对事物敏锐的洞察，让我们走上非常规的道路。在我看来，进入一所综合工科学校拿个建筑师的文凭，比起<u>不愿这样做</u>，要容易得多得多！

必然地，我们的思路会显得缺乏连续性，我们会显得不完整，甚至可能被认为是无能。很自然地，我们被认为是懒散的，因为我们每天没有按时按点的严格意义上的工作，也没有今后四五年的长远的打算。

但我们是初生的牛犊，我们是优良的品种，我们是值得怜爱和鼓励的。甚至可以这样说，我们身上具有查拉图斯特拉[ii]所推崇的完美人格的缩影。

在这个时代，一切都陷入混乱。平庸的得到褒奖，新生的力量却遭到

---

i 夏尔·爱德华·让纳雷的父亲乔治·爱德华·让纳雷-格里斯（Georges Edouard Jeanneret-Gris）是一名瑞士传统的制表工匠。

ii 查拉图斯特拉（Zaratthoustra）：古波斯语意即"老骆驼"。哲学家尼采的一本散文体哲学著作《查拉图斯特拉如是说》中的主人公，是个先知。

怀疑。但我始终相信，不走别人走过的路，才是智慧的行者。

如今可谓麻烦不断。令人悲伤的是，有时候各种不幸的巧合总会接二连三地降临到一个人头上；这也正是您们所担心所焦虑的。但担心有何裨益呢？当一个人不慎折断一条腿，我们所能做的就是赶紧请医生为他接骨。伤口最终还是要靠他自己去愈合。

面对命运，只能坦然接受。我亲爱的父亲母亲，请您们相信您们的儿子，请您们相信我们，我们的理想只有一个：那便是让您们得以安享晚年！如何到了今天的局面？这是命运的安排，我们无可挽回；但<u>泪水不属于我们</u>，我们有我们应有的本色。我们会做的更好，我们向您们保证：我们将在内心的指引下继续前进。尽管我们知道，您们对我们还很不满意，我们知道客观的事件引发了您们的担心；但我们还是希望您们能够理解和认同我们的努力。请您二老再多一些耐心吧！我们真诚付出的巨大努力不会一直没有回报。总有一天——这一天指日可待——您们会重享安宁。

就写到这里吧。感谢您们把我们带到这个世上，我用我全部的真心拥抱您们。

让纳雷

---

1 1910年，夏尔·爱德华·让纳雷接受拉绍德封工艺美术学校的委派，赴德国考察。在老师夏尔·艾普拉特尼尔的建议下，他着手把他的考察报告编纂成书。其中一本是关于城市建设的书，他在1910~1915年间持续进行着搜集和整理资料的工作，但一直未完成，在勒·柯布西耶生前没有出版。后由阿兰·布鲁克斯（Allan Brooks）发现并整理，出现在亨利·罗素·希区考克（Henry Russel Hitchcock）编辑的《寻踪现代建筑》（纽约剑桥联合出版社1982年出版）一书中，名为"勒·柯布西耶最早关于城市设计之思想"——让纳雷·希特（Sitte）。1985年在巴黎，这一主题出现在菲利普·杜波依（Philipe Duboy）的一份研究报告中。原文经阿尔伯特·艾莫瑞（Marc E. Albert Emery）整理成书《城市建设——夏尔·爱德华·让纳雷—勒·柯布西耶》（人寿出版社1992年出版）。

2 夏尔·艾普拉特尼尔：画家，拉绍德封工艺美术学校教授，夏尔·爱德华·让纳雷的老师。→详见收信人目录

3 国际城市建设博览会：1910年在柏林举办的建筑及城市规划大型国际博览会。→见致威廉·怀特信21.06.1910 * 信11注1

4 阿尔伯特·让纳雷，夏尔·爱德华·让纳雷的哥哥，一直学习小提琴演奏。他的左手后来出现了问题，在演奏时感到吃力，这影响到他的学业和他的小提琴演奏生涯。

5 埃米尔·雅克·达尔克罗兹：著名的瑞士作曲家、音乐教育家。创立了本世纪最早的音乐教育体系。他1910年在德国的海勒洛创办了自己的音乐学院（见致威廉·怀特信1910 * 信10注3），曾邀请阿尔伯特·让纳雷作自己的学生。→详见收信人目录

13 | 1910 年 10 月 28 日，致夏尔·艾普拉特尼尔信

夏尔·艾普拉特尼尔先生 | 教授 | 拉绍德封 | 瑞士

亲爱的先生：

您收到我从德累斯顿寄给您的明信片了吗？佩兰收到我从柏林寄给他的那张了吗？好久没有回音，我感到很不安；您大概一定是生气了，觉得我把您冷落了。结果，我一个月都感觉怪怪的；直到周二的时候才收到您寄来的明信片，于是我一刻也没耽搁，马上作了回复。

您可知道，我已接受了贝伦斯[1]事务所的聘任。我现在住在离波茨坦五分钟路程的一个花园新村里，从这里到柏林，乘坐直达列车只需要 25 分钟。

未来的几个月将比较踏实，但工作可不轻松。我将于 11 月 1 日正式开始在贝伦斯事务所的工作。去年 11 月 2 日，我离开了佩雷兄弟[2]的事务所！"奇妙的巧合！"对我来说，这刚刚过去的一年是充满奇遇的一年，截然不同于在以培养职业建筑师为目的的专科学校里度过的一个学年。

能收到您的来信了解您的近况，让我感到非常高兴。请您转告我的朋友，转告佩兰[3]：不是我抛弃了他们，而是他们从来都不给我写信，从来不告诉我他们最近的情况。而我在这里都快忙不过来了，有很多事要做，有很多人要联络；结果他们反倒抱怨起我来了。除了完成既定的考察任务之外，如果您信任我的话，我还可以帮您捎些不错的小玩意儿回去。如果您给我 250 法郎，我将给您寄回一些博物馆的俄罗斯及撒克逊人的小玩意儿，我担保是非常有趣。但您得全额付款（含邮寄费），不能拖得太久。关于我对慕尼黑的短评，甚至我自己都没法提起兴趣——这样的主题几乎不会引起任何关注，这样无关痛痒的评论在这里多如牛毛，没有人会去阅读的。

最近我还参观了一些故居和博物馆，看到一些非常有趣的东西。很高兴在伯尔尼开的介绍信派上了用场，使我出入方便了许多。

只有<u>不时地去看一看</u>，那些事物所蕴含的意义才会传达出来。请您回复我，看您是否需要我为您捎些民俗的小玩意儿（陶瓷、雕塑、刺绣等等）。

夏尔·爱德华·让纳雷

---

1 彼得·贝伦斯→见致夏尔·艾普拉特尼尔信 26.02.1908 * 信 3 注 10
2 佩雷兄弟→详见收信人目录
3 莱昂·佩兰→详见收信人目录

14 | 1911年2月13日,致奥古斯都·克里普斯坦因信
1911年2月13日,于新巴贝尔斯堡园[i]

亲爱的克里普斯坦因:

今晚想和你聊上两句。我们之间似乎已经有了心灵感应:昨晚刚刚想到你,今天一早便收到了你的来信!

你说你想去君士坦丁堡[ii];我也早有此愿。但我的求学之路使我与圣索菲亚大教堂[iii]谋面的心愿一直停留在幻想中。如今情况不同了。4月1号,我将离开贝伦斯的事务所,我打算在"梦境"中结束我这一阶段的学习。为此,我想到罗马。罗马是我的目的地,不过我会先经过君士坦丁堡。如果你愿意与我同行,那么就让我们好好筹划一下这趟远征吧。

不过,首先,我要完成我在德国的考察之旅:汉堡,魏玛,杜塞尔多夫,斯图加特,慕尼黑和德累斯顿;以便完成学校委托给我的调查报告。

君士坦丁堡将安排在这之后的行程中。我打算从德累斯顿出发,取道布拉格[iv],穿越波希米亚地区[v],然后是维也纳,布达佩斯和君士坦丁堡。

既然你现在的时间比我要充裕一些,而且你又有丰富的旅行经验;那就由你来详细安排我们的行程,并初步估算一下我们的资费吧。

Ueberlegen Sie sich also die Sache, lieber Herr.[1]今晚我确实很忙,请原谅我草草收尾。衷心把你当作我最亲密的同党。

你的夏尔·爱德华·让纳雷

我想你旅居柏林的计划要延期了,推迟到明年冬天如何?

---

1 Ueberlegen Sie sich also die Sache, lieber Herr:一句德语,意思是,"亲爱的先生,请您仔细考虑一下此事。"

---

i 新巴贝尔斯堡园(Neu-Babelsberg):巴贝尔斯堡园位于波茨坦城东市郊,1733~1745年建造,曾作为国王的夏季寝宫。新巴贝尔斯堡园是在附近建设的一个花园新村。
ii 君士坦丁堡(Constantinople):拜占庭帝国的中心是拜占庭,即君士坦丁堡,也就是今日土耳其的伊斯坦布尔。
iii 圣索菲亚大教堂(Ste. Sophie):拜占庭式建筑艺术的杰作。圣索菲亚大教堂一直都作为基督教的宫廷教堂而存在。公元1453年,苏丹穆罕默德下令在教堂周围修建了4个高大的尖塔,成为了今天我们所看到的圣索菲亚。
iv 布拉格(Prague):捷克共和国的首都和最大的城市,有不计其数的古建筑,尤以壁画驰名。
v 波希米亚(Boheme):位于捷克共和国的中西部,历史上是一个多民族的地区,是吉普赛人的聚集地。

15 | 1911年3月10日,致奥古斯都·克里普斯坦因信

亲爱的克里普斯坦因:

你真是个爱捉弄人的家伙!你回信的开篇把我吓了一跳!我还以为你等不及我就一个人先上路去了呢。我已向贝伦斯[1]提出了辞职申请,我将于4月1日离开这里。好了,我已准备好投入这场冒险。

我在这里针对你的来信作几点回复和补充。为方便起见,我的信仅限于对你信中提到的需要特别强调的几个问题进行讨论。

总的来说,安排得很好;我表示认同。但出乎我意料的是,你竟把启程的日期定在了六月底!那么,在此之前,你打算让我干些什么呢?

其实,到目前为止,我一直都觉得你比我更迫不及待;我甚至担心我的德国之旅会成为你的羁绊。

我将于4月1号开始我的德国之旅,大概5月15号抵达德累斯顿,我们在那里碰面如何?我计划从那里启程南下去维也纳。途中穿越埃尔茨山脉[i],经过布拉格,还要徒步穿越波希米亚地区(听我的朋友威廉·怀特[2]说,那里是一方未受污染的世外桃源,那里的人、房屋、田野都是自然纯朴的状态,非常值得关注)。威廉·怀特,当今最负盛名的艺术评论家之一,他致力于研究和揭示斯拉夫[ii]的民间艺术及其蕴含的文化力量。他在当地像师长和恩人一样受到爱戴。只要提到他,我们甚至都可以受到特别的优待。所以,无论如何,我认为很有必要把这段行程安排到此次的旅途中。而且,我要向你提个建议:与其你现在途经德累斯顿回到你位于劳巴赫的家[3],然后再从那里直接去维也纳;不如我们早点就结伴同行吧!这样会比我们各自单独行动更有益!(我的意思是:你来慕尼黑,然后从慕尼黑乘车到德累斯顿,我们就把那里作为旅行的起点如何?)

是取道布拉格,还是直接去维也纳,请你仔细考虑一下。

我接受你的邀请;大概六七周后我会到你位于劳巴赫的家中去看看(如果你在家的话)。

再明确一下:4月3~7号,我在德累斯顿;7~15号,在慕尼黑。然后我将在其他城市转一转:斯图加特、卡尔斯鲁厄、莱茵、汉堡、柏林,然后再回到德累斯顿。

---

i 埃尔茨山脉(Erzgebirge):位于德国和捷克交界处的长达150公里、宽达40公里的山脉。
ii 斯拉夫(Slave):斯拉夫文明是人类文明中重要的一支,其地理分布主要在东欧和巴尔干半岛,是典型的欧洲文明与东方文明之间的过渡与融合。

顺便问一下，你知道在哪座城市可以看到格吕内瓦尔德[i]的作品吗？他的画作给我的朋友马泰[4]留下了非常深刻的印象。

我买了一部改良的新相机。拍照的问题解决了，你就不用费心了；不过到时候恐怕要劳烦你背着它。我有一本贝厄得科[ii]手册，不过只截止到布加勒斯特[iii]，而且还不全——我们还需要一本关于君士坦丁堡和希腊的手册。

你开始办理意大利自由入境通关卡了吗？如果你已经开始准备了，请你也寄给我一份表格；我们两个人一起申请，手续还能简化些。

在威廉·怀特先生的指引下（我4月7~15日在慕尼黑逗留的时候会见到他），我们将游遍波希米亚、匈牙利和罗马尼亚。在布加勒斯特，格列柯[iv]的作品不是挂在博物馆的墙上，而是陈列在<u>行宫</u>[v]里。威廉·怀特先生已经答应为我们写封推荐信，这样我们就可以进去看个痛快。在当地，他是个极有名望的人物。

我见过钢琴演奏家埃米尔·弗雷[5]，他是罗马尼亚的宫廷钢琴师。这个25岁的年轻小伙子，是我一个朋友的朋友；我们也可以指望他帮些忙。另外，我还打算去柏林的时候顺便拜访一位我以前认识的罗马尼亚剧作家卡拉迦列[6]。他是罗马尼亚当代的一位精神领袖；请他帮忙行些方便，应该不是难事。

最后还有沙尔教授，当代科学界的一位泰斗，我认识他的女儿。他也答应为我们的君士坦丁堡之行写封推荐信。

看到我如此忙于多方搜罗推荐信，你一定觉得可笑吧。其实，我并不比你更看重它们的价值。但是，在目前的情况下，当我们要去一些语言完全不通的国度远行时，难免会碰上意想不到的麻烦（还记得你给我讲述的你在意大利的遭遇吗）。到时候，手边这几封推荐信，说不定可以使我们摆脱困境。

---

i 马蒂斯·格吕内瓦尔德（Mathias Grunewald）：是丢勒之后德国在文艺复兴时期最伟大的画家之一，其作品张扬着极为大胆的个性。其最重要的作品是1515年应约创作的表现耶稣被钉十字架的《埃森海姆祭坛画》（Isenheim Altarpiece）。

ii 贝厄得科：中世纪专业的导游机构出版发行的系列旅游手册。

iii 布加勒斯特（Bukarest）：罗马尼亚首都。

iv 埃尔·格列柯（El Greco）：有西班牙画圣之誉，西班牙绘画的开拓者。"格列柯"这名字依原语意是指"希腊人"。格列柯出生在希腊克里特岛，原名多米尼克·提托克波洛斯（Domenikos Theotokopoulos）。

v 行宫（La Cour）：罗马尼亚国家博物馆的前身，1679~1681年由当时的大公修建的一座大型修道院，内有一座教堂和大公的行宫，宫殿内有丰富艺术藏品，在二战中被毁。1948年在旧王宫原址上建立了罗马尼亚国家艺术博物馆。

好了，就写这么多吧。事务所一天辛苦的工作下来，我已感到疲倦。我也没有什么好嘱咐的了。

让我们再回顾一下我们讨论的问题：一、从德累斯顿到维也纳的行程问题；二、出发日期的问题。你定的日期在我看来太晚了。从5月15日到6月底，说实话，我真不知道这六七个星期的时间该用来做些什么。毕竟夜长梦多，一方面我没有足够多的钱，另一方面我也无法忍受50几天无所事事的闲晃。Uberlegen Sie sich also noch die Sache, nicht！[7]

你想必已经猜到了，你要应付的是一个被审美玷污了的贪婪的建筑师，这个家伙打算把他随身携带的所有速写本都填满。希望不会吓到你，如果你愿意，也可以画两笔呀。我见过你在西班牙画的速写，到时候我还要请教你呢。

我还要对你说的是，我现在兴奋得快要发疯了！春天来了，我感觉浑身充满了力量。我耳边仿佛已经听到为这即将到来的远征吹响的欢乐的号角。妈的！我已迫不及待地要把新巴贝尔斯堡园[8]阴郁的旧衣钵撕扯开，并抛得远远的！今晚日落时分我去散步，听乌鸦在林中歌唱，呼唤着它们的伴侣。我需要向你坦白吗？我已经开始学习"poussieren"[9]这个动词的变位了。

好了，晚安吧，我亲爱的朋友，生活真美好！

永远和你在一起。

你的夏尔·爱德华·让纳雷

奥克塔夫·马泰，孟德斯鸠饭店，索邦大街，巴黎
你觉得皇妃画廊展出的丁托列托[i]的《苏珊娜出浴》[ii]怎么样？
1911年3月10日，于新巴贝尔斯堡园
4月2~7日：将借住在我哥哥阿尔伯特·让纳雷家
地址：穆希克尔，托普弗大街1号，德累斯顿-老城区

1　彼得·贝伦斯→见致夏尔·艾普拉特尼尔信 26.02.1908 ＊信3 注10
2　威廉·怀特：艺术史学家，夏尔·爱德华·让纳雷的朋友。→详见收信人目录
3　奥古斯都·克里普斯坦因邀请他的朋友夏尔·爱德华·让纳雷来他位于劳巴赫的家逗留几日。

---

i　丁托列托（Tintoretto）：意大利文艺复兴晚期的重要画家，威尼斯画派杰出代表。他的作品已经离文艺复兴古典主义均衡、朴素的艺术原则很远了，完全是17世纪巴洛克化的风格，因此也有人把丁托列托称为"巴洛克的开拓者"。
ii　《苏珊娜出浴》和《浴后的苏珊娜》：丁托列托最负盛名的女体作品。

在此期间，让纳雷绘制了一个木偶剧场的草图，还为克里普斯坦因的哥哥费利克斯（Félix）设计了一间工作室。
4 奥克塔夫·马泰（Octave Matthey, 1888~1969）：画家，夏尔·爱德华·让纳雷在拉绍德封工艺美术学校的同学。实际上，夏尔·爱德华·让纳雷在德国、奥地利和法国的多次旅行都是与他同行。
5 埃米尔·弗雷（Emile Frey, 1889~1946）：瑞士作曲家，钢琴演奏家。是法国著名作曲家福雷（Fauré）的学生。
6 卡拉迦列（Lon Luca Caragiale, 1852~1912）：罗马尼亚剧作家。1873年开始创作，早期写短文、诗歌和剧本，其中多数是描写城市生活的讽刺喜剧。《一封遗失的信》是著名的讽刺喜剧，它揭露了资产阶级选举中的舞弊行为，塑造了一群政客的形象，性格鲜明，语言生动。他对社会的反抗精神和不妥协态度，使他经常遭到当局的迫害。1904年被迫移居柏林，直至逝世。
7 Uberlegen Sie sich also noch die Sache, nicht：一句德语，意思是，"亲爱的先生，请您再仔细考虑一下。"
8 新巴贝尔斯堡园：夏尔·爱德华·让纳雷在贝伦斯事务所工作期间，住在波茨坦近郊的新巴贝尔斯堡园，这里位于柏林西南，距离柏林15公里的路程。
9 Poussieren：求爱，调情。

16 | 1911年5月8日，致夏尔·艾普拉特尼尔信
夏尔·艾普拉特尼尔先生 | 教授 | Cofframe | 拉绍德封 | 瑞士

亲爱的先生：

　　本以为在劳巴赫[1]会收到您的来信；我在这里逗留的时间远比我想像的要长。在这里有个朋友接待我，他是个非常有趣的家伙，是个了不起的画家；我为他设计了一间附属的工作室和一个木偶剧场。三天前，我再次"上路"。今天花了整整一天，12个小时，我乘船顺莱茵河而下，从美因茨[i]到科隆[ii]。起初我感到既无聊又失望，但后来事情发生了变化，我逐渐提起兴趣；对充满感恩和好奇的灵魂来说，这也是一段奇妙的旅程。您知道我已有所改变；正如我对您所说，我觉得这一天过得很美好。我确与从前有所不同了。我可爱的老爸老妈，不知他们是否像三四年前从佩兰老爸那里听到口风时一样惊恐，跑去通知您这条骇人的消息？是的，我要去东方旅行，我要去君士坦丁堡，也可能去希腊，回来的时候取道罗马。关于

---

i 美因茨（Mayence）：是德国莱茵兰-普法尔茨州的首府和最大城市，它位于莱茵河左岸，正对美因河注入莱茵河的入口。
ii 科隆（Cologne）：位于莱茵河畔的科隆大教堂是德国最大的哥特式大教堂，素有欧洲最高尖塔之称。与巴黎圣母院、罗马圣彼得大教堂并称为欧洲三大宗教建筑。

这次旅行，一月份我就已拿定了主意，三个星期后即将启程。您难道会责怪我吗？您难道不会赞同吗？在四年勤勉的学习生活之后，在一千多个劳碌辛苦的日子之后，作为我学生生涯的尾声，难道不该有一个辉煌的顶点吗？我将与一个朋友[2]结伴同行，就是我前面提到的在劳巴赫接待我的那个画家[3]的弟弟。这个小伙子26岁，他以了不起的方式周游过很多地方，能与他结识，真是件幸事。

还要请您原谅我在暗地里密谋此事。但是，在听取其他意见（很可能是反对意见）之前，我必须先做到心中有数。

现在，我已有十足的把握具体实现我的想法，随其他人怎么去说吧。但我相信，您一定会赞同我。您将提出的惟一的异议便是："对于理解这些伟大的杰作而言，你还太年轻。"是的，我的确只能理解其中一二。但是我渴望去理解，我心理上已经作好了准备——充分的准备。已经三年了，我心中一直热望着希腊这方圣土。今天，我更加真实更加深切地感受到这种召唤。如果我不能全部理解它们，这没什么，这很正常；有一天，我还会再来。但是现在，我有八个月自由年轻、充满激情的时光，如果这个时候我改变主意，那将是个十足的笨蛋。

事情就是这样。另外，我想把我旅行的笔记以连载的形式发表在报纸上。一方面，我想以这种方式保存一份实在的回忆；另一方面，大概还可以赚些稿费。但我的困惑又来了！选择哪家报社好呢？让我们来清点一下我们当地的报纸。

《国民报》？我可不打算在那上面发表文章。我对这份报纸从来没好感，上面的文章都带有政治色彩。我可不想找麻烦，绝对不想。

《卫兵报》？我对这份报纸倒颇有好感。但在上面发表文章恐怕会惹恼您的朋友，从而给您树敌，以致影响到您……《周日报》？绝不！它只会散布流言蜚语。我可不爱闲扯，<u>极其厌恶</u>！

没有提到的，只剩下《观点报》了。客观地讲，这是一份中性的报纸；但他们不给稿酬。可我需要赚钱呀！于是，我便陷入了困境，不知该如何是好。我该怎么办？我亲爱的艾普拉特尼尔先生，您有什么建议吗？

这是第一个问题。

您看到了，这是一封求助信，您就是我求助的对象。

第二个问题，是<u>钱袋</u>的问题，是肚皮的问题！我的差旅费已经耗尽了我全部的积蓄，我的钱袋已经叮当作响了，只剩下900多不到1000法郎，这还是算上老爸刚从老家寄来的那300法郎。去年柏林和魏玛之行，一下就花掉了几百法郎。

所以，我现在急需收回本金，剩下的 900 法郎以备不时之需。我不想让大家认为我挥霍纳税人的钱，一个人在外面快活。一直以来，我都坚持此次德国考察之旅的资费从我自己的积蓄中支出，结果如今口袋里的钱几乎快花得精光了。

这第二个问题的解决比较急迫。对此，我也想听听您的建议。

明天我要在科隆走走，后天去参观杜塞尔多夫的学校，然后再去其他地方看看：哈根[4]、不来梅、汉堡（大学）、吕贝克、吕内堡、柏林（大学）以及德累斯顿（大学），从那里启程去布拉格、维也纳、布达佩斯等等。

您何时能收到我的信呢？

今天周六。如果快的话，我可以在汉堡收到您寄来的留局自取的回信。如果您能及时回复，我就可以在去柏林的时候用上您寄来的结业证书了。请相信我，麻烦您这么多事着实让我过意不去。好在数月之后，我便有机会报答您为我所做的一切了。[i] 不怕酷暑，不畏艰难，我会肩负您的嘱托，一路向前。

顺便问一下，您见到威廉·怀特先生了吗？

还有我们的佩兰，他最近还好吗？您从未跟我提起过他的奇遇。有一次听我老妈说这家伙又惹他父母担心了。关于此事老妈一带而过，没有多说。不过，我倒真地很好奇。

我已筋疲力尽。现在晚上十一点。咖啡厅的环境让人感到倦怠。好了，就写到这里吧，请原谅我潦草的笔迹。

永远爱您！

星期四，晚，于科隆

哈！太逗了，我竟把今天（周六）当成周四了！

您的夏尔·爱德华·让纳雷

---

1 劳巴赫→见致奥古斯都·克里普斯坦因信 10.03.1911 * 信 15 注 iii
2 奥古斯都·克里普斯坦因（August Klipstein）→详见收信人目录
3 费利克斯·克里普斯坦因→见致奥古斯都·克里普斯坦因信 10.03.1911 * 信 15 注 iii
4 哈根（Hagen）→详见收信人目录（卡尔·恩斯特·奥斯特豪斯）

---

i 是年十月，夏尔·爱德华·让纳雷结束东方之旅，返回拉绍德封，在他的老师夏尔·艾普拉特尼尔创办的"工艺美术学校分部"担任讲师。

17 | 1911 年 7 月 28 日，致卡尔·恩斯特·奥斯特豪斯信
1911 年 7 月 28 日，于佩腊

敬爱的先生：

拜占庭表现得很是低调，看不出苏丹王国遗留的半点富丽堂皇。

几周以来，我一直寻寻觅觅，每天都努力着揭开这梦想之地的神秘面纱。我曾对君士坦丁堡抱着怎样的幻想啊！

不过我并不觉得失望。我在一点一点澄清我的幻像，使我的想像一步一步更接近现实。我爱上了斯坦布尔[i]，我几乎走遍了它的大街小巷；尽管粗笨的大型木构建筑着实无趣，但其民间的风俗还是极有特色的。

我爱所有懂得生活的人。我觉得佩腊之令人赞叹在于它周围的地貌，剧烈的地质构成所造就的地壳形态；七座主峰凛然地骄傲地环抱着热那亚人壮丽的加拉达塔。[ii] 圣索菲亚大教堂，远望气势恢宏，可惜并构不成君士坦丁堡的心脏。它的室内更是糟糕：昏暗的光线下，室内弥漫着嗡嗡的诵读可兰经的声音，夹杂着信徒们向墙上泼洒泉水和滚动念珠时发出的窸窣声！

斯坦布尔缘何如此灰暗？斯坦布尔应当是纯白的，清真寺应当是光彩夺目的！光线应当是有色的生动的，而不应当是苍白无力的！西涅克[iii] 的色彩回荡在我的脑海中。我抱怨他欺骗了我们的眼睛；但我也钦佩他，他懂得如何去爱这里的混乱，并引出如此美妙的幻像！每天清晨，黎明之前，我站在窗口，守望那巨大的金色的天体向上攀升，目睹它的光辉穿透金角湾蒸腾的云雾……西涅克对我依然是个谜。金角，这是个光辉且令人

---

i 斯坦布尔（Stanboul）：伊斯坦布尔是土耳其历史名城，位于巴尔干半岛东端，扼黑海咽喉，是土耳其最大的城市和港口。作为欧亚两洲分界线的博斯普鲁斯海峡从城中穿过。伊斯坦布尔始建于公元前 660 年，当时称拜占庭。公元 324 年，罗马帝国君士坦丁大帝从罗马迁都于此，改名君士坦丁堡。公元 395 年，罗马帝国分裂后君士坦丁堡成为东罗马帝国（又称拜占庭帝国）的首都。公元 1453 年，土耳其苏丹穆罕默德二世攻占此城，灭亡了东罗马，这里又成了奥斯曼帝国的首都，并改名为伊斯坦布尔，直至 1923 年土耳其共和国成立迁都安卡拉为止。金角湾把伊斯坦布尔市的欧洲部分一分为二，南边的一半叫"斯坦布尔"，也就是老城区；北边叫"佩腊"（Péra），历史上是西欧商人、移民的聚居地。

ii 加拉达塔（Galeta）：热那亚人占领土耳其时，在黑海岬口修建了一座瞭望塔。君士坦丁堡曾是丝绸之路的终点，这里也是东西方军事贸易的咽喉。

iii 保罗·西涅克（Paul Signac, 1863～1935）：法国新印象派理论和实践的创始人。他可以说是一名航海画家，他游历并画下了法国所有的港口，他还驾驶帆船从荷兰一直航行到科西嘉岛，游历阿尔卑斯山、意大利、君士坦丁堡。他从这些旅行中带回大量鲜艳夺目的水彩画，铅笔的线条和振颤的颜色交织在一起。他巧妙地使大自然的各种成分平衡起来，以达到他所谓"最和谐，最明亮，最多彩的效果"。

浮想联翩的词，这难道不是僭越崇高吗？

当地人口中的每一个词，多多少少都有些渎神的意思。而这在欧洲，在其他地方，是绝不可能的。那些美丽的词语，引发人们狂热的想像……

希腊在前方召唤我们；但您已提醒过我们小心失望！那好吧！那就让我们为自己可能受挫的希望预留两支安慰剂：耶路撒冷和开罗。

我一直在谈论自己，谈论我们的旅行。我未谈及上次造访您后留在我心底的东西。我不说，因为我不必说，您已看到您的热情相迎是多么令我感动了。

我对您的感激溢于言表。我渴望终有一日能够以更加具体而实际的方式向您表达我的这份情感。

敬爱的先生，请您接受我最崇高的敬意！

谨上

夏尔·爱德华·让纳雷

18 | 1911年9月，致父亲信

乔治·爱德华·让纳雷先生 | Loge 大街 6 号 | 拉绍德封 | 瑞士

亲爱的父亲：

您有充分的理由感到惊讶。1600法郎远不够用。是这样的：我一路上购买了很多东西。一方面，我认为机会难得；另一方面，这里各式各样的小玩意儿实在可人。现在，我已拥有几样令人艳羡的收获，其他的也都非常可爱。我给老妈买了些华丽的锦缎。所费不赀！我还买了些刺绣品。也许我做了件蠢事吧。可我不这么认为。那些瓶瓶罐罐，各式稀罕的小摆设，波斯人的绘画，小圣像小图标等等，的确令人爱不释手。

想想看，我们可能再没有机会来到这些国度了。那么有朝一日回想起来，我已聚敛了一笔巨大的财富。除了锦缎和刺绣，其他物品都是以极低的价格成交的；但总体来说，还是一笔不小的开支。如果没有这些开支，我的信用证本该等到八月份再启用的。结果我们两个都有点不能自拔了。我的钱已经用光，现在是克里普斯坦René[1]在替我买单。其实除此之外，我们的开销很少。我们在这里一天的生活支出只有 3～4 法郎，含住宿。别担心，我们吃得很好，一切都很好，我都有些发福了。也别担心我负债累累。我还想着赚大钱呢。两三千法郎或者再多，又算得了什么呢？我这么

说,您一定觉得我太年轻。但的确如此,钱只有流动起来才能体现它的价值;应当将其用于投资和经营。总之,这是一趟奇妙的旅程!您真应该来看看,看看斯坦布尔,感受一下我是如何被这里的事物深深打动。我的认识又向前迈进了一大步。

【上】勒·柯布西耶的父亲乔治·爱德华·让纳雷-格里斯在田间(日期不详)

【下】勒·柯布西耶的父亲乔治·爱德华·让纳雷-格里斯身着睡衣伏案阅读(日期不详)

在这里，我两次遇到奥古斯都·佩雷[2]，他非常风趣，非常和蔼；这是两年来他第八次来到此地。另外，我们的队伍壮大了：我们两人行又加入了第三个同伴，一位二十一岁的音乐家，一个十足的话痨。我真是哭笑不得。如果您回复明信片，请勿提及此事；我们这里收信没有秘密可言。

　　轻吻您和我可爱的老妈，感谢您们为我所做的一切。

　　10天后我们将启程去阿陀斯山[i]。

夏尔·爱德华·让纳雷

1　奥古斯都·克里普斯坦因→详见收信人目录
2　奥古斯都·佩雷→详见收信人目录

19 | 1911年11月，致奥古斯都·克里普斯坦因信
1911年11月，于佛罗伦萨

克里普斯坦因老兄：

　　哈德良别墅[ii]，卡拉卡拉大浴场[iii]，君士坦丁巴西利卡[iv]，还有庞贝古城！没什么好说的，这些都是必去的。那么你要问我了，是否去了希腊咖啡馆[v]？很不幸，没有。我错过了希腊咖啡馆，我没找到。我也没有去参观众多的绘画博物馆。多么丑陋的画作！灰的，黑的，毫无美感可言；原始先民们，他们还不了解技巧，不了解尺度，不了解色彩。

---

i　阿陀斯山（Mont Athos）：又称圣山，位于希腊东部近海地区，自1054年以来，圣山一直处于自治的状态。作为正统的精神上的中心，圣山不允许妇女和小孩甚至所有雌性动物进入。拜占庭时代以来，圣山是世界上公认的艺术中心。层层叠叠的修道院（其中大约20个修道院，现在还有1400个僧侣）影响着广阔的疆域，它们的绘画艺术同样影响了正统艺术的历史。

ii　哈德良别墅（Villa Adriana）：公元125年，由具有艺术家身份的罗马皇帝哈德良在罗马郊外建造的占地广阔气势宏伟的行宫别墅。

iii　卡拉卡拉大浴场（Terme di Caracalla）：始建于206年，217年在卡拉卡拉统治时期完成，是当时最大的浴场之一。

iv　君士坦丁巴西利卡（Bsilique de Constantin）：位于古罗马城中心广场东侧的长方形会堂。

v　希腊咖啡馆（Cafe Greco）：西班牙广场上的咖啡馆是众多历史文人曾经热衷的场所，特别是希腊咖啡馆，此为罗马最古老的咖啡馆，各地的文学家艺术家常常光顾这里。

西班牙广场上梅米[i]的作品，比萨的奥尔卡尼亚[ii]的作品以及乌菲齐美术馆的乌切罗[iii]的作品是例外。其他在那不勒斯、罗马和佛罗伦萨的所谓的古老风格的雕塑，真是糟透了。旧宫[iv]，怎样一座蛮族的破房子呀！佛罗伦萨市政广场[v]真是倒胃口，让我觉得马哈茂德[vi]的帕琦咖啡都索然无味。乔托钟楼[vii]还不错，到15米高的位置都还算成功的设计。圣洗礼堂[viii]，我喜欢。至于圣母百花大教堂，它的穹顶对于佛罗伦萨这样一个城镇来说是足够完美了。是的，于我，佛罗伦萨是个城镇；罗马则是一座城市。圣彼得大教堂便是这座城市的冠冕。罗马是一座没有外形没有灵魂的城市。不及斯坦布尔，不及雅典！但罗马有古老的罗马风格的砖石建筑；而且，天啊，岁月已剥去它所有大理石的饰面。于是，便有了雄浑壮阔独一无二的罗马，一座建筑的博物馆。

奥古斯都[ix]！请把和平同萨托[x]、柯雷乔[xi]、拉斐尔和巴什罗米[xii]这些艺术巨匠的作品一起散播到你伟大的帝国去吧！竖起米开朗琪罗和伦勃朗[xiii]的祭坛吧！竖起我们代代人去朝圣的祭坛吧！

来到西斯廷大教堂[xiv]，抬头仰望《最后的审判》，所有繁芜都被抛在

---

i 梅米（Memmi，1285~1344）：意大利画家雕塑家。14世纪锡耶纳画派代表。
ii 安德里亚·奥尔卡尼亚（Andrea Orcagna，1308~1368）：佛罗伦萨的画家、建筑师和雕塑家。以湿壁画著称。
iii 乌切罗（Ucello，1397~1475）：意大利画家，意大利文艺复兴时期佛罗伦萨画派的重要画家之一，代表作《战役图》。
iv 旧宫（Palais-Vieux）：这座修建于1298~1314年间的宫殿以前曾经长时间是富商美第奇家族的府邸，全部用石材建造。
v 佛罗伦萨市政广场（Piazza della Signoria）：因为周围的建筑和广场上众多的雕塑而闻名。旧宫就位于广场东南角。
vi 马哈茂德（Mahmoud）：咖啡连锁店。
vii 乔托钟楼（Campanile di Giotto）：圣玛丽亚百花大教堂旁的钟楼，由建筑师、画家乔托设计，因而得名。1334年，佛罗伦萨王国政府聘乔托设计建造。他花了三年，盖起第一层后去世。第二层到第四层由另外两名建筑师完成于1357年，第五层是后来加盖，总高89米。
viii 圣乔瓦尼洗礼堂（Bittistero di San Giovanni）：位于乔托钟楼对面，以被米开朗琪罗称为"天国之门"的东门而著名，这是吉贝尔蒂的旷世之作。《旧约全书》的故事按情节分成十个画面，分别镶在大门的十个方格内。
ix 奥古斯都（Auguste）：罗马帝国的奠基人奥古斯都·凯撒。他结束了公元前1世纪期间使罗马共和国陷入混乱的内战，重新组建了罗马政府，他的国家内部出现了长达两个世纪之久的太平盛世。
x 安蒂尔·萨托（Andrea del Sarto，1486~1530）：意大利文艺复兴佛罗伦萨画家。
xi 柯雷乔（Correge，1489~1534）：意大利文艺复兴画家，巴洛克风格的先驱。
xii 巴什罗米（Bartholome，1450~1498）：文艺复兴先驱，意大利雕塑家。
xiii 伦勃朗（Rembrandt，1606~1669）：17世纪荷兰最杰出的现实主义画家。
xiv 西斯廷教堂（Cappella Sistina）：以米开朗琪罗所绘《创世纪》穹顶画闻名于世。

脑后，人仿佛在同上帝对话。

你当初在庞贝古城的中央广场上待了多久？是不是同我一样逗留了整整五天呢？究竟是什么吸引了我们呢？

我竟对我们自己生发了敬意。我们处在怎样的一个时代啊！你相信东方文明吞没西方吗？在斯坦布尔，在整个东欧，到处可见清真寺的尖塔和圆顶；成片的公墓和木头的房子，海水，一片蔚蓝。而在意大利是什么？是暗淡；是繁芜，是虚荣，是偏狭。文艺复兴的宏伟画幅？盘中的圣果已经不在，白色的背景上只留下一道美丽的黑色印痕。要我说，这不过是肮脏的污渍。

你不这样认为吗？就在不久的将来，人们就会把这些博物馆廉价地变卖掉。出入博物馆的将是一些同出入电影院一样无聊的人。我厌恶这些博物馆，厌恶狭隘的街道，厌恶七零八碎的街区。

不知你可否留意，我们的先人大都选择黑色这种深沉的颜色作为包裹他们童贞女的颜色。乔尔乔内有这样两幅画作，画中人着黑色长裙、披黑色斗篷；在画面上，那是一片纯粹的黑色，用以衬托其他的色彩。

美第奇家族的圣洛伦佐教堂[i] 倒是令我着迷。

其他的，我对意大利便毫无留恋了，向它道声永别。我所想往的是统一和谐占主导的国度。从雅典折回，我的下一站是埃及。帕提农，天啊！我还从未如此惊叹过。我的眼睛一刻也不能从它身上移开，我已被它深深吸引。在那里，我见识了美！我不记得是否曾向你提起过，在希腊看到一张金字塔的照片使我下定决心绕道去埃及。去那里确实需要坚定意志。

多少沉淀了的记忆一古脑又迸发出来。毕竟这次旅行激发了我们太多的感触。

唉，别提了，无耻的贝克[1]！我真的不知道该如何跟这个龌龊的家伙相处。这头猪！当我第一次穿过雅典卫城山门的时候，他正在帕提农神庙里呢。我在罗马就收到了他的明信片，要约见我。被我婉言谢绝了，我可不想跟这个家伙纠缠。之后，他又从佛罗伦萨寄来一封信。啊，亲爱的克里普斯坦因，你不知道这是一封怎样的信！他真是个脑满肠肥自以为是的家伙，一副师长的口气。他盼咐我去罗马看两处猪一样的设计师设计的极为丑陋的建筑。他觉得它们棒极了，叫我无论如何也要去好好看一看。如果你见到他，就告诉他这两栋建筑很美，我和他的想法完全一致，并向他

---

i 圣洛伦佐教堂（San Lorenzo）：美第奇家族的教区教堂，1419年伯鲁乃列斯基（Fillipo Brunelleschi）被委托运用文艺复兴的古典主义风格重建它。大约一个世纪后，米开朗琪罗为教堂的正面工程拟订了一份计划，并为美第奇家族在新圣器室的陵墓开始创作。

表示感谢。招惹这个宝贝儿生气毫无意义!

……

我现在正在从热那亚驶往米兰的列车车厢里给你写信。晚上十点钟,二等车厢,一个女人正试图让同坐的三位男士与她调情,我是坐在窗口的第四位。可惜这个女人已不再可爱,他们对她毫无兴趣。

前面几页是在佛罗伦萨面对市政广场的奥尔卡尼亚咖啡馆里写就的。再过十个小时,我就将抵达卢塞恩的哈根火车站;周四返回拉绍德封。拖着劳顿而疲倦的身躯,我就像即将回圈的马驹。意大利令我失望,但还有比萨和庞贝;当然还有帕提农。尤其在晚上,当夜幕降下的时候,我就变成一个梦游者,所有美好的记忆都涌向我的脑海。你能理解吗?让我们继续吧。

一路上,我还见识了所有遇到过的古董收藏家的收藏,想从中发现一两件珍宝。奇怪的是,竟找不到一件令人满意的古玩。古希腊艺术品是我们所知最好的,埃及人也可能更胜一筹。在这方面,土耳其人则相形见绌了。精细的费利克斯太太[2]应当到考古艺术工作室去,在那里她可以在长满青苔的故石堆里发掘古老的珍宝!

我正在阅读萨巴蒂埃[i]的《圣弗朗西斯科》。太美了!我正看得起劲儿,后面还有一百多页的分析。

你知道,我途经阿西西[ii]、奥维尔图[iii]和锡耶纳[iv],但没有停留;因为一时间我不可能兼收并蓄。我希望心无旁骛地感受意大利最直接最深刻的印象。

……

一群烟鬼。是的,烟鬼!这几乎可以肯定是托斯卡纳人的别称。我就像肺病患者那样不停地咳嗽,眼睛熏得睁也睁不开。我觉得自己好像一只快被烤熟的鹌鹑,心情真是糟透了。

但很高兴还能在车厢里给你写信。君士坦丁堡一别,我们已经好久没

---

[i] 奥古斯都·萨巴蒂埃(Auguste Sabattier,1839~1901):法国新教神学家,对法国新教和天主教有深刻影响。他认为宗教的发展分为三个阶段:初期为神话阶段,为各种宗教所共有;目前为教义阶段,为天主教和基督教新教所特有;最后为辩证的和心理阶段,这时候才能满足人们的虔诚和辩证思想。

[ii] 阿西西(Assise):一座中世纪山镇,一处古老的圣所,是圣方济各的诞生地,拥有圣弗朗西斯科教堂和乔托等伟大画家的壁画作品。

[iii] 奥维尔图(Orvieto):位于罗马以北的一处古镇。

[iv] 锡耶纳(Sienne):一所独特的中世纪城市,位于佛罗伦萨南大约50公里处。建立于公元前29年,历史上是贸易、金融和艺术中心。

有联系了；你一声不吭，杳无音信。人们总爱东拉西扯说个不停，却忘记真正必要的话。今晚我便是如此，但我难以抑制自己的感情。我感到自己的外壳在剥落，我感到不由自主。倘若在这寂静僵直平庸的现实生活中不加入一些久违的回忆的快乐，那我承认我将无法忍受。亲爱的克里普斯坦因，信短情长，难以尽表我对你的思念；但我可不想搞得婆婆妈妈的，今晚就到这里吧，真诚的问候永远不需要繁缛的辞藻。

克里普斯坦因老兄，应当娶个老婆，再生个孩子。然后领着他们到处走走！

夏尔·爱德华·让纳雷

---

1 阿诺尔德·贝克（Arnold Beck）：瑞士房地产开发商。夏尔·爱德华·让纳雷 1914 年设计的一个 120 栋花园新村项目的甲方。
2 于此，夏尔·爱德华·让纳雷指的可能是他朋友奥古斯都·克里普斯坦因的哥哥费利克斯·克里普斯坦因的夫人埃蒂特（Edich）。

20 | 1912 年 3 月 14 日，致佩雷兄弟信
1912 年 3 月 14 日，于 Couvent，拉绍德封

亲爱的佩雷先生：

　　最后一次向奥古斯都先生[1]道别的时候，透过使馆的窗户，恰可望见美丽的金角湾！苏丹的王宫[i]就坐落在对岸[ii]！就在几天前，塞利姆苏丹大街和努黑奥斯马尼大街之间绵延的六千多栋房屋（呈现出郁金香的形状）付之一炬，大火烧了一天一夜。一场令人惊愕的燔祭。阿陀斯山[iii]的修道院供奉着圣母玛利亚，教堂的前廊上雕刻着朝拜初生耶稣的三王像。奥古斯都先生曾对我说过——以一种崇高而骄傲的语气——在雅典的卫城，那里太阳西沉的方向沿着帕提农的中轴，落到伯罗奔尼撒半岛后方，最终没入大海。我到卫城的时候，观察了三周，发现每天的落日都有偏角，大概

---

i 这里所指的应该是道尔玛巴赫切宫（新王宫），19 世纪后苏丹的王宫。建筑精美，以精湛的雕刻和华丽的壁画、吊灯和装饰品著称。
ii 博斯普鲁斯海峡→见致卡尔·恩斯特·奥斯特豪斯信 28.07.1911 * 信 17 注 i
iii 阿陀斯山→见致父亲信 09.1911 * 信 18 注 i

预示着冬天的到来吧!

罗马,一片苍白的遗迹!但是有庞贝,有巴拉丁[i],有公共浴场;在平原上还可以看到圣彼得大教堂的穹顶;还有位于罗马郊外的哈德良别墅[ii]!

抵达比萨的时候,已是冬天。

天空总是阴沉沉的。我们这里雨水多。每年冬季小镇就会被一两米深的积雪埋没。是啊,脚上根本不会粘到泥巴!

这里也埋葬我的青春。回到拉绍德封的第二天,我登上布耶海勒峰[iii],从那里穿过深深的杜布斯峡谷,便是一望无际的法国了。我远远地向西望去,眼泪差点夺眶而出。艾普拉特尼尔先生,我的老师,我的朋友;他信任我,他指望我分担他教学的工作。我的责任要求我留下来。于是,我留了下来,开始这阴郁的沉闷的单调的乡村生活,瑞士乡村的生活。

我在一家商店的橱窗里看到了香榭丽舍剧院[2]的照片。这是阿斯特鲁克先生的剧院,是您们的剧院。一周前,我苏黎世的一个朋友普拉黛尔向我讲述了范·德·维尔德[iv]的遭遇。我的这个朋友不认识您们,我骄傲地对他说:我认识您们,并且非常爱戴您们。您们是否一定要我承认我已经厌烦了巴黎呢?不!巴黎是水,我是鱼。这条可怜的鱼渴望回到它的大鱼缸里去。斯坦布尔愉悦眼睛;美洲愉悦精神;不列颠群岛愉悦感官;而巴黎,最适于生活。我有的朋友恐惧巴黎,恐惧所有大城市。但巴黎不是大城市,巴黎是绿洲。它新鲜柔软、热情有力、广袤富饶;它是如此亲切,就像小雏鸡在四月的天气里跳出来歌唱的一块林间空地。

巴黎是画家的故乡,是充满了美妙和新鲜旋律的国度;这里各种珍奇绚丽的思想和事物交织在一起。特别地,对于一个从德国归来的小子来说,这里是拉丁的乐园。如果您们也去普鲁士德国待上一年,那您们耳畔便会回荡这样的唱词——"庙宇之都"。

而在我们这里,在拉绍德封,倘若我们的祖先没有发明这项苦役[v],

---

i 巴拉丁(Palatin):罗马古城有"七丘之城"的称号,其中巴拉丁丘位于罗马市中心,是罗马文明最早的发源地。
ii 哈德良别墅→见致奥古斯都·克里普斯坦因信 11.1911 * 信 19 注 ii
iii 布耶海勒(Pouillerel):法国和瑞士接壤的汝拉山上的一个次峰。
iv 亨利·范·德·维尔德(1863~1957):比利时建筑师、画家、平面设计师、教育家。他在德国的活动比在本国更有影响,并一度成为德国新艺术运动的领袖,德意志制造联盟创始人之一。
v 这里指的是瑞士传统手工钟表制造业。

那么我们将以何为生呢？果园里的果子和杉树上的松球吗？被大山锁住的视野之中，除了稀疏的草垫和下摆呈锯齿状的古板的长裙，什么也看不到。是的，还有工厂和笔直的道路；人们白天在那里消磨时光，晚上又早早躲进他们美洲式的房屋里。

我得到了一项委托[3]：为一位天才的钟表制造商建造一座大别墅；这个家伙白手起家，现在已是百万富翁。又是一栋别墅，还包括室内的陈设。我每周有12小时的教学任务，周日专心设计——要一直都是周日该多好！

我发现了一件令人惊奇的事，我要在这里告诉您们：我时不时会看一看马奈那幅《草地上的午餐》，因为我的两位老板——奥古斯都和古斯塔夫——就坐在画里面（正如我对我的朋友所说）。我是惟一一个察觉到这种相似性的人吗？

蒙得马桑馆[i]展出的马奈的这幅画作每每让我想起您们。巴黎一别就杳无音讯，这常使我感到内疚。希望您们能够理解能够宽恕。

不过，我的沉默也不是全无益处。至少可以让您们忘却瓦勒先生的新书，忘却布德尔[ii]的雕塑，忘记罗曼·于勒[iii]的画作……

顶棚上的横梁显得多余；石灰的墙面很刺眼，上面还装饰着波斯的细密花纹——这里便是我夜间的栖身之所。在这样粗俗的乡室给您们写信，于我简直是一种惩罚。无论如何，请您们接受我的问候和敬意，还有深深的眷恋和仰慕。

谨上

夏尔·爱德华·让纳雷

---

1 奥古斯都·佩雷→详见收信人目录
2 香榭丽舍剧院（Theatre de Champs-Elysées）：位于巴黎由阿斯特鲁克先生（Astruc）出资建造的剧院。最初的设计由亨利·范·德·维尔德（Henry Van de Velde）执笔，但后来转由奥古斯都·佩雷设计并建造。→致卡尔·恩斯特·奥斯特豪斯信27.03.1912＊信21中，夏尔·爱德华·让纳雷再次提及此事。
3 施沃布别墅（Villa Schwob）：又称"土耳其别墅"（Villa turque），夏尔·爱德华·让纳雷于1916年在拉绍德封建造该别墅，甲方是钟表制造业巨商阿纳托尔·施沃布（Anatole Schwob, 1847 ~ 1932）。

---

i 蒙得马桑馆（Pavillon de Marsan）：卢佛尔宫的一个展馆。
ii 埃米尔·安托万·布德尔（Emile Antoine Bourdelle, 1869 ~ 1929）：法国现实主义雕塑家。
iii 罗曼·于勒（Romain Jules, 1482 ~ 1546）：意大利画家雕塑家。

21 | 1912 年 3 月 27 日，致卡尔·恩斯特·奥斯特豪斯信
1912 年 3 月 27 日，于拉绍德封

尊敬的先生：

已有数月未得机会向您表达我对您的敬意了。我在以美著称的国度、以美著称的城市间游走；我亲睹了卫城的神庙和伊斯坦布尔山丘上的清真寺。

一路之上，常常想起我去哈根造访您时您给我的忠告："对所有安静的遗址心怀敬意；希腊这方圣土孕育了太多美妙的名字，不要试图逐一揭开它们的面纱；也不要错过伟大的事物：去君士坦丁堡，去雅典，去埃及吧。"

而我的举止近乎粗鲁，与您的要求相去甚远。我信誓旦旦，巡游多瑙河流域、塞尔维亚、罗马尼亚，以及几乎整个巴尔干半岛[i]。在游历了厄流西斯[ii]之后，我才体会到您的话是多么有道理；我已去过了莱姆诺斯岛[iii]和奥林匹克山[iv]，它们的名字，多么诱人的字眼！阿陀斯山[v]，我在那里逗留了 15 日；那里令我失望，每一座修道院都枯燥无味死气沉沉，而且它们彼此都大同小异。

我还见识了奇妙的景象：多瑙河的泛滥，整整 14 天烟波浩淼白浪起伏。

在巴尔干半岛的塞尔维亚，为了购买民间的陶瓷制品，我深入山城。于我，一罐一钵都铭刻了民族的诗篇。它们富于韵律，勾人遐想；像美妙的十四行诗，像献给天马座[vi]的颂歌。我的这些瓶瓶罐罐，它们是如此令我兴奋；以至于我滥用了读者的宽容，在我们当地报纸上发表的旅游杂记

---

i 巴尔干半岛（Balkans）：欧洲南部三大半岛之一。位于南欧东部。包括阿尔巴尼亚、保加利亚、希腊的全部，前南斯拉夫的大部及罗马尼亚、土耳其的一小部分领土。半岛地处欧、亚、非三大陆之间，是欧亚联系的陆桥。

ii 厄流西斯（Eleusis）：今称勒维希那（Levsina），古希腊的一座圣城，位于雅典西北 30 余公里处，18 世纪的考古学家在这里发现了许多重要的庙宇遗址，夏尔·爱德华·让纳雷 1911 年 9 月 29 日抵达该城。

iii 莱姆诺斯岛（Lemnos）：北爱琴海中的一个岛屿，隶属希腊，正处于小亚细亚和圣山半岛的中间。这个岛屿历史悠久，在公元 9 世纪的《荷马史诗》中就有提及。

iv 奥林匹克山（Mont Olympie）：奥林匹亚遗址，位于伯罗奔尼撒半岛的山谷中，自从史前时代以来就有人居住。在公元前 10 世纪，奥林匹亚成为敬拜宙斯的中心。

v 阿陀斯山（Mont Athos）→见致父亲信 09.1911 * 信 18 注 1

vi 天马座（Pegase）：传说中奥丁的坐骑，毛白胜雪，有八只脚。奥丁骑着这匹马环游世界，把诗歌的灵酒带给诸神的世界。

中毫无顾忌地大肆夸耀我搜罗来的这些珍宝（尽管我的读者对此并无兴致）！正是与这些朴素甚或粗野的原住民及其民间手工艺的接触，为我攀登人类文明的高峰作好了准备：斯坦布尔，布尔萨，雅典，庞贝，哈德良别墅[i]，比萨……

　　应该回到巴黎，我想回到巴黎去。但我亲爱的老师，我的朋友艾普拉特尼尔[1]先生几乎在我不知情的情况下，将我任命为他刚刚成立的一所新学校的讲师。我得遵命，我得留下来（纯粹是为了报答我的老师，为了我们的友谊）。于是，我便遗憾地不知所措地开始了在这样一个小山村的生活……我还想着巴黎，想回到我以前的老板佩雷兄弟[2]的麾下。我去年7月在佩腊[ii]遇见奥古斯都的时候，他就向我透露了他们在香榭丽舍剧院方案中力克范·德·维尔德的消息。布德尔[iii]和莫里斯·德尼[iv]是他们的合作者。当初在佩雷事务所完成一个广场的设计方案时，我曾与这二人接触过。您现在可以想像了吧，回到拉绍德封令我感到多么遗憾！

　　范·德·维尔德的挫败一定令您很悲伤[v]。您一定会认为巴黎懂得欣赏诗人和画家；却不懂得欣赏建筑艺术，不懂得欣赏建筑师。但这回，佩雷兄弟是主角。您觉得吗，他们酷似《草地上的午餐》中的那两位绅士。他们有库尔贝[vi]和德加[vii]脸上那种骄傲的笑容和革命的气质。（在现实生活中）他们拥有拉丁民族所特有的优雅和笑容。他们是先锋的革新者。

　　他们拥有健全的精神，他们将是明日的主宰。比起偏激的失常的贝伦斯，我不知道有多么爱戴他们！以至于我相信，在这次角逐中，尽管您和您的朋友会悲伤，但现代主义的激情将会得到满足！我为他们感到高兴，也为不能亲自为他们效命而感到哀伤！

　　我冒昧地在我们当地报纸上发表的一篇文章中，满怀尊敬和仰慕地提到了您。您的善良和仁慈令我深受感动。我无法忘怀您是如何招待我这样一个远道而来又素不相识的微陌的造访者的。

　　是的，在交付学校的考察报告中，我也提到了您在德国从事的令人敬

---

i　哈德良别墅→见致奥古斯都·克里普斯坦因信 11.1911 ∗ 信 19 第 106 页注 1
ii　佩腊→见致卡尔·恩斯特·奥斯特豪斯信 28.07.1911 ∗ 信 17 第 102 页注 1
iii　埃米尔·安托万·布德尔（Emile Antoine Bourdelle, 1869~1929）：法国现实主义雕塑家。
iv　莫里斯·德尼（Maurice Denis, 1870~1943）：法国画家，艺术评论家，法国独立派画家联盟成员。
v　卡尔·恩斯特·奥斯特豪斯（Karl Ernst Osthaus），著名银行家兼艺术收藏家。他在哈根的博物馆就是请范·德·维尔德设计并建造的。
vi　阿纳托尔·库尔贝（Anatole Courbet, 1827~1885）：法国殖民地时期成功赫赫的海军上将。
vii　埃德加·德加（Edgar Degas, 1834~1917）法国画家、雕刻家，名列 19 世纪印象派大师之一。

佩的事业。您的现代德国,其方法的广泛性与有效性,其人民的忠诚与勇气都是值得仰慕的。但法国堪与您们的先知逐鹿欧洲!请您不要怨恨我如此热爱法国吧!法国是一个微笑着的生活美满的国度。它的人民懂得把握生活的节奏,他们的脸上洋溢着幸福。那里有平缓的山丘有碧绿的潺潺的河流;那里孕育了美丽的绘画和纯净的富有诗意的文学;那里是凯撒·弗兰克[i]曾经生活过的地方。同样是它,它攻陷了巴士底狱,它拉倒了旺多姆广场的圆柱[ii]。我现在住的地方,出门不远有座山。我用一个小时就可以登上山顶,从那里再穿过一个深深的峡谷,便是一望无际的法国了。高原上流淌着卢瓦尔河[iii],坐落着古镇奥尔南。每天太阳从那里落山,把金色的余晖洒向无边无际的原野。

我德国之行的考察报告即将出版,到时候我一定要寄给您一本。我现在在我老师创办的一所新学校任职,分配给我的任务是:限定技巧的构成应用。我要培养并使学生在实践中应用一些技巧。不过,我现在还相当缺乏有效的素材。所以,在这里,我冒昧地请求您:我是否可以求助于您的博物馆呢?用来搜集德国工业产品设计的相关素材。我相信您的博物馆一定可以满足这方面的要求:它首先是一座信息的桥梁。还请您原谅我行文的仓促,原谅我在信末向您提出这样冒昧的请求。

不过,若能蒙您回复,我将不胜感激。

请接受我最诚挚的敬意。

谨上

夏尔·爱德华·让纳雷

---

1 夏尔·艾普拉特尼尔:画家,夏尔·爱德华·让纳雷的老师,拉绍德封工艺美术学校的教授,后独立创办"工艺美术学校分部"。→详见收信人目录
2 佩雷兄弟→详见收信人目录

---

i 凯撒·弗兰克(César Frank,1822~1890):法国音乐家作曲家。
ii 旺多姆广场圆柱(Colonne Vendome):旺多姆广场中心的一根高高的圆柱,它由奥斯特利茨战役缴获的大炮熔铸而成,周身环绕着拿破仑在战役中的英雄战绩,顶端是拿破仑像。1871年4月12日,巴黎公社委员会通过法令,要求拆除旺多姆圆柱。5月16日下午举行了拆毁仪式。
iii 卢瓦尔河(Loire):法国境内汝拉地区最美的河流之一,流经画家库尔贝(Courbet)的诞生地——奥尔南(Ornans)。

22 | 1912年8月20日,致奥古斯都·克里普斯坦因信
1912年8月20日

克里普斯坦因老兄:

你竟奇怪地在人间蒸发了吗?只留下一条简短的令人担忧的口信:来信寄巴雷大街![i] 我本来以为你会在劳巴赫,或其他什么地方。

我本想这个假期能够在这里见到你。我也好暂时从使我晕头转向的工作中解脱出来。

现在正是手忙脚乱的时候。上周刚刚接到一项新的、紧急的、马上就要付诸实施的委托:为当地一个带剧场的娱乐中心建造一座餐厅,并完成室内的装饰。

这是怎样的一个夏天啊!我亲爱的克里普斯坦因老兄。我们这里一直在下雨,不停地下雨。天气很糟糕,总是阴沉沉的。早上7点天才亮,晚上8点就又黑了。我印象里,数月来就没有一个晴天。本来也无所谓,只要不引起发霉和霍乱。

15天前,我的哥哥回来了。这着实令我很开心。他变得热情而有朝气,他使我重新鼓起了勇气。既然我们这里如今当权的社会党人要求我口袋里揣上一张制图文凭;那来吧,除了工作,我将把全部精力投入到自修中去。

我又开始着手城市方面的研究了,为今年冬天的报告作准备。想法是这样产生的:一个主顾委托我对他拥有的一个地块进行划分;这使我有机会修改小镇的实际规划。当然,我不会轻易就现状进行改动,除非有充分的证据证明新的方法优于老的方法。在讲解的时候我希望能够用上幻灯机,而不是单单把我的文字部分印刷出来。

一点一点,这个小镇悄然发生着变化。

奥克塔夫·马泰[1]这个礼拜就要去美洲了。他想到外面呼吸一下自由的空气,见识一下新鲜的事物。他将以他美好的、不紧不慢的性格去面对冒险和未知。看着他离开令我很难过。他做任何事都那么优雅,同他接触很有意思。

心理的悲剧,命运的痛击,意料之外的奇袭!梅德朗克[ii]将如何解析这场景呢——我和艾普拉特尼尔[2]先生,我们之间完了!结束了!我搞不懂为什么会这样。几年之间建立的默契和友谊,缘何在六个月内就全部化为乌有了?他见我仍以朋友相称,但我已丝毫感受不到友情。岁月累积的

---

i 巴雷大街(Barer Strasse):德国地名,位于慕尼黑。
ii 莫里斯·梅德朗克(Maurice Maeterlink,1862~1949):比利时剧作家、诗人、散文家。1911年,获诺贝尔文学奖,象征派戏剧的代表作家。他早期的一些剧本充满了悲观无望、颓废厌世的思想。

点滴已成往事。

对此，我完全没有料想到。他迫不及待地盼我回来。而当我们真正一起共事的时候，却突然发现我们的艺术观点竟是如此不同，甚至对立。我们的分歧已渐渐瓦解了我们的友谊。如今我们之间只剩下一张面具。

就这样，这里最吸引我使我为之留下来的一枝花朵也凋谢了。

我想像你的劳巴赫今年雨水也不少。你是不是又披着你那芥色的外套，戴着那顶黄色的巴伐利亚式的无边软帽。费利克斯[3]一定觉得没有太阳的日子非常痛苦、非常难以忍受。是啊，我们需要活力，需要新的生活；而不仅仅是活在回忆里。

……

接上文

亲爱的克里普斯坦因老兄。今晚我在办公室度过。我收到了你从伯尔尼寄来的明信片，你说你 15 号才抵达慕尼黑。说到这儿，你不是和你堂兄雅各布一起去突尼斯[i]了吗？

他的事进展如何？他放弃了吗？你们的旅行顺利吗？你们在那边还好吗？你真是个幸运的家伙！

但你有这种感觉吗？频繁的旅行生活让人沾染了漂泊的习气，竟令人无法长久地在一个地方待下去。对此，我自己深有体会。我现在只想到处走走，想着西班牙、俄罗斯、印度，还有美洲！

一有时间就给我回信吧，亲爱的克里普斯坦因老兄。我的哥哥和我的父亲母亲都向你问好。

既然你已返回劳巴赫，那么请代我向费利克斯及夫人问好，我非常感谢他们对我的盛情款待，我将保藏这份珍贵的回忆。

至于你，老走江湖的家伙，让我们紧紧地握握手吧！

你的夏尔·爱德华·让纳雷

还记得我们一起搜罗的刺绣品和彩绘细密画吗？如今他们竟令我厌烦。极度的抑郁和无所事事已剥夺了我赋予这些破布片生命所必需的灵感。

我预见到回忆的功效。对于一场欢乐的战役而言，当太阳光芒四射，当激情燃到顶点；它便是那引爆火药的导火索，便是劈开天庭的闪电。一下子，仿佛重新获得了气魄和力量；头脑变得清醒，形象也变得鲜明起

---

i 突尼斯（Tunis）：突尼斯是世界上少数几个集中了海滩、沙漠、山林和古文明的国家之一。突尼斯被认为是悠久文明和多元文化的融合之地。

来。伸出手臂去接受命运的指引。若非如此，回忆将毫无意义；深陷其中，将变得呆滞迟钝，以致失去行动的力量。

这附加的两段是在我家嘈杂的壁炉前写就的。在这里，大家一起交谈；在这里，开心的会鼓励不开心的。家庭的壁炉原来是感情的巴别塔！

1　奥克塔夫·马泰→见致奥古斯都·克里普斯坦因信 10.03.1911 ∗ 信 15 注 iv
2　夏尔·艾普拉特尼尔：画家，夏尔·爱德华·让纳雷的老师，拉绍德封工艺美术学校的教授，后独立创办"工艺美术学校分部"。→详见收信人目录
3　费利克斯·克里普斯坦因（Félix Klipstein）：奥古斯都·克里普斯坦因的哥哥。

23 | 1912 年 10 月 5 日，致卡尔·恩斯特·奥斯特豪斯信
1912 年 10 月 5 日

尊敬的先生：

急忙写就这样一封短信，向您解释一下久未与您通信的缘由：令人发疯的工作让我疲惫不堪、难于脱身。

由于缺乏统筹安排（这个问题至今还没有得到有效的解决），我这一年未得一天余暇：万事开头难！

然而，我仍想着逃到巴黎去。我旅行中完成的几幅水彩作品在秋季沙龙展出了；令我高兴的是它们布置在显眼的位置，并得到了莫里斯·德尼[i]的夸赞。而当同样的作品出现在我们当地一个展览中的时候，我却被人们斥为疯子，并在报纸上受到粗暴的攻击。

瑞士的艺术家们想为在伯尔尼举办的全国联展做些事。他们成立了一个委员会，我是其中一员（这是拜我的老师艾普拉特尼尔先生[1]所赐）。但我们的作用将微乎其微；因为缺乏组织，缺乏联合的力量。纳沙泰尔的联邦沙龙如今主要展出霍德勒[ii]和芒更[iii]的作品，受立体派和野兽派的影响；

---

i　莫里斯·德尼：法国画家，艺术评论家。→见致卡尔·恩斯特·奥斯特豪斯信 27.03.1912 ∗ 信 21 第 104 页注 iv
ii　费迪南德·霍德勒（Ferdinand Hodler, 1858～1918）：瑞士画家。→见致父母信 02.06.1908 ∗ 信 8 第 65 页注 v
iii　亨利·夏尔·芒更（Henri Charles Manguin, 1874～1949）：法国画家，与马蒂斯、马尔凯等青年画家一起从事野兽派的艺术活动。

当然是以一种瑞士的方式：不瘟不火，平淡无奇，不赶尖峰。

我想您今年夏天到海勒洛去了吧；我本来可以在那里见到您的，但出发前的一刻我又被一堆很烦的事牵绊住了，取消了行程。我的哥哥在那里有演出；而且我对多赫、雅克²、特森诺ⁱ和萨尔兹曼都抱有如此美好的回忆，我很高兴去那里与我这不幸失散的充满活力的拉丁小团体重聚。

……有人叫我了，就写到这儿吧。还请原谅我不连贯的行文。永远铭记您对我热忱的接待！

谨上

您的夏尔·爱德华·让纳雷

---

1 夏尔·艾普拉特尼尔：画家，夏尔·爱德华·让纳雷的老师，拉绍德封工艺美术学校的教授，后独立创办"工艺美术学校分部"。→详见收信人目录
2 雅克·达尔克罗兹（Jaques-Dalcroze）（详见收信人目录），夏尔·爱德华·让纳雷的哥哥阿尔伯特·让纳雷的老师。他在德国的海勒洛创办了达尔克罗兹音乐舞蹈学院。→见致威廉·怀特信1910＊信10注3

24 | 1913年5月9日，致威廉·怀特信
1913年5月9日

亲爱的先生：

我想向您提三个问题：

我该何去何从？

深夜里，何以让小小的可怜的火苗不致熄灭？

我请求您给我解答：您觉得我该做些什么呢？

责任：我有一位父亲和一位母亲，他们的生活境遇都极其朴素；他们非常辛苦地工作，换来的是远算不上宽裕的生活（我的成长环境）；（我们）就这样几乎完全不自知地被埋葬在一所大房子里。我的父亲，智慧而敏锐，40年来一直从事一份低贱而令人厌恶的工作：制造表壳。在生活的重压下屈服，他变成了一个消沉的人；只在闲暇的时候偶尔翻翻书。我的

---

i 海因里希·特森诺：德国建筑师，德国青年风格派的领军人物之一。→见致威廉·怀特信1910＊信10注2

母亲有着复杂的血统：比利时—遥远的西班牙—洛城！[i] 虽年已50有余，却拥有青春热情的性格。她教授钢琴，她喜爱那些活泼可爱的学生；几年来这几乎成了她生活中最美好的部分。

我是惟一留在家中的儿子。我的父亲很少与人来往，同我的爷爷奶奶和他的朋友之间都很少走动。

我和阿尔伯特[1]是非常亲密的兄弟。往昔，我们一家四口的四重奏是自娱自乐的保留节目。

我自东方之旅从希腊回来，就留在家中。阿尔伯特六年前就离家在外。我意识到，自己是个25岁的青年，而我的父亲母亲都50多了。也就是说，我们之间整整隔了一代人。

但无论如何，父母是我最亲的人。尽管不该这么说，然而当意外和不幸发生的时候，我们三个人会必然地本能地联合在一起。这真是句蠢话！

很明显，我不大可能远离这座小镇，远离我身边的人；留老爸老妈在家，独自一人到亚得里亚堡[ii]、巴黎或芝加哥去。

但我厌恶这座城镇，厌恶这里的人。我断定在这里将一事无成……只有自甘堕落。况且，这里根本无事可做。这里就没有大型的工程。今年我还一个项目也没有接到。我没有项目可做。等待遥遥无期。市镇议会如今由社会党人当政，今年就甭想盖房子。

像画家被禁止触碰他的画笔，像音乐家被剥夺了键盘乐谱和他的乐队——这就是我现在的处境。人们不给我盖房子的机会，人们不允许我盖房子。

我的虚荣，我的野心，我的骄傲，驱使我垂涎庞大的工程。这个职业，正如您所说，近乎专制；它必拣选独裁者作它的大祭司！

我该何去何从？在这种情况下，是该放弃我的老爸老妈任其在孤独和烦闷中日渐衰微，独自去别处谋求建造别墅、宅邸和宫殿的机会？——还是应该留下来，甘于堕落，任一切消散？热情，冲动，学识，还有一个艺术家骄傲的灵魂！

所以，我要问问您，亲爱的先生：留下来是不是个错误？我的天分比起只有一点点的艾普拉特尼尔[2]先生来说，是更多呢，还是不如？我会不会像他一样变成杉树林和小镇的一部分？15年后？或者更短。

这就是我所说的：熄灭小小的火苗。

---

i 洛城（Rochefort）：位于大西洋畔，属于法国滨海夏朗德省（Charente-Maritime）。
ii 亚得里亚堡：古城名，现为土耳其埃迪尔内（Edirne）。地处巴尔干通向伊斯坦布尔和爱琴岛陆路的交点。

我被不断重复的噩梦折磨：我被无所事事所引发的无聊所吞没，陷入无边的黑暗，急促地呼吸着焦虑的空气；我被无穷无尽的问题追问，感觉有一道无法拭去的泪痕……每每从梦中惊醒，四周仍是一片漆黑。

我不知道，我很恐惧。但我仍相信，只要有用武之地，我会有所作为。我会对别人有用吗？只有被需要，我才会感到更加幸福和满足。

毫无疑问，在这里，我的父亲母亲需要我。但是，我不声不响，一天天捱着日子，我仿佛在等待什么。我究竟在等待什么呢？一场庄严的结局，战斗或葬礼；一次痛快的决裂，剪断我的脐带，脱开过往的一切。

以上，我已清晰阐释了我的想法。一个25岁的年轻人，应当处于运动之中；30岁，他停下来，环顾四周，探测并检验他周围的土壤；40岁，他选定一块地方，把根扎下去。

于此——精神上的，但更多的是情感上的——这运动停滞了。

于是，我亲爱的先生，我询问您的建议。请您为我作出诊断。当我从希腊和罗马返回，在隆冬的比萨给您写信的时候，我用的便是这种语气。

望意大利的最后一眼让我觉得恶心，因为一个僵死的人就横躺在脚下，越过他，我对他身后的城市完成了最后一瞥。

我几乎已被压垮，被这不确定，被这犹豫不决！

为了避免更严重的后果，我必须反省自己：我陷在原地动弹不得，沉溺于这样一种自恋而自闭的状态。我是如此爱这座城镇里的人，这里有我的亲人和朋友……还有艾普拉特尼尔先生，他的音容挥之不去。

今晚，没有其他要补充的了；这是我惟一的问题，这是我惟一要说的事，一件极重要的事。

我就像一头可怜的小牛！

亲爱的怀特先生以及卡德哈先生，请您们接受我最诚挚的敬意。

真想和您一起重温您寄来的最近一封鼓舞人心的信，读着它，我感到热血沸腾！

您的夏尔·爱德华·让纳雷

---

1 阿尔伯特·让纳雷：夏尔·爱德华·让纳雷的哥哥，长他一岁。→详见收信人目录
2 夏尔·艾普拉特尼尔：画家，夏尔·爱德华·让纳雷的老师，拉绍德封工艺美术学校的教授，后独立创办"工艺美术学校分部"。→详见收信人目录

25 | 1913年11月27日，致奥古斯都·佩雷信
1913年11月27日

亲爱的奥古斯都先生：

路斯[i]的文章写得太好了，我非常喜欢，想保留下来。但鉴于您好意借我翻阅的带签名的限量版还要归还，我便写信与出版社联系。今天收到他们的回复，通知我您已经为我预订了再版的一本。我能做的只剩下向您表示感激了。

这个路斯仿佛是建筑的代言人。他的语言不加任何修饰，听起来粗暴而尖锐。但当建筑师像巨轮的建造者那样，赋予他们的作品以诚实的表达，那么他们的矫情和伪饰将像干瘪的鱼鳞一样剥落。那么，建筑本来的<u>艺术性</u>将自然而然地绽放出来。我想说的是，在最朴素的住宅中的某些地方某些点，你会发现令人激动的<u>造型</u>符号；它们比我们时下流行的用3.50法郎购买的建筑杂志最后两张黄黄的衬页中找到的形式，还要强烈，还要纯粹。

即使赫拉克雷斯[i]降世，他也没有足够的力气来清洁我们的马厩，对不起，我们的沙龙。上帝啊！我们的生活就被这样成千的外部琐事羁绊！想获得自由是多么艰难！

如果我说我们被零七八碎的小摆设包围，标志着我们被无价值的事物所奴役；那是因为我感觉到更加危险的是：精神之被奴役——这才是最令人无法忍受的。这绝非我凭空想像。这都是我切身的体会，曾经一度，我感觉被重重地压得透不过气来。

于是，我梦想着成为一名桥梁的建造者或隧道的穿凿者；我梦想着治理江河，截水成湖；或穿越阿尔卑斯山，横跨大草原，铺设两条一望无尽的铁轨。这样我才能获得精神的解放！

在我们小镇上，一切前卫的思想都将流产。我为自己曾不诚实地违心地宣扬了太多七七八八参差杂糅的风格和主义而感到愤慨。有时候，我会疲乏，会厌倦，会突然有些神经质；于是，人们认为我是个脾气暴躁的家伙。

从今往后，路斯将成为我的盾牌；我将作一名传播新福音的传教士。

我收到了莱昂·韦尔泰[ii]寄来的《现代家具》。其中儒尔丹[2]的设计草图令我感到很困惑。10年前在德国就这么搞了，但我以为今天应有所不同。家具是固定在墙上的，不可移动；难道人们会以这样的家具为伴生活数年吗？！

---

i 赫拉克雷斯（Hercule）：宙斯之子，他英勇过人，力大无比，被尊称为"大力神"。
ii 莱昂·韦尔泰（Léon Werth, 1878～1955）：法国作家，新闻工作者，活跃的艺术评论家。

您对此有何看法呢?

今天就先写到这里吧。请您代我向大家问好,并接受我最诚挚的敬意。

夏尔·爱德华·让纳雷

---

1 阿道夫·路斯(Adolf Loos,1870~1933):奥地利建筑师。在美国学习期间,受沙利文的思想和著作影响很深。他回到维也纳开展他的事业,是维也纳分离派及维也纳装饰运动的反对者。1908 年发表宣言《装饰与罪恶》。
2 弗朗西斯·儒尔丹(Francis Jourdain,1870~1933):艺术家,画家,兼作家。弗朗兹·儒尔丹(见致夏尔·艾普拉特尼尔信 22.11.1908 * 信 9 注 4)之子。1930 年参与创办"现代艺术家联盟"(U. A. M.)。

26 | 1913 年 12 月 7 日,致奥古斯都·佩雷信

1913 年 12 月 7 日

亲爱的奥古斯都先生:

感谢您的回复,很高兴了解您如此看待弗朗西斯·儒尔丹[1]的设计思想。我的心永远向一切新鲜的事物敞开,我希望使自己的思想体系趋于完整,我喜欢品尝上来的各种美味;但他的设计在我看来,确实太陈旧了。尽管我不反对考究家具的形式,考究它在建筑整体中的构成;即使对于可以挪动的家具亦是如此。但家具的功用已被提升到一个过高的级别,它不再服务于人——人的屁股和肘;它过重地承担了艺术品的角色,而丧失了它的舒适性。弗朗西斯·儒尔丹的设计理念便是如此,他过分考究的形式,迎合了喜爱路易十六时期特利亚隆宫[i]及贡比涅堡[ii]陈设风格的人们。

您的话概括了所有的理论,并成为它们的旗帜,您说:将来人们乔迁新居只需要带上一个简单的手提箱。一下子豁然开朗,一扇关于明日之生活和(家居及纯粹)艺术的大门在眼前打开了。

您提到的将在秋季沙龙展出的 40 件建筑作品吸引了我。我希望您能以明

---

i 特利亚隆宫(Trianon):分大小二宫,大宫殿,始建于 1687 年,是路易十四兴建的度假别墅。小宫殿是路易十五为情妇巴利夫人(Barry)而建。
ii 贡比涅堡(Compiègne):这里一度曾是王室别院。城堡的建筑外观为王室风格,内部装饰也是豪华之至。房间里摆设的都是 18 世纪的家具。

信片的形式给我个回复：您只要在背面写上"值得来"或"没必要"即可。

如果真的值得一看，我将不会吝惜我的时间和金钱。

对啦，好久没有见到瓦勒[i]先生了，还请您代我向他问好，我很想念他。您对我说起过他最近的新书，但我没记住书名；我还是更渴望看到他的艺术作品。

本周，我的妈妈（同一位女歌唱家合作）登台了两场音乐会，演绎了丹第[ii]的《海上浪漫曲》。非常精彩！

维尔德拉克[2]在《发现》中，证明了自己过人的诗才！

亲爱的先生，请接受我最真诚的敬意。

夏尔·爱德华·让纳雷

---

1 弗朗西斯·儒尔丹→见致奥古斯都·佩雷信 27.11.1913 * 信 25 注 2
2 夏尔·维尔德拉克（Charles Vildrac，1882~1971）：法国诗人、剧作家、散文作家，其对人道主义的执著成为他个人生活和艺术生活的特点。他与姐夫乔治·杜阿梅尔（Georges Duhamel）共同创立了修道院诗社（Groupe de l'Abbaye）。1912~1931 年陆续发表系列散文集《发现》。

27 | 1914 年 3 月 24 日，致威廉·怀特信

星期三，12:00~1:00 中午

亲爱的先生：

我迫不及待现在就动笔给您写信。这里乱作一团……您想得到吗，我们的艺术学校正面临解散的尴尬。艾普拉特尼尔先生已经辞去了他的职务。我和另外两名同事，正等待时机（用不了几日），也要向当局递交辞呈。到时候，丑闻便会败露在大庭广众之下。您一定猜到了，是因为激进的社会党！是的，政治方面是一个不可回避的原因。事情的发展我将随时告知您。

这下您将可以理解了，在这样的环境下，圣山[iii]和它的诗篇是不可能存在下去的。此外，我承接的一项非常重要的大型建筑的委托被再次拖

---

i 瓦勒（Voirol）→见致佩雷兄弟信 14.03.1912 * 信 20。
ii 文森特·丹第（Vincent d'Indy，1851~1931）：法国杰出作曲家及音乐教师。
iii 圣山（Athos）：又名阿托斯山。详见父亲信 09.1911 * 信 18 第 96 页注 i→这里夏尔·爱德华·让纳雷指代的是他的老师艾普拉特尼尔创办的工艺美术学校分部。

后，延迟到了明年；这是我真正无法忍受的事，是让我感到最痛苦的事。

为了澄清思想，拓展思路，除掉思想田垄上的杂草；至少应当享受数小时的安宁，让它们稍稍沉淀一下。但我没有遵从这样有条理的原则。于是，就呈现出一片纷乱繁杂，所有的思想一起奔向出口，汹涌而猛烈。那么，找到一根思想链条的两端，并使其闭合，便是必须要做的事。

前天晚上我重读了您在《埃德蒙·德·普里》[i]中的几段评述。毋庸置疑，您就像一把锋利的解剖刀，专门诊断和摘除心理上的疾患；您就像个严密分层的过滤器，任何杂糅在思想中的渣滓都无法欺骗您的眼睛。一个非常偶然的机会，上周日，我去德·普里的父亲德·博塞先生家吃午饭。我把您的言辞和评价视为美好热忱的友谊的证明。博塞先生的理解却迥然不同。他把您的行为当作最卑劣的忘恩负义，当作对德·普里先生极大的不敬。

我接受过同样残酷的教训：直言不讳，坦诚相见；却招致最意想不到最尖酸刻薄的诽谤和攻击。这便是您现在的处境。作为您的朋友，我也受到了同样的礼遇。

您书中的题献，分析透辟，但对我来说，有太多过誉之词；以至于我受宠若惊，只好在壁橱而不是敞开的书架上，为它找个合适的位置。我很高兴听到您对我的评价。倒不是因为那些赞誉（这应当是我对您而不是您对我所该做的），而是因为我从中汲取了巨大的鼓励（两年间，突然地，就在轰然之间，我经受了可怕的失望和幻想的破灭——一切都得从头来）。我在乎的不是虚假的荣誉，我在乎的是滋润心田的安慰和鼓励。同时您也指出：我性格中的粗暴和尖刻，处事方式方法的简单和武断。这是您给我的评价中最中肯的部分。毫无疑问，您是真正的朋友，您指出并使我正视我的问题。但只要我强烈的理想还在，那么，由于我鲁莽的言行而给自己招致的攻击甚至伤害，我都可以宽容地承受。再猛烈的怨恨轻蔑和敌意向我袭来，也不会将我压垮。我从来都不是个可怜的不幸的家伙。

我幸福得如同在奥林匹亚山和萨洛尼卡[ii]之间的海面上等待红日勃发的那一刻一样。在最幸福的时刻，总能唤起潜伏的幽灵。我仿佛隐约洞悉了东方的旋律，在平静的海面下，酝酿着波涛。

---

i 《埃德蒙·德·普里》（Edmond de Pur）：这本书出版于1913年，是作为作家、画家、艺术及音乐评论家的威廉·怀特先生的两部最重要的代表作品之一。埃德蒙·德·普里（1845~1911），瑞士艺术家。

ii 萨洛尼卡（Salonique）：位于希腊北部塞萨洛尼基半岛上的城市，隔塞尔迈湾与奥林匹亚山相望。建于公元前316年，拜占庭时期臻于繁荣。

刚刚还跟亨伯特[1]谈起马约尔[i]和罗丹。我的天啊！在罗丹主持的现代雕塑的圣坛上，怎么竟然会开出如此的奇葩！马约尔，如此安静泰然，经营着自己的李子园和苹果树，用圆柱来刻画粗壮的腿和结实的腹部。

最近，我还试着参加了一场在纳沙泰尔举办的州银行的方案竞赛。我意识到我对建筑仍所知甚少，我意识到自己还像个懵懂的孩子，意识到建筑不可能虚张声势自欺欺人。这次经历再次证明了我的无知。要解决的问题艰难而复杂，涉及一定的广度。两个月的辛苦没有结果，我在首轮即被淘汰出局。参赛共有72份方案。当然，胜出的方案表现出娴熟的技巧和实用的平面。但在所有参赛者中，我是惟一视建筑为艺术的人。建筑是艺术——源于内，它是生命的有机体；发于外，它是宏大而丰富的体量的诗篇！在所有参赛者中，我也是惟一一个非专业的人士。而那些专业人士的方案，就像他们在课堂上呈交的所有设计方案一样，在肤浅的研究和娴熟的技巧后面，是一张冰冷的面具；这也就是为什么我在国立巴黎高等美术学院旁听了两个学期，而未跟那里的学生说过一句话的原因。是的，我感觉自己像个懵懂的孩子，不过，这个孩子将成长为一名真正的建筑师——就像卫城和大教堂的建造者那样。这个孩子现在在创作的时候，会忍受莫名的踌躇所引发的痛苦；在接受一项实际的委托的时候，会感到麻痹无力。因为他知道，每一个体量，无论是整体还是细部，都有可能孕育出帕提农，或其他某种完美的解答。然而，有限的能力又将他钳住，让他紧紧地绷着得不到放松。

大概在所有的领域都是如此，创作的冲动容易抓住你，但作品具体的实现却难以把握。这难道不是"报春的消息"吗？！隆冬，种子沉睡在地下，忍受着压抑和桎梏；但它正酝酿着新生。

我也很喜欢《提埃波罗[ii]》和《回忆》。

再读《埃德蒙·德·普里》，使我更清晰地领会到您写作的意图。

向您及您的朋友致以最真诚的问候。

您的夏尔·爱德华·让纳雷

---

i 阿里斯蒂德·马约尔（Aristide Maillol, 1861~1944）：法国著名雕塑家。他最初学绘画，1900年后改做雕塑。当时正是法国雕塑大师罗丹艺术的鼎盛时期，从美学观上看，他与罗丹正相对峙。人称北方的罗丹，南方的马约尔。他建立了他独特的象征主义雕塑风格。他主张女性雕像应保持一种发端于古希腊的净化，把女人体的原始曲线美比喻为自然的一部分。他将人体的自然律动用以象征一种建筑，一种自然或一种生态现象。虽然以古希腊为楷模，但更注重把古代传统加以简化、净化，因而出现了突出体积和体块的现代倾向。

ii 乔万尼·巴蒂斯塔·提埃波罗（Giambattista Tiepolo, 1696~1770）：18世纪威尼斯画派最重要的画家。他被称为"威尼斯画派最后一人"。

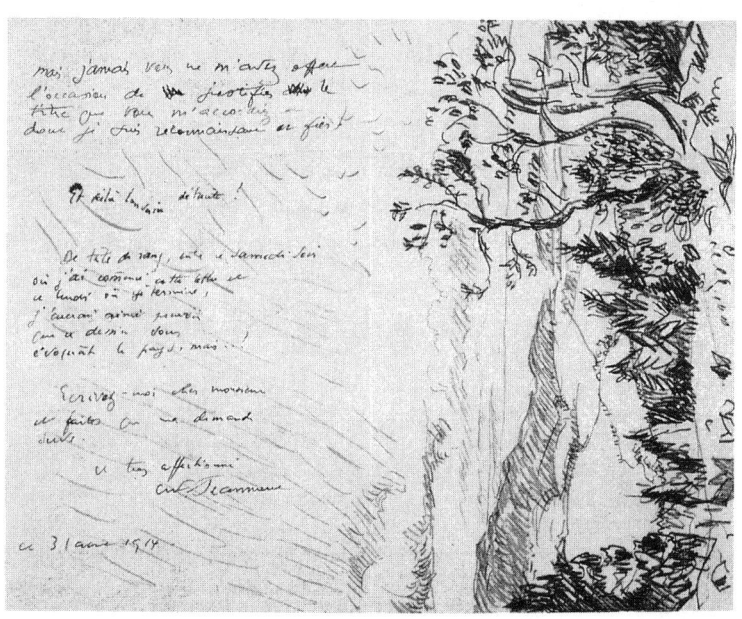

1914年8月31日，致威廉·怀特信

1914年3月24日，周三晚

在最后的时刻，我突然想起要问问您对于我刚在洛科建成的法弗尔－雅各别墅[i]的看法。可以在下一次的回信中得到您的回复吗？

不胜感激！

晚安！

---

1 夏尔·亨伯特（Charles Humbert，1891～1958）：画家，夏尔·艾普拉特尼尔的学生，夏尔·爱德华·让纳雷的朋友。

28 | 1914年7月1日，致奥古斯都·佩雷信
1914年7月1日，于科隆[ii]

亲爱的奥古斯都·佩雷先生：

首先，请您原谅我使用铅笔和这样的纸张给您写信；今晚，在科隆的博览会上，我能找到的就只有这些了。

在南锡的时候我就想写信给您，但时间总是匆匆溜走。多种动机促使我动笔，而不仅仅是为了回复您关于那块迪迪斯手表[iii]的明信片；这块表正在生产和调试。我出发前把您的地址交给了制造者，一旦完工，便会立刻寄给您。

旅行中我随身带着福蒂尼[iv]的书，以重温他精彩的戏剧故事。一日，我亲睹了斯特拉斯堡[v]大教堂的中殿——气势恢宏！那是逻辑、诗意与不

---

i 法弗尔－雅各别墅（Villa Favre-Jacot）：1914年，夏尔·爱德华·让纳雷在瑞士洛科（Locle）建造的别墅。

ii 科隆（Cologne）：德国第四大城市，位于德国西部，悠久的历史和便利的交通使这里成为德国的一个文化中心。1914年德意志制造联盟在这里举办"工业艺术与建筑博览会"。许多德意志制造联盟的代表建筑师都在此建造了展览建筑，其中的剧院便是由亨利·范·德·维尔德设计并建造的。展览中出现了大量标新立异的钢和玻璃的建造。

iii 夏尔·爱德华·让纳雷为奥古斯都·佩雷在拉绍德封的迪迪斯手表厂（Ditis）预订了一块上乘的机械手表。

iv 帕斯卡·福蒂尼（Pascal Forthuny）：原名乔治·科歇（Georges Cochet），法国著名作家、音乐家、兼诗人、画家、艺术评论家。

v 斯特拉斯堡（Strasbourg）：位于法国东部莱茵河左岸，与德国毗邻，一水之隔。斯特拉斯堡大教堂是中世纪（11～15世纪）最重要的历史建筑之一，也是欧洲负有盛名的哥特式教堂。它始建于1176年，直到1439年才全部竣工，用孚日山的粉红色砂岩石料筑成。

妥协的意志相结合的完美极致的表达！这一切令人震撼；这一刻，建筑变成了伟大的交响诗。我已好久没有受到这样的冲击了。序幕已经拉开，那便是在科尔玛[i]见到的格吕内瓦尔德[ii]华丽的祭坛屏风（质朴而极致的情感所孕育的杰作）。随后登场的将是您以混凝土为骨架的建筑，您的剧院。[iii]纵观历史，我探寻伟大建筑诞生的缘由。站在一个独特的角度，我发现，人类所有的努力和天赋都倾注于一点——创建一个有机的生命体！就像一个人，拥有心脏、消化系统，还有提供运动的肌肉。而人体看上去是那么美。同样地，拥有<u>根基</u>、<u>身体</u>和<u>生命</u>的建筑，才是美的建筑。奇妙的二重性，有创造力的无所畏惧的工程师同伟大的交响乐作者的合奏，以达到一种悦耳的精神上的有启发性的令人陶醉的和谐。

我在博览会上见到的所有声名显赫的德国建筑师的建筑作品，不过是竖立在那里的毫无生气的僵尸和木偶；因为它们缺乏<u>一种功能的诞生</u>，它们缺乏<u>生气</u>。而这正是您的剧院所拥有的。于是，我把我所有的赞誉都留给了您的作品；在我看来，这里其他的建筑都几乎到了不可救药的地步。

您不知道我今天参观了一个怎样的建筑：也是一个剧院——范·德·维尔德[iv]设计并建造的剧院，矗立在那里，以宣扬他作为先驱者的所有思想。看到这建筑，让我觉得莫名地心痛。因为见证失败从来都不会是一件令人愉快的事情。但，这不是失败，甚至连失败都算不上；因为失败这个词至少还暗含了某种成功的可能性。这不过是虚弱的无力的一掷，无可避免地揭示了创作者的无能。但也许不应当太过刻薄。毕竟范·德·维尔德是广受赞誉的——艺术界的知名人士。把他说得一无是处，似乎显得过于恶毒了。我想说的是，您，您有足够的理由感到骄傲；您可以自信地演绎福蒂尼作品中的一句台词"我承认"。于此，材料、体量和色彩是实现的手段，这便是<u>建造</u>。怎样的建造？大教堂？圣索菲亚？不，是人！敏感的富于艺术性的人，至少在他的灵魂上留下一道印记吧。是的，这才是我眼中的建筑，被梦想赋予生命的<u>建造</u>！

但在这里我看到的建筑，无论是整体还是细部，都透露着对神的亵渎。我并非教派信徒。我关心的是农民的耕具、野人的箭头，还有阿托斯

---

i 科尔玛（Colmar）：位于莱茵河畔的法国小镇，隔河与德国相望。
ii 马蒂斯·格吕内瓦尔德（Matthias Grunewald，1480~1528）：丢勒之后德国文艺复兴时期最伟大的画家，其作品张扬着极为大胆的个性。他的《伊森海姆祭坛画》（Isenheim Altarpiece，约1510~1515）是最为著名的传世之作。祭坛画由多联组成。
iii 香榭丽舍剧院（Theatre de Champs-Elysées）→致佩雷兄弟信14.03.1912＊信20 注2
iv 亨利·范·德·维尔德（1863~1957）→致佩雷兄弟信14.03.1912＊信20 第101页注iv

山上的礼拜堂；那里都显示出文明的力量。但在这里，不过是制片人为了卖座而捏造的黑人的故事，是蹩脚的装饰画家绘制的舞台布景！

可以肯定的是，看过范·德·维尔德的剧院，再看海勒洛的剧院，您一定会向特森诺[i] 这个老木匠致敬。因为毕竟海勒洛剧院的观演大厅算是一项发明。

每当创作的时候，每当要确定一个方案的时候，我还是会感到犹豫和不安；但比起虚张声势而言，这种犹豫和不安在我看来倒是一种有益的健康的力量。在斯特拉斯堡，我感觉到一种乘着音乐的翅膀向上的冲动和欲望；而在这里，在科隆，这德意志制造联盟[1]举办的迄今为止独一无二的规模宏大的展览之中所流露出来的却是极度的肤浅和自满！我如此苛刻的评价，是基于理想的标准；当然，其中还有很多值得肯定的地方。为了不引发无效的争论，我姑且以民族性的差异为挡箭牌。钦佩，仅此而已！当然，其中显然也有些言外之意！

更令人觉得苦涩和愚蠢的是发生在我们那里的失败。[ii] 浪费了时光，荒废了岁月，一切皆因于小小的微不足道的荒唐可笑的政党纷争。当我回忆起这两年间所经历的激烈的抗争，简直像一场恶梦……众人纷纷落水，混战中的胜出者也将不能幸免。

幸运的是，日子总是一天天的过；我们可以从过去中吸取教训，检点自己愚蠢的行为。感觉有点现实，有点可悲。于是，眼前又浮现出在比萨看到的奥尔卡尼亚[iii] 的两幅画作：《三个生者与三个死者》、《沉思生活之凯旋》。这就意味着，把全部的激情投注到作品中去；这就意味着，应当把握自己的意志，而不是任日常生活将其磨灭。

明天德意志制造联盟的年会将开幕。我写的那本小书[iv] 竟获得了他们的认可；我竟被邀请作为特邀嘉宾出席！！真让人难免觉得可笑！

我跟您提到过120栋别墅用地规划及单体设计[2]的合同吗，这次回到拉绍德封，我就将签署这份合同，条件是：如果我能够让市镇当局接受我先前对地块的规划方案，那么必须保证我是整个花园新村从规划到单体的

---

i 海因里希·特森诺（Heinrich Tessenow，1876~1950）→见致威廉·怀特信1910 * 信10 注2

ii 这里夏尔·爱德华·让纳雷指的是由他的老师艾普拉特尼尔创办的，他在其中任教的"工艺美术学校分部"迫于市镇当局政党纷争的压力而解散。

iii 安德里亚·奥尔卡尼亚（Andrea Orcagna，1308~1368）：佛罗伦萨画家、建筑师和雕塑家。→见致奥古斯都·克里斯坦因信11. 1911 * 信19 第97页注 ii

iv 1910年夏尔·爱德华·让纳雷接受拉绍德封工艺美术学校的委派赴德国考察，与"德意志制造联盟"建立联系。返回拉绍德封，他以考察报告的形式出版了《德国装饰艺术运动调查》（1912年）。

惟一的建筑设计师。我曾告诉您这个规划夭折了，不过如今甲方又来找我。在合同最终签署之前，还是先别高兴得太早。合同是一份保险书！

好了，时间不早了。亲爱的先生，请原谅我占用了您那么多时间。

向您致以最真诚的敬意。

您的夏尔·爱德华·让纳雷

---

1 德意志制造联盟（Deutscher Werkbund）：1907年由泰奥多尔·菲舍尔（Theodor Fischer）创立，旨在促进工业与艺术的结合。1927年，在斯图加特附近的魏森霍夫（Weissenhof），这个联盟发起了一届由15名现代建筑师参加的集中和单体住宅的当代建筑博览会。密斯·凡·德·罗负责总体的协调和规划；勒·柯布西耶在其中建造了两栋别墅。
2 这里说的是位于拉绍德封的一个花园新村的设计方案。甲方是房地产开发商阿诺尔德·贝克。这个方案最终不了了之。→见致奥古斯都·克里普斯坦因信11.1911 * 信19注1

---

29 | 1914年8月16日，致奥古斯都·佩雷信
1914年8月16日

亲爱的奥古斯都先生：

那块迪迪斯手表[1]月初就已制作完成，但一直未能寄出；邮件的往来被中断了。

也不知道您什么时候才能收到这块手表？什么时候才能收到这封信？您和您的哥哥也投入到这场圣十字军的东征[i]中去了吗？谁会相信这谎言，谁又会被这阴险卑鄙的行为所欺骗？公众不会被蒙蔽；面对当局提供的试图使我们相信的虚假的资料，意识会觉醒、会本能地抵抗。然而，人们的情绪已经被激荡起来。[ii] 对于我们，我们法语区的瑞士人，我们已经急不可耐了。从7月底起，我所有的朋友，无论是军官还是士兵——怀着对您们的狂热和对他们的憎恶——都到边境去了。埋藏在我们心底的各种各样复杂的情感已经被煽动起来。以思想和艺术的名义，多年之前，我们反日

---

i 第一次世界大战：1914~1918年，资本主义国家的两大阵营——以德国和奥匈帝国为首的同盟国和以英、法、俄国为核心的协约国，首次在全球范围进行的一场战争。
ii 尽管瑞士在第一次世界大战中保持中立（1914~1918），但是，一战还是对瑞士的政治、社会及经济造成了严重影响。一战期间，大量瑞士男公民应召加入民防军，在前线站岗。一战使得德语区和法语区之间已存的对立更加尖锐，两个语区的瑞士人在一战中支持不同的交战方。

尔曼主义的情绪就溢于笔端，表现在我们编辑的各种读物中。

楼下，我的哥哥正在拉奏德彪西[i]的《小精灵之舞》。为您们法国人所称道的"轻盈"，在他们口中读作"Leichtsinnig"[2]；而且被迟钝的德国人认为是：不崇高，不雄壮，不能鼓涨情绪！！关于这一主题，我去年还不禁在当地的报纸上发表了一篇文章，支持德彪西的作品。我为此而受到责难，因为当时瑞士德语区是文化的主导。

如今，瑞士作为中立国被隔开。而我是多么热切地盼望看到雄壮的法国早日击退蛮族！[3]

怎样一个中立国！

欢腾，喜悦，出征的战士身着红色的长裤，向东挺进；用生命崇高的冲动来鼓舞沉闷的欧洲。

而像我这样待在家中，两侧是厚厚的灰墙，面对满园香气扑鼻的玫瑰花，坐在宽大的写字台前安静地写着信；则多少会感觉到羞愧，或至少会感觉到忧伤。

待到6个月后，您们将凯旋而归。到时候，我将仰着头眨巴着眼望着您们，暗暗生气恨自己什么也没有做。

我们可以说，现在不是掉脑袋的时候。但作为没有上战场的我们，这样理性的评述又有什么意义？耳畔萦绕着召唤，应当投入其中，奔赴疆场。应当破茧而出。但这茧是多么坚韧：家庭……于是，每天同一时间，我们都会跑到市镇的布告栏前，去了解最新的战况，盼望着您们胜利地消息。

3天前，听到比利时的噩耗，[4]流言四起……但均不属实！我们这30万住在边境小镇的人，观察着事态的发展。8月1日，在距我们的镇子一小时路程的杜河[ii]上，我们镇上的几个民防队员穿过了界桥，看到了您们的士兵，并冲上去与他们拥抱。从那天起，生活似乎又恢复了常态，与往日没有什么不同。

上个月在南锡的时候，就听到了嘹亮的军号和雄壮明快的军乐。那是在斯坦尼斯拉斯广场[iii]，那是在夕阳西下的时候。一支队伍从广场前经过，激情澎湃，士气高涨。军号，虽然我们听不懂它传达的具体意思；但于我们，它已变成了您们民族的象征。

人们说："上帝，在舞蹈中前进。"

---

i 克洛德·德彪西（Claude Debussy, 1862~1918）：杰出的法国作曲家，在30余年的创作生涯里，他形成了"印象主义"的音乐风格。

ii 杜河（Doubs）：位于汝拉州的杜河，部分划分瑞法边界。

iii 斯坦尼斯拉斯广场（Stanislas）：被雨果誉为"世界上最精致的城市广场"。

我看到，在扣着帽带的军帽下义勇前进的是高卢[i]的勇士；是您们，法国的思想家、诗人和艺术家。

但突然之间，一想到那么多我敬仰的曾在展台前见到过的人（比如在科隆以及之后的里昂）；还有那么多我有幸结识的朋友：您，维尔德拉克[ii]，儒尔丹[iii]，德尼[iv]和布德尔[v]；一想到您们要赶赴战场，投入到枪林弹雨中去，我还是会感到一种莫名的悲伤。

今晚我们谈论的是300万奔赴疆场的人。幸运的是，人们现在还没有意识到这一切究竟意味着什么：人们将因此而变得疯狂。

应该反对战争吧！而罗丹[vi]却把它变得如此神圣！也许正是如此，我感觉战争让人变成上帝。在宗教之外，这是人类另一条超越自己的途径。

如果人类挣脱了所有的羁绊，那么最阴暗的本性将被放任；但同时，他们也将超脱一切，为文明奉献出最不可思议的祭品，如圣子耶稣所做的那样。正是因为他挣脱了所有的羁绊。

泪水变得崇高，痛苦变得值得期待。再没有呻吟，再没有哀怨，一切都只是为了那最终的献祭——人类挣脱所有的羁绊，将所有的热情投注其中。

也正是为此，人们可以前仆后继，用他们的身体铸就一道更加年轻更有朝气的地平线，新的太阳将从那里升起。

而面对战争的残酷，我们只能把其视为不可抗拒的事实来接受；我们所能做的就是鼓起勇气，相信明天。

亲爱的奥古斯都先生，在未来的数月中，我的心将永远同您在一起。永远怀念和您在一起的日子。神保佑我们重逢！

紧握您的手。

您的夏尔·爱德华·让纳雷

---

i 高卢（Gaules）：公元前10世纪前后，克尔特人带来了铁制兵器和农具，他们使法国逐渐从新石器时代过渡到青铜器时代。克尔特人被同时代的罗马人称作"高卢人"，这便是今天的人们称古代法兰西为高卢的由来。高卢人是古代世界中最骁勇善战的民族之一。

ii 夏尔·维尔德拉克：法国诗人、剧作家、散文作家。→见致奥古斯都·佩雷信07.12.1913 * 信26 注2

iii 弗朗兹·儒尔丹：法国建筑师兼作家，原籍比利时。→见致夏尔·艾普拉特尼尔信22.11.1908 * 信9 注4

iv 莫里斯·德尼：法国画家，艺术评论家，法国独立派画家联盟成员。→见致卡尔·恩斯特·奥斯特豪斯信27.03.1912 * 信21 第104页注iv

v 埃米尔·安托万·布德尔（Emile Antoine Bourdelle, 1869~1929）：法国现实主义雕塑家。

vi 罗丹（Rodin, 1840~1917）：《加莱义民》是罗丹应加莱市长的邀请而创作的英雄题材雕塑，目的是为了纪念1347年英法百年战争中为解救被围困的加莱而愿意献出生命的六位市民，他们被奉为加莱乃至法国的英雄。

1 夏尔·爱德华·让纳雷为奥古斯都·佩雷在拉绍德封的迪迪斯表厂（Ditis）预订了一块上乘的机械手表。
2 Leichtsinnig：轻快，轻盈。（德语的发音很拗口）
3 1914年8月3日，德国向法国宣战。
4 1914年8月3日，德国军队入侵比利时。

30 | 1915年5月3日，致奥古斯都·佩雷信
1915年5月3日

亲爱的奥古斯都先生：

　　收到您的信，于我是一种安慰；它也为这个季节我们这个高原上新生的和谐增添了一抹亮色。这里，最后一场雪的痕迹也渐渐消退，青草和树木都吐出绿来；预示着充满期待的崭新的美好的一年即将到来。我们这里今天是立春，是春的第一天。暖暖的风和明媚的天空。上周，最后几片乌云，带走了最后一场雪。大地变成褐色和绿色：成千上万白色和紫色的番红花点缀在黑色的杉树间；就像您那里灰色的橄榄树前绽放着无数小小的银莲花。我是知道的，您们那里，湛蓝的海水，雪白的玉兰，还有充满阳光的明亮的天空……我们的山，虽不算险峻，但很巍峨，横卧在瑞士高原上；它粗暴地阻隔了我们的视线，在我们视野中只留下白色的阿尔卑斯——这是我们祖国的象征，它唱着低沉的歌；自从东方之旅回来，我听到的就只有悲哀和惋惜。

　　今天读着您的信，我登上了我们村镇旁边的山峰；我发现就在沿杜河修砌的战壕后面，在一梭步枪子弹的射程内，整个弗朗什-孔泰区[i]笼罩在落日金色的余辉里，散发着诱人的光芒；空气如此清晰，我甚至可以清晰地看到孚日山和维耶阿芒[ii]，只是听不到声音而已。一幅巨大的全景画在眼前展开；太阳几乎在正西落下，可以凭此判断出巴黎的方向。您知道您们的这座城市，多少次吸引我往来其间，在那里我获得的全是快乐和激情。我们这里粗犷的地平线，也令我感到骄傲；我很幸运自己出生在这样一块结实的土地上。莫名其妙不可捉摸地，我还常常怀念东方之

---

i 弗朗什-孔泰（Franche Comté）：法国行政区之一，毗邻瑞士。
ii 维耶阿芒（Vieil-Armand）：法国孚日山山脚下的小镇，盛产葡萄酒。

旅的日子！过去的这几年，我感到如此压抑，以至于我对过往的岁月只想付之一笑，我是如此迫不及待，我要把我积蓄的全部的激情和能量投入到战争之后留给吾辈解决的问题中去。我胜利了！您看到了，亲爱的先生，在这将近 4 年的日子里，在这家庭和村镇生活的寂静里；我并没有变得虚弱无力，我既没有被束缚，也没有放任自己。我结识了形形色色的人（贪婪的，善良的，剥削者，被剥削者，梦想家和默默无闻的人）。我感觉到自己已经准备好去实现我那从未放弃过的在巴黎生活的梦想了。

关于自己我说了太多！还请您原谅，我亲爱的先生。这是春天，是万物复苏的季节；自然、身体还有承载着心灵和精神的疯狂的希望的翅膀都已展开。鲜血染红的欧洲恰恰激发起我们内心深处最坚定的乐观精神。

得知您没有参军的消息。我感到遗憾，我甚至希望闻到您身上带回的火药的味道。但这也正是我无数次期盼的：对于您，还有其他最最优秀的人才；法国没有选择让您们赴死，而是将您们留下来完成明天的任务！

您加入了负责比利时及诺尔省[i]重建计划的十人委员会，无疑这样更能体现您的价值；继武力之后，这是第二个无可辩驳的拉丁民族力量的证明。我将为您带去一份阿戈讷克勒芒[ii]集会的召书。也许在您看来这毫无价值，但它是一项创造，是一个强有力的反应。

我说"我将为您带去"；而我不得不承认，我其实热切地盼望着在圣克莱尔的花海中与您重逢。我将为您带去我的钢筋混凝土的重建体系[iii]，以征求您的意见。我觉得该是征求您意见的时候了，哪怕是严厉的无情的批评。我这里小小的工作室[iv]运转良好，我将继续经营它。另外，我在巴黎找到一家由瑞士工程师指导的专营钢筋混凝土的合作公司[v]（协作方）。具体的实施可能是这样，也可能是那样。我不知道。我只是感觉到体内一

---

i　诺尔省（Nord）：位于法国北部加莱海峡区的一个毗邻比利时的地区。
ii　阿戈讷克勒芒（Clermont en Argonne）：1095 年 7 月~1096 年 9 月，教皇乌尔班二世开始了他的巡回讲法活动，最后在克勒芒（Clermont）召集的市民大会上宣布发动十字军东征行动；第一次十字军东征就此拉开序幕。→夏尔·爱德华·让纳雷表明他想借助他发明钢筋混凝土的自主建造体系多米诺促进一战后全欧洲规模宏大的重建工作。
iii　多米诺→见《勒·柯布西耶全集》第 1 卷第 18 页。
iv　联合艺术工作室（Ateliers d'Art Réunis）：1910 年与他拉绍德封的老同学一起创办的工作室，1914 年起独立运营。接收了一些拉绍德封当地的建筑、室内及家具的设计委托。
v　钢筋混凝土应用公司 SABA（Société d'Application du Béton Armé）→见致马克思·杜·布瓦信 20.03.1916 * 信 34 注 2

股强烈的行动的欲望。我已变得独立而果敢。您会给我提供真诚的建议,不是吗?

只要您一句话,我将花上24个小时赶赴耶尔[1]。但我现在手头上还有10天的工作要做,这个是我不能放弃的(几个将付诸实施的百货商店的设计)。

向您致以最真诚的敬意。

谨上

夏尔·爱德华·让纳雷

---

1 耶尔(Hyères):法国南部度假胜地蓝色海岸地区(La Cote d'Azur)的一座海港城市。事实上,夏尔·爱德华·让纳雷将来到佩雷兄弟位于蓝色海岸勒拉旺杜(Lavandou)的别墅中逗留几日。在这段日子里,佩雷兄弟教会他骑自行车。→见致威廉·怀特信09.06.1915 * 信31。

长窗前的奥古斯都·佩雷;他是勒·柯布西耶提出的水平长条窗的反对者(1924年7月)

31 | 1915年6月9日，致威廉·怀特信（节选）

关于5月27日~6月5日的旅行，1915年6月9日，于拉绍德封

……

此时马赛不期而至，它使我漫不经心的懒散闲逛泛起了涟漪，卷起了波涛；仿佛一声惊人的顿呼，一道夺目的强光。马赛！令我印象深刻，后面还会提到。

让我们先来说说奥古斯都·佩雷：

"你好，让纳雷！"就这样简短的开场。那是在勒拉旺杜[1]的圣克莱尔，一个阳光明媚的早晨。我们的对面，在蓝色的波涛后，是摩尔山[i]的圆丘。体态端庄，目不侧视，保持着他一贯的绝对的沉静；脸上没有太多的表情，看不出哀伤，也看不出喜悦，既不冷漠，也不过分殷勤。脸平而圆，有一副米开朗琪罗式的鼻子；精心打理的连鬓络腮的胡子，从下巴到耳根，清晰地勾勒出他的面颊，让他看上去像个水手。如果加上一顶有两根飘带的海军帽，那就是活脱脱一个海军上将库尔贝[ii]。从库尔贝到马奈，这便是佩雷的精神；他既有库尔贝的坚决和果敢，又有马奈的沉静。他说话简明扼要，思想总是处于运转的状态；他从不高谈阔论，更不会去扯什么理论，绝不。几个感叹词就足够了；偶尔尖锐地表达一下他的主张和建议，也是言简意赅，只是立几根思想的标杆，就像岛屿之间的礁链。总之，这个男人很少讲话，不轻易发表意见。他的太太却是个热情好客的女人，一个很懂得生活的女人。"女人不懂得缄默，我没见过一个女人懂得保持沉默，"他这样说。他的严肃使他的工人都很畏惧他：在奥兰[iii]、西迪贝勒阿巴斯[iv]、佩腊[2]的工程以及在巴黎香榭丽舍剧院的建造中，都是如此。我还注意到他的衣着：络腮胡子下，柔软的衣领由于宽大的领结带而被高高推起，领结打得很随意，两端自然垂下——透着刻意的漫不经心。休闲的藏蓝色西服上装，配上剪裁利落的九分筒裤，直筒裤极其宽松。白色的蚕丝长袜，配一双精致的乌黑的皮鞋。这黑色的皮鞋，这白色的袜子，还有简洁的领结……您看过马奈的《吹笛子的少年》吗？就是那

---

i 摩尔山（Maures）：法国南部的山脉，因位于度假胜地蓝色海岸，至今仍是山地越野自行车爱好者的天堂。
ii 阿纳托尔·库尔贝（Anatole Courbet, 1827~1885）：法国殖民地时期战功赫赫的海军上将。
iii 奥兰（Oran）：阿尔及利亚城市名。
iv 西迪贝勒阿巴斯（Sidi-bel-Abbés）：阿尔及利亚城市名。阿尔及利亚曾是法国的殖民地，直到1962年，法国政府方被迫承认阿尔及尔独立。许多法国建筑师在这里都有工程。

样。还有《草地上的午餐》，画面右边那个半卧着的先生像极了奥古斯都·佩雷。《奥林匹亚》[i]是他最热衷谈论的画作之一。他对形式的关注无所不在，他的字好似带状的装饰横楣。我在巴黎逗留期间写下的日记中，凭回忆记下不少与他谈话的内容。

如今人们都在谈论立体主义：他是个立体主义者；而我，也跟随他重新成为一名立体主义者（您知道，我曾是）。听了他的话，我重新鼓起勇气信奉立体主义。立体主义，不知道其他的立体主义者都是如何理解的，这个词太含混，不能充分表达它所蕴含的意义。作为一名立体主义者：应当特别深入地理解"想像力"、"再现"和"精神"；应当出离照片式的描绘，出离平庸，出离常规的视角。"让纳雷，你说说，在今天，在达盖尔[ii]之后，提香[iii]还会醉心于精准的透视吗？"他这样问。于是，通过思考得到领悟，再次站稳脚跟，确定自己的信条。就是这样，没有赘述，没有理论。奥古斯都·佩雷与我，我们之间的默契就在于，他知道我能理解。思考——理解。如果涉及诗歌和感受性的领域，那么您便是走在我前面的引路人（说到这儿，还请您原谅我信纸上糟糕的水彩涂鸦。我再次意识到自己的坏毛病：当时我正在走神儿，就随便抽过一张纸来乱画。我真希望有一天可以改掉这个臭毛病，至少先看看清楚）。奥古斯都·佩雷还像一个大佬那样慷慨地教我骑自行车。这可是我平生第一次。他在我后面扶住我左摇右摆令人提心吊胆的自行车，一路跟着跑了十来分钟，直到大汗淋漓衬衫湿透。不过，我不算是个笨学生。第二天，我就骑着车同他和他太太一起穿越了摩尔山，35公里，全速前进。

香榭丽舍的剧院是他的作品。在我看来，这是许久以来我见过的最伟大的建筑。佩雷对我说，他也没有文凭。但他的思想体系坚固得就像加了钢筋的混凝土。他的沉静似乎也跟他建造所用的材料有关，水泥需要28天来凝固。

我所描述的奥古斯都·佩雷，绝非舒亚莱[iv]式的人物！

---

[i] 《奥林匹亚》（Olympia）：马奈最著名的作品之一，创作于1863年。画家用一种可以在平面上展现整个身体的角度来表现裸体。从这幅画上看到了风格的统一，所有描绘对象都服从于统一的设色效果。他在这幅画中，提出了后来被整个当代艺术奉为基础和旗帜的"自由观察"的原则。

[ii] 达盖尔（Daguerre，1787~1851）：原为舞台背景画家，后发明达盖尔银版摄影法。1839年法国科学与艺术学院购买了其摄影法专利，并公布于世，宣告摄影术的诞生。

[iii] 提香（Titien）：威尼斯画派代表人物，意大利文艺复兴色彩大师。

[iv] 安德烈·舒亚莱（André Suarès，1868~1948）：法国诗人，随笔作家，1868年出生在海港城市马赛，代表作品《冒险家之旅》。

但是马赛[i],东方的大门,它具有这种热烈的气质!我在寄给奥古斯都·佩雷的明信片上写道:"海港!马赛老港!然而,马赛是一座怎样的城市?它充满活力、生机勃勃——堡垒,船舶,海浪,贝壳,还有鱼鳞闪耀的梦幻般的金光。一座要塞之城,一座多民族混居的城市。帝国雄踞这座海港绵延的海岸线,这帝国便是整个欧洲。这座城市的市政厅,面对的都是些伟大的国君,中国的,印度的。这是一座满布掩体的要塞,堡垒之外是无限的海面;第二个阿提卡[ii],伟大希腊的杰作!"

---

1 勒拉旺杜:法国度假胜地蓝色海岸地区的一个海港城市,佩雷兄弟在这里有座别墅。1915年春天,当夏尔·爱德华·让纳雷在法国南部旅行的时候,曾在佩雷兄弟的别墅中逗留数日。
2 佩腊:土耳其伊斯坦布尔地名。1911年7月,在此,夏尔·爱德华·让纳雷在他的东方之旅的途中与佩雷兄弟巧遇。

32 | 1915年7月17日,致威廉·怀特信[iii]

1915年7月17日,星期六

亲爱的先生:

这是刻刀和磨刀石。这些刻刀已经磨得很锋利了;而且一段时间内,它们将保持这种状态。等我再去朗德宏的时候,就可以向您演示这一技巧了。(磨完雕刻刀的手都僵硬了,瞧瞧我的笔迹!!)

操作说明:在磨刀石上滴几滴油……这样真地很管用,我说过我会给您演示!

雕刻刀:要用整个手,整个手掌握紧它。然后就可以像马克·安东尼[iv]和丢勒[v]一样创作了。

---

i 马赛(Marseille):普罗旺斯首府,毗邻地中海,法国第二大城市和最大的海港在几千年的历史中,这里是东方货品输入西方世界的门户。马赛城中到处体现着品流混杂的异国气息,伊斯兰教、天主教等不同信仰和阿尔及利亚、摩洛哥或是突尼斯等不同文化的合流。马赛也是法国最古老的城市之一,由希腊人在公元前600年创建。
ii 阿提卡(Attique):古希腊以雅典为中心的地区名,目前为希腊中东部一州。
iii 1914年,威廉·怀特同他最亲密的朋友卡德哈·雅戈(Czadra Janko)一起从慕尼黑回到他的出生地瑞士,先后在朗德宏(Landeron)等地定居。这个时期夏尔·爱德华·让纳雷经常去探望他。
iv 马克·安东尼(Marc Antoine):凯撒的副将,伟大的罗马将军。
v 阿尔布雷特·丢勒(Albrecht Durer,1471~1528):德国文艺复兴画家、版画家。

好了，就说这么多吧，时间很紧。我又要投入到令我兴奋的工作中去了（下工地）。回答您的问题，令我回想起往昔的学徒生活[i]：砂轮、磨石、手柄、钳子等等！

向您和您的朋友致以深情问候。

夏尔·爱德华·让纳雷

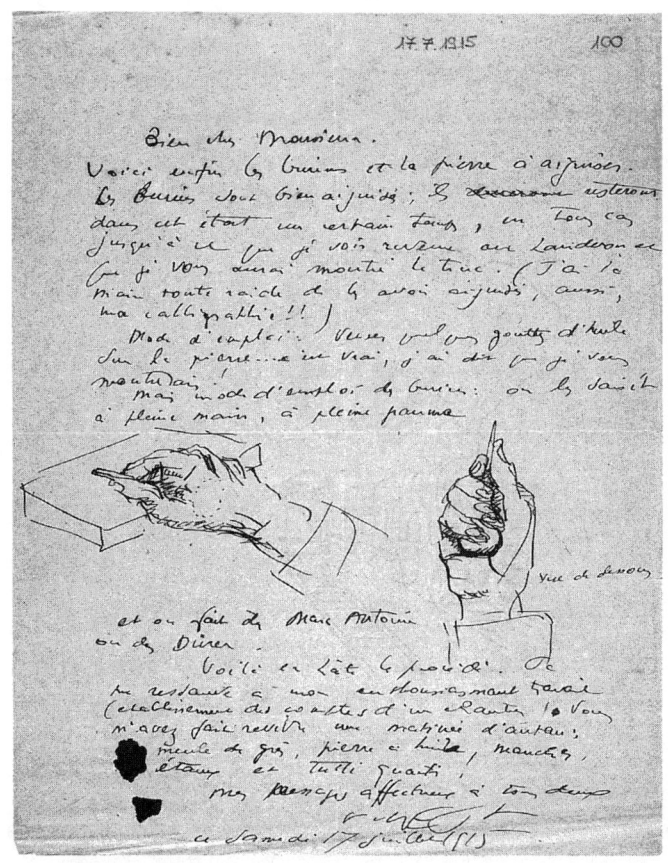

1915年7月17日，致威廉·怀特信

---

[i] 1900年，夏尔·爱德华·让纳雷进入拉绍德封工艺美术学校学习钟表雕镂技术。在那里，他遇到了他的启蒙老师夏尔·艾普拉特尼尔，（同时也由于视力方面的原因）他开始转入绘画和建筑领域。

33 | 1915 年 12 月 18 日，致威廉·怀特明信片
威廉·怀特先生丨朗德宏丨圣诞月 18 日，星期五，于拉绍德封

亲爱的先生：

这里，我妈妈和马塞尔·勒瓦扬[1]正在演绎四手联弹，小小的客厅的布置是御用建筑师让纳雷的杰作。钢琴对面的挂钟上还有一只鹿特丹的翠鸟。墙上的一幅是佩鲁吉诺[i]的学生桑齐奥[ii]绘制的圣母像，另一幅是描绘伊菲姬妮[iii]献祭场面的画作。

亲爱的先生，这个周六的晚上我将到达您的庄园，携我蒸汽机车的全体扈从。和往常一样，大概在将近 7 点钟的时候到达。请您训练好您的仪仗队，布置好周围的环境，准备盛大的欢迎。

您可爱的年轻骑士
拉绍德封的让纳雷

弹奏的乐曲是凯撒·弗朗克[iv]的作品

---

1 马塞尔·勒瓦扬（Marcel Levaillant, 1890~1972）：工厂主，音乐家，夏尔·爱德华·让纳雷的朋友。→详见收信人目录

34 | 1916 年 3 月 20 日，致马克思·杜·布瓦信
1916 年 3 月 20 日

亲爱的杜·布瓦：

我收到了卡宾[1]附在信中的一份公报。长久以来，我感到我们之间的沉默可能是危险的，尽管显然这是由于环境所致。通过定期收到的《艺

---

i 佩鲁吉诺（Perugino, 1450~1523）：意大利画家、雕塑家。
ii 拉斐尔·桑齐奥（Raphael Sanzio, 1483~1520）：文艺复兴三杰之一。以圣母像著称。
iii 伊菲姬妮（Iphigenie）：特洛伊木马屠城的传说中，阿加曼农为了赶赴特洛伊，将自己的长女伊菲姬妮献给女神作祭品。
iv 凯撒·弗朗克（Cesar Franck, 1822~1890）：法国作曲家、管风琴演奏家，原籍比利时。被视为 19 世纪末影响法国音乐最深远的浪漫派作曲家之一。

术小信使》，我得以了解当下围绕被毁城市的重建问题而展开的激烈的讨论。

这份公报中不乏夸夸其谈，但其中也显示出不少积极的创举。您只要寄 100 苏给巴黎都灵大街 38 号的阿道夫·卡多[i]，便可以获得一份这样的《艺术小信使》，到时候您将比我更清楚地了解当下的一些大规模的文化和艺术活动。

卡尔宾在信中写道："如果您们的事务在<u>各个方面</u>都已准备就绪；那么我相信，实现它价值的时候到了。"其中，各个方面（加了下划线）指的是：专利申请、贸易组织以及具体的实施方法。

那么，杜·布瓦先生，我们进展得如何了？我们接下来该做些什么呢？卡宾在信末补充道："我再次提醒您们留意即将在巴黎举办的博览会。"是的，我认为：<u>是时候了</u>。

三件事：

1) 今天上午，我的事务所来了一位工程师。他马上要启程去罗马。这位先生受雇于罗马的一家大公司，这家公司在墨西拿[ii] 设立了分公司，负责那里地震后的重建工作。我给他展示了一下我们专利[iii] 的大致原理，但并未泄漏关键的技术。我告诉他睁大眼睛，我让他觉得下订单给我们必定回报丰厚。他受雇的那家公司便是罗马的 FBR[iv]。

请跟我说说您去年冬天遇到的那位先生（意大利议员）如何，或者看看那里的佩兰[v] 是否可以帮上些忙。

2) 我现在正在考虑于波兰建造我们的房屋的可能性。我们是否需要接触当地的一些要人。该如何推进此事？

3) 关于即将在巴黎举办的博览会[vi]，我们是否参加？该如何筹备？SABA[2] 是否可以在网球场地上建造一座我们的房屋？哪怕展览结束后就被卡车运到周边的郊区去。

<u>我们该如何经营 SARA</u>？难道抱着专利睡大觉吗？现在是该<u>加把劲</u>的时候了。您知道，我可以在法国信使报上发表文章，我可以找人引荐比利

---

[i] 阿道夫·卡多（Adolphe Cadot）：法国艺术评论家，《艺术小信使》报主编。
[ii] 墨西拿（Messine）：意大利地名，位于西西里岛。
[iii] 多米诺：一种钢筋混凝土的建造体系，夏尔·爱德华·让纳雷 1914 年发明并随即申请了专利。
　　→参见《勒·柯布西耶全集》第 1 卷第 18 页。
[iv] FBR（Ferre Beton Rome）：罗马混凝土与钢结构公司。
[v] 莱昂·佩兰（Léon Perrin）：雕塑家，夏尔·爱德华·让纳雷的朋友。→详见收信人目录
[vi] 1916 年在巴黎举行的网球场地建造博览会。

时部长卡尔东·德维亚尔先生[i]及女王。这些都将成为非常有效的手段。

在这里，我什么也听不到，什么也看不到。而您，在巴黎，随便出门走走或驾上汽车，您就可以很容易地获得咨讯。

我绝对信赖您，我们之间的争端[ii]已经结束。

在纳沙泰尔有位举足轻重的承包人，法国政府给予他相当的建造特许权（据说专门做可拆装的建筑??）。如果能够同他合作，那么我们方案的具体实施将减少很多不必要的麻烦。

请您一定要多方了解一下关于网球场博览会的信息。这必将是一场盛大的集会，全部思想都将云集于此，各个城市的市政当局将作出他们的选择。

时候到了。我们将花上3000~4000法郎建造一座房屋，并在它的每一个房间里展示我们的设计方案和原型：简约的骨架，无需模板的楼板系统以及所有相应的配套设施；还将呈现整个街区，乃至整个城市的规划。您看这是一件多么美好的事情。

是的，应当将想法付诸实施，应当尽力促成此事。

那就一言为定，我亲爱的杜·布瓦。您去打探消息。我负责请权威人士对我们的方案作些评价，以使舆论对我们有利。关于此事我有可靠的关系。[iii]其他的我就不多说了。真诚地与您握手。

夏尔·爱德华·让纳雷

1　鲁伯特·卡宾（Rupert Carabin, 1862~1932）：雕塑家。夏尔·爱德华·让纳雷的朋友，他赠送给夏尔·爱德华·让纳雷一本女人裸体摄影集，他自己的创作也常常从中汲取灵感。
2　钢筋混凝土应用公司SABA：由工程师马克思·杜·布瓦和工程师埃德加-路易·波恩（Edgard-Louis Bornand）于1910年共同创立的致力于钢筋混凝土的推广和应用的公司。公司总部设在巴黎。让纳雷以顾问建筑师的身份，为公司设计一些方案，其中包括一座位于波当萨大区（Podensac）吉伦特（Gironde）的水塔的设计。

---

i　亨利·卡尔东·德维亚尔（Henri Carton de Wiart, 1869~1951）：比利时政治家、法官、作家。1896年选入众议院，任司法大臣（1911~1918年）。1920~1921年出任比利时首相。
ii　夏尔·爱德华·让纳雷曾就多米诺专利权归属的问题与杜·布瓦有过一段矛盾。
iii　建筑师奥古斯都·佩雷对多米诺有不错的评价，此时他正担任负责比利时及诺尔省重建计划的十人委员会的委员。

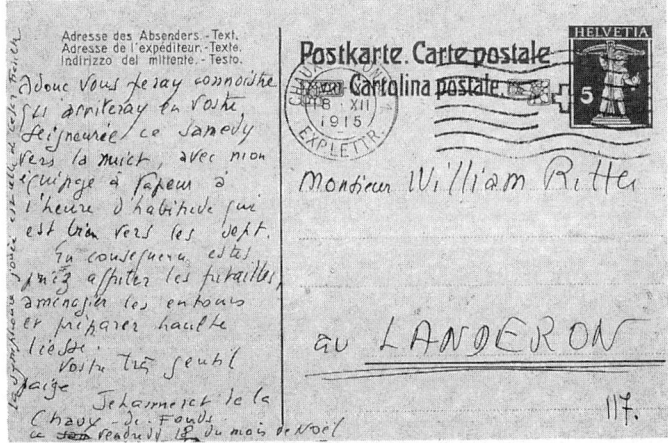

1915年12月18日,致威廉·怀特明信片
另附一张速写,画中是夏尔·爱德华·让纳雷的母亲玛丽·夏洛特·艾米莉·让纳雷-佩雷和马塞尔·勒瓦扬(让纳雷一家的朋友)在一起弹钢琴

35 | 1916 年 7 月 14 日，致威廉·怀特信
1916 年 7 月 14 日，星期二早晨，于事务所

亲爱的先生：

我如愿以偿了：我即将建造一座改建的拉斯卡拉电影院[1]！但这是在怎样的条件下呀！顾主是个阴险而狠毒的家伙：没有资金，压缩工期，可怕的罚款，还有一系列围绕于此的肮脏而龌龊的勾当。我为此有多少个不眠之夜，整件事就有多么令人倒胃口。我甚至都想溜之大吉了。就是这样，时间非常紧迫，没有任何细致推敲和发挥想像力的空间！

这里的现状就是如此；古斯塔夫·让纳雷[i] 所有美好的回忆都淹没在这些不堪的事务之中了。

同顾主协商？他的大门和心一样，都是紧闭的！再说吧。

个中缘由没办法跟您一一道来。这是一封多么糟糕的信啊！但请原谅我，我只是想表达对您的思念。

向您二位致以最真诚的问候。

您的夏尔·爱德华·让纳雷

---

1 拉斯卡拉电影院（Cinéma La Scala）：夏尔·爱德华·让纳雷于 1916 年 7 月在拉绍德封承接的一个改造方案。由埃德蒙·迈耶（Edmond Meyer）出资，将一处古老的剧院改建为一座电影院，仅仅给了 4 个月的工期。方案最初由建筑师勒内·夏伯拉兹（René Chapallaz）设计，后转由夏尔·爱德华·让纳雷设计并建造。

36 | 1916 年 7 月 21 日，致奥古斯都·佩雷信
1916 年 7 月 21 日，于拉绍德封

亲爱的奥古斯都先生：

于我，于我微末的深居简出的生活，这是一段怎样的经历啊！一座 1200 个席位的改建的电影院，要在规定的三个半月内建造完成，否则将处以严酷的罚款。为了调整平面，为了找到适应实际工期的创造性的方法、

---

i 古斯塔夫·让纳雷（Gustave Jeanneret，1847~1927）：瑞士画家，他批判工业化的社会，喜爱创作饱含怀旧情结的田园风景画。

结构形式、材料及人工，我已忍受了 8 天失眠和偏头痛的折磨。糟糕的天气还在持续，我将先起屋架，然后在其庇护下建造墙体。您一定听说过这种桁架体系，在我们这里，这种结构形式被称作海泽（Hetzer）。墙体及顶棚是多层护板粘合而成，其整体性近乎混凝土的浇注。

这便是拉斯卡拉[1]！

另一个即将着手的方案是一栋出租房屋。平面比较古怪，基本围绕一个扇形展开；而其中每一个房间本身却是绝对地规整。这栋房子将整个用钢筋混凝土来建造。目前，已确定的未来的承租人之一是我们当地一家规模宏大的手表厂的工厂主，我将为他建造一座王宫[2]。他打算跟我签署承包合同；周一，如果他同意的话，那么第二天，甚至在平面方案最终确定之前，我就要开始施工了！因为在我们这里，冬季的严寒是个难关，房子要赶在 10 月底之前封顶。您还记得那个"酒瓶住宅"[3]吗？那是我 1909 年所做的研究。这个方案的平面布局将采用类似的原则，但在立面上加了露台，而且是"法式"的……不过结构是钢筋混凝土的。在我们这里，人们一下子就接受了这种材料！

混凝土的骨架将用几周的时间立起，用以填充的材料是可爱的红砖。檐口形成花池式的斗形座。两层通高的前厅与沙龙连通，前面是一个巨大的窗洞；卧室布置在二层。屋顶设有日光浴室和理疗室，被半圈露台形成的过廊环绕。我将给您寄去几张图纸的翻拍照片。相信它们一定会博得您的称赞；而且您将看到，奥古斯都·佩雷先生，您对我的影响远胜过彼得·贝伦斯。[4]

您一定觉得我过于自命不凡了。当然不是；只是一想到马上我终于又可以建造一座自己的小住宅了，我就感到欣喜若狂。<u>四年来</u>，感觉伸不开手脚，感觉没有用武之地。今天，在这座小村镇，这股积攒的力量终于可以冲出"瓶颈"……我还期盼着我的专利可以在比利时或其他什么地方派上用场。我已摩拳擦掌，跃跃欲试了！

您想得到吗：某日，我去一个朋友家吃晚饭；同席有一个来自巴黎的年轻人，他以前住在他莫城[i]的奶奶家，那栋房子是您设计的。您还记得吗？这对您来说，似乎是——这么说绝对没有怨恨和恶毒的意思——一件令人遗憾的往事。这个世界有的时候真是很小！

好了，作为第一人称的讲述就到这里吧，前几周的确有太多的事情，太多的麻烦，我感到身不由己疲于应付。我的思维在一个小圈圈里几乎僵

---

i　莫城（Meaux）：法国地名，位于塞纳－马恩省（Seine-et-Marne）。

住了。只有一闪而过的回忆令我重新想起其他人其他事。今晚，亲爱的先生，我给您写信，仿佛是在云里雾中。请您原谅我这封字迹潦草组织混乱的信吧。请您原谅我行文之间过激的有点神经质的言辞。

我感觉脑子已经不转了。偏头痛是个绝好的借口，我要溜到床上去了。请相信我对您永远不变的忠心，请您转告您的夫人我对她的敬意，并

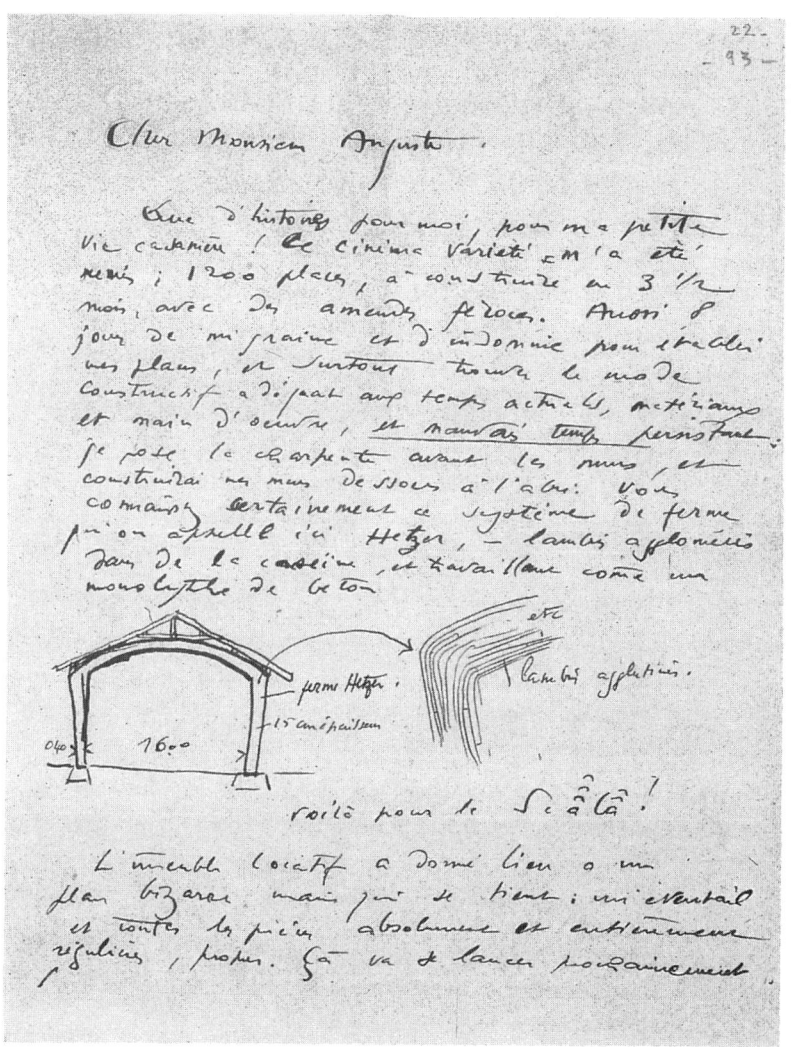

1916年7月21日，致奥古斯都·佩雷信（第一页，第二页）

代向您的两位兄弟以及瓦勒先生致以最真挚的问候。

您的夏尔·爱德华·让纳雷

附：您是不是感觉我都不像让纳雷了；我给您的印象是不是就像某位来自纳沙泰尔的研究钟摆问题的教授？他们就总是会在一封充斥

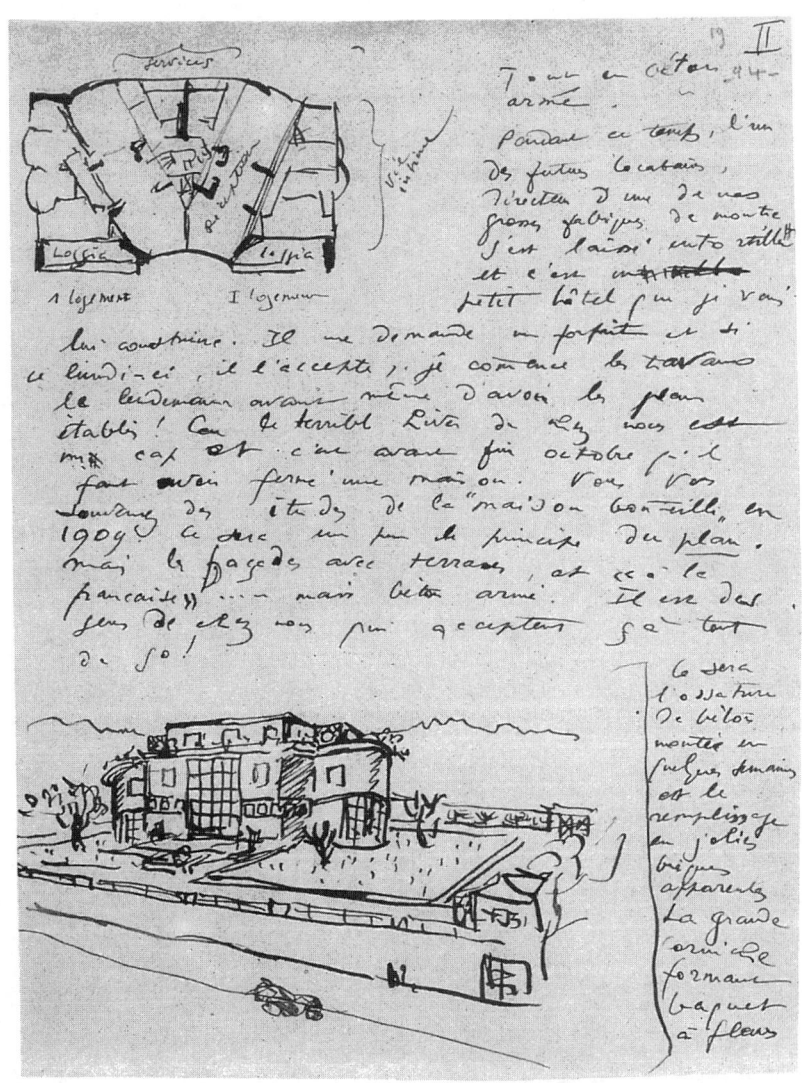

着极端主观观点的信的末尾，再加上一串长长的附言，这几乎跟他们吃白食一样，是难以避免的。而我要说的是：关于我那下一个蹩脚的房子，从墙体到顶棚的多层木质粘合板是否可以隔绝夏天的炎热呢？您对于这个问题的看法——为了模仿这位教授的口气——对我来说将十分珍贵。

---

1 拉斯卡拉电影院→见致威廉·怀特信 14.07.1916 * 信 35 注 1
2 施沃布别墅→见致佩雷兄弟信 14.03.1912 * 信 20 注 3
3 酒瓶住宅：夏尔·爱德华·让纳雷于 1909 年在佩雷兄弟事务所工作期间所做的一个方案，关于这个方案的一些草图由勒·柯布西耶基金会保存。勒·柯布西耶后来经常提起奥古斯都·佩雷对他说过的这句话："一个住宅，就是一个酒瓶。"
4 夏尔·爱德华·让纳雷在佩雷兄弟的事务所工作 15 个月（1908~1909）；在彼得·贝伦斯的事务所工作过 5 个月（1910~1911）。

37 | 1916 年 10 月 31 日，致威廉·怀特信
1916 年 10 月 31 日，于巴黎[i]

让我们说说蚝油小猪脑和红烧牛排骨以外的事吧。

有时候甚至令人怀疑整个场景的真实性：生意，买卖，5%~6% 的利润；加布里埃尔[ii]的宫殿是那么地富丽堂皇；夜很黑，同素昧平生的小女人打趣实在是件可耻的事；在这夜晚漆黑的街道上，我感觉我的黑边眼镜让我看上去俨然一只猫头鹰；电影向人们再现飞驰而过的 550 型战斗机，难以置信，而且，人们没有意识到电影的逼真再现本身同样令人难以置信；你尽可以肆无忌惮地调侃，但突然一个女人哀伤的声音从你耳畔传来，你便会一下子愕然。

所有的军官都会来这里，在他们从军营溜出的 4 天假期里，挥霍掉他们半年的积蓄。离婚不是新鲜事，通奸也是常有的。巴黎，一座小小的城

---

i 1916 年 10 月 27 日~11 月 9 日，夏尔·爱德华·让纳雷作为钢筋混凝土应用公司 SABA 的顾问工程师，应马克思·杜·布瓦的邀请，来到巴黎逗留两周。
ii 昂热·雅克·加布里埃尔（Ange-Jacques Gabriel，1698~1782）：法国一建筑师家族中最著名的建筑师。路易十五世在位期间曾任命他建造、扩建多处法国宫殿和离宫。

市；而当我们从奥古斯都·佩雷[1]位于帕西[i]的公寓[2]的屋顶露台俯瞰它的时候，便可以一睹这座永恒之城的壮丽；巴黎的光环永驻。

所有生意人都是呆小病患者。我以为同情，我以为不齿。

今天白天在奥古斯都·佩雷的家中度过。我刚刚对您提到过，是的，在这座高塔上，在这座位于9层的空中的花园里，你会真实地感觉到凡尔纳[ii]小说中所描述的场景！在佩雷先生的家中，充满太多诱惑，太多惊奇，令人对可能性深信不疑。在这里，相形之下，贝伦斯[3]和霍夫曼[4]就像两只猎犬，目光短浅，顶多算是有才干而已。然而，一名建筑师将承担的远不止于此：他应当是先知，是预言家，他手持的法版[iii]要求他比音乐家的目光还要长远——因为他所应用的材料更加实在更加沉重，需要更坚实的基础把额枋举起并安放到柱子上。所以，建筑再次成为艺术之首。这不是爱慕虚荣，这是围绕一种崇高而繁重的使命而生发的纯净的情感。

今晚的会议……同我一样保持着可耻的中立，而且极其无聊。会上人们操各种语言，侃侃而谈。但是城里已经没有男人了，男人都参军去了。这些年轻的外国佬的涌入显得那么不合时宜。这些食客丝毫没法让人替他们感到骄傲。

今天，我还第一次被引荐到一个法国的家族中去：佩雷兄弟的母亲家。她是个地道的巴黎人，应当好好听听她讲话，好好看看这位母亲。恐怕就连那些德国鬼子也会觉得亲切吧！我像是在吟诵贝玑[iv]的诗篇。您能理解吗？我们感觉到我们是如此紧密地联系着，这是一种饱含深情的紧密的联系；但在未来的几年中，这也将成为痛苦的根源。战争才刚刚开始。[v]人们对我说："不应该，不可能再保持中立了！"道德一下子被唤醒！内心受到强烈的冲击。每天，在阴郁中醒来，浑浑噩噩地度日，然后又昏昏沉沉地睡去。我们体验不到一丝骄傲的感觉，因为我们忽略了道德。我们是局外人，我们是旁观者。扮演这样的角色着实令人难以忍受。我迫不及待要投入其中。然而，明天，我又要回到瑞士，回到繁芜无聊的关于琐

---

i 帕西（Passy）：帕西是巴黎的一个居住区；西临布洛涅森林（Bois de Boulogne），东依塞纳河，与艾菲尔铁塔、星形广场和凯旋门遥而相望。

ii 儒勒·凡尔纳（Jules Verne, 1828～1905）：法国著名科幻小说家，代表作品总标题为《奇异的旅行》，包括《地心游记》、《从地球到月球》、《环绕月球》、《海底两万里》、《神秘岛》等等。

iii 法版（Table de la Loi）：圣经中先知手中所持之物，其上刻有十诫。

iv 夏尔·贝玑（Charle Peguy, 1873～1914）：法国诗人和哲学家。他把基督教义、社会主义和爱国主义融合成个人坚定的信仰，并付诸行动。诗作有《第二种德行的神秘门》（1912）、《夏娃》（1913）等。

v 1916年，一战正酣时，德国把进攻重点再次放到西线，力争打败法国。

事的讨论之中去。帕西的空中花园,高高在上,俯瞰着整个巴黎。星型广场[i],圣母院[ii],荣军院[iii],先贤祠[iv]以及脚下流淌的美丽的塞纳河;这一切令人震撼,这一切引人思索。理想发出的窸窸窣窣声令人期待令人兴奋。小心!小心这狂潮将你卷走。

今晚,我将这封一气呵成的信寄给三位朗德宏人[v]。

夏尔·爱德华·让纳雷

---

1 奥古斯都·佩雷→详见收信人目录
2 这座公寓位于巴黎十六区弗兰克林大街(Rue de Franklin)25号乙;佩雷兄弟于1903年设计并建造。
3 彼得·贝伦斯→详见收信人目录
4 约瑟夫·霍夫曼(Josef Hoffmann)→详见收信人目录

---

38 | 1917年1月13日,致威廉·怀特及卡德哈·雅戈信

随附1915年(?)8月2、3、4日完成的一段文字

1917年1月13日,正午,于开往巴黎的火车上

亲爱的朋友:

即将启程之际,我收到马塞尔·蒙坦顿[1]的一张明信片,感谢我向他们引荐了迪。我的这封信,首先是向您们表示歉意,没能给您们搬家帮上任何忙。开往巴黎的火车,在此地留下了太多忧虑,却仍要去别处寻找更大的麻烦;但有什么办法呢,这就是我的宿命!我的歉意还包括没能给您写信,没能再次去探望您们;临行前这几周有太多的琐事。

但至少我要在这里对您们说,请不要把迁居这种如此简单的事情看得

---

i 星型广场(L'Etiole):所谓星型广场,是以凯旋门为中心,四周大道均呈放射状延伸去,皆以著名将军的名字命名。
ii 巴黎圣母院(NOTRE-Dame):坐落于巴黎市中心塞纳河中的西岱岛上,始建于1163年。
iii 荣军院(Les Invalides):是路易十四在1676年建成的,用来安置战争中立功的残老官兵,类似养老院。北边的一院三层楼房后改为军事博物馆(Musée de l'Armée)。
iv 先贤祠(Pantheon):又称万神殿,法兰西共和国圣堂。
v 威廉·怀特,1914年从德国慕尼黑返回祖国瑞士并在朗德宏(Landeron)定居,和他的两位朋友生活在一起。

太严重太感伤。我非常赞同卡洛林人的观点[i]，他们非常豪迈。新的家园在前方等着您们的到来，您们将成为它的游吟诗人。

在那里，雅戈[2]先生深沉忧郁的调色板将找到归宿，杜布斯[ii]的冷杉与斯洛伐克的很是相像。

请不要把情感耗费在对朗德宏的怀念和感伤之中。您们已经做得很好了，那里的人们会对您们抱有一份美好的回忆。弗里兹[iii]可以骄傲地说："他在那里受到过尊敬。"

贝尔纳一家在准备迎接您们的到来呢。保罗·贝尔纳，一名精细的机械师，他一定会对亨利先生很好的；他应该是个很好的人，他是否将成为特吕默尔未来的布雷里奥[iv]呢。生活将在他的面前展开，能成为您们的朋友，是他最大的幸运。

应当尽量以快乐的眼光来看待事物：当我意识到那么多欣欣向荣的事在前方等着我们，我才发现自己这段时间竟如此忧郁，陷入其中真是无比愚蠢。亲爱的怀特先生，我希望您永远都是年轻人的启蒙者！

在从伯尔尼出发的途中，向您们三位致以深情问候。

夏尔·爱德华·让纳雷

8月2、3日，于马尔利－勒－鲁瓦[v]／8月4日，于特罗卡迪罗大街15号[3]

宏大与束缚……

马尔利－勒－鲁瓦，阿里斯蒂德·马约尔[vi]宅邸，一天一夜

就像一条小绿青鳕依在一处陈旧的水槽旁——8或10根原木撑起一个

---

i 卡洛林（Carolin）：中世纪初期欧洲最有势力的政治人物是法兰克王国（现今法国与德国）的国王查理（Charlemagne），他几乎统一了当时分割成诸多小国的欧洲，他所统治的时代被称为卡洛林王朝。法兰克军队出征时会随军带上各种工匠，在战地临时修建城堡和村落作为战时的临时根据地。

ii 杜布斯（Doubs）：瑞士地名，位于特吕默尔。威廉·怀特及其密友卡德哈·雅戈（Czadra Janko），即将从朗德宏搬到特吕默尔（Les Brenets）去。

iii 亨利·弗里兹（Henri Fritz）：威廉·怀特的朋友。

iv 路易·布雷里奥（Louis Bleriot, 1872～1936）：法国飞行员，1909年，他穿越英吉利海峡的飞行让整个欧洲激动不已。

v 马尔利－勒－鲁瓦（Marly-le-Roi）：巴黎近郊地名。

vi 阿里斯蒂德·马约尔（Aristide Maillol, 1861～1944）：法国雕塑家，画家。1861年12月8日生于滨海巴里奥尔，1944年9月27日卒于同地。特别注重体积感和厚重感，造型语言洗练、概括，在庄重沉静中表现出一种紧迫感和力度。他也是插图画家，为维吉尔、奥维德等作家作品所作的插图成为版画史上的传世之作。

棚子，紧邻一个破烂的大水池。这个水池，一点儿也称不上干净，大概一个季度才换一次水。水池右侧有条小路。大约百步，我们被带入一片属于阿里斯蒂德·马约尔的没有围墙和院门的领地。那是一片纯自然的领地：果园、杂草和灌木丛，围合出一个空间；但更像一个没有尽头的房间，一棵李子树接着一棵苹果树，向着各个方向不间断地延续着。马约尔的宅邸就位于其间，房子是战争爆发前一年盖的。从设计到建造全由他一人完成：指导平面，控制预算——15000 法郎。从建筑粗糙的墙体看，这个预算并不低。这是个简朴的住宅，但设计得舒适合理。看来他没有求助于建筑师是对的，建筑的外行总是怀有某种激情。他们丰富了建筑的方法，他们不经世故的淳朴往往能出色地解决问题。

马约尔，他宅邸的门厅和餐厅中有许多挂画。画框和画作一样新颖独特，耐人寻味，都是一些朋友的作品：德尼[i]，卢塞尔[ii]，博纳尔[iii]……一幅令人赞叹的高更[iv]的画作被精心布置在一处巨大的观景窗旁；窗外（那里是一处露天的工作室）一棵无花果树把它的枝叶紧紧地贴过来，营造出一种碧绿的海底的氛围；旁边高更描绘的绿色的海浪充满整个画框，发出悦耳的声音，拍打着蛇形的玫瑰色的海滩。这布置令我惊叹。加斯东·比甘[4]笑着对我说："当然，是我把它挂在那里的。"加斯东·比甘，一位洛科[v]人！我们注意到，在这所简朴的房子里，墙面几乎挂满了画作，满眼都是缤纷的颜料。还有一扇精心设计过的大门和一部稀奇古怪的楼梯。尤其是那部楼梯，让人不得不佩服主人的想像力和木匠的工艺。设计人心中有数，但最终的效果着实令人眼花缭乱。楼梯是橡木的，但那是一种怎样的扭转和衔接啊！

各个房间中，零星布置着几件古老的家具，都是幸运地从古玩商那里淘来的。楼下客厅的墙上悬挂着一幅颇有年头的弗拉芒[vi]挂毯，其效果近乎于高更或博纳尔的画作。

顺着果园中充满野趣的羊肠小道下去，便是一处工作室。道旁一棵李

---

i 莫里斯·德尼（Maurice Denis，1870~1943），法国画家和艺术评论家，象征画派的理论家，纳比派成员。他的许多作品都有一种娓娓道来、诗歌般的意境。
ii 卢塞尔（KX. Roussel，1867~1944）：法国画家。1889 年，纳比派第一次展览会参展画家之一。
iii 皮埃尔·博纳尔（Pierre Bonnard，1867~1947）：法国画家，纳比派成员。以对自然直接的观察为基础，发展出极具装饰性的风格，被视为衔接印象派与野兽派的象征主义新路线。
iv 保罗·高更（Paul Gauguin，1848~1903）：法国后印象派三大巨匠之一，雕塑家、陶艺家及版画家。他的色彩鲜明、纯粹，这种色彩技法对后来的野兽派画家也产生了强烈的影响。
v 洛科：瑞士地名。
vi 弗拉芒（Flamand）：比利时地区名，以生产手工挂毯闻名。

树下，是菲狄亚斯[i]在帕提农最为出色的一尊雕塑的翻版——站立的女神，还有一根石膏圆柱上三只停泊的小船；另一棵树下，是阿里斯蒂德自己的一尊头像……走在小路上，裤腿被杂草间的露水沾湿。工作室就在眼前，煤屑压制的方砖筑起四壁，撑起顶棚，墙上没有灰泥涂层。一扇小小的门半掩着，棚下有一尊人体雕塑。应当走进去看看，推开门，只见一尊石膏的波莫纳[ii]的雕像站在那里：手中托着一只苹果；胸前一对饱满的乳房，那是世上最美的果实；结实而修长的大腿，还有一个深深的甜美的肚脐。"那是一位巴里奥尔[iii]的西班牙姑娘。老实说，有一次一个模特的胸部挺到这里……"加斯东一边说一边比画着。这么说，她还算苗条了！这尊波莫纳的石膏像确实不大，放在地上大概只有真人 2/3 高，但雕刻得堪称完美。雕像给人一种超出实际的尺度感。看着站在工作室中的波莫纳，令人不禁陷入遐思，忘却了刚才令人眼花缭乱的楼梯。除此之外，还有一些小雕像。这个工作室不大，而且屋徒四壁，连把椅子都没有；一扇大窗朝着园中的苹果树和李树敞开，再无旁物。那些雕像就是马约尔全部的财富。有几件进入收尾阶段，还有一尊刚刚浇注的青铜像。有的黏土在风干的时候开裂了，毁掉了大师的作品；稍稍用力一敲便会碎裂。加斯东·比甘，来自瑞士洛科的雕塑家，一个加尔文派的教徒，他正在创作的是马约尔的侄女儿让娜的半身像。基本的形体已显露出来，折面、球面、棱柱……看上去像只青蛙，像铁皮工用薄铁板折出的一只青蛙。这是受立体主义的影响吗？从巴里奥尔回来的马约尔会呵责他的。[iv]

　　这小小的工作棚，简直成了个陈尸所：躯干，胳膊，头颅。显然，这里就是马约尔的奥林匹斯[v]：丰满的乳房，巨大的屁股，还有腰腹优美的曲线。佩兰说这里不足道。那么，那尊波莫纳呢？那些横七竖八的胳膊躯干和大腿，那是布朗基[vi]竖起的庄严纪念碑[5]的残余部分。我想把他的雕像带回家，放在我的卧室里，是审美也是鼓励，它们会使我想起伟大的

---

i 菲狄亚斯（Phidias）：古希腊著名雕塑家，雅典人。希波战争后，菲狄亚斯为雅典的重建作出了卓越的贡献。他擅长神像雕塑，帕提农神庙的装饰性雕塑，就是在他的领导、设计和监督之下完成的，其中，最著名的作品是《雅典娜雕像》、《命运三女神》等。

ii 波莫纳（Pomone）：罗马神说中掌管水果和花园的女神。是春神的妻子。

iii 巴里奥尔（Bagnols）：法国地名，阿里斯蒂德·马约尔的出生地。

iv 夏尔·爱德华·让纳雷参观马约尔位于巴黎郊区的这处宅邸时，雕塑家马约尔不在巴黎而是在他位于巴里奥尔（Bagnols）的工作室。

v 奥林匹斯（Olympe）：希腊山名，希腊神话中诸神居住的地方。

vi 路易-奥古斯都·布朗基（Louis-Auguste Blanqui，1805～1881）：法国早期工人运动活动家、革命家、空想社会主义者。布朗基 1830～1879 年组织工人起义，曾多次被捕。

马约尔。而在这棚子下面,当秋天苹果树上成熟的苹果掉下来,会将它们砸倒,会将它们损坏。新的波莫纳——这被毫无保留的具体化的辉煌的健康将被损毁。这些雕像勾起人强烈地想占为己有的欲望,并重新解释抢占他人财产的定义。加斯东所扮演的角色可不容易,他将目睹这毁灭。

巴黎郊区的果园同我们纳沙泰尔的不同。这里果树很小,覆盖着地面;树上的果子很小;果园中的房子也很小。就在这个不起眼的位于巴黎郊区的果园里,住着一个巨人,一位"继他(罗丹)之后世上最伟大的雕塑家……"。就是这样一处简朴的房子,其朴实无华让人安心,让人感到舒适;也引发人反思那风行的无益的虚浮的排场。修长结实的双腿,菲狄亚斯的雕像那极修长极结实的双腿,让人对"大"这一概念产生了新的足够强烈的感性认识。这是一种超乎真实尺度的精神的遐想的"大"。多么奇特的融合:帕提农时代的青铜艺术,自希梅特山、邦特里克山、萨拉米海湾,以及伯罗奔尼撒圆丘的苍凉孤寂之中孕育而生;穿越时空,它轻轻地来抚慰一个男人的遐思。邻近一座巨大的国都,这个男人迷失在一片低矮茂密没有尽头的果园里,树上的小果散发着清香……

在客厅的桌子上,放着许多草图和素描,是为维吉尔[i]的《牧歌》所绘。那是些小幅的版画,以拉法格[ii]翻译的诗句为标题。作品对维吉尔式的情感诠释得如此贴切,再也找不到比这更好的表达了!柳丛中一群山羊,公山羊依偎在母山羊身旁;一男一女一对牧羊人,一丝不挂地坐在柳荫下,尽情品味着他们身边的大自然所提供的一切,呼吸着芬芳,聆听着和谐的声音。正如我读到过的诗篇。这一张张纸板散发出强烈的诗意。这画作如此古典;不,这画中的场景就是今日之巴里奥尔,或不论在海的哪一边的哪一方土地:那里有羊羔,有牧人,有风暴,有阳光,还有消失在视线中远航的船只。

在马约尔的生活里几乎没有什么来自外界的诱惑。从池塘通往住所竟没有一条大道,而是一条泥泞的(由于刚刚下过雨)羊肠小路,几个人不得不鱼贯而行。我思忖着,《牧歌》中的山羊是否就是在这花园中绘制的呢。这园子,这屋子,以及其中的各个房间,都充满了田园的气息……小路的另一端,连接着马约尔侄女儿的屋子,她的生活也包裹在田园牧歌式的氛围中。一会儿就要见到她。"让娜,让娜,准备好了吗?"加斯东已经饿了,那语气像个小管家。让娜?阿里斯蒂德·马约尔的侄女儿?不,她

---

[i] 维吉尔(Virgile,公元前70~公元前19):古罗马诗人。
[ii] 马克·拉法格(Marc Lafargue,1876~1927):法国诗人画家、艺术评论家。

是阿里斯蒂德·马约尔的侄子嘉斯帕·马约尔的老婆。餐桌就在苹果树下，餐具都已摆好，枝叶低垂到桌面上。她来了：一个年轻貌美的女子，宽松的服饰，宽阔的肩膀；还有我的天，那撩人的微笑——让我继续这多少有些无理的描述吧——饱满的嘴唇，嘴角微微翘起；颧骨突出，两腮照"法国女人的方式"搽了些香粉。她举止优雅，但身上的那件晨衣却很简朴。离我们右手不到十步的地方就是她的小屋。园子里几只母鸡，公鸡飞上了草垫椅；门前有一只脏兮兮的小狗；还有两个更脏的小家伙。那小衣服、小手、小脸蛋儿，一副小淘气鬼的样子。他们母亲的美丽和讨人喜爱的性感，在两个小鬼身上变成了永不安分的顽皮。我想说的是：这是一种身处乡间的完全的放松和泰然。抬头是苹果树，旁边是数不清的茂密的那不勒斯黄香李树，枝头坠满了青紫色的李子。一首真正的田园诗。

一场突然而至的暴雨将我们从树下赶进屋里，只好在屋里继续品尝巴里奥尔的麝香葡萄酒了。这座屋子的平面极其简单，就是一个矩形四等分，分成四个3m见方的房间：一间是餐厅，一间是厨房，后面的两间是卧室。餐厅的墙面漆成土黄色，踢脚漆成褐色，这和巴黎市里的破房子没什么两样。关着的门被夹着暴雨的狂风一阵阵向里猛推。餐厅兼作客厅，中间摆着一张圆桌，地面铺着红砖，还有一个不可或缺的黑色的壁炉，还有嘉斯帕·马约尔的画作。似乎无论什么人，只要不是十足的傻子，都可以自己画两笔油画：花园里苹果树下，几个围绕秋千嬉戏的女人；秋千的支架用黑色，人体涂成厚重的白色；背景还有几个姑娘站在挂在枝头的一件衬衣下。这位"无论什么人"先生，恰恰是由于他的一无所知，他的画笔偶尔也会传达出极美的事物。但总体来说，他还是个很粗俗的家伙。从刷成褐色和土黄色的墙面就可以见得。那是典型的巴黎贫民对墙面的处理方法，它们让我想起在巴黎学习期间租住的简陋旅舍顶楼的走廊和厕所，以及散布在小树林中的残垣断壁。让娜，可怜的让娜，她的背影和粉红色的提花布裙，让我想起税吏卢梭[i]。她美丽优雅，而且天真纯朴。我们随便地聊着天。加斯东是她的小管家。我还把他称作阿里斯蒂德·马约尔的门卫和扈从，他走起路来都是趾高气昂的样子！

---

i 亨利·卢梭（Henri Rousseau, 1844～1910）：1871～1893年间在巴黎当过税吏，后专心于绘画。人称"税吏卢梭"。他画风纯真朴拙。他画作色彩简单、纯粹，轮廓清楚。这位小税吏的童话世界，单纯生动而富有诗意。

令人惊奇的是，让娜竟跟我谈起了莫里斯·德尼，查莱斯勒伯爵[i]和博纳尔等等。她的确是这位来自巴里奥尔的伟大牧羊人身边的一头谦逊的小羊羔。壁炉上摆着一个刚刚拆模的可爱的小雕像，是一尊让娜的卧像，懒洋洋地，像一只靠港的小船。书架上摆着20来本书，还有几件陶器和一个安放在祭台上的精美的镀金木雕像……也不知道这东西有多贵重，刚刚那两个小家伙模拟拉雪兹神父公墓[ii]祭奠仪式的游戏时还差点将它掀翻在地。

让娜留给我的印象非常深刻，比她期望的还要深刻。"让娜，加斯东说您是马约尔先生的侄女儿呢！"让娜微笑着把头转向我，她没有听明白，她向我解释道，她是马约尔先生侄子的老婆。

饭后，让娜换了一下装束，在她小小可爱的嘴唇上涂了些亮亮的茶蘼子的果冻油——在巴黎郊区的宾诺德[iii]小店这个就当作化妆品来出售。她额头的几缕垂丝让她看上去更加妩媚。她的丈夫，马约尔先生的侄子，是个南方佬，一个懒鬼，去年应征入伍，大部分时间在兵站度过。抛下的家就由加斯东照看。加斯东就像个严肃的管家，他会打小孩子屁股，也会斥责让娜嘴唇上的果冻……

傍晚我们回到马约尔的宅邸。黄昏，透过无花果树的叶子，跳动的绿光洒向客厅，照在古铜色的画框上。画框中是高更、博纳尔和一幅雷东[iv]的作品。整个房间弥漫着一种静谧的森林中的气氛。关于维吉尔的《牧歌》，马约尔创作了些版画：树林中的羊羔，那是在马尔利-勒-鲁瓦、巴里奥尔、爱琴海或者爱奥尼亚[v]的某个小岛上吧。这些画作是马约尔应邀为拉法格的译本所配的插图。关于创作用的纸张还有一段故事。他没有用木版或铜版，而是尝试了一种他自己发明的非常有韧性的厚纸板。"是巴黎纸商提供的产品？"我问道。嘉斯帕·马约尔大怒："它们不行，它们可不行，它们绝对不行！还是让我来教你造纸吧，绝对优于法国或其他任何地方的纸商！"他研碎旧布片，加水挤压揉捏，于是便得到一团纸糊：有颜色，有

---

i 哈瑞·查莱斯勒（Harry Kessler，1868~1937）：德国作家，外交家及政治家。他是法国艺术最积极的拥护者之一。
ii 拉雪兹神父公墓（Cimetière du Père Lachaise）：位于巴黎的墓地，始建于1804年，其名称的由来源于国王路易十四时代一位名叫拉雪兹的神父。这里沉睡着很多已故著名的艺术家、作家和音乐家及其他方面的重要人物。
iii 宾诺德（Pinaud）：法国的女士化妆品连锁店。
iv 奥蒂诺·雷东（Odilon Redon，1840~1916）：法国象征派画家、石版和铜版画家，有"梦幻王子"之称。雷东的作品经常出现植物的梦幻。
v 爱奥尼亚群岛（Ionian Islands）：沿希腊西岸的岛群，从阿尔巴尼亚海岸向南延伸至伯罗奔尼撒半岛南端，常称作七岛，田园风光如画。

肌理，有美感。查莱斯勒伯爵也很欣赏这项发明；马约尔的侄子嘉斯帕正打算为此开办个造纸厂呢。纸在纸槽里风干，便得到一张张奇妙的美丽的纸板，而且和纸莎草纸一样强韧。在这上面雕刻维吉尔的《牧歌》，感觉一定很好；一刀刀划过结实的颗粒，林间羊羔的轮廓渐渐显露出来。

客厅的陈设：一只曲线修长而优美的罐子，感觉像铸铁的一样结实；还有一件珐琅工艺品，也拥有饱满而结实的形体。黏土、珐琅、颜料，这些是马约尔的素材，他慢慢翻阅着记录着秘方的古书，将它们放在一起，研磨，混合，进行各种奇怪的操作。阿里斯蒂德·马约尔的陶瓷制品可以卖到很高的价钱；因为现在已经没有这种工艺了。他的一张小小的素描售价也不会低于150法郎，那四尊波莫纳雕像要卖到6万法郎。

屋子里还有另外一张古老的手工挂毯。看样子大概是格拉斯[i]时期的制品。羊毛线美丽而粗糙。整个编制的手法类似塞内加尔人的长围巾。挂毯是纯羊毛的，由乡间农妇用手工织机编制而成。收购者花300法郎买进；而我们可怜的马约尔最近突然想拥有这样一块往昔的雪白的挂毯，于是便出6000法郎买下来。这个人有一种非比寻常的专注，固执而沉默，他性格的张力在他雕塑和陶土作品的形式中反映出来。巴里奥尔和马尔利-勒-鲁瓦，马约尔位于两者之间，一个不为人所了解的世界。他的探索和追求从来都那么健康，那么强壮，那么确定。马约尔，孤单，执拗，成为"继他（罗丹）之后世上最伟大的雕塑家……"——这是马约尔的原话，恭敬地，他加上了"继他之后"。他，罗丹。罗丹，时常光顾这里，就是我们现在所在的这个客厅。就在这里，经常汇聚着画家、诗人，以及前面提到的这个时代最著名的艺术家及其门徒，被美丽而不乏智慧的女人簇拥着……这里的常客还有一位最尊贵的法国女人：克莱蒙·多奈尔[ii]女公爵。她的不可一世，给我们小小的加斯东留下了极其深刻的印象。面对这么多声名显赫的人物，我们好梦想的加斯东，手里一边整理着他老师马约尔的素描，一边对我说："我不知道是不是由于我们亲密的合作，但我相信他是最博大的——除了罗丹和布德尔！"[iii]

我被安排就寝。狂风在周围的果林里发出阵阵恐怖的呻吟。这回，树上的苹果真的要掉下来了……"世上最伟大的雕塑家"的大床就在楼下。

---

[i] 弗朗索瓦·约瑟夫·保罗·德·格拉斯（Francois Joseph Paul de Grasse，1722~1788）：法国航海家。
[ii] 克莱蒙·多奈尔（Clermont Tonnerre）：法国世袭贵族称号。
[iii] 布德尔：法国现实主义雕塑家。曾在罗丹门下学徒15载，后因艺术分歧而分道扬镳。其风格化的表现写实艺术对后世影响颇深。

巴里奥尔在远方，在里昂的海湾旁沉睡。今晚马约尔就在那里入睡，像"一只盛满酒的羊皮口袋"。这不妨碍低语声传入我的耳朵。加斯东把他那间卧室让给我，自己睡在老师的房间里。我熟悉这低语，是的，透过拉丁区小卧室的隔墙经常可以听到……

安静。继而，从左边窗户传来的风声中夹杂着从楼下卧室传来的声音：啊！啊！啊！……先是节制的，继而急促，继而气喘吁吁。该死的加斯东。继续！

一阵寂静之后，又传来加斯东急促的声音：啊，啊，啊！啊！！！哦噢！对于了解加斯东这头来自洛科的小公牛的人而言，这声决定性的、最终的、宣告结束的"哦噢"意味着炮弹的最后一轰。所向披靡，加斯东的"哦噢"。这家伙，他满足了。

而我，我在马约尔宅邸的屋顶下入睡。他侄女儿的小房子在果园的另一头，那两个小家伙正攥着小拳头酣睡。这个房子的中心，一个家庭的圣殿，今晚我的思念就献给那里。是啊，心有它的理由。可怜的嘉斯帕又回到他的兵站去了！

---

1 马塞尔·蒙坦顿（Marcel Montandon）：夏尔·爱德华·让纳雷 1916~1917 年间的绘图员及助手。
2 卡德哈·雅戈（Czadra Janko, 1882~1945）：威廉·怀特最亲密的朋友，捷克作家，著有《捷克人的来信》（1913 年，法国墨丘利出版社出版）。
3 这段文字似乎完成在 1915 年 8 月 2、3、4 日，附在 1917 年 1 月 13 日致威廉·怀特及卡德哈·雅戈信的后面，随信寄出。
4 加斯东·比甘（Gaston Béguin）：瑞士雕塑家。与阿里斯蒂德·马约尔共同工作过 4 年。其作品于 1919~1920 年间在秋季沙龙上展出。
5 《在枷锁里的行动》，纪念布朗基，1906 年作品。竖立于法国滨海阿尔卑斯省（Alpes-Maritimes）皮热泰尼埃市（Puget-Théniers）。

---

39 | 1917 年 2 月 9 日，致威廉·怀特信
1917 年 2 月 9 日

亲爱的朋友：

这封笔迹颤抖的短信，是要请您帮个忙：一位名叫约翰·比斯特的先生，想把他那大概是在火车上或旅途中完成的一部分文章的手稿和初印稿寄给您过目！希望您能给他些意见！

生活是场苦役！别人总会啃光你身边的稻草，在凯尔瑟斯[i] 便是如此！

信背面那幅壮丽的速写是刚刚在火车上完成的：为了向一位先生解释君士坦丁堡缘何如此美丽。

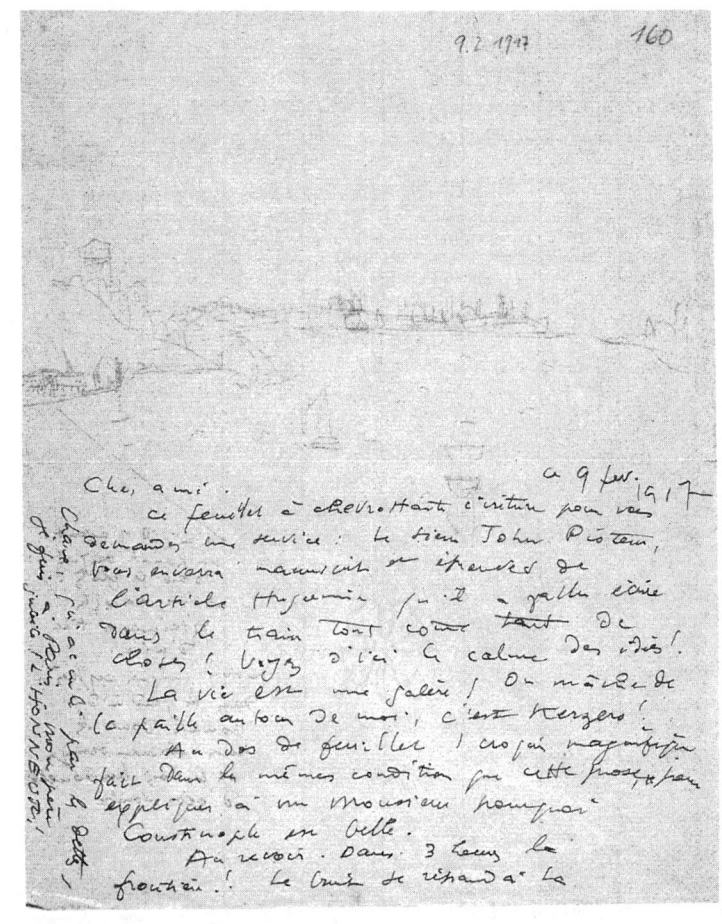

1917年2月9日，致威廉·怀特信（正面/背面）

---

i 凯尔瑟斯（Kerzers）：瑞士地名。其时，受工程师马克思·杜·布瓦先生邀请，夏尔·爱德华·让纳雷担任钢筋混凝土应用公司 SABA 顾问建筑师。该公司总部位于巴黎，在瑞士设有分公司。自1917年1月之后9个月的时间里，让纳雷起初主要负责瑞士分公司事务，常常在法国和瑞士各地间奔走。这个职务也是让纳雷正式开始定居巴黎的一个起点。

150

再见，瑞士。再过3个小时就过边境了！拉绍德封已流言四起，说是由于债务所迫[i]，我逃到巴黎去了。不过，我爸爸倒为我的新差事感到高兴！向他致敬！

一位国王沐浴在海浪中；扬帆的小船像插了翅膀一样疾行。

让我们在国王的花园中插几棵柏树吧，墙面应该涂成橙黄色，树林中加上两笔赭石。

---

i 夏尔·爱德华·让纳雷在他家乡拉绍德封完成的最后一个小别墅的设计和建造工作，在施工的过程中超出了先前的预算，而且由于未按时完工，甲方追究了他的责任。

40 | 1917年3月8日,致威廉·怀特信
1917年3月8日 | Numa Droz 大街54号 | 拉绍德封

亲爱的朋友:

既然您急需为霍贝玛先生拍照;那么就交给我吧,明天也就是周三上午,我将为您派去一名摄影师。这位专于摄影的先生业务相当熟练。您可以顺便看看其他某一两位先生是否也需要拍照。我收到了克里普[1]的一张紧急的明信片。他恐怕3周之内都没法赶过来。一位来自柏林(维克多利亚大街14号)的E·杜·巴特勒先生将会代他过来;关于此事,这位先生可能是比克里普更加合适的人选,他在这方面具备专业知识。"在保证严守秘密的情况下",我向克里普透露这值150法郎,但低于180~200法郎就没什么可做的了。

克里普可能要过些时候才会回信;我在等他的消息。

我将为您派去的摄影师名叫克普勒尔(小心,这家伙是个德国鬼子,但人很好)。

这位克普勒尔先生还将给您捎去几截框料,大概5~6米的量。

镜框的制作是这样的:

从上到下依次为:

玻璃,

用喷笔上了胶画色的纸夹,

照片,

底下的衬板,

最后用钉子固定边框。

框料:为了把其两端锯成45°的斜茬,需要用三段木头制作一个简单的工具:a向b划一条45°斜线,沿abc锯下去,便得到一条小槽;把框料置于MN之间,锯沿着刚才方向确定的小槽下切。

克普勒尔明天就会把框料带给您。如果您觉得断面合适,那么您需要多少,我就给您寄多少过去。

我最近入不敷出;但估计周末能有些进账。

向您二位致以深情问候。

夏尔·爱德华·让纳雷

---

1 奥古斯都·克里普斯坦因→详见收信人目录

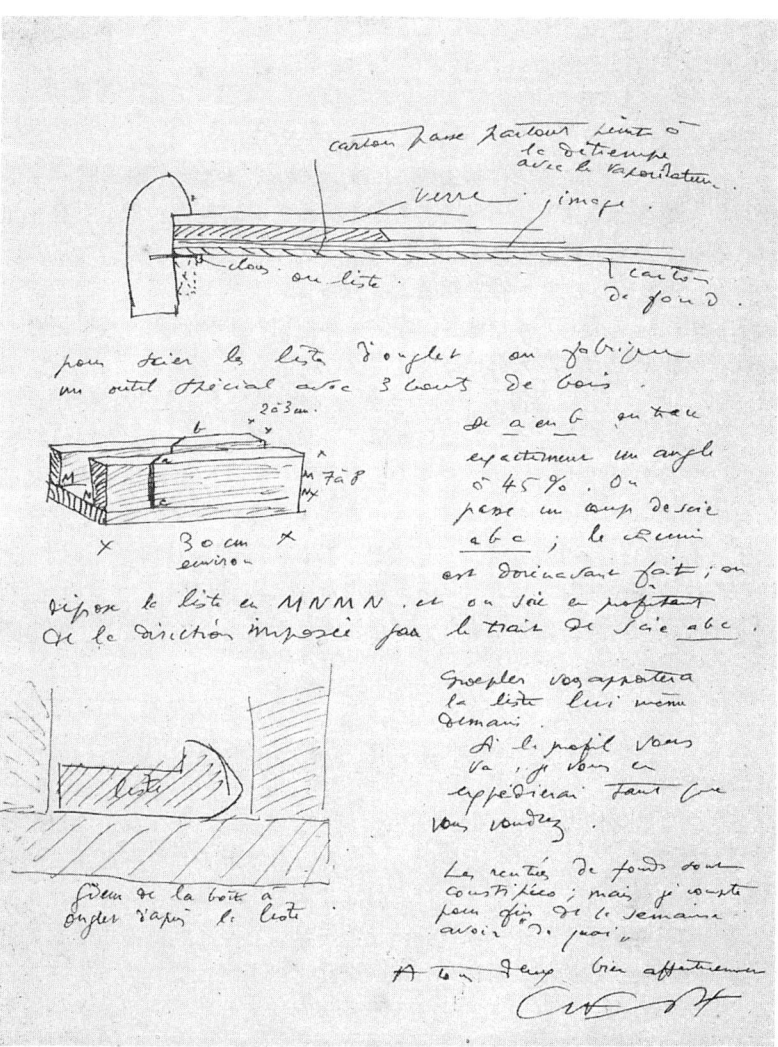

1917年3月8日，致威廉·怀特信（第二页）

41 | 1918 年 2 月 17 日,致父母信
1918 年 2 月 17 日,巴黎

亲爱的父亲母亲:

我很是生您们的气!自从去年 11 月,您们就一直没有抽出时间来给我写信,整整三个月了!刚刚送走了轰炸机和它们的炮弹。我本不打算先行打破这令人难以置信的沉默。您们是不是也天天想着我,正如我常常思念您们;但没有比这更不可触知的了。有时候,<u>表示</u>是必要的;既然我们的感官组织起来是为了客观地感知事物。即使您们不督促我,我也绝对不会耽误给您们回信。从来都是如此。

轰炸机差点把我给报销了,差点如同那晚那些不幸的人们一样送了命。在我的办公室和住所的旁边各坠落了一枚炮弹。天啊,我当时恰好在半路。空袭警报拉响的时候,我正在艺桥[i]上;当时场面真是惊人,飞机的轰鸣声和炮弹的爆炸声震耳欲聋……但在一片猛烈的炮火之中,我什么也没有看清楚;直到第二天,我才知道,德国轰炸机最终抵达巴黎上空,进行疯狂的枪炮扫射。月亮回来了,德国鬼子也跟着回来了。[ii] 此时此刻,在这个冰冷的夜晚,还能听到我们的警戒飞机在城市上空飞来飞去的隆隆声。这多少给巴黎市民带来些<u>心理上</u>的安全感。

这个冰冷的夜晚,尤其令我感到不安。我在阿佛尔维拉[iii],看守着近三天来生产的价值 1500 多法郎的货物,盼着明天冰冻会消解。当然,人们的计划总会被打乱。阿佛尔维拉[1]占去了我大量的时间。如果情况转好,那么这项事业将回报丰厚;但"如果"只是"如果",现在我只希望事情不至于变得更糟。最近的几次冒险,已在我身上增添了几分怀疑主义的色彩;但这有益无害,因为它丝毫没有羁绊我的勇气和劲头。现在我比从前任何时候都更加勇于尝试,而且我已足够成熟以忍受命运的冲击。这将是一封奏响胜利凯歌的信。这两个月以来,我付出了巨大的努力。交响乐将逼近美妙的合奏……事端,变故……不可预知的意外!哎,尽管我的意志在坚持,可我的心依然脆弱,并忍受着煎熬。

关于我在拉绍德封的冒险,余火还没有熄灭,人们仍议论纷纷。我足够强烈的虚荣心,要我冲着<u>他们</u>的耳朵吹响我的军号;并在<u>他们</u>——那些

---

i 艺桥(Pont des Arts):从这里可看到巴黎市中心最美的景色,卢佛尔宫、镶嵌于塞纳河中的西岱岛和法兰西研究院。1804 年,拿破仑下令修建此桥。
ii 第一次世界大战,德国常趁月朗星稀的夜色对法国以及英国的城市进行空袭。
iii 阿佛尔维拉(Alfortville):位于巴黎市区东南的一个小城,西邻塞纳河。

愚蠢的嫉妒的家伙——的头顶上，挥舞我的皇家小军旗。但在我所追求的这种满足感尚未达成之前，我的语气将如今晚在这里给您们写这封信一样，含混而卑微。我在等待时机，用有力的事实为我的自尊心雪耻。

除此之外，我的生活简单到几乎没有什么可向您们描述的了。无论如何，您们不必担心，聚集在蒙帕纳斯[i]和蒙马特[ii]的先生们中间找不到我的身影。我的全部生活就在巴黎歌剧院和圣奥古斯汀之间，这里是商业中心。我并没有多少事要做；如果有，也都是一些非常事务性的工作。要是不能尝试一些有趣的快乐的事情，要是不能透过这枯燥乏味感知一下人类精神的秘密、美或者崇高；那么这生活真是令人厌恶。

我的住所依旧冷清，有时看上去甚至心生排斥。已经将近一周的时间了，我连房间中的一把椅子也没有挪动过。死气沉沉，每件物品似乎都漠无表情：水杯、窗帘、花盆，经女佣陌生的手摆弄之后，失去了原属于我的韵律。

新的办公室则非常宜人，周围的环境我也更加喜欢。远胜过我初到巴黎时租用的那间阴暗的位于巴伦瑟斯[iii]大街的小屋。

有的时候，我会用晚上或下午的时光来画画，那是美好的时光。一切都收藏在画册中，每一页都寄托着一种情感。渐渐地，在这收藏的情感中我确定地认识到：人只为自己而劳作，为了满足他那与生俱来的奇特的激情，人是这股激情的奴隶。然而，为了活着——为了这股激情不至于衰竭，个人的努力要被了解被认识，被大家争论，接受他人的喜爱或憎恶；总之，个人也需要投入到人群中去。

我和奥赞方[2]，我们发现彼此是邻居：他住在邦迪艾大街，我住在雅各布大街，相隔不到 100 米。我们经常一起吃晚饭，我很珍视同他的友情。他比我强百倍；他的画作出于严肃的态度，洋溢着新的思想，摒弃懈怠，追求一种与科学相一致的辉煌；他的精神源于美好的哲思和积极的耕耘，可以支撑最大胆的梦想。

他和波烈[3]的姐姐（她同她弟弟不和）共同经营一家极为精致的女子时装店，以此为生。同样地，奥赞方在他为艺术辛勤耕耘的过程中，也时常会受到命运的捉弄，不过他没有被打倒。真正的革新者不会在命运面前

---

[i] 蒙帕纳斯（Montparnasse）：巴黎，塞纳河横贯全城，面对西去的出海口，右岸的北郊是蒙马特，左岸的南区是蒙帕纳斯。20 世纪初，这两块遥遥相望的高地是各国青年艺术家生活和创作的地方。
[ii] 蒙马特（Montmartre）：巴黎北部的一块高地，这里有高大神圣的圣心教堂，有画家聚集的小丘广场，还有夜夜笙歌的红磨坊，是巴黎著名的声色和艺术场所。
[iii] 夏尔·爱德华·让纳雷初到巴黎的办公地点是巴伦瑟斯（Belzunce）大街 13 号，后移至阿瑟多各（d'Astrog）大街 29 号；他最初居住的地方是雅各布（Jacob）大街 20 号。

逃避，而命运也终不会失信于他。

啊，亲爱的爸爸，您的来信有点"满不在乎"的意思，这可不是什么好词。您写道："难道人们又变成了野兽……难道他们丧失了崇高？……"您知道，当然不是。任何希望回避问题的想法都是不切实际的。战壕里的人不是野兽，他们是最最崇高的人；每个国家都有成千上万这样的战士。恰恰相反，战争提升了人。关键是要清楚为什么、为谁而战；而不是为那卑鄙的虚假的偶像、没有根基的信仰，以及罪恶的不切实际的理想。应当直面问题，并寻求解答；因为问题的解答是存在的。哪怕最微不足道的精神的变革和推广，也比这段时间以来恐怖的暴行更有裨益。亲爱的爸爸，您上上封信，无论文笔还是思想都表现得相当出色。下一封信，您也要打起精神啊！请原谅我的口气，但这是因为我了解您的能力；这是因为，我为您拥有如此美好的资质却未能给我们留下足够多可以触知的回忆而感到痛惜。我已经跟您讲过多次了：您完全可以从您那令人厌恶的职业中解脱出来，现在还为时不晚。您可以为自由民创办一份报纸，在战争期间……

见鬼！又有空袭；飞机轰鸣而过，我去看看。

这下热闹了，警报拉响了，军队也出动了。我得穿上大衣躲到地铁站里去……

周一晚。今天没有炮弹。但路上的人都行色匆匆；上次空袭留给人们的是胆怯和后怕。我想知道老爸是如何全力以赴地对抗袭来的忧郁和沮丧的。许多人都已被这持久的战争击垮了。无论如何，书信对于一个懂得欣赏形式和内容的伟大的建筑师而言，难道不是一个挥洒遒劲的书简诗的借口吗？

我亲爱的老妈还好吗？您指尖所有短小的钢琴曲都很美妙。可惜我在这里听不到。那么，请在来信中附上一段谱子吧。您组建的夫人合唱团已经成立了吗？您们的演出一定很精彩，至少会很吸引人。您的缄默可绝不是对我才华的嘉奖。我想像着您的双手抚摸着小孩子，摆弄着那些由我同您一起挑选的小东西。我想像着您在屋子里忙来忙去，脸上挂着甜蜜的微笑……腰里束着那条干净的印花棉布围裙。亲爱的老妈，远隔万里，但我依然很希望能够感觉到您的抚慰。好不好，在信中，请您表示一下吧，请您表示一下对我的爱抚吧！

至于阿尔伯特[4]这个笨蛋，我肯定他不理解我关于那几场音乐会的感慨之词。噢，《圣洁的苏珊》[i]！

---

[i] 《圣洁的苏珊》（La Chaste Suzanne）：德国轻歌剧，德国作曲家约翰·吉伯特（Jean Gilbert）创作。经法国作曲家改编，在法国演出大获成功。

向波利娜姑姑致以深切问候。

代问玛丽·阿美兹好。

请转告杜·布瓦先生,我会给他写信的。

天还没黑,不过我要去睡了。

您们的夏尔·爱德华·让纳雷

对啦,从未听您们提起过怀特和雅戈[5]。您们还记得他们吗?两位被放逐的国王,如此不幸,如此缺乏关爱,忍受着如此焦虑的折磨。我真不希望您们的缄默是因为冷漠。

---

1 夏尔·爱德华·让纳雷,1918年经营着一个位于阿佛尔维拉(Alfortville)的小砖厂。这个砖厂是由马克思·杜·布瓦先生提议,由钢筋混凝土应用公司SABA出资创办的;1921年该砖厂由于经营不善而倒闭。

2 阿梅戴·奥赞方(Amédée Ozenfant, 1886~1966):画家,1915~1918年间创立纯粹主义绘画。1917年,在一次"艺术与自由"协会组织的活动中,与初到巴黎的夏尔·爱德华·让纳雷结识,并热切鼓励他创作绘画。二人于1918年共同出版了《立体主义之后》。1920~1925年间,他们同保罗·戴尔梅(Paul Dermée)共同创办《新精神》杂志。两人的友谊于1925年决裂。

3 保罗·波烈(Paul Poiret, 1879~1944):法国女子时装设计师,兼室内设计师。20世纪初他掀起了一场时装界的革命。他的杰出贡献在于废除了女士的紧身胸衣。

4 阿尔伯特·让纳雷→详见收信人目录

5 卡德哈·雅戈→见致威廉·怀特信 13.01.1917 * 信38注2

阿梅戴·奥赞方像(1918年),选自《立体主义之后》

42 | 1918 年 8 月 26 日，致阿尔伯特·让纳雷信

阿尔伯特·让纳雷先生 | 1918 年 8 月 26 日，于巴黎

老兄：

我要跟你说说我的一位朋友：让－皮埃尔·德·蒙莫兰[1]。在他应征入伍上战场之前，你应该可以见到他。我很喜欢他。他有一颗充满激情的明亮的心，一双目光如炬的眼睛和一对温柔而倔强的嘴唇。他是个银行家。这些天来，他忍受了痛苦的煎熬；他那颗出卖给生意的心，又被他觉醒的灵魂赎回。他身材瘦高，骨感而有力；洋溢着青春的朝气。他温柔而亲切。他对所有人都很好，就像一个乐善好施的大天使。人们也乐于接近他。他更是姑娘们的耶稣；他令她们兴奋，他用他狂热的信仰煽动她们的情绪；他轻易就博取她们的芳心。再冰冷漠然的姑娘也会被他的激情打动。

我的这位朋友，我在他身上看到了年轻、纯粹和炽热的激情。我们对彼此都很有好感。

他令我深刻地反省自己，反省我虚伪、自私和怯懦的生活。他冲刷我的心灵，剥去我的伪装；我意识到——也许还算及时——人会堕落。我还结识了奥赞方[2]，一个极其优秀的思维缜密的人；不过他离开巴黎了，我将在波尔多与他重逢。还有贡杜安[3]，他一头蓬乱的长发让人过目不忘，他满嘴脏话，怀揣伟大的抱负；看上去像一头巨狮，一头愤怒的狮子，他与伟大的既成的作品抗争，他与自己汹涌的力量抗争。与他们相比，让－皮埃尔就像开在祭坛上的一枝百合。在残忍的格斗中，他会欢笑着像疯子一样毫无顾忌地奉献出自己的生命；他沸腾的热血把他送上战场。在他的先人中，就曾有几位效命于外籍军团[i]的勇士，那是在几次悲壮的冒险性的行动之中。与这位亲爱的朋友，我们共度了这几日美好的时光，但我几乎已经可以看到他庄严的葬礼了；我将记着他，记着他的纯粹和崇高，他似乎生来就是为了像位先知那样奉献出自己的生命。

3000 名瑞士人组成的外籍军团——战士肩佩三色饰带，军官佩戴荣誉勋章——如今只剩下不到 300 人了。8 月 1 日，应征的那天，他们都曾劝阻他"不要去"。但也许他会是幸运的，当他想起这无情的残酷的却又是令人热血沸腾的感召，他的脸上露出了微笑。这扇门很快就要重新关闭了。而我，我的悲哀将在于未能亲历那种神圣的意识清明的忘我之境，却**被最偏狭最愚蠢的镣铐束缚在大地上！**

---

i 外籍军团：法国军队中由法国以外其他国家的人们应征入伍而组建的军团。

他是一位诗人,在以他个人的形式抒发着他美好的思想。远离那些银行家,远离那些他与之格格不入的瑞士商人;对他来说,这是用以自省的夜晚,以净化自己的心灵。

那些抱着狭隘的爱国主义的瑞士人,那些沉溺在他们的生意之中的投机商,那些老实的瑞士佬,是的,他们真是太老实了。"他们令我厌恶,总要有人上前线去",让-皮埃尔如是说。他体内狂暴的神经将他推向战场,他在那儿就像一头公牛。是的,圣洗,圣洗。

他要去伯尔尼,去兑现一个许诺,去告别他的家人。他知道你是我的哥哥,他想见见你,也看看我留在拉绍德封的作品——这个疯狂的家伙。他是我要好的朋友,你可以向他敞开心扉,这样你才可以了解他。老兄,你要替我好好接待他。他启程的时候会通知你。你们再联系吧。

认识他,你将认识一个誓与人类一切龌龊行为决裂的人。至于我们的德行,应当铭记:那与成功和赞许无关;面对自我,我们要对自己的心保持诚实;我们有创造的权利,并且值得为此付出努力。

摒弃一切客套的礼仪:砸碎所有虚伪的面具,在造作的教化和虚无的宗教的废墟上建立我们的事业吧!相信光明,并投入其中吧,应当学会明辨是非!

爱德华

---

1 让-皮埃尔·德·蒙莫兰→详见收信人目录
2 阿梅戴·奥赞方→见致父母信 17.02.1918 * 信 41 注 2
3 艾马纽埃尔·贡杜安(Emmanuel Gondouin, 1883~1934):法国画家,深受立体主义的影响,是雕塑家查德金(Zadkine)和画家莫迪里阿尼(Modigliani)的好友。

43 | 1918 年 10 月 1 日,致威廉·怀特信
1918 年 10 月 1 日,于巴黎

亲爱的朋友:

这是一封带功利色彩的信;这有些不同寻常,不是吗?我命运的曲线转向了绘画。这一年独处的时光,使我有机会进行尝试和探索;只在等待时机,作出果断的决定。心中已经有数,不过尚未完全付诸实施。实际上,现在每天下午,1 点到 5 点的时间,全部用来画画。不过,这是秘密进行的，不为任何人所知。经营着一家砖厂，兼顾一个建筑事务所，又刚被提名 SEIE 应用公司的常务董事，在马雷戴尔伯[i] 大街拥有几间大办公室；这也就意味着我一天的时间被分成了好几块……在这种情况下画画，则会被视为不务正业。所以，我严守着秘密；如果被知道我天天在私下里取悦缪斯，那可不是好榜样。

这一半是源于兴趣，一半是由于奥赞方[1]。他一边督促我，一边鼓励我；他希望我能够从事绘画。他自己已经不懈地耕耘了 15 个年头，在当代画坛已经小有名气；他是我见过的人当中，头脑最清醒的一个。在艺术这一行，我所遇见的，即使是些最伟大的人物——除了马约尔——几乎都是凭借混沌和直觉来创作的。而他不同。他稳健而沉静；他的智慧引领他穿越由最极端的尝试所构成的偏狭的小径，达到一种对艺术的真正清明的意识。而且，他的技巧也相当娴熟，可以和绘制汽车车身图案的画师相媲美。他是我长久以来一直希望遇到的一位老师，他实现了我这一年来所不断尝试努力追求的东西。长我两岁，他的人生经历与我颇为相似。他视我为同志，视我为同样有天赋的志同道合的朋友，只是尚未找到适合的表达方式。他教我绘画的技巧，我也是个不错的学生。

他，毕加索和阿波里耐[ii] 家中的常客，现代画坛的知名画家，打算和我，我们两个共同举办一次展览；在一处新落成的画廊（格雷古瓦画廊）。一次绝好的机会！但是，但是，我只能展出严格符合主题的作品。展览定在 11 月 15 日，而目前我手上只有一幅像样的画作！！

我们的展览将不仅仅是展出几件作品而已。我们的意图是明确一种"主义"。正是这种主义把我们两个紧紧联系在一起；它令我们信心十足，因为它根植于前人坚实的基础上。我们要发表我们的宣言，以诠释我们作品的意向。这本小册子将以不署名的方式由画廊编订出版。格雷古瓦[iii]，就是照在我们道路前方的一束光。

我们两人都没有脱离紧张的现代生活，我们感受着它的尺度，揣度它的命运。我们对已有的现代主义的作品是如此满意，满意它智慧的引导，满意它将带来的非凡的沉静与宏大；所以，我们并没有远离立体主义去盲目地寻找符合现代生活的恰当表达。我们充分地意识到：往昔伟大的艺术杰作是缓慢而专注的劳动的成果；以当下的眼光来重新审视它们，并经过

---

i 马雷戴尔伯（Malesherbes）法国重要的商业街区。
ii 纪尧姆·阿波里耐（Guillaume Apollinaire, 1880～1918）：法国诗人。在其短促的一生中，几乎参与了 20 世纪初法国文艺领域中风靡一时的所有先锋派。
iii 格雷古瓦画廊（Galerie Grégoire）：此次画展最终在巴黎托马斯画廊举办。

几年实验性的探索，它们便有望在现代的生活中与同样优秀的工业产品合二为一，两者都是秩序、意志、创造力、远见以及艰苦劳动的成果。

我们将在我们创办的一本杂志上发表我们的观点：

《评述》

关于现代艺术与现代生活

第一系列

第一册

文章标题：立体主义之后[2]

这篇文章将是第一册的主要内容，介绍我们的展览。我们的作品目录将出现在小册子里，后面是 10~15 页与目录对照的彩色印刷的作品照片。

这就是第一册的艺术部分，关于"现代生活"的专栏，我们将围绕几个选定的主题展开论述。这是个很好的论题，却不被认识、不被了解，没有得到充分的发掘和利用。

您是否觉得可笑，不把这事放在眼里？但是，您是了解我的，您知道，这次我与奥赞方的合作，将是到目前为止我所能做我所能想的最严肃的事了。正是因为我们深切地感受到阿波里耐和其他一些艺术家朋友身上那无益的轻佻、懒散和浅薄，我们才更加深刻地认识到精湛的技艺以及保持生活严肃性的重要意义；所以，我们要对抗这些前辈们轻佻的滑稽剧。

补充一点，奥赞方，33 岁的年纪，却好像长我十岁似的；他有条不紊的性格，令他对事物的洞悉异常深刻。

好了，现在我要请您帮个忙：我们的小册子将印刷 1000 册；但我们认为仍有必要在一本更加畅销的杂志上发表我们的文章——《墨丘利》。当然，瓦莱[3]是不会拒我们于门外的。但是，若能由您来引荐会不会更好呢？或者，确切地说是再次引荐。11 月 15 日，我们的小册子将正式出版。所以在《墨丘利》上刊载，肯定不可能早于这个日子（时间也不允许）。我们希望可以是稍后几日。为了避免《墨丘利》有翻版之嫌，我们同意对我们的文章作些修改。不过，这次不是匿名，而是署名。简言之：您看看是否可以帮我们引荐瓦莱，他应该知道奥赞方，1915~1916 年间他在《墨丘利》上发表过文章；无论是彩印还是排版，我们将奉上一期最精美的杂志；您一定会喜欢的，我会给您留一本珍藏版。

第二个请求：为我们提供些您所认识的重要人士的名字和地址吧，我们将会把我们的新杂志《评述》派发给他们。

就是这样，我将比从前任何时候都更加忙碌起来。当这扇通向未来的门被推开的时候，您会骄傲地意识到您是整件事的推动者。您会为此而欣慰，不是吗？

我是否对您提起过：定居巴黎这短短一年的时间里，我已被这里年轻的充满艺术气息的生活所感染，我已进入良好的状态。一下子"身临其境"。

这种状态，重在保持；"保持"永远是比"达成"更高级的目标。如今已不再是观众，如今已登上了舞台。

老妈和阿尔伯特的来信中都提到您那令人赞叹的讲座。您征服了您的听众。我真替您感到高兴。

另外，战争也"溜走了"。在胜利的荣光中，这里显得特别平静！这个民族从来如此，他们的民族自豪感是长久积淀下来的。没有任何虚张声势的庆典，没有。甚至没有人在窗口悬挂国旗，没有人在人群中高声讲话。我对此印象深刻。

雅戈先生[i]一定感到精神振奋，他的祖国就要独立了。

至于亨利先生[ii]，我昨天在巴黎的大街上捕到一只美丽优雅机敏可爱的小雌鸟；我得确认一下亨利先生还在特吕默尔，没有到巴黎来，因为我怕他拐走我的小雌鸟。

向您们三位表达我的友情

您们的夏尔·爱德华·让纳雷

附：杂志的第二册将是关于《这个时代的建筑》的话题，或者是关于卢舍尔[iii]和雪铁龙[iv]的访谈；第三册讨论《绘画中的技巧》，这方面奥赞方是个出色的实践家。

关于我们讨论的诸项事宜，在它们变成现实之前，请您严守秘密。

---

1 阿梅戴·奥赞方→见致父母信 17.02.1918 * 信 41 注 2
2 《立体主义之后》（Après le Cubisme）：由阿梅戴·奥赞方与夏尔·爱德华·让纳雷合著，1918 年由评述（Commentaires）出版社出版发行。
3 阿尔弗雷德·瓦莱（Alfred Valette, 1858～1935）：法国著名文学杂志《墨丘利》（Mercure）的创编人。

---

i 卡德哈·雅戈（Czadra Janko）：威廉·怀特的朋友。捷克作家。
ii 亨利·弗里兹（Henri Fritz）：威廉·怀特的朋友。
iii 卢舍尔（Louis Loucheur, 1832～1931）：法国工程师、政治家。1926～1930 年间担任法国劳工部部长。1928 年颁布卢舍尔法令，旨在改善社会居住条件。
iv 安德烈·雪铁龙（André Citroen）：法国机械工程师，于 1919 年创办雪铁龙（Citroen）汽车品牌。

44 | 1919年1月9日,致父母信

1919年1月9日

亲爱的父亲母亲:

刚收到老爸12月29日的来信。请别替我担心,只是因为几个月没有收到您们的来信,我才有些抱怨。阿梅·德罗兹,一直没有他的消息。他怎么样了?还好吗?在巴黎,在我的砖厂,现在正有一个不错的空缺。请您们转告他,让他给我来信。还收到一封波利娜[i]姑妈祝福圣诞的信,一封于勒·杜卡曼的信,一封亨伯特[ii]的信,一封佩兰[iii]的信,还有一张沃斯寄来的明信片。

今晚,是9月份到现在我第一晚回家过夜,现在是11点。我已经3个月忙得没着家了!

我恳请您们少往悲观的方面想。无论如何,您们终于可以不用那么辛劳了;而生活对于年轻人来说仍是件辛苦的事。

不过,命运对我还是很眷顾的,只是偶尔设些小圈套。

周二的时候,我被任命为SEIE[1]的常务董事,该公司临时资产25万法郎。不错的差事,但责任也更重。马上就要有一笔新的更重要的生意了,我也将扮演更重要的角色。这笔生意有些推延,本该这个月的一号起着手此事。但生活总是变幻无常!担心?就在我给您写信的这会儿,塞纳河上涨的河水正淹着我的砖厂呢。今天下午,人们好歹把机器保护起来,把水泥和石灰都搬到高处去了。今天的水位是10cm。明天上午将达到30cm,晚上80cm。地下室已经泡汤了。这里有这么紧急的情况,我却不得不把时间分散在无聊的琐事上。或者说更轻松愉悦的事吧,如果可以这么说的话!这些天,我被派去谈一笔关于孚日山[iv]矿泉水的生意(在歌剧院大街设立工厂,在那里分装;制订在洗浴中心、饭店、赌场等等娱乐场所的销售计划)。总之,要面对所有的问题。

我在托马斯画廊的展览[2]将于周六结束。我们的作品在公众和媒体之中引起了不小的轰动。展览开幕当天发行的小册子引起了更多的关注。人们把那叫作宣言,人们视我们为先驱,人们把我们称作新画派的首领等

---

i 波利娜·让纳雷(Pauline Jeanneret, 1849~1933):夏尔·爱德华·让纳雷的姑姑。
ii 夏尔·亨伯特(Charles Humbert, 1891~1958):画家,夏尔·艾普拉特尼尔的学生,夏尔·爱德华·让纳雷的朋友。
iii 莱昂·佩兰:雕塑家,夏尔·爱德华·让纳雷的朋友。→详见收信人目录
iv 孚日山(Vosges):这里出产的矿泉水享誉世界。

等。从9月份起,我就同奥赞方³一起为这次展览作准备了。每晚八点开始,到午夜,凌晨一两点,甚至三四点;在此过程中,常会经历极度压抑和绝望的时刻。

在事情最终变成现实之前,我不想跟任何人提及此事。我周六凌晨四点完成了我最后一幅画作,而展览就在十点钟开始。开幕式相当隆重。所有熟人都大吃一惊,他们以为我只会生产砖头和设计屠宰场。我们的展览涉及如此严肃的艺术,这令人们感到惊愕。罗伯特先生也莅临了开幕式,不过他怀着某种悲哀的惊诧:他还是更喜欢我往昔粗野的风格。我想我们的严肃让我们看上去像是阴沉的守旧派。不过,人们将我们排在立体主义之后。这周我将把我们的小册子寄给您们一本。

我着手,或者说我着手准备的其他的一些事情,也都有所进展。"巴黎不是一座城市,巴黎是一个世界"。我开始关注生活中的细节,我开始挖掘自己最大的潜能。

我那份关于教育方法的报告正准备印刷成册,将分发到艺术及公共教育部官员的手中。就此事,我本周还收到一封部长拉法赫⁴先生亲笔签名的书信,他指出我报告中几处过激的评述,望我可以稍加改动。我照办了,不过我仍保留自己的意见。

作为"城市复兴"社团技术委员会的成员,一日,我作为代表出席了波尼法斯·德·加斯特拉纳侯爵⁵(古尔德小姐百万资产的吞噬者)家的早餐会,以确定我们在圣日尔曼街区的合作计划。我们一共5人;我就坐在加斯特拉纳和克莱蒙·多奈尔公爵之间。我像国王一样享受着"盛情款待",在那里我充分感受了现代生活的美好。

除此之外,这几日我还抽时间把亨利·居特曼安顿到了他的住处去;在那里他还让"一名在旺多姆广场结识的令他大大破费的漂亮模特"借住下来。这个勇气十足的家伙将在巴黎度过他的悠长假期;在外来者眼中巴黎是冷漠的,他会感到孤独的。

圣诞前夜,我在波烈ⁱ 姐姐精心筹备的聚会中度过;环境优雅,独具艺术氛围。同去的还有奥赞方和奥古斯都·佩雷等人。

滑稽的是,近几年来一直显得缺乏生气的奥古斯都·佩雷,却在聚会上兴致勃勃地炫耀我在他的麾下作了7年扈从,在我还不到18岁的时候,他就开始栽培我了。我欣然接受他的言论,因为我深怀感激并将永远感激他曾给予我的决定性的鼓励和帮助。就像艾普拉特尼尔先生,无论他做出

---

i 保罗·波烈:法国女子时装设计师,兼室内设计师。→见致父母信17.02.1918 * 信41 注3

怎样卑劣的事来，我依然对他心存感激。

我又要写一本新书了，书的名字将叫《走向新建筑》；那将是本前卫的旗帜一样的书。

另外，我打算买一部留声机，让它为我演奏美妙的意大利的弥撒曲，贝多芬的四重奏，还有拉摩[i]、拉威尔[ii]、格拉纳多斯[iii]、穆索尔斯基[iv] 等人的乐曲。它将为我奉上完美的旋律。于我，这是个新发现。以后就不用跑去听无聊的音乐会了。在我的书桌前，在我的床头枕边，就可以听到卡佩[v]、里斯勒[vi] 或者波巴索[vii] 的完美演绎；这是神奇的科技献给我们的一件礼物。

老实说，我已变成一个隐居的修士。轻佻的玩笑不能引起我的兴趣；但跟好朋友在一起的时候，我也会开怀大笑；这个亨伯特是了解的。

我希望阿尔伯特能来这里住上几日或几周。至于老爸老妈，等边境开放了，我希望您们可以来巴黎转转。所以，我想留着我在雅各布大街的这套公寓；这里非常安静，而且房间也宽敞。这里将作为小旅馆。因为，我打算搬家了，我打算住得离我工作的地方近一些。我要跟左岸[viii] 说再见了。下个月我将拥有一辆小汽车（在巴黎这是最基本的交通工具），到时候可以度假似地回这里看看。

杜·布瓦[ix] 先生和波恩[6] 先生创办的 SABA[7]，资产将达到 1000 万。杜·布瓦是位相当忠实的朋友，他人很好，只对数字感兴趣，他给了我很多引导和帮助；我欠他很大的人情。

奥赞方是志同道合的朋友。

---

i 让·菲利普·拉摩（Jean Philippe Rameau，1683~1764）：法国作曲家、音乐理论家。
ii 莫里斯·拉威尔（Maurice Ravel，1875~1937）：著名法国作曲家，印象派作曲家最杰出代表之一。
iii 恩里克·格拉纳多斯（Enrique Granados，1867~1916）：西班牙著名的演奏家及作曲家。
iv 穆索尔斯基（Moussorgski，1839~1881）：俄罗斯作曲家。代表作《展览会上的图画》。这套钢琴曲由。在以"漫步"（Promenade）穿插的 4 段间奏之外，由其他代表 11 幅画作的 11 段曲子构成。
v 吕悉安·卡佩（Lucien Capet，1873~1928）：小提琴家，现代运弓法的改良者。他所创立的卡佩四重奏，首开演出全部贝芬四重奏作品的先例。
vi 爱德华·里斯勒（Edouard Risler）（1873~1929）：著名钢琴演奏家。
vii 堂·洛伦佐·波巴索（Don Lorenzo Perosi，1872~1956）：意大利作曲家，钢琴演奏家，擅长宗教音乐。
viii 巴黎，塞纳河横贯全城。立在河中央的城岛上，面对西去的出海口，河右面的陆地称作右岸，河左面的陆地称作左岸。
ix 马克思·杜·布瓦：工程师，夏尔·爱德华·让纳雷的朋友。→详见收信人目录

看，我已经开始遍播友谊的种子了。[i]

一切都好。

好了，这就是关于我经历的简短介绍。老妈这下该放心了。

今晚我又没有提到卖房子的事，因为我脑子还没有从紧张的工作状态中恢复过来。我想听老妈说说她的想法。您们可以再去咨询一下戴乐·佩兰先生，然后再告诉我您们的打算。我答应您从现在起开始关注此事。

向玛丽和阿梅·德罗兹表达我最真诚的友谊；向波利娜姑妈和大家问好；当然；首先是您们，我亲爱的老爸老妈。

您们的爱德华

---

1 工业生产及研发公司 SEIE（Société d'Entreprises Industrielle et d'Etudes）：该公司由马克思·杜·布瓦（详见收信人目录）创办，夏尔·爱德华·让纳雷任执行董事。

2 阿梅戴·奥赞方—夏尔·爱德华·让纳雷联合画展，在位于巴黎邦迪艾大街（Penthièvre）的托马斯（Thomas）画廊展出。展览于1918年12月15日开幕，当天还正式发行了作为纯粹主义宣言的小册子——《立体主义之后》。

3 阿梅戴·奥赞方→见致父母信 17.02.1918 * 信 41 注 2

4 拉法赫（Laferre）：法国政治家，1919年担任法国艺术及公共教育部部长。

5 波尼法斯·德·加斯特拉纳（Boniface de Gastellane，1867~1932）：参议员。1895年娶美国铁路大亨的女儿安娜·古尔德（Anna Gould）为妻，1906年离异。

6 埃德加-路易·波恩（Edgard-Louis Bornand）：工程师。

7 钢筋混凝土应用公司 SABA→见致马克思·杜·布瓦信 20.03.0916 * 信 34 注 2

---

45 | 1919年5月14日，致托尼·卡涅信

托尼·卡涅先生｜建筑师｜巴尔巴岛圣朗贝尔，里昂｜1919年5月14日

亲爱的先生：

今天上午初次拜读了您的著作《工业城市》[1]。

首先，我要向您表达我对您无限的崇敬。您的著作是一根标杆，它清晰地划定了一个过去的时代，并开启了未来所有可能的希望。您是首位赋予钢筋混凝土以神圣感的建筑师。到目前为止，人们一直把这种材料看作

---

i 实际上，初到巴黎的夏尔·爱德华·让纳雷在这个时期认识的许多银行家、艺术家及艺术收藏家的朋友，成为他日后作为开业建筑师时期的甲方。比如银行家拉罗歇（La Roche）。

贫寒简陋的象征；而在您的书中，您把它视为建设我们这时代的惟一可能的素材。鉴于您书中涉及范围之广、提出问题之全面，您的著作在所有同类的作品中显得尤为出众。到目前为止，所有的努力都是局部的、分析性的；而您所做的工作是综合，其中最为卓越之处在于，您首次表达了属于我们这个时代的真正的精神。您是第一位将艺术与我们这个伟大的时代协调在一起的人。

此前，我只知道奥古斯都·佩雷[2]，他可以通过交谈的方式和他部分的作品来揭示建筑的真实面貌；不过遗憾的是——我也常为此而感到痛惜——由于种种原因，他没有得到机会，或者说没有被"激发起来"，完成您将完成的事业：创立一个学派。

您的书，我在巴黎美术学院大街的文森特书店[i]见到，位于出自这个鱼龙混杂的街区的故纸堆之间；它引起了不小的轰动，但我也担心这轰动也可能使您招致攻击。

不过，毫无疑问，在十年之间，它将成为一切建筑产品的基石，将成为大部队集结的第一个信号。1915年，当我经过您家的时候[ii]，我就已经感觉到您作品传达的宏大与崇高了。当时，现在依然如此，我惟一觉得有些生硬的，是您小住宅中所表现出来的过于强烈的希腊情结；当然，这不过是个小小的癖好，它揭示了您对于那个惟一了解建筑的时代的狂热。

我期盼您书中所写不久就能变成现实。您用您的作品鼓励了那些开始怀疑未来实现可能性的人们。

自上次里昂之行，我得以日益净化我的思想、我的感觉，以及我做事的方法。目前，我在经营一家工业生产及研究公司SEIE[3]；因为我认为作为一名建筑师，他应该能够承担起他所构想的作品的经济及技术方面的责任。我创办了一家生产建筑材料的工厂，并由我来经营。我的公司专门设立了一个钢筋混凝土的技术科，它将对承包工程者有所帮助；在那里，我们还将提供比海纳比克[4]或其他同类企业更深入的关于钢筋混凝土的认识。我还设立了一个食品供给产业科，同法国最大的一家专业制冷公司合作，研究食品贸易的统筹：从加工工厂到使用人工制冷的仓储，到零售摊点。和我的工程师朋友勒雷先生一起，我创办了一家拥有500万法郎资产的公司；它可以明确地以商业的方式实现人们构想的大型建筑的开发。做这些事，我认为是有益的，比在立面上填塞挑檐和装饰图案要有益得多。我自

---

i 该书店为纪念已故画家文森特·凡高（Vincent van Gogh，1853~1890）。
ii 实际上，夏尔·爱德华·让纳雷是在1916年巴黎之行返回瑞士途中经过里昂的，他完成了一张托尼·卡涅小住宅的速写（1916年11月8日）。

己也曾做过两个多层机械化屠宰场的方案设计，提出了最优的建筑解答；我希望有一天可以向您展示我的作品，以征求您的意见。

在结束此信之前，姑且认为您对我是尊重和信任的，我冒昧地向您提一件事；此事将直接为您里昂的屠宰场带来效益。

我要对您提及的是罗兰普菲斯特公司[i]驻法国的机构。我想以我与您私人的关系，请您特别留意一下它的装卸系统；它的这一系统，在我看来，明显优于同类的其他系统。

罗兰普菲斯特公司驻巴黎分公司的董事长拉比耶尔先生，在里昂的博览会上见过您，和您讨论过里昂屠宰场机械化的问题，特别提及了他们公司的专利产品"普菲斯特"复线单轨架空车。大不列颠及英国殖民地的绝大部分大型屠宰场都已经装备了这一系统。

我要对您特别指出的是，在伦敦、格拉斯哥、爱丁堡以及贝尔法斯特的屠宰场，"普菲斯特"的单轨架空车是市政当局惟一完全满意通过的装置。

这种装置使雇用的工人的数量严格减到最低。

我将为您指出这一机械系统惊人地高效，举例来说：如果在某冶金工场安装了该装置，那么每人每天可以轻松搬运5吨重的货物，这是到目前为止使用手推单轨车所无法想像的一种效率。

就个人的角度而言，我也将感到非常愉快；我下次的里昂之行将拜会您。将与我同行的还有拉比耶尔先生，他将专门为您里昂的屠宰场制定一套详尽的机械系统设计图。

对此，如果您接受我的提议，那么请您告知我您何时可以接见我们的来访，以及您认为何时开始着手系统的设计为宜。

关于这一点，我冒昧地强调一下：负责英国工厂事务的董事长不久也将到法国来，如果您决定开始设计的时间恰好与他来访的时间相吻合，那将再好不过了。

请您原谅我在这封信中掺杂了商业的动机；我这么做是希望您的屠宰场可以从中获得收益。

无论如何，我想立刻就到里昂去；能同您会面是我无上的荣幸。

亲爱的先生，请您相信我忠实的感情。

谨上

夏尔·爱德华·让纳雷

---

[i] 罗兰普菲斯特公司（Etablissements Rowland Priest）：跨国机械公司，总部在英国。

1 《工业城市》(La Cite industrielle, 1910~1917): 法国建筑师托尼·卡涅的著作，其中提出了一种现代城市规划的模式。
2 奥古斯都·佩雷→详见收信人目录
3 工业生产及研发公司 SEIE→见致父母信 09.01.1919 * 信 44 注 1
4 弗朗索瓦·海纳比克 (Francois Hennebique, 1843~1924): 法国工程师，对钢筋混凝土的应用和研发很有贡献，发明了预应力混凝土。他成立了自己的企业，并曾与朱利安·奥赞方（Julien Ozenfant, 阿梅戴·奥赞方的父亲）的企业联合经营。

46 | 1919 年 12 月 16 日，致保罗·戴尔梅信

保罗·戴尔梅 | Mont Cenis 大街 29 号，巴黎 | 1919 年 12 月 16 日，于巴黎

亲爱的先生：

奥赞方[1]昨晚出发，开始他的长途旅行：日内瓦、伯尔尼、苏黎世、巴塞尔、斯特拉斯堡，寻找有意合作的印刷厂厂主。

另外，他还打算和代理商达成协议，筹措捐助资金。

至于我，在忙于出版社这边排版的事；同时，编订一份给捐助者过目的清单；其中包括一篇按照您的意图拟定的宣言，其后附有财务清单。

我希望近日能同您见上一面，在周四或周五的时候是否可以与您共进晚餐，用上六小时零一刻钟或六个半小时的时间，我们共同商定一些细节。请致电爱丽舍[i] 44-27 或 40-88。

还望您能抽出时间准备第一期的素材，等奥赞方回来，我们开个最终的会议讨论定夺一下。奥赞方的归期预计在下周二。

亲爱的先生，请相信我的忠心。

谨上

夏尔·爱德华·让纳雷

---

1 阿梅戴·奥赞方→见致父母信 17.02.1918 * 信 41 注 2

---

i 爱丽舍 (Elysée): 巴黎街区名。

47 | 1920 年 7 月 21 日，致阿道夫·路斯信

阿道夫·路斯先生 | 吉斯拉大街 3 号，维也纳 | 1920 年 7 月 21 日，于巴黎

亲爱的先生：

未收到您的只言片语，这令我们感到很是意外。

我们的杂志实际上已经完成了近三期的排版和印刷工作；创刊号将于 10 月发行。

您的文章《装饰与罪恶》已经刊印其中，但您应允过要为我们再提供部分未曾发表过的文字。

另外，您还答应过提供其他一些文章。您知道我们对杂志的发行抱以怎样严肃的态度。不过，我想您实际上还没意识到关于您思想的传播，我们的杂志是多么好的一个渠道；您大概也没有意识到您的这些朋友是多么看中您思想的价值。

希望早日读到您的文章。

亲爱的先生，请接受我最真挚的问候，并向路斯太太表达我的敬意！

夏尔·爱德华·让纳雷

48 | 1920 年 11 月 10 日，致父母信

亲爱的父亲母亲：

刚刚从勒阿弗尔[i]回来，我去那里处理了一件棘手的事务。这几晚一直想给您们写信，但没有抽出时间。事情变得很危急，老虎钳在收紧，不知道还能支撑多久。大事小情都是如此，所以我的时间安排得很紧张。由于杂志等事务，每天都要忙到很晚。

老妈的来信令我很感动。我已向您们澄清了实际的情况。我相信，下一次您们会更加理解。不过，老爸的理解有偏差，您以为我很忧虑很气馁。不是的，这不是忧虑气馁的表现，我只是有所改变。我变得不再感情外露，我变得沉默寡言。过着一种您们曾不予理解的艰苦的生活，追逐大胆而崇高的目标；我开始自我封闭，我不再关注细枝末节，我不再是一个喜欢交际的人。

---

i 勒阿弗尔（Le Havre）：法国第二大港口城市。

生活于我是艰难的，而且越来越是如此。不过，请不要以为我会变得冷漠。我只是不得不作出抉择。一年一年，时光匆匆流逝，不能让我的事业在我的指尖滑落。您们无法想像巴黎的竞争有多激烈。无所作为，就无人留意你的存在。我指的是思想的领域。逐渐，精神和理解方面会产生距离，这距离会疏远往昔的朋友。筛除虚伪的殷勤，只留下真正的尊重和情感。这便是我在巴黎的强烈感受，在这里，我的心充满勇气和肯定。

我内心深处的情感系于您们，我亲爱的父亲母亲，还有波利娜[1]姑妈；是您们一直陪伴在我身边。但您们不该低估我所以为最神圣的我的理想；您们不该在尚不了解的情况下对它采取武断质疑的态度。

阿尔伯特[2]，他已经开始了解这种快乐了，为着一个崇高的目标投身于激烈的斗争中；他已经开始了解这种必要性了，将自己看清楚，不再盲目地工作。他已握住这根神圣的有力的苦鞭。我相信他会不断进步，因为他有这天赋；当然，是在付出不可动摇的坚定的努力的基础上。

无论如何，您们的生活已进入晚年；而最令我不忍见的就是您们的目光中缺乏安宁与祥和。以某种方式，我们影响着您们的情绪；是我们，尤其是我，给您们制造了本不该有的忧愁和烦恼。下一次，答应我请不要再替我们担心。您二老幸福泰然地安度晚年，将是我们最大的幸福。

温情地亲吻您们

夏尔·爱德华·让纳雷

---

1 波利娜·让纳雷：夏尔·爱德华·让纳雷的姑姑。
2 阿尔伯特·让纳雷：夏尔·爱德华·让纳雷的哥哥。→详见收信人目录

49 | 1921 年 4 月 5 日，致拉乌尔·拉罗歇信
拉罗歇先生 | CCF[i] | 拉斐特大街 20 号，巴黎 | 1921 年 4 月 5 日，于巴黎

亲爱的先生：

我已收到您 4 月 2 日的来信，以及附在信中的支票。

首先，我要向您购买了我一幅画作，以及借此传达出的对我的友情，

---

i 法国商业银行（CCF, Crédit Commercial de Franc）：成立于 1917 年 1 月 15 日。

表示万分感激；同时，我也对支配您这一选择的您的审美表示赞赏，您选中的确实是（或者说几乎是）我全部画作中最优秀的一幅。

很高兴在您开始的收藏中我的作品占有一席之地。我也很荣幸能够将您的兴趣引向当代的艺术创作，在这些艺术作品创作的过程中所包含的努力和严肃使得它们优于几乎是普遍的漫不经心的作品。

再次向您表示感激，亲爱的朋友，请您相信我忠实的感情。

谨上

夏尔·爱德华·让纳雷

50 | 1922年，致父母信

亲爱的父亲母亲：

我曾跟您们提起过我的小秘书，一个叫布伊松的小姑娘。我对您们说起过，这孩子生活艰辛，但充满勇气。她是个寡妇的私生子；她们母女二人曾非常艰辛地度日。偶然的一天，我走进了这两个女人的生活，我受到了深深的触动。只有巴黎神奇的街道才能孕育出这样的故事吧，两个女人仍然拥有并保持着她们的自尊。

这个叫布伊松的小姑娘有一段伤心的往事，她的男朋友抛弃了她。这个伤口两年来一直没有愈合。一日，浸没着这两个女人的幽暗的孤寂终于泛滥出来，我才发现这孩子快乐的笑容低下竟然掩藏着一场生活的悲剧：过着贫穷空虚、平淡乏味、令人不堪，却又坚韧不拔的生活。由于她们的社会地位，她们从来都没有朋友，没有什么消遣，没有什么娱乐。想想看巴黎郊区居民的生活：那里房租低，只要300法郎；但每天进城工作要挤四次车，那是段不可想像的路程：花45分钟到火车站，再花45分钟到家，反之一样。经济拮据。我们的小姑娘自己制作她的裙子、衬衫和帽子。她是如此可爱，让人难以想像她生活的艰辛。

她是我忠实而精明的助手，一人承担日常公司全部的联络和会计工作。她表现出非凡的秩序和精确。当我了解到她的生活境遇，我和奥赞方[1]就给了她一份周日的零工：让她为我们《立体主义之后》一书作速记。那些文章以及我们所有的草案，她都毫无疏漏地记录下来；而且，她行文典雅的风格让我想到她可能的高贵出身。在我认识的所有辛苦度日的孩子当中，她严谨而坦诚的性格给我留下极深刻的印象。她也曾对感情心灰意冷,说她永不会结婚。但就在她刚满 25 岁的圣诞节,她嫁人了,美好地,顺理成章地。新郎是个严肃的小伙子,我也喜欢他,他带她找到了幸福。

这个小姑娘还从未在巴黎以外度过假。这次罗马之行,我犹豫是否和通常一样把她一个人留在办公室的六层楼里。我在想您们是否可以在夏布勒接待她六天呢?我知道老妈操持家务很辛苦;不过要不是我了解布伊松是个多么勤快的小姑娘,我也不会向您们提出这样的请求,她真地可以帮老妈不少忙。

皮埃尔[2]和阿尔伯特[3]跟她也很熟,也都很喜欢她。而我和奥赞方,就像她的叔叔。

她是个特别活泼可爱的小姑娘,就像一只充满活力的小鸟,玲珑乖巧。我可以想像她看到湖水和葡萄树时惊异的表情。您们愿意成全这桩美事吗?前提是老妈不要太累了!也希望她能给您们的生活带来些生机。当然,费用由我来负责。

她妈妈现在一个人住在远离凡尔赛镇的一处简陋的小屋里,她会先去那里住上八天。所以她大概 22 日前后到夏布勒,小住六天就返回巴黎继续工作。

我收到过她母亲的来信。她母亲也是个美丽而朴素的女人,过着痛苦而深居简出的生活;她不擅写字,却摸索着给我写了封信,这令我非常感动。

简言之:

希望回程邮差能带回您们的答复,这样我周一便可以收到(我周二晚出发去罗马)。保险起见,您们也可以把确认之词(是或否)寄到罗马中央邮局去,我在那里申请了留局自取的服务。到时候,我将把具体的行程安排告知您们。

您们是幸运的,尤其在今天;失业和贫穷无处不在,生存的压力压垮了许多人。我吐露了太多的抱怨,请您们原谅。

不久就将再见到您们。

您们的爱德华

附:也有可能(我现在还不能确定)只有我一个人到夏布勒去。

---

1 阿梅戴·奥赞方→见致父母信 17.02.1918 * 信 41 注 2
2 皮埃尔·让纳雷:建筑师,夏尔·爱德华·让纳雷的堂弟,夏尔·爱德华·让纳雷的助手。→详见收信人目录
3 阿尔伯特·让纳雷:夏尔·爱德华·让纳雷的哥哥。→详见收信人目录

51 | 1923年10月26日,致欧仁·弗雷西内信

弗雷西内先生 | 利穆赞建筑工程公司董事长 | 奥斯曼大道,巴黎 | 1923年10月26日,于巴黎

亲爱的先生:

  为了向工程师们慷慨的努力表示感谢,我冒昧地将我刚由克莱斯出版社出版的新书《走向新建筑》[1]寄给您。在书的末尾,您将看到一张由您建造的一座工厂和一个奥利机场[i]飞机库的照片。

  同时寄给您的还有一本由我主编的《新精神》杂志的第18期,其中也有一段关于奥利机场飞机库的介绍。

  对于出自您手的宏大工程,我表示发自内心的钦佩。它们属于最纯粹的算术和大胆创新的活动之列。

  我们《新精神》杂志所遵循的纲领恰与您们工程师的努力相一致。如果我们所做之事能得到您的认可,那我个人将感到非常荣幸。

  在《走向新建筑》一书中,您将看到几页关于"别墅公寓"[ii]的介绍。这个方案在去年秋季沙龙上展出,随即引起了公众的关注。就我所能,我作了许多努力和尝试,为了将这栋建筑变为现实。这是一个可以被视为新的居住体系的建筑,结合了新型配套的家政服务,还考虑到食品的供应。总之,它代表着家庭经济的一次重大的革新。

  到目前为止,那些与我联系的人,在我看来,他们的思想都比较落后。我冒昧地向您提起此事。如有可能,我希望有一天可以同您详细地谈谈这个方案。我相信这个方案在您及您手下专业技术高超的工程师手中将找到问题的解答。我期望这栋公寓大厦能够成为在建筑中引入现代技术的一个优秀的典范;所以,我要寻求工程领域最杰出的专业人士的协作。

  如能同您面谈,我将感到不胜荣幸。具体时间和日期由您来定夺。您可以致电我的《新精神》杂志编辑部,每天下午5点到7点,弗勒吕斯大街3053。

  期待您的来电。

  亲爱的先生,请接受我对您崇高的敬意。

夏尔·爱德华·让纳雷

---

i 奥利(Orly):巴黎目前第二大机场,位于巴黎南面。
ii 别墅公寓(Immeuble-Villas)→详见《勒·柯布西耶全集》第1卷第35页。

1 《走向新建筑》(Vers une architecture)第一版,作为《新精神》杂志的合集,于1923年,由克莱斯出版社出版发行。

52 | 1923年12月11日,致马塞尔·勒瓦扬信
1923年12月11日

亲爱的马塞尔:

你12月4日的来信我已收到。

亲爱的朋友,如果您愿意,那还是让我们保持完好的友谊吧;因为,如果我们之间有阴云,那我会感到很痛心。

这就是拉绍德封的悲哀:每次当我出示酬金清单,都会招来非议。不带挖苦的意思,但很显然,那里的人还不了解我工作预期的价值。

如果说目前我已获得了巴黎乃至国际上的一些声誉(尽管我不依仗这名声),那是因为我对我的工作倾注了<u>极大</u>的关注。使设计"简洁"远比使其复杂要困难得多。尤其是室内设计,就意味着把极少的资金投入到极漫长细致的工作中去。酬金的5%用于基础工作,25%用于室内的装饰。在巴黎,这类商品的价格更是涨到了成本的两倍。看到了吧,怎样的市场!而我,寻求原料和产品是极讲究的。如果说巴黎及巴黎以外的各大报纸(《工业日报》和《巴黎正午》用三四个专栏介绍我的设计)和杂志,如果说他们称我为现代运动的先驱,那是因为我作品的用心和质量;另外,资金都是有保证的。我很清楚在拉绍德封,人们不大习惯付相应的酬金;我只能向你发发牢骚,我浪费的时间,以及我的差旅费等等。如此低廉的酬金,你认为我还能雇一个专门跑腿的伙计吗?不可能。那就只好亲自跑来跑去。我愿意接受这工作吗?不愿意,我只是接受了你的请求,出于友情。你上一堂伊图比ⁱ的钢琴课要付多少钱?我,在结算<u>我的开支</u>。

这郁闷的悲歌,我在拉绍德封常常唱起;这也就是为什么我把此类事件统冠以"拉绍德封式"的原因。阿纳托尔[1]为了他的小别墅付给我8000法郎。我在某杂志上提及此事,拿8000这个数字打趣。听者都感到震惊,

---

i 琼斯·伊图比(Jose Iturbi,1895~1980):西班牙音乐指挥家,钢琴演奏家。

惊诧不已。人们问我是不是疯了。还有呢：拉斐施小姐 400 法郎；某某小姐 40 法郎。我亲爱的老兄，你让我说什么好呢，这太荒谬了。但我就曾这样默默地忍受。

我只请你冷静地想一想，理性地评判一下，不带专断的色彩。我知道你本就是个善良慷慨的人；只要稍稍换位思考，你便可以驱逐主观的情绪，你就可以理解我信中的抱怨了。如果在巴黎提及我为此而得到的酬金，我肯定人们会大吃一惊。

你的侄女[i]。你还记得吗？今年夏天，在她家的餐厅，她要我帮她的忙，马上，马上，恨不能我一回来就立刻投入她的工作中。不必计较女人们的任性天真，以及她们的无知。但你可以想像一下巴黎的生活，每天要忙于多少事务，要承担多少责任，我已忙得分身乏术。但出于礼貌，我暂搁下我手中的工作……情况就是这样！

在上次仓促的口授的信件中，我忘记告诉你，格普勒至少一半的额外支出给了灯具公司。我手上余下的大概只有 100 或 150 法郎。这账不算黑，我了解这方面的行情。请不要误会了朋友的好意。

亲爱的老兄，我会继续把事情做完。如果说我写了一封让我回忆起太多不愉快、令我悲伤又占用我时间的信；请你相信，这是出于我对你的友情。我们之间不该有裂纹，不该有阴影。在那里，在拉绍德封，你是惟一承载着我的友谊和纯真回忆的人。

让我们保持它吧！

请相信，我接受这委托是为了你，为了一个好朋友。我已赋予了它别的意义，而不是一场市侩的金钱交易。

为我们的友谊！

夏尔·爱德华·让纳雷

附：本月 5 日，我的银行通知我收到一笔转账。一个艺术收藏家买下了我的一幅画作。金额大约是我给他造别墅费用的 55%。未与我商量，他直接把酬金打到我的账上。我说这些是为了向你证明，我所言不虚。

---

1 阿纳托尔·施沃布→见致佩雷兄弟信 14.03.1912 ∗ 信 20 注 3

---

i 勒内·施沃布（René Schwob），马塞尔·勒瓦扬的侄女，阿纳托尔·施沃布（Anatole Schwob）的妻子。

53 | 1924 年 1 月 11 日，致沃特·格罗皮乌斯信

格罗皮乌斯先生 | 公立包豪斯学校[i] | 魏玛 | 德国 | 1924 年 1 月 11 日，于巴黎

亲爱的先生：

我收到您本月 7 日的来信，便立即回复。

我非常感激您愿意为《新精神》[1]准备一期关于德国现代建筑的专题；您打算尽快开始着手目录，并结合值得关注的素材。

于不同的日期，我分别收到您寄来的两套装帧精美的包豪斯画册的样本。我对此向您表示深深的感谢；同时对于它们精致的印刷表示由衷的称赞。这本画册从各个角度来讲，已经构成了关于我们当代问题之解答的一部重要文献。我将其中一套交予奥赞方[2]，他向您表示万分感激。

应您的要求，我在邮件中另外寄出一本《走向新建筑》，并荣幸地为您作了题献。

至于为建筑展览准备的图纸，我给您全部的自由，按照您的意愿来安排。

亲爱的先生，请您相信我最真挚美好的感情。

夏尔·爱德华·让纳雷

---

1 《新精神》（L'Esprit Nouveau）：由阿梅戴·奥赞方、保罗·戴尔梅及夏尔·爱德华·让纳雷共同创办的杂志。自 1920 年 10 月创刊号始，至 1925 年 1 月止，共 28 期（实际上是 27 期，其中一期双号刊）。其中夏尔·爱德华·让纳雷在其中的一些文章中采用了他的笔名"勒·柯布西耶"（Le Corbusier）。这个笔名是根据他母亲祖上一位先人的名字——Lecorbesier——稍加改动而来。

2 阿梅戴·奥赞方→见致父母信 17.02.1918 * 信 41 注 2

54 | 1924 年 1 月 11 日，致 U. P. 集团信

U. P. 集团 | 布尔诺 | 捷克斯洛伐克 | 1924 年 1 月 11 日，于巴黎

先生们：

我回信以确认，我已收到您们 1 月 5 日的来信。信中您们提议我为您

---

i 包豪斯（Staatliches BauHaus）：1915 年格罗皮乌斯在魏玛实用美术学校任教；1919 年，他将当时的魏玛实用美术学校和魏玛美术学院合并成为"包豪斯"，并担任校长。

们做些家具及其他一些用于室内装饰的艺术品的设计。

您们的提议引起了我的兴趣,但并不完全在于您们给我提出的任务书,而在于我要向您们提交的一份任务书:

建筑,尤其是在这个物价飞涨的时期,羁绊其发展的最主要的因素就在于缺乏可以由工厂来批量生产的<u>系列元素</u>。我这一想法的产生已有多年了,一有机会我便会为将<u>批量建造</u>变为现实而积极的努力活动。

关于这个问题的讨论,我将寄给您们一本我的《走向新建筑》。书的最后,您们将看到整整一章关于<u>批量住宅</u>的讨论。

另外还有《艺术公报》上的一篇题为"为了有房可居,需要<u>批量建造</u>"的文章,以及一份《工业日报》。

我曾与冶金行业的一些要人进行过多次交谈,他们认真倾听了我的提议。目前,巴黎一家大型的金属构件专业公司,正在针对我提出的铁(或型钢)制的<u>批量门窗</u>的模型进行研发。卢舍尔[i]先生请我与他会晤,并请我向他提交一份清晰的草案;不过,在手上拿到实物元素之前,我是不会接受这邀请的。

关于房屋的建造,建筑师目前尚缺乏最基本的配套设施。木质或钢质,这些设施将允许他们以一种完美的精确来装备他们的厨房、餐厅、卧室及办公场所。据我估计,<u>系列元素</u>的制造必然会有极广大的需求。

您们信末的说明,点出了经济和财务方面的考虑,指出您们以出口为目的的宗旨。如果您们的任务书能够进行一定程度的延展,那我将非常愿意与您们达成合作的关系。希望经过一番斟酌,您们能够认同我的观点,那我将不胜荣幸。我将为您们设计木质或钢质配套设施的精确模型。3月份的时候我要去布拉格[ii],我在那里有几场讲座。我打算利用这个机会去参观您们位于布尔诺的工厂,并了解您们实施您们任务书的具体方法。

另外,尽管目前尚未着手此事,不过到时候我可以为您们根据我的建议而生产的产品谋得巴黎一两家大公司的几份代销合同。

关于信中所提之事,请慎重考虑。盼望您们的回复。亲爱的先生们,请相信我最真挚美好的感情。

夏尔·爱德华·让纳雷

附:如果我提的问题您们感兴趣,那我们可以好好筹划一下。今年或

---

i 卢舍尔(Louis Loucheur,1832~1931):法国工程师、政治家。→见致威廉·怀特信 01. 10. 1918 * 信43 第162页注 iii

ii 布拉格(Prague):捷克共和国的首都,位于波希米亚地区。

明年秋季沙龙的展览中,我可以轻易获得一个位置绝佳的展台,借此我们可以清晰地演示我们的意图。

55 | 1924 年 1 月 12 日,致雅克·达尔克罗茨信
雅克·达尔克罗茨先生 | Terrassière 大街,日内瓦 | 1924 年 1 月 12 日,于巴黎

亲爱的先生:

我想我的《走向新建筑》一定会令您感兴趣。我冒昧地寄给您一本;因为您是尽心竭力大力推动真正新精神之发展的重要人物之一。

我知道您对于我们的努力一向是认可的,我为此向您表示感激。

亲爱的先生,请接受我最深切的问候。

夏尔·爱德华·让纳雷

56 | 1924 年 3 月 19 日,致路易·博尼埃信
路易·博尼埃先生 | 建筑师,列日大街 31 号,巴黎 | 1924 年 3 月 19 日,于巴黎

线脚元素

亲爱的先生:

我仔细回忆了一下,瑞士法语里没有这个词;至少,我从未听说过。但在雅典卫城度过的几周的时间里,"线脚元素"一词给我留下了深刻的印象。大概是在那个时候我便开始思索这个词与实物的对应关系了。

《拉鲁斯》[i] 作如下解释:线脚元素(Modenature),源于意大利词 modano(样式),檐口或突饰上线脚的轮廓和比例。这正是昨晚我对您提到的。

这个词应当成为建筑的实用词汇,它指明建筑艺术中之一最基本的事物。

---

i 《拉鲁斯》(Larousse):法国最权威的字典之一。

亲爱的先生，请相信我最忠实的感情。

夏尔·爱德华·让纳雷
阿斯托日大街 29 号

57 | 1924 年 8 月 8 日，致安德烈·波夏特信
波夏特先生 | 沙托里诺 I & L | 谢尔什大街 3 号 | AUZOUER | 1924 年 8 月 8 日，中午

亲爱的先生：

我给您寄去了一张 365.25 法郎的支票。画作已收到。但我联系的买主出门去了；我也刚旅行回来。

关于那两幅肖像画，我会把奥赞方[1]的转交给他，不过现在他不在家。至于我的那幅，我将绝不会隐瞒我对您画作的看法。您知道我也画画，我欣赏美好的技艺。我感兴趣的不是获得一张我的肖像，而是拥有一幅您亲手创作的严肃的画作。

如果您想通过这幅画作为您打响广告的话，那您最好在下次途经巴黎的时候再认真地重画一幅。

奥赞方的那幅画得很好，我提不出更高的要求了。

我马上又要离开一个月，很高兴回来的时候将见到您。

您最好能在我出发之前将《阿波罗[i]的马车》寄给我，我应该能帮您找到买主。

衷心祝好。

夏尔·爱德华·让纳雷

1　阿梅戴·奥赞方→见致父母信 17.02.1918 * 信 41 注 2

---

i　阿波罗（Apollon）：希腊神话中的太阳神，神王宙斯和莱托（Leto）的儿子，他最大的权力是主管太阳的升落，他驾驶的是一辆金马车。

画家安德烈·波夏特像（日期不详）

58 | 1924年12月11日，致父亲信
1924年12月11日，于巴黎

亲爱的父亲：

您的来信已收到。很高兴得知粉刷工作进展顺利，并即将完工。我想您们在圣诞节前便可以搬进去；如果是这样，那我22或23日回来的时候，还可以帮您们布置新家。[i] 如果说还有什么没有准备好，那便是窗帘等

---

i　夏尔·爱德华·让纳雷在莱芒湖畔为他的父亲母亲买下一块土地，并建造了一栋小别墅。→参见《勒·柯布西耶全集》第1卷第68页，"莱芒湖畔小别墅"。

等。不过,今天我已订购了布料,并嘱咐他们做好尽快寄发。

关于固定窗帘横杆的螺钉,由您来定吧;不过与横杆齐平的那几个请参照我附在信中的草图的样式来挑选。

【上】乔治·爱德华·让纳雷-格里斯,勒·柯布西耶的父亲,坐在位于高尔索-沃韦[i]的"小别墅"的窗前(1925年12月28日)

【下】玛丽·夏洛特·艾米莉·让纳雷-佩雷,勒·柯布西耶的母亲(日期不详)

---

i 高尔索-沃韦(Corseaux-Vevey):瑞士小城,毗邻莱芒湖,隔湖与法国相望。

关于粉刷工的预算表，我最近给哥伦布去了一封信，就他的预算进行了全面的分析；您们不久将见到他最终的报表，以及我那封信的复本。

关于小客厅的那扇大门，需要调整；等我回去再说。

亚麻油毡的敷设不要耽搁，一定要保证不间断的施工，以免影响入住。

关于桌角，等我回去我们一起商量。

关于地毯压条，也等我回去再作定夺。

关于洁具，我同意选用"博士"这个牌子。

总之，关于搬家的具体时间，请您给我一个明确的回复；以便我提前安排，到时候好给您们帮些忙。无论如何，我大概只能在圣诞或新年的时候回去，而且最多待上四天，这里还有许多工作要做。

致亲切问候

夏尔·爱德华·让纳雷

59 | 1925年11月14日，致里普希茨信

1925年11月14日

亲爱的朋友：

我刚刚从一趟忧郁的旅程中归来。我父亲病危，全家都陷入了无限的哀伤。父亲是我们永远的朋友，他总是能够倾听并理解我们两个年轻人的心声。他很睿智，很有洞察力，而且非常无私。他就要离去，留下无尽的悲伤，留下老妈一个人在那里痛苦度日。

所以，直到今天才给您回信。我为您赠送给我的您亲手雕刻的石头，以及借此传达的珍贵的友谊，向您表示感激。它将成为我们彼此同心的纪念。想当初，我们两人的境遇都很糟糕。您手足无措，我面临破产。但奇迹般地，我的账目上有了一笔款项。从那以后，您就持续不断地给予我帮助。我很高兴；但说真的，接受您的馈赠我也感到很不安……几年过去了，我们的情况都有了好转，尤其是您。如果单凭理性，我是不会接受这块过于沉重的石头的。不过，正如前面所说，我们是朋友。这个时候应当保持纯真。

我和皮埃尔¹为您造了房子。ⁱ 无论如何（如何＝一堆无关紧要的是非），我希望您在其中住得愉快。您的愉快源于我们用心设计的各处细节。我想您一定相信为了使您满意，我们费尽了心思。

　　在这栋房子中居住，将唤起您关于我们的回忆。希望这回忆是美好的！

　　我亲爱的里普希茨，我再次向您表示感激，并表达我对您的友情。骄傲地，您的石头现正装饰在我哥哥的家中。

　　向您、您的夫人以及戴迪致以问候。

您的夏尔·爱德华·让纳雷

1　皮埃尔·让纳雷：建筑师，勒·柯布西耶的堂弟，勒·柯布西耶的助手。→详见收信人目录

位于佩萨克的"弗吕日现代居住区"ⁱⁱ（1924~1927），透视图

---

i　参见《勒·柯布西耶全集》第1卷第64页。
ii　参见《勒·柯布西耶全集》第1卷第72页，"佩萨克"。

亲爱的妈妈：

一切如同奇迹般展开，一场不可思议的冒险：正值内阁危机，我们的事居然惊动了一位大概就要接任内阁总理的部长先生[1]。他从他的所在地里昂，花了18个小时专程赶来与我们共度一日。气氛自由和谐，无拘无束，可以说是敞开心扉的畅谈。弗吕日先生[2]、部长先生，还有我，我们都不怀任何私心，只是追寻着一个改善居住者生活的梦想。这景象前所未见：以一片松树和橡树构成的林子为背景，一座崭新的村子屹立在面前；每栋房子都有屋顶露台，由室内或室外的楼梯通向那里。墙面的色彩——这是以前从未使用过的方法——使到处洋溢着节日的气氛。白色很醒目，其他颜色来润色：红色、绿色、棕色、蓝色。细节上是统一的，总体上却充满无穷的变化。经楼梯向上，人群来到屋顶的大露台，倚在栏杆上，头顶是蓝天，脚下是屋顶，是春黄菊、吊钟海棠、天竺葵、蔷薇和小灌木。总有摄像机在我们前面晃来晃去，新闻记者对着镜头作着报道。大约一个多小时的时间，部长先生领着他的扈从在住宅间进进出出、上上下下，一边还不断提着问题。我向他解释我们的设计意图。就在工地的监理办公室，为"弗吕日"召开了一次历史性的会议。吉伦特省的省长、佩萨克市的市长都在，坐在木板凳上接受着部长的询问。出乎意料的事把他们给惊呆了，这两个家伙直到今天，直到这一刻，还在不断地给我们使坏，给我们制造麻烦。在部长的授意下，我平静地为自己辩护，那两个家伙则垂着头；问题一个个被解决，困难一个个被扫清。之后，我们一起登上了14号住宅的屋顶露台，那是其中最可爱的一栋住宅。50人惬意地站在那里，站在花丛中。周围矗立着一栋栋新房子，屋顶上还有好奇的人在观望。眼前的房子和作为背景的橡树松树林，构成一幅美好的画面。亨利·弗吕日开始他的演讲。这个家伙真是令我们大吃一惊。他奉献了一场极棒的讲演，雄辩、激烈而坚定，表达了他利他主义的纲领。勒·柯布西耶受不起其中过多的溢美之词，但好在这称赞既不谄媚也不庸俗，而是一种发自内心的肯定，这肯定也是长久以来我梦寐以求的。既然我们的村子已屹立在眼前，于是这些褒扬之词便有了实在的意义：它们是有意义的。下面轮到我发言了。我讲述我们是如何工作的，一段简短即兴的技术性的演讲；不过在结尾的时候，我借助于我们作品中的诗意，抒发了一下情感。部长对我们说他很看重此行，他从棘手的事务中抽身而出；因为我们的作品具有极其重要的意义。他说："我本人也读过《走向新建筑》……"怎么样，亲爱的老妈，正如我对您说过的，那是发自一刻现代心灵的宣言，每个人都会听到都会感受到。来自波尔多[i]的近百位来看"弗吕日"笑话的各界要人,在事实面前折服了。太阳在空中愉快地照耀着。

众人顺着 14 号住宅的楼梯下来,下到地面!房子是举在空中的,在底层的"架空柱"之间,人们开启了欢庆的香槟,结束了部长先生的访问。

当天晚上,弗吕日设了丰盛的家宴。我就坐在德·蒙奇先生的右边,我们非常友好地攀谈起来。饭后,我领着他来到距弗吕日家 300m 远处的他的地毯作坊。在那里,一个年轻的女编制工连续工作了好几天,就她一个人,从周六早上八点,一直不间断地工作到周日下午四点,这会儿已经完成了。她织的是一块儿佩萨克的纪念地毯,由我设计并绘制。我们晚上十点从波尔多启程,皮埃尔[3]和我,我们和部长同乘一列车。夜里十二点,我们在舒适的大床上睡着了。

好了,事情解决了。和市长及省长之间的争端也平息了。只留下这个村子屹立在那里,像森林边一束意想不到的热烈的焰火,生动、有力、强烈。那是多年辛勤耕耘的结果,那是创造的力量,毫无顾忌,大步向前。

今天周三,事情都过去了。我又要投入到新的工作中去了,我们还有好几处工程已经动工。

今晚六点,人们给我看了当天在佩萨克拍的记录片。很有趣。这个短片可能会在沃韦[ii]的时事新闻节目中播出,不过您大概会错过。在房子之间,有您的大傻建筑师儿子的特写。片子的收尾,镜头沿着扇形展开一幅真正的佩萨克的全景画。

我邀请了阿尔伯特[4]同去,他很高兴。如果老爸还在的话,我会请您二老一起去吗?我不知道。因为事情的发生和发展像天气。一天一个样。没法预料明天会怎样。

附在信中的明信片是给您的。弗吕日在背面写了寄语,部长先生也签上了他的名字。

好了,好了。叙事就到这里吧。说这些是为了让您也高兴高兴。亲爱的妈妈,如果建筑师在心里盖房子,那么您便是惟一居住其中的人。

我昨晚在柯莱特[5]家做客。她打算卖掉她的大宅子,为了居住在"柯布式"的房子里(她是这样说的)。根本的问题是削减一部分仆人,他们是吸血鬼。柯莱特,她是个非常有魅力的女人,有一双极美的眼睛;浓

---

i 波尔多(Bordeaux):法国地名,位于吉伦特省(Gironde)。
ii 沃韦(Vevey):瑞士地方电视台。

状、短发。她就像一只小猫,并且令人钦佩的是,她善于布置她的家,她能让那里笼罩在一种甜蜜的气氛中。

我收到玛格丽特[6]寄来的一封很可爱的信,我会给她回信。为了避免重复的叙事,到时候请您给她讲讲这封信中的内容吧。

最后,马塞尔·勒瓦扬[7]给我写信说他周四邀请您过去。别犹豫。马塞尔是个好心肠,您去他会很高兴。

晚安,亲爱的妈妈。请在老爸坟前转告儿子的问候。

爱德华

---

1 阿纳托尔·德·蒙奇(Anatole de Monzie, 1876~1947):当时的法国国民教育部部长。1926年5月20日,他参观了位于吉伦特省佩萨克市(Pessac)的"弗吕日现代居住区"的工地。
2 亨利·弗吕日(Henry Frugès):法国工业家,佩萨克"现代居住区"方案的资助者。→详见收信人目录
3 皮埃尔·让纳雷:建筑师,勒·柯布西耶的堂弟,勒·柯布西耶的助手。→详见收信人目录
4 阿尔伯特·让纳雷:夏尔·爱德华·让纳雷的哥哥。→详见收信人目录
5 茜多勒-加布里埃尔·柯莱特(Sidonie-Gabrielle Colette, 1873~1954):法国20世纪上半叶杰出的女作家,善用天真狡狯的笔调和敏锐的洞察力描写爱情和大自然,代表作有《流浪的女人》(1910)和《音乐厅的背后》(1913)以及《草地上的麦穗》等。
6 玛格丽特(Marguerite):可能是勒·柯布西耶的一个表妹。→见致伊凡娜·迦丽信18.09.1940 ＊信135。
7 马塞尔·勒瓦扬:勒·柯布西耶的朋友。→详见收信人目录

61 | 1926年1月11日,致伊凡娜·迦丽信
1926年1月11日,星期一

我的小凡凡:

夜里,我父亲在我身旁安静地去了,没说一句话。周日一整天,我们都陪在他身边,他作了最后的交代。

我体会到真正的莫大的悲伤。

我父亲是个崇高的人。

从他的文字就可以了解他这个人:清澈、纯洁、高尚、无私。

再见,我的小凡凡。我和妈妈、阿尔伯特,还有阿尔伯特的妻子,我们周四上午回来。

关于此事,我会写信告诉皮埃尔。

吻你

勒·柯布西耶的父亲乔治·爱德华·让纳雷-格里斯像
(1925年11月13日,于克莱恩诊所)

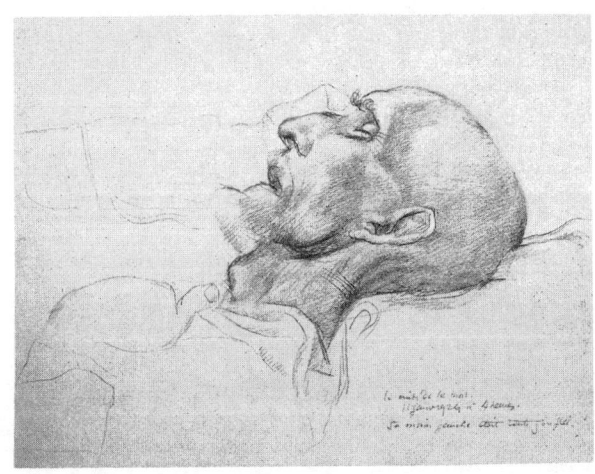

勒·柯布西耶的父亲乔治·爱德华·让纳雷-格里斯临终肖像(1926年1月11日,4点)

62 | 1926年1月18日，致威廉·怀特及卡德哈·雅戈信
1926年1月18日

亲爱的朋友：

是的，我的父亲去世了。您知道我们四个曾是多么亲密地联系在一起；两个儿子和他们的父亲母亲，互敬互爱，我们之间从未有过阴影。而且，当我们两个年轻人成长起来，当我们转换了角色，能够为我们的父母提些有用的建议，做些有益的事情，我们四个人的关系就变得更加融洽了。家里有一种温暖的感觉，小的时候便是如此。如今这家，特别是它所处的优美的环境，更是一个舒适惬意的地方，一个心灵的理疗所。我父亲就在这样的环境中非常平静地离开了人世。在得知死亡将至的临终前的两个月，他的床就放在这湖边的小住宅里。那段时光就像在壮丽的风景和无可挽回必然降临的悲剧之间奏响的一段古典音乐。我可能还未告诉您，我在离湖4米的岸边，为我的父母建造了一座小住宅[i]，他就像一节火车车厢，拥有一条贯通的11米长的窗，朝向湖面及背景的山脉敞开。

在这个季节里，这里的风景奏响它完结前的高潮，一种肃杀的庄严浸透着温和而平静的灵魂。您了解我的父亲，您了解他是如何一天一天一点一点同这风景的泰然融为一体的吗？面对他的遗骸，我脑子里在想：多么安静的一个人啊。他的沉默，他掩藏在深处的冥思，散发着一种无形的力量，影响着周围的一切，强烈震撼着卑贱的灵魂。死亡，双手搭在胸前，身体裹在白色的尸布里；这一刻，他已不是让纳雷先生，而是一个革新者，我们这个思想激进的伟大时代的一员。我的父亲少言寡语，但绝对是个果敢的人。他总是非常温和却又非常坚持他的观点；只要他开口讲话，他的朋友就会停止争论洗耳恭听，是这样的。他从来不怀任何私心。他是清明的，他的感觉是清澈的，他的思想是明亮的。他总是梦想着阳光、棕榈树，还有平滑简洁的房屋；然而他却是瘦骨嶙峋的，他面部的轮廓凹凸有致、棱角分明，像阿拉伯人，至少颅骨和鼻子轮廓鲜明。

父亲的文笔和您的很像：对一个心思细密的人而言，每一个词都有它特定的含义。

父亲12岁离开学校。但我见他总爱到自然中去，或者面对着大自然，或者趴在他的地图册、地理或历史的书籍上。他什么也不说，只是默默地学习。

---

i 勒·柯布西耶在莱芒湖畔为他的父亲母亲买下一块土地，并建造了一栋小别墅。→见《勒·柯布西耶全集》第1卷第68页，"莱芒湖畔小别墅"。

最近这几年,我们的心贴得更近。他的激情藏在心底,他甚至会因为我要做的事没有获得成功而替我心生怨恨。他总是谈起年轻人,并祝他们好运。

近几日,我的母亲和他知道他就快不行了。他们坚信这一刻不久就要到来。我母亲的表现很令人钦佩。她坚强而富于激情,在死亡面前她温和而乐观,怀着一颗孩子似的心有些胆怯地开始新的生活。周日,父亲临终的最后一天,我们都赶回来。父亲很开心。这 12 个小时,他能说些话了,不过都是些片断的字句。晚上 7 点,他把我们叫到床前,对我们说:"结束了。我要去了。你们要相互关爱,相互帮助,相互保持忠诚……"随即,医生给他打了他平生第一针,也是最后一针,他睡去了,再也没有醒来。我趴在他的床边。夜里 4 点,我再没有听到他的呼吸声;我把灯打开,看到父亲已经去了。一只手扣在胸前,另一只手放在右耳下:安静、平和,没有一丝痛苦的表情。

当晚,我以我最好的状态为他画了一幅遗像。之后的第二天,第三天,我分别重新画了一幅。您能理解吗,以这样的方式守在他的身旁,我能体验到一种淡淡的快乐。

您说过:经历转折,人会跨上另一个台阶。我们变成了母亲的支柱。我们不能再像孩子一样。我们感觉到作为儿子应当承担的使命。我几乎成了母亲的靠山,就像她的父亲——温柔的情感。

有父母在是多么幸福,可以说,他们是我们精神的支柱:我们可以从他们那里获取经验和教训,并建立自己人生的准则;从我们第一天开始学着承担责任,我们就感觉到他们在指引我们前进的道路;我们延续着他们建立的传统和行为的准则;我们的生活因而有了方向。

亲爱的朋友,只有在给您的信中,我才会以这样的方式讲述我父亲的故事,我赋予了它温情和骄傲的色彩。因为,您是我最好的朋友。

您看,无论您走到哪儿,我都能找到您。每每想起您,我心中就充满感激。在朗德宏[1]的时候,我们的友谊又得到了加深。谁知道我究竟欠您多少情义呢?

父亲的资质也是惊人的。他知道很多事,从他对事物的见解和评价中可以察觉到这一点。他完全是个默默的自学者。只有在他给出自己的意见时,人们才知道他在各个方面都了解颇多。大胆、自由、符合一切美好的词汇,而且他彬彬有礼,非常讲究礼仪,并珍视传统的价值……关于这一点,您是知道的,只要闭上眼睛,任想像发挥,就可以骄傲地变成纳沙泰尔的山丘。当距离足够遥远,当回忆开始被遗忘吞噬,人们便会在心中构筑起一个形象。我有一个弱点，就是喜欢把自己的思想同一些事联系起来；因为我希望我的思想能够形成一个结论，而非纯粹主观的个人化的领地。

我的母亲现在巴黎，住在阿尔伯特家。比索纳[i]？我早就想去了！谁知道今年夏天有没有时间！

向您们致以最深情的问候。

夏尔·爱德华·让纳雷

信中附有为捷克先生[ii]准备的真迹，标准开本。
非常荣幸！

---

1 1914年，威廉·怀特同他最亲密的朋友卡德哈·雅戈（Czadra Janko）一起从慕尼黑回到他的出生地瑞士。先后在毗邻纳沙泰尔的莫里兹（Monruz）以及毗邻比尔（Bienne）的朗德宏等地定居。在朗德宏定居期间，夏尔·爱德华·让纳雷经常去探望他。→详见收信人目录

---

63 | 1926年3月31日，致伊凡娜·迦丽信
伊凡娜（让娜·维克托里纳）·迦丽小姐 | 1926年3月31日，雅各布大街20号

小凡凡：

作为你的复活节礼物，我在银行为你开了一个账户。这个账户将由蒙莫兰[1]来管理。存在里面的钱将是属于你的，不过要经过蒙莫兰先生的同意才能领取。我希望你能够随意支配这笔钱；所以，蒙莫兰只是<u>名义上</u>的账户管理人，而非实际意义上的现金支配人。你应该有这样一个自己的储蓄，以备不时之需，有一天你会用得上（人们没法预料未来）。我会时不时存些钱进去，以逐渐增加里面的金额。

你需要在这三张小纸上签上你的名字。蒙莫兰将<u>替我代理</u>此事，你会在位于香榭丽舍大街的法国商业银行（入口朝向巴萨诺大街；电话，丽舍6720）见到他。要强调的是，这账户上的钱可不是用来让你去买廉价首饰的，而是要用在必要的地方，真正必要的地方。

---

i 比索纳（Bissone）：位于瑞士卢卡诺（Lugano）湖边的小镇。
ii 卡德哈·雅戈（Czadra Janko，1882~1945）：威廉·怀特最亲密的朋友，捷克作家。

【上】日内瓦国际联盟宫方案（1926~1931），透视图
【下】拉罗歇别墅，最初的方案之一（1923年5月）

今天,我给账户存了 2500 法郎,希望今后可以慢慢增加。
好好保管这封信。复活节快乐。

你的 DD
夏尔·爱德华·让纳雷

---

1 让-皮埃尔·德·蒙莫兰:瑞士银行家,夏尔·爱德华·让纳雷的朋友。→详见收信人目录

【左】勒·柯布西耶的妻子伊凡娜·迦丽像(日期不详)
【右】勒·柯布西耶的母亲玛丽·夏洛特·艾米莉·让纳雷-佩雷像(日期不详)

64 | 1927 年 3 月 17 日,致母亲信
1927 年 3 月 17 日

亲爱的妈妈:
　　周四晚。您的小照片就摆在我的面前,如此生动。感觉就像在对您说话。
　　昨天在劳工联合会会堂的讲座,进行得很好,我精神饱满。现在,对

于这种舌战我已应付自如了,很高兴我已完全不怯场了。听众大概达到了400~500人;不知道都是从哪里赶来的,其中有许多年轻人。我之前向100来人发出了邀请,他们都是我的熟人,我想讲座的题目应该会引起他们的兴趣;可惜的是,只来了其中的五位。这证明巴黎是多么难以被撼动:人们见得多了。不过,令人鼓舞的是不知来自何方的那500张陌生的面孔。作为开场,我放映了一系列已落成的建筑的幻灯片,其中小住宅[i]的照片作为压轴;不时响起的掌声是对我们工作中非理论部分的肯定。在座的还有几个在奥古斯都·佩雷事务所工作的学生。这些方案,以"佩萨克"为代表,构成了对奥古斯都的重重一击。会堂里,我们向听众人手分发了一本小册子,其中的内容是对巴黎"瓦赞规划"[1]的介绍。这是在分泌毒液,慢慢地一点一点地影响公众的舆论。今天,这方案握在更多人的手中,那它就是一只金苹果[ii],但不是为了引起纷争,而是为了引发讨论。如此,便能逐渐引发公众意识的觉醒。

一日,我被法西斯政党[iii]两大首领之一的阿尔居斯[2]召见。他热情地接待了我,满怀诚意。昨天,一本60页厚的法西斯政党的宣传册交到我的手上。结尾一章是关于巴黎中心的规划——那是我做的规划——分成几个必须的阶段;最后,直截了当地提出要任命我为住宅及城市规划部部长。命令式的。

您是知道的,我决不参与政治。把我从这荒唐而危险的闹剧中拯救出来的,还是我的绘画。我每天上午的时间用来画画。这个时候我可以聆听自己内心的声音。内心的争执是激烈的、本质的、全面的。就是这样,半天的时间慢慢过去;我心无旁骛,我继续钻研着一个不存在解答的问题,因为这解答每次当你似乎要抓住它,它却又逃向前方。

在斯图加特,一张拉罗歇[3]别墅室内的照片将印刷成宣传的海报。

您可能会在沃韦新闻中看到:1927 现代住宅展览会[iv]。这个设计将给我们招来非议![v]

这封信还将把您同日内瓦的时事联系起来。在那里,您会听到人们谈

---

[i] 指柯布西耶为他父母亲设计建造的莱芒湖畔小别墅。
[ii] 金苹果:源自希腊神话的一个典故。喻引起纷争的祸根。
[iii] 法西斯政党:一次大战后的20年中,各国毫无例外地都需要解决对付共产主义和经济危机的问题。法西斯主义思潮正是在这种形势下产生。
[iv] 现代住宅展览会(Die Wohnung):1927年,在密斯·凡·德·罗的主持下,为了表达现代建筑的新精神,在德国斯图加特市(Stuttgart)举办了"现代住宅展览会",又名"白色宅群"。当时邀请了许多国际知名的现代建筑师,勒·柯布西耶在受邀请的建筑师之列。
[v] 参见《勒·柯布西耶全集》第1卷第138页,"魏森霍夫居住区的两栋别墅"。

起 P. d. N.⁴ 首尾相连、12km 长的方案图纸。现在这事对于我们来说已经结束，方案早已呈交上去。偶尔还会回想一下，但不带任何感情色彩，结果任它怎样吧：无论成功与否，我们都会从容处之。

在给阿尔伯特的信中，您提到您已经和哥伦布通过电话了，他那儿有没有什么新消息。我没有得到他的消息。明天我会直接给他写信。不过，您也可以跟我说说呀。

您马上就要动身去日内瓦了。这个季节那里很冷。您要注意身体。

向杜·布瓦问好，还有皮埃尔的妈妈。皮埃尔⁵，除了我们之间必须交流的问题以外，他寡言少语，他是个性格非常内向的人。从不提及他的家事，也不表露他内心的情感。所以关于这方面我了解得很少。不过，我相信，他全身心地投入到了他的工作之中；每天夜里都忙到很晚；他有精力，有才干，有热情，而且持久。皮埃尔身上有美好的艺术家的气质；可以肯定的是，我没法想像还能找到比他更可爱更能干的合作者了。

我的事务所现在有四名志愿者。三名是来自（巴黎）综合工科学校的学生，其中两人参与了 P. d. N. 的鏖战，还有一个是这周新来的。另外一个是罗芙⁶的妹妹英格丽，她拥有建筑师的优秀素质，不做作，安静地待在她地角落里，同我们这些人在一起，丝毫也不感到拘束。办公室令人感到惬意，像个大家庭：这种由彼此的信任，以及每个人心中青春的乐观，所营造出来的和谐的氛围，确实非常有益。

请告诉我您出行的安排，因为我大概会抽空儿回去两天，去看望您，顺便给老爸修整一下坟墓。

我们都很感谢奈斯⁷小姐，感谢她对您的照顾。她给您带来了她年轻的激情；而您，您是令年轻人感到鼓舞的好伙伴。我是记得的，那些有威望的长辈们给我留下深刻的印象。尽管他们已是满头白发，但他们依然保持着对生活的信念和无私的行动的力量。而年轻人，他们在他们的同辈人那里找到的只有同样被周围的敌意困扰着的竞争对手。而在四周躁动的环境里，您就像是避风的良港一样。可靠。

再见，我亲爱的妈妈。祝身体健康，旅途愉快。代我向您的好伙伴佩茜ⁱ问好。向波利娜姑妈致以亲切问候。

您的爱德华

---

i　佩茜（Bessie）：勒·柯布西耶母亲的小狗。→见致母亲信 01. 09. 1931 ＊信 86。

1 瓦赞规划（Plan Voisin）：关于巴黎市中心的一份规划方案，于1925年设计完成，并于同年在装饰艺术世界博览会上的"新精神馆"中展出。→参见《勒·柯布西耶全集》第1卷第101页，"巴黎瓦赞规划"。
加布里埃尔·瓦赞（Gabriel Voisin, 1880~1973）：航空工业家，后投身汽车产业。他是"新精神馆"的资助人。勒·柯布西耶为了向他致敬，便以他的名字来命名这一规划方案。
2 雅克·阿尔居斯（Jacques Arthuys, 1894~1943）：法国政治家。在第二次世界大战法国被占领期间，他创立了联合抵抗运动的民间及军事机构。
3 拉罗歇别墅（Villa la Roche）：位于欧特伊（Auteuil），建于1923~1925年间。别墅的委托人是瑞士银行家兼现代艺术收藏家拉乌尔·拉罗歇（Raoul La Roche）——他是最早购买夏尔·爱德华·让纳雷画作的人。这栋别墅后被遗赠给勒·柯布西耶，成为现在的勒·柯布西耶基金会所在地。→详见收信人目录
4 国际联盟宫 P. d. N.（Palais des Nations）：国际联盟1927年组织了一次国际范围内的建筑竞赛，为它的总部在日内瓦建立大厦。竞赛的评审团由一些国家选派的建筑师构成。竞赛共收到377份方案。勒·柯布西耶和皮埃尔·让纳雷（Pierre Jeanneret）的方案开始入围，后来却因为提交的图纸在表达上的技术问题而被淘汰——他们绘图时用的是印刷墨，而不是绘图墨。→参见《勒·柯布西耶全集》第1卷第148页，"日内瓦国际联盟宫"。
5 皮埃尔·让纳雷：建筑师，勒·柯布西耶的堂弟，勒·柯布西耶的助手。→详见收信人目录
6 洛蒂·罗芙（Lotti Roaf）：阿尔伯特·让纳雷的妻子
7 贝尔达·奈斯（Bertha Nuss）：勒·柯布西耶母亲的邻居。勒·柯布西耶母亲常去她家搭伙。

65 | 1927年4月2日，致西格弗雷德·吉迪恩信
吉迪恩先生 | 苏黎世 | 1927年4月2日

亲爱的先生：

您寄来的《西塞罗》第6期和《苏黎世时报》我已收到，阅读了您关于 P. d. N.[i] 的文章。

非常感谢您对我的认同。为此我向您致敬：您在对建筑（以及艺术）的评论中表现出了非凡的睿智。您懂得抓住事物的本质，洞悉事物发展的主线和动因。当众人还在为繁芜肤浅的问题纠缠不清时，您在《西塞罗报》中已经点明了整个事件的要点。无论凭直觉还是理性，我都清楚自己为新建筑带来了什么。但很难找到像您一样的人，能够明确指出，我们面临崭新的建筑事件提出革命性解答的真正意义所在。在巴黎，巴托维希[1]是一个；他也拥有这样一种敏锐的洞察力。

---

i 国际联盟宫 P. d. N. →见致母亲信 17.03.1927 * 信64 注4

您关于 P. d. N. 的文章,是对我上一封仓促寄出的信的绝好回应。显然,已拥有众多宫殿的瑞士,不希望再来一个和平宫[i] 的翻版。

如果您的声音,在评审团用以讨论的那三周时间里,能够在苏黎世、日内瓦以及伯尔尼的公众之间得到传播和响应的话;那么,<u>学院派</u>将有可能失去它的领地;那么,健康、积极、乐观的现代主义的建筑作品将会取而代之,并且正如您文章中所说,在精神层面上决定国际联盟的部分命运。

我同您一样,我在这一事件中看到的是一个决定正负号的问题:是选择<u>昨天</u>,还是选择<u>明天</u>;是选择旺盛的生命,还是选择萎靡衰亡。

请您告诉我您在这方面准备施展怎样的作为。我将很感兴趣。

亲爱的先生,向您致以最美好的问候。

夏尔·爱德华·让纳雷

附:萧邦(戴尔奈 – 萧邦)[2] 写信给我,说他会尽力为我谋得一家大银行在苏黎世湖畔建造大厦的委托。这不也正是您等待的机会吗?到时候,您愿意同我合作吗?

---

1 让·巴托维希(Jean Badovici, 1893 ~ 1956):法国建筑师,勒·柯布西耶的朋友。→详见收信人目录
2 戴尔奈 – 萧邦(Terner-Chopard):位于瑞士苏黎世的一家技术研发机构。1916 年,夏尔·爱德华·让纳雷 – 勒·柯布西耶曾委托这个机构进行施沃布别墅的钢筋混凝土结构计算。

66 | 1927 年 5 月 3 日,致母亲信

我亲爱的妈妈:

我想老爸的墓碑大概快要修好了。请不要为它那不符合您习惯思维的前所未见的外形而感到惊讶。这个墓碑的构成是为了更好地盛放鲜花。是这样的:中间一大块方形区域<u>A</u>,用以种植密而高的天竺葵。另外,在石材交接的地方 B、C、D 等处,我预留了土槽儿。您可以在里面种植小花儿:

---

i 海牙国际法庭(Palais de la Haye):也称和平宫,是一次大战后成立的国际常设法庭所在地,现在是联合国国际法院的所在地。1907 年奠基,1913 年竣工,建筑风格非常古典。

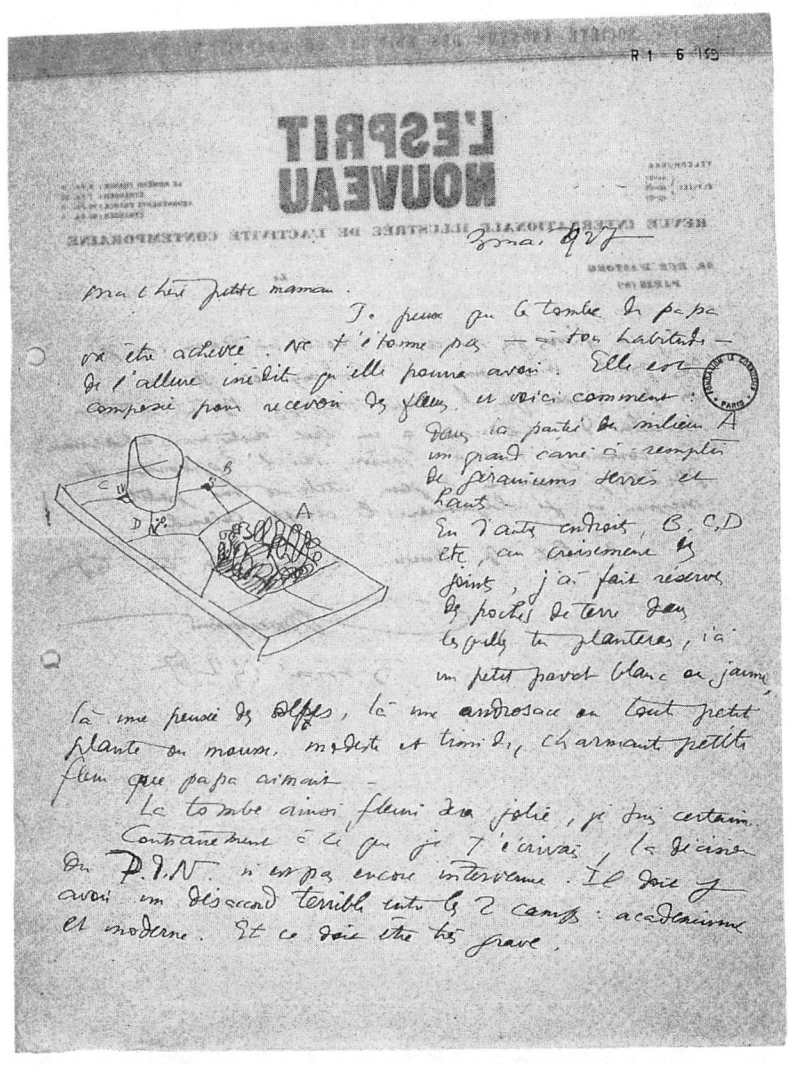

1927年5月3日，致母亲信（第一页），附有关于父亲墓碑的设计图

这里种些白色或黄色的小罂粟，那里种些阿尔卑斯的蝴蝶花，点地梅或者地衣类的小植物，总之，一些老爸喜欢的谦逊的、羞涩的、迷人的小花儿。

这个插满鲜花的墓碑将非常可爱。我敢肯定。

与我在信中曾对您说过的相反，P. d. N.[1] 竞赛的结果还没有出来。两个阵营之间的意见发生了尖锐的冲突：学院派和现代主义。矛盾非常激烈。我估计最近没法去莱芒湖[i] 看您了，我得马不停蹄地赶往波尔多，最近频繁的旅行真让我厌烦。当然，莱芒湖之旅是怀着不一样的心情。所以，在去日内瓦看 P. d. N. 方案展的时候，我无论如何也会抽出几日去看望您，我亲爱的老妈；顺便把哥伦布的账给结了。

办公室有急事，信先写到这里。爱您。

夏尔·爱德华·让纳雷

1　国际联盟宫 P. d. N. →见致母亲信 17.03.1927 ＊信 64 注 4

67 | 1927 年 5 月 4 日，致乔治·奥贝尔信
乔治·奥贝尔｜洛桑｜1927 年 5 月 4 日

亲爱的乔治：

通过洛桑《公报》以及老妈转交给我的一封来信，我了解到你已具备了一定的感召力；并且从此以后，你将以战斗的名义开展你的工作。我替你和你的夫人感到高兴，在此之前若干年辛苦而没有回报的岁月里，你们一直没有失去斗志，一直保持忠诚。似乎就在一夜之间，局势一下子变得有利起来。

得知你与波夏德合作，我很高兴；他是个优秀的小伙子。你在《公报》上在没有对我透露任何消息的情况下使用了我的名字。如果我的名字能够帮助你扬起你的风帆，我将感到非常荣幸。我丝毫没有为这调包计感到恼火。若能成朋友之美，何乐而不为。但从另一方面说，我也感到不安：在巴黎有个追随者，他专门画我画过的主题。那是个可爱的小伙子，非常可爱！但令我感到厌恶的，是他的不诚恳、他的怯懦、他的谄媚，以

---

i　莱芒湖（Léman）：勒·柯布西耶为父母设计的小别墅，位于莱芒湖畔。

及对他人作品毫无新意的系统化的模仿。盗用是一种粗鲁无礼的行为！你，你诚实而有坚定的信念。若在你的德行里看到瑕疵，我会感到悲伤。

心存戒惕，可以无咎。这是我在你欢乐的交响中加入一个不和谐音符的惟一动机。

你也喜欢《新精神》，你知道在最艰难的日子里，我把我的心血和全部的热情倾注其中；所以，你一定可以理解我为什么对寄生菌如此深恶痛绝。

最近，关于你的摄影作品，我拜访了莱热[i]。他没对我说什么。为此，我询问了这里的年轻人巴隆奈尔，他很欣赏你的工作，但没有什么建设性的意见。你的作品在法国这里似乎不是很成熟。我会再去拜访一下玛莱－史提文斯[1]，除此我就无能为力了。

如有机会，请对我讲讲你的近况。在去日内瓦看国际联盟宫[2]方案展的时候，我会抽空去趟莱芒湖。希望可以在那里见到你。

国际联盟宫将何去何从？结果就快公布了。我也参加了竞赛。

向你美丽的夫人、你的父母、你可爱的孩子们，还有你，我的老兄，向你们致以衷心的问候。

夏尔·爱德华·让纳雷

---

1 罗伯特·玛莱－史提文斯：法国建筑师。→详见收信人目录
2 国际联盟宫 P. d. N. →见致母亲信 17.03.1927 ∗ 信 64 注 4

68 | 1927 年 5 月 8 日，致母亲信
1927 年 5 月 8 日

我亲爱的妈妈：

这就是事情的结局！您大概比我们还提前得知了我们在国际联盟宫[1]竞赛中的遭遇。我们直到第二天才得到消息。不过昨天，收到莫舍尔[2]先生的来信，给我讲述了详细的情况。在所有参赛方案中，我们的方案是最

---

i 费尔南德·莱热（Fernand Léger, 1881~1955）：法国立体主义画派代表画家。1903 年开始学习绘画，受立体派影响，对机械结构产生浓厚兴趣。少年时曾做过建筑学徒。他 1900 年来到巴黎，当过建筑绘图员，曾在一家照相馆修描照片。

引人注目的；未来，是的，未来是属于我们的。看看这几周是否可以再作斡旋。我写信给莫舍尔先生，提出：只要他同意，我就赶去苏黎世拜访他。大概在这周中间的某一天吧。您来信说您马上要启程去日内瓦了。那么，请不要因为我打乱了您的计划。您需要休息和放松。我将去沃韦给老爸上坟，在回来的时候经过日内瓦去看望您。不过，如果您对行程有别的安排，我愿听从您的吩咐，但要提前通知我。

感觉像国际联盟在嫁女儿：电报满天飞，信一封接着一封。法国媒体还对竞赛结果作了预测。我们的方案被认为是最有可能夺冠的四份方案之一。而且，只有我们是现代主义者，其他人都是著名的学院派。所以，领地的归属的问题比从前任何时候都更清晰：学院派，还是现代主义？我们准备好投入战斗。

完全出于自发，《不妥协者》[i] 周六上午派出一名记者调查此事，以期作出详尽的报道，并对比现代主义和常规手法。整个事件在我看来是建筑国际形势的晴雨表。柯布的胜利，那便是现代主义的胜利，我们是入选方案中惟一现代的方案。

正直的莫舍尔，他以这样的话作为他信的结尾："您亲爱的母亲，她会这么想吗？"在巴黎，这次竞赛被看作建筑界的大事。人们目前不承认我除了制造"居住的机器"还会干些什么。我们提交的这份竞赛方案就是反驳他们的有力证据。法国建筑界的头号人物也参与其中：奥古斯都·佩雷[3]和托尼·卡涅[4]，他们都被彻底击败了。佩雷一定最痛心。我为他而感到惋惜，这是一个巨大的打击，特别是对于他的傲慢和狭隘的心胸。那些喜欢教训别人的人说，这是应得的惩罚。1925年，作为方案评审会委员之一（副主席），他对我们的大奖提名提出异议，并指责我们做的根本不是建筑！

关于这些我们见面再聊吧。阿尔伯特[5]得到消息的那晚非常吃惊。我，则保持着不可思议的镇定。从听到消息的那一刻起，我就认定，这是评审团无能的表现。说真的，我觉得我们应该胜出，因为我们的方案做得好，非常好；我甚至可以肯定地说，没有哪一位参赛选手能做到像我们那样深入而细致的研究。

是的，我不由自主地会把此事同老爸的想法联系起来。我想他心里一定很高兴，只是暗暗地不表露出来！他会说他常说的那句话："是的，<u>但是……</u>"<u>但是</u>。这"但是"表明他担心波折，担心路途上意料之外的变故。但是，这一次没有"但是"！老爸将体会到由衷的喜悦。您以感人的

---

i 《不妥协者》（l'Intransigeant）：法国一份激进报纸。

言语给皮埃尔⁶写了封信，他为此向您表示最诚恳的感激。他的父亲也会为他感到骄傲的。突然之间，皮埃尔站在了高高的悬崖上，面对这座他出生的城市。幸运的是，他丝毫没有感到局促不安，而是目光坚定地<u>面向明天</u>，构筑他理想的完美家园。

我给波利娜⁷姑娘寄去了一瓶怡东ⁱ葡萄酒。我说过：人们在准备嫁女儿呢。

这事让人揪心：人们在等待一个迟来的消息。如果这是个好消息，那么，发生的事将是极具影响力的；那么，历史的一页将在今天翻过去，一个新的阶段将展开。

您在老爸的墓碑上种花了吗？这个墓碑是否能够唤起我们同他在一起的那些回忆呢？我亲爱的妈妈，我想这些是是非非一定令您身心俱疲，无尽的眼泪伴随喜悦。当阿尔伯特和洛蒂⁸在您那里小住的时候，我总是有种不祥的预感：大约一个星期的时间，噩梦不断；一种不确定的莫名的焦虑，但确定和您有关。好在，您的来信让我长长舒了口气。

上周三的晚上，我们在阿尔伯特别墅的屋顶上度过，和他一家人共进晚餐。很美妙。那是我们第一次在一起通宵。证实了屋顶露台是一个多么重要的建筑事件。

阿尔伯特是个幸运儿。我不止一次跟您这样说。我希望您也能这么想。不用替他担心。他对我说他的学校经营得很好。时间可以证明一切。

再见，我亲爱的妈妈。替我问候您的小伙伴佩茜⁹。爱您！

您的爱德华

1　国际联盟宫 P. d. N. →见致母亲信 17. 03. 1927 ∗ 信 64 注 4

2　卡尔·莫舍尔（Karl Moser，1860~1936）：瑞士建筑师，教授。1928 年担任 C. I. A. M.（见信 19. 06. 1928 ∗ 信 74 注 2）首任主席。他是 1924 年国际联盟为在日内瓦建立总部而组织的国际竞赛的评委会委员之一，是 LC-PJ（勒·柯布西耶—皮埃尔·让纳雷）方案的极力支持者。

3　奥古斯都·佩雷→详见收信人目录

4　托尼·卡涅→详见收信人目录

5　阿尔伯特·让纳雷：勒·柯布西耶的哥哥。→详见收信人目录

6　皮埃尔·让纳雷：建筑师，勒·柯布西耶的堂弟，勒·柯布西耶的助手。→详见收信人目录

7　波利娜·让纳雷→见致母亲信 14. 09. 1907 ∗ 信 1 注 6

8　洛蒂·罗夫：阿尔伯特·让纳雷的妻子。

9　佩茜：勒·柯布西耶母亲的小狗。→见致母亲信 01. 09. 1931 ∗ 信 86

ⅰ　怡东（Excelsior）：法国葡萄酒品牌。

69 | 1927 年 9 月 19 日，致马塞尔·勒瓦扬信
1927 年 9 月 19 日，高尔索

我亲爱的马塞尔：

最终，为你创作的一组共 50 幅水彩画作《杂耍歌舞》[1]已全部完成。现放在我妈妈这里。

由于担心可恶的邮政风险，我就把它们放在这里；我想下次你找个机会自己来取一趟好了。我妈妈会很高兴再见到你。

画作用了整整一年的时间来完成。朋友说我要是把它们给卖了，那简直是犯罪。我把它们作为礼物送给你。我想你一定会喜欢它们的，你是它们幸福的新主人了。

我在上面附了一张使用说明。不开玩笑！这些小幅画作不适合装裱在画框里，因为只有连续地快速地浏览它们才有意思。我相信你。

我还要在老妈这儿待上三四天，谁知道这几天你的星宿会不会把你带到这里来呢？盼望见到你。

再见，亲爱的朋友。向你及你的家人问好。

夏尔·爱德华·让纳雷

---

[1]《杂耍歌舞》(Music-hall)：一组由 50 幅水彩画构成的绘画作品。勒·柯布西耶 1926 年为他的朋友马塞尔·勒瓦扬所作。这组作品于 1972 年在日内瓦的一次拍卖会上被分别售出。

70 | 1928 年，致母亲信
周四，晚

我亲爱的妈妈：

我完全可以想像您的失望，并理解您不愿再踏上巴黎半步。不过我相信您还是会来的；尽管我不知道具体的日期，因为我不知道今年复活节是哪天。

谢谢您上次信中关于 P. d. N.[i] 的一番坚定而有力的话。在我这里，毫

---

[i] 国际联盟宫 P. d. N. →见致母亲信 17. 03. 1927 * 信 64 注 4。

无消沉可言；相反，是一种准备赶赴野外学校[i] 学习的学生所具备的轻松的心情。是我发起了这场宫殿之争。我知道即使我们意外取胜，那么等待我们的也必将是：和怀有敌意的顾主以及一群愚蠢的学院派的同事之间无休止的痛苦的战役。

所以，我全当是放个假好了。但是，一想到那些行为卑劣的台前或幕后的流氓，我就怒不可遏；一想到这场通过明目张胆的亵渎公正而上演的闹剧，我就感到无比愤慨，无比心痛。这是我无法忍受的。而当我想到问题本身，想到我们是如此漂亮地给出了解答；当我无意间（就像今晚）又看到如此美丽的基地的照片，我的愤怒以及对这广泛同盟的诅咒就再次涌上来！他们联合起来打压我们，但他们手中的武器与建筑毫不相干。

<u>与建筑毫不相干</u>。这就是悲剧的根源。

我完成了我的新书：《住宅—宫殿》。[1] 我昨天把书稿交到编辑手中。这本书谈的全是建筑，它将构成我们国际联盟宫方案设计的说明。大概在10月出版。到时候，学院派同事们的方案也该完成了，就让它为他们助兴吧。唉！我们的宫殿只能建在纸上。但它是有根有据的。书的最后，还对整件不光彩的事作了简单的描述。

不过，民众的意识是清醒的。表达不满的文章如潮水一般。我们以诉状的形式向国际联盟递交了申请。委员会没有收到吗？是的，他们声称他们没有。莫塔[2]表现得像个懦夫。日内瓦对我们形成了一道<u>屏蔽</u>。他们生怕国际联盟最终选择到维也纳去。

在结尾，我们扮演的角色越来越重要。这结尾，大概还不是故事最终的结局。我无法想像如此庄严的一件作品怎么能够在人所共知的无耻丑闻的基础上建立起来。我不指望从天而降什么现世报应。但人们可以相信，道德自有它严酷的标准，多行不义必自毙。

建造这宫殿的将是些杂耍艺人，是些跟学院有瓜葛的商人。去哪里寻找无私而崇高的充满激情与活力的精神？惟有这样的人才能凭着对建筑的深深的爱，承担起这项建设的使命；而不是那些所谓的面目可憎的"建筑师"，看吧，他们之间已经起内讧了。

时机未到，<u>我们未被选中</u>！他们之所以对我们耿耿于怀，那是因为我们冲在火线上。

亲爱的妈妈，原谅我的唠叨。这不可避免地成为"我谈论的主题"。

---

i 野外学校：16世纪，以培养骑士为目的的私人学校。

别替我忧伤。我可能会去那里一趟,但还不知道具体的时间。
爱您!

您的爱德华

---

1 《住宅—宫殿》(Une maison Un palais):继国际联盟官方案竞赛失利后,于1928年由查莱斯(Crès)出版社出版发行。其中收录了一些发表在《新精神》上的文章。
2 朱塞佩·莫塔(Giuseppe Motta, 1871~1940):瑞士联邦参议员。瑞士政治领袖。原为律师。1906~1911年任国民院议员。1911年12月起成为联邦议会议员。

71 | 1928年1月15日,致皮耶罗·波多尼信

皮耶罗·波多尼先生 | 建筑师 | 玛格丽塔皇后大道77号 | 米兰 | 1928年1月15日

先生:

您12月12日的来信及附件我已收到。直到今天才抽出时间给您回信。

您对多色问题的研究是最值得关注的。自从<u>现代平面</u>问世以来——由于承重墙的取消,由于房间全新的布局——已经不可能再保持以往的单色传统,"红色的房间"或"蓝色的房间"等等。于是,就引导出建立在色彩自身价值基础上的对室内多色问题的专题研究。这就要求提出一个新的色彩系统。这便是数年来<u>现代平面</u>必然把我引向的研究领域。

当面临大量住宅成组建造的时候,内部的问题同样也会出现在外部。也就是说,当50或100栋住宅聚集在一起,那么他们之间的空间就形成了<u>室外的房间</u>,这房间的墙壁由不同住宅的立面构成;于是建立在同样基础上的同样的问题就摆在了面前:不愿再接受所有住宅千篇一律的白色,我们觉得我们有必要求助于色彩来改变这空间(室外的房间),<u>借助色彩</u>追求特定的效果,通过这样的手段,可以创造出更宽阔的空间,并明确构成的意图。1925~1926年间,在波尔多的佩萨克[1],我们实现了我们的研究。于此,经过严格考究的室外多色系统,构成了现代建筑一项崭新的不可思议的雄辩的手段。被粉刷成锡耶纳[i]焦土似的纯赭石色的立面,在有效的地方构成了稳定的基准点;那些浅蓝色或白色的房子,拉大了空间的

---

i 锡耶纳(Sienne):意大利城市名。

视觉距离；那些浅绿色的立面则消失在背景中，等等。而且，色彩还可以有力地强化住宅的体积感。举例来说，以褐色作为包裹一栋建筑纯净体量的基本色调，应用在构成建筑的基本的几何体量上；对应复杂的平面上的凹凸，立面上相应地刷成蓝色、红色，或深棕色，那么这些部分便会被强化或消失在基本纯净的体量构成的背景之中。

另外，色彩还可以用在一些地方，来<u>打破</u>一些住宅过于沉闷的<u>立方体</u>：一个立面刷成褐色，相邻的侧立面刷成绿色或白色；那么两种颜色、两种明暗和深浅不同的色度，就会在相交的棱上发生激烈的碰撞，于是便形成了杰出的伪装；结果，住宅的<u>立方体</u>（即，沉重感，密实感）就被<u>打破</u>了，从而赢得了空间。

还是多色系统。当面对整齐等距排布的 20 栋房子时，我们通过在房子的正立面交替涂上褐色和白色，达到使房子之间的距离拉大一倍的视觉效果：眼睛会不自觉地从棕色跳到棕色，从白色跳到白色，于是对距离的感觉就增大了一倍。

等等。

好了，以上便是我们的多色系统有效介入的几条途径。

而对于您，您的研究应用在符合随机原则组织起来的房屋之间，这种原则也支配着目前城市的建设：混乱的路网。所以，在这种情况下，您的多色系统就不是当作活跃<u>建筑</u>构成的手段来应用，而是当作<u>矫正剂</u>和<u>补救的药方</u>来介入。

但我非常高兴地看到，您在色彩的物理功能层面上应用它们，使它们成为营造空间的积极因素。

一旦机会摆在您的面前，使您得以像谱写交响曲那样应用它们；我相信，您的研究和我们的研究将属于同一范畴。

到目前为止（我不谈论古代文明），对于多色系统的研究还仅仅是偶发的、个人的。我相信随着现代建筑中雄辩的几何学的逐步形成，多色系统将得到越来越广泛的应用，以使空间和布局的概念臻于完善，这两个概念也是建筑探讨的两个最根本的问题。

我前面关于佩萨克的描述，应该已经以彩色插图的形式，清晰地刊印在了《<u>有生命的建筑</u>》（1927 年秋）这一杂志中了。但愿那些照片的颜色不至于有太大的偏差（尤其是绿色），这样您就可以通过它们更清楚地了解我在信中试图向您展示的意图。

我很欣赏您对于色彩充满智慧的研究（建立在对色彩各自特点的精确认识的基础上）。我祝贺您。

先生，请相信我最美好的感情。

夏尔·爱德华·让纳雷

---

1 弗吕日现代居住区：由 51 栋工人住宅构成了位于波尔多郊区的佩萨克（Pessac）居住区，又名"弗吕日现代居住区"。方案的委托及资助人是工业家亨利·弗吕日（详见收信人目录）。这个居住区的建设提供了居住形式、城市规划、建造技术以及立面多色系统方面的经验。→参见《勒·柯布西耶全集》第 1 卷第 72 页，"佩萨克"。

72 | 1928 年 1 月 20 日，致母亲信
1928 年 1 月 20 日

我亲爱的妈妈：

　　今天上午收到了您的来信。我等了好久了，一直觉得您的信快来了，所以我的回信也拖到了现在。刚刚画完画，我感到异常兴奋。上午画画，晚上做设计。日子就这么一天一天贪婪地过去。自我从高尔索回来，P. d. N.[1] 事件的发展就愈发超出公众忍耐的极限了。反对的声浪越来越高。批评四起。而我，已把精力投注于其他事了，在确定的土壤上耕作。估计今年收成还不错。利奥泰元帅[i] 被我的创新精神所激励，他将担任起运动的首领。这次运动将在它所涉及的一群人之间发起，"努力不一定有希望，坚持不一定能成功"。这句话虽不中听，倒也符合实际情况。

　　这些天来发生了些不算重大但很愉快的事：周三举行了救世军宿舍[2]的落成仪式，由法利埃部长[3]（一个草包）亲自主持。晚上，在德·波利尼亚克亲王夫人[ii]家参加了一个小范围的晚餐会，同去的还有德·诺斯耶女伯爵[iii]（诗人）和巴斯德研究院[iv]院长富罗先生（化学家）。奢华的沙

---

i 路易-赫伯特-贡萨伏·利奥泰（Louis-Hubert-Gonzalve Lyautey，1854~1934）：法国政治家、军人、法国元帅。
ii 爱德蒙·德·波利尼亚克（Edmond de Polignac）：原名维纳海特·森格尔（Winaretta Singer，1865~1943），慈善家。
iii 安娜·德·诺斯耶（Anna de Noailles，1876~1933）：法国女诗人。代表作以诗集《活人和死者》（1913）、《受苦的荣幸》（1927）等。
iv 路易·巴斯德（Louis Pasteur，1822~1895）：法国生物学家，创立微生物学。1887 年创立的巴斯德研究院，是一家非营利性的法国生物医学研究基金会。

龙，举止优雅彬彬有礼的仆人，还有令人愉快的交谈。同样令人愉快的就是了解到法国古老的贵族理解民主的立场。

梅西埃先生[i]，法兰西复兴运动的发起人，登门造访，和我探讨他关于我所做报告的一些想法，他说："我很想见见做这份报告的人。"这两天还有同利奥泰元帅共进午餐的安排。前几天，我还拜见了马德里一位拿督[ii]的夫人。翌日，一位明艳的女伯爵前来确认我赴马德里为他们的贵族俱乐部讲座的具体条件：6000法郎的酬劳，以及5月份赴公牛之国的一次旅行。去年被邀请作讲座的是：保罗·瓦雷里[iii]和保罗·克洛代尔[iv]。我可能会去维也纳、布拉格、华沙。但我更希望今年可以到马德里和托莱多[v]去。

最近，我的绘画进展顺利。我终于找到了使用纯净色彩的窍门。我已在门外兜了十年的圈子。我的朋友波夏特[4]现在声名大噪。狄亚吉列夫[vi]委托他为一出芭蕾舞剧做舞台设计。聚光灯下的波夏特！一下子，他的名字将家喻户晓。这个家伙还没有意识到在他身上发生了什么。波夏特，继毕加索、格里斯[vii]、马蒂斯、勃拉克[viii]、德朗[ix]之后，成为当代画坛最杰出的人物。他的身价不日将不可估量。我拥有几幅他的画作。那些画商将趋之若鹜。但他对我仍保持着巨大的信任。1月2日，我陪他去见他的公证人，对他的财产进行公证。一条道德准则：做你该做的，无论荣誉还是指责，都泰然处之。相信自己所做的，并努力把它做好。

德·蒙奇[5]的宫殿业已落成，雄伟庄严。置身其中，仿佛置身一处设计绝妙的空中花园。我们已经开始着手日内瓦的工程（系列住宅）。这些日子不断接到新的委托。手上还有两本预约的书稿要写，不过现在还没动笔。

---

i 欧内斯特·梅西埃（Ernest Mercier, 1878~1955）。
ii 拿督（Dato）：西班牙贵族封号。
iii 保罗·瓦雷里（Paul Valery, 1871~1945）：法国诗人，后期象征派大师，法兰西学院院士。
iv 保罗·克洛代尔（Paul Claudel, 1868~1955）：法国诗人，剧作家。
v 托莱多（Toledo）：在定都马德里前，托莱多是皇家的驻地。中世纪开始繁荣，到现在还保存有完好的城墙、中世纪的街道和建筑。
vi 狄亚吉列夫（Diaghilef）：俄国芭蕾舞导演。当时在巴黎举行了一系列引起轰动的俄罗斯芭蕾舞演出。
vii 胡安·格里斯（Juan Gris, 1887~1927）：西班牙人，立体派代表画家。
viii 乔治·勃拉克（Georges Braque, 1882~1963）：法国画家。初期走野兽派路线，后来他和毕加索及其他艺友共同创立"立体派"绘画。1917年回归古典路线。
ix 安德烈·德朗（André Derain, 1880~1954）：法国20世纪初期受野兽派影响，后成为立体主义创始者之一，不多年后回归古典传统艺术。

好了，我亲爱的妈妈，这简直成了一份"我"字横飞的小报了。

您看到《瑞士建筑时报》关于小住宅[6]的报道了吗？您看到《瑞士管家报》上刊登的关于我们的小住宅的那些照片了吗？照片上还看到老爸小小的身影，戴着一顶草帽。如果您还没收过，那我给您寄一份：克希尔[i]治安法院的意见书[ii]（我不必亲自出席）。让我们盼望一切进展顺利吧！

关于您的消息都是好消息。阿尔伯特说您精神状态非常好。阿尔伯特和他的家人也都很好。

我想，黑暗的日子已经过去了。

晚安，我亲爱的妈妈。爱您！

您的爱德华

1 国际联盟宫 P. d. N. →见致母亲信 17. 03. 1927 ∗ 信64 注4
2 巴黎救世军"人民宫"宿舍：位于巴黎（13°）Cordelières 大街20号，属于"人民宫"的附属建筑（扩建），于 1926～1927 年间在亲王夫人维纳海特·德·波利尼亚克 – 森格尔（Winaretta de Polignac-Singer）的捐助下修建。→参见《勒·柯布西耶全集》第1卷第112页，"巴黎救世军人民宫宿舍"。
  1932～33年间，勒·柯布西耶为救世军作了另一个项目：巴黎庇护城。位于巴黎（13°）Cantagrel 大街。→参见《勒·柯布西耶全集》第2卷第88页，"巴黎庇护城"。
3 安德烈·法利埃（André Fallières，1875～1968）：法国政治家，阿尔芒·法利埃（Armand Fallières，1889～1906 年间担任法兰西第三共和国总统）的儿子，卫生部、公共救济及社会福利部部长（1926～1928）。
4 安德烈·波夏特（André Bauchant，1873～1956）：法国天真派画家。勒·柯布西耶的朋友。→详见收信人目录
5 斯坦因 – 德蒙奇别墅（Villa Stein et de Monzie）：又称"晒台"（des Terrasses），1927～1928年间，勒·柯布西耶在距巴黎不远的加歇（Garches），为他的两位委托人——迈克尔·斯坦因（Michael Stein）和加布里埃尔·德·蒙奇（Gabrielle de Monzie）——建造了这栋别墅。→参见《勒·柯布西耶全集》第2卷第128页，"加歇别墅"。
6 小住宅（La petite maison）：勒·柯布西耶 1924 年在莱芒湖北岸为他父母设计并建造的小别墅。常被称为"La petite maison"，或"Le Lac"。勒·柯布西耶去世后，这栋建筑的所有权归勒·柯布西耶基金会所有。

i 克希尔（Corsier）：瑞士沃韦地区地名。
ii 勒·柯布西耶在瑞士沃韦莱芒湖畔为父母建造的小住宅被当地市镇议会认定为"亵渎自然罪"，并严令禁止效仿。

73 | 1928年2月7日,致母亲信
1928年2月7日

我亲爱的妈妈:

我们的通信日见稀疏了,不是吗?阿尔伯特[1]说他收到了您的一封来信,但没有带在身上。而我,我让您感觉到我在疏远您吗?当然不是这样的!只有时间才是不讲情义的,它总是无情地流逝。我已经接近疯狂的工作状态了。我刚作了个决定,打算缩短画画的时间,直到手头的工作完成。一个痛苦的决定!我已开始着手我的书《住宅—宫殿》[2]。我下午在办公室写文章;随即写了这封信。最近的委托项目不少,还有两本书稿。一个日本人请求我准许他翻译《走向新建筑》[3],他说:"我一定会非常用心地把它译好,我以上帝的名义向您保证。"另有一位瑞典某协会的代表,竟然背诵了书中的一段内容,并提出他所在的协会将出资翻译此书,所有喜欢它的瑞典人将人手一本。英国人,通过他们报纸上的文章看来,似乎对此并未消化。美洲那边也没有听到回音。

法兰西复兴运动[4]的主席和领导者"热情地"签署了为国际联盟宫[5]在世界范围内招贤纳士的诏书。我将给您寄去其中的一份表格。弗朗兹·儒尔丹[6]宣称:"这是第二个德雷福斯事件[i]。"这件事真是闹得沸沸扬扬。其所涉及的已不再是个人,而是<u>思想</u>,是<u>观念</u>。无论如何,这苦果将很难咽下。

我从抽屉里翻出一张圣诞节时给您画的肖像,明天阿尔伯特来吃午饭的时候我会送给他,作为他的生日礼物。

这家伙如今有股自命不凡的神气。创办了自己的体操学校,他开始受人关注,受人景仰。他的精神状态同前些年相比可是大不相同了。很高兴看到他的才华得到越来越充分的发挥。阿朗迪[7]之前总说他的治疗会在若干年后显现出效果来;是他制造了奇迹吗?

春天来了。这里的天空常常是蓝色的,到处欣欣向荣。人们的脸上也洋溢着欢乐。我想您在您的周围也看到了万物复苏的景象。您的小住宅环境宜人。我希望您一直保持我圣诞节见您时那样饱满的精神状态。

您大概会责怪我没有在老爸周年纪念的那天给您写信,觉得这很缺乏

---

i 德雷福斯事件:1894年,犹太裔法国陆军上尉德雷福斯(Alfred Dreyfus)被指控出卖法国陆军情报给德国,军事法庭裁定其叛国罪名成立,判以终身苦役并流放外岛。事后虽经证实纯属诬告,军事法庭却因德雷福斯的犹太人身份而拒绝改判,引起左拉等知识分子和群众的抗议,并演变成一场具有深远历史意义的运动。

人情味儿。您不会是把我想成了一个薄情寡义的家伙了吧？

在工作的动荡中，这一日就不知不觉地过去了。不过，我相信老爸是不会责怪我的，他会理解我的。我的生活往往由猛烈的湍流构成。有的时候，事情会一下子变得很急迫，而且两三件事撞到一起，很是棘手。尽管我的生命是有节律的，然而我生活之河的流量却是没有规律的。请您告诉我，您也不会因为我的疏忽而在心中留下什么不快的阴影。

我还给波利娜[8]姑妈去了信。亲爱的姑妈，我没有伤害她呀！但她却一直没有给我回信。我感到很奇怪。

请您替我在老爸的坟前献上一些鲜花，尤其是蝴蝶花。给我写信。您可不要冷落了我。我会嫉妒阿尔伯特的。您知道我是多么以您为豪吗？您知道我是多么钦佩您面对生活所一贯保持的勇气和信念吗？您和老爸都是我们的榜样。您是坚强的，您以自身刚强有力的榜样鼓舞着我们。

亲爱的妈妈，晚安！吻您

您的爱德华

---

1 阿尔伯特·让纳雷：勒·柯布西耶的哥哥。→详见收信人目录
2 《住宅—宫殿》→见致母亲信1928 ∗ 信70 注1
3 《走向新建筑》→致欧仁·弗雷西内信26. 10. 1923 ∗ 信51 注1
4 法兰西复兴运动（Redressement Francais）：1925 年，由法国电力工业大亨欧内斯特·梅西埃（Ernest Mercier）发起的政治运动，这是一次反议会辩论制度，提倡专家团队参政，期望以"专家政府"替代"政治家政府"的政治运动。拉乌尔·多迪（Raoul Dautry，详见收信人目录）是城市规划组组长，勒·柯布西耶和吕西安·罗米尔（Lucien Romier）是其中的成员。
5 国际联盟宫 P. d. N. →见致母亲信17. 03. 1927 ∗ 信64 注4
6 弗朗兹·儒尔丹→见致夏尔·艾普拉特尼尔信22. 11. 1908 ∗ 信9 注4
7 阿朗迪（Allendy）：医生，精神分析学家。
8 波利娜·让纳雷：勒·柯布西耶的姑姑。

---

74 | 1928 年6 月19 日，致让·巴托维希信
巴托维希先生 | 罗克布鲁讷 | 1928 年6 月19 日

亲爱的巴托维希先生：

戈维凯恩[1]在电话里对我说，您因为拉莎拉兹堡会议[2]的事非常恼火。

我写这封信是为了唤起您的理性，唤起您的亲切，唤起每一个男人都应当保持的旷达。我相信读完我的信，您会接受我的邀请。

这会议。不知是由谁，也不知是如何发起？我直到拟定与会者名单之时才参与进来。我指定了会议的纲领。为什么没有叫上您呢？但是，您在巴黎吗？不，不在，或者说，没联系上您。（原委：几周来，由于需要借用一些资料，我定期给莫朗斯出版社打电话；我最终安心是因为他们说他们会给您写信；结果就是，缄默。）现在需要一位编订者，他将负责印刷<u>大会的决议</u>。他们提到塞孚[3]。但塞孚正被一堆麻烦事缠住，脱不开身。我说："请巴托维希来应急吧！"于是，我便给您写了这封信，希望您能从蓝色海岸赶回来。我已忙得不可开交。怎么回事？这个从零开始筹备的会议，已经达到超乎想像的规模，这会议的提议满足了一些人的愿望，但也遭到另外一些人的批评。大家都痛骂挑头儿的那个<u>不知名姓的小子</u>！不过，无论如何，人们还是下决心来参加会议。

您是现代建筑最积极最坚定的捍卫者之一。

这会议的组织虽然不完美，也不讲究，而且是非官方的；但它在舆论方面将发挥非常重要的作用。

所以，我希望您能来参加。如果您愿意，我们将在我们的车上为您预留一个座位（大概周日早上5点出发）。不过您也可以取道马赛 – 格勒诺布尔 – 洛桑。

无论如何，我非常希望在会场上能见到您。别赌气了。戈维凯恩也会尽量赶来。我，尽管我已被我的工作搞得团团转，但我会做出<u>牺牲</u>，为这会议效命到底，我向您保证。您也辛苦一趟。真的，别再生气了，行动起来吧。让我们一起做些积极的事。

来吧。毫无疑问，您是我最希望见到的人之一。

如果您拒绝我的邀请，那么该轮到我伤心了。盼望着您的电报，盼望在电报上看到两个亲切的大字：接受。

夏尔·爱德华·让纳雷

---

1 加布里埃尔·戈维凯恩（Gabriel Guevrékian, 1900 ~ 1970）：建筑师。先后在巴黎、德黑兰、英国及美国定居。1922 ~ 1926 年间，曾在罗伯特·玛莱 – 史提文斯（Robert Mallet-Stevens, 详见收信人目录）建筑事务所担任总设计师。

2 国际现代建筑协会（C. I. A. M.）：1928 年，在日内瓦近郊的拉莎拉兹城堡（Chateau de La Sarraz）举行首届年会。城堡的主人是艾莱娜·德·曼德洛特夫人（Hélène de Mandrot, 详见收信人目录），她是现代建筑尤其是勒·柯布西耶积极的拥护者。这次会议的与会者包括来自8个国家的25名建筑师以及政治、艺术和批评界的一些人士。会议为当代建筑及城市规划基本问题的探讨和各种思想的交锋提供了机会。此后，C. I. A. M. 在不同的城市定期举行会议；1959 年，第 11 届，即最后一届年会在荷兰鹿特丹举行。→参见《勒·柯布西耶全集》第 2 卷第 163 页，"C. I. A. M. 年会"。
3　克里斯蒂昂·塞孚（Christian Zervos, 1889~1970）：艺术史学家。《艺术手册》杂志的创办者，这本杂志对现代艺术的普及与传播起到至关重要的作用。1938 年出版《现代艺术史》一书。

75 | 1928 年 10 月 24 日，致伊凡娜·迦丽信
1928 年 10 月 24 日，于莫斯科

小凡凡：

　　事情在向前推进。周日，我和我的绘图员们又完成了一份新的方案[1]。整个莫斯科也在忙于准备其他参赛方案。周一晚 8 点，我参加了一个会议，在座的有中央局局长鲁比诺夫先生，以及他手下的一些重要人物：卡卢日斯基[i] 政府时期前任部长尼卡申，总工程师库尼科夫，总建筑师纳霍夫；还有负责审核建筑方案的委员会主席，以及主管工程建造的主席。图纸钉在墙上，由我来陈述方案（当然了，有翻译）。

　　这几日来，局势对我们很是有利。我派人给鲁比诺夫先生送去一封信，关于我对设计条件的一些修改建议，以及我对下一步工作具体实施方法的考虑。我感觉我们已经渡过难关：我们的建议被采纳，我们的方案通过了。

　　鲁比诺夫是个强硬的家伙。他曾担任过莫斯科市的行政长官。他被认为是俄罗斯最重要的组织者之一。他的想法是，通过这栋大厦的建造为他的国家标志出一个伟大的时代。他希望他的国家<u>学习最先进的思想</u>。所以，随后，三名青年建筑师将来巴黎协助我的工作。他们正是在莫斯科负责接待我的那三个小伙子，他们是这里的明星，聪明、有灵气，为能同我一起工作而感到兴奋不已。

　　第二天，也就是周二的上午，我再次在评审委员会的面前展示我的方案。评审团中有一位是克拉辛的胞弟（克拉辛去年去世，是一位杰出的人物，在市政厅负责廉价建造）。还有一位是民营企业工程师协会的主席（上周某日，这位先生在差一刻 8 点的时候找到了我，在毫无准备

---

i　亚历山大·卡卢日斯基（Aleksandr Kerensky, 1881~1970）：俄国革命领袖，在列宁成立革命苏维埃政府之前的临时过渡政府主席。

的情况下带我赶赴会场，进行了一场即兴的座谈会，会后他授予我荣誉会员的称号）。评审委员会提了些问题。会后，我接到通知，10点钟，鲁比诺夫邀请我参加在比邻克里姆林宫的莫斯考大厦的一个豪华宴会厅内举行的宴会。我坐在鲁比诺夫的右边，旁边的尼卡申来替我翻译。诚恳的交谈，然后干杯！为大厦，为建筑。总之，在评审团公布结果之前（周六），他们已经决定由我来负责方案的实施了。这些人研究问题的方式很特别。他们的讨论简单、明确，而且是以一种非常礼貌而有秩序的方式。鲁比诺夫微笑着，却使整个会场保持着铁的纪律。另外，在俄罗斯，中央局负责全国的食品供给，组织得井然有序。人们意识到这是在机关中工作！

下午，同一间宴会厅，俄罗斯的建筑师为我举行了一场欢送会（因为今天就要出发）。这些年轻的建筑师视我为父亲，他们对我的爱令我感动，那都是些可爱的满怀激情的青年。他们中大部分都参加了第一轮和第二轮的竞赛。但他们都同意由我来为他们建造这座宫殿。

上周六，卡梅宁夫人（托洛斯基[i]的妹妹，苏维埃知识分子联盟的首领）在莫斯科最大的报告厅为我组织了第二场关于城市规划的讲座。在座的有几位重要的人物：人民特派员里梅赫斯基；鲁比诺夫，及中央局一班领导。卡梅宁夫人以一段俄语为我致欢迎词。场面宏大。令他们惊讶的是，我用炭笔和彩色粉笔画了二十几页的板书。这是一场配插图的讲座；因为听众听不懂演讲者的语言，需要逐字逐句地翻译。我像小提琴或钢琴独奏家一样博得了热烈的喝彩，竟要先后三次登台谢场。

前夜，去了法国大使馆向大使先生致敬，大使先生留我共进晚餐。

半个月的时间里，我忙个不停。我发现这里的人们充满力量。作为那次城市规划讲座的回应，我被叫到市政厅，莫斯科的市长先生接见了我。他希望周六我可以听听他的工程师们向我介绍莫斯科未来的发展规划，还邀请我参加周一在市政厅举行的宴会。

这里的每一个人都希望我能够参与莫斯科的发展规划。

等我回去吧。我还会细细向你描述这里的人们在做的事情。早已不是帝俄时代嘴里叼着匕首的大胡子农民的形象了！这个巨大的国家，由一种惊人的严明的纪律组织起来。在这里，思想得到爱戴，得到尊重，得到传播。人们努力实现<u>今天</u>，而非<u>昨日</u>。

好了，我的小家伙，昨天人们建议我至少等到周一晚上再出发。我

---

i 莱昂·托洛斯基（Leon Trotsky，1879~1940）：前俄罗斯流亡革命家。

将于周二下午 5 点出发。周三、周四,我大概周五抵达巴黎,兜里揣着委托书和定金。我收到你温存的来信了,还有皮埃尔的。代我向阿尔伯特和皮埃尔问好。我想念我的小凡凡,离开她温暖的小火炉是件痛苦的事。

亲爱的,如果可以,请把这封信转寄给我的妈妈,让她也安心。

吻你

你的爱德华

---

1 莫斯科中央局大厦(Centrosoyus):1928 年,苏维埃生产合作同盟(原名消费者联合会)为其中央局大厦的建设组织了若干轮竞赛。LC-PJ 胜出。该方案在 1928~1934 年间设计并建造完成。→参见《勒·柯布西耶全集》第 2 卷第 194 页,"莫斯科中央局大厦"。

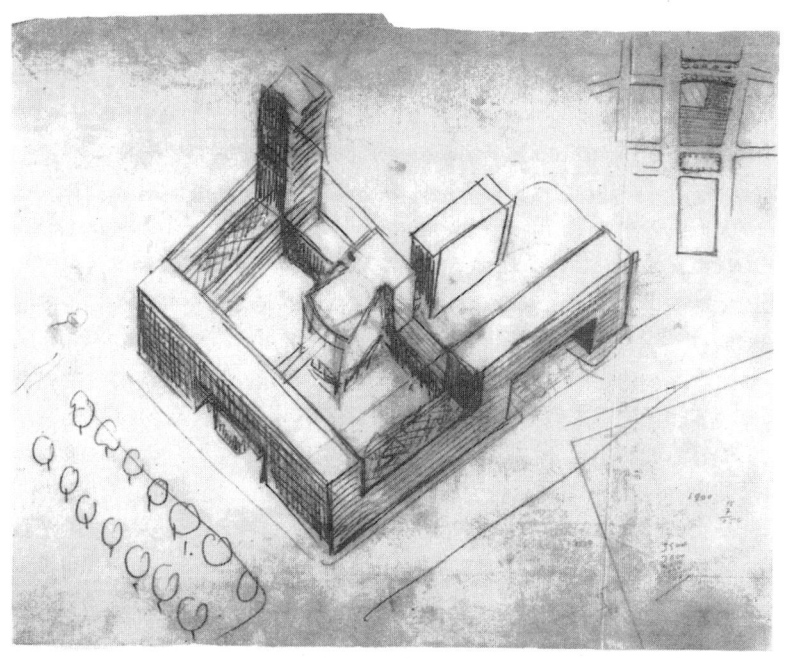

莫斯科中央局大厦方案(1933 年),轴测图

76 | 1928 年 11 月 28 日，致母亲信

1928 年 11 月 28 日

我亲爱的妈妈：

为了给您写这封信，我利用了周三这个上午的时间。好几天晚上我都决定给您写信；但一回家，我就被我的铅笔和我的颜料拉到画布前，一晃就过了午夜。上午就用来睡觉，下午 1 点钟才爬起来。然后是事务所，那里有十来个绘图员和一大堆棘手的问题。我的思想被迫在各个方案之间切换。我希望把它们都实现，它们都很紧急，都很迫切。于是，我过着一种非常规律的生活，没有外出，没有所谓的"娱乐"；但却很幸福，很兴奋，很有成就感！我对自己说：人只活一次！我要将它赋予不寻常的意义。

昨天，（针对技术方面的问题拜访了古斯塔夫·利翁[1]）我们开始敲定莫斯科的方案[2]。又一次，这将是一个革命性的创造：一栋办公大厦，于此，技术的馈赠将颠覆所有的传统，达到一种壮丽的表达，但也会因为新奇而令人惊愕。莫斯科大使馆和巴黎外交部通知我，即将来我事务所协助工作的几位俄罗斯建筑师的签证已经办妥。巴黎的舆论对我的莫斯科之行很感兴趣。我会见了兰登（荷兰大使）和奥苏斯基（捷克斯洛伐克大使），他们为我的描述感到震惊。今晚还要和佐藤先生（日本大使）共进晚餐。

人们将看到：

日内瓦的宫殿……仍旧在阴霾笼罩之下。而我们莫斯科的宫殿将于明年入秋前破土动工。奥苏斯基对我说：坚持，坚持，再坚持。人们最终会理解的！

是的，我的书中的内容将不再是纸上谈兵。这一次，舆论将获得足够宏伟的实物证据。人们将为之一振。

周日，我和伊凡娜在阿尔伯特[3]家共进晚餐，度过了一段美好的时光。洛蒂[4]很亲切，还有她两个可爱的小女儿。

现在，我又面临作一个重大的决定。关于此事，我已反复思考了数年。我生活在这个国家：于此，我奉献出我全部的思想；于此，我也汲取了丰富的营养。我被视为法国建筑的首领。但却被置于可疑的背景下。人们说："哦，您是瑞士人。"每一个对我的方案动心的人却这样答复我："哦，您是瑞士人，我们不能聘用您。"无关紧要的事却产生了严重的影响。卢舍尔[i] 法案，巴黎中心的改造——我干脆被拒之门外。

---

i 卢舍尔：法国工程师、政治家。1926～1930 年间担任法国劳工部部长。1928 年颁布卢舍尔法令，旨在改善社会居住条件。

我对罗米尔⁵先生谈及此事。他认为我终应加入法国国籍。

您知道,我对国界一向没有概念。然而,在面临抉择的时候,我感觉在我内心深处竖立着一道建立在教育基础之上的感情壁垒。这让我感到痛苦。**客观地讲**,这其实不过是人为的分割。人为的瑞士,人为的法国,人为的割裂。但目前,人为的瑞士变成了障碍。

我是个极感性的人(与表面看上去正相反),所以此事令我感到犹豫,感到煎熬。不过尽管如此,为了实现我对伊凡娜的承诺⁶,我打算解决国籍的问题。请告诉我您的想法。

伊凡娜一直希望有个家,我们一起踏踏实实地过日子。能为她开辟出一方天地,呵护她那孩子似的孤僻而敏感的心灵,将是我莫大的幸福。伊凡娜深情地向您问好。

再见,我亲爱的妈妈。想念您。

您的爱德华

---

1 古斯塔夫·利翁(Gustave Lyon, 1857~1936):声学工程师。代表工程有巴黎普莱耶音乐大厅(Salle Pleyel)的声学设计。

2 莫斯科中央局大厦(Centrosoyus)→见致伊凡娜·迦丽信 24.10.1928 ∗ 信 75 注 1

3 阿尔伯特·让纳雷:勒·柯布西耶的哥哥。→详见收信人目录

4 洛蒂·罗芙:阿尔伯特·让纳雷的妻子,她与前夫生有两个女儿。

5 吕西安·罗米尔(Lucien Romier, 1885~1944):早年毕业于巴黎文献学院。专门研究中世纪及文艺复兴时期法国政治史的专家。著作有论战性的文集《谁主沉浮:欧洲,还是美洲?》(1927年)。法国复兴运动的积极参与者和代言人(见致母亲信 07.02.1928 ∗ 信 73 注 4);1934 年任《费加罗报》(Figaro)主编;1941 年担任贝当元帅(Henri Philippe Petain)特别顾问;1942~1944 年间,担任国务部长。

6 勒·柯布西耶 1930 年 9 月 19 日取得法国国籍;同年 12 月 18 日与伊凡娜·迦丽登记结婚。

---

77 | 1929 年 10 月 29 日,致母亲信
1929 年 10 月 29 日

我亲爱的妈妈:

昨晚收到您 10 月 6 日的来信。用了 23 天才寄到。这里现在是初春,

巴拉圭[i] 庆贺圣母升天节[ii] 的花的海洋，同您召唤我出生之日[iii] 的冰天雪地大不相同。总之，一年之中享受两个春天，真是件令人愉快的事！我的南美之旅即将结束。离开巴拉圭——接近赤道地区——来到马德普拉塔[iv]，然后一夜火车兼程向南极方向进发，来到巴塔哥尼亚高原[v] 的边缘。

我的旅行生活很是惬意。我被盛情款待，看到许多年轻而有朝气的面孔。隆重而豪华。一切都安排妥当。明天将在美国使馆用午餐，在那里我被安排同彼得·胡佛会晤，共商关于日内瓦世界城[vi] 的事宜。后天要去拜见法国大使，我的每场讲座（一共十场！）他都必到。周日的时候，我来到一个大庄园（潘帕斯草原[vii] 上的农场）：美丽的大花园，到处是鲜花和棕榈树；花园中间有一处不可思议的游泳池，池壁铺满了白色的瓷砖，池水是淡淡的蓝色；还有一个 4 米高的跳台，我毫不犹豫地跳下去，完美！如是又来了五次！我如鱼得水，对我来说，这是一种极大的满足。

我在这里多逗留了几日，那是因为我在构思一个伟大的方案：布宜诺斯艾利斯[viii] 的规划。这是自然而然的命运的安排，布宜诺斯艾利斯与纽约在地理上形成对称。我提出这样的问题：纽约，还是布宜诺斯艾利斯？一个宏大的城市化的构想浮现在我的脑海中。就在当地的一次讲座中，我表达了我的这一想法。遵从命运的指引，看清道路，扫除障碍，我构思了一个名为"布宜诺斯艾利斯大工程"的规划。我相信这个工程将成为整个南美洲规模最宏大的工程。（当然，也很有可能不了了之！）这儿有一种独特的魅力。人们善于表达，思想开明。南美洲年轻而充满力量，纯朴而积极。对于他们来说，只有<u>行动</u>！虽然，在建筑方面他们是落后的；但是，他们相信<u>明天</u>。

我想下一次美洲之旅，将是一个具有重大意义的事件。

这里的人们托我向卢舍尔先生问好，对法国的仁慈表示感激。阿根廷对巴黎怀有一种崇敬。这里人们的法语相当流利。我的朋友冈萨雷斯·卡拉依（一位总督的后裔）是位学识渊博的先生，我们毫无障碍地开诚布公地交流。昨天，我们一同参观了一艘德国巨轮<u>开普艾柯纳号</u>。他在船上遇

---

i 巴拉圭（Paraguay）：南美洲中部的内陆国家。
ii 圣母升天节（Assomption）：每年 8 月 15 日。
iii 夏尔·爱德华·让纳雷（勒·柯布西耶的本名），1987 年 10 月 6 日出生在瑞士的拉绍德封。
iv 马德普拉塔（Mar del Plata）：位于阿根廷境内毗邻大西洋的滨海城市。
v 巴塔哥尼亚高原（Patagonie）：位于阿根廷境内，延伸至南美洲的最南端，高原上多冰川湖。
vi 参见《勒·柯布西耶全集》第 1 卷第 184 页，"世界城方案"。
vii 潘帕斯草原（Pampa）：阿根廷畜牧业的 80% 位于潘帕斯草原，这里分布着许多农庄。
viii 布宜诺斯艾利斯（Buenos Aires）：阿根廷政治、经济、文化中心，享有"南美洲巴黎"的盛名。

到了一个男仆，两人像兄弟一样拥抱；那是卡拉侬今年夏天乘船旅行时结识的朋友。今天上午，我决定给他画像。上来有些困难，我感到有些不安；但后来就好了，感觉来了，因为我没有放弃。他很高兴。

我还得以在空中俯瞰布宜诺斯艾利斯。怎样的事件啊！惊动了外交部长、共和国总统、军事部长，还没算那些飞行员和乘务员呢。这是在我来到这里的第三周！

人们还邀请我去阿根廷中部的科尔多瓦以及智利的圣地亚哥作讲座。我谢绝了，因为我不能久留。里约热内卢也发来邀请函，请我去逗留十日。

【上】位于普瓦西的萨伏伊别墅（1928~1931），透视图
【下】巴黎救世军庇护城方案（1929~1933）

我的计划是巴西的圣保罗[i]。我的朋友普拉多，咖啡大王，就住在那里。我打算去他那儿待上几日，参观一下他的种植园，或许还能看到12米长的巨蛇（桑德拉![ii]），还有1万法郎一场的讲座。在那里也许还可以接到工程。

亲爱的妈妈，这些听起来是不是像一场奇遇。我还是我，那个朴实的家伙，向往他雅各布大街20号的小窝，向往他的画布，和他忠诚的伴侣凡凡[1]；还盼望着早日见到我可爱的妈妈。我接受这奔波的生活，也想借此可以赚些钱，使我身边没有机会去谋"大钱"的人可以生活得更殷实些。

再见，亲爱的妈妈。这封信将用航空邮寄，您很快便可以收到。您可以想像吗，一架法航的飞机，可以载着500kg的信件，从布宜诺斯艾利斯飞到巴黎，一趟可以赚100万法郎。

法国人总爱夸夸其谈，不过可以肯定的是，连接图卢兹和整个南美洲的拉提奎尔航空公司具有惊人的可靠性、准确性和效率。

吻您

您的爱德华

1　伊凡娜·迦丽→柯布的妻子。（详见收信人目录）

78 ｜ 1930年1月11日，致母亲信

新年 ｜ 1930年1月11日[iii]，于巴黎

我亲爱的妈妈：

这里是献给老爸的一些花。

请您相信，我们所做的一切，都是为了无愧于我们的父亲。

---

i 圣保罗（Sao Paolo）：巴西城市，毗邻里约热内卢。
ii 伯莱斯·桑德拉（Blaise Cendrars，1887~1961）：瑞士法语作家。出生于瑞士拉绍德封，勒·柯布西耶的朋友。少年时代开始环球旅行。他把第一本诗集定名为《来自全世界》。《旅途散记》（1924）和《南美洲人》（1924）为诗人旅行见闻瞬息镜头的纪实。
iii 勒·柯布西耶的父亲乔治·爱德华·让纳雷－格里斯1926年1月11日去世。

至于您,永远青春而有朝气。向您致以我们最深的敬意并献上我们全部的爱。

伊凡娜及爱德华

79 | 1930 年 4 月 25 日,致母亲信
1930 年 4 月 25 日,周五,晚

我亲爱的妈妈:

您欣赏了托斯卡纳[i] 的鲜花、丰富的天际线和建筑;您没有去打扰那些画家。您做的是对的。绘画是件艰苦的事情,需要接受默启。建筑,具有场景的性质,它如此鲜明的表达,拥有直接的表情,不容半点含混的意图。艾玛-查尔特勒修道院[1],提供了一种居住的模型;俄国人在他们莫斯科的新居住规划中提出了类似的但未体现出其中精髓的解答。我在我一本正在印刷的新书中又提到艾玛-卡尔特修道院。圣洗大教堂[ii] 很美,不是吗?如此纯净!圣母之花大教堂[iii] 的穹顶是一个完美的奇迹,安静地坐落在那里。比萨,无疑是世界上最重要的建筑场所之一。它留给我的记忆仍很清晰:最后一次到比萨是 1910 年,20 年前!

亲爱的妈妈,您现在拥有了一个光彩照人的记忆的宝匣。非常高兴您能出去走走。您已到过佛罗伦萨了。

阿尔伯特[2] 来家里吃午饭。他说他给您写了两封信,一封寄到佛罗伦萨,另一封寄到高尔索。

我们周六一起去莱热[3] 位于诺曼底[iv] 的农场度周末,周二上午返回巴黎。

伊凡娜[4] 在那里一直待到周四上午(她很受我朋友们的欢迎)。而我,这两天只好独守空房。

---

i 托斯卡纳(Toscane):托斯卡纳区位于意大利中西部。这里被认为是文艺复兴发端的地方。而且风景优美,田园气息浓厚。
ii 圣洗礼堂(Baptistère):位于圣母之花大教堂边,八角型的洗礼堂,青铜大门上雕有著名的"天堂之门"。
iii 佛罗伦萨主教堂(Duomo),又称"圣母之花大教堂",或"圣玛丽亚-德尔弗洛雷大教堂"(Santo Maria del Fiore) →见致父母信 14.09.1907. 注 6
iv 诺曼底(Normandie):诺曼底离巴黎很近,相距只有 70 公里。

每每领她一起和朋友见面：桑德拉[5]、莱热、曼德洛特夫人[6]，还有拉罗歇[7]先生；伊凡娜的亲切可人都很令他们喜欢。

工作依旧繁忙。庇护城[8]已出离炼狱，那将是一个很好的方案。已经开始着手拜斯德盖[9]先生位于香榭丽舍大道的寓所的工程了。银行联合会的银行家们正在计算瓦赞规划[10]所需的投资金额。还收到一份来自纽约报业大亨赫斯特[11]夫人的委托，她要在佛罗里达建造一座最时髦的别墅。普瓦西的那栋住宅[12]成为了一个小小的奇迹，一件富于创造性的作品。

我给您寄去了一本由苏黎世吉斯伯格出版社出版的《勒·柯布西耶全集》。我的另一本新书《精确性》[13]正在印刷。我想这将是一本很棒的著作。谦虚！！

菲利普·拉莫尔[14]，法国青年法西斯运动的领袖之一，他前几天送给我一本他新出版的书《埃菲尔铁塔下的对话录》。书扉页的题献这样写道：

不是献给让·考克多[i]

彭加莱[ii]

费利克斯·布丹[iii]

而是献给勒·柯布西耶

列宁

雪铁龙[iv]

（原书即以此版式印刷）

绘画让人沉醉。还有一项重要的任务待我去完成，那就是打响布宜诺斯艾利斯和巴西城市化的战役！

我的头脑是绝对清醒的。

阿尔伯特心情不错的样子。于勒坐在桌前。

伊凡娜同莱热一家人去看马戏表演了。

我画画。午夜降临。

好了，就写到这儿吧！

我也给怀特[15]先生写了封信，给他寄去了一本我的作品集，我在前言

---

i 让·考克多（Jean Cocteau）：法国诗人，并身兼小说家、评论家、剧作家、画家、设计师和电影导演等多重身份。

ii 雷蒙·彭加莱（Raymond Poincaré, 1860~1934）：是多任的法国总理，而且是带领法国度过第一次世界大战的总统。

iii 费利克斯·布丹（Félix Potin, 1820~1871）：法国食品业巨头。

iv 安德烈·雪铁龙（André Citroen）：法国机械工程师，于1919年创办了雪铁龙这个汽车品牌。

中提到了他。还有夏尔·艾普拉特尼尔先生。

勒内·施沃布[i] 又来找我给他设计别墅（我拒绝了）。

我曾经答应他，那是在特定的条件下。没有新闻。

好了，晚安，亲爱的妈妈。爱您

并向波利娜姑妈问好

您的爱德华

---

1 位于佛罗伦萨附近的艾玛－查尔特勒修道院：柯布1907年赴意大利北部托斯卡纳地区的旅行中发现了这个修道院。→见致父母信14.09.1907 ∗ 信1注3

2 阿尔伯特·让纳雷：勒·柯布西耶的哥哥。→详见收信人目录

3 费尔南德·莱热：是法国立体主义画派代表画家，勒·柯布西耶的朋友。→详见收信人目录

4 伊凡娜·迦丽：勒·柯布西耶未来的妻子。→详见收信人目录

5 伯莱斯·桑德拉：瑞士法语作家。出生于瑞士拉绍德封，勒·柯布西耶的朋友。→详见收信人目录

6 艾莱娜·德·曼德洛特夫人→见致让·巴托维希信19.06.1928 ∗ 信74注2（详见收信人目录）

7 拉乌尔·拉罗歇：银行家，艺术收藏家，勒·柯布西耶的朋友。→详见收信人目录

8 巴黎庇护城：位于巴黎（13°）Cantagrel大街。1929~1933年间，在亲王夫人维纳海特·德·波利尼亚克－森格尔的主要资助下，为救世军建造了这座设有500个床位的庇护城。→见致母亲信20.01.1928 ∗ 信72注2（参见《勒·柯布西耶全集》第2卷第88页，"巴黎庇护城"）

9 拜斯德盖公寓：为夏尔·德·拜斯德盖（Charles de Bestégui）伯爵位于香榭丽舍大街136号一套屋顶公寓所做的布置（1929~1932）。→参见《勒·柯布西耶全集》第2卷44页，"Charles de Bestégui先生的寓所"。

10 瓦赞规划→见致母亲信17.03.1927 ∗ 信64注1

11 威廉·鲁道夫·赫斯特（William Randolph Hearst），(1863~1951)：美国报业巨头。创建赫斯特报业集团，曾拥有25种日报、11种周刊和多种杂志。电影《公民凯恩》（Citizen Kane）的原型。

12 萨伏伊别墅（Villa Savoye）：1928~1931年间，在距巴黎不远的伊夫林省（Yvelines）的普瓦西（Poissy），为保险人皮埃尔·萨伏伊（Pierre Savoye）一家建造了这栋别墅。1958年，由于这里要兴建一所中学，而面临被拆除的境遇。后因一份国际请愿书和安德烈·马尔罗（André Malraux）的干涉而得到保存，并收归国有。1964年12月7日，划定为民用建筑，1965年12月16日，被划定为历史文物并受到保护。关于这栋建筑以及勒·柯布西耶其他建筑的司法保护工作，曾由巴黎一大建筑城市设计中心热拉尔·莫尼埃（Gérard Monnier）教授负责，2001年3月6日起，转由文化部历史委员会遗产保护小组负责。

13 《精确性——关于建筑及城市规划的现状》（Precisions）：1930年由克莱斯出版社出版，是《新精神》的合集。

14 菲利普·拉莫尔（Philippe Lamour, 1903~1992）：1925年加入"束棒"（Faisceau）运动，1928年遭到排斥。1930年与让娜·瓦尔特（Jeanne Walter）共同创办《规划》杂志，勒·柯布西耶曾为其撰稿。1929年，出版了他宣言式的著作《埃菲尔铁塔下的对话录》。

---

i 勒内·施沃布，马塞尔·勒瓦扬的侄女，阿纳托尔·施沃布的妻子。

15 威廉·怀特：艺术史学家，勒·柯布西耶的朋友。→详见收信人目录

80 | 1930 年 6 月 28 日，致艾莱娜·德·曼德洛特信
艾莱娜·德·曼德洛特夫人 | 1930 年 6 月 28 日，勒·柯布西耶

亲爱的朋友：

　　请您不要焦虑，我使用了一个可能过于形象化的词，以致使您陷入了不安。我要指出的是：<u>我们</u>（这个"我们"将逐渐成为团结有理想有行动力的人们的一个集合）所煽动起来的思想触及到了当前偶然事件的更深刻更真实的层面。我们不是职业的哲学家。我们从事各行各业，我们的每一步都受到羁绊，而不能表现出纯洁的品行。对于一些极端的分子，对于我们中的一些人，这思想的领域甚至还触及到了权力这一形式。他们是社会的宪兵。但这是极端的情况，是偶然的结果。您清楚地了解，对于我们，对我个人而言，我们对社会这个概念的认识就是指引我们建筑及城市规划研究方向的那根主线，或类似的什么。政治？在这方面我是无色的。因为在我们煽动起来的思想的周围聚集并形成了各种团体：法兰西复兴[i]、利奥泰[ii] 的帝国主义、资本主义；共产主义、社会主义；激进党（卢舍尔[iii]）、国际联盟、保皇党，还有法西斯……您知道，当混合了所有的颜色，我们便得到了<u>白</u>色。所以，我这里只有审慎、中立、纯洁，以及独立的对<u>人</u>类真理的探究。请您相信我这里没有宪兵。

　　我希望这下您可以消除疑虑。

　　再次向您表示感谢。好好休息，祝早日康复。

您的
勒·柯布西耶

---

[i]　法兰西复兴运动→见致母亲信 07. 02. 1928 * 信 73 注 4
[ii]　路易-赫伯特-贡萨伏·利奥泰（Louis-Hubert-Gonzalve Lyautey, 1854～1934）：法国政治家、军人、法国元帅。
[iii]　卢舍尔：法国工程师、政治家。1926～1930 年间担任法国劳工部部长。1928 年颁布卢舍尔法令，旨在改善社会居住条件。

81 | 1930年7月18日，致母亲信
1930年7月18日，于巴黎

我亲爱的妈妈：

明天，周六，我们将启程去西班牙[i]，同行的有阿尔伯特[1]、皮埃尔[2]和莱热。[3]

出于各种考虑，有几句话要交代；没有浪漫主义的精神，不是吗？万一有什么不测，您要知道，我拥有一笔非常有价值的绘画收藏（共计几十万法郎）。但它们只能恰如其分地得到增值。像里普希茨[4]和莱热这样的朋友，布赫夫人[5]认识的画廊的朋友，以及塞孚[6]（《艺术手册》的主编），有这些朋友的帮助，这些画作可以慢慢按其所值进行出售。

我在银行还有大笔存款和足够的现金。我的朋友德·蒙莫兰[7]和拉罗歇[8]能帮上忙。

您，伊凡娜[9]，阿尔伯特，还与皮埃尔，按照严格的顺序，您们是我上述资产的受益人。

伊凡娜越来越体贴，越来越忠心。

我不用再强调了。

我不是要去渡鲁比孔河[ii]，更不是下定决心去趟斯堤克斯[iii]的水。但面对接连的旅行、冒险等等，做这样的嘱托有备无患。

您看一切都安排停当了，除了这个：我没有对资产进行明确的划分，但我相信这些凭我的努力和远见而积攒下来的资本在您们手中一定能得到妥善的分配和处理。

好了，我可以轻松地出发了，而没有任何后顾之忧。

深情问候

您的爱德华

---

1 阿尔伯特·让纳雷：勒·柯布西耶的哥哥。→详见收信人目录
2 皮埃尔·让纳雷：建筑师，勒·柯布西耶的堂弟，勒·柯布西耶的助手。→详见收信人目录
3 费尔南德·莱热：画家，勒·柯布西耶的朋友。→详见收信人目录

---

i 第一次世界大战后，西班牙国内动荡不安，工人阶级在政治上抬头，1931年政府不得不宣布共和制度，当时国王阿方索（Alfonso）十三世亡命法国。
ii 鲁比孔（Rubicon）：鲁比孔河在罗马共和国时代为山南高卢与意大利的河界。公元前49年，恺撒冲破不得越出所驻行省的法律，渡河宣告与罗马执政官庞培决战。
iii 斯堤克斯河（Styx）：即冥河。

4 雅克·里普希茨：雕塑家，勒·柯布西耶的朋友。→详见收信人目录
5 让娜·布赫（Jeanne Bucher, 1872 ~ 1946）：画商，在巴黎拥有自己的画廊。
6 克里斯蒂昂·塞孚→见致让·巴托维希信 19.06.1928 ＊信 74 注 3
7 让－皮埃尔·德·蒙莫兰：瑞士银行家，勒·柯布西耶的朋友。→详见收信人目录
8 拉乌尔·拉罗歇：银行家，艺术收藏家，勒·柯布西耶的朋友。→详见收信人目录
9 伊凡娜·迦丽：勒·柯布西耶的妻子。→详见收信人目录

82 | 1930 年 9 月 28 日，致母亲信
1930 年 9 月 28 日，周日，晚

我亲爱的妈妈：

　　我想到我们周五上午阴沉的离别，想到我们忧郁滑稽而荒唐的争论。当我再次踏上巴黎的土地，气氛一下子起了变化：每一步都呈现出思考和判断的机会。这里在上演生活的戏剧，以及各种极端的情况。人们知道也感觉到，不幸是命运的安排，人无从逃避。在那些被命运打败的人的身上，往往可以感觉到：失望、不幸，还有厄运，或快或慢，终会将人击垮。这不是凭空捏造，这是马路上无数面孔讲述的故事。

　　您，在瑞士，幸运地避开了这风暴。有些事您不了解，您也永远不会了解到。所以，您的判断是狭隘的。

　　身处这座大城市的人，在肮脏的石头的荒漠中，在他纵身投入的这场无情的战役中，努力去建立的是一个个人幸福的概念，或说梦想。这里，没有什么可以用来鼓舞我们的眼睛和感官，也没有什么可以用来安抚我们的神经和欲望；但就在这里能够生长出精神的力量。身外一切皆是虚空；人们精心培育着梦想的花园，并勇往直前。

　　您，也曾是一位辛勤的耕耘者，一个精神力量的楷模。相对于沉思的精神，您被赋予了更强大的直觉。您在我们心目中一直保持着光辉的形象，这形象每天都浮现在我们眼前，在我们的工作和生活中。您赋予了我们有力的感情；老爸赋予了我们独立于公众舆论的自主的判断。我们是积极的自由的人——基本自由。

　　难道我们可以眼睁睁看着您，在安乐的晚年，被这不幸由市侩之徒占据的一方土地上所散播的舆论所左右吗？难道就是为了要遵从习俗，无缘无故地，您就要使您无拘无束的晚年生活屈从于周围人的蠢话吗？

　　您引发了一个严肃的问题，因为精神的力量在这样的道路上会涣散。

我亲爱的妈妈，我冷静、沉着、而有力地回答您：<u>您没有这样的权利</u>！

我们努力给您带来内心的不张扬的朴实的快乐，但是对于我们给您带来小小快乐和便利的这样或那样的举动，您却粗暴地用如此伤人的话将其捣碎："这对我毫无用处，这丝毫不能令我宽慰。我还是那么辛劳，那么痛苦！"

我亲爱的妈妈，告诉我们，告诉我们您很孤独，您常常感到寂寞和空虚。您这么说，我们将完全可以理解。但是，近在咫尺，就在您的身边，您对美丽大自然的热爱便能得到充分的满足。以及您对音乐的爱，您可以聆听美妙的唱片，还可以花上一两个小时弹奏自己的音乐——还有您的大儿子，他已成为一名优秀的作曲家。还有虔诚的信仰，您可以通过诵经和祈祷达到内心的宁静。

您的世界太封闭了。您把这扇门关得太紧。您应该到外面走走看看。您不该总想着自己，尤其不该总想着自己的不幸。您应当想想您的幸福。永远不要忘记，您是我们的榜样！

您是一个暴君吗？您希望一切都符合您的构思、您的想法、您的行为方式。当我说到暴君，我脑海中就浮现出一个小小的暴君。您竟固执地要把您看问题的方式方法强加给您年过不惑的儿子们吗？

我亲爱的妈妈，我希望这已经过去的突如其来的风暴，能够成为我们的警戒，时刻提醒着我们！

我恳求您，让我们好好地从中吸取些教训吧。因为这是反常的事，应当抵制它，应当及时扼住这苗头。擦亮眼睛，行动起来。

我亲爱的妈妈，您看，老爸嘱咐我照顾您是有道理的。我成熟而审慎。我提出我的建议，结合着温存和爱意。我们希望您幸福。您能够做到的。<u>而且您必须做到</u>。您知道，如果因为我们而使您想到要退缩要放下武器，那您会增加我们的担忧。应当武装起来，应当保持警惕，应当反抗！

我信任您。以老爸的名义，他漫长的人生（婚后的 40 年）曾是如此阴郁而暗淡，我对您说：您会生活得幸福。

我们回到家中。我位于雅各布大街的小窝[1]，同您的或者阿尔伯特的住所相比显得很不起眼。这里积累了我许多劳动，可爱而干净，回到这里令我感到幸福。我们在这两间小屋共同生活。我写书，我准备我的画作（但画作的完成都是在皮埃尔[2]家一处简陋的小工作室里，我想没有一个画家愿意在那里作画）。工作之外，绘画就是我筑起的堡垒；但它常常因旅行而中断。同样地，我绘画，因为这是一种救赎。我画画，在火车上，在汽车上，在轮船上，在旅馆，以及候见室。我不等着缪斯们插上金色的翅膀翩然而至，我把她们揣在我的口袋里，随时随地就可以掏出来。真的，不要遗漏每一分钟，这样您就会发现时间过得飞快！还要学习利用环境。让其他人工作，并让他们对自己的工作感兴趣。

当您对我说您"没功夫照看一个小仆人"，您的回答令我惊愕。您要学会接受帮助，您要学会宽容他人的工作，以及他们工作的方式！

阿尔伯特[3]，自从他开始严肃的作曲，他的性格就起了变化。我从中也领悟了些道理。生活原本是有滋有味的，要好好去品尝！

亲爱的妈妈，生活在对您微笑，您要去欣赏，去体会。请您相信这一点；您知道，您拥有我全部的爱。

爱德华

---

1 夏尔·爱德华·让纳雷 - 勒·柯布西耶，1917～1935 年间，居住在巴黎（6°）雅各布大街（Jacob）20 号；自 1935～1965 年去世，一直居住在巴黎（6°）朗吉瑟 - 高利大街（Nungesser et Coli）24 号，一栋由他设计的公寓（Molitor）大厦的顶层，他在那里安排了自己的住所及画室（见致路易·苏提尼信 04. 10. 1935 ＊ 信 101）。他的建筑事务所，先后短暂地在雅各布大街和阿斯托日大街（Astorg）设立；1924 年起，勒·柯布西耶的事务所一直在塞维大街（Sévres）35 号，一个长条形的房间内（那里原是一处古耶稣会修道院二层一段朝向内院敞开的廊道）。

2 皮埃尔·让纳雷：建筑师，勒·柯布西耶的堂弟，勒·柯布西耶的助手。→详见收信人目录

3 阿尔伯特·让纳雷：勒·柯布西耶的哥哥。→详见收信人目录

---

83 | 1931 年 1 月 10 日，致埃利·富尔信
埃利·富尔先生 | 1931 年 1 月 10 日

亲爱的朋友：

感谢您关于我南美洲规划小册子的如此慷慨的来信。

"纯粹精神的创造"，这是您对我布宜诺斯艾利斯摩天楼的评价；是的，创造的动机源于我向您描述过的糟糕的编辑。当我到达布宜诺斯艾利斯，我<u>什么也没有看到</u>。据说，在里约热内卢[i]，旅行者可以<u>看到</u>丰富的自

---

i 里约热内卢：位于巴西国土的东南部，世界著名的天然良港之一，奥库卡山是里约热内卢的标志。登上海拔 395 米的山顶，举目远眺，里约热内卢城尽收眼底。

然：高山、海湾和船舶，视野是被 100% 全部占满的。而在布宜诺斯艾利斯呢，0%，视野之中什么也没有，或者更确切地说，只有一条水平线（一个平面的剖线）。可以想像，那场景看上去既<u>不做作</u>，也<u>不自然</u>。糟糕的编辑。

然而，纯粹精神的创造——摩天楼将揭示这在水平面上铺展开来的壮丽的场景。实际上，它将<u>整合</u>原本难于被理解、被把握的自然事件。

您说的没错：糟糕的编辑！

如今，年轻人的<u>学院派</u>啊！这是最艰难的觉醒。二十年，你追寻一条真理，你抓住它，揪住它的脖领，同它扭打在一起……这个时候，你的追随者赶了上来，他们咔咔地捕捉到这搏斗瞬间的镜头，他们将其做成样式画；同样的主题，但却是凝固的、不动的、没有张力的、毫无生气的。于是，呆滞的片段充斥着世界，人们制造出"风格"来。但，<u>风格不是建筑</u>！举例来说明，我，就被年轻人给<u>风格</u>化了。这一点也不可笑！于我而言，我正一点一点在超越程式化的手法。凭借着对各种各样的事物的敏感，我在搜寻可以用来构筑新建筑的素材。

一个新的阶段：<u>光辉城市</u>。您看到了吗，在这个词的背后，一个走钢丝的艺人在表演完他最危险的特技之后，嘴角露出了微笑。<u>光辉</u>，因为取得了完全的胜利。

<u>光辉城市</u>，我胸有成竹！

亲爱的朋友，很高兴与您进行了这段简短的交流。

谨上

勒·柯布西耶

84 | 1931 年 1 月 19 日，致约瑟夫·贝伦斯信

约瑟夫·贝伦斯先生 | 葛鲁纳街 27 号 | 柏林万湖[i] | 1931 年 1 月 19 日

亲爱的先生：

您 1 月 9 日的令人愉快的来信我已收到，主题是关于您们生产的彩色壁纸。如果我能够对您有些微的帮助，我将感到非常荣幸。但实际的情况

---

i　万湖（Wannsee）：柏林地名。

是：到目前为止（1931年），我从未使用过彩色壁纸。所以，我没法提出什么独到的见解。

但是，1930年11月，我同萨吕勃尔[1]签订了一份合同：设计一套以我的名字命名的产品，并将其运用到一些我推荐的装置上去。

所以，您可以理解，让我公开回答您提出的问题，这着实令我为难；对于萨吕勃尔，这将是不忠的行为。

我非常感动，您、霍耶尔和迪斯，谢谢您们还都记得我。那是一段很久远的记忆了。请代我向他们问好。

我为不能有效地回答您提出的问题而深感抱歉，不过我想我的意见并不是至关重要的。

亲爱的先生，请相信我最真挚美好的感情。

勒·柯布西耶

---

[1] 萨吕勃尔（Salubra）：瑞士一家生产彩色壁纸的公司。1931年和1957年，勒·柯布西耶分别为该公司设计了两套色阶，丰富了其产品色彩平衡的范围和种类。

85 | 1931年2月16日，致威利·鲍梅斯特信

1931年2月16日

我亲爱的鲍梅斯特：

旅行归来，我收到您寄来的作品选集。很高兴看到您的作品以如此精美的装帧归集成册。这些都是杰出的画作。它们太美了。自1920年始，您选择了一个健康而有趣的起点，您满怀信心，一往无前。

而于我，这方面则进展得没那么顺利。我的绘画，令我震颤，令我痛苦。我在建筑方面的才能丝毫没有移植到我的绘画中来。不可理解！然而，尽管有不可逾越的困难，但对我来说，画画的时刻仍是我自我解救的时刻。

另外，是否能麻烦您转告我希尔布兰特[1]最近的健康状况？一个来自斯图加特的年轻人请求我让他翻译《住宅—宫殿》[2]。除了希尔布兰特，我不想由其他人来翻译此书。等您的消息。

向鲍梅斯特夫人致敬。您的小女儿还好吗？她老爸在作品集中的大头

像很是精神。这是我老婆的看法……对了,忘了告诉您,我结婚了。
祝好。

!!!

!!

!

勒·柯布西耶

向您二位致以美好问候——伊凡娜

---

1 汉斯·希尔布兰特(Hans Hidebrandt, 1899~1979):德国活跃的艺术史学家,艺术评论家。1926年德文版《走向新建筑》的译者。
2 《住宅—宫殿》→见致母亲信1928 * 信70注1

86 | 1931年9月1日,致母亲信
1931年9月1日,周二

我亲爱的妈妈:

  正准备启程返回欧洲的时候,我接到阿尔伯特的来信,告诉我小佩茜[1]被轧死的消息,并告诉我您为此感到非常悲痛。

  这也令我心头一凉;因为我知道,对于这命运的打击,您的反应将是多么强烈。

  在整个非洲之旅的过程中,我一直以小狗为伴。在每一处驿站,我总能看到小狗的一双眼睛注视着我们,它们好像一面慈爱和信任的镜子。

  小狗的眼神都是一样的。

  您的小佩茜,您十分眷恋它。那么,就再找一只相似的吧。或者找一只完全不同的,活泼的,听话的,不认生的。为此应当好好打听一番,不要匆忙决定。我周五抵达巴黎。请告诉我您打算如何安排此事。您是否想要同样的品种,小公狗还是小母狗?我会通过懂行的朋友在巴黎给您挑选一只。这只小狗将值得留住您的温情,而不至于使您总是陷入对佩茜的思念之中。

  收到此信后请给我巴黎的地址回信。

  我亲爱的妈妈,请不要把纯粹的意外理解成命运的打击。

我们的心应当敏感而富于同情，但不是脆弱。
致深切抚慰

爱德华

---

1 佩茜：勒·柯布西耶母亲养的一只小母狗。

---

87 | 1931 年 10 月 10 日，致母亲信
1931 年 10 月 10 日

我亲爱的妈妈：

阿尔伯特¹将您的来信转交给我，并转述了您发生的意外。见鬼！还是发生了这种事！我之前跟您说过多少次？！这个楼梯危险！而您呢，总是忙忙叨叨地跑上跑下。您知道吗，您差点儿送了命。幸运的是只折断了一根肋骨，因为通常情况下会磕到脑袋。

我亲爱的妈妈，您的精力是如此之充沛。但<u>为了我们</u>，请您一定要学会照顾好自己。稍稍放松一下您的扫帚以及您魔鬼般苛刻的秩序感，它们是更多您尚未意识到的<u>危险的根源</u>。您的秩序，您的客人！每个人都知道您是孤身一人。所以每个人都应当理解，在一天之中的几个小时里，您的家务（我痛恨它）势必非常繁重。如果客人上午 10 点钟到家，那根本不必要把所有地方都擦得锃亮。<u>不，不，不</u>！我感觉到这危险其实是您精神的一种异化。我眼中的您曾总是那么年轻，当我们还是孩子的时候，您除了做家务，还把您的活力投注到您的课程中去；您不但教授他们，而且还跟您的学生们保持着亲密的接触。如今这危险表面上看似是您个人的问题，但实际上与我们息息相关：您在心中自愿筑起一道壁垒，您想着能够（哦，幻觉）将您的思想强加于我们，但它们与我们不适合，一点也不适合。

瑞士人的法则ⁱ，令我厌恶，令我反感，令我战栗，令我愤慨。所以，

---

i 阿尔卑斯山对瑞士历史及瑞士人意识形态的形成起着至关重要的作用，长久以来蜷缩起来自我保护的"刺猬态度"是瑞士人的写照。瑞士人有条理，谨慎，勤勉，但也会显得胸襟狭窄、墨守陈规。

您试图说服我们的努力是徒劳的,毫无意义。

这种精神异化的结果,便是您的焦虑不安,您的慌慌张张,您对没有准备停当的恐惧……以至于您从楼梯上摔了下来。

我是冷酷的,我不会让我的精神被迷雾环绕。这事件存在着令人恼火的一面。我恳请您,在这次教训之后,您的心态能够有所调整。我曾学究气地对您提起过耶稣关于马大和玛丽亚的一次谈话[i]。这种情况久已有之。您读圣经,其中除了传播基督教的观点,您还可以从中找到关于<u>生命</u>的教义。生命中的选择,天平更偏重的那一端。您,您的生命,您的肖像,其他人之所以能够辨识您,就在于您审美的能力,您精神的自由,以及您作为个体对事物独立的反应。生命,生命,生命。这是我们爱一切的前提!

我们——您的孩子,以及他们的妻子,他们的朋友——我们由此来定位我们的生活。<u>我们在那里找到了尘世间的幸福</u>。您在那里也将找到真正属于您的幸福。回到那里去吧。在其中可以发现生命的真相。湖面上霭霭的迷雾会被您人格的明亮与强烈穿透。您理解我的意思:迷雾中潜藏着危险。

我亲爱的妈妈,如果您的心态没有改观,那么这楼梯将一直令我恐惧。我在这个小住宅[ii]中设计了仆人间,以便能减轻您的负担。

您的回答:"我没有时间再额外去照看一个仆人!何况,这个房间是给你们自己设计的!"多么武断。我亲爱的妈妈,您是否可以放慢脚步,好好想一想您在多大程度上歪曲了简单的事实呢?

阿尔伯特会去看望您。希望不会太严重,希望您的乐观主义不至于掩盖了真实的情况。阿尔伯特将带去我的信。您和他可以好好聊聊。好好考虑一下,亲爱的妈妈。我们永远信任您。照顾好自己,一定要照顾好自己。

衷心祝愿好转

爱德华

---

1 阿尔伯特·让纳雷:勒·柯布西耶的哥哥。→详见收信人目录

---

i 《约翰福音》十一章十七到四十四节记载了耶稣对马大所说的耳语:"马大,马大,你担心着许多事,然而只有一件事是必要的。"其中耶稣揭示了忙乱和埋怨产生的思想根源。
ii 勒·柯布西耶在莱芒湖畔为他的父亲母亲买下一块土地,并建造了一栋小别墅。→见《勒·柯布西耶全集》第 1 卷第 68 页,"莱芒湖畔小别墅"。

88 | 1931年11月3日,致弗朗兹·儒尔丹信

弗朗兹·儒尔丹先生 | 1931年11月3日

我亲爱的主席先生:

不言而喻,我绝不会放弃。

在秋季沙龙上,人们在展厅中散步,当人们看到镀金的画框中一个一丝不挂的女人,对应的展品目录上写道"女裸体";要是人们看到的是个躺着的女人,那么目录上写道"卧女";如果是两头牛在拉犁,那么目录则是"耕牛"。当所描述的是这类不需要解释的事物,我很赞同这样的简明精确。

但是,如果我展出的是关于城市规划的资料,那么看热闹的人从前面经过,投来目光,得出结论:"他疯了吗!"或者"太可爱了,这些凭空想像的设计。"或者会问"这是什么?"再或者,如果这引起了人们的兴趣,他们还会问:"他是如何考虑的?建立在什么样的基础之上?追寻着怎样的目标?"最后也许还会问:"是的,但这最终能变成现实吗?"等等。

如果农民要买一辆牛车,那么他会上上下下看个仔细,然后作出决定。但如果他要买的是一台带引擎的拖拉机,那么他势必将需要一本<u>印刷出来的说明书</u>,来介绍发动机的规格、马力、耗油量等等。

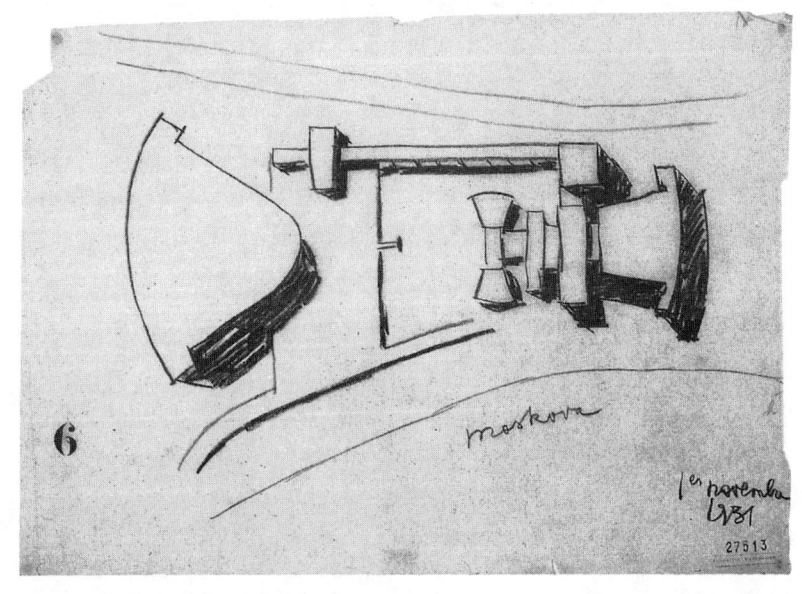

莫斯科苏维埃宫方案(1931~1932)总平面

所以，如果我展出的是一件画作，那我就会在目录上写下"绘画作品"。但我展出的是城市规划的方案，那么我就应当对公众作出解释！

"抱歉，关于该展品的说明另行刊印！"我将其另行刊印，是为了让它更清晰可读，更条理分明，并补充些充分且必要的解释。

这正是我论战的实际对象。

亲爱的朋友，像您一样，我绝不屈从他人的想法！

您忠实的
勒·柯布西耶

89 | 1931年12月15日，致母亲信
1931年12月15日，于巴黎

我亲爱的妈妈：

我冷落了您！但我的沉默是有原因的：我投入到苏维埃宫[1]的艰苦战役中。怎样的一场战役：三个月来，和15名绘图员一起，每天都工作到夜里两点，而且没有周末。这些年轻人个个都饱含激情。成果，向前推进一步，一大步。现在一切都已完成，对我来说一切都显得很简单；但之前经历了怎样的漫漫征程和焦虑不安啊！不知不觉已经达到一种极度疲倦的状态。以致随后的三天，每天都睡到下午1点才爬起来，好弥补缺失的平衡。在整个过程中，我感觉到由衷的深深的快乐，创造的快乐！一股力量日渐强大，最终达成它的目标。

混杂着各样的情绪，期盼竞赛的结果。方案的评审委员会变成了酝酿结局的地方。希望在它评判的过程中，艺术的法则可以统领一切，那同时也正是生命与自然的法则：和谐——无数实践所遵循的惟一法则。

我想日内瓦[2]是没有什么希望了。倒也轻松，终于可以摆脱模棱两可的处境。苏维埃宫为我们清扫了战场。于此，我们将筹划未来的任务。

周一晚，普莱耶音乐厅[i] 座无虚席，连过道上都站满了人，还有800人待在外面的街道上。

大厅内回响着一种超乎想像的难以描述的巨大的喧哗声。一场持续4个小时的吼叫式的论战。我处在风暴的中心。

---

i 普莱耶音乐厅（Salle Pleyel）：始建于1927年，是巴黎最著名也是最大的音乐厅，可容纳2300人。

坐在主席台上，头顶巨大的顶棚延伸出去，大厅里瀑布般的喧闹向我涌来。面对着一群出了名的大嗓门儿（由勒马海斯吉尔先生[3]组织起来的巴黎美术学院的学生们），就别想命令他们安静下来。找到合适的思想并把它们表达出来，不是靠说，而是要放开喉咙吼。

有趣的是，我倒始终保持着非同寻常的镇定。这喧闹被立体的组织起来：前面几排，在离我2m远的地方，挤满了大叫大嚷的学生；左边一群，右边还有一群；二层的楼座上还有呼应，简直形成了交响。

伊凡娜在我身边，我夜里还几次醒来，耳朵里仍回响着嗡嗡的喧闹声。

伊凡娜[4]，越来越好地履行着为人妻子的职责，她宽容我的一些癖好。她温柔、体贴、善解人意，总是在需要的时候出现在你的身边。善良，善良的姑娘。

我真是个幸运的家伙。

苏维埃宫的方案已经准备就绪，就等把它寄出去了。我一会儿要赶去我的事务所。不过今天上午很想给您写信。如果说我谈了太多关于我自己的事，那是为了让您感受一下这里的气氛。

我想家里的工程应该已经圆满完成了吧。盼望您的回信。

爱您

您的爱德华

亲爱的妈妈：

我们的耳畔还是会回响起讲座上巴黎美术学院学生们的喧哗声。我相信，如果您在场，您一定会感到震耳欲聋，真是令人生畏。我没有开玩笑，这是我第一次经历如此喧闹的场面。亲爱的妈妈，您的身体还好吗，房子的维护工作也快完成了吧？轻吻您。

伊凡娜

---

1 苏维埃宫（Palais des Soviets）：为在莫斯科建造苏维埃宫，1931年，苏维埃当局组织了一场国际竞赛。参赛者中除了勒·柯布西耶—皮埃尔·让纳雷，引人注目的还有沃特·格罗皮乌斯（Walter Gropius）、艾里希·门德尔松（Erich Mendelsohn），以及奥古斯都·佩雷。经历了一段风波，苏维埃宫建设委员会最终放弃了LC—PJ的方案，而启用了一位苏联建筑师的方案。→参见《勒·柯布西耶全集》第2卷第118页，"苏维埃宫"。

2 国际联盟宫 P. d. N. →见致母亲信 17. 03. 1927 ＊信 64 注 6

3 夏尔·勒马海斯吉尔（Charles Lemaresquier, 1870～1972）：法国建筑师，法国巴黎美术学院教授，学院保守派。曾担任日内瓦国际联盟宫方案评审委员会成员，是勒·柯布西耶—皮埃尔·让纳雷方案的极力反对者。→参见《勒·柯布西耶与学生的对话》

4 伊凡娜·迦丽：勒·柯布西耶的妻子。→详见收信人目录

90 | 1932 年 4 月 18 日，致泰奥多尔·菲舍尔信
泰奥多尔·菲舍尔先生 | 慕尼黑 | 1932 年 4 月 18 日

我亲爱的先生：

我得知在您 70 寿诞之日，您的学生们聚集起来，为您带去他们的祝福。

我没能幸运地成为他们中的一员，接受您往昔的教诲。

但我至今仍愉快地记得，1910 年，在阿耐丝—贝瑞尔大街，您对我亲切友好的接待。当时我只身在欧洲旅行，常常过着孤单的生活。

您如此乐于助人，如此和蔼可亲，如此热情地鼓励我。当我还年轻，当我还在摸索着自己的道路，这些事令我印象深刻。

您建筑风格中体现出来的纯净、崇高与健康令我着迷：从巴黎奥古斯都·佩雷[1]事务所来到德国，我寻觅有益的、健康的、有创造性的建筑食粮。在众人之中，您的作品令我受益良多。在 1910 年这个时期，这段回忆是我最珍视的（而不是其他更华丽更虚浮的什么）。

我珍视的从您那里获得的另一条教义，那便是亲切友善真诚地待人。

希望岁月不曾改变您，向菲舍尔夫人以及您的孩子们问好。亲爱的先生，请您相信，我永远保留着关于您的那份新鲜而美好的回忆。

勒·柯布西耶

---

1 奥古斯都·佩雷→详见收信人目录

91 | 1932 年 4 月 30 日，致保罗·杜克雷信
杜克雷先生 | 国际建筑及公共工程总会 | 维多利亚大道 9 号 | 1932 年 4 月 30 日

我亲爱的杜克雷：

我将继续（以一种有益的健康的、能够激活目前正染风寒的城市规划的方式）这场神圣的战役（您看，这将是一个新颖的、不错的开端）。

这一主题的红字标语是：<u>大工业必将占领建筑业</u>[i]。我曾对您谈起过。

---

i 参见《勒·柯布西耶全集》第 2 卷第 101 页，"一种新的城市要素的数量级，一种新的居住单位"。

面对这一调整,应对这一挑战,您是否愿意与我合作呢?确切地说,就是展开关于由工业化生产"装配式房屋"所开辟出来的大大小小的工业企业(木材、钢材及其他各种产品)新市场的调查研究。

  我们的论点:禁绝无效消费品的生产;

      定义并生产合法的消费品;

      保留原有的工厂和工人;

      改变生产纲要(确切地说,是在面临危机的时候进行调整)。

  围绕这一主题,我们的努力将像一棵大树,它将把有远见、有想像力并懂得制定计划的人们聚集起来。

  所有涉及这个庞大领域的问题,我希望能够得到您或者您的朋友的帮助。

  但此时此刻,您正挽着披白纱的新娘步入教堂的中殿!祝贺您。

  这封信带去我美好的祝愿。

  不过,请不要放弃即将实现的乌托邦的理想。

  难道您不认为我们将迈入一个伟大的战略准备的时代吗?难道您不认为不久之后我们将安息在拉雪兹神父公墓[i]之中吗?

  致真诚问候

勒·柯布西耶

  有关萨吕勃尔[ii]的事宜您处理得很好,请相信我的友情。

92 | 1932 年 12 月 13 日,致威利·鲍梅斯特信

1932 年 12 月 13 日

我亲爱的鲍梅斯特:

  我收到了您托人捎来的您的那幅美丽的画作,现就挂在我的事务所里。之所以没有及时回信向您表示感激,是因为我恰好也打算给您寄去一

---

[i] 拉雪兹神父公墓(Cimetière du Père Lachaise):位于巴黎的墓地,始建于 1804 年,其名称的由来源于国王路易十四时代一位名叫拉雪兹的神父。这里沉睡着很多已故著名的艺术家、作家和音乐家及其他方面的重要人物。

[ii] 萨吕勃尔:瑞士一家生产彩色壁纸的公司。→见致约瑟夫·贝伦斯 19.01.1931 * 信 84 注 1

幅我的画作。不过，我意识到，我没有您新的地址；如果您能收到此信，请用您确切的地址予以回复。

好久没有见到您了，这令我感到很遗憾。希望您的夫人和您的小淘气一切都好。至于您，如果说最近一段时间确实境遇不佳，那么至少您可以专心于您的艺术，并有所精进。

而我，我从来也没有如此热烈地将全部的激情投注到我的绘画中去。

我有许多工作要做。这段时间我又找到了新的表达主题。我的脑子里塞满了想法，每天都工作到深夜。

周日，我去听了《马哈哥尼城的兴衰》[i]，柯特·威尔[ii]的杰作。演出获得了巨大的成功。

亲爱的朋友，请告诉我您的近况。我将给您确切的地址寄去一幅我最近完成的画作。

代我向您的家人问好。

勒·柯布西耶

93 | 1934年5月25日，致布拉塞信

布拉塞先生[1] | 摄影师 | 格拉谢尔大街74号 | 巴黎13° | 1934年5月25日，于巴黎

亲爱的先生：

我从伦敦回来，看到您留在事务所里的四张拍得相当完美的照片。我向您表示感激，并且对您无懈可击的工作表示钦佩。

另外，如果您还拍摄了这个房子其他一些角度的照片，那么就请您帮我一起冲洗出来，我将不胜感激；当然，我会付给您报酬。

您曾问我是否同意您为雅各布大街20号这栋公寓再拍些照片：当然可以。如果您感兴趣的话，请速来见我，因为不日我将赶赴意大利。

收到此信，下午请来见我。

致问候

---

i 《马哈哥尼城的兴衰》：德国剧作家、戏剧理论家、导演、诗人贝尔托·布莱希特（Betolt Brecht）于1927年创作的戏剧。

ii 柯特·威尔（Kurt Weill）：德国作曲家，贝尔托·布莱希特的重要合作伙伴，将后者的许多戏剧改编成歌剧搬上舞台。

1 布拉塞：凭借 1932 年出版的《夜幕下的巴黎》在摄影史上奠定了不可动摇的大师地位。他居住在巴黎，结交了许多当时艺术界的朋友，并为他们摄影；布拉塞晚年将这些照片整理成册《在我生活中的艺术家》，于 1982 年由德诺埃（Denoel）出版社出版发行。→详见收信人目录

94 | 1934 年 11 月 3 日，致母亲信
1934 年 11 月 3 日，周三，上午

我亲爱的妈妈：

您的来信清新得仿佛一束花朵。您内心充满了阳光。您给我们展现了生活中光明的一面。我非常同意您的观点：我猛然投入到艰难的冒险中，在那上面每一次大胆而精彩的跳跃，必然会在地面上投下一道最深最暗的阴影。

然而，令我感到沮丧的是，这段时间我竟和一群没有头脑的怪兽在格斗！我可以清晰地看到目标，而脚下遇到的却是重重羁绊。

巴黎 1937[i]，使我同这座城市的市政官员、参议院以及各个主要部门的长官们联系在了一起。怎样一群龌龊的毒虫！散发着一股难闻的恶臭。不谙世故的我，试图实现我纯粹的理想；然而，我看到的只有贪婪。不过，我的阵地从未如此坚固，我的名声也从未如此显赫；于是，人们开始排斥我。

我的著作《光辉城市》，是一部宏大的交响；它如此复杂，以致几乎将我耗尽；很艰难。我还参加了两个博物馆（巴黎及国家博物馆）的竞赛[ii]：运用了对位和赋格的手法。凯勒芒棱堡 1937[iii] 构成了真正的管弦乐队，人、事、物、金钱，以及各种麻烦的交响。

最近晚上睡眠不好，也许是脑子太兴奋的缘故。

您在信中提到更多的满足感，这些实际上是您在这里所无法获得的。一方面，感觉在追寻人生真正目标的漫长旅途中，在人与人之间，应当存

---

i 1937 年，法国巴黎继 1900 年（第五届巴黎世界博览会）、1925 年（巴黎国际装饰美术博览会）之后，历史上第七次举办世界博览会，主题为：现代世界的艺术和技术。勒·柯布西耶为这次国际博览会提供了 A、B、C、D 四套方案，涉及城市和居住区规划，最终仅仅实现了一个展览馆。→参见《勒·柯布西耶全集》第 3 卷第 124 页。

ii 参见《勒·柯布西耶全集》第 3 卷第 66 页，"巴黎城市及国家博物馆方案"。

iii 凯勒芒棱堡（Bastion Kellermann）→参见《勒·柯布西耶全集》第 3 卷第 124 页，"方案 B"。

在最崇高的精神的交融；但另一方面，又痛苦地意识到，我们，我们每一个人都只为自己，各怀心意，封闭在各自的套子里，密不透风，那外壳甚至是坚硬的、粗糙的。于是，人与人之间具体的接触便成了不是击退就是牺牲的关系；尽管我们的心在以同样的节奏跳动着。这便是生活，是现实的必然，也是事物的本质。接受了这一点，承认了一切不过是艰苦的搏斗，胜利永远不会一劳永逸；所以，不被击败我就已经很高兴了，倘若偶尔取得了胜利那真是令我欣喜。

我们应当对这些罕有的胜利感到满足：这是我们的幸运。

至于您，您是有魅力的、节制的、慷慨的。我能够理解您做的事，我看到您付出的艰苦努力。您现在状态很好，您可以随时，<u>在您愿意的时候</u>，再来巴黎走走。这不是什么难事。您看您可以做您喜欢的任何事。

感恩节的礼物？我买了四个金属的高脚杯，打算明天再去买十个水晶的欧特伊乡村手工风格的酒杯（春天的时候，同样的东西价钱要涨40%）。

您的退休及抚恤金呢？我<u>迫切</u>要求您午饭继续到外面去吃。这是必须的。我跟您说过无数遍了。不用再重复理由了吧。去发现一些令人愉快的<u>与您相称的事物</u>。

好了，我要停笔了。我必须马上回到我的书稿上去。必须，必须，必须！

说真的，我感到幸运。爱您。

您的爱德华

费尔南德·莱热周日在我家度过。这个大块头的家伙，健康、有力、敏感、<u>真实</u>。他惊愕于我画作中所表现出来的紧张的力度和精神上痛苦的折磨。是的，我在绘画中将这些情绪发泄出来，既然在别处我不得不收敛我的拳头。

当我把高脚杯寄给您的时候，您还将收到伊凡娜的信。

---

95 | 1934年12月14日，致让·巴托维希信

1934年12月14日

我亲爱的巴托维希：

您是喜欢蒜泥蛋黄酱呢，还是来一份烤小牛肉呢？哪一天，带上您的小水手，来我家吃饭吧。

如果您现在在巴黎的话，那么下午请给我打电话，丽特尔3484。

您将再也见不到您上次拿来的烧酒了：它已经见底了。

致亲切问候

柯布

96 | 1934年12月24日，致母亲信

1934年12月24日

我亲爱的妈妈：

我们要对您说："圣诞快乐！"这祝福将先于我们而到。

昨天，我们同阿尔伯特[i]一起在比扬古尔[i]散步。哥哥谈到您，给予您很高的评价，饱含深情，且充满敬意。

家族的烛台在您的手中。而当它传到我们手中的时候，不幸终将熄灭；然而，我们将无愧于让纳雷和佩雷[ii]的先人，在精神的而非物质的层面，这烛火的熄灭是值得的。这就是我们的命运：幸福于我们三人（您和我们），在于精神田野的耕作，在于不怀私心的探索和表达。况且，这也是从父亲那里继承的传统。

雪花将安静地落在一个家族的记忆上；这个家族完成了它的使命，作出了它的奉献。

温柔地，非常温柔地，亲吻我们的母亲。

您的爱德华

亲爱的妈妈：

圣诞快乐！吻您

伊凡娜

---

i 布洛涅—比扬古尔（Boulogne-Billancourt）：巴黎城边的森林公园。从朗吉瑟－高利大街24号勒·柯布西耶新居的屋顶露台上可以看到这个公园。→见《勒·柯布西耶全集》第2卷第127页，"Molitor门的出租公寓"。

ii 让纳雷和佩雷：分别是勒·柯布西耶父亲和母亲的家族姓氏。

1 阿尔伯特·让纳雷:勒·柯布西耶的哥哥。→详见收信人目录

97 | 1935年2月4日,致拉乌尔·多迪信
拉乌尔·多迪先生 | 卡西米尔-佩里埃大街19号 | 巴黎 | 1935年2月4日,于巴黎

亲爱的先生:

我冒昧地将我刚刚出版的我的作品全集的第2卷(1929~1934)寄给您。

希望这本书不至于让您觉得无聊。

请允许我坦率地向您表达:我钦佩您是一位实干家,您做您想做的事,并能将其出色地完成。

对我而言,如此经常而有意地被排斥在官方的工程项目之外,令我感到遗憾。

我全部的努力都集中在实验性的工作上,我的学说传遍全国,然而我接手实际工程的范围仍十分有限。毫不夸张地,我相信我可以这么说,我对现代建筑运动起到了卓有成效的推动作用;然而,人们却想要将我视为极端分子,视我为不妥协的难对付的人……这手段还不错,如此一来,人们已非常有效地将我排斥在外。为此我感到遗憾。我想对您说的是:如果有那么一次,当您遇到什么棘手的问题,您能想到我,把我当作您的谏言者之一,允许我同您讨论可能的解决方案;那我将非常荣幸。我并不是在乞求委托,我只是希望能有机会呈递我的建议,并看看它是否能被采纳。近来,博物馆方案[i]的竞赛结果令很多人失望,对我而言尤其如此,我为此进行了极其严肃而忠实的研究。难以忍受的是感到身边正收紧一张利益攸关、相互勾结的网;我信任您,我相信我找到了表达诚实的、对大众有益的研究的可能性。

您会原谅我这封似乎带有功利色彩的来信,因为它涉及的并非个人利益。

亲爱的先生,请您相信我最真挚美好的感情。

勒·柯布西耶

i 参见《勒·柯布西耶全集》第3卷第66页,"巴黎城市及国家博物馆方案"。

98 | 1935年3月25日，致罗兰·马塞尔信
罗兰·马塞尔先生 | 旅游局总特派员（公共工程部）| 1935年3月25日，于巴黎

亲爱的先生：

很抱歉像名求职者那样给您写这封信。

当您接任了法国旅游局总特派员的职务，当您拥有了这份权利和职责；我只想对您说，25年来在世界各地旅行的经验自然而然将我引向对旅游及旅店问题的研究上来。我有机会观察并了解，对于旅行者来说，什么才是必不可少的，什么才是最吸引他们的。

最近，意大利人请我为他们做一个典型的以冬季运动为主体的冬季疗养站的研究。

此外，在阿尔及尔，我还做过一个108公顷的冬季活动站的方案设计。

我们的旅游局成立了SPORTELAN这一机构。这个词指明了发展的趋势。

到目前为止，多少有些残酷，我被无情地排斥在所有官方项目之外。我对自己说，也许，最终，会呈现出更有利的环境；我说"也许"，因为最终是您来作出决定。如果您遇到建造方面的问题，我将非常荣幸尽我所能为您奉献出我全部的忠诚。

不占用您太多的时间了。亲爱的先生，请您相信我最忠实的感情。

勒·柯布西耶

附：我敢断言，不是夸口，签有柯布大名的旅馆的建造，必将在许多超乎我想像的喜爱我建筑的国家之中，构成有效的广告。且，这些国家为数众多。

99 | 1935年7月，致母亲及哥哥信
周日下午，于比奇[1]，探戈舞厅

我亲爱的妈妈，亲爱的阿尔伯特：

是的，比奇就像是一处智者的天堂。整日只身一人，我在这片由松林、环礁湖和海湾划定出来的土地上放任我的好奇和赞赏。我从未见过面

貌如此丰富的地方。20 世纪的波尔多文明被侵袭，被腐蚀，被玷污，被瓦解。每天沿着这条新的道路（文明演进的道路），都可以找到观察和沉思的主题。记录，思考，整理，回忆。<u>看清楚</u>。

我的假期因阅读卡莱尔[2]的大作而有了光彩：《英雄》（排场的标题，然而多么庄严，充满智慧！）

仿佛一股新鲜的空气给我注入活力，超越现实中必然的苦痛，也超越心灵自我满足的幸福；我感到很受益。这是一种透彻的重烁，有必要一年一次。真想不通粗鲁的人竟然指责我否认自然。持续的浸渍，不绝的赞叹，每一步都有令人惊喜的发现。自然，自然，法则，这法则支配着我们，对于善于发现的人来说，其中蕴含着和谐。

然而，该如何面对这现实的人类社会呢？迷失，迷失在金钱里，一切信仰的沦丧。虚无、空洞、毫无意义……踏上一条无畏的道路，却丧失了梦想。我们将既不会感到光荣，也不会被称赞。我们只是在完成一项任务，而在我们了解它是否值得以及它将结出怎样的果实之前，我们就已经累垮了。

引入斯多葛主义[i]。自然给我们启示，它有它的季节，它有它的时间，它有它的长度。应当学会等待。时间在我们面前展开，它是宽广的、深远的、惊人的。从 a 到 z，各有其时。

这是我们应当领悟的。然而，留声机将不会沉默。在残酷的杀戮之上，在彻底的失败之上，在崩塌的废墟之上，人们将继续舞蹈。因为每一天都将拥有 24 小时，因为太阳将永远光芒四射。

那么，紧紧搂住那些必将不会持久的事物不放又有何裨益呢？应当努力去触及事物最真实的本质，努力去寻找真正的快乐——它由我们自己内心的力量锤炼而成。金钱利欲——腐蚀一切的可怕的东西。

这些年风波不断——有快乐，也有灾祸。这促使我们每个人思考幸福的本源。

在喧嚣中，我安排着自己的计划。10 月 16 日，从诺曼底启程去纽约——美国人打算在全国范围内为我组织 40 场讲座。

我推掉了其中的 3/4。我选择了纽约、芝加哥、旧金山，还有新墨西哥。

重返布宜诺斯艾利斯将是之后的事。布宜诺斯艾利斯的现代性觉醒

---

i 斯多葛主义（storcisme）：斯多葛学派的创始人芝诺及其追随者把"自然"这一概念置于他们思想体系的中心。他们所说的"自然"不是严格意义上的自然界，而是某种和谐的秩序；不仅是事物的秩序，也是人的理性。

了，不过仍处于懵懂之中。建筑院校的学生们在给我的邀请函中写道："新风已经吹起来了；我们的老师是些白痴或耽于享乐的人；我们不再信任他们；我们需要清晰的言论。来吧！"

伦敦，人们请我去针对近几年兴建的大型出租工程进行调研，并完成一份报告。有可能进行合作。我打算（8月26日返回巴黎）9月1日乘飞机前往。然后，我将去湖边的小住宅陪老妈待上几日。

明年1月我要去趟莫斯科。事情有变。

人们还委托我"以宣传法国的名义"，在印度为帕托拉邦建造一处外科医疗中心。巴黎还是沉默不语，将我拒之千里。走着瞧吧！不是我有意背弃巴黎，而是巴黎已变成一片坚硬的荒漠，而且今天比其他任何时候更是如此。

维德尔[3]，这里充满悖论，对于智者来说这里仍是一处独特的度假胜地——惊奇，多样，充满了矛盾的事物，过于简朴，但仍可以发现崇高。我不相信在哪里还能轻易找到如此丰富的地方。

我的绘画充满激情。头几日真是收获颇丰。后几日平平。

不知何时可以将我在这里起稿的画作铺展到大幅的画布上去？

阿尔伯特，小心水，小心。老妈，您得监督着他。我是提心吊胆的鸭爸爸。永远！

再见阿尔伯特，再见妈妈。

小狗速写（日期不详）

祝假期愉快,玩得开心。

我们三个
伊凡娜,大刷[4] + 柯布

---

1 比奇(Piquey):位于阿尔卡雄(Arcachon)海湾的一处度假地,勒·柯布西耶和他妻子在那里逗留了一段时间。
2 托马斯·卡莱尔(Thomas Carlyle, 1795~1881):英国历史学家、散文家,生于苏格兰,早年深受加尔文教派宗教思想的影响。著有《法国革命史》一书。成名后到各地演讲,部分讲稿于1841年以《论英雄、英雄崇拜和历史上的英雄事迹》为题出版。
3 维德尔(Les Ets Vidal):勒·柯布西耶和他妻子在比奇度假时居住的膳宿公寓。
4 大刷(Pinceau):勒·柯布西耶养的狗,灰白色雪纳瑞,1935年出生。

1935年8月3日,致母亲信
周四,晚,于比奇

我亲爱的妈妈:

不言而喻,在一年的工作之后,莱芒湖[1]之旅于我将是一种慰藉。您,居住在风景中,两者都是宜人的。清澈、纯洁、充满活力,而且独特。

一回去就要投入到如火如荼的以1937为主题展开的工作中去:一些步骤是同时的,重叠的,而且相当紧迫。结果???不知道。我尽人们所说的"本分"。至于结果,我不在乎!

不过我承认,一旦我抓住的东西,就很难放手。还有巴塔[i]的一个规划方案[2]、一份报告,及相关的一堆麻烦事要处理。

刚刚收到一份来自布宜诺斯艾利斯的电报,要我马上前往。我在回电中提出了明确的条件。现正等待回复。

如果协议达成,那可热闹了!布宜诺斯艾利斯,纽约,新墨西哥!我查询了年历,以安排日程。如果可能,布宜诺斯艾利斯将建起一座小小的摩天楼。这是我盼望已久的。时机终于成熟了!

一下子,比奇[3]变得很安静。海湾、浴场、松林。维德尔[4]静静地坐落

---

i 巴塔(Bata):BATA公司于1894年在捷克斯洛伐克的芝兰(Zlin)注册。在20世纪30年代初期,BATA成为世界最大的鞋业出口商,在瑞士、德国、英格兰、法国、南斯拉夫、波兰、荷兰、美国及印度等地均设立了工厂,捷克斯洛伐克的芝兰是其总部。

在那里。恐怕再也找不到如此安静的度假地了。

我可以安心地画画。

还记得来的时候,汽车抛锚,在旺多姆耽搁了48小时。真是倒霉。需要耐心!

阿尔伯特[5]没有来信。我想他在您那里。这倨蹇的湖,这倨蹇的泳者,令我担心。您要看好阿尔伯特,别让他冒险下水。这个季节,水位很高。游泳需要的是灵活和柔韧。而他总是身体僵硬地摆出对抗的姿态。不应当这么顽固。

您那把梯子也令我担心。您看,我是细致入微的鸡妈妈。那把梯子已经朽了,而且梯子并不适合您年轻而活跃的个性。

在这里,大刷[6]第一次下水。它的身上也头一回生出跳蚤来。现在,这家伙学会唉声叹气了,肖邦式的。在维德尔的舞厅里,它总喜欢趴在我们的桌子上。今天上午,在海边,它开心得发了疯,兴奋地跑来跑去。

就写这么多吧。

非常感谢您的殷勤邀请。与您共度的时光将非常美好。我不知道新的日程安排是否允许?我希望可以。不过无论如何,您的面容总浮现在我眼前。在这里,在一本从巴黎带来的书里,我还发现了一张小住宅的明信片。

让我们为幸福而喜悦吧,凡非不幸的就是幸福了。不要去奢望奇异的事,那并非事物的常理,那最多不过是一时的好运罢了。要学会保持心智的健康与真实。做我们该做的,坦然接受命运的安排。智慧!

我们全部的爱

您的爱德华

---

1 小住宅:勒·柯布西耶在莱芒湖畔为他的父亲母亲建造的一栋小住宅。勒·柯布西耶的母亲的晚年一直在这里度过。→见致母亲信20.01.1928 ∗ 信72 注6
2 芝兰的控制性规划:为托马斯·巴塔(Thomas Bata)家族位于捷克斯洛伐克的制鞋厂区的扩建而进行的控制性规划方案设计。→参见《勒·柯布西耶全集》第3卷第30页,"Zlin谷的控制性规划方案"。
3 比奇:位于阿尔卡雄海湾的一处度假地,勒·柯布西耶和他妻子在那里逗留了一段时间。
4 维德尔:勒·柯布西耶和他妻子在比奇度假时居住的膳宿公寓。
5 阿尔伯特·让纳雷:勒·柯布西耶的哥哥。→详见收信人目录
6 大刷:勒·柯布西耶养的狗。→见致母亲及哥哥信07.1935 ∗ 信99 注4

101 | 1935 年 10 月 4 日，致路易·苏提尔信

路易·苏提尔先生 | 巴莱吉斯[i]，沃州 | 1935 年 10 月 4 日，朗吉瑟 – 高利大街 24 号，巴黎（16°）

我亲爱的路易：

我有一个好消息要告诉你。那便是我想我能够为你的画作组织一次展览，不管怎样，它们还将被刊登在一本重要的杂志上。随后是否会找到买家？那我就不知道了。

为此，你需要加急地寄给我一批你最近创作的优秀的画作。我指的是那些真正为艺术，而非为了取悦于人而创作的作品。

我想你已明白我的意思。我想强调的是，画作不在多，而在于质量，能够最好地表达你想表达的事物。

请原谅我的信如此简短，我要去事务所了，没有时间同你多聊了。

尽快落实此事，请相信我的忠诚。

我现在已不住在雅各布大街 20 号了，来信请寄朗吉瑟 – 高利大街 24 号[1]，巴黎（16°）。

致问候

---

1 莫利托门公寓→见致母亲信 28.09.1930 ∗ 信 82 注 1→参见《勒·柯布西耶全集》第 2 卷第 127 页，"Molitor 门的出租公寓"。

102 | 1935 年 11 月 13 日，致阿尔伯特·巴恩斯信

1935 年 11 月 13 日，中央公园酒店，纽约

巴恩斯先生：

我收到了您 11 月 12 日的来信。您放任了您的幽默感；我放任了我的坏脾气。我认为——我希望您也能同意我的观点——热爱同样的事物并怀着同样的激情的人们之间处于战争的状态是毫无意义的。

---

i 巴莱吉斯（Ballaigues）：坐落于汝拉山脉附近，瑞士一处制表业的中心。

在费城[i]我没有喝醉。艺术联盟酒会上三杯威士忌还不至于将我灌醉。我是有酒量的。第二天我非常冷静地给您写信。我被参观您的收藏而必须经过的繁琐的步骤激怒了。周六,如果不是为了一睹您的收藏,我根本不会到费城去。

心愿没有达成。我也许再也不会重返费城了。我们也许再也没有见面的机会了。

在生活中,我喜欢战斗,我无畏地投入战斗。然而,我感觉我们两人之间的敌对是无益的。所以,我给您写了这封信,以宣告停战。

您愿意吗?

另外,可以肯定的是,您恶毒的措辞并不符合我的实际情况。有机会您可以了解一下。

没有怨恨

勒·柯布西耶

103 | 1935年12月14日,致玛格丽特·哈里斯·杰德信
1935年12月14日

朋友:

船已起航。大海,波涛……视线空空如野。向着法国驶去。

我对纽约最后的道别是留给您的。我的道别留在酒店的信纸上,上面还留下了您的肖像。别了华尔街,船已远去。

别了!

一切都是美好的,是纯洁的,是崇高的,是深情的。在那里,心怎么能没有爱的权利呢?它被打开,它揭去遮蔽,它满载快乐和恩德。

他的历程——一步一步——陡峭、尖锐、危险,他在山脊上行走,那里只能看到一点点生活。为什么不凝视生活呢?我见到您,但未得仔细地端详,后来我逐渐了解您,重新认识您。您有力,健康,善良。您是多情的,是开放的,而不是封闭的。在您周围,聚集着爱意。您内心充满力量,而且快活。

---

i 费城(Philadelphia):费城位于美国东北部宾夕法尼亚州的特拉华河畔,美国第四大城市。

嘟嘟，您的儿子，我很喜欢他。

我无法想像——由于对不熟悉的事物缺乏想像力——如果没有您，没有大海，没有您的母亲，没有嘟嘟和贝蒂，没有那间简陋的木屋，没有那殖民地时期的房子，没有康涅狄格[i]的大道，以及红衣女骑士的向导；那么，我的纽约之行，我的美国之旅将会是怎样的。

那将是另一番情景，但会是怎样的呢？在百老汇的消遣，抑或是在公园大道或其他什么地方的闲逛。您是生活在纽约的耕农，是帮柯布对抗空虚的圣女贞德。您是一位有力的支持者。耕农，与芝加哥的女人不同；那里的女人像极了那里的摩天楼，大胆而怯懦，有勇气而没有头脑，那里的贞德注定看不到胜利。因为机巧只能通向失败，只有健康和善良才能见到光明。

金色的温暖的光。

朋友，我要对您说谢谢。谢谢。

现在，刻意地，我要中止对那里的思念。我的生活也将重新找回一颗有生命力有信仰的纯净的心，我非常尊敬她。

想像一下，不是寒冷，而是夏天的激情，或春天的和暖。温柔的大海，海浪就在脚下，大海无限深远。在水中或在沙滩上过夜。嬉戏。毫不掩饰的快乐，温柔的缠绵。温存！怎样的一个词啊，怎样难得的一种体验。

来自摩天楼的国度的温存，从纽约死里逃生。

未来不属于我们。光阴流逝。可怜的老柯布已步入暮年，而他的心仍像个孩子。再见，朋友。

柯布

随信还将寄出四张我为您创作的画作。其中两张的灵感源于小木屋中的场景。我在画面中清晰地表现了那些贝壳，它们的颜色真美。

---

[i] 康涅狄格（Connecticut）：邻近纽约位于美国东北部的一个州。

104 | 1935 年 12 月 24 日，致路易·苏提尔信
路易·苏提尔先生 | 巴莱吉斯，沃州，瑞士 | 塞维大街 35 号，巴黎（6°）| 1935 年 12 月 24 日

我亲爱的路易：

我刚从美国回来，在那里待了两个月。

我有机会接触到一些有极高审美品位的人，以及最前卫的现代艺术的收藏家。我给他们展示了我随行带去的你的画作，并找到了几个买主。

随着付款的到账，我会随即把钱寄给你。今天，作为你的圣诞礼物，信中附上 10 美元。你可以用它买些糖果和香烟。

我为你在芝加哥谋得一个展览的机会，不过我还需要一些优秀的画作。不要怕倾空你的抽屉，请把最好的作品寄给我。我为你所做的事是严肃的，但尚需要时间。

关于你的画作，我写了一篇极有分量的文章，将发表在下一期的《米诺托》[i] 杂志上，并将配有你画作的精美插图。

圣诞快乐！勇气和友谊。

105 | 1936 年 1 月 2 日，致约瑟芬·贝克信
约瑟芬·贝克夫人 | 东区 43 第 60 大街 62 栋，纽约 | 塞维大街 35 号，巴黎（6°）| 1936 年 1 月 2 日

亲爱的约瑟芬：

您也许会感到惊讶；但是，您寄来的亲笔签名的圣诞贺卡令我非常非常开心。

我们真是不走运。我刚从美国回来，在那里待了两个月。我知道您也在那里。我托朋友打听您的住处，但没有结果。当我返回巴黎的那天，我才得知您住在第 60 大街；而我就住在第 55 大街。您知道，如果能够再次见到您，我该有多开心，您是如此优雅、如此可爱；那么我们在北美亦如在南美将拥有一段多么美好的回忆。

---

[i] 《米诺托》：米诺托（Minotaure），希腊神话中人首牛身的怪物。1933 年创刊，邀请毕加索绘制封面，杂志的名字来自于超现实主义画家安德烈·马松（Andre Masson）的提议。

我说过我与您打交道缺乏好运气。您让我向您承诺的里约热内卢之约，我何曾冷落您；而您却完全冷落了我，如果不是了解您是一个疯狂热爱工作人，我是不会原谅您的。我也一样，疯狂地投入工作，没有闲暇的时间，只有美好的回忆留存。您还让我承诺为小孩子们建造儿童村的事。如今，您没有建造它。我想您建造了别的什么，而放弃了我的方案。这一点也不令人愉快。我对您说这些，希望能像一根内心自我责罚的刺棒，对您有所触动。

您是赚取美元的英雄吗？我不是！不过无论如何，如果您获得了太多的回报，那么就把它们投入到固定的资产上来吧；在这方面，关于如何安置金钱，在我的作坊里，总有许许多多非常有趣的研究。

您看，亲爱的约瑟芬，我的信以一段旅行推销员的产品介绍作为结尾。信中应当无话不谈，因为我们只能通过书信见面。

当您再来巴黎的时候，一定要告知我，我将非常友好地接待您。

柯布

约瑟芬·贝克像（1929年）

106 | 1936 年 3 月 6 日，致约翰·奈夫信

约翰·奈夫先生 | 历史教授 | 多切斯特大道 5650 | 芝加哥（伊利诺伊州），美国 | 塞维大街 35 号，巴黎（6°）| 1936 年 3 月 6 日

亲爱的奈夫先生：

您大概已经从（康涅狄格州）哈特福德市的索比先生那里收到了我对您提到过的路易·苏提尔的第一批画作了。

近几日，我将给您寄去另一批画作。

我非常高兴您能为这位出色的艺术家在芝加哥组织展览。在我看来，这些画作极具价值。它们将成为《米诺托》杂志上一篇长篇报道的主题而被大量印刷。在艺术的世界里，这绝对是张意想不到的新面孔：一位 60 岁的先生。我相信他的画作会使纽约和芝加哥的民众感兴趣；但如果艺术家也能从中获益那将是件好事。目前的售价极其低廉，每幅仅售 10 美元。大幅的 20 美元，但它们值得收藏，值得挂在博物馆里。显然这个价格低得可怜。我相信您在芝加哥一定可以找到更好的买主。这方面我全权委托给您。

我现已回到法国，并不十分有趣。生活极其平淡，也许是重大事件将要来临的前夕吧。

美国对我很友好，但距离会吞噬一切。我非常诚恳地对您说：如果有机会在美国——在芝加哥或其他什么地方——盖房子，我会很高兴；如果事件是蒙您的精心安排，那我将不胜感激。可以是别墅，可以是出租公寓，可以是任何项目，也可以是郊区的都市化。

向奈夫夫人致敬。亲爱的先生，向您致以最美好的问候。

107 | 1936 年 3 月 6 日，致路易·苏提尔信

路易·苏提尔先生 | 巴莱吉斯，沃州，瑞士 | 塞维大街 35 号，巴黎（6°）| 1936 年 3 月 6 日

我亲爱的路易：

这里又汇到一些钱，你可以用来买香烟和巧克力。

急，致问候。

108 | 1936年4月6日,致乔治·惠斯曼信

乔治·惠斯曼先生丨瓦卢瓦大街3号,巴黎(1°)丨塞维大街35号,巴黎(6°)丨1936年4月6日

亲爱的朋友:

我翻遍我家中所有的证件,据我所知,我没有任何证据可以证明我的国籍。这一幕发生在1928~1929年间,以一种特殊的方式。那是一种特制的表格,国籍是其中的一项;我最初接触公共工程的时候,便开始接触它。当时,卢舍尔[1]先生邀请我加入他的项目,但是您们的行政部门要求查证明确的档案资料——而我不知何处去找。

我,不满足于在巴黎6°的市政厅把我的名字登记到一个花名册上了事。

为了供您参考,也为了向您的反对者们解释,您要知道我的家族源于法国南部——流亡的阿尔比教派[i]——我父亲族姓让纳雷,我母亲族姓佩雷。在纳沙泰尔的山区中,坐落着一个名为"让纳雷"的村子,它归隆格维尔公爵[ii]所有。我说这些不是为了给自己打造徽章,只是为了让那些喋喋不休的反对者不得再视我为遥远的巴布亚人[iii]而不能够理解法兰西巨人的精神。

关于我向您提出的建造莫斯科大使馆的呈请,您要求我提供相关的资料。我对您说过,由我来实施这栋建筑是顺理成章的。理由:我是第一个与莫斯科共同探讨并完成一项伟大的、足以作为法国之宣传的建筑的法国人——轻工业部大厦[iv]的建造。落成后,这栋建筑被俄罗斯当局宣称为由政府构想的最美的建筑。

昨天,人们给我看了一篇报道,是关于一场刚刚在莫斯科引发的关于建筑的争论。其间,亚历山大·维斯宁[v],苏联最重要的建筑领袖之一,

---

i 阿尔比教派(Albigeois):一种从巴尔干半岛传入法国南部的异教,他们只接受基督的"登山宝训",以此作为信仰的依据;但不承认教会、教皇和皇帝的权威,并因此而遭到正统基督教会及基督徒的迫害。

ii 隆格维尔公爵(Duc de Longueville):法国投石党内战时期的著名叛乱分子。(17世纪,法国爆发反对专制王权枢机主教"福隆德"(Fronde)的运动。"福隆德"是"投石器"的音译,故又称投石党运动。)

iii 巴布亚人(Papou):太平洋西部新几内亚岛及其附近岛屿的土著民族,赤道人种的一支。

iv 参见《勒·柯布西耶全集》第2卷第25页,"莫斯科中央局大厦"。

v 亚历山大·维斯宁(Alexander Vesnin, 1883~1959):维斯宁三兄弟中最小的。曾任全苏建筑师协会第一任主席和苏联建筑科学院第一任院长。20年代初至30年代中期,维斯宁三兄弟是构成主义建筑派的代表,对苏联建筑的现代化起了积极作用,同西欧的现代主义建筑互有影响。

作出了这样的声明:轻工业部大厦是俄罗斯现存最美的建筑,而且在未来的50年中,它仍将是最美的。

在确定这栋建筑方案的一场国际竞赛中,我以第一名的身份胜出。当我着手我的莫斯科之旅,以及1928年的工程建造之时,法国外交部为我提供了很好的服务。只是稍微有点迟,因为我已缔结了合同。目前,俄国学院派掀起了反对的浪潮,但俄罗斯所有的年轻人(正如上述提到的那篇报道中所说)都站在了我这边,期待这风浪赶快过去。

另外,在几天前,我还给您寄去了一份来自基辅[i]的有说服力的报道,它证明我的名字已经同法国的威信联系在了一起;而且,俄国并非惟一拥戴我的国家。所以,看到法国官方的委托从来都不迈进我的门槛,令我多少感到有些遗憾;尽管15年来,在法国思想向外扩张的战役中我从来都毫无保留地作着努力。

亲爱的朋友,请相信我最忠实的感情。

---

1 卢舍尔(Louis Loucheur,1832~1931):法国工程师毕业于综合工科学校。公共工程积极的建设者。1917年担任武装及战备部部长;1918年担任工业重建部部长;1926~1930年间担任法国劳工、卫生、社会援助及救济部部长。1928年7月13日颁布"卢舍尔法令",旨在促进廉价住宅(H. B. M.)的建设。1928年与勒·柯布西耶结识,帮助佩萨克方案筹集资金(见致皮耶罗·波多尼信15. 01. 1928 * 信71 注1)。曾委托勒·柯布西耶进行独立住宅原型的研究。→参见《勒·柯布西耶全集》第1卷第186页,"卢舍尔住宅"。

卢舍尔住宅区(1928年),透视图

---

i 基辅(Kiev):前苏联地名,现为乌克兰首都。

1936 年 5 月 15 日，致伊瓦尔·坦鲍姆信

坦鲍姆先生 | 建筑师 | 斯德哥尔摩 | 塞维大街35号，巴黎（6°）| 1936 年 5 月 15 日

亲爱的先生：

我们的好朋友卡尔·莫舍尔[1]去世了。对我们而言这是一件悲伤的事。他的遗孀写信给我，我从非洲回来看到了她的信。

除了其他事之外，她提到一个重要的问题，她对我说，在莫舍尔最后几封遗信中有一封是给伊瓦尔·坦鲍姆先生的："鼓励他在诺贝尔委员会面前进行活动，莫舍尔先生满怀信心地推荐勒·柯布西耶作为最具资格的候选人。"

您看到了，由我向您提出这个问题是多么尴尬。不过可以肯定的是，我的《光辉城市》一书可以被视为一部有益于和平的极具影响力的著作。书的结尾部分，自发地，毫不牵强附会地，将伟大工程的发起与建造同和平现象进行了对照。这种关联在我的朋友中引发了这样的想法，即，《光辉城市》的主题会吸引诺贝尔评审委员会的兴趣。根据他们的建议，我就此事写信给哈贡·艾伯格[i]——瑞典建筑师协会主席，欧瑞格大街90号，斯德哥尔摩——但他随即回复我，说这一申请必须由我所在国家的学院提出。

哦，问题是：我如今是法国公民[ii]，而法国的学院正盼着把我投入炼狱，如果不是地狱的话。就这方面而言，问题是清楚的。我还保留有瑞士公民的权利（似乎应该是如此），而瑞士是没有学院的。所以，如果可以以瑞士公民的身份申请，那么就不关法兰西学院的事了。但从瑞士这边考虑，谁将着手申请[iii]的事宜呢：这便是前面提出的问题。

不过，另一个前提性的问题是：您自己得先判断展开的申请活动是否会有效果。也可以这样说，如果瑞典的舆论对我有利，那么事情的进展将会很顺利。就我所知，瑞典的媒体对我一直充满热情，不断发表关于我的作品及与我本人相关的报道。

您是知道的，亲爱的朋友，到目前为止我已无情地拒绝了所有装饰性的、荣誉的符号。我并不追求这件或此类事件对于虚荣心的满足。但今天，重要的是，必须将已经展开的事业继续下去，而这事业需要一些必不可少的支持，而财政方面的支持是不可忽略的。

我谈到财政方面的问题，因为它是目前肆虐的危机，尤其是针对现代建筑的猛烈攻击的结果。这攻击的效果是学院扣下了所有来自政府的官方

---

i 哈贡·艾伯格（Hakon Ahlberg, 1891~1984）：瑞典建筑师，作家。
ii 勒·柯布西耶1930年9月19日加入法国国籍。
iii 根据诺贝尔评审章程规定，任何人不得推荐自己为候选人。

委托；而我则被惊人一致地排斥在了所有城市及国家的委托之外。所以这个时候，我们在这里所讨论的这样一个显赫而不容置疑的荣誉将扮演一个有效的角色。

我做了蠢事，本着个人的选择，我先后三次拒绝了荣誉勋位的勋章[i]，最近一次是在两年前[2]。现在，我为此而承担了足够严重的后果。一些人不肯原谅我。如果说我拒绝了这一荣誉，那只不过是一个关乎我个人信仰的问题，我不想被装饰起来，我人生最根本的态度就是摆脱一切羁绊和任何形式的枷锁。

我对您说这些是为了让您对我的状况有所了解。不多说了。

您也许会感到奇怪，我为了像这样关乎个人利益的问题，在4、5年之后再次与您取得联系。请您原谅。

作为信的结束语，我只想提一个心愿，希望能在巴黎再次见到您，如果您的星宿有机会把您带到这里的话。

请相信我的忠诚。

---

1 卡尔·莫舍尔：瑞士建筑师，教授。→见致母亲信 08.05.1927 * 信 68 注 2
2 勒·柯布西耶，1937 年获骑士荣誉勋位勋章；1946 年获军官荣誉勋位勋章；1963 年获大军官荣誉勋位勋章；1957 年获艺术及文学指挥官荣誉勋位勋章。

110 | 1936 年 5 月 28 日，致路易·苏提尔信

路易·苏提尔先生 | 巴莱吉斯，沃州，瑞士 | 塞维大街 35 号，巴黎（6°）| 1936 年 5 月 28 日

我亲爱的路易：

又收到一笔汇款，150 法郎。

好久没有你的消息。希望你一切都好；如果能够收到你的来信我将非常愉快。又是一封仓促的信，事务所还有一堆繁琐的事情要处理！

致问候

---

i 荣誉勋位勋章（La Legion d'honneur）：是拿破仑当年为了奖赏军队、激励士气、表彰为帝国作出贡献的人而设立的。后用来表彰各个行业从事自己的职业超过 20 年，并有杰出贡献的公民。勋章分为五个等级，从低到高分别是：骑士、军官、指挥官、大军官、大十字架勋章。

111 | 1936年10月9日，致艺术司司长信

艺术司司长先生 | 瓦卢瓦大街3号，巴黎（1°）| 塞维大街35号，巴黎（6°）| 1936年10月9日

司长先生：

今天上午，我非常简短地同您谈及了我建造莫斯科法国大使馆的愿望，关于这一话题，您对我说您目前尚未作出任何决议。就此，我想再明确表达一下我提出这一呈请的缘由。

我是第一个拿下苏联碉堡的外国建筑师。1928年，应苏联政府的邀请，我参加了一个有名额限制的欧洲范围内的竞赛。在我的莫斯科之旅之后，我被指定来完成轻工业部大厦的建造任务。卢比莫夫，人民特派员，轻工业部的领导者。在与我的第一次谈话中，卢比莫夫先生以这样一段话作为开场："我希望为俄罗斯树立一个建筑的典范。我们要向外国学习很多东西。我相信您的忠诚将令我不辱使命。"当协议已经缔结，我受到法国驻莫斯科大使的召见，并收到法国外交部的一份文书，要为我同苏联之间协议的达成提供他们的帮助。我对此表示了感激，并声明事情已经搞定。

在我返回巴黎之后，通过与不同人的交谈，我清楚地意识到不应当缺乏首创精神和勇气去接触苏联的权力机关（我被苏维埃副主席在克林姆林宫正式接见）。

此外，我还意识到，俄罗斯所有的年轻人都对我的思想充满了激情，这激情表现在每一场公开的演讲中。在莫斯科逗留期间，几乎每一天晚上我都被邀请到不同的地方作演讲。

继此事之后，苏联政府再次邀请我设计苏维埃宫[i]。这栋建筑将为他们的5年计划加冕。我接受了邀请，同时呈递给当局的还有另外5份外国建筑师和百余份苏联本国建筑师的方案。起初，似乎已决定执行我的方案了。但突然学院派掀起了反对的浪潮，进行了粗暴的干涉，随后的事您便知道了：4年来莫斯科以它自己的方式摸索着道路，对此我自然要提出异议；从一开始尖锐的反对的矛头就直指向我。我接受了苏联驻巴黎大使馆秘书表达的歉意；最终，去年，苏联建筑学会恳请我接受特约通讯员的职务。此后，我不断了解到俄罗斯舆论当下所关心的建筑及城市规划的问题。目前的情况仍在大踏步地倒退，但年轻人已经沸腾，我知道他们现在

---

i 参见《勒·柯布西耶全集》第2卷第106页，"苏维埃宫"。

希望在莫斯科见到我。

我不想对我自己的作品作什么评价；但我可以肯定，在建筑方面，法兰西的精神通过我在莫斯科得到了表达。在这种情况下，看到莫斯科法国大使馆的委托交付到其他无论什么人（即使他再有才华）手上，而没有纳入到我的考绩表中；那么我将会非常痛苦而悲伤。

因为您对我说尚未作出任何决定，所以我才写下了这封信。

在信的结尾，请允许我再次明确地向您表达近几年来由于不断被排斥在所有市政及国家的创造性的事业之外而感到的悲伤。然而在其他国家，我却为法国对外的宣传作着积极的努力；在那些地方我远没有被视为一个贱民，而是像一位大使（当地人对我的称呼）那样受到欢迎。

我提出我诚恳的请求，希望您能予以考虑。司长先生，请您相信我最忠实的感情。

勒·柯布西耶

附：您还记得我曾是国际联盟宫方案国际竞赛一等奖的获得者，此事已成为现代建筑年鉴中的一笔记录。我还记得当时您在《光明报》上是多么热情地替我辩护。

附：我的两本书《走向新建筑》与《城市规划》已被翻译成俄文在苏联出版。

112 | 1936年10月16日，致让·吉奥诺信
让·吉奥诺先生 | 马诺斯克，下阿尔卑斯[i] | 塞维大街35号，巴黎（6°）| 1936年10月16日

亲爱的先生：

我昨天在巴莱吉斯[ii]与路易·苏提尔[1]共度了一日。他常常向我提起您。我知道您认识他，并欣赏他精美的画作。这个处在悲伤哀婉的孤独之中的人，如此幸运地与您结识，并盼望着他的一两幅画作能够出现在您的

---

i 下阿尔卑斯（Basses Alpes）：法国省名，位于法国南部，上普罗旺斯阿尔卑斯（Alpes-de-Haute-Province）的旧称。
ii 巴莱吉斯（Ballaigues）：坐落于汝拉山脉附近，瑞士一处制表业的中心。

某部著作中。

去年得到这个消息的时候,我也很开心。但路易·苏提尔好久没有您的消息,他为此感到非常失望。请您允许我对这个问题进行一点点干涉;既然是我发现了路易·苏提尔,而且7、8年来我一直鼓励他继续从事绘画的创作。从心理上讲,我不认为他的画作适合组织起来实现人们所谓的为文本"配插图"/。相反,——这是我对这一问题的总体想法——我认为他的画作包含足够多的内容,可以选择其中的一些,附在文本之中作为对文本内容的深刻回应。

路易·苏提尔的画作中有反映基督教的,也有反映异教的,有情色的,也有振奋人心的//。所以,您只需要在这些或者更多的范畴中选择一个,找到合适的契合点。我相信,这样的插图必定具有更强的说服力。

我冒昧地向您提出我的想法。很希望能够听听您对这一问题的看法,尤其是关于同路易·苏提尔合作的事宜。

谨上
/根据通常的理解
//现实主义的绘画作品

---

1 路易·苏提尔:勒·柯布西耶的表兄,素描画家。→详见收信人目录

13 | 1937年1月10日,致母亲信
1937年1月10日,周日

我亲爱的妈妈:

阿尔伯特[1]对我说您大概为新年没有收到祝福而赌气呢。我从韦泽莱[i]给您寄了一张明信片和一封信;我是无辜的,我丝毫没有冷落您。我们在勃艮第逗留的时间比我们预计的要长,我们的朋友执意挽留我们。我经常给阿尔伯特打电话,以了解他的近况。元旦的时候,我们回到巴黎。我看到阿尔伯特可以下床了,已经完全摆脱了威胁他的病痛。这多亏了维

---

i 韦泽莱(Vézelay):法国地名,位于法国东部勃艮第地区(Bourgogne)。

戴尔先生[2]，他迅速、明察、医到病除。

我理解了疯王安娜[i]式的悲伤。如此炽热，如此忠诚，如此深爱着她的艺术！真是令人痛心啊。

我回来的时候收到了亨利[3]叔叔的死亡通告信。寿终正寝。我写信给鲁迪和玛格丽特·哈里斯[4]。我想在葬礼上您已经见到了她们。

从您给阿尔伯特的信中得知，您圣诞节到除夕都有朋友陪在身边。我的圣诞节是和哈里斯夫人一起在一位普隆出版社的编辑家中度过的。我授权哈里斯及另外一位美国人翻译我为美国而写的书[ii]。这本书将于18日出版。编辑精心策划了发行活动。普隆，一个资深的出版社，蒙其青睐，我感到既骄傲又受宠若惊。您见过哈里斯夫人了，她很高兴再次见到您，因为她非常敬重您。

从1月1日起，我安装了一个无线电广播。有点儿傻，但还不错。无论如何，每分钟都有无数的选择，有各种风格各种类型的广播。我想给您也安一个。您向您的朋友（塞瓦尔德夫人或其他人）打听一下，选择一个好的当地的经销商来给您安装。让经销商给我写信，告诉我他的安装方案。瑞士、意大利、柏林、巴黎和伦敦，您可以任意选择您的消遣：音乐、讲座、每日新闻、整部的歌剧以及最优秀的乐团演奏的交响乐，等等。

在钢筋混凝土的房子里安装这玩意儿还不多见。有各种级别的接收器，以达到完美的效果。有个调适的问题。总之：让经销商给我写信，多提供几种安装模式，选择最简单的中等功率的就可以。我在这里认识一位这方面的专家，我可以向他请教。与其让经销商到您家里进行实验，调试音色；不如下次我回去的时候解决此事。

通过我自己那套装置的安装，我已掌握了窍门。我只购买了主机，没有买共鸣箱。我把它放在一块玻璃板下，喇叭放在别处。机器很小，很可爱，很神气：白色及黑色的金属外壳儿，彩色的指示灯。即使是安装无线电广播这种事，也应当有自己的思考不是吗？人们总是很愚蠢，听任摆布。共鸣箱又大又丑陋。让它见鬼去吧！

12月份的时候，我跑遍了整个巴黎，想找到一个可以放在厨房的小桌子和一把凳子。没有。我只好请人来做！这使我脑海中冒出一个标题，那将是一本300页的书：《寻找厨房的小桌》。

---

i 疯王安娜（Jeanne la Folle, 1479~1555）：西班牙卡斯蒂利亚女王，1506年因丈夫去世悲痛欲绝，又因政务的压力而精神失常。

ii 《当大教堂是白色的时候》（Quand les Gathédrales etaient blanches）。

居多丽夫人[5]来我这里选择了一幅画作为奥比松挂毯的底图，它将在皇家挂毯厂被编织出来。我将跻身于毕加索、莱热、勃拉克[i]、马蒂斯及鲁奥[ii]之列。我很高兴！

我亲爱的妈妈，现在是周日的傍晚。我要给大刷[iii]套上项圈去散步了，带上这封饱含我们深情的信。

伊凡娜与柯布

注：到时候您可以将这个无线电广播机放在床头台灯下的小桌上伸手可及的位置。

1　阿尔伯特·让纳雷：勒·柯布西耶的哥哥。→详见收信人目录
2　皮埃尔·维戴尔（Pierre Winter）：1891年出生，外科医生。勒·柯布西耶城市规划思想的拥护者。曾为《新精神》杂志撰稿。1942年在《建筑与城市规划》杂志上发表文章，献给勒·柯布西耶。
3　亨利·让纳雷-格里斯：勒·柯布西耶父亲的弟弟。
4　玛格丽特·哈里斯·杰德→详见收信人目录
5　玛丽·居多丽→详见收信人目录

---

114 | 1937年1月16日，致罗伯特·玛莱-史提文斯信

玛莱-史提文斯先生 | 玛莱-史提文斯大街12号，巴黎（16°）| 塞维大街35号，巴黎（6°）| 1937年1月16日

我亲爱的玛莱：

我非常高兴地得知，卡瓦尔康蒂[1]，画家，我里约热内卢的朋友，被选中来完成您为1937巴黎国际博览会而设计的巴西咖啡展览馆室内的装饰。我与卡瓦尔康蒂相识已有十余年了，我在里约热内卢见到过他的作品。阐释巴西，您不可能找到比他更合适的人选了。卡瓦尔康蒂是一位优秀的画家，他非常了解巴西的自然和社会环境。他是一位非常出色的观察

---

i　乔治·勃拉克（Georges Braque, 1882~1963）：法国画家。初期走野兽派路线，后来他和毕加索及其他艺友共同创立"立体派"绘画。1917年回归古典路线。
ii　乔治·鲁奥（Georges Rouault, 1871~1958）：法国野兽派画家，风格较接近表现主义。
iii　大刷：勒·柯布西耶养的狗。

者,他将为您的展馆提供最可靠的关于咖啡的资料。以这样的方式将大家组织起来发挥各自的作用是有益的。

我亲爱的玛莱,请相信我最美好的感情。

---

1 埃米里奥·卡瓦尔康蒂(Emilio Cavalcanti, 1897~1976):巴西知名画家。罗伯特·玛莱 – 史提文斯(Robert Mallet-Stevens)在1937年巴黎国际博览会上,独立或与人合作,共设计了五座展馆;其中最引人注目的便是法国 – 巴西咖啡展览馆。

115 | 1937年4月20日,致玛丽·居多丽信
居多丽夫人 | 巴比伦大街35号,巴黎(7°) | 1937年4月20日,巴黎

亲爱的朋友:

费尔南德·莱热[1]对我说,他最近参观了由让·佩兰[2]教授发起的即将完工的科学研究中心。

这样的好运气什么时候可以轮到我呢?因为,让·佩兰先生总是对我很友好;因为艺术应当置于一个完整统一的氛围中:建筑、雕塑和绘画。

我不多说了,只想就我不断地以自己的要求麻烦您而表示歉意。

亲爱的夫人,请相信我无损的忠诚。

以勒·柯布西耶的名义

附:莫朗斯出版社现正在编辑一本关于我的书,他们问我挂毯的照片是否可以出现在书中:将以大幅版面呈现。

---

1 费尔南德·莱热:画家,勒·柯布西耶的朋友。→详见收信人目录
2 让·佩兰(1870~1942):法国物理学家。居里夫妇的朋友和同事,1926年诺贝尔奖得主,积极参与了法国科学体系的改革,其中包括1937年创立法国国家科学研究中心(CNRS)。

16 | 1937年9月9日，致玛格丽特·哈里斯·杰德信
1937年9月9日

朋友：

今天上午从瑞士回来（去湖畔小住宅[1]探望我的母亲，她满怀爱意地谈起了您），看到了您的来信。

您正为您的杂志犯愁。勇敢些！我是了解的，需要勇气和毅力！而您具备这些素质。

当然，我同意您按照您的意愿引用我书[i]中的章节。而且我想我的授权就<u>足够了</u>。普隆向来不反对这样的节录。我本想给出版社打电话，但联系不上。

关于路易·苏提尔[2]的<u>彩画</u>，我持保留意见！相反，他的素描很出色。我可以提供线索，哈特福德博物馆的奥斯汀[3]那里收藏了<u>50</u>幅，其中有些极优秀的作品。对于艺术品的鉴赏，即使在最严厉的批评面前，您也不应当改变心意。路易·苏提有他的价值。不应当受谬见所诋毁。而且我认为他的素描作品是不容争辩的（当然，我指它们的美）。

把共产主义搁在一边吧。这是一个充分进化的产物，但是它的<u>语汇</u>已经<u>固定</u>在了那些过去的事件上。我相信，不日新词就将被创造出来。

让我们等一等美国的编辑先生们吧！

那间热带风情的小木屋多么令我向往。天呐，您在那里，在那里自由地生活，多么幸运。可遇……而不可求！

再见

您的柯布

1　湖畔小住宅（Le Lac）：勒·柯布西耶为父母建造的小住宅，勒·柯布西耶母亲晚年一直居住在此。→见致母亲信20.01.1928 * 信72 注6
2　路易·苏提尔：勒·柯布西耶的表兄。→详见收信人目录
3　阿瑟·埃弗雷特·奥斯汀（Arthur Everett Austin, 1900～1956）：1927～1944年间担任哈特福德艺术协会（Hartford Atheneum）会长，1937年勒·柯布西耶第二次美国巡回演讲的发起人。

---

i　这里指的是《当大教堂是白色的时候》。

117 | 1937 年 11 月 4 日，致马克思·比尔信
马克思·比尔先生 | 建筑师 | 丽玛达大街 253 号 | 苏黎世（10°）| 塞维大街 35 号，巴黎（6°）| 1937 年 11 月 4 日

亲爱的先生：

我由衷感谢您 10 月 7 日为我 50 岁生日献上的美好祝愿。

我和您一样：我也希望在我人生新的半个世纪里能够比之前实现多一点点成果；但这是神的安排，我们要做的就是等待他的裁决。

无论如何，请您相信我非常珍视同您的友谊。并请相信我对您的忠诚。

118 | 1937 年 12 月 8 日，致玛格丽特·哈里斯·杰德信
1937 年 12 月 8 日

朋友：

转瞬之间！不觉两年过去了。我即将启程再赴纽约。

我将再见到木屋，再见到大海，再见到您。

我确信，不时地，您也会想起这个戴黑框眼镜的人。

您正忙于您杂志的编辑，我想。

这是艰难的，比人们想像的要棘手。祝您成功！

关于《大教堂……》的翻译。纽约一位满怀激情的编辑 10 月或 11 月的时候写信给我。我回复了他，并附上了您的地址。我同时让他跟普隆出版社取得联系。为什么没有回音？您同他见面了吗？事情似乎不顺利。

我的秘书不在，我找不到信的复印件。（X）

朋友，10 月 6 日，我跨过了我的<u>半个世纪</u>。唉。我不缺少荣誉。但也招致了许多怨恨，战斗永远都是残酷的。如今是全面的"萧条"。没有工作，我就画画。自从我全心投入以来，已取得了很大的进步。

在一、二月间，我在苏黎世市立美术馆（这里被视为造型艺术的萨尔兹堡[i]）举办了一次盛大的展览。十个展厅。大幅的油画，120 幅素描作品。17 年来<u>不为人知的工作</u>；因为自从 1923 年以来我就没有展出过我的绘画作品。另外，莫朗斯出版社的编辑把我的画作编写成一本精美的图书，出

---

i 萨尔兹堡：奥地利地名，莫扎特的故乡。

版社的杰作,将于明年一月出版。

如果您的杂志也在一月发行,那么您也许可以发表一篇关于柯布在绘画界现身的配有照片的"轰动性的"文章。

另一面的生活——夜晚的生活——被大大抑制了。然而,往往在环游世界的行程中……

想到小木屋,就想到摩天楼,我就要再见到我的纽约了。

您的柯布

(X)那编辑的地址可能是:建筑图书出版公司丨西区112第46大道丨(保罗·文泽尔/克拉科夫·斯切丽)

119丨1938年3月3日,致希拉·蕾贝信
希拉·蕾贝夫人丨所罗门·罗伯特·古根海姆基金会丨卡内基大厅丨纽约丨塞维大街35号,巴黎(6°)丨1938年3月3日

亲爱的朋友:

我收到了您措辞尖刻而晦涩的来信,责怪我1935年的美国之旅没有去纽约拜访您。

您大概不了解,30天的时间里我在美国20座城市作了22场讲座;我的思想完全被建筑与城市规划的问题所占据,而没有顾及到艺术,我甚至没有参观一座博物馆。

不过我仍然希望能够见到古根海姆先生[1],但他恰好不在纽约,所以我只留下一句问候。

您信中提到要建造一座博物馆,令我感到遗憾的是您没有说将由我来负责方案的设计。

难道我将永远被排斥在外,即使是在怀有同样理想的人们中间?

所罗门·古根海姆先生对我很友好。请您转告他,如有可能,我将非常荣幸地为他工作,为他奉献出我丰富经验积累的硕果(我50岁了)。我要补充的是:为了建造一座博物馆,要爱艺术,了解艺术,实践艺术。而这些条件是通常的建筑师所不具备的。

因此,道路在我看来足够直接。我相信如果您愿意助我一臂之力,那么一切将进展顺利。当然,一半的工作要与一位美国的建筑师合作,他将

负责工程的实施和监理。

希望您一切都好。请您相信我绝对的忠诚。

---

1 所罗门·罗伯特·古根海姆（Solomon Robert Guggenheim, 1861~1949）：美国工业家，艺术品收藏家。创办了以他的名字命名的基金会。勒·柯布西耶在这里提到的古根海姆博物馆的设计，将被委托给弗兰克·劳埃德·赖特（Frank Lloyd Wright），于1943~1959年间在纽约建造完成，为古根海姆先生大量的20世纪的艺术收藏品提供了存放和展示的场所。

120 | 1938年3月15日，致玛丽·多曼尼信

玛丽·多曼尼夫人 |（合）《今日建筑》出版社 | 巴托迪大街5号 | 塞纳河畔布洛涅 | 塞维大街35号，巴黎（6°）| 1938年3月15日

亲爱的夫人：

多亏安德烈·布洛克[i]先生的介绍，我才得以了解您关于法国建筑的论著；我无法抑制喜悦地要向您表达，我认为您的论述相当精彩（当然，这不是因为我有幸位列其中，这是不言而喻的）。我甚至认为现代社会其实也不过如此：面对历史上的杰作，它并不显得特别夺目。人们可以为此找到托辞，即，当前的混乱阻碍了社会的发展。

如果我知道您要构思的是这样一本书，那么我将建议您增加或替换一张我的图片；换成一张反映"光辉城市"居住区（居住和休闲）的图片。由于缺乏机会，所以我把我的大部分热情都倾注其中：这是一部城市新章程[i]的具体体现；我相信，从社会生活的角度来看，这是一项重大的发明；作为一个形象，这将是解决现代居住问题的一扇小小的希望之门；住宅的问题不可能得到真正的建筑的解决，除非有朝一日它被赋予合法的社会化的目的。

若您的书再版的话，或许您可以考虑一下我在此提出的建议。

不管怎样，我非常坦率地对您讲，我很高兴看到法国建筑的标杆首次以一种新的思想为线索组织在了一起。感谢您完成了这项出色的工作。

亲爱的夫人，请相信我最美好的感情。

---

i 雅典宪章：1933年8月国际现代建筑协会第4次会议通过的关于城市规划的理论和方法的文件。会议在一艘游轮上举行，航程从马赛出发开往雅典，再返回马赛。文件是在雅典讨论通过的，因而被称为《雅典宪章》。《宪章》是在当时协会的主持人勒·柯布西耶直接参加和指导下产生的。

1 安德烈·布洛克:《今日建筑》杂志主编。→详见收信人目录

121 | 1938 年 10 月 15 日,致瓦莱斯·哈里森信
瓦莱斯·哈里森先生 | 洛克菲勒广场 45 号 | <u>纽约</u> | 塞维大街 35 号,巴黎 (6°) | 1938 年 10 月 15 日

亲爱的朋友:

我给您写信是想请您帮我一个忙。事情是这样的:

当我 1935 年来到纽约的时候,现代艺术博物馆恳请我把苏维埃宫[1]、讷穆尔的城市规划[2]及 R. A. 办公大厦[3]方案的模型寄给他们。然而,这些模型再也没有回到巴黎。

今年夏天我有机会见到巴尔[4]先生,我向他提出了这个问题。我对他说:"何不干脆买下这些模型,它们代表了极具特征的事物。尤其是苏维埃宫,它无疑是现代建筑的一件杰作,将在有记载的建筑的编年史中占有一席之地。"(我补充一点,关于方案的图纸资料——平面、立面、剖面等等——也可以和纽约的模型一并收藏。)

巴尔先生对我说博物馆没钱。我很想相信他的话,但我对此表示怀疑。您认为是否有可能对纳尔逊·洛克菲勒[5]先生提及此事,提醒他注意到收藏这些模型对美国的意义所在?尤其是苏维埃宫的模型,制作得十分精细(我知道在纽约它未得妥善保管,但可以将其修缮如新)。

这些模型的定价应当如何呢?我认为苏维埃宫的模型至少价值 2000 美元。这方面您是否可以提出些建议呢?我的朋友莱热[i]会同您商量此事。

不是有意作厚颜的比较,不过在我参观世界各地的博物馆的旅行中,我认识到一些博物馆以拥有几件文艺复兴的建筑模型而备感骄傲。那么,有什么理由不相信有朝一日,苏维埃宫的模型将像今天文艺复兴的模型一样具有同等的魅力呢?

我知道您在那边一切都好,我替您高兴。听说您曾到过巴黎,我非常遗憾没能在这里见到您。请您,代我向哈里森夫人表达尊敬及最真诚的问候,请接受我友好的致意。

i 费尔南德·莱热:法国画家,勒·柯布西耶的朋友。→详见收信人目录

1 苏维埃宫→见致母亲信 15. 12. 1931 ∗ 信 89 注 1
2 讷穆尔的城市规划：1934 年勒·柯布西耶为阿尔及利亚的城市讷穆尔（Nemours）拟定的城市规划方案。→参见《勒·柯布西耶全集》第 3 卷第 18 页，"讷穆尔的城市化"。
3 R. A. 办公大厦：1933 年，勒·柯布西耶为瑞士人寿保险公司（Rentenanstalt）所做的办公大楼的方案设计。→参见《勒·柯布西耶全集》第 2 卷第 161 页，"人寿保险公司大厦方案"。
4 阿尔弗雷德·哈米尔顿·巴尔（Alfred Hamilton Barr, 1902～1981）：1929～1967 年间担任纽约现代艺术博物馆馆长。
5 纳尔逊·阿德里奇·洛克菲勒（Nelson Aldrich Rockefeller, 1908～1979）：美国第 49 任副总统。1938 年任洛克菲勒中心主席。1939 年任纽约现代艺术博物馆主席。

122 | 1938 年 11 月 17 日，致费尔南德·莱热信

费尔南德·莱热先生 | 艺术家—画家 | （合）瓦莱斯·哈里森先生 | 洛克菲勒广场 45 号 | 纽约 | 塞维大街 35 号，巴黎（6ᵉ）| 1938 年 11 月 17 日

我亲爱的费尔南德：

感谢你及你杰出的伙伴们的来信。别忘了替我亲切问候阿尔托[1]，当然还有其他朋友。

你指责 10 月 15 日才收到我的来信。

难道我出院时[2]，自圣特罗佩寄往哈里森先生家地址的给你的亲切而友好的信你没有收到吗？我还等着你积极介入的结果呢。支票将是及时雨。你明白！

我真想任命你为我驻美国的亲善大使，因为一日我脑海中闪过关于男爵夫人希拉·蕾贝[3]的片断。1938 年 3 月 3 日，我与她有一次书信往来，我将把她的这封信以及我给她写的回信一并寄给你。我要补充的是，后来她就再没有回复我。一日当我想起此事——为现代绘画建立一个收藏和展示的场所，建造一座具有理解力的博物馆——我仍旧认为我是最合适的人选，我是建筑师兼画家，我能够最准确地把握这种情感。在这一领域，我找不到能胜过我的人。我担心的是，像以往一样，一个追随者或者其他什么人取走了果实，只因为他们在合适的时间出现。

所以，如果你见到古根海姆或男爵夫人，请转告他，应当沿着指定的方向做些事，最终我们将有可能为世界奉献一个现代艺术（绘画、雕塑）的建筑典范，为此而付出的辛苦将是值得的。

好了！没什么要对你说的了。另外就是为你在信中流露出来的好心情

高兴，它让我仿佛看到你血管中流淌的美国的血液。
　　致亲切问候。

1　阿尔瓦·阿尔托（Alvar Aalto，1898~1976）：芬兰建筑师，城市设计师。
2　1938年8月，勒·柯布西耶在地中海度假游泳的时候，一条腿不慎被一只船的螺旋桨划伤，送进圣特罗佩（Saint-Tropez）医院手术。
3　希拉·蕾贝：所罗门·罗伯特·古根海姆（Solomon Robert Guggenheim）先生的艺术顾问。纽约古根海姆博物馆第一任馆长。→见致希拉·蕾贝信03.03.1938＊信119注1

费尔南德·莱热像（日期不详）

123 | 1939 年 1 月 19 日，致费利克斯·克里普斯坦因信
费利克斯·克里普斯坦因先生 | 艺术家—画家 | 劳巴赫，贝桑 | 德国 | 塞维大街 35 号，巴黎（6°）| 1939 年 1 月 19 日

我亲爱的费利克斯：

  收到了你令人愉快的来信，还有你那张非常可爱的铜版画，我很喜欢。

  我也为你作了一幅"银针画"[1]，为了向你显示一下用我手头的版画纸能达到的效果。在这幅画作中，技术很粗糙。然而，实际上"银针"可以用来表现最微妙最柔和的渐变；只要把笔侧在纸上轻轻地不停地摩擦就可以。而我，用针尖作画，笔几乎是竖直的。

  说实话，在技术方面我没有接受过非常严格的教育；我都是即兴的，自己摸索的。我的经验是这样的：最好把纸放在一块坚硬的底板上（例如，一块结实平滑的木板，或者甚至可以是一块玻璃或钢板，目的是把纸抵住）。

  我不知道银质的笔尖软一点好，还是应当再硬一点。这个对我来说无关紧要。我在乎的是，雕刻针要加工得足够细，跟一根粗针相仿，取一根爱弗释笔芯的尺寸，以便我将其放入一根爱弗释的自动铅笔中。不过端部要弄钝。当然了，以免将纸戳破。有一种特定的抚压纸的方式，为了防止把表面的白垩蹭掉。

  至于纸张，我不知道人们是如何制造出来的。在文艺复兴时期，我相信画家都是自己动手制作这种纸张的，用石灰或其他类似的东西铺在纸上。我的版画纸是一位收藏家给我的。等我用完了，我就不知道该去哪里找了。

  向你的夫人问好；向你致以真诚问候。

---

1 勒·柯布西耶青年时期当过钟表雕镂工学徒，学习过表壳雕刻技术，他用银质的铜版雕刻针创作过几幅铜版画。

124 | 1939年2月18日，致费尔南德·莱热信

费尔南德·莱热先生 | 艺术家—画家 | （合）瓦莱斯·哈里森先生 | 洛克菲勒广场45号 | 纽约 | 塞维大街35号，巴黎（6°） | 1938年11月17日

我亲爱的莱热：

我郑重委托给你的任务都没有回音：
1）现代艺术博物馆的苏维埃宫的模型[1]；
2）蕾贝男爵夫人的博物馆[2]。

我已经让你感觉到了，6年的危机之后，模型的出售将对我们构成巨大的帮助（这个不必跟洛克菲勒先生讲），但我非常希望你能够利用你良好的个人关系促进达成此事。

也许我的信同你通知我好消息的信交错而过：但愿如此。

我刚刚从高伯兰[i]那里接到一项令我感兴趣的重要工作。我紧接着同主管纪尧姆·让诺[3]先生提起了你；然而我惊讶地发现，由于一篇不利的报道他已经对你有了成见，对此我极力反驳，我相信我已经说服了主管先生。所以，你回来的时候，我向他承诺，同你一起去拜访他；为了让你认识他，也为了你今后能同高伯兰手工制造工厂合作；当然，在我看来，我认为这种合作非常有益。

在这个问题上，皮埃尔和我一样信任你。纽约佬，我们两个向你致以真诚问候。

---

1 →见致瓦莱斯·哈里森信15.10.1938＊信121，及致母亲信15.12.1931＊信89
2 →见致希拉·蕾贝信03.03.1938＊信119注1，及费尔南德·莱热信17.11.1938＊信122注3
3 纪尧姆·让诺（Guillaume Jeanneau, 1887~1957）：作家，教授，艺术史学家，行政部门主管。1926年担任国有动产部门主管；自1940年起担任国有手工制造业部门主管，负责博韦（Beauvais）、高伯兰（Gobelins）、塞维（Sévres）三家手工制造企业。

---

125 | 1939年3月21日，致玛格丽特·哈里斯·杰德信

朋友：

1939年3月21日，时间过得真快！没有您的消息：温柔些，告诉我

---

i 高伯兰：法国手工制造工厂，以地毯和挂毯的生产为主。

您在做什么，您母亲的身体如何？

您对我提到好几次的《方向》[1]，我一期也没有收到。做杂志是艰难的，不是吗？我欣赏您的勇气。

每一次我说起《白色大教堂……》还没有在美国发行，人们都感到惊讶。人们对我说应当不断向编辑强调此事。一日，乔拉斯夫人[2]，乔拉斯先生的太太，这里一所美国模特儿学校的校长，《变迁》杂志的编委之一，对我说：1926 年，当时伯纳德·费伊[i] 的书还没有在美国发行。乔拉斯夫人对此感兴趣，并翻译了《法国文学概论》一书。六个编辑斩钉截铁地表示这样的书在美国是卖不出去的。最终小布朗波士顿联合出版社同意出版，从此费伊的书在美国陆续被发行。

乔拉斯夫人不知道现在小布朗出版公司是否还在波士顿。

朋友，这个世界是何等躁动！您安静地待在家中。这里已是激情澎湃。永远的战争的威胁。人们已经在造大炮了。您收到我的书《枪炮，弹药？……》[ii] 了吗？我给您寄去了一本。我本该在纽约建造一座法国馆[iii] 的。但又被缴了械。在旧金山，被缴了械：所以也没去看望您。

我收到了智利政府的邀请。南美也对我敞开了怀抱：里约热内卢，布宜诺斯艾利斯。我完成了布宜诺斯艾利斯的城市规划方案。

如果同智利的合同签署，那么四、五、六月我将离开巴黎。永世流浪的犹太人[iv]！

阿尔及尔[3]那边有了起色。方案最终确定下来。总督先生的热情被煽动起来。也许，<u>最终</u>，我们将达成目标。十几年来，我在各条战线上展开顽强的斗争：阿尔及利亚、美国、英国、法国。需要怎样的毅力，怎样的恒心！我在舆论中间取得了巨大的胜利。占星师对我说 1939 年会是个大年。我感觉在我周围仿佛照亮一束光。

我满怀激情地创作我的绘画。我有所进步。

这一次，我将它们展现在公众面前。我的绘画，让笔记学家、预言家，甚或是精神分析学家们去解读吧。

一种<u>僧侣</u>的生活。艰苦而严酷。夜晚，我的脑海里充斥着紧张的想像。黎明的阳光将它们驱散。您了解我，您知道这种苦修的英雄式的生活意味着什么。如果我从山坡上滚下来，我就完了。

---

i 伯纳德·费伊（Bernard Fay）：法国历史学家。
ii 《枪炮，弹药？不，谢谢！请给我们住宅》→参见《勒·柯布西耶全集》第 4 卷第 193 页。
iii 参见《勒·柯布西耶全集》第 3 卷第 157 页，"旧金山或列日的法国馆方案"。
iv 传说中的人物，因冒犯耶稣而被罚永世流浪。

35 年的那段回忆是如此甜蜜。好了，好了，好了！这是怎样一个辉煌的年代，燃烧着光阴和岁月。

我把您的地址给了我的画商朋友路易·卡雷[4]先生：一位颇具魅力的先生。您也许会在纽约见到他。对我们的 1935 请保守秘密。

朋友，我常常想起您。

您的柯布

1　《方向》：1937~1945 年间，由玛格丽特·哈里斯·杰德主创的美国艺术杂志。
2　玛丽亚·麦当娜·乔拉斯（Maria Mc Donald Jolas，1893~1987）：美国记者、编辑、翻译。1932 年在法国讷伊（Neuilly）创办了一所模特学校，尽管以法国官方教育大纲为基础，但采用的是英法双语教学。这个学校于 1940 年关闭。
　　欧仁·乔拉斯（Eugène Jolas，1894~1952）：记者、编辑，玛丽亚·麦当娜·乔拉斯（Maria Mc Donald Jolas）的丈夫，美国人，祖籍法国。1928 年夫妇二人共同创办文学艺术类杂志《变迁》。乔拉斯夫妇认识许多法国和美国的作家及艺术家朋友。
3　阿尔及尔的城市化：1932~1942 年间，勒·柯布西耶为阿尔及利亚首都阿尔及尔的城市规划做了一系列的研究。但这些方案最终未得到当局采纳。→参见《勒·柯布西耶全集》第 3 卷第 87 页，"阿尔及尔城市化续篇"。
4　路易·卡雷（Louis Carré，1897~1977）：艺术编辑。一个现代艺术画廊的主席，组织过许多展览。

---

126 | 1939 年 4 月 4 日，致勒诺·德·儒弗信

勒诺·德·儒弗先生 | 西班牙流亡知识分子接待委员会主席 | 以文化保护为目的的国际作家联盟 | 安吉大街 29 号 | 巴黎 | 塞维大街 35 号，巴黎（6°）| 1939 年 4 月 4 日

亲爱的先生：

我回复您 4 月 3 日的特快专递信，您邀请我加入为流亡的西班牙知识分子提供援助的救济委员会。[i]

我同意加入这个以为西班牙知识分子在法国取得收容许可为明确目的的委员会。

亲爱的先生，请接受我最真诚的敬意。

---

i　1936~1939 年是西班牙内战最激烈的时期。

127 | 1939 年 4 月 6 日，致伯纳德先生信
伯纳德先生 | 建筑师 | 艺术学院大街 11 号，巴黎（6°）| 塞维大街 35 号，巴黎（6°）| 1939 年 4 月 6 日

先生：

关于您 4 月 5 日的来信，我作如下回复，并附上我给接待委员会的亲笔签名；当然，我以您的原文为依据："我同意加入服务于西班牙和捷克艺术家及建筑师的接待委员会，前提是该委员会不追求任何政治目的，并且不利用我的职权进行任何以赢利为目的的活动。"

亲爱的先生，请接受我最崇高的敬意。

128 | 1939 年 7 月 4 日，致让·扎伊信
让·扎伊先生 | 国家教育部部长 | 巴黎 | 塞维大街 35 号，巴黎（6°）| 1939 年 7 月 4 日

部长先生：

显然，我介入了一个与我无关的问题；但实际上，我是几位同仁的代言人，他们同我一样，激动地看到在特罗卡迪罗广场[i]上竖立起了福熙元帅[ii]的雕像[1]模型。

请不要责怪我，出于我艺术家的责任，我想就这个问题谦虚的发表一下我的意见；这是一个近四十年来投身于艺术研究的人的意见，无数穿越世界各地的旅行铸就了他的审美。

特罗卡迪罗广场是一方真正宁静、祥和、动人的所在：围绕这块开敞的广场，仿佛围绕着一池安静的湖水；一座城市凭着它轮廓线的精美，以及轮廓线之间彼此的关联而树立起来。一座城市树立起来，我们看到它，我们欣赏它，我们感叹于这整体的美。

人们怎么能来打扰这样一场真正的建筑的征服，这样一段委婉的建筑的话语呢？在所有特罗卡迪罗的事业中，这个广场是一个不容置疑的成功。无论在它表面任何位置安放一个吸引注意力的纪念碑，都将对整

---

i 特罗卡迪罗广场（Trocadéro）：特罗卡迪罗广场是赛纳河右岸的一处高地，这里是观赏埃菲尔铁塔雄姿的最佳地点。
ii 费迪南德·福熙（Ferdinand Foch，1851～1929）：法国元帅。

个场景构成破坏；就像在一段娓娓道来的平静的诗朗诵中间突然发出一声尖叫。从此一切都陷入混乱：元帅像直指埃菲尔铁塔，埃菲尔铁塔扼住元帅像，周围的穹顶和尖塔变成了地平线上渺小的图形，丧失了重要性，也不再具备任何情感上的意义。资料留存下来，当然；然而艺术却荡然无存。这样的审美训诫古希腊早就给过我们，尤其是雅典，人们从未想过在一条轴线上或在比雷埃夫斯海湾展开的非凡的场景面前安置一尊雕像。

部长先生，很抱歉介入一个并未被邀请提出我个人意见的问题。请您原谅，并请您相信我最忠实的感情。

---

1 福熙元帅骑马雕像：罗伯特·温瑞克（Robert Wlerick）和雷蒙·马丁（Raymond Martin）的作品。这尊雕像开始准备放在夏悠宫（Palais de Chaillot）的屋顶上。正如勒·柯布西耶为如此摆放一个模型而感到遗憾的那样，这尊雕像的模型最终被安放在特罗卡迪罗广场的中央，雕像本身于1951年安放到位。

129 | 1939年9月3日，致亨利·洛纪、菲利普·塞尔及乔治·于斯曼信
勒·柯布西耶 | 复致亨利·洛纪 | 菲利普·塞尔 | 乔治·于斯曼 | 1939年9月3日

亲爱的朋友：

  我昨天回到巴黎。我很希望能发挥些作用。

  我的军籍薄上写道：

  级别：2等。状况：无疾病。

  所有兵役最终解除日期：1936年11月10日（1887年生人）。

  您是否可以帮我个忙，即，随着事态的发展，您是否可以引荐，给我安排一个能有效发挥我作用的位置——如有可能，最好是一个能最大化地发挥我的作用的位置。

  谢谢，请您相信我的忠诚。

勒·柯布西耶

130 | 1939 年 11 月 22 日，致玛格丽特·哈里斯·杰德信
1939 年 11 月 22 日，于韦泽莱[i]

朋友：

因此？这个"因此"代表过去很长一段时间的沉默，然而这时间却被彼此繁忙的工作尤其是繁杂的事务所填满。您在摩天楼的脚下，您以为天下太平。而在我看来，整个世界将发生巨变。我对这一事件的定义是：百年的战争一旦结束，第一节机车就将发动。这样的观点使我得以感知公正的历史性的解答。

不过现在，告诉我您有什么变化吗？您母亲身体的不适康复了吗？小木屋的回忆被《方向》[1]的风暴摧毁，但我好久都没有收到您寄来的杂志了。嘟嘟远离他的母亲上初中去了。而他的母亲……孤身一人。应当对我说说您的近况，让我明了您的心意。我，要向您解释些事情：

我在约讷[ii]的韦泽莱给您写信，我和我妻子 9 月 5 日来到这里。我所有服兵役的义务已自动解除，然而 9 月 3 日的时候，我给几位要人去了信，希望他们能够安排我为国效力。有太多人毛遂自荐了。不过我还是坚持前后三次前往巴黎，最终我找到了最佳的解答：在让·吉罗杜[2]的帮助下，我创办了"城市规划预备研究委员会"[3]。这个委员会的目的是：为和平工程作准备，即，基于事实，以事实为依据，进行必要的变革，为百年战争加冕。吉罗杜有长远的眼光，而且他握有巨大的权力：国家信息。我正在集结这十年来一同战斗的朋友，以达成一个紧密的联盟。所以，不久我就将回到巴黎去。但，出于各种考虑，<u>请注意</u>，在此之前，我的信件仍将转寄到我们所住的小客栈来，由我妻子负责收集。

我本来能够接受另一项任务：在南北美洲作宣传。那样很高兴我就可以再见到您了。但我在这里的任务更加繁重，更加艰巨。可能——我说可能——我行动的时候到了。

自 1935 年以来，我没有做没有接触到的是什么呢？是激烈艰苦的劳动，还是不知疲倦的失败？在我看来，我们缺乏一个大环境，一个可以置身其中的大环境。

我曾常常见到您的好友艾莱娜[4]。她巴黎的朋友对我说她回美国去了。如果您见到她，请代我向她问好。

---

i 韦泽莱：法国地名，位于法国东部勃艮第地区。
ii 约讷（Yonne）：法国勃艮第大区所辖的省份。

278

我哥哥阿尔伯特[5]投入到牛津的神圣冒险[i]中去了。他在为牛津作词谱曲。祝福他,他是幸运的。要知道他的生活曾经一度面临连续不断的挫折。而我,注定要投入到更加猛烈的混战中去。

我满怀激情发奋地作画。这周我刚刚完成了一幅尺寸足够巨大的画作,全身心地投入。我的画不日将成为我生计的来源。关于这个话题,我还要说几句。我宣称,在我新的为国效力的职位中,除了和上前线的战士一样的薪水,我不会领取任何额外的报酬。另一方面,我们处在建筑的"萧条"之中已经7年了:没有委托,什么也没有。我现在还能应付。尽管如此,也该作稍长远一点的打算。我有大量水粉、水彩、彩色粉笔画,都非常干净地裱在白色的卡纸上。

这些画作被展示出来的时候,受到了很好的评价。完全出于友好的目的,我直截了当地向您提出这个问题:您的朋友,她们是否可以选购其中的一两张呢?我的题材有:a)抽象构成,b)具象构成,c)足够逼真的肖像(不过不涉及您们通常熟悉的那些非常可爱的题材)。我经过我的画商,以每张他付我30＄的价格出售,这个价格是画商向顾客索价的一半。(X)

亲爱的朋友,我像一名旅行推销员,但是您能够理解我不是吗?在这段艰难的时期,勒紧腰带,打算着未来,为了能够把我的时间无偿地奉献给我的国家。我直截了当地对自己说:既然美国人同法国人的利益关联在一起,那么我就应当有这个权利请求美国的朋友友好地帮助我继续我的使命。这使命是新时代所赋予我的。您知道在即将面对的这场战斗中,我必须毫无羁绊。

9、10月间,在这里,在乡下,我写了一本铺垫道路的书,书的名字就叫:《四条路上》[6]

      空
   陆   铁
      水

这本书是论战性的,为的是开辟一片战场。不久就将出版。

---

i 牛津团契(Oxford Group):一项始于20世纪20年代后期、以大学生为主要对象的人性改革工程。到了1938年,欧洲各国纷纷武装备战之际,发起人法兰克·布克曼(Frank Buchman)向全世界发出呼吁"惟有道德与精神的再武装"才是建立"没有仇恨、没有恐惧、没有贪婪的世界"之正确途径,因此后来又被命名为"道德重整"(Moral Re-Armament)。二次大战后,"道德重整"倡议道德和精神重建的工作,致力于在个人动机改变、人格更新的基础上,为个人与社会的生活带来正面的改革。布克曼的成功既取决于其训导公众的努力,也和他采用戏剧、音乐和电影等方法传教有关。

哦，我们可怜的《白色大教堂》[7]。您看看您们美国人：他们过于为他们的摩天楼和财富而骄傲了。但是，他们还没有找到生活的智慧。朋友，我不想让自己陷入1935年对纽约的回忆之中。我很高兴亲眼目睹了您的国家。我希望能够再见到它。您，和您的朋友们，表现出逃遁的姿态，是的，逃避围绕金钱的可怕的漩涡。您拥有一颗仁慈的心。再见，或者至少希望不久就能收到您的回信。之前我对我的妻子只字未提，这是我的不对：她永远都那么坚强、干脆、纯洁、完全地清澈。我非常钦佩她。我对您说过，她是农民的女儿。于我，她是一个完美的伴侣。我仍要对您说，我是个诚实的家伙。

问候嘟嘟，问候那片海滩，向您致以亲切问候。并向您的母亲致以崇高敬意。

您的柯布

（X）关于画作，您的朋友也可以让我代为她们选择，我会选择我最好的作品。

---

1 →见致玛格丽特·哈里斯·杰德信 21.03.1939＊信125 注1
2 让·吉罗杜（Jean Giraudoux，1882~1944）：法国外交官，剧作家。拉乌尔·多迪的朋友。对领土整治及城市规划的问题非常感兴趣。1928年创立"城市联盟协会"，1930年解散。1940年8月~1941年2月间，同贝当元首（维希政府时期法国元首）的政府决裂。20世纪30年代与勒·柯布西耶结识，试图通过与维希政府的交往帮助勒·柯布西耶。1943年撰写了《雅典宪章》（Charte d'Athenes）的卷首语。1943年创立了一个新的协会：城市与乡村联盟（Ligue urbain et rurale）。
3 城市规划预备研究委员会：又名"城市规划预备研究中心"。
4 这里勒·柯布西耶指的可能是他的文学顾问艾莱娜·斯塔索瓦（Hélèna Strassowa）。
5 阿尔伯特·让纳雷：勒·柯布西耶的哥哥。→详见收信人目录
6 《四条路上》（Sur les 4 routes）：1941年加里马尔（Gallimard）出版社第一版。
7 《当大教堂是白色的时候》：勒·柯布西耶曾授权玛格丽特·哈里斯·杰德翻译此书。

131 | 1940年1月17日，致让·波朗信
1940年1月17日，塞维大街35号，巴黎（6°）

亲爱的波朗先生：

我的桌上放着您的两封来信，由于日光和时间的作用而泛了黄（一封

是1938年5月，另一封是1938年6月），您曾邀请我就城市规划的任务撰写一段陈述。

这些信期待有效的回复。今天它们的回复在这里：

4个月在韦泽莱的蛰居，使我得以实现一个长久以来的构想：《四条路上》[1]，一本关于战前、战时以及战后的书。其所涉及的主题跨越了生活中的事件和灾难，它构成了时代主线的一部分。

由于多种原因，这本书必将引起您的注意：它构成由让·吉罗杜[2]的《充满力量》所开辟的系列丛书的第三本；第二本是多迪[3]著的《人类职责》。

我在现实的方案中表达了吉罗杜在倡导性方案中所提出的同样的思想。

它以当前的时代为背景[i]，向那些上战场的人们阐释战争惟一可以接受的结果。这些赶赴前线的人们，他们怀有一项紧迫而合理的需要——一个文明的构建不仅仅在于思想，还在于具体可见的成果——即，住宅：家庭的庇护，人类的栖身之所。为了满足这千百万将从战场上归来的人们的需要，从现在开始，我们就要掀起一场广泛的、愉悦的、丰产的运动。在军营里人们会更多地阅读，讨论时局，讨论我们为什么会在这里，以及我们服务的对象。所有种子都会在那里发芽——如果今天不播下良种，那日后将面临更大的危机。

<u>吉罗杜打算献身城市规划的事业</u>。他如是对我说。他与我联手，而且从今天起，新的成员将召集起来。

想像一下随之而来的明天或三年后的和平。想像会跌落到无底的深渊。除非精神有所准备，亦如有形的事物；否则它将无法被表达，被理解，被证实。当一些人正投入到如火如荼的战争中；另一些人，正怀着崇高的精神，审慎地为和平作着准备。各尽其所！这本书是早产的。快言快语，直爽的表达！和平的建设是一项事业，其准备工作应当同战争的准备工作一样精心。设想不日之后，士兵复员：那将是一场新的灾难，暴乱，流血；除非我们有所准备。这本书非常客观，但它绝非一部专业论著。它就像家庭的伴侣，因为它的目的只在于建立安稳而快乐的家庭。我相信，对于那些献身于强硬而粗暴的战争指令的人而言，它将成为一线希望。那么，您是否愿意怀着一颗仁爱之心考虑此书的出版呢？对此，让·吉罗杜

---

[i] 1929年和1937年，资本主义世界发生两次严重的经济危机。1939年9月1日，德军入侵波兰。英国和法国被迫仓促对德宣战，第二次世界大战全面爆发。

了解情况，您可以去问问他。

若蒙您及时回复，我将不胜感激。如果有朝一日可以向您 NFR[i] 的读者阐述我的构思，那将使我备感荣幸。您读者的队伍今天应当比以往任何时候都更加壮大，因为如今人们用更多的时间来阅读。

亲爱的先生，请相信我最美好的感情。

勒·柯布西耶

艾利克斯·卡莱尔[4]先生非常认同我的思想，他建议我将此书献给您。根据出版社的要求，他很愿意为此书作序。

1　→见致玛格丽特·哈里斯·杰德信 22. 11. 1939 * 信 130 注 7
2　让·吉罗杜→见致玛格丽特·哈里斯·杰德信 22. 11. 1939 * 信 130 注 3
3　拉乌尔·多迪→详见收信人目录；参见致母亲信 07. 02. 1928 * 信 73 注 4，及致夏洛特·贝茜昂信 02. 05. 1946 * 信 145 注 2
4　艾利克斯·卡莱尔（Alexis Carrel, 1873~1944）：法国生物学家，外科医生。1912 年诺贝尔医学及生理学奖获得者。他发表有关生物学和外科学方面的论文 50 余篇，主要著作有：《人的奥秘》（1935）和《对生命的见解》（1952）等。

132 | 1940 年 4 月 6 日，致《今日建筑》信
致《今日建筑》编辑部及负责人 | 巴托迪大街 5 号 | 塞纳河畔布洛涅 | 塞维大街 35 号，巴黎（6°）| 1940 年 4 月 6 日

亲爱的朋友们：

显然，您们已经展开了由让·吉罗杜[1]的思想所开拓的行动计划："法兰西的建设"。

您们投入由参议员发起的关于"巴黎 1948"的论战中来。但是，把"凯旋大道"的问题重新拿到桌面上来讨论，实际上，您们已经陷入到对巴黎的发展和拯救而言最荒谬最致命的思想中去了。那是陈腐的矫饰的学院派们的思想，学院式的思想：一条越过协和广场方尖碑的 20 公里长的

---

i　让·波朗（Jean Paulhan）：法国作家，1925 年起担任《法兰西新杂志》（Nouvelle Revue française, 简称 NFR）出版社主编。

笔直的排场的大道,它将为已经不堪重负的城市带来致命的壅堵。而巴黎,真正的巴黎,一座活生生的城市却被弃置一边。

这怎么可能?然而,关于这条冗长的凯旋大道的讨论从 10 年前便开始了。为"凯旋大道"擂鼓助威,这个词眼代表一面旗帜;但以统领您们杂志的精神的名义而言,您们不该这么做!您们这么做无异于在鼓吹一面自我毁灭的旗帜;参议院,众议院,整个城市将随之陷入到<u>罪恶</u>的谬误中。

怎么?是谁声称能够帮助并为当局提供资讯?

技术人员。但,那是怎样的技术?活的,还是死的?

我说您们不该这么做。我这么说是友好的,是严肃的,是因为相信谬误仍有可能被纠正。

"凯旋大道"[i] 是投机商人的事业(是"万军林荫大道"[ii] 的延续)。

我们又回到了战前的讨论,那也正是(浪费所引发的危机)诱发战争的原因之一。

谨上

勒·柯布西耶

---

1 让·吉罗杜→见致玛格丽特·哈里斯·杰德信 22.11.1939 * 信 130 注 3

133 | 1940 年 8 月 18 日,致让·巴托维希信
奥宗[1] | 上比利牛斯 | 1940 年 8 月 18 日

我亲爱的巴托:

您在韦泽莱吗?戈贞[2]对我说收到了您的来信,但不清楚确切的地址。六月底,我们刚到这里的时候,我给您写过一封信,寄到马丁岬[iii],没有

---

i 香榭丽舍田园大道(L'avenue des champs Elysées):又称"凯旋大道"(la voie triomphale),横贯巴黎第八区,从凯旋门一直通向卢佛尔宫。
ii 万军林荫大道(L'avenue de la Grande Armée)从凯旋门通向新凯旋门的一条笔直宽阔的林荫大道。
iii 马丁岬(Cap Martin):又称"燕尾海角",位于南法尼斯毗邻地中海,勒·柯布西耶晚年的休闲小屋就位于这里。→参加《勒·柯布西耶全集》第 5 卷,"燕尾海角的小木屋"。

回音。

据戈贞说，看样子您健康平安，维克多也是。玛德莱娜还好吗？

我们一路上很顺利，6周前在这里安顿下来；住在两栋闲置的房子里，皮埃尔³一处，我和我老婆一处。

我们继续完成兰尼美赞（距此20km）工厂的方案⁴。我大部分时间用来画画，我渴望创作几幅壁画，但找不到合适的墙面。我的书稿已经完成，交到了N. F. R.ⁱ出版社的手中。

我们能做些什么？我不知道。我已向政府提出效命呈请。我在等待。不过，伊凡娜⁵不喜欢这里，她非常怀念韦泽莱；她宣称不会在这个偏僻的地方（我觉得挺好）过冬。

返回无政府的巴黎是毫无意义的。那里还没有暖气！

碰碰运气——因为伊凡娜反对这个提议，不愿让我提起——我们是否可以租用您在马丁岬的房子？

如果您也在那里，那就更好了。

我可能会离开一段时间（布宜诺斯艾利斯？或者士麦那ⁱⁱ？）。我不知道如何安顿伊凡娜。也许不久之后，我们可以穿过被占领区，送伊凡娜到若歇家去……

请给我们讲讲我们离开韦泽莱后您的近况如何。我们将很感兴趣。

代我们向韦泽莱的所有朋友问好（若歇，莫迪翁，等等）。

问候玛德莱娜，并向您致以亲切问候。

柯布

---

1 奥宗（Ozon）：位于上比利牛斯的一个小村子。1940年6月，勒·柯布西耶和他的妻子以及他的堂弟皮埃尔·让纳雷来此避难。勒·柯布西耶把他后来实现的在这一时期完成草图创作的雕塑命名为"奥宗"。
2 皮埃尔·戈贞（Pierre Gueguen）：作家，诗人，艺术评论家，勒·柯布西耶的朋友。
3 皮埃尔·让纳雷：建筑师，勒·柯布西耶的堂弟，勒·柯布西耶的助手。→详见收信人目录
4 兰尼美赞S. P. A.住宅：在朗德的兰尼美赞（Lannemezan）为S. P. A.（含氮制品公司）的工程师、包工头及负责人设计的共计17套住宅。方案完成于1940年，但未实施。→见《勒·柯布西耶全集》第4卷第29页，第33页。
5 伊凡娜·迦丽：勒·柯布西耶的妻子。→详见收信人目录

ⅰ →见致让·波朗信17.01.1940 * 信131第282页注 i
ⅱ 伊兹密尔（Izmir）：土耳其城市名，古称士麦那（Smyrna）。

34 | 1940年8月18日,致母亲信

奥宗[1] | 1940年8月18日

我亲爱的妈妈:

9月10日,您就80岁了;这证明人到这个年纪仍可以是年轻的。80岁,您以您的两个儿子为伴,不受下一代的烦扰;历经岁月的沧桑,永远笑对生活。

现在我们比其他任何时候都更贴近您。您相信,您也看到,除了您的暴躁,没有什么可以压垮您;您对这一点的信心也与日俱增。我们的家庭很小,但却团结得很紧密;对老爸的生动的回忆是墙面的第四个角;而善良的波利娜[2]姑妈则构成了星形的第五个角。

好了,总结就到这里。言简意赅,积极肯定。

借这个美好的机会,让我来跟您谈谈阿尔伯特[3]。您的这个儿子如此亲密地伴随您的左右。在这非常的一年,他陪在您的身边。这是神的安排,试想日程表上一个小小的变故将把他抛到离您很远的地方,并被联

1940年8月18日,致母亲信(节选)

合的防御工事封锁在其中。他陪在您的身边,在这悲惨的一年的每一天陪伴您的左右,同您一起生活,陪您一起聊天。当您觉得虚弱的时候,他可以搀扶您。若您孤单一人,那会无时无刻不令我们担心。但有他在,就安全了,就稳妥了。您得以保持良好的状态。为此,我感激他,非常感激他。他令我安心,而这是行动的杠杆;没有它,在前进的道路上就会乱了步伐,因为每迈出一步都需要全神贯注敏锐机智的首创精神。

如果可以和伊凡娜一起去湖畔[4]看望您并带去我们的祝福,那该多好。但这是不可能的。禁止通行,除非持有当局颁发的凭证:返乡,或受国家委托执行公务。这也向您解释了为什么两个月来,我一直穿着凉鞋,而且没有西服上装的缘故。我想起1910年我东方之旅[5]那段充满幻想的日子,在保加利亚边境的吕特舒克,我平均每两分钟就要出示一下我的护照。

让我们庆幸还有一点点自由吧:感情可以寄托在小小的书信中,越过战场相互传递。

我亲爱的妈妈,这封信将在您80岁生日的当天,由您忠诚的朋友贝尔达·奈斯[6]转交给您。请相信我们对您的孝心和无限的爱,深深的感激

之情,以及真诚而令人愉悦的赞美。

您的伊凡娜,爱德华+大刷

---

1 奥宗→见致让·巴托维希信 18.08.1940 * 信 134 注 1
2 波利娜·让纳雷:勒·柯布西耶的姑妈。
3 阿尔伯特·让纳雷:勒·柯布西耶的哥哥。→详见收信人目录
4 莱芒湖畔小住宅→见致母亲信 20.01.1928 * 信 72 注 6
5 东方之旅(Voyage d'Orient):1910~1911 年间,勒·柯布西耶与朋友奥古斯都·克里普斯坦因(August Klipstein)在中欧和巴尔干半岛进行的一次为时 7 个月的旅行。
6 贝尔达·奈斯→见致母亲信 17.03.1927 * 信 64 注 7

135 | 1940 年 9 月 18 日,致伊凡娜·迦丽信
1940 年 9 月 18 日,于维希[i]

我亲爱的凡:

我出离了地狱;也就是说,我又见到了街道,又见到了城市,又见到了行人。我曾感到非常压抑,令人窒息的沉闷。在挤得满满当当的列车上过夜,根本没有伸展腿脚的空间,第一次,我感到一种无声的沉闷的情绪(由于始终得不到伸展)。

亲爱的凡,我很想你,我常常想起你。这段时间,我认为你的状态并不好。为此我感到非常担心。我在留意你,观察你,尽管你没有察觉。今天上午抵达这里的时候,我仍在为你担心;所以,就这个问题我首次向德洛尔请教。你知道,德洛尔是"资格教授"———个卓越的医学称号。他对我说:"精神烦躁和抑郁是女性更年期的表现;当对象非常敏感时,情况尤其如此。"突然,一个词使我睁大眼睛:腺系统衰退。你记得我的表妹玛格丽特,她就曾经一度因此非常低靡;后来经过服用增强腺体类药物荷尔蒙,而得到缓解。

我理解了,让我来解释一下:更年期,由于腺体改变的影响,精神系

---

i 维希(Vichy):法国中部城市名,二战时期维希政府所在地。维希政府是二战期间德国占领下的法国傀儡政府。1940 年 6 月德国占领巴黎后,以亨利·菲利普·贝当(Henri Philippe Petain)为首的法国政府向德国投降,实行法西斯独裁。同年 7 月,政府所在地迁至法国中部的维希,故名维希政府(1940.7~1944.8)。当时除英国之外的国家,都承认维希政府代表法国。

统变得敏感。这是一个简单的生理现象，一段过渡的危机期。但应当遵从有益的指示，配合公认为有效的治疗。我<u>希望</u>，你能理解吗，让维戴尔[i]来看看你，再开些有益的药方。

我曾为你的状况反复思忖，<u>整夜难眠</u>；这对我真是一种折磨。因为，实际上你非常健康，你没有病，只是精神上感到抑郁。

我们将改善这种状态。

我已经开始为我们的冬天作准备了。外交部向我行了方便，我可以穿越防线，需要时再回来。我想你可以去韦泽莱了。

我亲爱的凡，我们在一起已经 20 年了。我还记得那晚你的面容，你在芒索家化妆舞会上的装束。那么多年过去了：24N-C[1] 的女主人举止仪表依然是那么优雅入时。哈德吉说过，我们会长久。

维希政府欢迎我加入，但一切尚处于动荡中。我想还需要再等等。现在是下午 3 点，我感到很疲倦；走了两个小时才找到这个住处。怎样的代价！

作为结束，我要揪掉我上衣（有小点儿的那件）袖口的开线，因为刀子不锋利了……

好了，再见，亲爱的凡，我们很快就会重聚了。你的痛苦部分源于你的<u>主观意志</u>。我向你保证，奥宗是个非常可爱的小村子。

温柔的深深的吻

你的 Dou

---

1 朗吉瑟 – 高利大街 24 号→见致母亲信 28. 09. 1930 * 信 82 注 1

136 | 1940 年 10 月 31 日，致母亲信
1940 年 10 月 31 日，于奥宗[1]

我亲爱的妈妈：

好久没有您和阿尔伯特[2]的消息，除了两张明信片。

---

i 皮埃尔·维戴尔：外科医生。→见致母亲信 10. 01. 1937 * 信 113 注 2

我在路德镇给您写过一封信，对您说：经过认真诊断，发现伊凡娜[3]的肝脏衰弱，但这是可以治愈的。这半个月来，她已逐渐好转。

这是法国政府给法国人民的一闷棍。[i] 我们在胜利者手中，这个胜利者的态度必将是盛气凌人的。如果交易是真诚的，那么希特勒将以一项宏伟的事业为他的人生加冕：治理整个欧洲。

这笔赌金的诱惑力远胜过不结果实的复仇心。不过谁会是赢家呢？就我个人而言，我认为这赌局很精彩。法国，如果不是因为这罪恶的进犯，如果不是因为日尔曼的入侵；那将仍是一块不化的顽石。如果问题旨在让每个国家扮演好自己的角色，消除银行囤积的资产，解决现实而实际的问题，那便是件好事。对于论坛和集会的无休止的争论而言，对于议会不结果实的辩论而言，这是个终结。革命建立在秩序的基础上，并不属于非人性的范畴。

无论如何，骰子已经掷出。英国在咆哮。夜里，它的法语广播喷射出雄辩的抨击的浪潮。但直率地讲，这些言辞在我看来毫无意义；尽管让耳朵里充斥着时代的鼾声也是危险的。我们已经 3 个月没有被占领区的任何消息了；除了今天上午我们 24N-C[4] 的守门人传话说公寓安然无恙，只是不知道今年冬天会不会有供暖。

有迹象表明，政府有可能会回到巴黎去。在这种情况下，我的想法很明确，我也回去。

距离是有害的。隔得太远没法交流。人们应当见面。您知道，9 月底的时候我在维希待了一周，对那里留下了不错的印象。

我着手并完成了一项现实的任务，我撰写了一本 50 页的小册子，其中有 20 页的插图，名为《巴黎命运》[5]。前天我把书稿寄给了编辑。它直切正题，清晰地论述了从全局和新精神的角度审视巴黎命运的必要性。

前几天又读到《枪炮？弹药？……》[6]中的几段文字。这本书被共产主义者排斥；而在我看来，它更像是维希指导思想的缩影。人们还是应当读读这本书！

---

i 1940 年 6 月 16 日，正当法军败局已定的紧急时刻，贝当元帅利用自己一战战功卓著的威望，经议会选举，被任命为法国内阁新任总理，并被授予领导全国军队的大权。贝当在上任的第二天，就向德国提出停战的要求。6 月 22 日，法国代表在贝当授意下，同德国最高统帅部参谋长在停战协议上签字。根据该协议，法国必须割让包括巴黎在内的 2/5 的国土；法国政府必须每天为德国占领军支付 3 亿法郎的占领费；法国的空军、陆军不得超过 10 万人。法国政府必须在政治、经济、军事、外交等方面与德国保持一致，不得有任何与德国相违背之处。1940 年 10 月 30 日，贝当公开发表讲话，表示愿意同纳粹德国进行真诚的合作。当时除英国之外的其他国家都承认维希政府。

似乎您那边一切正常。阿尔伯特回去了吗？没有他，您一定觉得无聊。该生暖气了。不要固执地想着省钱！这个季节对于上了年纪的人来说潜伏着危险。听话，照我说的做。<u>您答应了，不是吗？</u>

维戴尔[7]上周回到巴黎去了。这里天气也开始转寒了。我们一切都好。您要照顾好自己。

再见，亲爱的妈妈。我们爱您。

伊凡娜和爱德华

---

1 奥宗→见致让·巴托维希信 18.08.1940 * 信 133 注 1
2 阿尔伯特·让纳雷：勒·柯布西耶的哥哥。→详见收信人目录
3 伊凡娜·迦丽：勒·柯布西耶的妻子。→详见收信人目录
4 朗吉瑟－高利大街 24 号→见致母亲信 28.09.1930 * 信 82 注 1
5 《巴黎命运》（Destin de Paris）：索罗（Sorlot）出版社 1941 年出版。
6 《枪炮？弹药？不，谢谢，请给我们住宅》，今日建筑出版社出版。
7 皮埃尔·维戴尔：外科医生。→见致母亲信 10.01.1937 * 信 113 注 2

137 | 1941 年 3 月 28 日，致母亲和哥哥信
1941 年 3 月 28 日，于维希王后饭店

亲爱的：

我在等待好消息给您们写信，关于为我们三个月来的努力加冕的幸运之事。一切仍未成定局。尽管文件已经签署；这可不是一般的签署，我们即将颁布的法令签上了十位相关部长先生的大名。这是创纪录的。不仅如此，我们的事业还受到国家高层的肯定。绝对的高层。文件刚刚签署，然而两个小时后就爆发了激烈的争论。八天来，事情就这样反反复复。明天上午，我将与有关人事进行一次会晤。到时候就知道是成还是不成。

我们在我们主席[1]的麾下召集起一批强干的人。最值得一提的是，我成功地使弗朗索瓦·德·皮埃尔弗[2]加入我们的队伍；我使他摆脱了七年来孤独寂寞的状态，在这里，他异乎寻常的才华将得到充分的施展。如果成，那我们的事业将是伟大的；至于我，我将拥有无上的精神地位，即，一个最终的胜利者。吉罗杜[3]也在我们的行列中。

此间，佩鲁东先生[4]从布宜诺斯艾利斯发来电报，致这里的外交部：图库曼大学[i]邀请我去授一个月的课，并将获得两栋建筑的委托，酬金共计 20 万法郎。门多萨[ii]已经在向我招手了。在布宜诺斯艾利斯，我的计划将得到法国大使的支持。

如果维希的事情不成，那就去阿根廷。当前的形势还好，当着委员会主席的面，元帅[5]办公室主任的助手对我说：您的机会来了。

不管结果怎样：正面，抑或反面！紧张的三个月里，还是很有成就感的。

上周（我想可能是周三），我接受了国家电台的采访，12.20 千赫（国家青年电台）。

我们住在王后饭店，窗子朝向公园敞开，阿列河[iii]和田野的自然风光就在距我们 300m 远的地方。房间宽敞、安静、舒适。

伊凡娜[6]正积极配合医生的治疗。已经有 18 天了，确实有明显好转。据说温泉[iv]疗法的效果会在几周后显现出来。

她的眼睛在克莱蒙[v]动了三次手术，已经痊愈了。伊凡娜的脾气也好了很多，这于我是一种真正的安慰；而且，维希这边进展还算顺利。

我将一幅画作卖给了蒙莫兰[vi]，卖了些钱。

新芽已经长出来了，柳树开始泛绿了，黑刺李树开了白花。在楼下的公园里领着大刷散步是令人陶醉的，不过这家伙只对事物的气味儿感兴趣。

您们也是，在春天里放松一下吧。这里的人们已经把冬天里严酷的打击抛到脑后了。我想您们也是一样。吉罗杜对我说，他在小住宅[vii]边上住了两年。他本来应该能够握一握亲爱的老妈妈的手。

我们猜想，亲爱的老妈妈一定会在湖边度过一个明媚的夏天，远离四周可怕的喧嚣。人类，人类的集体性格具有怎样的弹性！今天在这里，人们读着报纸，人们柏拉图式地思考着；而去年，人们正参与其中。根本的自私主宰一切。

---

i 图库曼大学（Tucuman）：阿根廷图库曼省综合大学，西萨·佩里（Cesar Pelli）的母校。
ii 门多萨（Mendoza）：阿根廷西部历史名城，门多萨省首府。
iii 阿列河（Allier）：穿过法国中部阿列省的河流，沿河两岸有原生的橡木林，风景如画。
iv 维希是著名的温泉疗养胜地。
v 克莱蒙－费朗（Clermont-Ferrand）：法国中部大城市。
vi 让－皮埃尔·德·蒙莫兰→详见收信人目录
vii 小住宅：勒·柯布西耶在瑞士莱芒湖畔为他的父亲母亲建造的一栋小别墅。

3月30日,周日

昨天进行了一次重要的会晤,同掌握着操控法国建造领域实权的人。令我们吃惊的是,他宣布承认我们的组织,并把这个组织视为他的智囊机构。他还专门对我说:他将看到最宏伟的事业的实现,利用一切可以利用的资源,结合最进步的思想,以致整个法国将投入到这场伟大的事业中来。

元帅本人也对我们的组织寄予希望。所以,从昨天起,前景变得明朗。似乎可以得出这样的结论:我的思想将成为启蒙。一举,二十年来被压抑的思想得以向前推进,二十年来被排斥的人得以为国效力。我们将投入到实践中去,肩负繁重而具有重大精神意义的使命。

这就是事情的经过。三个月来始终保持警惕,时而上浮,时而下沉,有时甚至几乎被溺死……

主席先生、皮埃尔弗和我,我们要将我们的计划付诸实施。我们还在想维戴尔[7],想着他早晚有一天会加入我们的队伍。我们还有一个喉舌,安德烈·波尔[8],他将通过报纸和广播唤醒全国对此事的注意。我们的法令将逐条颁布。

12月,我遭"被破坏地区委员会"排斥;1月,又遭"城市规划委员会"排斥。今天,我获得一个凌驾于其上的位置。

一切才刚刚开始。会得到证明,我们会拿出有力的证据。等待的日子是艰难的。

阿尔伯特能否帮我把这个消息转告吉迪恩[9](苏黎世多尔多大街7号)。我没有时间给他写信。

这个委员会可以说是1939年11月我与吉罗杜筹建的CEPU[10]的1941年版;不过这一次是可执行的,是统领全局的。

几天或一两周后,您们将在收音机里听到元帅的讲话,内容就是关于这些刚刚发生的事。

不要急于作不实的宣传!我时刻准备着迎接各种挫折。不过,今天,是个吉日。

好了,周末愉快。这里下雨了,不过很小。

给我写信。

致亲爱的妈妈、阿尔伯特及其他朋友以亲切问候。

伊凡娜和爱德华

1　罗伯特·拉图尔奈伊(Robert Latournerie):国务参赞。担任1941年5月20日创办的"居住及

不动产建设研究委员会"主席，该委员会后更名为"负责提出建筑产业规范化措施的居住及不动产建筑研究委员会"。

2　弗朗索瓦·德·皮埃尔弗（Francois de Pierrefeu，1891~1959）：巴黎综合工科学校毕业生。结构工程师。大型水利工程事业负责人。援助过北非工程项目。勒·柯布西耶的信奉者和朋友。1930年出版了专题著作《勒·柯布西耶—皮埃尔·让纳雷》。参与过数本杂志的编纂工作。1941年与勒·柯布西耶合著《人类的家》。

3　让·吉罗杜→见致玛格丽特·哈里斯·杰德信22.11.1939 * 信130注3

4　马塞尔·佩鲁东（Marcel Peyrouton，1887~1983）：法国政治家。1933~1936年间，任常驻突尼斯外交总理事。1940年担任内务部部长。

5　亨利·菲利浦·贝当（1856~1951）：1916年，在凡尔登会战中立下战功，于1917年被任命为法军总司令；1918年11月，晋升为元帅，1940年6月16日，正当法军败局已定的危急时刻，贝当元帅利用自己一战战功卓著的威望，经议会选举，被任命为法国内阁新任总理，并被授予领导全国军队的大权。于法国南部阿列省小城维希建立了维希政府。

6　伊凡娜·迦丽：勒·柯布西耶的妻子。→详见收信人目录

7　皮埃尔·维戴尔：外科医生。→见致母亲信10.01.1937 * 信113注2

8　安德烈·波尔（André Boll）：1896年出生，剧院布景师，记者。勒·柯布西耶思想的拥护者。1940年进入维希政府青年秘书处。"居住及不动产建设研究委员会"成员。1942年以个人名义出版《现代居住与城市规划》，其中口授部分的版权勒·柯布西耶后来要求追回。

9　西格弗雷德·吉迪恩：艺术史学家，勒·柯布西耶积极的拥护者。→详见收信人目录

10　城市规划预备研究委员会：CEPU，又名"城市规划预备研究中心"。

138 | 1941年6月2日，致母亲和哥哥信
1941年6月2日，于维希王后饭店

我亲爱的：

　　终于收到了您们的来信，老妈充满生气与力量的来信。清晰完美的笔迹。18年了！总患感冒和支气管炎，这说明您没有很好地回应外部环境的变化：天冷就该加衣服！这是不可更改的。因此，我们每次寒流都能轻而易举地度过。阿尔伯特，每天拉4个小时的琴。是啊，为什么不呢？离得远也是一种幸运，因为他弓弦的刮擦声将把我带回痛苦的回忆中：20岁青春的焦虑。圣灵降临节[i]是晴朗的，今天开始下雨。看不到太阳。莱芒湖的湖水变暖了吗？到这个月为止，我们已经有两年没见了。我在留意，看有没有短暂离开的机会，或执行一项目的明确的任务，我也好趁机去看看您们。不一定，我只是希望。

---

i　圣灵降临节（Pentecote）：教会规定每年复活节后第50天为圣灵降临节，又称"五旬节"。

希望成了这几个月以来的一种积极的消遣。然而，时间从没像现在这样过的飞快。我们——至少是我——已经习惯了这种流亡的生活，日复一日。然而，我们实际上是生活在一座火山上，不停地跃身跳起，每天都要渡过难关。无论如何，我们在向着目标前进。今天，简短而坚定的承诺将作出：成，还是不成。

我们，以"居住及不动产建设研究委员会"[1]的名义制定的法令，于5月27日得到元帅的签署，29日发表在官方的报纸上。就这样，我们的委员会成了国务实施总特派员的智囊团。难关已经过去。但是我们两个，皮埃尔弗[2]和我，却受到特派员的排挤；而元帅要求我们当好智囊团的支柱。常常为了一个问题，引发激烈的争论。以至于尽管我们的事业取得了成功，我们却面临被撤掉的危险。不过可以肯定的是，没有人能够替代我们的位置，况且也没有合适的候选人。所以我们是无可取代的。但是您们很清楚，如此尖锐的冲突涉及权力的问题，权力的表现，权力的定义。

我们的主席[3]是一位纯种的小王子，他把对人文价值的尊重视为高于一切。他与我们是团结一致的，我们只希望他行事的姿态可以再放松些。我们眼睁睁看着记者们涉入泥潭。《名流》杂志在它的《建造》特刊上以含糊其辞的字眼宣告我们的到来。它俨然成了学院派的铺路人。在《建造》的标题下，除了被歪曲的问题，什么也没有。皮埃尔弗与我为普隆出版社合著了一本书《人类的家》[4]，那是对我们的学说的简短而观点明确的阐述。皮埃尔弗赋予了这本书以闪耀的文风和敏捷的推理；我加入了80张雄辩的图片。《费加罗报》和《法国资料报》将我放在了头条。《四条路上》[5]，经过12个月反反复复滑稽的折腾，终于由NRF出版社付梓印刷，这也是意料之中的。

敌人，其实根本是幻影，有名无实：莫须有的，人们总容易将其夸大。这是一条长长的荆棘丛生的道路，不允许半途而废。如果我们最终选择在一块我们开辟出来的地方安扎下来，那我们的事业必将建立在30年思考的稳固的基础之上。我们有坚硬的外壳和一颗宽容的心，我们是无私的。而恰恰是这种无私，令我们的对手仓皇失措。如果我们纠缠了利益，动了私心，那人们就会提出异议，就会引发争辩，就会妥协。但我们是坚强的、是绝不妥协的。我们的事业要求我们如此。钻岩机不是用来捅奶油的。

我们的房间幸运地朝向一个美丽的大花园。在我们的窗前，有鹳鹤，有火烈鸟，还有从远方飞来的野鸭，它们合奏没有润色的乐曲。各种各样的鸣叫声，嘎嘎吱吱，有的尖锐得像门轴扭动的声音。公园的旁边是阿列河岸野生的橡木林和无限延伸的田园风光。早晚都要牵着大刷在公园溜一溜。日复一日，看到了芽，看到了叶，看到了花；这一切出自一位有才华的园丁之手，他还培育了些稀有的品种。这里的树，真美！

皮埃尔没有消息。收到过戈贞、维戴尔和巴托维希简短的来信。

伊凡娜营造了一处宁静亲切的小屋。晚上她会组织聚餐，读些好书或者闲书；闲书有时也是有益的。

总之，这周将是决定性的一周。如果情况好的话，可能会有一趟瑞士之行。否则一切都结束了。那么，伊凡娜会去韦泽莱，而我会去阿根廷。政治事变[i]再次在法国上演。

给我写信。快乐些，勇敢些。我们每天都会想起您们。轻轻的吻。

伊凡娜 + 爱德华 + 大刷
轻吻您二位，伊凡娜

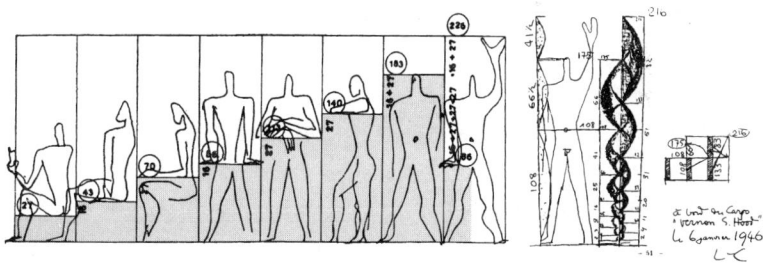

【上】Murondins 住宅（1942 年）
【下】模度（1943~1946 年）

---

i 希特勒对于贝当元帅的傀儡政府仍然很不满意，所以不久就推出皮埃尔·赖伐尔（Pierre Laval，1883~1945）掌握维希政府的实权，将贝当元帅置于徒有虚名的国家元首的地位。

1 居住及不动产建设研究委员会→见致母亲及哥哥信 28.03.1941 ＊信 137 注 1
2 弗朗索瓦·德·皮埃尔弗→见致母亲及哥哥信 28.03.1941 ＊信 137 注 2
3 罗伯特·拉图尔奈伊→见致母亲及哥哥信 28.03.1941 ＊信 137 注 1
4 《人类的家》→见致母亲及哥哥信 28.03.1941 ＊信 137 注 2
5 《四条路上》→见致玛格丽特·哈里斯·杰德信 22.11.1939 ＊信 130 注 7

139 | 1942 年 3 月 28 日，致母亲信
1942 年 3 月 28 日，于维希

我亲爱的妈妈：

我有令您愉快的好消息要告诉您。1 小时前，维希的高层决定了一项任命，可以说这是一个我二十年来不断争取的任命。我被元帅办公室主任及市议会主席任命来负责一个我建议并组建起来的委员会的指导工作。这个委员会名为"巴黎居住及城市规划研究委员会"。我组织起：吉罗杜[1]、贝尔泽希[2]、艾利克斯·卡莱尔[3]、皮埃尔·维戴尔[4]、皮埃尔弗[5]，还有弗雷西内[6]。还给我安排了两个副手：奥古斯都·佩雷[7]和普斯特[8]。我们的任务是解决巴黎（城市及整个大区[i]）的问题。研究，提议，并最终在市议会主席（一个值得信赖的朋友）和元帅办公室主任（现在也变成一个有力的拥护者）的支持下，启动宏大的工程。以巴黎为中心，我们的任务将辐射到法国其他城市、乡村及整个帝国。

凭着一份漂亮的委托书，周二我将赶赴阿尔及尔，与总督大人讨论非洲的规划问题。我可能会在那里待上一个月（通信地址：艾莫瑞，建筑师，丹弗尔罗什鲁大街 43 号，阿尔及尔）。之后回维希一趟。然后去巴黎赴任。另外补充一点，这个职务薪水很高。皮埃尔弗作为我的秘书长将助我一臂之力。

阿尔及尔，我已作好了充分的准备。[ii] 我将在那里打响现代城市规划第一场严肃的战役，当然我也准备接受攻击。但，无论如何，一个月只是

---

i 巴黎大区：位于法国北部，是法国 22 个大区之一，由巴黎市及另外 7 省组成。全区面积占全国面积的 2.2%，人口占全国人口的 1/5，是法国人口最集中的大区。
ii 参见《勒·柯布西耶全集》第 4 卷第 41 页，"阿尔及尔指导性规划"。

开个头，希望可以继续深入。

我跟您说过吗？我与于日讷电子化学公司签订了一份合同，我已成为这个公司的顾问。这个公司是法国最美的工业企业之一。我在这里接触到许多思想进步的人[9]，公司的总裁是元帅的密友。

另外，巴黎美术学院[i]的学生们要给我开办一个独立的柯布工作室。

是些年轻人，是些倔强的年轻人在召唤我。联系将就此建立起来，一端是需要注入活力的院校，另一端是我将率领我手下的年轻人投入其中的巴黎的大工程。如此，我那集结了各个国家年轻人的塞维大街的事务所，也将成为建筑的麦加[ii]，在法国年轻人的簇拥下重整旗鼓。此外，第一小组将在枫丹白露[iii]森林中建造"Murondins"[10]，青年宣传部（由佩鲁松领导）负责电台的宣传。

室内装饰艺术家展览（意料之外的事）将在东京馆用一个巨大的展台，以"走向崇高的居所"为标题，阐示1929~1942年的"柯布运动"。这是一个小型的活动，但具有重要的意义。

我已经向维希道了别。向那些帮助过我、容忍并赏识我的疯狂和顽固的人们道别。这道别饱含令人鼓舞的友情和对未来的信心。

这块浮冰的溶解在突然之间发生，从2月7日开始就没有停下来过。

作为结束语：所有这些艰巨的任务将由一个组织来承担，这个组织的成员由我根据一个明确的纲领集结起来，目的是形成一个真正活跃的中心；这一切在舆论上将由一本杂志作后盾，这本杂志将是《新精神》、《规划》以及《前奏》的加冕，而我将担任杂志的主编。

好了，我亲爱的妈妈，在期待了几个月之后，这便是我要对您诉说的。另外：我的敌人垮台了。

奇怪的是，除了日期，一切都符合我1937年的星宿预言。如今是明媚的春天。明媚的阳光。利用好即将到来的这个夏天，让它为您美妙安详的生活加冕；您的安详的生活引发了您儿子对您的赞美和无限的爱。

爱德华

---

i 巴黎美术学院（École des Beaux-Arts）：全称"巴黎国立高等美术学院"。在现代主义初期，这里是学院派的温床。

ii 麦加（Mecque）：伊斯兰教创始人穆罕默德的诞生地。世界各地穆斯林都朝向麦加作礼拜。

iii 枫丹白露（Fontainebleau）：位于巴黎东南120公里的森林，法国著名的枫丹白露宫就坐落于其中。

1　让·吉罗杜→见致玛格丽特·哈里斯·杰德信22.11.1939＊信130注7

2　加斯东·贝尔泽希（Gaston Bergery, 1892～1974）：律师，法国政治家，法国第三共和国众议员。1924～1925年间，担任外交部办公室主任。1941年，任法国驻莫斯科大使，贝当元帅（见致母亲和哥哥信28.03.1941＊信137注5）政治顾问。以加斯东·弗朗索瓦（Gaston Francois）的笔名写作。

3　艾利克斯·卡莱尔→见致让·波朗信17.01.1940＊信131注4

4　皮埃尔·维戴尔：外科医生。→见致母亲信10.01.1937＊信113注2

5　弗朗索瓦·德·皮埃尔弗→见致母亲及哥哥信28.03.1941＊信137注2

6　欧仁·弗雷西内：工程师。→详见收信人目录

7　奥古斯都·佩雷：建筑师。→详见收信人目录

8　亨利·普斯特（Henri Prost, 1874～1959）：法国建筑师，城市规划师。1914～1922年间居住在摩洛哥。与利奥泰（Lyautey）一起，为摩洛哥完成过多个城市规划项目。1928年初，拟定过一份巴黎大区控制性规划方案。

9　安德烈·娅吾勒（André Jaoul, 1894～1954）：于日讷电子化学公司负责人之一，勒·柯布西耶的朋友。1943年，加入了由勒·柯布西耶创建的"以建筑革新为目的的建造者联盟"（ASCORAL）。(→见致加布里埃尔·谢罗信24.07.1946＊信146注2）1951～1955年间，在塞纳河畔讷伊（Neuilly sur Seine）委托勒·柯布西耶建造两栋住宅，其中一栋是他的家宅，另一栋是他儿子的住宅。

10　Murondins：这是勒·柯布西耶钟爱的一个新造词，结合了"墙"（Mur）和"原木"（Rondins）两个词。一种自成体系的建造系统，遵循一个基本的建造原则，可以由使用者自行建造，并可以多栋联立。该方案的构思始于1940年4月，时值比利时及法国北部地区居民大批溃逃，当务之急便是解决为他们提供居所的问题。在维希政府的支持下，出版了名为《自助建造Murondins》的小册子，作为房屋搭建指南。→见《勒·柯布西耶全集》第4卷第88页，"Murondins住宅"。

140 | 1942年7月27日，致巴伯罗·毕加索信
1942年7月27日

我亲爱的毕加索：

出于各种考虑，我将我在巴黎这里的临时地址和电话告诉您。

巴黎（7°）拉卡斯大街18号；电话：荣军院1066。

感谢您给我展示了您的画作。毕加索，您是您古老家族中幸运的一个，而且这是您应得的！

致友好问候

您的勒·柯布西耶

1943年1月19日，致路易·欧特格尔信
1943年1月19日，于巴黎

我亲爱的欧特格尔：

一日，莫朗斯出版社以您的名义送来一本您的著作《建筑》[i]。

我刚刚浏览了一下。

我知道您反对我的学说，但我没有料到您竟是个敌人。

不可思议的是，在这部明星云集的建筑简史中，我被毫无根据地冠以布尔什维克主义先驱的称号——尽管也许这并非您的首创，最初是借阿莱克斯·凡·森日尔[1]之口恶毒地传播开来——这只可怕的不明来路的疯狂的怪兽，就曾被不知是谁放到了国际联盟宫的角斗场上来；以致在我即将被选定实施宫殿建筑方案的时刻，使我功亏一篑。

看到您这样一位被崇高职责赋予权力、义务和责任的人，自愿加入阿莱克斯·凡·森日尔和卡米耶·莫克莱[2]之流的行列中，确实令人感到遗憾。他们两个，应当为他们的歪曲事实和捏造伪证承担责任！

当在年轻人面前讲授您所编纂的此书中的课程时，请您想一想，您在传播关于我的错误信息，它与我20年来完成的二十余本书中的内容恰恰相反：这也说明您从来没有阅读过其中的任何一本。

亲爱的欧特格尔，我极其地不信任您。

致
勒·柯布西耶

---

1 阿莱克斯·凡·森日尔（Alex von Senger）：瑞士建筑师，1931年编辑出版了《布尔什维克的特洛伊木马》一书。书中他努力证明现代建筑（以勒·柯布西耶为首）是布尔什维克主义的特洛伊木马。

2 卡米耶·莫克莱（Camille Mauclair）：《费加罗报》记者。1933年出版《建筑要死了吗？论"全面的泛混凝土主义"的危机》一书。书中再就"现代主义—布尔什维克的特洛伊木马"这一主题展开论述。1930年出版《反法国艺术的外国佬》。

---

i 参见《勒·柯布西耶与学生的对话》第66页，注10

1944 年 3 月 5 日，致约瑟夫·萨维纳信
1944 年 3 月 5 日

亲爱的朋友萨维纳：

我在洛朗斯[1]家看到了您的三尊小雕像。那两尊<u>立像</u>尤其出众，比那尊<u>卧像</u>更具特点。它们都是很卓越的作品，其中透着灵气；可以感受到这源于您的观察（岩礁、骨骼、小石头或者藻类的根，等等），以及您美好的雕塑家的气质。您说要把它们放大。我的看法是：

它们目前的尺度是完美的：适合家居，适合那些喜欢用手把玩藏品的收藏家，他会把它们放在触手可及的地方，就像一块从外面搜集来的表情丰富的小木块或小石头。

另外，我希望看到您用木材（梨木，或其他硬质木）来完成它们。我给您指明一位（已故）老友的经验：鲁伯特·卡宾[2]，雕塑家。自 1900 年起，他开始创作这类小木雕，他说："我每天早上来到我的工作室，先抛光我的雕塑，即，用双手抚摸它们，用手掌摩擦它们。于是它们的颜色变暗，而且有了光泽。长年累月，手上的油和汗便成了它们的组成部分。"

我补充一点：您的小雕塑会很有市场。有眼光的爱好者会买来收藏，或作为礼物送人；这小东西是如此无限，而且并不昂贵。相反，大型雕塑则很难找到买主。您看到了吧。

明天我将给您寄去一张汇票。伊凡娜需要些新的平底锅润滑油。

柯布一家向您致以亲切问候。

很想和您多聊几句，但我还有封长信要写。

别忘了从战俘营中回来的您的同志们的寄语：别退缩，别放弃！保持住以昂贵的代价换取的自由！

---

1 亨利·洛朗斯（Henri Laurens, 1885~1954）：法国篆刻家，雕塑家。约瑟夫·萨维纳（Joseph Savina）在与勒·柯布西耶合作之前，曾与亨利·洛朗斯合作过。
2 鲁伯特·卡宾：雕塑家，勒·柯布西耶的朋友。→见致马克思·杜·布瓦信 20.03.1916 * 信 34 注 1

| 143 | 1944年12月7日，致让-雅克·杜瓦尔信

让-雅克·杜瓦尔先生｜圣迪埃｜朗吉瑟-高利大街24号，巴黎（16°）｜电话：莫利托3252｜1944年12月7日

亲爱的朋友：

通过TSF[i]的报道，得知了圣迪埃[1]的事，我们感到很震惊。

所以我毫不迟疑地给您写信，看看我是否可以对您有所帮助。我不知道确切在哪方面，如有需要我可以提供我楼上的房间（独立的），或者一些钱，能派上用场吗？或者，您对我有什么差遣。

如果能给您提供些帮助，我将感到荣幸，我的夫人也是。

我的信您能收到吗？我希望您可以看到它，希望不久就能得到您的消息，知道您和您家人的近况。

急切盼望您的回信。亲爱的朋友，请相信我们最深切的同情与友谊。

勒·柯布西耶

---

1 圣迪埃（Saint-Dié）：位于法国孚日省（Vosges）的城市。1944年11月9日，在法国解放战争中的过程中，城市大部分毁于战火。→参见《勒·柯布西耶全集》第4卷第127页，"圣迪埃的城市化"。

| 144 | 1946年2月18日，致奥斯卡·尼迈耶及其他朋友信[ii]

奥斯卡·尼迈耶先生｜并转卢西奥·科斯塔、卡洛斯·莱奥尼[iii]、雷迪[iv]、莫雷拉[v]及其他朋友｜1946年2月18日

亲爱的朋友们：

从纽约坐飞机回来的时候，我在伦敦见到了我的朋友恩特威斯尔[1]。他给我看了1946年1月31日的《建筑师报》，上面再现了雷迪的摩天楼。

---

i 无线广播（Telecoms Sans Frontieres），简称TSF。
ii 参见《勒·柯布西耶全集》第4卷第84页，"奥斯卡·尼迈耶和卢西奥·科斯塔的来信"。
iii 卡洛斯·莱奥尼（Carlos Leone）：巴西建筑师。
iv 阿方索·雷迪（Affonso Reidy，1909~1964）：巴西建筑师。
v 乔治·莫雷拉（Georges Moreira）：巴西建筑师。

可以说这是依据我在里约热内卢开发的原则而建立起来的第三栋大厦。

这第三栋摩天楼也是件杰作。你们无法想像,看到<u>在世界的某个地方</u>,我所捍卫的原则得到如此卓越的应用,我是多么开心。真的,这是一种莫大的鼓舞。

如果我有时间,我会去里约热内卢看望你们。政府询问我是否愿意接受里约热内卢法国－巴西馆的方案设计。我希望有一天这项委托可以达成。

另外,我想把我的一个想法告诉你们。1936年,我从里约热内卢带回了大量在你们那里完成的讲演稿(及图纸),教育部希望我可以将这些资料汇集成书。不幸的是,我从未得到过明确的批准,尽管我及时完成了整理工作。我想,其中一些非常重要的图纸可以用来装饰你们业已完成的国家教育部大厦[i]展厅中的一间,那将会很有趣。选择其中的15~20幅,放大成壁画,用玻璃保护起来;在它们应当的最适合的地方,它们将构成一类有历史价值的资料。请你们考虑一下这条建议。这不是为了满足我的虚荣心;而是为了避免这些图纸最终被埋没在我事务所角落的废纸堆中;更重要的是,为了让我珍视的一份情感得以在里约热内卢——这座我一直热爱并钦佩的城市——找到一个落脚的地方。

向你们全体致以真诚问候

勒·柯布西耶

---

1 克里弗·恩特威斯尔(Clive Entwistle):英国建筑师。曾在LC-PJ事务所实习。

145 | 1946年5月2日,致夏洛特·贝茜昂信
夏洛特·贝茜昂夫人 | 1946年5月2日

我亲爱的夏洛特:

还记得一日你边叹气边对我说在团队中工作是困难的。当然,你曾一度是不利于团结的活跃分子。

近十年的时间里,我作着顽强的努力,总结并整理我的学说。就这

---

i 参见《勒·柯布西耶全集》第4卷第75页,"国家教育及公共卫生部大厦,里约热内卢"。

样，我不顾所有人的反对，其中也包括我的朋友，坚持现代主义的研究；并组建了一支技术队伍。这支队伍最终就位，其中包括公务员、工程师和建筑师，这便是我们的建造者工作室：ATBAT[1]，一个技术专家的合作社。我接受了可观的委托，以保证这个工作室的运营。我建立了一个接近最终的可容纳 1500～2000 人的居住单位[2]的原型。这不是纸上谈兵。最终，这个方案将借助部长比鲁克斯先生[3]以及马赛市的市长变成现实。全面的研究已经展开，委托书于 4 月 30 日正式签署。

4 月 27 日，委员会全体会议通过了我的规划方案，这是一年来的工作成果，包括全部提案。这是一个极其卓越的方案，尤其是提供了完美的居住环境。

我看了你在日本的相册，你的展览很成功。我对你说过，你在设计方面显现出了非凡的资质。

你，作为家里孩子的母亲；无论如何，以上述理由建议你强迫自己来工作室工作是无趣的。相反，如果你能抽出一定时间投入到有效的环节中来，发挥一个能干、有才华同时又很可爱的女人的作用，那么我将非常高兴。

我们马赛的方案是由接近最终的确定的标准为依据组织起来的，已经深入到一定程度。如果你有兴趣加入我们的工作，我希望如此，那就去见一下我们工作室的主管雅克－路易·列斐伏尔先生[4]（圣奥古斯汀大街 10 号）；不过，之前你要先来塞维大街的工作室找沃根斯基[5]（电话：戈博兰 70－63，除了进餐时间），他会向你介绍我们的工作。之后，雅克－路易·列斐伏尔会跟你签署一份简单的合同，关于你对我们工作提供帮助所应得到的报酬。

我要提醒你的是，提出的设计模型最终将以 ATBAT 的名义被创建出来。ATBAT 是一个合作组织，其中不同的参与者负责不同方向的研究。事务方面由公务员负责管理，这胜过我们自己去操作经营——我们的模型——不用来赚取一分钱。

在这个合作社中，一年来我们展开了相关领域的研究，在忠诚和奉献的基础上。我们启动的不是明星合同，那玩意将在现实面前覆灭；我们做的是踏踏实实的工作。我不要求你做一个伟大的创造者，而是提出符合一个女人、一个艺术家身份的本色而朴素的想法和建议。为了使我们的工作更加完善。

致亲切问候
勒·柯布西耶

1 建造者工作室（Atelier des Batisseurs）：简称 ATBAT。1945 年，勒·柯布西耶借筹备"马赛居住单位"方案之机创办的建筑及工程工作室，由弗拉迪米尔·博迪安斯基（Vladimir Bodiansky）负责管理。

2 马赛的居住单位（L'Unité d'habitation de Marseille）：1945 年，二战刚刚结束，由当时重建部部长拉乌尔·多迪，详见收信人目录）发起，勒·柯布西耶获得这个项目的委托。这栋建筑于 1952 年落成。这个可容纳 377 户居住者的建筑的综合体成为建筑师多角度（城市规划、社会、技术以及审美）阐释其集合居住思想的一个舞台。夏洛特·贝茜昂（详见收信人目录）负责了其中家具设施的设计。1964 年 10 月 26 日，马赛居住单位是勒·柯布西耶建筑中第一栋以历史纪念性建筑的名义列入保护对象的建筑。作为第一步保护措施，1986 年 6 月 20 日，完成了对其立面、屋顶以及用于参观的公寓及其他建筑元素的整理和修缮工作。→参见《勒·柯布西耶全集》第 4 卷第 165 页，"尺度相当的居住单位"。

3 弗朗索瓦·比鲁克斯（Francois Billoux，1903 ~ 1978）：法国政治家。1944 ~ 1947 年间数次担任部长职务。

4 雅克 – 路易·列斐伏尔（Jacques-Louis Lefebvre）：直到 1949 年为止，LC-PJ 事务所的会计和主管。

5 安德烈·沃根斯基：1916 年出生，法国建筑师，城市规划师。勒·柯布西耶的合作者之一。→详见收信人目录

146 | 1946 年 7 月 24 日，致加布里埃尔·谢罗信

谢罗先生 | 加布里埃尔 – 吉斯通大道 24 号，南特 | 1946 年 7 月 24 日，于巴黎

我亲爱的谢罗：

我从马赛回来，收到您 7 月 22 日的来信。我非常明确地再次向您强调：CIAM[1] 成员不直接对外采取行动，而是负责 CIAM 内部的工作。

ASCORAL[2]，CIAM 在法国的代言机构，以便更加直接地切入到现实的斗争中去。但 ASCORAL 和所有事物一样，需要一点一点慢慢地萌芽；另外，它的观点会以充分的行动来表达，如有可能这也许会对您有所益用。我想说的是：《三种人类机构》的出版。

马上，一个月之内，出版 ASCORAL 进一步的成果《城市规划的思考方法》[3]，以及在近期出版《城市规划的意图》[4]。

作为一种我们观点的充分表露，我们的著作可以使市政官员们以及您个人从中获取有益的确定性的信息。但是同样，您不能期望我们介入到市政当局与他们御用的建筑师及城市规划师的关系中去。我们不可能去发动政变，这也绝非我们的意图；我们也不可能去干涉没有委托给我们的工程。

如果您认为我们的著作只能证明 CIAM 的无能,从学说的角度而言也不过是无关紧要的皮毛;那说明我们还没有相互理解,或者说还没有很好地沟通。

我向您重申:我们不准备担当您想像中的那种角色,即,"涉足国家权力"。我们要做的只是向当局提供资讯,并对他们的举措进行评估。

您似乎忘记了我们能力的有限,我们不能肩负超出我们能力的责任。您忘记去回顾一下我们曾经走过的历程。

关于 ASCORAL 的活动的问题:毫无疑问应当由您来负责南特的工作。这是您的职责,别指望其他人来代替您,尤其是那些对问题不熟悉的人。

致亲切问候

勒·柯布西耶

附:我随信给您附上一封我致会长阿尔波特的信的复本。您一定有兴趣认识他。

---

1 国际现代建筑协会 C. I. A. M. →见致让·巴托维希信 19. 06. 1928 * 信 74 注 2
2 以建筑革新为目的的建造者联盟(ASCORAL):1943 年在勒·柯布西耶的发起下创建的联盟,由数个小组构成:学说、教育、技术、健康、宣传等等。1945 年,出版了集体著作《三种人类机构》。
3 《城市规划的思考方法》(Maniere de penser l'Urbanisme),今日建筑出版社 1946 年出版,同年由德诺埃(Denoel)再版。
4 《城市规划的意图》(Propos d'Urbanisme),布赫利(Bourrelier)出版社 1946 年出版。

1946 年 12 月 27 日,致约瑟夫·萨维纳信

1946 年 12 月 27 日

我亲爱的萨维纳:

昨天收到箱子,取出木雕。很好,理解得透彻,完成得充分,一个好的开端!几处小小的错误我可以自己修正。

我会(临时)改动一下作为依据的我所绘制的草图。我需要上些颜色。随后我会将图纸寄给您。

萨维纳,我觉得,在我看来,这太棒了。完全超出了我的预期。绝伦

的雕塑艺术，不是吗？有理由不继续我们的合作吗？我这儿还有可观的大量的预备用青铜、石材或木材来实现的雕塑的题材。我们可以一起来完成，以联名的形式。您愿意吗？

您不久就要到巴黎来，而我呢，我1月10日左右要启程再赴纽约呆上一个月。所以，您是否可以将您的巴黎之行提前呢？

伊凡娜对我说，您对她很好。不胜感激。

振作起来，萨维纳，让我们继续吧！

我将会给您寄去其他主题，变体，相似或相反的不同主题。

您看，我刚刚握着我的派克51打了个盹儿。

这些重复的线条和之字形折线向您透露了无休止的关于进攻和防守的反应。柯布的精神极度疲劳。

请把上色的草图寄还给我

来吧

我们将一起完成（画作）

向罗斯及您致以问候
柯布

148 | 1946年12月29日，致母亲及哥哥信
1946年12月29日，于巴黎

我亲爱的：

我上周日（11点半）从纽约回来，一趟放松的旅行。伊凡娜[i]正热切地盼着我归来，显然我离开得太久了。我只是希望好好休息一下，我感到非常疲倦，最近决定性的几周神经处于高度紧张的状态！第二天，再次投入到紧张的工作中去，要赶紧把事务所落下的工作补上来。有许多问题等着我回来解决。全力以赴。现在已经都搞定了。我被政府主席莱昂·布鲁姆[i]召见。他的夫人邀请我去主席官邸共进圣诞午餐；我们一共四个人，其中包括安德烈·纪德[ii]。人们禁止我只谈论与马赛有关的决定性的事业。

---

i 莱昂·布鲁姆（Léon Blum，1872~1950）：法国政治家，法兰西第四共和国（1947~1958年的法国共和政府）政治领袖人物之一。
ii 安德烈·纪德（André Gide，1869~1951）：法国小说家，1947年诺贝尔文学奖获得者。

第二天，与城市规划办公室主任会晤；昨天，面见重建部部长。我工作的扇面不断铺展开来。不可能停下来。我的健康状况好极了，充满力量。

前天，布列塔尼的萨维纳[2]寄来我的第一件圆雕作品，这是自1940年以来（奥宗[i]）我不懈研究的成果。这件雕塑（很大），根据我的方案由一个具备惊人空间感觉的家伙将其实现，美极了。它令我陶醉。我还有50张草图要委托给这个小伙子。我呢，我将给它们上色。敞开了一扇为建筑而生的纪念性雕塑的门。

我收到了老妈漂亮的圣诞卡和照片，她的目光如此泰然。真好！生活的长河是不是会稍稍放松一下它苦难的压迫。当我回想起我们年轻的时候，那时总是觉得不幸或不满足！很高兴得知您们的暖气烧得很热乎。这里的人们使用煤粉，效率很高，与往年大不相同。

可能1月中旬我还要去趟纽约，待一个月。那里有些很重要的事，我成为了事件的核心。

阿尔伯特[3]已经好久都没有消息了，我猜想他可能是太忙了。无论如何，等有机会的时候……

伊凡娜昨天还说：为什么阿尔伯特不来这里，来巴黎，来咱们家住上几周呢？

请您们不要埋怨我吝啬的书信。我们都面临着命运的左右和影响。生命在整个世界的风暴中流逝。六周的时间，在联合国全体会议上，我看到人们在工作，人们在努力，人们在寻找问题的解答。应当相信正直的人。然而有太多无耻之徒了！再见，向您们致以深情问候，并问候我们的朋友们。圣诞快乐，新年快乐。

您们的伊凡娜和爱德华

伊凡娜是英勇的，绝对超出我们的想像，只是之前未留意过。

---

1 伊凡娜·迦丽：勒·柯布西耶的妻子。→详见收信人目录
2 约瑟夫·萨维纳：布列塔尼雕塑家，细木工匠。→详见收信人目录
3 阿尔伯特·让纳雷：勒·柯布西耶的哥哥。→详见收信人目录

---

i 奥宗：位于上比利牛斯的一个小村子。→见致让·巴托维希信18.08.1940＊信133注1

149 | 1947 年 2 月 20 日，致母亲信
1947 年 2 月 20 日

我亲爱的妈妈：

好久没给您写信了。要等到取得成果。十个月来，我投入到一场激烈的斗争中。目前已经取得了彻底的胜利：纽约的世界城[i]将根据我的构思来建造。确切地说，至少方案和平面是柯布的规划和建筑。来自 10 个国家的技术专家的团体被同一个想法鼓舞，一支强大的美国的队伍来负责方案的实施。

1947 年 3 月，柯布的浪潮将袭来。这大概早已铭刻在星宿图中了，这将是一场交响。我不想过早宣告结果，因为每一次，命运总爱捉弄人。

不过可以肯定的是，3 月，《白色的大教堂》[1]的英文版就将在这里出版，由一位很好的编者来编辑，并结合了详尽的注释。《勒·柯布西耶全集》第四卷也将同时发行。我关于 1946 年世界城方案在这里诞生过程的小册子将于 3 月 15 日出版。巴黎出版了 ASCORAL[2] 丛书的第一卷。一本有关我造型研究的大部头的书正在编纂，保罗·罗森伯格[3] 负责我的绘画部分，此书将先在巴黎发行。亲爱的妈妈，我把您给说晕了吧。我时常想念您，有时还会提起您。今天，在世界城方案委员会上，我还引述了湖畔小住宅[4] 的例子（风景画出现在作为屏蔽的院墙和住宅的墙面之间）。您还记得帕洛迪夫人吗？她是在这里负责接待我的联合国大使的夫人，贝尔达·奈斯[5] 以前的好朋友；她认识您，还去过家里。某日她对我提起此事。玛格丽特·哈里斯·杰德[6] 也常提到您，我常在她海滨的住宅见到她。我像一匹马一样勤恳地工作。晚上或周日是愉快的画画的时间。最近几个月，我完成了 5 幅大的画作。这里的冬天很特别：天空像法国南部的天空，空气干冷，令人振奋的气候。这里室内到处都很暖和。24N-C[7] 的暖气没有用木炭。您呢？阿尔伯特[8] 在做什么？我不断地想起他给孩子们的管弦乐队灌制的唱片。

信就写到这里，我要去工作了。爱您。

爱德华

---

1 《当大教堂是白色的时候——羞怯之国纪行》：普隆出版社 1937 年出版。美国英译版名为《当大教堂是白色的时候》雷诺 – 希区考克出版社（Reynal-Hitchcock）1947 年出版。
2 以建筑革新为目的的建造者联盟（ASCORAL）→见致加布里埃尔·谢罗信 24.07.1946 ∗ 信 146 注 2

---

i 纽约联合国总部大厦→参见《勒·柯布西耶全集》第 4 卷第 187 页，"纽约联合国总部大厦"。

3　保罗·罗森伯格（Paul Rosenberg）：艺术品商人。
4　湖畔小住宅→见致母亲信 20.01.1928＊信 72 注 6
5　贝尔达·奈斯→见致母亲信 17.03.1927＊信 64 注 7
6　玛格丽特·哈里斯·杰德→详见收信人目录
7　朗吉瑟－高利大街 24 号→见致母亲信 28.09.1930＊信 82 注 1
8　阿尔伯特·让纳雷：勒·柯布西耶的哥哥。→详见收信人目录

150 | 1947 年 9 月 5 日，致经济委员会主席信
主席先生 | 经济委员会[1] | 蒙庞西埃大街 2 号，巴黎 | 1947 年 9 月 5 日，于巴黎

主席先生：

通过一封署名古尔菲小姐的公务信函，您要求我填写一张基本情况调查表，以便根据章程计算我作为委员会委员应得的津贴。

我按照您的要求填写了这份表格，但在此我要让您了解一下我的感想：我已同意加入经济委员会；但近一年半以来，迫切的职责要求我不得不频繁赶赴南美和北美。

所以，我没办法出席经济委员会的会议，即使去也是心不在焉。与其这样，我更希望等待机会，有一天可以真正有效地履行我实际的职责。

在这种情况下，我似乎没有任何权利领取这笔津贴。这便是我想让您了解的。

主席先生，请您相信我最忠实的感情。

勒·柯布西耶

1　经济委员会→详见收信人附录

151 | 1948 年 1 月 10 日，致母亲信
1948 年 1 月 10 日，周六

我亲爱的妈妈：

您近来可好吗？冬天不算太艰难吧？生活是荒诞的，当我们反思它的

时候尤其如此。但是，最好不要去想，至少不要多想。您应当拥有一个阶段完成时的心情，让心好好休息，等待新的阶段的到来。哪个阶段呢？

是的。我送自己一句话作为乐观的杠杆，也许措辞不够准确，或者说不够婉转，即，"终有一天会走到尽头！"这句话表达的意思是：我们的任期都有结束的时候，好给他人腾出空间；到时候就可以休息了。因为生命无限的延长是不合乎规律的。我的话——请不要误会！——是乐观的，让人安心的。我只希望人们可以和医生达成协议：这一步操作可以由每个人自己来干脆地完成。

近日，我再次与拉绍德封联系起来。1948年，值创刊100周年之际，《大公报》[i]对我进行了一次采访。通过这里的一位夫人，昂里埃特·法鲁。她原名帕蒂，奥特的侄女；她还是我刚刚读过的一本非常有趣的小说《树林边缘》的作者。其中许多关于鲜花、自然、天空、春天和鸟儿的描写，那种视觉效果，有时会让人想起您在您的信中关于自然那总是响亮有力的规律性的大合唱的描述。

努斯鲍姆的信＋路易·施沃布的电话，邀请我在苏黎世综合工科校友会上作一场关于马赛的报告。老爸终将感到欣慰：如果《大公报》启动，那么《国民报》也将有可能启动！注意：路易·施沃布在洛桑[ii]设立了一个附属的研究办公室，他每个月都会去那里几趟，我对他说让他顺便去看望您。

最近，我加入了国家经济委员会[1]，并在部长会议上被提名为法兰西思想代表。上周二，我在约里奥-居里[2]身旁就座，他非常兴奋地同我聊了些其他的事。我的同事（法兰西思想代表）都是权力或学术界的大人物。柯布，当心！不过，没有危险，我不会犯错的！作为国家第三大议会：国民议会、共和国参议院＋我们，我们的薪酬几乎和国会议员相当。

四周的时间，我全身心投入到我的《直角之诗》[3]中。泰利亚德[4]邀请我来完成专为珍本收藏家订制的极具奢侈性的系列丛书中的一本。这套丛书已经完成的有马蒂斯的《爵士》，另一本是洛朗斯[iii]的；正在编辑的是莱热[iv]的《马戏团》和我的。我要完成的是文字以及大幅的彩色插图。相当困难！！！马赛在向前推进，正在浇注基础。塞维大街35号的工作室彻底翻新，重新武装，更加现代化了。现在我们的工作室有将近30人。其

---

i 《大公报》（L'Impartial）：在瑞士拉绍德封出版并发行的法语新闻日报。

ii 洛桑：位于瑞士西南部，日内瓦北岸湖畔，是日内瓦湖区（沃州）的首府，也是瑞士法语区的文化中心。

iii 亨利·洛朗斯：法国篆刻家，立体主义雕塑家。→见致约瑟夫·萨维纳信05.03.1944＊信142注1

iv 费尔南德·莱热：法国立体主义画派代表画家，勒·柯布西耶的朋友。→详见收信人目录

中一部分是来自其他国家的实习生。尽管马赛将是一件杰出的作品,然而,实际上,落实到每一块图板上却是枯燥而艰苦的劳动;于是,年轻人恳请我每周六就一些有趣的主题展开一次座谈。我的座谈只面向我工作室的成员,我不想对外面的不应得的人提供这种补偿。

我完成了一部重要著作的资料整理工作,那是关于我作品的概述:《今日建筑》柯布特集,115页,大开本,有文字,也有精美的照片。在纽约,人们建议我出版我1946年编纂的一本大部头的书(即将付梓):《不可言喻的空间》。美国人经过十二个月的摸索给英文版取名为:《空间新世界》[i]。因为实际上,书中涵盖我所有创作的作品:城市规划、建筑、绘画,以及雕塑。总之,提出了一个新的空间概念,其中安静、清澈、明亮是主导;与野兽派和立体派的狂野,还有战后超现实主义和表现主义的扭曲构成鲜明的对比。

八个大型博物馆正在筹备一场盛大的展览。要发起一场关于联合国总部大厦[ii]方案的战役。美国人表现得像强盗一样,潜伏在密林深处,伺机谋杀并强夺受害者的财物。我冷静而有力地予以回击。法国政府也介入进来,并将继续发挥它的影响力。而我,也展开活动,努力争取支持。不日,我将仅以事实资料为内容编辑出版一本小册子:
《联合国与基本的诚实》。
我将利用本周特里格夫·赖伊[5]的巴黎之行向他呈递,并迫使他表态。
同时,我开始非常温和地在《新文学》杂志上发表文章,我会给您寄去一本。
美国八大博物馆的柯布联展包含一个名为"联合国之柯布"的展厅。但我在纽约的两位编辑都拒绝印刷我上面提到的那本小册子。"羞怯之国"自我包庇,团结起来,意欲统治世界。今天:美利坚的不可一世。

1948年1月12日,周一

当我在处理这些麻烦事的时候,善良的伊凡娜[6]操持着家务,到处慷慨地施与。从美国寄来的箱子和包裹分发给了来访者。送信送包裹或发货单的人会得到香烟、葡萄酒或开胃酒。在阳台上,一天三次,三十只小麻雀定时领取它们的口粮。拉奇这只该死的狗,每天遛它半个小时,可它还是喜欢到阳台上去方便,然后从厨房的窗子跳进来。12月和1月的头几

---

i 《不可言喻的空间》(L'Espace indicible) / 《空间新世界》(New World of Space)。
ii 参见《勒·柯布西耶全集》第5卷第34页,"纽约联合国总部大厦"。

天,伊凡娜还喂养了迪迪娜。迪迪娜是一只幸存的小苍蝇。看样子饿得实在不行了。每次开饭的时候它都飞到我们盘子中间来;我们给它准备碾碎的糖块,还在桌上倒上一滩水。每餐都来的,不过这几天它大概是从楼梯平台上的门溜出去了。

伊凡娜和我很遗憾阿尔伯特始终没有来。显然生活中充满了偶然事件。珍妮娜,我们曾经可爱的小女仆,从她印度半岛的未婚夫那里回来后就像变了个人。从前纯洁活泼的小姑娘,变得挑剔爱牢骚。我为她开了门,她一下子就消失得没影儿了。就这样把我们扔下不管,从圣诞新年假期起已有14天了;她回家去了,乖孩子!

不可思议的是,她刚走一小时,我便接到一个电话,我们的朋友雅度的姐姐上学时的一位朋友,经雅度的介绍找到我们。她叫夏普伊,贝尔福[i]人,今年40岁,在上一户人家待了11年,有一个19岁的儿子在布雷盖学校读书,她觉得我们人很好(这意味着试用期就免了!)。她2月1日过来,其间,伊凡娜只好承担起一切家务,自己动手了。

希望春天,李树花开的时候,阿尔伯特能来!您看我不算清闲,但我很高兴能跟您唠唠家常。"模度"[7]将我引向赋格,在我有关建筑的阐释中,我谈到音乐。尽管我不懂谱曲,但建筑和音乐是空间与时间,是对等的事物、连续的感觉以及交响的艺术。做美好的事,哪怕会招致谩骂。不要去管别人怎么说,"做你认为该做的"。我亲爱的妈妈,您面颊丰满而红润,双眼笑盈盈的充满神采,不流露半点哀婉。向您致以我们全部的深切的爱。向阿尔伯特致以我们忠实的友情。

伊凡娜和爱德华

---

1 经济委员会→详见收信人目录

2 让–弗雷德里克·约里奥–居里(Jean-Frédéric Joliot-Curie,1900~1958):法国核物理学家,居里夫人的女婿,与居里夫人的女儿伊伦·约里奥–居里(Irene Joliot-Curie)共同发现人工放射性元素,并因此双双获得1935年诺贝尔化学奖。1945年任法国国家科学研究中心(C.N.R.S.)主席。

3 《直角之诗》(Poème de angle droit):1955年维沃(Verve)出版社出版。其中文字及画作均由勒·柯布西耶创作完成。由世界知名的穆罗石版印刷工坊(Mourlot)用阿诗版画纸(Velin d'Arches,世界顶级美术馆/博物馆藏作品指定用纸)印刷。限量出版270册,其中20册为非销售品。书的尺寸32cm×42cm,共155页,其中20页为无文字纯彩石版印刷插图。纯插图本另行发售60册。

4 泰利亚德(Tériade,1897~1983):维沃出版社编辑。

---

i 贝尔福(Belfort):法国东部省分,南与瑞士交界。

5 特里格夫·赖伊（Trygve Lie, 1896~1968）：挪威人。1946年2月1日当选为联合国首任秘书长，1951年连任，1952年11月辞去联合国秘书长职务。
6 伊凡娜·迦丽：勒·柯布西耶的妻子。→详见收信人目录
7 模度（Modulor）：勒·柯布西耶于1943~1947年间编订，1948年出版《模度1》，1950年出版《模度2》。这是一个和谐的尺度系统，以黄金分割与人体尺度为依据。→参见《勒·柯布西耶全集》第4卷第263页，"模度"；第5卷第168页，"模度"。

152 | 1948年5月20日，致让-雅克·杜瓦尔信
让-雅克·杜瓦尔先生 | 1948年5月20日

亲爱的朋友：

您17日的来信，请我担当您即将出世的儿子的教父，我荣幸地接受，并愿以这样的方式向您表达我对您的友情及深深的敬意。

我会时不时地去看望他，幸福地看着他从摇篮里的婴儿，到翩翩少年，再到将来果敢坚毅的男人。

很高兴杜瓦尔夫人，未来的我的教子的缔造者，同意这样的决定。

感谢您们如此亲切友好的提议。

向您、您的夫人及将出世的小家伙表达我最真挚美好的感情。

勒·柯布西耶

153 | 1948年8月12日，致雷米·杜瓦尔信
1948年8月12日

亲爱的小雷米：

这是我给你写的第一封信。

今天，通过一个传统的仪式[i]，人们将你，我亲爱的小家伙，放入到<u>其他人</u>中间，他们用他们的习俗、他们的惯例、他们的判断将你包围。借这个机会，你学习到：水润湿。这是你获得的一项认识。

---

i 在通常情况下，婴儿出生后数周内，父母将安排他受洗。

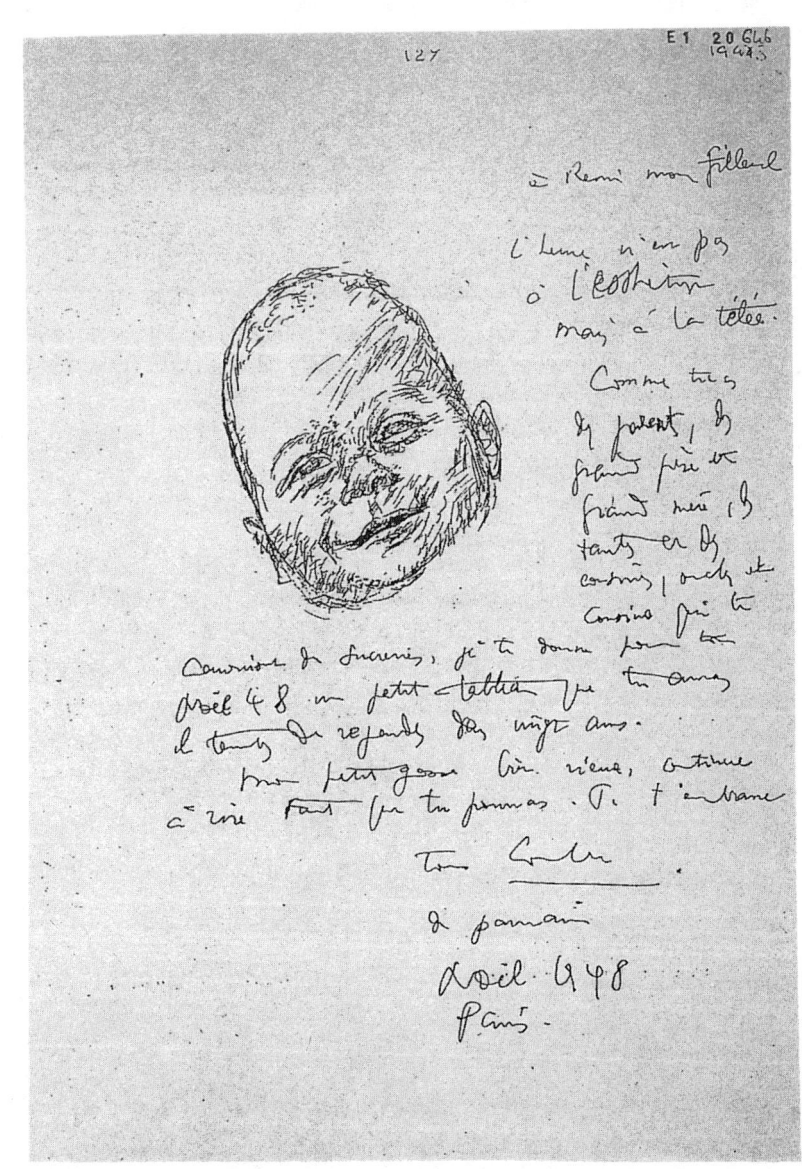

→154 | 1948年圣诞,致雷米·杜瓦尔(勒·柯布西耶的教子)信

你还将认识到很多其他事物，真实的，或虚假的。

今天，我只能给你这第一条忠告：即，你自己去认识水润湿。

作为宝宝，我是了解的，你会获得大量真实的判断，因为你要自己站起来，你要使用工具，你要应付事情。但再大一些，注意，小家伙！其他人将向你提建议，让你这样做或那样做。当然，你要学会听取意见，但是，不要任人摆布。自己作决定！

我亲爱的教子，今天你不会读到这封信；但过些时候，一天，你的父亲会把它悄悄塞到你的储物箱里。它将是属于你的，你将会给我写信，询问我在信中想表达的意思……

我想看看你那对不会伤害人的小蟹钳，叼着奶嘴的小嘴巴，把我的手指放在你的小手里，和你好好握握手。你好，小家伙。

你的朋友　勒·柯布西耶

154 | 1948 年圣诞，致雷米·杜瓦尔信
1948 年圣诞，于巴黎

这不是审美而是吃奶的时候。

但是，既然你有爸爸妈妈、爷爷奶奶、叔叔阿姨，还有表哥表姐，他们会给你准备好多糖果；那么作为你 1948 年圣诞的礼物，我送你一张小画吧，你有二十年的时间来欣赏它。

我亲爱的欢笑的宝宝，希望你永远保持甜蜜的笑容。吻你。

你的教父　柯布

155 | 1949 年 3 月 21 日，致巴伯罗·毕加索信
1949 年 3 月 21 日

亲爱的朋友：

1949 年 2 月 5 日，在 ASCORAL[1] 指导委员会最近的一次会议上，委员会希望您能够加入我们的工作，并决定邀请您以参与会员的名义成为 AS-

CORAL 的一员。

就我个人而言，我为这个决定感到非常高兴，我希望您能够接受它。

事实上，ASCORAL 的章程包含在工作组的陈述中："主导艺术的综合"[i]。积极客观地参与到将绘画雕塑与建筑联合的问题中来的时候到了。

无需强调您加入我们的队伍所代表的重要意义。我们相信您将同我们一起工作，而且在不久的将来，您一定有机会亲眼看到长久以来艺术家们怀抱的梦想变成现实，即，与现代社会通过其建造领域所表达的生活本身发生联系。

随信附寄一张给您准备的会员证书；如果您接受我们的请求，那就请您用铅笔填充有效栏，将由我们来用墨水誊清。这张证书首要的目的是使您了解 ASCORAL 的机制，您将在它上面看到委员会和工作分组一览表。

亲爱的朋友，请相信我最真诚的情感。

ASCORAL 主席　　勒·柯布西耶

---

1 以建筑革新为目的的建造者联盟 ASCORAL→见致加布里埃尔·谢罗信 24.07.1946. 注 2

156 | 1949 年 4 月 30 日，致让-雅克·杜瓦尔信
1949 年 4 月 30 日

亲爱的朋友杜瓦尔：

人随时都有可能死去。我与我来这里住了几日的哥哥谈及此事。我与夫人达成共识，安排了我的财产留给亲友的馈赠。

我拥有的财产大都是可以付之一炬的纸张，或更有价值的什么。这里，24N-C[1]（以及塞维大街 35 号[2] 的地下室里），有大量的各种形式的手稿：绘画、书信、笔记、旅行速记本、画册等等。

我可不想看到一个小流氓或随便什么人轻易将其掠走，并打乱它们的顺序，它们的价值就在于它们是井然有序的。

简言之，我希望人们能够稍稍研究一下这些档案，并有益地实现它们的价值（出售或转赠文化机构或博物馆）。

---

i 参见《勒·柯布西耶全集》第 5 卷第 64 页，"主导艺术的综合"。

结论：这封信的目的是引起您的注意，并恳请您，一旦时候到了，您要立即接管，即，管理我的档案，使它们不至于糟糕地四处散落。

出于各种考虑，这封信及我的签名将作为您正式的字据。

向您表达我的感激与友情。

勒·柯布西耶

---

1 朗吉瑟 - 高利大街 24 号→见致母亲信 28.09.1930 ＊信 82 注 1
2 塞维大街 35 号：LC 建筑事务所所在地。→见致母亲信 28.09.1930 ＊信 82 注 1

157 | 1949 年 7 月 3 日，致母亲和哥哥信
1949 年 7 月 3 日

我亲爱的：

收到老妈和阿尔伯特 6 月 30 日的来信。明天我将给罗比诺打电话落实此事。今天上午路过拉罗歇先生[i]家，看到波夏特[ii]等人还有我的一些画作，但没有看到克里斯蒂娜的作品。由于不清楚罗比诺交代的确切任务，我等明天与他确认后再开始搜寻。

老妈前一封信中提到：打算处理掉孩子给父亲的书信。古怪的想法。毫无疑问，如果您真的这么想，那我可不赞成。我还想着有一天能够回头看一看自己 1907～1910 年间写的东西呢。

莱芒湖之旅。今年没有假期。7 月 21～31 日的贝加摩[iii]会议[1]，于我意味着紧张的工作。8 月 6 日，和来自纽约及波哥大的专家一起，我们要开始为期三周到一个月的针对波哥大[iv]的会诊。会诊地点，合同上定在巴黎，但我更希望能改在芒通[v]，这样我便可以把伊凡娜[2]安顿在巴托维希[3]在马丁岬的家中，我不想把她留在巴黎度过炎热的夏天。随后我们将可以考

---

i 拉乌尔·拉罗歇：银行家，艺术收藏家。1923～1924 年间，勒·柯布西耶曾为他设计了别墅（见《勒·柯布西耶全集》第 1 卷第 54 页，"欧特伊的双宅"）。→详见收信人目录
ii 安德烈·波夏特：法国天真派画家。→详见收信人目录
iii 贝加摩（Bergame）：意大利北部重要城市。南距米兰 40 公里。
iv 波哥大（Bogota）：南美洲国家哥伦比亚首都。
v 芒通（Menton）：位于法国南部蓝色海岸地区的城镇。

317

虑去湖滨的小住宅⁴待上几日，可惜时间会很短。大概是在9月初。作为一种本能的向往，伊凡娜珍视这短暂的与家庭融合的时光。她现在骨骼很脆弱，一只脚受了轻伤。应当小心才是。这对她来说很痛苦。但提醒她是<u>没有用的</u>。她总是承担三倍于她应当的工作。

小住宅的屋顶。为什么要把屋顶的草烧掉呢？它们可以为来年提供草籽，现在也可以提供阴凉。然而您要把它们烧掉，把屋顶变成<u>黑色</u>。黑色的吸热系数为60，白色是11。这就是您"清理"的益处吗？所以，还是让这草自由地长在屋顶上吧。住宅出现的裂缝问题，现已得出诊断结果。可以通过一个灵活的装置将裂缝铰接（夏天，地下水位上涨产生推力）。

从乔治·兹瓦赫兰⁵那里得到消息，人们大概已经给我寄了讣告。我将回信致以慰问。

我刚刚在火车上度过两个晚上，从马赛归来。我带着部长及其夫人在已完成的第一套公寓过夜。周一晚，一顿亲密的晚餐（气氛出奇地融洽）。然后用甜点招待了我的20位合作者。晚上，部长夫妇在主卧就寝，办公室主任睡在其中一间儿童卧室，我睡另一间。部长被征服了。从此可以有理有据地反驳我的那些诽谤者了。一次正式的访问，在一套公寓中待上48小时，忠实地展示了我们的作品。<u>光辉城市</u>就此诞生，<u>灿烂夺目</u>！让反对的人见鬼去吧！

爱您们的爱德华

我的生活变成了湍急的河流，无情，但博大！

希望老妈和阿尔伯特⁶能去山上度十天的假，<u>费用由我来承担</u>。请阿尔伯特告诉我所需的金额。我对此没有任何概念。恳请。

---

1 贝加摩会议：C. I. A. M. 第七次年会。→见致让·巴托维希信19.06.1928 * 信74 注2
2 伊凡娜·迦丽：勒·柯布西耶的妻子。→详见收信人目录
3 让·巴托维希：建筑师，勒·柯布西耶的朋友。→详见收信人目录
4 湖滨住宅：或称"小住宅"。→见致母亲信20.01.1928 * 信72 注6
5 乔治·兹瓦赫兰（Georges Zwahlen）：拉绍德封牙医，阿尔伯特·让纳雷与勒·柯布西耶的表弟。这里提到的是乔治·兹瓦赫兰父亲去世的消息。
6 阿尔伯特·让纳雷：勒·柯布西耶的哥哥。→详见收信人目录

158 | 1949 年 8 月 23 日，致巴伯罗·毕加索信
1949 年 8 月 23 日

亲爱的毕加索：

舍特[i] 对我说您想参观马赛。[1]非常荣幸，悉听吩咐。越快越好，因为我总会被意想不到的事务支配。

最好能乘坐汽车，而非火车——令人郁闷的旅程。我住在一处不易找到的别墅，所以方便起见，我们的见面将会在：

马丁岬罗克布鲁诺[ii] 泊船站面向内陆的一面（而非临海的一面），早上 7 点或 8 点钟以后。

总之：请您确定——日期——时间。

我 8 月 26 日周五（25 日周四）起会在那里。

我将很高兴能陪您共度一日。

致亲切问候

您的

勒·柯布西耶

地址：罗贝尔先生家，海洋之星，马丁岬罗克布鲁诺。
请写信或发电报，没有电话。

1　巴伯罗·毕加索 1949 年 9 月参观了马赛公寓的工地。

159 | 1949 年 9 月 7 日，致母亲信
1949 年 9 月 7 日

我亲爱的妈妈：

　　90

---

i　约瑟·路易斯·舍特→详见收信人目录
ii　马丁岬罗克布鲁诺（Cap Martin Roquebrune）：位于法国南部蓝色海岸地区的小镇，毗邻地中海。勒·柯布西耶的滨海小木屋以及后来他与妻子合葬的墓就设在这里。

319

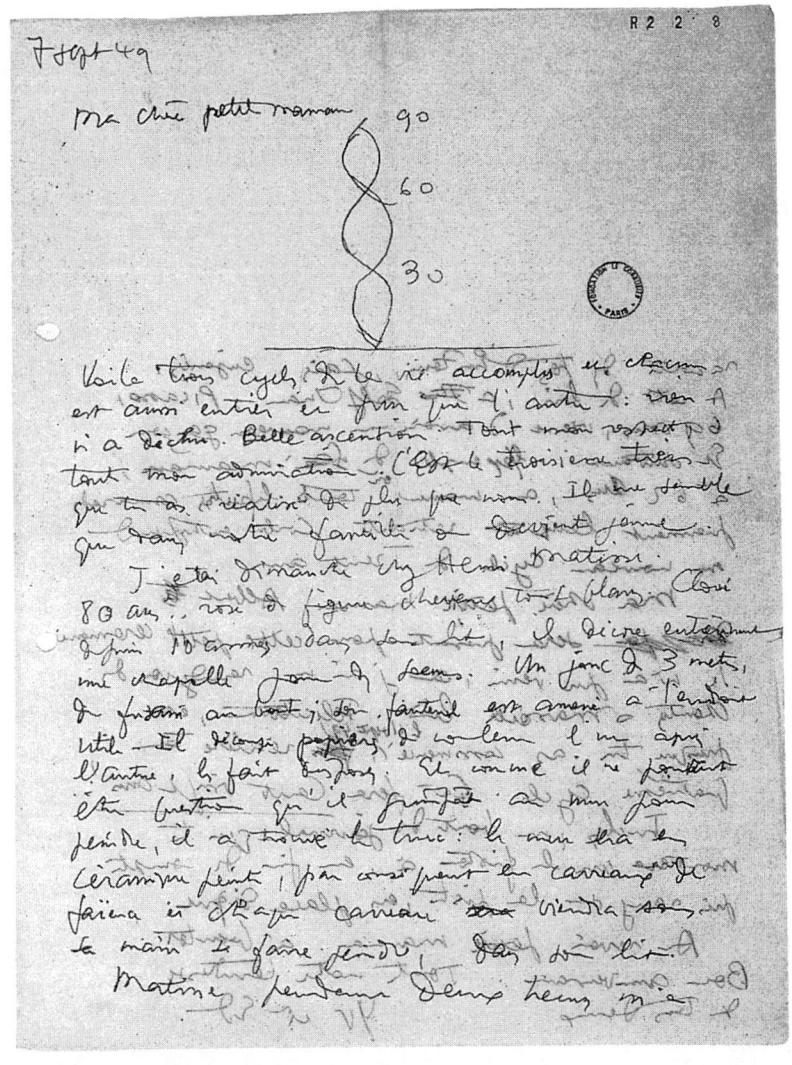

1949年9月7日，致母亲信，配以"人生三个阶段"的图解

60

30

这是人生完美的三个阶段，每一个都与另一个一样完整而纯净。没有衰减。美妙的上升。我全部的崇敬，全部的赞美，因您比我们更多地实现了第三个阶段。似乎我们家族的成员都是越活越年轻。

周日，我去了亨利·马蒂斯[i]的家。他今年80岁，面色红润，头发花白。他卧床已有十年了，就这样为嬷嬷们完成了整座小教堂的装饰[1]。一根3米长的手杖，端部固定着木炭条，他的安乐椅被安放在有效的位置上。他一张接一张地剪彩纸，然后将它们拼贴起来。既然站在墙壁面前作画是完全不可能的，他便找到了别的窍门儿：墙面将是陶瓷的，由方形釉面砖构成，其中每一块都可以拿到床头，拿到他手边来完成绘制。

马蒂斯在两个小时的时间里，给我讲述了许多开心的令人愉快的故事。在不远处，在儒昂海湾[ii]，69岁的毕加索刚刚有了一个男孩。另外，在母亲的楷模下，62岁的柯布，在其他同事都已经退休的年纪，开始了人生一个新的30年。

我亲爱的妈妈，阿尔伯特[2]将出席这个小小的庆典。我不能及时赶过去，因为周一我在马赛有个约会。祝贺您，1949年9月11日，您即将步入您人生的第四个阶段。那将是120岁！

附带一篇剪报，向您证明您的小儿子最终得到了认可，被列入了应该的位置。

再见，亲爱的妈妈！

　　　　　　　　生日快乐！献上我们全部的爱。伊凡娜和爱德华

1　罗塞尔小教堂（Chapelle du Rosaire）：位于法国南部小城旺斯（Vense，距离尼斯13公里）的一座"多明我会"小教堂。马蒂斯于1947～1950年间完成了该教堂的室内装饰。
2　阿尔伯特·让纳雷：勒·柯布西耶的哥哥。→详见收信人目录

---

i　亨利·马蒂斯（Henri Matisse, 1869～1954）：晚年在法国南部蓝色海岸的尼斯（Nice）度过，1941年患肠道疾病，经历两次手术后身体日渐虚弱，无法站在画布前作画，于是开始了新的艺术创作——剪纸。他经常亲自动手，染出自己需要的彩纸，靠在床上剪，然后再拼贴成画。
ii　儒昂海湾（Golfe Juan）：位于法国蓝色海岸的度假地。

160 | 1949年9月29日，致约瑟夫·萨维纳信
1949年9月29日

我亲爱的萨维纳：

我收到了您的信和您的画。得知您的生活正处于困境，您的生意入不敷出，我感到很遗憾。这是暂时的，我想。您具备很好的造型感觉，用不了几年您一定会收到回报——幸运地，情况一定会有所转机。

我的萨维纳老兄，勇敢些，不要被流言，不要被惯例，不要被人们通常的认识束缚住，要知道它们的重量足以将我们压垮。<u>真理在我们手中</u>。我们创造，用我们的大脑和手指，创造神圣的作品；惟此可以点亮内心的幸福，惟此可以驱散周围的愚昧。所以，您非但不应当放弃；相反，您应当逃遁到这神秘的创造的庇护中来。不要说您已疲惫不堪：您可以养精蓄锐，您将享受生活！我的话经过我40年实践的检验：惟此可以获得真正的救赎，其他都是扯淡！

令我感到高兴的是，阴险的邪恶的流言没有损伤我们热烈的质朴的友谊。我说过：魔鬼般地，因为魔鬼先生准备了各种招数和办法来困扰诚实的人们。

振作起来，萨维纳，振作！我想您当下会比较拮据。没有变成洛克菲勒[i]，但却成就了萨维纳，敏感而坚韧的艺术家。就是这样，学着在生活的风暴中劈波斩浪，维持一家人的生计。这是一个必须正视的目标。而人们总是很愚蠢！

向您及您的家人致以问候

柯布

---

i 约翰·戴维森·洛克菲勒（John Davison Rockefeller）：世界第一个亿万富翁，美国实业家及慈善家，美孚石油公司的创立人，几乎掌控了美国的石油贸易，晚年创立基金会，赞助医学研究、大学和教会。他的家族也是世代非富即贵。

夏尔·爱德华·让纳雷-勒·柯布西耶自画像(日期不详)

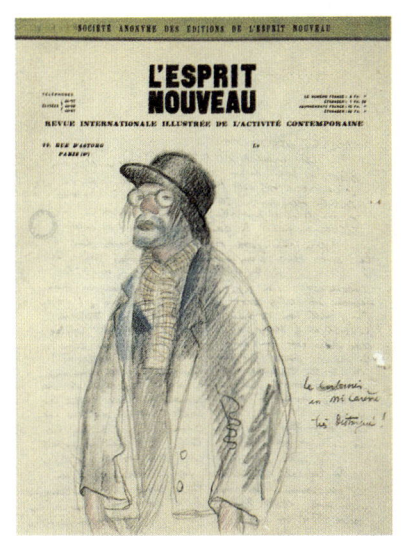
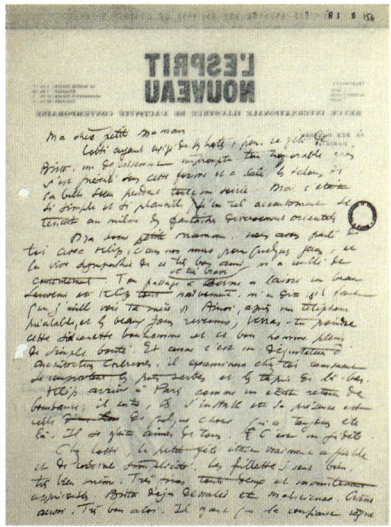

1937年3月23日,致母亲玛丽·夏洛特·艾米莉·让纳雷-佩雷信
及狂欢日乔装后自画像

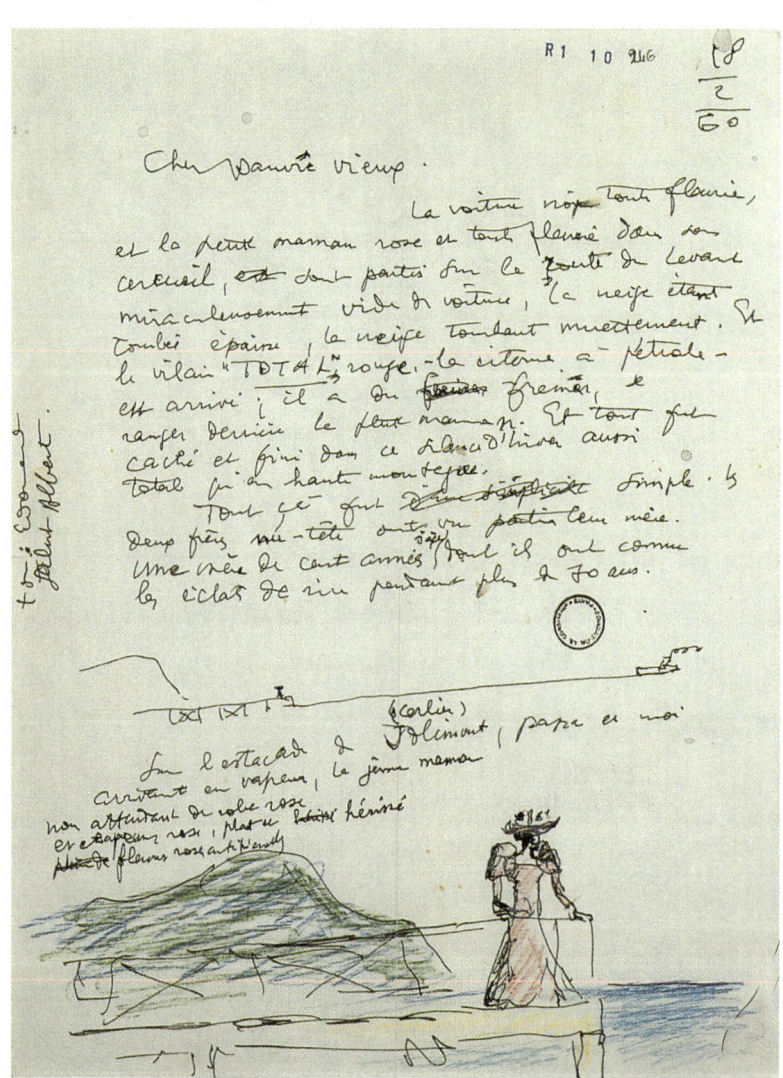

1960年2月18日，致哥哥阿尔伯特·让纳雷信
母亲葬礼之后

勒·柯布西耶妻子伊凡娜·迦丽像（日期不详）

伊凡娜·迦丽遗像（1957年）
"10月8日，早9点"

堂弟皮埃尔·让纳雷(日期不详)

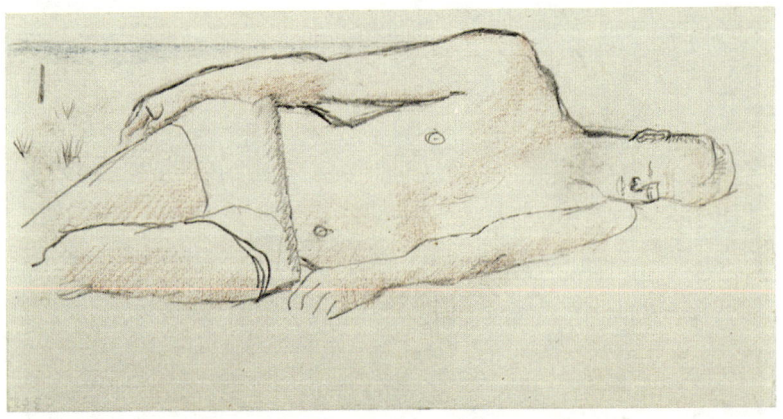

堂弟皮埃尔·让纳雷(日期不详)

【上】夏尔·爱德华·让纳雷 – 勒·柯布西耶 1917~1934 年间在巴黎雅各布大街的工作室（日期不详）

【下】绘在 1935 年 12 月 14 日致玛格丽特·哈里斯·杰德信末的画
玛格丽特·哈里斯·杰德凝望勒·柯布西耶的客轮离开纽约向公海驶去

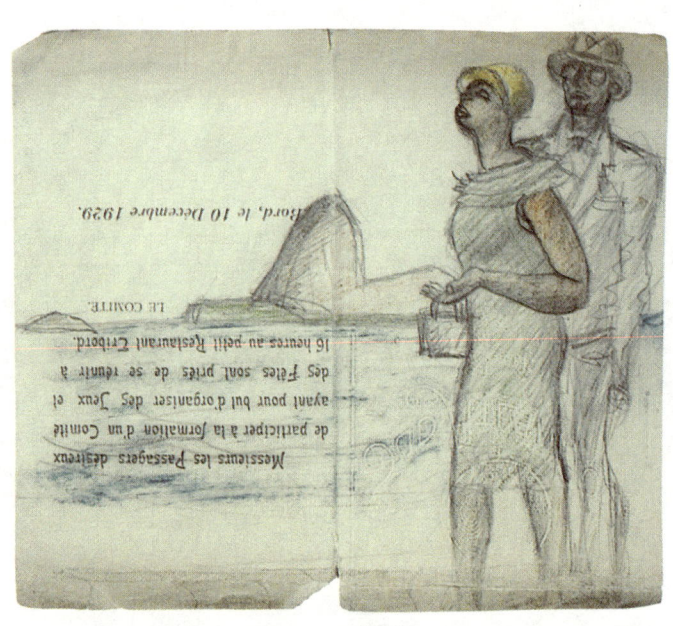

勒·柯布西耶与约瑟芬·贝克,在里约热内卢的面包山前
勒·柯布西耶与约瑟芬·贝克在朱利奥·凯撒号上结识,这幅画绘制在一张客轮节日委员会的会议邀请卡上(1929年12月)

1955年8月31日，致母亲玛丽·夏洛特·艾米莉·让纳雷-佩雷及哥哥阿尔伯特·让纳雷信，配以一幅加图例说明的画，画上是勒·柯布西耶在马丁岬的海滨木屋

1958年6月17日，致母亲玛丽·夏洛特·艾米莉·让纳雷－佩雷及哥哥阿尔伯特·让纳雷信，画上是位于马丁岬罗克布鲁诺的勒·柯布西耶妻子伊凡娜·迦丽的墓，1965年勒·柯布西耶的骨灰也安放在这里

【 】勒·柯布西耶绘制的关于马赛的两张速写。勒·柯布西耶想保护马赛老港以及一座17世纪由皮埃尔·普杰建造的古老的慈善收容所（1950年）

【左】露天午餐"1952年10月3日，根据8月的一张速写创作"于马丁岬？

【右】位于马丁岬罗克布鲁诺的勒·柯布西耶妻子伊凡娜·迦丽的墓，1965年勒·柯布西耶的骨灰也安放在这里（1963年8月2日）

【上】位于朗香的高地圣母小教堂方案
【下】Mundaneum 博物馆。透视图,背景为萨雷布峰（1928 年?）

【上】勒·柯布西耶的母亲玛丽·夏洛特·艾米莉·让纳雷-佩雷在小住宅前
  1924年勒·柯布西耶在高尔索-沃韦的莱芒湖畔为父母建造了这栋别墅
【下】1953年12月9日,致妻子伊凡娜·迦丽生日信

《直角之诗》1955 年（节选）

【左】模度

【右】新建筑五点：自由平面，自由立面，水平长条窗，底层架空柱，屋顶花园

斯坦因 – 德·蒙奇住宅方案（露台）

正等测图（1926 年?）

1949 年 10 月 31 日，致安德烈·波夏特信

1949 年 10 月 31 日

我亲爱的波夏特：

我得知不久巴黎夏庞蒂埃画廊将为您举办一次盛大的作品展。祝贺您！这是以不同形式给您举行的祝圣仪式的一个小小的高潮。

终于，您在巴黎得到了承认。美丽的贵妇将在您繁多的画作中寻觅您不懈努力栽培的诗意的花朵。

谈到巴黎，您是一个根深蒂固的巴黎人。这座城市永远只视您为匆匆过客，但巴黎的灵魂已植入您的心底。这块土地成为牵系我们每个人的根以及深深向往的地方：它既可以满足我们对自然的趣味，树林，草地，溪流；也可以满足我们对故事的需求，那构成了存在的根基，传奇的趣味。您作品中就充满了女神、英雄、人鱼，还有上帝。

您是一个农民，您的体内流淌着高贵的血。法兰西的神迹，在那里，每一个勇敢高尚的人都认识女牧羊人[i]……

您投入艰苦的工作，仿佛着了魔：从黎明到深夜，在您 45 岁的时候，您展开了一番出人意料的事业：您成为了一位画家。我是您画作的第一个，也是最初七年之中惟一一个买主。这是您最近对马克西米利昂·戈蒂埃[1]亲口所说。但您却一直瞒着我，以致我没有想到您在孤独以及身边人的嘲讽之中作着英雄般的抗争。您住在一方狭小的林间空地之中。您的画室是一个只有四扇小方窗的房间。这个房间宽不过 3m，却有 6m 深。房间中几乎是昏暗的，然而您眼中却充满卢瓦尔和赫拉德田野上明媚的阳光，当您 1918 年在达达尼尔[ii]战斗时，这些素材烙在了您的脑海中。

人们走到小路的尽头，喊道："喂，波夏特！"您从半掩着的门后探出牧神似的脑袋。"来和我们一起共进午餐吧，波夏特！"——"不，现在不行，您进来看看我们的画吧。"您用的就是"我们"。"我们这里有季节的风景……有季节的动物，季节的果实……一些微妙的事物：少女和青年将在乔木林中在路的尽端相遇。这里是些在乡下节日里纵酒的人。这个是荷马[iii]的题材。这里是现身在牧羊人中间的阿波罗[iv]。这里是上帝和受耶稣

---

i 圣女贞德：在法国民间流传中的民族英雄。出生于法国的一个农民家庭。
ii 达达尼尔海峡（Dordanelle）：一战尾声时在达达尼尔海峡打响的一场战役。安德烈·波夏特曾应征入伍参加过第一次世界大战。
iii 荷马（Homère）：公元前 9 世纪希腊诗人。著有《荷马史诗》。
iv 阿波罗（Apollon）：太阳神。

加冕的圣童贞女……"

您是细致的，温和的，貌似憨厚的，机敏的，精确的，简洁的，而且总是微笑着。维吉尔式的。

除非当所有的画作都被看到都被展示一遍，我们才能回村子里吃饭。

我的朋友们说："波夏特？嗯……卢梭[i]，是的……"一天，让娜·布赫[2]夫人到我家里来看您的作品。随后是纷纷的合同、展览、全世界的博物馆订购您的画作。没有对任何人进行阿谀奉承和恭维，您用画作结合您的单纯、敏锐、热烈，以及您对您画作的痴迷，在巴黎以及巴黎之外，您获得了荣誉。

亲爱的朋友波夏特，您足够聪明而无视这虚浮的愚蠢的荣誉。您是那些感觉到工作快乐的人们的楷模：创作的道路上，您始终是一个人。

祝贺您！下次路过的时候，您会来家里共进午餐，不是吗？

致问候

勒·柯布西耶

---

1 马克西米利昂·戈蒂埃（Maximilien Gauthier）：艺术评论家。1937年创立亨利·卢梭爱好者联盟。《勒·柯布西耶，服务于人的建筑》一书的作者，书中有力地反驳了把勒·柯布西耶的建筑与社会主义集体主义布尔什维克主义概念联系在一起的勒·柯布西耶的反对者们的论据。

2 让娜·布赫（Jeanne Bucher，1872~1946）：画商。

162 | 1949年12月15日，致吕西安·埃尔维信
吕西安·埃尔维先生 | 保罗-亚当大道21号 | 巴黎（17°） |
关于马赛居住单位的照片 | 1949年12月15日

亲爱的先生：

我仔细浏览了您拍摄的关于马赛居住单位的大量照片。

我要向您表达我对您出色工作的最真诚的赞扬。您拥有一颗建筑师的心，您懂得如何欣赏建筑。

我从您的样片中选择了一小部分，我希望可以把它们作为我们方案的

---

i 亨利·卢梭（Henri Rousseau，1844~1910）：1871~1893年间在巴黎当过税吏，后专心于画作。人称"税吏卢梭"。他画风纯真朴拙。他画作色彩简单、纯粹，轮廓清楚。

参考图片，提供给频繁登门索要资料的记者。今晚，我特别把您的相册交给了《现实》杂志的主编，下一期将发表关于我们的文章。

我将给您提供两个摄影的主题，我相信这两个主题既有卖点，又可以将您的才华以非常独特的方式展现出来。第一，收集关于大学城瑞士馆[i]的完整资料。这栋建筑即将迎来它20岁的生日，目前尚保存完好。这是一个有意义的原型，关于建筑，关于城市规划，关于造型艺术之综合。

我相信这个主题将足够完成一本优秀的相册，您将会找到愿意使用您的资料的编辑和作者。

第二个主题，是关于我的私人公寓，您将看到许多具有特定性格的物品，以非常独特的方式摆放。您的摄影将展现一个关于家居布置的符合现代感的（我认为）从未被揭示过的观点。

另外，还有一事：我不知道您是否擅长绘画摄影（画作和壁画）。我创作了一系列的壁画、油画和速写。它们也许能构成一个主题。关于这个话题，我们有机会可以讨论具体的事宜。

有时间来找我。给我打电话。

亲爱的先生，请相信我最美好的感情。

勒·柯布西耶

63 | 1950年1月3日，致欧仁·克劳迪斯－佩蒂信

克劳迪斯－佩蒂先生 | 马塞尔－罗佑大街1号 | 塞纳河畔布洛涅 | 1950年1月3日，于巴黎

我亲爱的克劳迪斯：

1月3日的《费加罗报》在第8页刊登了一篇文章，名为"美国人对住宅危机的解决之道：可互换的预制辐射状及螺旋状摩天楼"，倡导者是威廉·齐肯多夫先生[1]。

……当然，《费加罗报》向法国人通报了一件令人高兴的事件，而对于马赛的正面报道他们却显得非常吝啬。

---

i 巴黎大学城瑞士馆→参见《勒·柯布西耶全集》第2卷第65页，"巴黎大学城瑞士馆"。

他们不知道齐肯多夫是勒·柯布西耶的头号仰慕者,他称赞勒·柯布西耶为"世界最伟大的设计师"。三年前他就邀请我参与到他在洛杉矶的惊人的事业中来——但由于距离太遥远等等原因——最终他的创举由另外两名建筑师完成,他们是我的学生和朋友(一名中国建筑师[i],一名美国女建筑师)。

我的这封信不是想引起您对我这个小人物的注意,而是想让您了解,我随时准备承担您的部门下达的任务,协调和组织一系列不同的行为,最终实现举国家现有之力达成住宅工业化生产的目标:

1)让建筑师了解其面对顾客所应承担的全部责任;

2)创建产品目录分类办公室,分析并分解建筑师的工作,使其可以在一定数量的已有的工厂和作坊中进行制造加工;

3)在建筑脚下在工程现场制定装配工场的装配原则。

其中有一系列需要协调的事件,我将把它们一一组织起来,最终将给您献上了不起的成果。但人们从未向我咨询过。

《费加罗报》转而向我们宣告来自斯堪的纳维亚半岛,来自齐肯多夫,或其他什么地方的真理。

不知您是否留意到广播中正式宣布我得到经济委员会[2]的授权,负责拟定一份关于住宅标准化的报告?确有此事。我将对着一片荒漠呐喊(像往常一样),或者找到一个同样负责着这一问题的机构——您所负责的部门——作为支点。我还想提一点,CIAM 于贝加摩召开的第七次年会上颁布了一套居住章程的介绍,这部章程由伦敦 MARS 小组筹备(ASCORAL 负责 CIAM 表格的筹备工作),我将从中获得启发。

致问候

勒·柯布西耶

巴黎,1950 年 1 月 20 日

部长给勒·柯布西耶的任务建议(一项无偿的但却是正式的任务)。

任务内容:通过有效组织一支集合了创造和生产力量的、能够在实践即不间断的实验领域中带来立竿见影成果的队伍的工作,在效率、方案多样性及最经济的价格的基础上,铺设真正的住宅工业化生产的道路。

---

[i] 贝聿铭:1917 年出生于广东,成长于苏州,17 岁赴美国求学。先后在麻省理工学院和哈佛大学学习建筑设计。31 岁的时候,他辞去了教师的职务,接受了美国房地产巨商齐肯多夫(Zeckendorf)的邀请,开始从事商业住房的设计,之后又成立了自己的设计公司。

1 威廉·齐肯多夫（William Zeckendorf, 1905~1976）：美国著名房地产开发商，曾参与联合国总部大厦建设用地的出售。
2 经济委员会→详见收信人目录

64 | 1950 年 1 月 20 日，致《费加罗报》社信
《费加罗报》编辑部 | 香榭丽舍圆形广场 | 巴黎 | 1950 年 1 月 20 日，于巴黎

先生们：

  我纽约的朋友威廉·齐肯多夫[i]，不久前您们报道了他的螺旋公寓，他给我写信请我替他搜集您们刊印的文章。我不掌握这些资料；所以，如有可能，您们直接寄给他，我将不胜感激：

  齐肯多夫先生，麦迪逊大道 383 号，纽约 17°。

  供您们参考，我要向您们指出的是：齐肯多夫的合作者，实现螺旋公寓方案的建筑师是我的学生或说门徒；齐肯多夫先生本人视我为掌握了居住之道的人。

  这毫不谦虚的关系的表白没有任何意义，若非您们的编辑竟透过齐肯多夫先生的作品看到了对抗我通过我的思想尤其是马赛公寓在法国散播毒液的可能性。作为信息的媒介，您们的信息应当足够灵通才是。我在这里顺便给您们提供这条信息。

  先生们，请相信我最真挚美好的感情。

65 | 1950 年 4 月 26 日，致莫里斯·雅度启事
提请雅度先生注意（当然，以个人名义）| 勒·柯布西耶 | 1950 年 4 月 26 日，于巴黎

  在马赛存在着一座由皮埃尔·普杰[1]设计的大型"慈善建筑"，古老的海员收容所。这座建筑位于老城的制高点，有三个主要的立面，

---

i 威廉·齐肯多夫→见致欧仁·克劳迪斯－佩蒂信 03.01.1950 * 信 163 注 1

每个立面由三层重叠的回廊构成，围合着一个平面呈椭圆形的小教堂。整体很特别，体现出建筑宏大的美；是继哥特之后，法国最美的建筑之一。

目前，整体处于糟糕的被弃置的状态。小教堂的屋顶出现多处裂缝，门最终被封闭。往昔的收容所现在成了贫民窟，他们在每条回廊构成的内部街道上安了家（这种状况值得注意）。

应当拯救这栋建筑，使它摆脱"腐朽败落"的境地，为它注入新鲜的精神活力。

这个"历史古迹"的屋顶和铁件需要翻修。但我希望承担的工作是，赋予它新的生命，并将其重新投入到市民的日常生活当中去。

勒·柯布西耶

---

1 皮埃尔·普杰（Pierre Puget, 1620~1694）：法国画家、雕塑家、路易十四御用建筑师。1671~1707年间，根据他的方案在马赛建造了这座古老的慈善收容所。

1950年5月18日，致约瑟夫·萨维纳信

1950年5月18日，耶稣升天日[i]

我亲爱的萨维纳：

我利用片刻余暇向您问好。近来可好？您及您的家人？还有您的雕塑？

您充满才华，确定的雕塑的才华。时代的发展导向艺术的综合。雕塑首当其冲，排在绘画之前，后者正犹豫不决处于困境。

我相信，在建筑物中，雕塑与建筑的结合非常紧密。在马赛[ii]，这种关系得到了充分的表达：

1）底层架空柱是雕像般优美的造型作品；

2）屋顶，在风景的衬托下，是不可思议的造型交响乐：电梯塔，通风塔，储水池，健身大厅，坡道，楼梯，日光浴场。一支凯旋的交

---

i 耶稣升天日（Ascension）：复活节（Easter）后第40天，及圣灵降临节的前10天为耶稣升天日。
ii 参见《勒·柯布西耶全集》第5卷第179页，"马赛的居住单位"。

响乐；

3）模度之"影"[i]（清晰的轮廓，圆滑的脊线）由模板嵌入混凝土中浇注而成（模度[1]的颂歌）；

4）大厅里水泥石膏并镶嵌有彩色玻璃的石栏；

5）一个5米长的造型（平卧），以黄铜片覆盖在木板条外，核心为石膏……

所有这些，都在塞维大街35号的工作室里完成，和一些年轻的刚刚开始他们建筑师生涯的小伙子们一起。

萨维纳，来吧。

我们将在南特建造一个与马赛类似的居住单位[ii]。

我希望您在那里创造些美好的事物。到时候，我会去拜访您。

我将开始建造一座简朴的小教堂[iii]，在贝尔福附近，那里同样需要您。

您什么时候再来巴黎？

我7月15日~8月15日会在法国南部。然后是纽约和波哥大（9月）。

我全神贯注，一切进展顺利。怎样一个哨兵的角色！

致问候

柯布

附：在丹尼斯·勒内画廊展出了一块小壁板，以我们两个联合的名字，介绍我们已经完成的9尊多色小雕像。效果非常好。

在尚未找我索要画作之前，那些家伙在目录上只印上我一个人的名字。我强调：多色木雕署名柯布 – 萨维纳。

---

1 模度→见致母亲信10.01.1948 ＊ 信151 注7

---

i 参见《勒·柯布西耶全集》第5卷第174页，"模度之影"。
ii 参见《勒·柯布西耶全集》第6卷第180页，"南特"。
iii 参见《勒·柯布西耶全集》第5卷第69页，"朗香教堂"。

167 | 1950年8月23日，致让·巴托维希信
1950年8月23日

我亲爱的巴托：

收到了您寄来的关于我画作的照片。您的摄影师愚蠢得像头驴，既不懂明暗，也不懂滤光，甚至不懂取景。恐怕没法比他做得更糟糕了。我希望他没有使您蒙受经济上的损失。

致问候

勒·柯布西耶

168 | 1950年11月30日，致约瑟·路易斯·舍特信
约瑟·路易斯·舍特先生 | 西区42大道33号 | 纽约18° | 1950年11月30日，于巴黎

我亲爱的舍特：

旁遮普政府秘书长来到我的事务所，与我进行了长时间的会谈，就印度旁遮普邦新首府[1]的建造向我征求意见。

这位印度政府的代表去过伦敦、瑞士、比利时……他目的明确的调查研究最终导向对CIAM有利的决定。决定如下：

1）勒·柯布西耶将被任命为"旁遮普政府－首府方案建筑顾问"；

2）马斯韦尔·弗赖[2]与皮埃尔·让纳雷[3]将被任命为"高级建筑师"，驻扎在现场，负责管理规划办公室——这将是一个由印度在美国、英国或其他国家取得文凭的青年建筑师组成的团队；

3）规划办公室的绘图员与勒·柯布西耶在巴黎的工作室之间也将建立某种联系，完成某种形式的"培训"；

4）另外一些CIAM[4]的成员，比如阿尔弗雷德·罗斯[5]，一两位来自米兰的建筑师，一两位来自法国的建筑师，等等，将陆续补充到第一梯队中来。

简·德鲁[6]会尽快和马斯韦尔·弗赖会合，一同投入工作。

这样一种基本的安排令印度代表及陪同的总工程师感到非常满意。

昨天和前天，我与伦敦方面，同马斯韦尔·弗赖和简·德鲁通了两次电话。昨天，马斯韦尔·弗赖以为会与艾莫瑞同事，所以没有答应。今天，我更正将由巴黎的皮埃尔·让纳雷与他合作。

印度代表很高兴看到皮埃尔·让纳雷－马斯韦尔·弗赖这样的组合，因为后者，据他们说"擅长撰写报告"。确实，其中一份报告不小心遗落在我的桌子上，我翻阅了一下，一份完美的行政报告。但弗赖并不满意；他希望与简·德鲁拥有独立平等的身份。今天，最后一次洽谈，他说愿意接受平等的团队：勒·柯布西耶、皮埃尔·让纳雷、马斯韦尔·弗赖和简·德鲁。

再一次，敏感的自我中心的想法突现出来：人们口口声声谈论"团队"，但在面临具体状况时，却拒绝承担责任作出牺牲。

我对马斯韦尔·弗赖和简·德鲁说："你们可以向舍特和维纳[7]打听打听，看我是不是应当在团队里工作，安守本职，不过问他人的事。"我补充一点：夏洛特·贝茜昂[8]很替皮埃尔能够参与我们的工作而感到高兴。皮埃尔离开了布朗颂[i]，生活正处于困境；开始他还犹豫去不去印度，但夏洛特使他振作起来。

所以，我希望舍特先生您，在回信的时候，也可以开导一下马斯韦尔·弗赖，告诉他应当服从纪律，接受这种等级安排，不要因未能与我拥有完全一致的头衔而感到耻辱。

我的工作将主要在巴黎完成，一年去印度一两趟。马斯韦尔·弗赖和皮埃尔·让纳雷三年里将完全在现场安顿下来。那里气候宜人，风景极佳，尚未有多少住户。

我想这是 CIAM 在现实世界一个基本点上展开的一场明确的特定的冒险。我曾想到您和维纳，但在印度代表面前我马上明白常驻现场这一实际问题是他们最关心的。

这两位代表将于明天离开，将方案呈递给他们的政府。克劳迪斯－佩蒂[9]几天来也介入此事，但他所能做的不过是见证事件的发展。巴黎美术学院也推出了几位非常优秀的候选人；当然，与我们 CIAM 的成员不属一类。

致问候

勒·柯布西耶

附：马赞[10]来看望我，我建议他再去美国待一段时间。他给您写信了吗？

我相信您现在一定有很多南美洲城市的项目。马赞有很好的资质，不

---

i 乔治·布朗颂（Georges Blanchon）：法国城市规划师。

要犹豫鞭策他,直到他取得"美国式"的效率。他将满足于日常的工资;过清贫的日子,这样对他有好处。

---

1 昌迪加尔(Chandigarh):印度旁遮普(Punjab)的新首府。1947年印度与巴基斯坦分立后旁遮普原来的首府拉合尔(Lahore)归巴基斯坦所有,所以需要建立一座新的首府。"昌迪加尔"是女战神的名字,源自坐落在城市北部供奉这位女战神的一座庙宇。
2 马斯韦尔·弗赖(Maxwell Fry, 1899 ~ 1987):英国建筑师,CIAM成员,与妻子简·德鲁(Jane Drew)、皮埃尔·让纳雷一起成为昌迪加尔建设过程中勒·柯布西耶常驻印度的合作者。
3 皮埃尔·让纳雷:建筑师,勒·柯布西耶的堂弟,勒·柯布西耶的助手。→详见收信人目录
4 国际现代建筑协会(C. I. A. M.)→见致让·巴托维希信19.06.1928∗信74 注2
5 阿尔弗雷德·罗斯(Alfred Roth):1903年出生,瑞士建筑师。1927年曾在LC-PJ事务所工作。
6 简·德鲁:英国建筑师,马斯韦尔·弗赖的妻子,CIAM成员,→见本信注2
7 保罗·莱斯特·维纳:美国建筑师,城市规划师,约瑟·路易斯·舍特的主要合伙人。→详见收信人目录
8 夏洛特·贝茜昂→详见收信人目录
9 欧仁·克劳迪斯-佩蒂:法国政治家,勒·柯布西耶的朋友。→详见收信人目录
10 让-克劳德·马赞(Jean-Claude Mazet):法国建筑师。1946 ~ 1951年间在LC事务所工作。

169 | 1950年12月10日,致母亲和哥哥信
1950年12月10日

亲爱的:

　　今天的好消息:上午9:30,我签署了担任旁遮普[1]政府新首府建设顾问的合同。一座全新的城市即将诞生于一片美丽的气候宜人的田野上。同我签署合同的印度公使是旁遮普政府的成员。他用了几周的时间来完成物色建筑师的任务:在英国、德国、荷兰、瑞士、比利时,还有法国。法国巴黎美术学院也推举出他们的候选人。我不但战胜了所有人;而且我不是规划办公室一名普通的建筑师,而是处于之外、处于之上的,单独发放薪水的,直接与政府对话的"顾问建筑师",负责安排、组织、管理所有事务。这是CIAM[2]的一次胜利。我任命了两名常驻印度的总建筑师,他们1月份将赶赴现场,并按照合同在那里驻扎三年。他们是:马斯韦尔·弗赖[3],CIAM英国代表;和皮埃尔·让纳雷[4],他认为这一职位符合他耿直的脾气。在印度,他将是柯布的朋友,而不再是一个"极度敏感的小心眼

儿的家伙"。

关于湖滨小住宅的加固：我同意请两支包工队，由安德烈监工，付给他适当的报酬。

亲爱的妈妈，我是知道的，这些工人、固定托、泥土和落叶，等等。我希望这扰动快些过去，恢复平静。但这是我们必须做的。如果水经常性地通过裂缝渗进来怎么办？难道这不会影响使用吗？我们可以用一个月的时间来完成加固和粉刷。

周四的时候我在圣迪埃，控制建筑的色彩。那是一种我与裸露的混凝土一并大胆提出的雷鸣般的多色系统[5]。仿佛中世纪辉煌的骑士比武，充满生气。

昨天在一个书店签名售书。接受电视台的采访。播出的时候人们会通知我，但是您们可知道谁家的电视能收到巴黎台？

部长克劳迪斯[6]先生周五来塞维大街的事务所与我共度两个小时。同来的还有迪布尔大主教[7]，他接受了我们未来的著名的朗香教堂的设计方案[8]。

今天下午，我用圣迪埃辉煌的色彩完成了一幅油画。亲爱的妈妈，阿尔伯特，给我写信。告诉我您们的近况。我开始整理我的工作室了。

您们的爱德华和伊凡娜

---

1 旁遮普→见致约瑟·路易斯·舍特信 30.11.1950 ＊信 168 注 1
2 国际现代建筑协会（C. I. A. M.）→见致让·巴托维希信 19.06.1928 ＊信 74 注 2
3 马斯韦尔·弗赖→见致约瑟·路易斯·舍特信 30.11.1950 ＊信 168 注 2
4 皮埃尔·让纳雷：建筑师，勒·柯布西耶的堂弟，勒·柯布西耶的助手。→详见收信人目录
5 圣迪埃制衣厂（Usine Claude et Duval）：勒·柯布西耶 1946～1950 年间为让-雅克·杜瓦尔（Jean-Jacques Duval）在孚日的圣迪埃设计并建造的工厂，其中运用了多色系统。→参见《勒·柯布西耶全集》第 5 卷第 10 页，"圣迪埃制衣厂"。
6 欧仁·克劳迪斯-佩蒂：法国政治家，勒·柯布西耶的朋友。→详见收信人目录
7 马戈·迪布尔（Mgr Dubourg）：朗香教堂从属的贝藏松（Besancon）教区的大主教，他来到勒·柯布西耶的工作室看方案模型。→见《勒·柯布西耶全集》第 5 卷第 69 页，"朗香教堂"。
8 高地圣母小教堂（Chapelle Notre-Dame-du-Haut）：1950 年勒·柯布西耶接受了这项委托。委托人是一群对教堂遗迹拥有产权的天主教徒。基址位于离贝尔福（Belfort）不远处的朗香（Ronchamp）。这里原有的教堂毁于解放法国的战役。新的教堂于 1955 年 6 月 25 日竣工。

1950 年 12 月 13 日,致让－雅克·杜瓦尔信[1]

让－雅克·杜瓦尔先生 | 阿尔萨斯大街 88 号乙 | 圣迪埃－孚日 | 1950 年 12 月 13 日,于巴黎

挂号邮寄

亲爱的朋友:

之所以要将这封信挂号邮寄是为了充分提醒您对它的注意,因为我赋予了这封信极其重要的意义!我感到很遗憾,上周四在圣迪埃没能见到您,尤其是得知您生病住进了吕内维尔医院的消息。希望您现在已经痊愈,希望您能够接受我这封信的冲击,而不至于对您造成伤害。

在征求您父亲大人的同意之前,我下令拆除了在大厅廊下建造的丑陋的木板房,以及那些占据大厅背景的极度荒唐的家具格子。

三年来,我仔细推敲您的这座工厂的方案,我的细致得到您的认可和多次的称赞;我们将您的工厂缔造成一个小小的佛罗伦萨[i]精神的杰作,我为此而感到骄傲……但是出了我无法想像的岔子,您竟任由自己被您勤劳善良的女工"欺骗",如果她们有机会,她们一样会把天堂变成地狱。和我同去的工程师,卷发的年轻小伙子,他宣称这些"美丽新事物"的作者们已经得到了应有的斥责(自命不凡是好事,但我却不支持)。

涉及哪些问题?十几平方米的大厅的遮阳;设置一定数量的货架,用以存放织物……为什么不直接向我提出这些问题呢?运用模度我们可以满足您最细致入微的需求:格子板、货架、暗室、柜台,等等,以上帝之爱的名义,请向我们提出您的问题!您不要觉得局促,您可以提出任何要求,因为我们所有的愿望就是满足您的要求,并把事情做好。而当您自作主张"配置家具"的时候,便拉响了打木偶游戏的铃声!这是无法容忍的,我不接受。此事涉及我的名誉。参观者在廊子上从高处望下来,将看到成衣车间里杂乱的放织物的货架、蒸汽熨烫室里的格子,以及与视线恰好齐平的其中一个双扇门的长插销……他们会质问您的建筑师怎么会如此地无意识?怎么会如此不可原谅地漫不经心?我可不愿蒙受这样的指责,这不是我应得的。我们的友谊也不容许我们之间爆发这样的纠纷。三年来,我们共同克服了许多困难,您采取了我们提出的所有方法;我请求您,从今天开始,继续不断地提出您的要求,我们一起对细节进行调整,

---

i 佛罗伦萨(Florence):意大利乃至整个欧洲文艺复兴运动的发祥地。

我将负责您全部哪怕是最细小的家具的设计。

上周四的圣迪埃之旅由于这段小插曲而令人扫兴。不过尽管如此，我仍可以对您说，您的工厂，由于色彩和比例所赋予它的生气，它将成为一件杰出的作品。我知道这正是您想看到的，这是您的愿望。最后，为了使作品臻于完美，您是否愿意由我来全权负责您办公室的设计，而不杂糅您在这方面缺乏资质的干部及工人们的想像力呢？

亲爱的朋友，请相信我最友好的感情。

勒·柯布西耶

---

1 参见致让 – 雅克·杜瓦尔信 20.12.1950 * 信 172，两封信装在同一个信封中寄出。

171 | 1950 年 12 月 15 日，致约瑟夫·萨维纳信
1950 年 12 月 15 日

图腾[1]

我亲爱的萨维纳：

收到您 12 月 8 日的来信。还需要修改一下"理发师"的头部。我接受雕塑的中间部分（桌子、酒杯和长颈瓶）。但是对于头部来说，应当换一张嘴，而不是半圆凿凿出的<u>极不讨人喜欢的</u>花冠围成的圆环。另外，应当去掉木头的眼珠（两只），将它们分开，拉开距离，放松。正如我 5 日信中所说。

昨天，我看了毕加索"法国思想家之家"的展览。棒极了。从中可以看到他的耐心，看到他的探索，关于一个主题！萨维纳，艺术家的快乐就在于征服，在于走到底，在于坚持，坚持，再坚持。两年之后，您发现您完成了一件有价值的作品……

确实的："理发师"的平面画作中有雕塑的侧面像，还有他那张沮丧的嘴，您应当再看看原画。我理解，在您 12 月 8 日的信中，您提到您无法改变"理发师"臃肿的部分，但您可以使它显得神气十足，赋予它精神上的意义，而不是把它处理得像个野蛮的贪吃鬼。要做得让人有伸手触碰抚摸它的欲望。萨维纳，消化消化，等一段时间，几天，几个星期，或者

几个月，您再来完成它。在我看来，它现在还不能算获得了生命……那眼睛，那嘴。

　　致问候

　　圣诞快乐

柯布

1　图腾（Totem）：原木与铁，1.22 米高，1950 年制成雕塑，依据一张在韦泽莱创造的由三幅画（1924～1942）合并而成的画作创作而成。

172 | 1950 年 12 月 20 日，致让 - 雅克·杜瓦尔信[1]
让 - 雅克·杜瓦尔先生 | 阿尔萨斯大街 88 号乙 | 圣迪埃 - 孚日 | 1950 年 12 月 20 日，于巴黎

亲爱的朋友：

　　我等着将我 12 月 13 日的信一并寄出。8 天过去了，希望您的身体已经完全康复。我把两封信一并寄出，因为那是一封令人不快的信；而这封则是令人愉快的传达节日祝福的信：祝雷米、您的女儿们、您的夫人以及您本人拥有最美好的一年，向您们奉上所有可以想到的最美好的祝福。

　　我托加尔迪给雷米[i] 寄了一件小礼物；他现在还不懂得欣赏，但他有美好的未来。

　　这个年底我要去趟马赛，监督与粉刷相关的事宜。人们对我说，圣迪埃杜瓦尔工厂的多色系统运用得很成功。

　　致真诚问候

勒·柯布西耶
让娜·海尔布特[2]

1　参见致让 - 雅克·杜瓦尔信 13.12.1950 * 信 170，两封信装在同一个信封中寄出。
2　让娜·海尔布特（Jeanne Heilbuth）：1945～1965 年间担任勒·柯布西耶的私人秘书。

---

i　雷米·杜瓦尔（Rémi Duval）：让 - 雅克·杜瓦尔的儿子，勒·柯布西耶的教子。

173 | 1951年2月15日,致铸币及像章厂厂长信[1]

厂长先生 | 铸币董事 | 康迪码头11号 | 巴黎 | 1951年2月15日,于巴黎

先生:

收到您2月10日的来函,以及您呈递给我过目的经让－夏尔·拉勒蒙[2]先生之手完成的铸币的铅印。

我遗憾地告诉您,我不赞成这枚铸币最终照此模型轧制。

令我感到惊讶的是,拉勒蒙先生竟没有花哪怕一分钟有效的时间"仔细端详"一下他的模特儿,从而导致了对基本面部特征错误的造型表达,诸如:鼻子、颌骨、嘴巴、耳朵,还有前额。

我不希望看到他对造型如此地改编(钢模);我不是完全的外行,我本人曾作过雕刻工,年轻的时候制作过钢模。

另外,我签名的重现与实际不符,包括笔画以及i上小点的位置。我对拉勒蒙先生提到的贝壳,他把它表现得像收音机的喇叭(老式的);但我说的是著名的鹦鹉螺,它的形式呈现出完美的和谐。

至于铸币的背面,让－夏尔·拉勒蒙先生本可以发挥更多的对位法则和创意,将太阳轨迹和全高(而非半截)的居住单位结合起来。照耀建筑的太阳像一朵花或一束火苗。

我批评起来像个维奥蒂亚[i]人,我的不满溢于言表!但我最根本的不满主要是雕刻的头像与我面孔的不一致。前额的皱纹如此明显的特征以及眉弓都没有得到如实的反应。请转告拉勒蒙先生,很抱歉宣布了这样的判决;这并非一个无权辖的人亦非一个自尊心受到伤害的人的不客观的判决。如果他喜欢他的这一主题,那么拉勒蒙先生会理解我的,他一定会作出必要的修改;若非如此,很遗憾,我将保持自己的观点,并希望得到您的认同。

并非我主动要求铸币厂为我铸造像章;但既然我蒙受了如此的恩泽,那么您可以理解,我不想成为一个牺牲品。

先生,向您致以崇高敬意。

勒·柯布西耶

附:我冒昧地委托您将我的意见直接传达给拉勒蒙先生,为此我向您表示感激。当然,我相信您也有权了解情况。

---

i 维奥蒂亚(Béotie):古代希腊一个具有独特军事、艺术和政治历史的地区,那里的居民以粗俗野蛮著称。

关于铸币及像章厂制作勒·柯布西耶纪念像章的图案研究(1950年6月18日)

---

1 参见致伊夫·马雷果信04.11.1954 * 信210。
2 让-夏尔·拉勒蒙(Jean-Charles Lallement,1915~1970):接受铸币厂委托负责勒·柯布西耶像章制作的雕刻工。

| 174 | 1951年2月16日，致欧仁·克劳迪斯-佩蒂信

克劳迪斯-佩蒂先生 | 重建及城市规划部 | 帕西公园大道 | 巴黎 | 1951年2月16日，于巴黎

部长先生：

您表达了想拥有朗香小教堂模型的意愿[1]，这令我们感到非常荣幸。我们，方案的建筑师，以及模型的制作者，我们愿为您奉上这尊模型，以此表达对您的敬意和友情。

部长先生，请您相信我们最美好的感情。

---

1 欧仁·克劳迪斯-佩蒂将朗香高地圣母小教堂的模型摆放在他的部长办公室里。关于这座小教堂→见致母亲及哥哥信10.12.1950 ∗ 信169 注8

| 175 | 1951年3月4日，致妻子信

1951年3月4日，于西姆拉

亲爱的凡：

还好吗？与拉奇和清洁工吕昂相处得如何？马赞[1]将有可能在这里实现一项伟大的工程。我希望你和杜克雷夫妇[2]、沃根斯基[3]以及事务所的孩子们相处得融洽。希望你一切都好，几乎意识不到我的离开。亲爱的凡，勇敢些，我紧紧地拥抱你。

昨天，我们从我们未来的首府昌迪加尔[4]出发，登上了西姆拉[5]，这是一座令人惊叹的夏都，位于世界屋脊，几乎与波哥大[i]处于同一海拔。空气是清冷的。我们坐汽车呈之字形疯狂地绕着山路。似乎没有尽头！今天，我们向政府及部长办公室呈递了我们的方案。亲爱的凡，在八天的时间里，我们完成了一份完整的好得令人难以置信的方案，它召唤伟大的亚洲的传统，它将提供最美好的建筑的解答。我们使美国人[6]相形见绌，他们将美国的思想输入印度，我们拒绝这种移植。每个人都很勤奋地工作。皮埃尔[7]饱含激情，有力地握着一支铅笔，需要的时候在纸上飒飒地画个

---

i 波哥大：哥伦比亚首都，位于东科迪勒拉山脉西侧的苏马帕斯高原的谷地上，海拔2640米。

不停。弗赖[8]，英国建筑师，负责撰写报告，你的柯布负责统领全局和规划方案的设计，这使他每晚筋疲力尽。但我从未在如此宜人的环境中工作过：安静，独处，默不作声的仆人，等等。

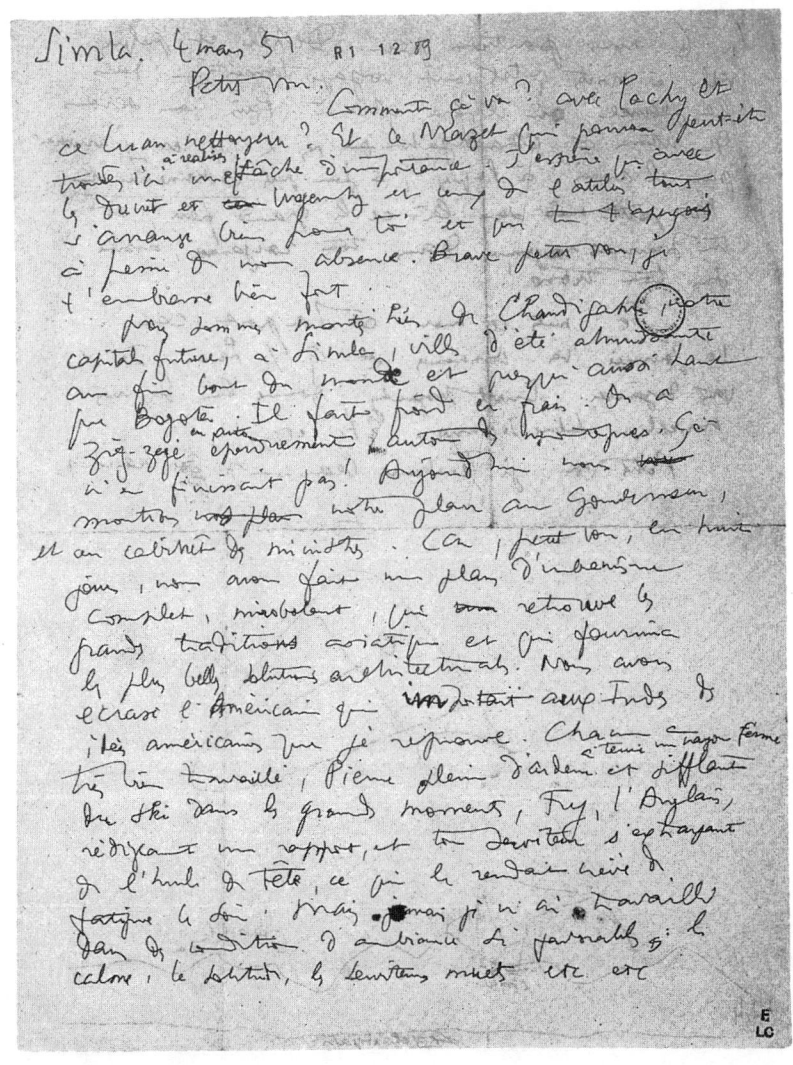

1951年3月4日，致妻子伊凡娜·迦丽信

6日，我们出发去德里[i] 参观一些城市——短暂的平原之旅，那里会比较热。然后我们14日返回昌迪加尔，我将乘飞机于复活节返回巴黎，行程基本确定。

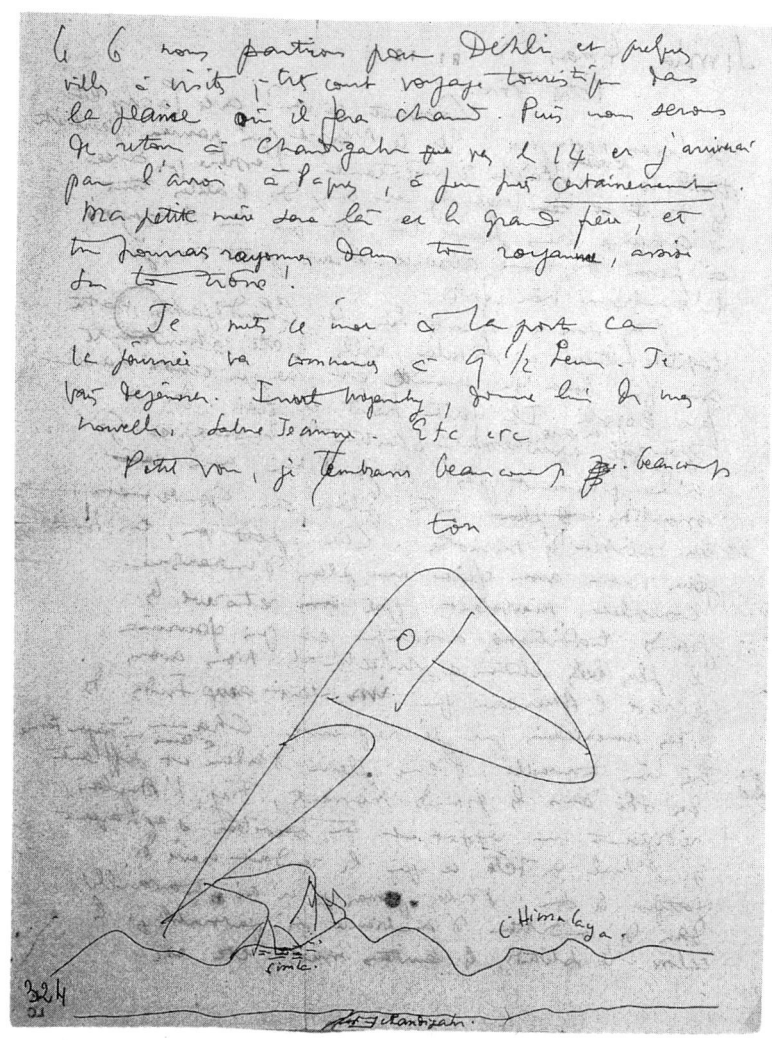

---

i 德里（Dehli）：指由印度中央政府、首都区民选政府及三个直辖市政府（德里、德里坎登门及新德里）所联合治理的特别联邦区——德里国家首都区。

我亲爱的妈妈和哥哥将到巴黎来,你终于可以尽地主之谊了!

我一会儿再投寄这封信,因为邮局 9:30 才开门。我去吃饭了。记得邀请沃根斯基来家里坐坐,转告他我的消息。向让娜⁹还有其他朋友问好。

亲爱的凡,深情的吻

你的

喜马拉雅上的 C

昌迪加尔

---

1 让 – 克劳德·马赞（Jean-Claude Mazet）：法国建筑师,1946~1951 年间勒·柯布西耶的合作者。
2 保罗·杜克雷：商人,勒·柯布西耶的顾问。他和他妻子戈尔曼·杜克雷（Germaine Ducret）都成为了勒·柯布西耶的朋友。→详见收信人目录
3 安德烈·沃根斯基（1916~2004）：法国建筑师,城市规划师,勒·柯布西耶最主要的合作者之一。
4 昌迪加尔→见致约瑟·路易斯·舍特信 30.11.1950 ∗ 信 168 注 1
5 西姆拉（Simla）：印度最北部的政府直辖市、喜马歇尔邦（Himachal Pradesh）首府。地处喜马拉雅山与印度北部平原之间的西姆拉高原上,海拔 2205 米。始建于 1819 年。1865~1939 年为印度的夏都。1947~1953 年为旁遮普邦临时首府。
6 阿尔伯特·梅亚（Albert Mayer, 1918~1998）：美国建筑师,城市规划师,昌迪加尔最初规划草案的拟定者,1950 年 8 月 31 日梅亚的主要副手马太·诺维斯基（Matthew Nowicki）遇空难逝世,梅亚自觉不能胜任而请辞。
7 皮埃尔·让纳雷：建筑师,勒·柯布西耶的堂弟,勒·柯布西耶的助手。→详见收信人目录
8 马斯韦尔·弗赖：英国建筑师。→见致约瑟·路易斯·舍特信 30.11.1950 ∗ 信 168 注 2
9 让娜·海尔布特：1945~1965 年间担任勒·柯布西耶的私人秘书。

---

176 | 1951 年 3 月 12 日,致母亲信
1951 年 3 月 12 日,于西姆拉

我亲爱的妈妈：

您近来可好？

您现在大概已经在巴黎了吧？如果是这样,我希望您还住得习惯,希望您和伊凡娜相处得愉快。在她亲手布置的我们温馨的家中接待您是一件她盼望已久并令她感到骄傲的事。我肯定她很高兴您能来,并相信您们会相处得很好。在与我共度的三十年的美好而和谐的日子里,她从未让我感到过半点不自在。这是很值得赞赏的!

亲爱的妈妈,当心3月的鬼天气,总是潜伏着危险。说到这里,小心卧室阳台门的小插销!不要在巴黎大街上闲逛而把自己搞得筋疲力尽。车辆很多,而且您也看不到什么。根据您的年纪和体力,要多注意休息,安静地欣赏事物的多样。希望您的巴黎之行平安而愉快。告诉伊凡娜[1],让她邀请些朋友布里吉特、特鲁安,还有戈尔曼·杜克雷夫人[i]来家里坐坐。

1951年3月13日。需要挤出时间来写信。昨晚在我的雇主塔番先生[2]家用晚餐,他是一位政府高官。欧式的晚宴,但每个人都是席地而坐,坐在垫子和地毯上。还从一个创作旁遮普歌曲的社团请来一位歌者。像所有有资格或者说职业的音乐家一样,他善于活跃晚会的气氛,让大家不断提出要求,而他唱得却很少(几乎不唱)。不过他的确拥有一副极好的嗓子,吟唱的歌曲很优美。

从到这里来的第一天,我们就像牛马一样工作。已有一份"**伪现代的**"规划草案,由一个满脑子浸透着自己文明的美国人[3]拟定而成——他的方案回应的是汽车和柏油路的问题,结合蹩脚的创作论。他的方案被选中——这是事实。而后又被高级的方案所取代——这也是事实。这样的改写对于这位可怜的美国先生来说是一件痛苦的事。而柯布,光辉城市及三维城市的创造者,他是无敌的,当面对类似这样的一个主题:一片在山岗下展开的无限延伸的原野,以喜马拉雅山为背景。于是,我们击败了美国佬。我们,我们三个,没有沉溺于穿越印度的异域风情的旅行,而是拼命地工作,7点起10点睡。总工程师,现实的实际的指挥官,那是一位杰出的印度人,他来自乡村,后晋升到很高的位置。他面带微笑,平静,温和而意志坚定。我们的印度朋友决定任何外国人不得参与到他们首府的建设中来,除了我们三个。所以,其他外国建筑师无论好坏,(原则上)将得不到任何委托。如果您对这个国家有所了解的话,您便会理解他们的这种态度。皮埃尔[4]是幸运的,是优秀的,是胜任的。那个英国人[5]很绅士,很忠诚。我已划定了城市的道路,即将着手铺设。建设工作将于6月全面展开。我们在我的办公室迎来了总督和总理大人的接见;今天下午要参加政府的一个招待会;在德里还安排了与尼赫鲁总理[ii]的会晤。

告诉伊凡娜,让她叫罗歇·卡戴尔在客卧调出芝加哥台(我的另一部收音机),这样您就可以收听音乐会了。

亲爱的妈妈,我很想多写几页。但是没有时间。转告阿尔伯特,我祝

---

i 戈尔曼·杜克雷→见致伊凡娜·迦丽信04.03.1951 * 信175 注2
ii 贾沃哈里尔·尼赫鲁(Jawaharial Nehru,1889~1964):印度独立后的首任总理,一生致力于印度的独立运动,曾担任甘地的副手长达17年。

他巴黎之旅愉快。并向您和伊凡娜献上我所有的温情。

您的爱德华

---

1 伊凡娜·迦丽：勒·柯布西耶的妻子。→详见收信人目录
2 塔番（P. N. Thapan）：印度旁遮普邦国务理事。
3 阿尔伯特·梅亚：美国建筑师，城市规划师，昌迪加尔最初规划草案的拟定者。→见致伊凡娜·迦丽信04. 03. 1951＊信175 注6
4 皮埃尔·让纳雷：建筑师，勒·柯布西耶的堂弟，勒·柯布西耶的助手。→详见收信人目录
5 马斯韦尔·弗赖：英国建筑师。→见致约瑟·路易斯·舍特信 30. 11. 1950＊信168 注2

---

177 | 1951年6月19日，致加布里埃尔·谢罗信
加布里埃尔·谢罗先生 | 加布里埃尔－吉斯通大道24号，南特 | 1951年6月19日，于巴黎

我亲爱的谢罗：

　　这是"人物"……您感觉还满意吗？如果这张照片您不喜欢，请告诉我，我们可以再挑选其他的。

　　借这个机会，我再次向您表达我对您深深的敬意。我视您为有才干有行动力的正直的人，我视您为朋友，这是最值得珍视的。

　　也许您还没有意识到，您的坚持不懈将给法国的城市规划及建筑领域带来多么重大的影响。

　　我悉听您的吩咐，希望能够对您的朋友以及您的城市有所益用。

您忠实的
勒·柯布西耶

---

178 | 1951年8月24日，致亨利·马蒂斯信
海之星 | 马丁岬罗克布鲁诺，1951年8月24日 | 上午

亲爱的马蒂斯：

　　我刚刚参观了旺斯[1]的小教堂。一切都是欢乐的、清晰的、充满朝气

24 août 51
Cap Martin

Cher Matisse

Je suis allé voir la chapelle de Vence. Tout est joie et limpidité; jeunesse. Les visiteurs, par un tri spontané, sont dignes, ravis et charmants.

Votre œuvre m'a donné une bouffée de courage — non que j'en manque, mais j'en ai rempli mes outres. Cette petite chapelle est un grand témoignage. — Celui du vrai.

Grâce à vous, une fois de plus, la vie est belle. Merci.

à vous mon plus amical souvenir

Le Corbusier

"Etoile de Mer"
Cap Martin Roquebrune
A.M.

1951年8月24日，致亨利·马蒂斯信

的。通过一种自发的筛选,参观者也是崇高的迷人的可爱的。

您的作品为我注入了一股勇气——尽管我不缺乏,但它使我更加饱满。这个小小的教堂是一个伟大的见证——真实的见证。

多亏了您,再一次,生活显示出它的美好。非常感谢。

向您致以最亲切的问候。

勒·柯布西耶

---

1 罗塞尔小教堂(Chapelle du Rosaire):位于法国南部小城旺斯的一座"多明我会"小教堂。马蒂斯于1947~1950年间完成了该教堂的室内装饰。

179 | 1951年9月21日,致欧仁·克劳迪斯-佩蒂信

克劳迪斯-佩蒂先生 | 马塞尔-罗佑大街1号 | 塞纳河畔布洛涅 | 1951年9月21日,于巴黎

亲爱的朋友:

呈上格罗皮乌斯[1]来信的副本。

致问候

勒·柯布西耶

亲爱的柯布:

您的居住单位[2]太美了,它将成为您伟大的纪念碑。祝您取得最辉煌的成功。

您的
格罗皮乌斯

---

1 瓦尔特·格罗皮乌斯→详见收信人目录
2 马赛的居住单位→见致夏洛特·贝茜昂信02.05.1946 * 信145注2

180 | 1951年11月30日，致米涅·德·希尔瓦信

米涅·德·希尔瓦小姐 | 现代建筑工作室 | 圣乔治 | 康提[i] | 锡兰[ii] | 1951年11月30日，于巴黎

亲爱的朋友：

今天上午回到我的事务所，结束了为期四周的在印度辛苦（而引人入胜）的工作。我看到您11月5日的来信，您大概已经得知我在西姆拉[1]的消息了。

在西姆拉一个俱乐部的一次有趣的聚会上，我建议他们创立一个昌迪加尔[2]建筑师小组，如果可能，这个小组将于1953年加入CIAM[3]（您知道，1953年CIAM将改制，将有更多年轻人参与进来）。这些印度人非常诚恳，他们希望能够履行他们的职责。我建议他们应当与您取得联系，交流您们的研究和活动。就我个人的意见，在实际的活跃的工作中，在同样遥远的三个地方——孟买，锡兰，昌迪加尔——不应当幻想联合。应当保持各自的独立。我建议他们创办一份小小的公报《昌迪》。

同样的，我也希望在这里，在巴黎，创办一份《塞维大街35号》的公报，由我事务所年轻的小伙子们负责编写。CIAM第二阶段的钟声敲响了，这意味着权力将移交到年轻一代的手中。

太好了，您的小住宅即将完工。我热切盼望见到它的照片。

这是我今天上午回到欧洲回复的第一封信！

致问候

勒·柯布西耶

---

1 西姆拉→见致伊凡娜·迦丽信 04.03.1951 * 信175 注5
2 昌迪加尔→见致约瑟·路易斯·舍特信 30.11.1950 * 信168 注1
3 国际现代建筑协会（C.I.A.M.）→见致让·巴托维希信 19.06.1928 * 信74 注2

---

i 康提（Kandy）：斯里兰卡（Sri Lanka）第二大城，著名古都，游览和避暑胜地。
ii 锡兰（Ceylan）：斯里兰卡的旧称，南亚次大陆南端印度洋上的岛国。

181 | 1951年12月11日，致亨利·弗内斯信

亨利·弗内斯先生 | 比尔多 | 阿尔及利亚 | 1951年12月11日，于巴黎

亲爱的朋友：

很高兴收到您12月3日的来信。我从印度回来，在那里我作为政府的顾问负责一些重要的事务。我感谢您的友情，并请您相信我对您怀有同样的情感。

1947年从美国回来，看到您寄来的关于毕加索的文章。我感到非常不愉快，所以没有给您回信。您陷入了彻底的谬误之中。毕加索，我的朋友，我们的交往已有40年了。他是个了不起的人，一个疯狂的不知疲倦的工作者，是已知的最伟大的人物之一。如果说阿尔及尔的傻子们嘲笑他的作品，那是可能的，但那是些没有眼光的微不足道的顾客。

我非常理解您选择投身绘画，并相信您会做得很好。您向我表达了您要来欧洲发展的意图。要斟酌！非常友好地，我要对您说，您将是第50001位画家，您所提供的产品，这个国家将无法消化，因为供远远大于求。一切都取决于您预期的普罗旺斯[i]之行。

关于展览，我的关系在巴黎仅限于前卫的圈子；而且，就绘画而言，我的号召力非常值得怀疑。28年来，我一直默默继续着我每日绘画以及雕塑的工作。不久我的这些作品将亮相，1953年巴黎现代艺术博物馆将举办勒·柯布西耶的展览（盛大的春季展览），这将引起诸多质疑和妒嫉。要知道我总是处在前哨的位置，绘画方面也是一样。所以，回到您的问题，我完全处在市场以及商人的圈子之外。如果您去阿尔及尔，请不要犹豫，去看望一下艾莫瑞[1]，丹弗尔罗什鲁大街43号，那是个热心的家伙，他曾参与过佩萨克的工作。

我草草给您写了这封信。向您致以最美好的问候。

勒·柯布西耶

1　皮埃尔-安德烈·艾莫瑞：建筑师，勒·柯布西耶的朋友。→详见收信人目录

---

i　普罗旺斯（Provence）：法国南部地区，凡高曾在南普罗旺斯的古老小城阿尔（Arles）创作、生活过。

82 | 1952年1月25日，致艾耐斯特·罗杰斯信

艾耐斯特·罗杰斯先生 | 休斯提大街2号 | 米兰 | 1952年1月25日，于巴黎

我亲爱的罗杰斯：

马赛工程已接近尾声。我在酝酿一个非常重要的决定，关于以这栋建筑为引子的系列影片的拍摄：资料性质的影片，关于工程师、建筑、城市规划、批量生产，以及社会问题，等等，但最重要的是其中最长的一部（2000m？影院通常长片的长度），我希望能以马赛的居住单位[1]为背景展开一个情节。这个背景将提供连续的多样的氛围，但影片将不会有任何说教的色彩。我将挑选一对法国演员，一男一女，来演绎简单朴素的人类情感，不夸张，不做作，尤其不要未来主义、达达主义、现实主义、立体主义，总之，去掉所有"主义"。

这便是我写这封信的目的：我忙碌的生活阻碍了我与现代电影世界的联系，尤其是法国电影界。如果我愣头愣脑地在这样一个如此狂热的世界里询问，那我将很有可能被卷入到小团体之间的争论和纠葛中去，而这对于我的事业没有任何帮助和益处。您已完全了解了我的动机，您是否可以就这个问题帮我咨询一下意大利优秀的电影艺术家，请求他们为我推荐一位或几位我可以在巴黎接触到的电影工作者。

兜了这样一个圈子一定令您感到奇怪，但我相信这样做是明智的。若蒙您尽快回复，我将不胜感激。

致问候

勒·柯布西耶

---

[1] 马赛的居住单位→见致夏洛特·贝茜昂信02.05.1946 * 信145 注2→见《勒·柯布西耶全集》第5卷第179页，"马赛的居住单位"。

183 | 1952 年 1 月 25 日，致艾耐斯特·罗杰斯、卢西奥·科斯塔、沃特·格罗皮乌斯，及斯文·马克利乌斯信

先生们：艾耐斯特·罗杰斯 | 卢西奥·科斯塔 | 沃特·格罗皮乌斯 | 斯文·马克利乌斯 | 1952 年 1 月 25 日，于巴黎

机密

亲爱的朋友们：

  我收到 UNESCO 主席托雷斯·博德特[i] 先生 1952 年 1 月 21 日的来信，通知我他已经向您们，您们四位，发出了加入享誉世界的五名建筑师组成的联合委员会的邀请，负责 UNESCO 常驻巴黎总部大厦方案的研究和评选。

  作为五名建筑师之一，我于 1951 年 11 月 5 日收到邀请。方案的研究工作将于 1952 年 5 月展开。

  这个委员会，从名单上看，无疑将成为长久以来人们组建的最和谐的评审委员会。昨天，得到您们收到邀请的消息，如果我确定您们都愿意接受邀请，那么我将写信给托雷斯·博德特先生表示同意。我们的委员会具有重要的意义，因为 UNESCO 的成员对现代建筑很有好感，而且具备理解能力。我想，我们大家的合作将有可能促生出优秀的事物，发挥重要的影响，尤其是在纽约西河岸联合国总部大厦的风波之后。

  亲爱的朋友们，在这一切的幕后存在各种各样的交易。但我不认为自己有权在这里向您们揭示什么；相反，我要对您们说的是，我们在巴黎的聚会不仅是有益的，而且将会是美好的愉快的，我们的行动将会是卓有成效的。

  不多说了。如果您们，每个人，都愿意接受邀请，那么我们 5 月 1 日将在巴黎相聚。请告知我您们的决定。

  致以最友好的问候。

勒·柯布西耶

---

[i] 托雷斯·博德特（Torres Bodet, 1902 ~ 1974）：墨西哥诗人、小说家、教育家和政治家。1948 ~ 1952 年间担任联合国教科文组织（UNESCO）主席。

84 | 1952年3月3日，致皮埃尔－安德烈·艾莫瑞信

皮埃尔－安德烈·艾莫瑞先生 | 丹弗尔罗什鲁大街43号 | 阿尔及尔 | 1952年3月3日，于巴黎

我亲爱的艾莫瑞：

我的这封信针对我们的朋友克劳迪斯[1]，您可以将这封信转交给他，而且您的友情对他和对我同样深厚，您可以就此发表您的评论。

这个部门，以及部长先生本人，令我感到难过！我不想针对克劳迪斯，作为一个人一位部长，作任何哪怕最微小的指责；因为我不想让人们觉得我在事件中掺杂了个人的情感。

我希望对事物的评价依据事件本身，而不是人。我解释一下：2月13日，克劳迪斯以朋友的名义寄给我一封信，信是这样开头的："后来我去找您，您已离开。我们本来可以会见5分钟。我明天启程去阿尔及利亚。我回来的时候会去见您，我们好久没有在一起聊聊了。"我注意到"聊聊"，我厌恶这里这个词的用法；因为在特定的建筑师的圈子里，这意味着：我们聊聊，同时我们讨论并解决问题！

令我感到诧异的是：克劳迪斯，四年前担任部长一职，距离我50米不到的邻居，浸透着我的思想，自称是我思想的捍卫者，并以我的思想为名义展开实践的……行动，等等，我惊诧于他部长任职期间，竟一次未与我交谈。以讨论行为的准则问题的实质为内容的交谈。是的，问题！人的问题，城市规划的问题，居住单元及工业化生产的问题，以及其他众多问题……我们的交流为零。

另一件足以令我感到难过的事。我65岁了，我只获得过一项国家的委托：一栋出租公寓，集合住宅。那是1945年，从多迪先生[2]手中接过的委托。

我参加了斯特拉斯堡的竞赛[i]。这次竞赛的意图是美好的：优选在概念以及实践中能够解决居住问题的"团队"。然而，这次竞赛的操作却是不规范的，因为评审团没有预先指定。而后指定的评审团由十名建筑师组成，他们首要的议题是"勒·柯布西耶的方案是否值得考虑？"回答是："否"。不过还不至于一无所获，我得到了第四名，不算光彩，但至少有450万的奖金作为我们开支的补偿。

原定四名优胜者（他们，及他们的团队）将得到实际的委托。位于保

---

i 参见《勒·柯布西耶全集》第5卷第95页，"斯特拉斯堡800户住宅的设计竞赛"。

留地段的1万户住宅的建设委托,由部长负责逐年自由调配。博杜安[3]800户;法耶东[4]800户;吉尔菲斯[5],当然;勒·柯布西耶,零!当我向达罗兹[6]提出质疑,回应我的是犹豫不决和令人不快的沉默。

日子一天天过去,我得知"其他人":希维,霍尼格,等等,都获得了重要的委托份额;而我提出的问题总是没有回应。

上周,《费加罗报》发表了部长先生一篇重要的文章。文中他郑重声明:他不是第一个推动马赛工程的人,他是继五六个部长之后才介入进来。文章的结尾更是令人震惊(我凭回忆引述),他说南特-雷泽[i](我因其建造而受到指责),老实说,是勒·柯布西耶继斯特拉斯堡竞赛之后应得建设份额的2/5或3/5。

这种说法太过分了!因为雷泽的项目根本不是官方的委托。而且方案是两年前开始的,现已全部完成;和马赛一起,那正是作斯特拉斯堡竞赛方案研究的参考依据。

您2月27日的来信再次向我揭示了一个事实,那不是不规范,那是不公正。部长先生去拜访您,您交给他一份关于特莱姆里[ii]大桥建设的紧急技术清单,随后您启程去了盖尔达耶[iii];而当您回来的时候得知吉尔菲斯的同事提姆巴瑞在负责这项研究。您去见了这位小伙子,他很客气地宣称愿意与我合作完成这项工作。是的,是的……我将谦恭地给提姆巴瑞先生写信,请求他接受我加入他的团队,在那里我将非常荣幸地为他带去我的经验,我的才华,以及正如您所说的,还有我在《勒·柯布西耶全集》第2卷第192和193页中提到的设计思想[iv](那是我1933年阿尔及尔规划方案的一部分,为此我作了大量研究)。

够了!也许我该贴上个假鼻子,换个假名字,请求沃根斯基[7]取代我;因为似乎只有这样,我的方案在法国的土地上才有实现的一天。

我要补充的是:几年前我发明了模度[8](有着世界性的影响),并因此在米兰三年一次的神圣比例大会上,被推选为"以比例在当代艺术中的研究与应用为目的的国际委员会"的主席。

模度的推论是226×226×226的专利的创建,以此为工具,我进行了多年的研究,研究建造。我要打破批量化住宅的局限,相反,我要创立系列的被赋予卓越审美的建造。

---

i 参见《勒·柯布西耶全集》第5卷第157页,"南特-雷泽的居住单位"。
ii 特莱姆里(Télémly):阿尔及尔地名。
iii 盖尔达耶(Ghardaia):阿尔及利亚中北部城市。公元11世纪建成。
iv 参见《勒·柯布西耶全集》第2卷第175页,"阿尔及尔的两座高架桥"。

我在蓝色海岸的马丁岬谋得一块特殊的土地。我与普鲁威[9]以及拉罗歇尔[i]的SCAN（勒威尔迪）达成了基本的协议，为了一项我要立即着手的事业——建造一个原型。费用由我个人来解决，小屋[ii]将处于马丁岬最美的自然风光中。我向部长先生请求有关226×226×226的特别批准，这将是一个试验性的工地，为工业化的研究提供依据。我得到的答复是：不能给我这项对于未来毫无价值的建造以特批。我明确我的问题：为了建造一座小屋，我需要峭壁上5米宽的一块地方，巴掌大的地方，仅此而已。既然这房子是我给自己建造的，人们应该有理由相信，我不会违背优雅和美观的原则。

所有这些太离奇！这一切证明了一个严重的根本的错误：对现实的恐惧！这是解读的错误，人们认为我是一个可疑的危险的人物。但不是的，亲爱的克劳迪斯，我是今日这世上最受敬仰的人，没有人会否认这一点，除了建筑师协会[iii]和MRU[iv]。我在法国受到无限尊重，我朋友遍布各界，从大人物到小人物：从共和国总统，到大企业家，大工业家，到工人，以及众多的年轻人。我的对立面是"大资本家"和"小资本家"，弹指就可以将他们推倒。现实正撞击着他们摇摇欲坠的大厦。

如果能做到光明磊落、昂首阔步、问心无愧，加之好心情、十足的信心，以及对责任的担当，部长先生将轻而易举地扫清他那些顽固不化的反对者，赢得战斗。我可以这样说，如果部长真的因为我而遭免职，那么在议员席上他可以慷慨激昂地为自己辩护，从而官复原职。或者他将有可能在议会发起一场质询，他可以凭借有理有据、资料翔实的演讲予以回应，在那里他将以一种辉煌的方式取得胜利。

但是没有，部长先生没有任何关于我的可靠的消息，除了一个模糊的印象之外，没有任何翔实的资料。而他却生生被流言蜚语压垮了。

最近，人们创办了一个"建筑研究联谊会"[10]。测试题（人们这样说）便是："你是赞成还是反对勒·柯布西耶？"第一次公开集会将于3月14日举行。一份原则性的声明将被宣读；人们邀请我在会上发言。

---

i   拉罗歇尔（La Rochelle）：拉罗歇尔坐落在法国西部，濒临大西洋，行政区划上属于滨海夏朗德省。
ii   参见《勒·柯布西耶全集》第5卷第59页，"燕尾海角的小木屋"。
iii 建筑师协会（l'Ordre des architectes）：法国官方建筑师资格认证机构，根据文凭注册而后才能获得从业资格。
iv 法国建设部几经易名。1944年成立时名"重建与城市规划部"（MRU），后改名"重建及居住部"；1966年部委调整后改为"装备部"（ME），现为"装备、住房、交通、旅游与海洋部"（MELTM）。

这个阶段，确切地说，于我是个丰产的时期。我在各地接到委托，接受荣誉，收到邀请。

让我们再来看一看 UNESCO。我是惟一的候选人，整个 UNESCO 都站在我这一边；但我的敌人法国的学院派蛊惑美国起来反对。法国代表团是支持我的，然而他们接到"上面的"旨意，于是，终于，我还是遭到了排斥。作为一种补偿，UNESCO 任命了一个专家委员会，来评审吉尔菲斯的方案。我被指定为"享有国际声誉的"第一个专家代表。一个月后，另外四名代表被选定：格罗皮乌斯[11]、卢西奥·科斯塔[12]、马克利乌斯[13]和罗杰斯[14]。我心里清楚地知道，如果法国真地支持我，那我将直接被任命为 UNESCO 的建筑师。

在以"建筑研究联谊会"的名义创建的战斗同盟之中，奥古斯都·佩雷[15]被任命为荣誉主席。当然，我的名字不被提及。

与此同时，围绕 1958 年世界博览会展馆[i]的建设，巴黎市政府战胜了 MRU。我和普罗斯特[16]、佩雷、弗雷西内[17]和鲁－史匹兹[18]一起被提名为"荣誉主席"。我接受了："是的，先生！"

在 MRU 同巴黎市政府竞争的过程中，MRU 从未曾向我作过任何咨询：没问过一句，没见过一面，没进行过一次交谈！然而我并非毫无价值，我参与过 1922 年的展览；1925 年的新精神馆；1929 年的秋季沙龙；1937 年 CIAM 凯勒芒展览[ii]；1937 年的新时代馆。

一日，市议会主席特罗许[19]对我说："您是个共产主义者，但您是惟一有才华能够迎战巴黎规划的人，您愿意考虑一下巴黎的规划吗？"当然，是以非官方的私人的方式交谈。

我出版了有关巴黎规划的系列丛书《人类的家》[20]和《城市规划的意图》[21]。如今，巴黎市政府正在以这些思想为基础制定一个草案。

我的结论：克劳迪斯对所有人都很友善，他对建筑有所了解；然而，当胜利在望的时候他又畏首畏尾。他仍是视野之内胜任重建部部长一职的最佳人选，但问题在于气魄，巴黎和法国是世界性的，应当用伟大的思想来照亮路程。仍然有许多人信赖克劳迪斯，请将这一点转告他，为了他的勇气，而非妥协。

这封信从头到尾都是写给您的，然而克劳迪斯却占据了我们的思想。在这个时候，在他的大厦正脆弱的时候，让他听到一些间接的声音不是

---

i 参见《勒·柯布西耶全集》第 6 卷第 200 页，"布鲁塞尔博览会飞利浦馆"。
ii 参见《勒·柯布西耶全集》第 3 卷第 132 页，"凯勒芒棱堡的一个居住单位"。

坏事。

致问候

勒·柯布西耶

附：《竞赛》杂志今天出版了家居用品沙龙的《住宅竞赛》特刊。这是我们阵营的活动，由夏洛特[22]和福瑟斯[23]发起。方案依据模度完成；当然，关于这一点没有人提起（夏洛特和福瑟斯从一开始就应用了模度）。

这栋住宅在公众舆论面前获得了极大的好评，我很高兴；但我说它并不适合作为大型公寓的户型，原因很简单，因为它多面采光，那么每套户型需要占据约 8 米的面宽。我的公寓进深是 24 米，我为此而受到攻击。我带来了规划建筑以及家庭设施的解答，却遭受攻击。

部长的使命应当是：在这个时候站出来，为这样一件引发强烈反响的事件在公众面前作出解释。

1　欧仁·克劳迪斯－佩蒂：法国政治家，勒·柯布西耶的朋友，1948～1952 年间，担任重建及城市规划部（MRU）部长。→详见收信人目录

2　拉乌尔·多迪（1880～1951）：法国政治家，勒·柯布西耶的朋友，二战后第一任重建及城市规划部部长。

3　欧仁·博杜安（Eugène Beaudouin, 1898～1983）：法国建筑师，城市规划师，巴黎美术学院教授。

4　让·法耶东（Jean Fayeton, 1908～1968）：法国建筑师，工程师，巴黎美术学院教授。

5　贝尔纳·吉尔菲斯：法国建筑师，城市规划师，罗马大奖的获得者。联合国教科文组织（UNESCO）总部大厦的设计师之一。→详见收信人目录

6　皮埃尔·达罗兹：1948 年起，在欧仁·克劳迪斯－佩蒂任重建及城市规划部部长期间，为其部长办公室成员。→详见收信人目录

7　安德烈·沃根斯基：法国建筑师，城市规划师，勒·柯布西耶主要的合作者之一。→详见收信人目录

8　模度→见致母亲信 10.01.1948 ＊ 信 151 注 7→见《勒·柯布西耶全集》第 5 卷第 168 页，"模度"。

9　让·普鲁威（Jean Prouvé, 1908～1968）：铁匠，工程师，勒·柯布西耶的朋友。曾与许多建筑师合作过，其中包括罗伯特·玛莱－史提文斯（Robert Mallet-Stevens）、欧仁·博杜安、乔治·康迪利斯（Georges Candilis）及贝尔纳·吉尔菲斯。在许多方案与实际工程中与勒·柯布西耶有合作关系。1957～1970 年间，任 C.N.A.M.（国立工艺与艺术学院）教授。

10　建筑研究联谊会：建筑师及对建筑感兴趣人士的联盟。1952 年成立，奥古斯都·佩雷任主席。

11　沃特·格罗皮乌斯→详见收信人目录

12　卢西奥·科斯塔：1902 年出生于法国土伦，巴西建筑师，城市规划师，勒·柯布西耶的朋友。→详见收信人目录

13　斯文·高特弗瑞德·马克利乌斯：斯德哥尔摩建筑师，城市规划师。先后担任过斯德哥尔摩、耶鲁（Yale）、剑桥（Cambridge）、伯克利（Berkeley）教授。→见致路易·阿尔芒信 03.03.1958 ＊ 信 240 注 1

14　艾耐斯特·罗杰斯：意大利建筑师，CIAM 成员。→详见收信人目录

15　奥古斯都·佩雷→详见收信人目录
16　亨利·普斯特：法国建筑师，城市规划师。→见致母亲信28.03.1942＊信139注8
17　欧仁·弗雷西内：法国土木工程师。→详见收信人目录
18　米歇尔·鲁-史匹兹（Michel Roux-Spitz, 1888~1957）：法国建筑师，城市规划师。
19　罗伯特·特罗许（Robert Trochu）：1942年担任巴黎市议会主席。
20　《人类的家》→见致母亲信28.03.1941＊信137注2
21　《城市规划的意图》（Propos d'Urbanisme）：1946年布赫利（Bourrelier）出版社出版。
22　夏洛特·贝茜昂→详见收信人目录
23　皮埃尔·福瑟斯（Pierre Faucheux, 1924~1999）：建筑师，美术图案设计师。1963年在勒·柯布西耶的事务所工作。

185 | 1952年5月21日，致阿德奈先生信

阿德奈先生 | 陈设部负责人 | 莱法耶特百货[i] | 奥斯曼大道40号 | 巴黎（9°）| 1952年5月21日，于巴黎

我亲爱的阿德奈：

　　我向您推荐我的朋友诺贝尔·贝扎尔[1]，农民，后来在雷诺工厂作技工，现在是一名陶器制作者。他是个性格刚毅的家伙，每次都能出色地完成他所做的事。

　　如今，他投身于制陶。我敢肯定，您一定会对他现在或者将来的工作感兴趣，即，帮他找到一些有选择性的能够理解贝扎尔作品真正价值的客户。

　　同样内容的信我还将寄给您哥哥[ii]一封。

　　致问候

勒·柯布西耶

附：诺贝尔·贝扎尔地址：波旁古尔大街大街10号，巴黎（11°）

1　诺贝尔·贝扎尔：起先是一名农民，然后成为工人，后来专心于制陶。勒·柯布西耶的朋友。→详见收信人目录

---

i　莱法耶特（Galeries Lafayette）：巴黎著名的百货商店。因位于一处往昔的画廊建筑中而得名。
ii　雅克·阿德奈（Jacques Adnet）：建筑师，室内家具设计师。

186 | 1952年7月8日，致诺贝尔·贝扎尔信

诺贝尔·贝扎尔先生 | (合) 普律奈尔先生 | 大卫雷黛尔大街2号 | 邦迪-塞纳 | 1952年7月8日，于巴黎

我亲爱的贝扎尔：

您近来可好？如果没有什么别的事，我这里倒有个建议，值得您考虑一下，不过不是特别急迫。

多亏一位要人的帮忙，我向您推荐一处闲置的房子。在20区，朱利安-拉克鲁瓦大街73号，巴丽-考大街转角处，有一间位于首层的作坊（这房子目前被市政当局清空，为了有一天 HLM[i] 大社区的建造）。房子位于拐角，三面临街，向阳，室内光线充足。这里原来用作一个小餐馆。里面的装置已经撤走。只需要加个水龙头，拉上电线，并将墙面粉刷一下，还可以在墙上钉钉子和板子。这个作坊的形式很好。而且既不征收折旧费，也不用上缴出租税，什么附加费用也没有。价格非常低，基本算白送。

不过，在您看过这个房子之前，我不想去麻烦这位要人。参观这个房子需要公共财产及市政事务司的批文，这个我已经搞到手了。在您过目之前，我想对您说：这房子向阳，光线好，环境宜人，而且位于合适的地段：美丽城[ii]，拉雪兹神父公墓[iii]。作为临时居所，我认为这里很好。您可以安排一张床，一个炉灶和一个陶车。我想，为了将您自己的生活看清楚，您需要一段时间的独处；有一天，您会离开这里，去布列塔尼[iv]的渔村，正如您曾对我说过的那样。

贝扎尔，永远不要让自己债务缠身。这件事不会使您负债！

我从马塔拉佐[1]那里谋得一份委托。承诺：如果您能出色地完成，一定还有其他的委托。让我们安静些吧，您的旅行推销，您的全套武装，以及您的露天游艺会，可以偃旗息鼓了。我重申：如果您完成得好，我还会给您其他委托。76件马塔拉佐的彩陶，将付给您12万法郎。

乐意为您提供帮助。请告诉我您的打算，如果有时间，这几日的某一

---

i 二战后，法国为了加速恢复国内经济，大量引进当年北非殖民地的人民，大多是阿尔及利亚人和摩洛哥人，因此在1950年通过一项住宅改革方案，将以往的低价出售（HBM, Habitations à Bon Marché）改为平价出租（HLM, Habitation à Loyer Modéré），以较便宜的租金提供给这些移民的工人，由国家统一营造、出租和修缮。

ii 美丽城（Belleville）：巴黎20区。

iii 拉雪兹神父公墓：这座占地44公顷的墓园是巴黎市内面积最大的绿地。

iv 布列塔尼（Bretagne）：位于法国西部直插大西洋的半岛。海滨有长达数千公里的海岸线，还有众多的岛屿和小岛。

天下午您可以来找我。本月 13 日左右,我将外出。

致问候

勒·柯布西耶

附:请不要去刺激看门人。先来找我。我将把批文交给您,作为您进入的许可证。

1　弗兰西斯卡·马塔拉佐（Francisca Matarazzo）:圣保罗现代艺术博物馆馆长。

187 | 1952 年 7 月 13 日,致约瑟夫·萨维纳信
1952 年 7 月 13 日

我亲爱的萨维纳:

收到您的信 + 三张照片。

太可爱了,粗犷,而富于诗意。您打算直接给它上色吗?我感觉我比您还要保守些:我要<u>原样保留它</u>,另外新做一个来上色。借此,我将提几点修改意见,即校正一下您的诠释,希望得到您的同意。

组件 A,像个卵石 = 一个饱满的隆凸

4 处是一个深而陡的凹槽

凹槽在"卵石"之中

引出 3,那是乳房,隆起,从中间剖开

组件 B

1 和 2 的位置有明显的脊凸

1 是凸的 = 积极的

2 是凹的 = 消极的

3 处不是一个洞,而是面部的制高点,是鼻子

5 像鸡蛋一样圆滑的面颊

组件 C,这是个桌子,上面有个罐子!

两面都稍稍有点凹:1→2;2→4

我补充一点,我这里所说的仅代表我的意图!

但是您的诠释太美了。您的<u>脸</u>朝向太阳(1),而我的(2)则是竖直

的。我甚至可以说,也许您是胜利者!

另外,为了显示主题演变的过程,这里附上 1928 年原始画作的副本。

我亲爱的萨维纳,我感到很疲倦。但我很高兴感知到您在您的布列塔尼的小作坊里,沉浸在如此美好的雕塑的创作之中。

应当力争做到精致,同时保持形体的张力。

当一切都达到最大程度的简化,比例之美便显现出来。简化,意味着,归类,分级,精炼,赋予秩序。

向罗斯、您及小姑娘问好

伊凡娜,爱德华

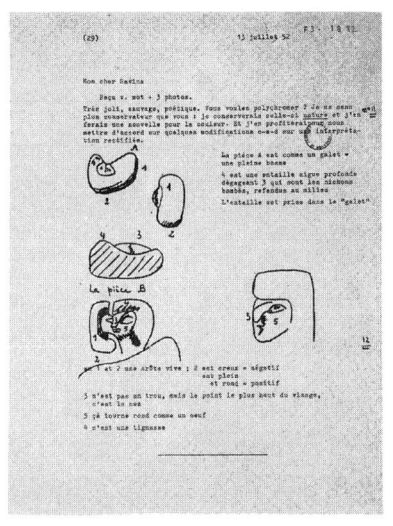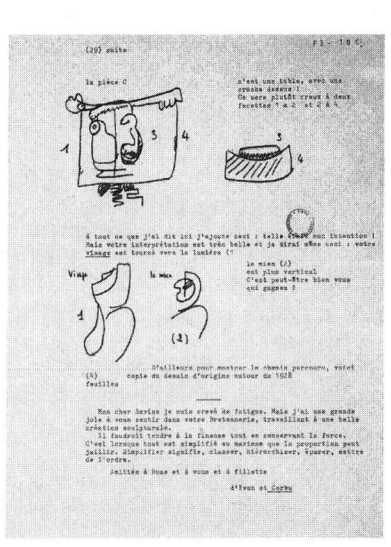

1952 年 7 月 13 日,致约瑟夫·萨维纳信(第一页,第二页)

188 | 1952 年 7 月 18 日,致妻子伊凡娜·迦丽信
1952 年 7 月 18 日

亲爱的凡:

我用我的心给你写这封信。我刚从罗伯特[1]的小酒馆出来。这里的一

切都在期待你的到来：人们，小动物，还有小木屋。属于你的小木屋，非常小非常可爱非常迷人。

对面是小酒馆，在那里可以喝酒聊天，等等。我的这趟海滨之旅是令人疲惫的。我凭借惊人的耐力，早上5点从马丁岬爬起来，晚上在阿雅克肖[i]，见了许多人，跟他们讨论南特的原型，还给巴尔贝利[2]的工人们作了一场演讲，午夜才睡下。

亲爱的凡，其实你仍不知道你在我心中有多么重要。这么多年来，你一直是我的守护天使。我无时无刻不想着你——在家中亦如出门在外。每一次再见到你——尽管上了年纪——我都觉得你更加美丽。你的面容之中蕴含一种独特的气质。你是知道的，每次发现我都告诉你，我期待你的微笑，如此迷人——却又如此稀有。为什么如此吝啬？应当微笑，我亲爱的，应当对你的男人微笑。他是个战士，他的战斗从早到晚，持续一生。他惊讶于他脑子里面的东西，他应当做事，他做出承诺，他有他应尽的义务。他得不断给予，不停生产，不能有半点懈怠。亲爱的凡，周三上午柯布马赛的居住单位落成了，这是一件美好的事物，一件杰作。七年了，着手，实施，今天终于将这枚砝码放在了天平上！

记得我曾对你说过吗？波拿巴[ii] 大概在一次林间散步中[iii]，用自己刺破手指的血精确地描绘出他坚毅、清晰、完美而固执的小脑袋的轮廓！你的一双眼睛（将我融化）每次都能重新燃起我的喜悦。天啊，三十年来，每次我离开再回到巴黎，就像卸下拖车奔向食槽的大马，因快乐而狂奔嘶鸣（无声的！）。你是知道的，你都看到了！三十年来，和你共度的时光，你何时见过我忧郁的伤感的心不在焉的眼神？我希望，这个简陋的滨海小木屋能为你打开幸福的宝匣，面对你的小狗狗和你一方小小的天空，这里真的很美。

再见，亲爱的凡，深情地吻你

你的大柯布

---

i 阿雅克肖（Ajaccio）：法国城镇，南科西嘉省省会。位于科西嘉岛（la Corse）西岸，为地中海港口。拿破仑·波拿巴出生地。

ii 拿破仑·波拿巴（Napoléon Bonaparte, 1769~1828）：法兰西共和国近代史上著名的军事家和政治家。

iii 拿破仑岩洞：距拿破仑故居步行半小时路程，那里有一座依山而建的纪念碑，高耸的拿破仑塑像被环抱在绿荫丛中。拿破仑头微微低下，看似在边散步边沉思。→参见《拿破仑传》

1 托马斯·罗伯特（Thomas Roberto）：马丁岬海之星小酒馆的老板。勒·柯布西耶常来法国南部的蓝色海岸度假，经常光顾这里。1952年，勒·柯布西耶在小酒馆的对面临地中海建造了他的"滨海木屋"。→参见《勒·柯布西耶全集》第5卷第59页，"燕尾海角的小木屋"。
2 夏尔·巴尔贝利（Charles Barberis）：细木工承包人，勒·柯布西耶在一些工程中与其有合作关系，他还负责了勒·柯布西耶马丁岬滨海木屋的施工。

189 | 1952年10月8日，致诺贝尔·贝扎尔信

诺贝尔·贝扎尔先生 | 大卫雷黛尔大街2号 | 邦迪 | 1952年10月8日，于巴黎

我亲爱的贝扎尔：

  我拆箱取出您的彩陶，它们让我眼前一亮，我非常满意。其中一些精美绝伦，尤其是那两个大盘子（鱼形图案）。所有这些创作：鱼、蝴蝶、鸟，都是健康的有力的逼真的，正是这传神的逼真最有价值。加之自然的环境烘托，其中色彩发挥了非常重要的作用。

  黄道十二宫系列也很出色。另外，还有一个苏珊[1]完成的系列，由于本质上的区别，这个系列无法同您的系列混合在一起。但是它自成一体，而且一经同其他系列区分，作为女性个体的作品，这个系列显得格外可爱。

  建议：不要把您的作品同您夫人的作品放在同一个箱子里。

  我满心期待地打开您的箱子。我非常满意。我将给马塔拉佐夫人[2]写信，同时寄给您信件的副本。我迫不及待地要告诉您我对您的作品是多么满意！

  致问候

勒·柯布西耶

1 苏珊·贝扎尔（Suzanne Bézard）：诺贝尔·贝扎尔的妻子。
2 弗兰西斯卡·马塔拉佐：圣保罗现代艺术博物馆馆长。→见致诺贝尔·贝扎尔信08.07.1952 ＊信186注1. 及致皮埃尔-安德烈·艾莫瑞与贝尔纳·吉尔菲斯信24.02.1953 ＊信193

190 | 1952 年 10 月 15 日，致母亲信
1952 年 10 月 15 日，于巴黎

我亲爱的妈妈：

今天上午回到巴黎。昨天是个重要的日子。我们因为您的缺席而感到遗憾。

非常美好。1）——对象，房子[1]本身是一件建筑的杰作（无论什么时候）。它白天是动人的，夜晚是奇妙的。2）——完美的仪式，庄严，热烈，在激动感人骄傲庄严的气氛中举行。部长先生[2]作了慷慨的演讲，一开头他便指出：我致母亲的《白色大教堂》[3]的题献揭示了我艺术创作的本源。让纳雷-佩雷[i]夫人的音乐，解释了勒·柯布西耶的艺术。

所有的一切都很美好。所有人都很友善，还收到了外国朋友发来的贺电。

当庆功酒打开的时候，女人们一个接一个地来和我拥抱，她们是公寓的房客。我去过她们家很多次，棒极了。男人们也来为我祝圣，他们说他们就像生活在天堂。一位怀孕八个半月的年轻女子请我做他孩子[4]的教父。那是一位空军指挥官的太太，她的家中只添置了简单的家具（非常简单!!!），却非常温馨迷人。

晚上，夜里，这房子如同仙境一般，上面，下面，高处，低处，墙，以及三面明亮的窗。绝对地不可思议。像个大花园，有一种盛世的辉煌。生活在其中的人仿佛进入海市蜃楼。非常安静。昨天，电梯在 13 分钟内将 500 名来宾提升到 56 米的高度。内部的街道是未来生活的引子。在快乐嬉戏的兴奋的氛围中，孩子们已经理解了这种未来的生活。

部长为我献上精彩的演说。我对他说：我们为您准备了一个跳板："居住单位"。塞维大街 35 号的全体成员都出席了开幕式，他们为这完成的杰作感到震惊。我说过这是史上最杰出的作品之一。公众也为之一震。

亲爱的妈妈，阿尔伯特，您们一定会喜欢；您们可以安稳地乘卧铺车过来，如果好买票的话。在您们的行程中，亲眼看看这个丰碑吧。

法国时事将于 10 月 23 日周四起播放有关的报道。您们一定会在沃韦收看到。

这封信带去我的问候。

---

i 玛丽·夏洛特·艾米莉·让纳雷-佩雷（Marie Charlotte Amélie Jeanneret-Perret，1860~1960）：勒·柯布西耶的母亲，一位钢琴教师。

拉绍德封的事：完全没了消息！也许是种试探?!!

收到鲁迪自伯尔尼的来信，欣赏了阿尔伯特的奏鸣曲。

伊凡娜善于与人相处，尤其是工人们！——真的很了不起。

---

1 马赛的居住单位：位于马赛米什莱大道（Michelet）280号。这栋建筑1952年10月14日举行落成仪式。→见致夏洛特·贝茜昂信02.05.1946＊信145注1→见《勒·柯布西耶全集》第5卷第179页，"马赛的居住单位"。
2 欧仁·克劳迪斯-佩蒂：法国政治家，勒·柯布西耶的朋友。在这次落成仪式上，他授予勒·柯布西耶法国三等荣誉勋位绶带。→详见收信人目录
3 《当大教堂是白色的时候》：1937年出版，勒·柯布西耶将此书题献给他的母亲。朗香圣母高地小教堂的落成仪式上也提到这段献给母亲的题献。→见致母亲信27.06.1955＊信216
4 特里·若布（Therry Job）：在马赛居住单位出生的第一个新生儿，勒·柯布西耶在其出生后成为其教父。

---

191 | 1952年10月20日，致加斯东·德费尔信

加斯东·德费尔先生 | 布勒特伊大街31号 | 马赛 | 1952年10月20日，于巴黎

亲爱的先生：

我非常清晰地记得与您共进午餐时的情景。

我相信，自今年10月14日起，在马赛的米什莱大道上便屹立着一个持久的完美的证据。[1] 终于，我可以公开地宣布：我为能把我的建筑献给授予我委托的我的国家而感到骄傲。

感谢您的支持。

谨上

勒·柯布西耶

---

1 马赛的居住单位：位于马赛米什莱大道280号。

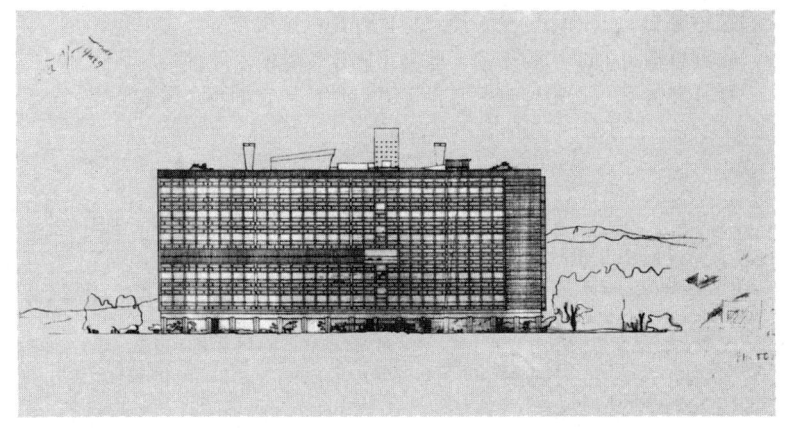

【上】马赛居住单位方案（1945~1952）立面
【下】昌迪加尔城市规划方案（1954~1965）全景透视

192 | 1953年1月16日，致梅克朗夫人信

皮埃尔·梅克朗夫人｜勒穆兰｜哈根别特｜下莱茵｜1953年1月16日，于巴黎

亲爱的夫人：

我收到您1952年12月的来信，这是1929年我致鲁伯特·卡宾先生[1]信的一个遥远的回音。非常感谢您的好意。

很高兴将收到您寄来的加有"私人"字样的相册[2]，以避免它在我的事务所中被任意翻阅。

至于我，我冒昧地，以礼尚往来的名义，寄给您一些我最近印制的版画。它们向您透露在紧张的令人全神贯注的工作之余，我仍偶尔在淳朴的手工劳动中放松一下我的神经。我想您的父亲会很高兴，他在我的记忆中是个完美的朋友。

亲爱的夫人,请您相信我最真挚美好的感情。

勒·柯布西耶

1　鲁伯特·卡宾(Rupert Carabin):雕塑家,勒·柯布西耶的朋友。→见致马克思·杜·布瓦信 20.03.1916 * 信 34 注 1
2　一本裸体模特摄影集,鲁伯特·卡宾常用它来研究自己的雕塑,他把这本影集遗赠给了勒·柯布西耶。

93 | 1953年2月24日,致皮埃尔－安德烈·艾莫瑞及贝尔纳·吉尔菲斯信

艾莫瑞,吉尔菲斯(先生们)| 丹弗尔罗什鲁大街43号 | 阿尔及尔 | 1953年2月24日,于巴黎

亲爱的朋友们:

您们是勒·柯布西耶多年坚持不懈的努力[i]的受益人……我替您们感到高兴。

我请求您们给我一个小小的补偿。是这样:我们的朋友贝扎尔[1], CIAM[2]及ASCORAL[3]的成员。起初是个农民,后来经历一段非常古怪的时期被雷诺工厂解雇,在此期间,他患上了严重的心脏病;目前他专心于制陶。他在这方面绝对有特别的天赋。他做出的东西美得超出人们的想像。

马塔拉佐夫人,圣保罗现代艺术博物馆馆长,巴西现代运动的首领,向他订购了76件作品,付给他1万法郎(而不是15万法郎)。

贝扎尔的陶瓷制品:托盘、碟子、等等,绝对精美绝伦。出于真诚的友情,我认为您们可以给他一份委托,从而也可以提升您们家居生活的艺术品位。

贝扎尔实际上已经为我的许多朋友制作了盘子、碟子、花瓶,等等,在这个人人制陶良莠不齐的时代,请您们相信我给您们推荐的是无可争辩的美好的事物。

---

i　勒·柯布西耶在这里指的是阿尔及尔的规划。

盼望您们的回复。以贝扎尔的名义，我希望得到您们的委托，我将很荣幸地转交给他。76件可爱的陶瓷制品，以一张小小的水粉或素描画作的价格购得，是值得的！

向您们致以问候

勒·柯布西耶

---

1 诺贝尔·贝扎尔：起先是一名农民，然后成为工人，后来专心于制陶。勒·柯布西耶的朋友。→详见收信人目录
2 国际现代建筑年会（C. I. A. M.）→见致让·巴托维希信19.06.1928 * 信74 注2
3 以建筑革新为目的的建造者联盟（ASCORAL）→见致加布里埃尔·谢罗信24.07.1946 * 信146 注2

194 | 1953年3月5日，致诺贝尔·贝扎尔信

诺贝尔·贝扎尔先生 | 巴切莱特大街7号 | 巴黎（18°）| 1953年3月5日，于巴黎

我亲爱的贝扎尔：

吉尔菲斯[1]，UNESCO总部大厦建筑师，阿尔塞纳－乌塞耶大街9号，巴黎（8°），电话：瓦格莱姆33－89。我从他那儿为您谋得了一份76件的委托。作品可以任您选择，但绝对要您亲手制作。他将付给您15万法郎。

他的同事艾莫瑞[2]，我事务所的一位老成员丹弗尔罗什鲁大街43号，阿尔及尔。我也对他提及此事，他同意订购同等数量。

吉尔菲斯对我说他将去拜会您。

让我们先别高兴得太早，等事情落实再庆贺！

向您及您的夫人致以亲切问候

勒·柯布西耶

---

1 贝尔纳·吉尔菲斯：法国建筑师，城市规划师。→详见收信人目录
2 皮埃尔－安德烈·艾莫瑞：建筑师，勒·柯布西耶的朋友。→详见收信人目录

1953年3月24日，致亨利·洛纪信

1953年3月24日

亲爱的朋友洛纪：

我们不要冲动，我们要保持绝对的冷静。

友情不是单方向的，你的不是，我的也不是。我的友情旨在继续一场严肃的目标明确的战斗——联合我的朋友，志同道合的朋友（一支队伍！）。我不用账本来估算友情。一次我对一位救我于危难的朋友作了这样的宣言："朋友不企求回报，但可以肯定的是，如果遇到类似情况，我将为<u>其他</u>朋友做您今天为我所做的事——作为对您今天所做的事感激；生命之河向前流淌，永不折返。这是我的心理物理学！"

我迈着沉重的步子，肩负繁重的工作。我几乎总是受挫。但我在思想得到发展，渔利他人。

我有个特点，即，我不参与政治事件。而且我不喜欢政治。如果我对政治感兴趣，那么我的判断必将明显受其左右；然而，对这一主题（人和物）的关注，使我投身于关于它的激烈的斗争中来。但我的用心在于别处……我不参与政治，既不参与它的收获，也不参与它的灾难。

我从不在政治论坛上发表文章，并请求我的朋友们不要因此而责怪我。

亲爱的朋友洛纪。请不要因此冷酷无情地置所有事实于不顾地说我缺乏朋友的责任感。

你是了解的，我对于自由的持久不灭的信念（这信念尽管在现实中有些不切实际，但对于自我却是基本的需求），总使我远离水草丰美的牧场。不过我从不为此而感到惋惜，这是我遵从我纯粹的简单而审慎的心理物理学的结果。

紧握你的手。

你的　柯布

196 | 1953年4月17日，致马赛居住单位幼儿园老师信
尊敬的老师 | 幼儿园 | 勒·柯布西耶的居住单位 | 米什莱大道280号 | 马赛（8°）| 1953年4月17日，于巴黎

亲爱的夫人：

我旅行回来看到您寄来的孩子们在米什莱居住单位[1]屋顶活动场的照片。这些照片令人着迷，我想我在其中一张中看到了您的身影[2]。您是孩子们的引导者和组织者。

我要向您表示由衷的感激，谢谢您想到了我。看到孩子们的笑容多么令人愉快，这与四处回荡的反对者的磨牙声形成了鲜明的对比。

希望下次去马赛可以见到您。孩子们在屋顶上，在公寓中，或者在大厦的花园里……如果再有类似的业余爱好者拍摄的照片，请不要犹豫，把它们寄给我。孩子们脸上洋溢的喜悦恰恰是我们能给予愚蠢的喋喋不休的批评者的最有力的回敬。

致亲切问候

勒·柯布西耶

---

1 马赛的居住单位：位于马赛米什莱大道280号。→见致夏洛特·贝茜昂信02.05.1946 ∗信145注1
2 利莱特·乌吉埃·里佩尔→见致利莱特·乌吉埃·里佩尔信05.07.1965 ∗信328

197 | 1953年4月21日，致诺贝尔·贝扎尔信
诺贝尔·贝扎尔先生 | 巴切莱特大街7号 | 巴黎（18°）| 1953年4月21日，于巴黎

我亲爱的贝扎尔：

信内附有一张2万法郎的支票，为了支付您应缴的税款。您不值得去攻克无法攻克的堡垒。弗里德里希的委托倒是值得期待。请耐心等待，会接到委托单的。

向您二位致以问候

勒·柯布西耶

198 | 1953年5月11日,致尊敬的玛利亚-亚伦·库蒂里艾神父信

尊敬的库蒂里艾神父 | 邦斯库尔医院 | 普朗特大街66号 | 巴黎（14°）| 1953年5月11日,于巴黎

亲爱的朋友：

收到您自邦斯库尔医院寄来的明信片,遗憾地得知您身体不适。我很想抽出时间去看望您。但我明天要去伦敦,19日周二上午启程去印度。每小时都有提前的安排,所以我恐怕不能去探望您了。

5月4日,上周一,我下午赶到里昂[i]。所有人都非常友好。我们见到了修道院院长及他的助手,勘察了现场,提出了问题。我的脑子里已经有了构思。

但在入秋之前我不会把方案提交上去,以便在此期间有充裕的时间与您讨论。勃朗神父[1]对我说,关于仪式和组织的所有问题向您咨询一定会得到清晰而满意的解答。您知道我非常愿意和您一起探讨。

位于埃沃-阿尔布莱斯勒的拉图雷特修道院方案（1953~1960）

---

i 里昂（Lyon）：法国东南部罗纳省省会,仅次于巴黎和马赛,是法国第三大城市。从巴黎驱车前往里昂大约需要5个小时。

我想您不日就将出院。在我返回巴黎后,一旦您感觉有了些胃口,请务必赏光给我夫人来个电话,告诉她您将来家里与我们共进午餐或晚餐。这个可怜的姑娘将非常开心。他非常喜欢您,如果您能来驱散她的孤寂那必是一件善行。

请相信我对您不渝的忠诚

勒·柯布西耶

---

1 达马斯·勃朗(Damasse Beland, 1908~1975):修士,1953年担任里昂修会省的会长。他对神父玛利亚-亚伦·库蒂里艾(Marie Alain Couturier)邀请勒·柯布西耶来设计位于埃沃(Eveux)的拉图雷特修道院(Couvent de La Tourette)的建议表示明确支持。→参见《勒·柯布西耶全集》第6卷第42页,"拉图雷特修道院"。

199 | 1953年5月11日,致沃特·格罗皮乌斯信

沃特·格罗皮乌斯先生 | 奥贝纳峰大街96号 | 坎布里奇38 | 马萨诸塞州 | 1953年5月11日,于巴黎

我亲爱的格罗皮乌斯:

人总有一死。一天,在为一本子夜出版社即将出版的关于我造型作品的书准备资料的时候,这个想法冒了出来。我突然发现自己拥有大量的不可计数的手稿,收在抽屉里、箱子里、柜子里,等等,各种尺寸的油画,各种尺寸的水彩和水粉画,各种各样的素描、版画,以及1910年以来积攒下来的大量的速写本——尤其是东方之旅的五六本小册子,以及旅途中创作的大量画作——最后,还有我的木头雕塑+无数挂毯,及玻璃方案。

紧接着出现在我脑海里的想法是:从现在开始,通过一种有效的方法确保这一生工作的内聚力将是实际而明智的。

您知道我从未用心于我艺术作品的出售。每次出售都标价不菲(以费尔南德·莱热[i]的画作齐价,画商据此便可以认出我来)。我没时间也没兴趣忙于此事,日子太短暂。

上面提及的第二个想法是:找一个人来创建一个勒·柯布西耶基金

---

i 费尔南德·莱热:法国立体主义画派代表画家,勒·柯布西耶的朋友。→详见收信人目录

会[1]。他将从现在起，趁我尚在人世，接管这些资料，并制定一份财产清单。总之，应当寻找一种有效的方式。

试想，如果不采取措施：有一天我不在了，我抽屉和柜子里的资料将被无论什么人弄得七零八落。而且，不会有人费力去寻找那些在欧洲，在澳大利亚，在伦敦，在斯堪的纳维亚，在纽约的保罗·罗森伯格画廊，在芝加哥的施奈文画廊，在明尼阿波利斯的沃克艺术中心[i]，以及哈特福德简陋的展厅中，等等，大大小小的巡回展览中展示过的重要的画作收藏在何处。

不止于此。还有我 40 余本书的手稿，它们被整齐地归类，其中包括原稿、初校稿，等等。

一句话，1900～1950 年，对于那些想了解这半个世纪的事的人而言，我手中的资料足够丰富有趣。使我今天的建议成为可能的两个原因，即，我的"业余性"使我没有分散我的任何作品；另外，还得益于我缜密的秩序，使它们得到整齐归类。

非常谦虚地讲，这样的一笔资产会吸引一个组织，或任何具有充分法律资格的个人。而且，我相信这事的意义更多地在于新的世界而非过往的。如果我提到了离开人世，那是因为我想到了我身后的人；尽管为数不多，但他们将是我随即生效的协约的受益人。老实说，我在这里提到的资产，如果得到开发，它们将是一笔巨大的财富；如被付之一炬，它们将一文不值。总之，做些什么强于什么也不做。鉴于您对我的友情，以及您的威望，我想您可能会有好的想法，或者至少会找到办法。我在下一次的 UNESCO 的聚会上将与您讨论此事。

致问候

勒·柯布西耶

---

[1] 勒·柯布西耶1953年构想的以他的名字命名的基金会得以在其生前筹建，这个组织起初是一个协会，后来成为一个正式的机构。米歇尔·波米（Michel Pomey），法国行政法院审查官，安德烈·马尔罗办公室技术顾问，他在基金会的筹建及其章程制定的过程中起了决定性的作用。这个基金会继承了建筑师所有的财产。除了一些动产和不动产，还接管了勒·柯布西耶事务所的档案、勒·柯布西耶的艺术作品及一些非物质资产；并掌握了其精神遗产的相关产权。该基金会的基址位于巴黎布朗施医生广场（Square du Docteur Blanche）拉罗歇－让纳雷别墅中。

---

[i] 沃克艺术中心：位于美国明尼苏达州（Minnesota）明尼阿波利斯市（Minneapolis）的沃克艺术中心（Walker Art Center）是美国最著名的当代艺术中心之一。

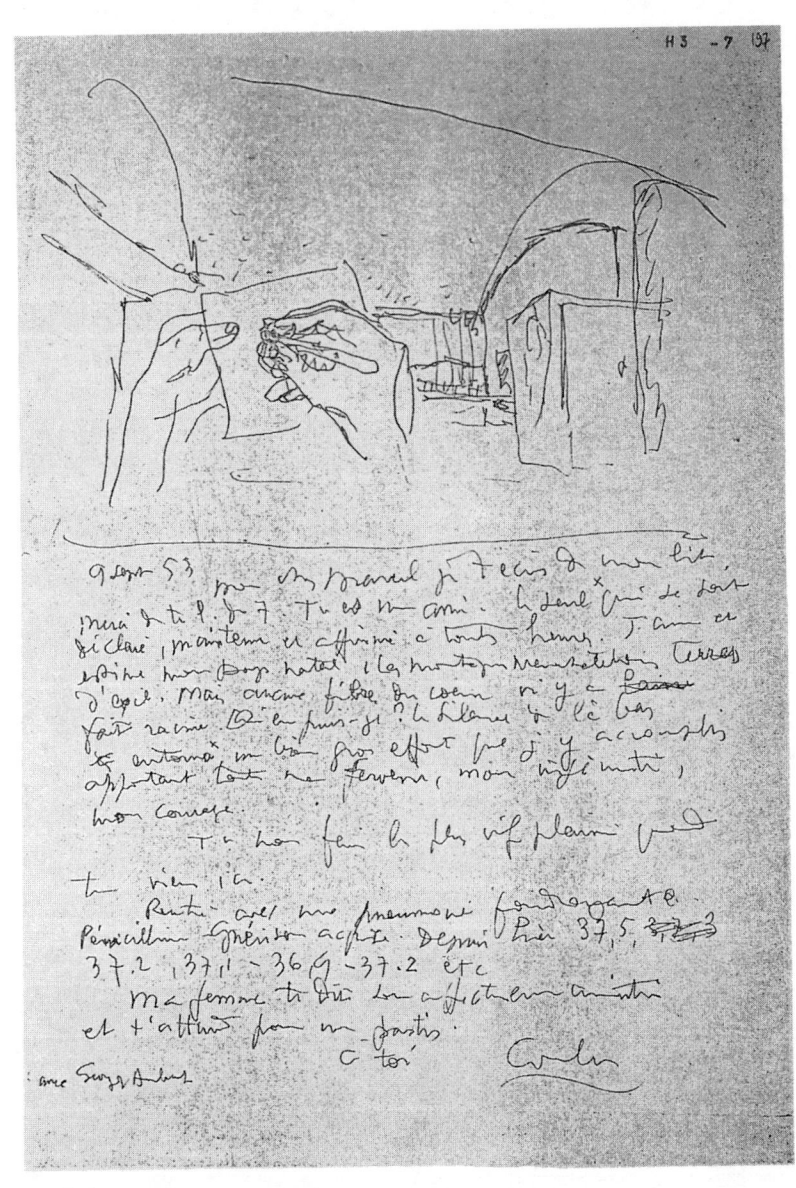

1953年9月9日，致马塞尔·勒瓦扬信

200 | 1953 年 9 月 9 日，致马塞尔·勒瓦扬信
1953 年 9 月 9 日

我亲爱的马塞尔：

我在我的床上给您写这封信。感谢你 7 日的来信。你是我的朋友。惟一*从少年时结识并一路走过来的朋友。我热爱并尊重我出生的故土，纳沙泰尔山区，流放之地。但我心中对那里丝毫没有根的感情。我又能怎样呢？那里的寂静环绕着我曾付出的巨大努力，铸就了我的虔诚、我的质朴和我的勇气。

你来到巴黎为我们带来无限喜悦。

你一走，我便染上了急性肺炎。用了青霉素，身体正在恢复中。从昨天开始体温基本正常：37.5（37.3）→37.2→37.1→36.9→37.2……

我的夫人向你热情问好，并等着你再来品尝茴香酒。

致问候

柯布

* 还有乔治·奥贝尔[i]

201 | 1953 年 9 月 23 日，致贾沃哈里尔·尼赫鲁信
贾沃哈里尔·尼赫鲁阁下 | 昌迪加尔 | 值旁遮普新首府落成仪式之际，1953 年 10 月 7 日 | 1953 年 9 月 23 日，于巴黎

阁下及朋友：

您应当了解，在即将到来的昌迪加尔[1]的落成仪式举行的这一天——一个欢乐美好喜气洋洋的日子里——勒·柯布西耶，您的建筑师，城市规划师，<u>这座城市的缔造者</u>，却处于最令人苦恼的财政危机中，身负几百万的欠款，因为：

1）旁遮普政府还没有付钱给他；

2）富有的艾哈迈达巴德[2]的主顾们（市政府，百万富翁，以及<u>一些非常富有的个人</u>）也没有一个付钱给他。

---

i 乔治·奥贝尔：画家，夏尔·爱德华·让纳雷青年时期的朋友。→详见收信人目录

两年零十个月以来，我几乎全部的精力都投诸印度，而放弃了许多报酬颇丰的工作。

尽管我经过多次努力，但仍未得到偿款。谁是最终的负责人？自今年6月起，我的债主们变得越来越急迫，我不得不停发我事务所绘图员的薪水。今年66岁，这是我人生中第一次面临如此不堪的财政危机。

与此同时，所有公众舆论都在夸赞昌迪加尔，夸赞印度，以及印度人民。

不必多说了。我感到非常忧愁。希望10月7日，能在昌迪加尔把这封信交给您。

请相信，我对您的友情和忠诚没有丝毫减损。

勒·柯布西耶

---

1 昌迪加尔：印度旁遮普邦新首府。勒·柯布西耶1951年起负责这座城市的城市规划方案，及由市政主要公共建筑构成的市政广场的设计与建造，其中包括：秘书处、大法院、议会大厦。起初的方案中还包括总督府和知之博物馆，后未予建造。纪念碑"张开的手"于1986年，建筑师辞世21年后落成。除此之外，勒·柯布西耶在昌迪加尔还留下了：一个博物馆，一个快艇俱乐部和一座建筑及艺术学校。为了他在印度的工程，勒·柯布西耶与1923~1940年间一同工作过的堂弟皮埃尔·让纳雷再度合作。→参见《勒·柯布西耶全集》第5、6、7、8卷

2 艾哈迈达巴德：印度中西部古吉拉特邦（Gujarat）第一大城市。该市是具有上千年历史的老城，棉花为主要物产，以工艺品和珠宝著称。是孟买到德里间的铁路公路中继站。勒·柯布西耶和皮埃尔·让纳雷在此完成了几处建筑：棉纺织协会总部（Millowner's building），萨拉巴伊别墅（maison Sarabhai），肖特汉别墅（villa Shodhan），以及艾哈迈达巴德文化中心（musée N. C. Mehta）。→参见《勒·柯布西耶全集》第6卷

202 | 1953年9月28日，致欧仁·克劳迪斯-佩蒂信

克劳迪斯-佩蒂先生 | 巴尔斯大街17号 | 巴黎（4°）| 1953年9月28日，于巴黎

亲爱的朋友：

在我看来，以简短的两三句话将我们那日的谈话内容记录下来，将会是有益的；作为一个预备性的互利的聘约的雏形：

a) 我将为您解答涉及城市规划总体思路，即，与城市概念相关的所有问题；

b) 您将适当地为我预留一部分实际工程，其中包括住宅，如有可能，

还有一些公共建筑。

亲爱的朋友,您知道我完全忠诚于您积极的创举,您知道原则上我将无私地为您效劳。

致问候

勒·柯布西耶

---

203 | 1953 年 11 月 24 日,致西格弗雷德·吉迪恩及安德烈·布克希信
1953 年 11 月 24 日,于巴黎

提请吉迪恩及(布克希*)先生们注意:

今天编辑罗伯特·兰先生来见我。他是普瓦西别墅主人萨伏伊一家的朋友。他对我说,萨伏伊先生已于两年前去世,他不知所措的妻子搬到了一处位于比阿里茨[i]的属于她自己的房子里,完全放弃了对普瓦西的经营。

出于各种考虑,我将此消息告知您们。您们大概还记得 1951 年,CIAM[1]荷迭斯顿会议上那个提到议事日程上来的构想:请求 UNESCO(或其他组织)将萨伏伊别墅[2]确立为一个基金会,服务于有关建筑本质诸方面问题的研究。

去年,我产生了建立一个勒·柯布西耶基金会[3]的想法。我将把我的画作、手稿、版权,等等,或许还有我的油画作品,全部捐赠给这个机构。

勒·柯布西耶

附:罗伯特·兰先生将把关于普瓦西别墅使用的建议转告给萨伏伊夫人。

* 请勿声张

---

1 国际现代建筑年会(C. I. A. M)→见致让·巴托维希信 19.06.1928 * 信 74 注 2
2 萨伏伊别墅→见致母亲信 25.04.1930 * 信 79 注 12
3 勒·柯布西耶基金会→见致沃特·格罗皮乌斯信 11.05.1953 * 信 199 注 1

---

i 比阿里茨(Biarritz):法国西南部与西班牙交界的滨海小城。

1954年3月1日,致母亲及哥哥信
1954年3月1日,于巴黎

我最亲爱的:

昨天周日 10:30~11:00(瑞士时间),我试着在日内瓦克万特兰机场给您们打电话。我等了好久,30分钟后又拨了一次。

在飞机的座椅上(不过非常舒适)度过了26.5小时后,我于中午12:30抵达巴黎。没有明显疲劳的感觉。直到昨天晚上和今天才觉得累了:6000米的高空,500公里的时速,怎么可能不受责罚。然而,没有比飞机更完美的事物了。我于其中享受着一种真正的狂喜。

可怜的伊凡娜[1]这次没有来机场。她消瘦了许多,过着幽闭的生活,远离光,远离蓝天,远离太阳。您们知道,正是她的丈夫发现了城市规划的素材——阳光,空间,绿色。

一切又恢复秩序。医生今晚会来。

我得知奥古斯都·佩雷[2]去世的消息。他的夫人写信给我请我参加周四的追悼会。佩雷是个有力的对手,既不友好,也不正当。他早已从我心中根除。

我写这封信为了向您们问好。今天早上秘书通知我,下午我事务所有个关于总督府方案的碰头会。一项复杂而细致的工作!人们请我参与印度一些重要的工程:昌迪加尔大学城,尼赫鲁钦点的亚姆斯达纪念馆,孟买的原子城,等等!

不容延迟,我的大法院将于11月1日投入使用。气势恢宏。了不起的杰作。继马赛之后,昌迪加尔的政府广场将成为又一里程碑!那么,您们?为什么昨天不在家呢?

爱您们
您们的伊凡纳和爱德华

感谢老妈上封殷切而充满爱意的信

---

1 伊凡娜·迦丽:勒·柯布西耶的妻子。→详见收信人目录
2 奥古斯都·佩雷→详见收信人目录

205 | 1954 年 3 月 1 日，致奥古斯都·佩雷夫人信
奥古斯都·佩雷夫人 | 1954 年 3 月 1 日

亲爱的夫人：

请允许我向您致以真诚的慰问。您见证了我与奥古斯都·佩雷先生[1]的交往，您向来都如此亲切友好。

我吸纳并捍卫您丈夫的思想，激发了我全部的热情与信仰。那个时候，人们甚至还在怀疑其建筑师的资格。

生活之河在流淌，改变了许多事。

我昨天从印度回来。最近患上了肺炎。上周二在艾哈迈达巴德着了凉，以致无法出门。

请相信我对您不变的忠心。

勒·柯布西耶

---

1 奥古斯都·佩雷：法国建筑师，勒·柯布西耶的朋友。→详见收信人目录

206 | 1954 年 4 月 21 日，致诸朋及友人信
马塞尔·勒瓦扬先生 | 拉绍德封 | 瑞士 | 1954 年 4 月 21 日，于巴黎

勒·柯布西耶
致他的朋友们

亲爱的先生及朋友：

这是一封通函，致我的诸位朋友及熟人。尽管如此，每封信我都亲自签发，以示我对您们——作为我个人以及作为艺术的朋友——实实在在的思念。

事情是这样的：

泰利亚德[i]，巴黎沃维出版社的创始人及主编。1947 年他请我为他完

---

i 泰利亚德（Tériade, 1897~1983）：沃维（Verve）出版社编辑。

成"由艺术家亲自配插图手抄本著作"系列丛书中的一本；另外还有鲁奥[i] 的《消遣》，马蒂斯的《爵士》，以及莱热[ii] 的《马戏团》。

就这样，我构思并创作了《直角之诗》[1]。这项工作耗时 5 年，在其中我阐释了一个通常在日常生活的活动之中不易被表露出来的思想的范畴。这些事物不仅构成我建筑及绘画作品的基础，而且也是我个性的基础。

这本书的印刷和装帧几尽奢华，需要穆罗工坊[iii] 这种标准的手工工坊用长达 1 年的工时精心印刷。除非确保"极品"的质量，否则不得上世。结果是非常稀有，"稀有"既指完成的册数（250），也指在精神及物质上对这类著作感兴趣的读者的数量。

《直角之诗》的艰巨的创作由我，它的作者，无偿提供。人们无法支付以这种特殊的形式所表达的思想：整本大开图书全部由作者亲手编排，包括文字及画作。您们应当了解，作者的辛苦未计入成本。他的劳动是无偿的，正如精神之愉悦也当是无偿的。因为这是一种欣赏的愉悦；要知道，在一些现代的产品中，金钱与思想并不相干。这是对生活在这个"时间就是金钱"的时代的我这样一个蠢人的慰藉。

您们还应当了解的是，作者亲手完成直至最精微细节的这本图书，除非提前确保一定数量的认购，否则将不会付薪印刷。

这便是我写这封信的原因：亲爱的先生及朋友，我请求您们助这项事业一臂之力，以使其达成目标：印刷上市。编辑希望我可以在世界范围内在我的朋友当中确保一定数量的认购，并通过您们向您们的朋友推荐此书，我相信您们可以说服他们。

《直角之诗》要求我在最后时刻扮演这令人不快的角色：乞求帮助。

在此先向您们表示感谢，亲爱的先生及朋友，请相信我忠实的友情。

勒·柯布西耶

---

1 《直角之诗》→见致母亲信 10.01.1948 * 信 151 注 3

---

i 乔治·鲁奥（Georges Rouault, 1871~1958）：法国野兽派画家，风格接近于表现主义。
ii 费尔南德·莱热：法国立体主义画派代表画家，勒·柯布西耶的朋友。→详见收信人目录
iii 穆罗工坊（Atelier Mourlot）：世界知名的石版印刷工坊。

207 | 1954年6月3日,致皮埃尔·达罗兹信

达罗兹先生 | 艺术学院大街10号 | 巴黎 | 1954年6月3日,于巴黎

我亲爱的朋友:

很高兴昨天您能来看望我。我让您带回去两本书:

a)《城市规划的意图》[1];

b)《城市规划的思考方法》[2]。

a)《城市规划的意图》将使您了解以非系统化方式表达的我有关城市规划的学说。特别地,您将在其中找到"阿尔及尔规划——1942"[i]的要素,为此市长豪兹先生曾要求拘捕我。[ii](P73,P113,P17,P18,P19,P20,P21,P22,P23,尤其是P132和P41。)

我希望您喜欢读这本书,并有将其中的理论运用到阿尔及尔城市规划实践中去的勇气。

b)《城市规划的思考方法》在这本书中您将找到关于细节的补充,尤其是P80,P81,P82,P85,P93,P94,P95,P96,P97,P98,P99,P100,P101,P102,P103,P104,P105,P146,P148,P149。

所有这些无偿奉献的思想,结果却是令我处处遭到排斥:市长、市政官员、内阁要员,以及重建部。

我要重提我曾对您说过的话。1931~1942年12年之间,我完成了7份阿尔及尔的规划方案,每一份都浸透着艰辛的努力,为这座城市打开一方新的视野。在《勒·柯布西耶全集》第4卷·1938~1946年(苏黎世吉斯伯格出版社出版)P44~65页中,您将找到有关的各项研究最精微的细节。如果您从汉宁或别的什么人那里借来另外4卷《全集》,那么您将看到在其他人正忙着抄袭和瓜分地盘的时候,一个人数十年间不计回报倾其所有的奉献。这个人,除了1945年从多迪先生[3]手中接过马赛的居住单位的委托,在他40年的职业生涯中还从未接到过任何国家的委托,尽管他从不缺乏鼓动当局的勇气。

在吉斯伯格出版社出版的《全集1938~1946年》中,还有关于"商业城"[iii]方案的研究(位于棱堡15,起先选定的基址位于马林区),这是我在里约热内卢为国家教育及公共卫生部大厦创建的摩天楼概念的推论。1946~1947年间我为坐落在纽约东河岸的联合国总部大厦设计的方案也以

---

i 参见《勒·柯布西耶全集》第4卷第41页,"阿尔及尔指导性规划"。
ii 参见致皮埃尔·达罗兹信05.02.1957 * 信228。
iii 参见《勒·柯布西耶全集》第4卷第45页,"阿尔及尔马林区",及第103页,"遮阳"。

此为原型,可惜这成果为美国人无耻地霸占并愚蠢地糟踏了。

为了 1945 年(?)在大宫[i]的一次展览,这座摩天楼的模型被法国殖民部征用(当然,永远都是无偿的)。这个 1.5 米高的木制模型陈列在殖民博物馆之中。(在那里安息!!!)

我还要重申我昨天表达的意思:我相信我有权宣称棱堡 15 的摩天楼是勒·柯布西耶的一项财产;如果有一天它的实施被委托给我某位年轻的仰慕者,那于我将是一个残酷的事实,对我的伤害将超出我所经历的一切。

1931~1942 年,伴随着正直、坚韧与绝对的忠诚,勒·柯布西耶关于阿尔及尔的整场战役(我自 1936 年起义务担当阿尔及尔规划委员会政府顾问)得到艾莫瑞[ii]的鼓舞,他在他身边聚集了许许多多忠实而有才干的人(例如,加缪[ii],成为了伟大的作家和思想家;米盖尔,曾是这场伟大冒险中谦逊执拗而正直的创造者之一)。可惜,至今这场战斗仍未在阿尔及尔的土地上打响,而最近在那里在最糟糕的地方已经出现了一些肿块。

请您相信,我的信绝无任何抱怨的意思。间隔了足够长的时间,让我们得以把事情看清楚;这便是我今天写这封信的目的,完全出于友好的态度,并借这个机会对您承担起这项冒险的任务表示祝贺。为了完成这项任务,您可以召集汉宁(往昔,我们中的一员)和麦松塞尔(一个优秀的年轻人)。

我要再次提醒您注意的是,1942 年,在我作为阿尔及尔规划委员会成员发表完演说后,我向市政当局提交了一份报告(因为艾莫瑞给我发了求救信号,对我说有人打算暗中破坏阿尔及尔的整个冒险),其中包括一篇手稿、一些方案和图表,它们阐释了我有关现代城市规划的理念。通过一个规划办的细心运作,我的这些理论可能达成在实际中简明而清晰的应用。然而,这些规划思想至今未得到政府部门的采纳,原因很简单,据说这意味着(下等的)个人的参与,而冒进的个人对公共事业的介入在今天看来似乎是不合规矩的,而且是危险的。

我向市政当局提交的这份报告的抬头有一段从沃豪尔[iii]的纪念碑上简明扼要的说明中摘录下来的引文。这是一段很美的文字,充满骄傲,一定

---

i 大皇宫国家美术馆(Galeries nationales du Grand Palais):1900 年为万国博览会所建。不定期举办各种展览。

ii 阿尔伯特·加缪(Albert Camus,1913~1960):法国小说家、戏剧家、评论家。

iii 泰奥菲尔·沃豪尔(Théophile Voirol,1781~1853):法国驻阿尔及尔首任殖民总督,少将,在阿尔及尔兴建了许多大型工程。他的纪念碑(Colonne Voirol)位于阿尔及尔的市政广场上。

是在英雄的事业完成 10 年或 20 年之后由一位气度非凡的人撰写而成。有什么关系？在没有硝烟的战斗中，这些字句是冲锋的军号，当然使用它们比使用真正的武器要安全得多。

亲爱的朋友，请相信我最忠实的情感。

勒·柯布西耶

附：1942 年，在市议会上，我的这份报告被转述者（一名技术人员及一名行政人员）通过断章取义，竟歪曲变形到如此程度，以致我不得不对市议会提起公诉（通过让·弗朗），但所有这些是是非非都已成往事。

---

1 《城市规划的意图》（Propos d'Urbanisme），布赫利（Bourrelier）出版社 1946 年出版。
2 《城市规划的思考方法》（Maniere de penser l'Urbanisme），勒·柯布西耶与 ASCORAL（以建筑革新为目的的建造者联盟，1943 年在勒·柯布西耶的发起下创建）成员合著，今日建筑出版社 1946 年出版，同年由德诺埃出版社再版。
3 拉乌尔·多迪：法国政治家，勒·柯布西耶的朋友。→详见收信人目录
4 皮埃尔-安德烈·艾莫瑞：建筑师，勒·柯布西耶的朋友。→详见收信人目录

208 | 1954 年 6 月 14 日，致加布里埃尔·谢罗信

加布里埃尔·谢罗先生 | 加布里埃尔-吉斯通大道 24 号，南特 | 1954 年 6 月 14 日，于巴黎

亲爱的朋友：

我满心欢喜地从南特-雷泽[1]回来，不过遗憾的是没能当面向您表达我的喜悦。真的很险！悲惨的证据：我一回到巴黎就得知我的一位邻居，我家的一位朋友，与我同岁，刚刚突然患上了肺炎。我对您说过，医生说我身体虚弱，尽管我拥有工人-木匠般灵活而强韧的头脑！我有太多的工作要做，我处于常备不懈的状态，我不允许自己病倒。如果是那样，我将非常忧伤，而且这忧伤也会波及到您。

我要再次向您表达我对南特-雷泽工地的满意。这是个令人赞叹的工地，这里一改马赛的拖延和犹豫。一切都严格精确，有条不紊。没有出现任何错误，这是了不起的成果，要归功于负责此事的具备优秀素质的年轻人，塞维大街 35 号的年轻人，承揽工程的年轻人，还有工地三位年轻的

总工。同样还要归功于包工头的素质,他们亲切友好而且具有理解力。还得益于我们顾主的英明,即,您及其他人,以您为首。您是事件的核心人物,您明智地启用了像劳洛这样的新人及公司。

我曾这样回应那些抱怨工程粗糙的人:"这是我对现代建筑的一项馈赠;赋予粗俗的材料以崇高。这施工的粗糙与我们追求的目标相一致,即,为生活提供庇护。生活,不是天使般的人,不是完美的'水平线',而是在日常的磕磕绊绊之中展开的家庭生活,在那里悲辛与欢乐相交。"一切都是关系的问题。粗糙是壮丽的,如果它包含精巧、诚实以及胜利的等价物:比例,它在建筑中代表一切(亦如在生活中)。当参观者面对混凝土凹凸不平的表面皱着眉头,我坚决有力地对他说:"请等到工程完成,请不要只盯着一处不平滑的混凝土的衔接(这是很正常的,很有人情味)。您可以去观察一下孩子及女人们的脸庞。这个时候,您便能欣赏雷泽的工作了。"

亲爱的朋友,请代我向谢罗夫人致以敬意;并向您致以真诚问候。

勒·柯布西耶

---

1 南特-雷泽的居住单位:这个方案受到加布里埃尔·谢罗的大力支持。工程于1953年10月启动。

209 | 1954年9月7日,致母亲信
1954年9月7日,星期二,于湖滨

我最亲爱的妈妈:

您知道我是多么地爱您,多么地尊敬您。
我来是向您问好。
从一个地方到另一个地方,用一天的时间来适应,这并不容易。
尤其当面对一头母狮,面对她的爪,她的颚,她的意志,以及她铁一般的力量。
以及毫不动摇的生命的力量……
我知道我们见面有许多摩擦。但这是难以避免的。想一想,那是两个,两个生命,两种观点,两部配备了不同的齿轮传动系统的机器。

尽管如此,也不要有任何的痛苦、忧伤和失望。您知道我是多么爱您,并用我的一生来证明。

我是多么地心存感激……

您94岁,我67岁。然而我的耗损比您更加严重,因为我要应付更多事。困难。危险。您,您处在庇护中,您更多地关注于细节。

让我们更加友好、温柔,相互尊重,相互理解。

我,我充分理解您……

献给您94岁的生日,这些话是您儿子深情的寄语。

您的爱德华

210 | 1954年11月4日,致伊夫·马雷果信[1]

伊夫·马雷果先生 | 铸币董事 | 康迪码头11号 | 巴黎（6°）| 1954年11月4日,于巴黎

先生:

10月30日,上周六,拉勒蒙先生[2]将您打算付诸实施的我纪念章的铅印初稿交到我手中。

我向拉勒蒙先生表示,他的工作较之此前的有巨大进步,我所能做的只有赞扬。

尽管如此,这封信的目的是向您提出关于我的纪念章的一个简单的补充:纪念章背面的二至点的太阳轨迹。

夏至点的太阳应当比目前的再大再强烈些。

冬至点的太阳应当小些且光芒弱些。

实际的纪念章上完全看不到太阳。我想应当让拉勒蒙先生根据我附在信中的草图加以修改。

厂长先生,向您致以崇高敬意。

勒·柯布西耶

---

1 参见致铸币及像章厂厂长信15.02.1951 * 信173。
2 让-夏尔·拉勒蒙（Jean-Charles Lallement, 1915~1970）:接受铸币厂委托负责勒·柯布西耶像章制作的雕刻工。

211 | 1954 年 11 月 17 日，致母亲信
1954 年 11 月 17 日，于昌迪加尔

亲爱的妈妈：

我希望一切都好，希望您照顾好自己。

我前几日给您写过一封信。我在这里一直要待到 12 月 8 日，您可以给我写信。

我写信迫不及待地要告诉您大法院的壮观，将近 1000 名工人，男人，女人，还有驴子，在忙碌着为了 1955 年 1 月 23 日的揭幕典礼。这是一部建筑的交响，大大超出我的期望，以一种不可思议的不知疲倦的方式在阳光下展开并发展。离远，离近，它都引发巨大的惊奇与兴奋。表面是粗野的喷浆混凝土。

周围的景致被建筑牢牢地抓住。可爱，且壮丽。几个世纪以来，未曾目睹过如此的景象。这宏大的交响乐最终将由总督府、议会大厦和秘书处一并完成。秘书处很快也要完工（280 米长，马赛 140 米长）。总督府即将开工。议会大厦将是独一无二的。

昨天我参加了四位重要部长的会议，我的无名解放者纪念碑的方案得到满意通过。纪念碑"张开的手"[1]的概念被提出，研究将深入下去。

我想，昌迪加尔（市政广场[2]）标志建筑的一个时代。

再一次，需要战斗，需要抗争。

无数次的失败！

我想到今天在巴黎上演的 UNESCO 的滑稽戏，想到在纽约落幕的联合国的闹剧。

想到我所有的失败，四处碰壁。

于此我有充分的自由：（人生中）最危险的条件。亲爱的妈妈，我的这封信剥去了一切世俗的谦逊，充满不可抑制的骄傲。我把它寄给您是为了让您知道：终于，建筑师，城市规划师，画家，雕塑家，在这里诞生了……他的诗篇——降生的人之所以活下去、之所以存在的理由。

紧紧拥抱您，握一握阿尔伯特干枯有力的拉小提琴的大手！

您的爱德华

小心冒失的行为。每天都要幸福快乐。我看到您早上从梦中醒来，惺忪的眼神和嘴角的微笑。

1 纪念碑"张开的手":由勒·柯布西耶完成设计图纸。为了1987年纪念勒·柯布西耶诞辰一百周年而组织的活动,该纪念碑于1986年,即建筑师死后21年,在昌迪加尔的市政广场上落成。
2 昌迪加尔的市政广场:由四个主要的建筑构成——大法院、议会大厦、秘书处、总督府——另外还有知之博物馆。前三栋建筑于1956~1961年间完工,总督府和博物馆未建成。

212 | 1954年12月29日,致雅克·拉菲特出版社《法国人名词典》编辑部信
《法国人名词典》编辑部 | 雅克·拉菲特出版社 | 拱廊大街12号 | 巴黎(8°) | 1954年12月29日,于巴黎

先生们:
　　谢谢您们的"安格尔的小提琴"[i]!我请求您们免去这一修饰语。我希望简单地注明:绘画——
　　1923——莱翁斯·罗森伯格现代力量画廊勒·柯布西耶展
　　1938——苏黎世市立美术馆勒·柯布西耶绘画作品全展
　　1946——阿姆斯特丹博物馆勒·柯布西耶全展
　　1953——伦敦当代艺术学会勒·柯布西耶展
　　1953——巴黎现代艺术国家博物馆勒·柯布西耶全展
　　1954——伯尔尼美术馆勒·柯布西耶全展
　　1954——第十届米兰三年展科摩奥莫别墅[ii] 勒·柯布西耶全展
　　自1948年起,一个由波士顿当代艺术学会组织的大型展览在美国六大博物馆巡回展出:波士顿、科罗拉多州春田市、圣路易斯。继美国之后还有:巴西的圣保罗,柏林,慕尼黑,萨格勒布,贝尔格莱德。
　　<u>画作</u>——纽约现代艺术博物馆
　　巴黎现代艺术国家博物馆
　　阿姆斯特丹博物馆
　　圣保罗博物馆
　　伦敦泰特画廊

i 安格尔的小提琴(Violon d'Ingres):安格尔是专业画家,拉小提琴是副业;"安格尔的小提琴"后成为一谚语,意为"业余爱好"。让-奥古斯特·多米尼克·安格尔(Jean-Auguste Dominique Ingres, 1780~1867),法国古典主义画派最后的代表。
ii 奥莫别墅(Villa dell'Olmo):位于意大利科摩市(Como)市区,建于18世纪末位于湖岸边的别墅。内部有个三层通高的大厅。这里举办的大多数是文化活动,如:音乐会、会议及展览会。

赫尔辛基博物馆

拉乌尔·拉罗歇[i] 收藏

弗里德里希博士收藏

蒙莫兰[ii] 收藏

美国米勒收藏

等等。

好了，先生们，这是为《安格尔的小提琴》提供的信息。由您们自行决定它们的使用。

先生们，向您们致以崇高敬意。

勒·柯布西耶

213 | 1955年2月7日，致尊敬的神父皮·雷蒙·雷卡迈信
尊敬的雷卡迈神父 | 1955年2月7日

亲爱的朋友：

我本想参加您们缅怀库蒂里艾神父[1]的仪式。可我的医生反对我离开巴黎。

有必要在我们当中保持我们逝去的朋友的精神的存在。他的精神在高处，在作选择的地方。他的思想，他的诚实，他的坦率，清除了精神领域的赝品和制假者。他证明了在"宗教艺术"中如何获得并传播宁静……

1954年1月，在我即将动身去印度前，我去邦斯库尔医院看望他，他对我说："我已经痊愈，再休息几天就可以出院了……"

无论是生前，还是逝后，在我看来他的影响力是相同的；这是他一生长久不懈的努力的结果。我颂扬勇气！库蒂里艾神父具备这样的勇气。

亲爱的朋友，请相信在这朋友的聚会之中，我的思想与您们同在。

您的勒·柯布西耶

---

1 玛利亚-亚伦·库蒂里艾：多明我会修士、神父，勒·柯布西耶的朋友。→详见收信人目录

---

i 拉乌尔·拉罗歇：银行家，艺术收藏家，勒·柯布西耶的朋友。→详见收信人目录
ii 让-皮埃尔·德·蒙莫兰→详见收信人目录

214 | 1955年3月28日，致让·佩蒂信

让·佩蒂先生 | 《生命力量》 | 乌尔克大街59号 | 巴黎（19°） | 1955年3月28日，于巴黎

亲爱的朋友：

　　昨天下午从印度回来，看到您的《生命力量》。我要非常友好地向您表达您的工作尤其是您渗透其间的思想在我内心唤起的同感。您的杂志完成得很出色。显示出您的智慧。要点被汇集起来。关于一个主题的阐述，这是一种有效的方式。

　　如果某晚您能与我们共进晚餐，我的夫人和我，我们将感到非常荣幸。不过近日我又要离开巴黎，回来的时候我会通知您。

　　希望您的编辑工作于您不至于成为一项负担，而是恰恰相反，成为对您付出的所有努力的一种最有效的补偿。

　　还要感谢您3月18日亲切而友好的来信。我希望永远不辜负您的信任；但这并不容易，因为生命力总有衰退的时候。

　　致亲切问候。

勒·柯布西耶

　　附：您是否愿意将一本由您亲笔题词的书寄给我的母亲：让纳雷－佩雷夫人—湖滨住宅—拉沃克斯路—沃韦（瑞士）

215 | 1955年5月21日，致奥利维尔·梅西昂信

奥利维尔·梅西昂先生 | 国立音乐学院 | 马德里大街14号 | 巴黎 | 1955年5月21日，于巴黎

亲爱的先生：

　　我们的朋友泽纳基斯[i]将去拜会您，和您谈论一次由于多方面的原因可能具有特别重要意义的活动：6月25日，周六，朗香高地圣母小教堂[i]的落成仪式。他将与您详谈有关事宜。

　　我写这封信的原因：是想请求您同意从您的《管风琴书》中为我们的

---

[i] 朗香教堂→参见《勒·柯布西耶全集》第6卷第16页。

仪式挑选一些奇妙的乐章，用电子设备在小教堂的室内或室外播放，面向可能是为数众多的人群：教会权威、部长、宗教或世俗的团体和个人。[2]

朗香的小教堂在现代精神的层面上具有极其重要的意义（我指建筑）。就我而言，我对音乐非常敏感，它将在这片高地在这奇妙的风景中展现其巨大的情感力量。在这片土地上，我们用5年的时间完成一件作品，这可能成为我们对建筑的一项新的馈赠。就其崇高的表达而言，音乐和建筑是两种非常接近的艺术。您的支持将令我们备感荣幸。

亲爱的先生，请相信我最美好的感情。

勒·柯布西耶

附：如果您基本同意我们的请求，那么泽纳基斯将与您讨论选择的曲目，并将结果提交议事司仪勒德尔[3]——一位有才干的先生，他将全力以赴使这次仪式臻于完美。

---

1 雅尼斯·泽纳基斯（Iannis Xenakis，1922~2001）：希腊裔法国作曲家。就读于雅典综合技术学校，同时跟私教学习音乐。1941年，参加希腊反法西斯的抵抗运动；1947年被法西斯法庭缺席判处死刑，为躲避政治迫害而流亡巴黎；1965年获法国国籍。1947~1960年间，他一方面在勒·柯布西耶事务所工作，尤其值得一提的是参与完成居住单位、拉图雷特修道院及1958年布鲁塞尔国际博览会飞利浦馆的设计；另一方面，他师从当时的音乐家学习音乐，奥利维尔·梅西昂（Olivier Messiaen）是其中之一。他的早期作品已显露出喜好抽象思辨和探索"音乐的数学表达"的倾向。

2 由于神职人员的反对，勒·柯布西耶的这个在朗香小教堂落成仪式上配奥利维尔·梅西昂音乐的想法未能得到实现。

3 吕西安·勒德尔（Lucien Ledeur，1911~1975）：神甫，朗香小教堂修建期间教区宗教艺术委员会书记。他与教堂的财务秘书阿尔弗雷德·卡耐（Alfred Canet）的支持与合作，构成在建筑师勒·柯布西耶及其副手安德烈·梅松涅尔（André Maisonnier）的努力之外，促成该方案最终实现的另一个不可或缺的因素。

1955年6月27日，致母亲信
1955年6月27日，于朗香

我亲爱的妈妈：

周六的朗香一切都令人赞叹。[1]笼罩在欢乐，美好、和精神的光辉之中。

您的柯布受到最高的礼遇，受到尊崇和爱戴。

不可言喻的空间，长久以来我们完成的最具革命性的建筑作品。而且在宗教，在天主教的典礼仪式方面同样具有革命性。

通过我的建筑，宗教仪式得到纯化、升华，从而使人们更加接近福音。神甫们如是说，那是些真诚而善良的人。

这是一个行为，它的意义可能超出人们的想像，其反响无法预见，或好，或坏。

一切都令人愉快令人兴奋。但是，魔鬼正潜伏在角落里冷笑，像往常一样，它不会让自己无所事事。朗香将成为众矢之的。我等待着暴风雨的来临。警惕！龌龊的言行，无耻的诽谤。

这就是为什么我曾迫不得已无耻地向您约法三章。您知道，我不可以放松警惕。

来吧，来朗香[i]，推开其中的一扇门（我想会是那扇小的），参观一下室内。您可以到祭坛后面去，还可以登上通往圣器室的楼梯，那里是欣赏室内的一个绝好的角度。

宴会上，我坐在大主教的右手，对面是部长先生。布道的大主教提到了勒·柯布西耶的母亲（援引了《白色大教堂》的题献[2]）。

我请他为您写下些寄语，附在信中（一张明信片）。

我还将给您寄去他的谈话录。

来吧，您可以乘汽车一直到山顶，在教堂左手的客栈前下车。您只需徒步行走100米。

吻您
您的爱德华

如果您想喝点什么，那就到下面我为朝圣者建造的客栈中来吧。

那里有漂亮的照片和美丽的色彩。

附一张通行证以备万一

及大主教给您的明信片

---

1 朗香圣母高地小教堂于1955年6月25日举行落成仪式。
2 《当大教堂是白色的时候》"献给我的母亲，勇敢而有信仰的女人。"勒·柯布西耶在此提到的这个细节在马赛居住单位的落成典礼后写给母亲的信中也有提到。→见致母亲信15.10.1952. 注3

---

i 朗香教堂→参见《勒·柯布西耶全集》第6卷第16页。

217 | 1955年7月5日，致让-皮埃尔·德·蒙莫兰信

让-皮埃尔·德·蒙莫兰先生 | 普朗·纳沙泰尔 | 1955年7月5日，于巴黎

我亲爱的朋友：

这太棒了！我曾多么期待这样一个令我感到幸运的机会！瑞士，在我一生之中跟我开着各种各样的玩笑，善意的，或非善意的。你请我用模度收拾一位苏黎世建筑师设计的美术馆的立面。

真见鬼。你竟打算让我介入到这样的事情中来吗？我没有任何兴趣那么做，而且也不能做这样的事。这件事实在不可靠，除非我是个傻子或阴谋家……很遗憾我不能肯定地回答你。

你想知道我最近在忙些什么吗？我完成了昌迪加尔总督府的设计。我开始着手议会大厦。秘书处正在建造。3月，尼赫鲁为大法院举行了揭幕式。

我设计巴黎大学城的巴西馆[i]，艾哈迈达巴德的博物馆[ii]，即将着手的还有东京博物馆[iii]。时下，人们请我担当巴西新首府的建筑顾问。人们请我在布宜诺斯艾利斯设计一座可容纳10万名观众的体育场，巴格达的奥林匹克体育场，另外在纽约还有为你的同事古根海姆设计的贝尔蒙特赛马场。我刚刚完成朗香小教堂的建造，里昂附近的拉图雷特修道院[iv]的基础已经开挖。

我真的不想去苏黎世乞讨。当年就在这座城市里，人们拿走了我保险公司的部分方案[v]，并总共支付了我5000法郎作为差旅费（1933年，当时我们都很穷）……

我亲爱的让-皮埃尔，我更希望可以把挂毯的事向前推进，对大家而言，这将是一件比替人收拾苏黎世博物馆立面更有益的事。

致真诚问候

勒·柯布西耶

---

i　参见《勒·柯布西耶全集》第6卷第202页，"巴黎大学城巴西学生公寓"。
ii　参见《勒·柯布西耶全集》第6卷第158页，"艾哈迈达巴德文化中心"。
iii　参见《勒·柯布西耶全集》第6卷第168页，"东京国家西方美术馆"。
iv　参见《勒·柯布西耶全集》第6卷第42页，"拉图雷特修道院"。
v　参见《勒·柯布西耶全集》第2卷第161页，"人寿保险公司大厦方案"。

【上】勒·柯布西耶母亲玛丽·夏洛特·艾米莉·让纳雷-佩雷肖像（日期不详）
【下】朗香高地圣母小教堂（1954年）
　　平面及立面，最初的草图

218 | 1955年7月16日,致詹姆斯·约翰逊·斯威尼信

詹姆斯·约翰逊·斯威尼先生 | 所罗门·罗伯特·古根海姆[i] 博物馆 | 第十五大道1071 | 纽约 | 1955年7月16日,于巴黎

我亲爱的斯威尼:

舍特[1]向我提出一个想法,我认为是正当且有价值的。他在纽约对您提起过,他认为古根海姆博物馆应当设立一个勒·柯布西耶造型作品厅。

另外,舍特还在考虑在他所在的大学创建一个勒·柯布西耶展厅的可能性,着重于创造性的方面,展出过程中的引发灵感的设计图,等等。

这同样是个有价值的想法。

一日,巴黎现代艺术国家博物馆邀请我去参加他们的勒·柯布西耶展厅的开展仪式。这是他们在重新整理永久性馆藏的时候新近开设的一个厅。

对于此事我从未进行过任何干预,但我知道卡索[2]、乔治·萨雷斯[3]以及里维埃[4]对我的造型作品有很高评价。作为博物馆的主要负责人,他们将我的作品归入偏建筑的研究环节中去,并入维龙[ii]、德洛内[iii]、莱热[iv]等人的作品。

我亲爱的斯威尼,您知道我从未出售过我的造型产品。除了几幅被朋友收藏的,我的全部作品的支配权仍归我所有,包括大量的油画、素描、水粉画,等等。

最近,雅度[5]出版了一本收录了我80幅素描作品的小书,构成"两个世界"系列丛书中的一本。书中画作全部由我亲自挑选。其中有一些1918~1930年间完成的具有一定历史价值的作品,您可以在书的开头看到它们,目录中注明了原作的尺寸。这些作品可以自由支配,这对您而言将是个特别的机会。

为了筹建一个勒·柯布西耶的展厅,您可能会需要一些资料。我将尽快把它们交给您。关于费用可以根据合同分期付款,这将由您来决定。

我在启程去马丁岬之前给您写这封信,以便这个夏天留给您充分的考

---

i 所罗门·罗伯特·古根海姆(Solomon Robert Guggenheim, 1861~1949):美国工业家,艺术品收藏家。创办了以他的名字命名的基金会。

ii 雅克·维龙(Jacques Villon, 1875~1963):原名加斯东·杜尚(Gaston Duchamp),著名法国画家、版画家,与雕塑家杜尚·维龙(Duchamp Villon)及画家马赛尔·杜尚(Marcel Duchamp)是同胞兄弟。

iii 罗伯特·德洛内(Robert Delaunay):法国画家。他的绘画中常表现建筑的主题,受立体派的影响,其杰出贡献在于创作纯色彩抽象画。

iv 费尔南德·莱热:法国立体主义画派代表画家,勒·柯布西耶的朋友。→详见收信人目录

虑时间。

我从未有过想成为殉道者的冲动；我根本不在乎。我偶尔会埋怨，当愚蠢的言行太过分的时候；但除此之外，我具备岩石般的忍耐力。

致友好问候

勒·柯布西耶

附1：舍特的这一想法不仅友好，而且显示出智慧和远见，这正如他一贯的思想和言行。这是个有敏锐洞察力的小伙子。关于此事他谈得有理有据。他谈到绘画，谈到我的创作方式，谈到我与毕加索、莱热以及米罗[i]的交往。

附2：我再补充一条。古根海姆博物馆以及斯威尼先生本人，具有可靠的鉴赏力。远离激烈的讨教还价，您们将在最多样化的表现形式之中（尺寸、样式，等等）从容地选择您们需要的作品。这对您的博物馆来说也是一个机会。我加上第3条附言，为了让您了解：

附3：我得承认早在几年前我便有构建勒·柯布西耶基金会[6]的想法。鉴于我频繁的旅行以及在工地上可能出现的意外，并考虑到作为一名作家—建筑师—画家，我一生之中完成的大量作品：按秩序归类的手稿（五十余本书）；建筑图纸，有纯粹技术性的，也有出于本能的创造性的；油画，大幅水彩，小幅素描，示意图，以及根据自然绘制的草图，等等，它们塞满了我家中的抽屉和柜子。设想死亡突然而至，那么这一切都将落入奸商或白痴的手中。出于这样的原因，我才准备筹建勒·柯布西耶基金会。可惜到目前为止，这仍属个人行为；我选定一些朋友参与进来，包括您和舍特（当然如果您们愿意的话）。我拥有许多有价值的画作，除了我自己的还有一些其他画家朋友的。另外，我还拥有一笔珍贵的不动资产，包括莱芒湖畔的小住宅[7]。它们将作为可爱的礼物被馈赠出去，因为我没有直接的继承人，而其他人又对此不感兴趣。

---

1 约瑟·路易斯·舍特：建筑师，勒·柯布西耶的朋友。→详见收信人目录
2 让·卡索（Jean Cassou, 1897~1986）：作家，艺术评论家。1946~1965年间担任巴黎现代艺术博物馆馆长。
3 乔治·萨雷斯（Georges Salles, 1889~1966）：法国艺术史学家，汉学家。巴黎吉美博物馆（Musée Guimet）馆长。1945~1957年间担任法国博物馆司司长。

---

i 胡安·米罗（Joan Miro, 1893~1983）：西班牙画家、雕塑家、陶艺家、版画家，超现实主义的代表人物。

4 乔治·亨利·里维埃（Georges-Henri Rivière，1897~1985）：与雅克·里韦（Jacques Rivet）共同创建巴黎人类博物馆。1972年揭幕的民间传统与艺术博物馆创始人。
5 莫里斯·雅度：勒·柯布西耶的朋友。→详见收信人目录
6 勒·柯布西耶基金会→见致沃特·格罗皮乌斯信 11.05.1953 * 信 199 注 1
7 小住宅→见致母亲信 20.01.1928 * 信 72 注 6

219 | 1955 年 8 月 31 日，致母亲及哥哥信
1955 年 8 月 31 日，于马丁岬罗克布鲁诺[i]

我亲爱的：
    先生，夫人！早上好！
    星期三，早上八点
    新的一天展开了
    我想您们葡萄酿酒节[ii]一定十分尽兴，
    酣畅淋漓！
    报纸上尽是相关报道，好不热闹。
    明天周四，蓝色列车[iii]后天周五 19：00 抵达蒙特卡洛，
    周六上午 8：55 返回巴黎。
    重新投入战斗！
    A = 滨海小木屋[1] 3.66m × 3.66m
    B = 我的工作室 180 × 380（平面）
    C = "罗克布鲁诺小镇"城堡
    D = 犬眺崖
    E = 摩纳哥[iv]

---

i 马丁岬罗克布鲁诺：位于法国南部蓝色海岸地区小镇，毗邻地中海。勒·柯布西耶的滨海小木屋，以及与妻子合葬的墓就设在这里。
ii 葡萄酿酒节（Vignerons Festival）：沃韦的葡萄酿酒节是瑞士规模最大最隆重的民间传统节日之一。8月份举行，持续两周。葡萄酿酒节始于12世纪，已经有300多年的历史，并且相隔大约25年举办一次。沃韦，位于日内瓦湖畔的瑞士小城，阳光明媚，有梯田式的葡萄园和白雪皑皑的山峰环抱，以当地出产的葡萄酒和巧克力闻名欧洲。远在2000年前，罗马人便在此种植葡萄，酿制美酒。
iii 蓝色列车：特快列车。
iv 摩纳哥：欧洲国名，位于欧洲西南部，三面被法国国土包围，南临地中海。东西长约3公里，南北最窄处仅200米。

F＝香蕉园
G＝猫多米诺
H＝狗余琪
M＝作家柯布
伊凡娜在收拾屋子
多米诺和余琪整个上午都沉浸于荷马式的游戏！

深深地吻您

---

1 滨海小木屋（Cabanon）：一个极小化居住原型。1952 年 8 月，在位于摩纳哥和芒通（Menton）之间的马丁岬建造完成。这个小木屋非常接近海滩，离勒·柯布西耶经常逗留的艾琳·格瑞（Eileen Gray）为让·巴托维希（Jean Badovici）设计并建造的别墅不远。366cm × 366cm × 226cm 在这个不足 14m² 的小屋里，勒·柯布西耶安排了两张床、一张桌子、一个洗手池、一个厕所，还有柜子。勒·柯布西耶非常喜欢来他的这栋滨海小木屋度假。离木屋不远，他还搭建了一个木棚作为他的工作室。就餐在木屋对面托马斯·罗伯特（Thomas Rebutato）的"海之星"餐吧。1965 年 8 月 27 日，柯布在小木屋前的大海中游泳时溺水而亡。→见致伊凡娜·迦丽信 18.07.1952 ∗ 信 188

220 | 1955 年 10 月 28 日，致重建及居住部部长信

重建及居住部部长 | 帕西公园大道 | 巴黎 | 1955 年 10 月 28 日，于巴黎

部长先生：

1955 年 8 月 4 日，您终于回复了我 1955 年 6 月 28 日的信，关于旅行社组织参观马赛居住单位的事宜。您对我说您不适合发表意见，此事涉及国有财产；您说您将我 6 月 28 日的信转交给了金融及经济部部长。

又两个月过去了，我仍未得到答复。

在此期间，旅行社迎来了米什莱居住单位第 10 万名参观者，为此他们在报纸上发表了主题文章，并配有照片。这第 10 万名参观者获得了一张免费奖券：双人巴利阿里群岛[i] 之旅！一切都好，其间，旅行社的董事长罗萨先生，有 1500 万进账，其中 900 万上缴 M. R. L[ii]。

---

i 巴利阿里群岛（Baléares）：巴利阿里群岛地处西地中海，位于伊比利亚半岛、法国南部和北非之间，是西班牙王国的自治区之一。巴利阿里群岛是著名的旅游胜地。
ii 重建及居住部（Ministre de la Reconstruction et du Logement）简称。

在遭受5年不公的待遇之后，人们向我投来了鲜花。然而，居住单位的资源还远未得到经营它的政府部门 M.R.L 的开发。这栋建筑的使用者，通过他们的联盟，使我了解到他们的悲哀：公共服务——这正是马赛米什莱居住单位创建的初衷——其中的绝大部分仍处于闲置状态。他们自己组织了日托托儿所；而儿童俱乐部、洗衣店、快餐厅、店铺……所有这一切却仍未被出租。

马赛的经验开辟了道路。南特－雷泽构成另一条辉煌的证据，证明人们可以为了家庭的利益自发的实现居住单位。新的应用还出现在法国及其他国家。[i]

旅行社，M.R.L，18个月1500万法郎进账，但竟然谁也不认为有义务给供人们参观的公寓配备家具。这套公寓是空的，我在电视上看到，可悲的空空荡荡。

部长先生，很遗憾我不得不着手一篇关于这个问题的报道（这并不麻烦），发表在一份重要的周刊上。我将提出问题，看看建筑师、居住单位的缔造者，是否终究无法就其提出的请求获得一个答复。我相信这种可能采取的手段，对您来说，并不会显得不适合。部长先生，请相信我最忠实的感情。

勒·柯布西耶

221 | 1956年1月13日，致母亲及哥哥信
1956年1月13日，星期五

我最亲爱的两位：

收到阿尔伯特12日的来信。

自我12月17日回到巴黎，我和伊凡娜[1]便开始了艰难、紧张、忙碌的生活，再加之严寒和风湿。

这一切真是奇特！在我年轻的时候，我想"70岁"可能已经退休或者入土为安了。事实上，现在更加忙碌起来，毫无喘息之机。然而，一天仍旧是24小时。所以？

---

i 参见《勒·柯布西耶全集》第6卷第174页，"尺度相当的居住单位"。

我从印度和日本回来，带回新的委托。然而这里也有繁多的工作在等着我。日复一日，有做不完的事！

天冷的时候常常想起您们，希望您们身体无恙！圣诞对您们而言一定很温馨。我和伊凡娜，我们单独在一起迎来新年。去马丁岬不是个审慎的决定，这是个潜伏着危险的季节。所以没有出门。

伊凡娜喃喃地抱怨她的孤独。哎！航海者的妻子！！我是永世流浪的犹太人[i]，或是漂泊的荷兰人[ii]。但我不想当荷兰人，也不想成为犹太人。我，勒·柯布西耶——柯布，一个神圣的角色。

4日，人们来请我加入学院。不，我没有作出回应！我有我的想法。祝圣仪式老实说是我的对手们在现代的标签下完成他们勾当的面具。

但，这会对我有所损害！

我是否对您们说过，人们在现代艺术博物馆为柯布（绘画）设立了一个永久展厅。受到同样礼遇的还有毕加索、勃拉克[iii]、马蒂斯和莱热。这是全部，其他人都是扈从！很高兴《直角之诗》[2]您们喜欢。有褒有贬。褒，来自年轻人，来自那些陌生人。贬，来自我身边的自以为了解但不承认我真正价值的人们。无论如何，总的来说是平静的。

纪念章？那并非出自我手。由法国铸币局发行（现代艺术家系列）。1951年前后，一名铸币制模工受委托负责此事。起先他的作品真是糟糕，被我拒绝了。我痛骂了这家伙一顿。他很受震动，重新着手，全力以赴。从那以后他非常感激我。今年秋天完成了第二版。结果，很出色，您们看到没有比这更好的了！

可怜的科斯塔[3]。我这几日将再见到他。明晚我应邀参加巴西总统库比契克[iv]的欢迎会。

科斯塔这个可怜的家伙。一年前在里约热内卢附近发生的一次车祸中，他令他的妻子送了命。他深爱着他的妻子。一次意外。他为此非常痛

---

i　永世流浪的犹太人：传说中人物，因凌辱耶稣被罚永世流浪。
ii　漂泊的荷兰人：据传说从前有一个荷兰的航行者，想冒着巨大的风浪绕过好望角，并发誓说必须完成其壮举，虽作一世的航行亦所不惧。魔鬼听了他的誓言，就判了他的罪，罚他终身在海上漂流，直至世界末日；他将永远不得解脱（除非他能找到一个女子忠心爱他），直至他的死日。每7年许他登陆一次，让他去寻觅那愿以忠贞的爱为他赎身的女子。音乐家瓦格纳据此创作过一部成功的同名歌剧。
iii　乔治·勃拉克（Georges Braque, 1882~1963）：法国画家。
iv　儒塞利诺·库比契克·德奥利维拉（Juscelino Kubitschek de Oliveira, 1902~1976）：1956~1961年间担任巴西共和国总统。以大规模公共工程闻名，尤其是新都巴西里亚（Brasilia）的建设，卢西奥·科斯塔担任城市规划师，奥斯卡·尼迈耶担任建筑师。

苦。我这周将见到他!

德·蒙莫兰[i] 没有任何消息。纽约皮埃尔·马蒂斯[4]画廊十幅油画展3日开幕。

没消息

……

在德黑兰(佩尔斯)遭拒绝,在巴格达遭拒绝,在阿富汗的喀布尔[ii] 人们请我设计两个体育场。于此,洪水将至,但资金滞流!!!在巴黎,我的敌人比任何时候都更强大。

一句话:休息,休息一下,为了下一场战斗!!!

我看能否抽时间坐夜车去沃韦与您们共度一日。阿尔伯特给我写信,让我们选定个好日子吧!

致深切情意

您们的伊凡娜和柯布

伊凡娜的膝关节忍受着疼痛。我们将开始X射线疗法。然后加塑形装置。伊凡娜有点儿气馁,确切地说是:很受折磨。

---

1 伊凡娜·迦丽:勒·柯布西耶的妻子。→详见收信人目录
2 《直角之诗》→见致母亲信10.01.1948 * 信151注3
3 卢西奥·科斯塔:1902年出生于法国土伦,巴西建筑师、城市规划师。勒·柯布西耶的朋友。→详见收信人目录
4 皮埃尔·马蒂斯:亨利·马蒂斯之子,纽约一座艺术画廊的所有者。

222 | 1956年1月13日,致亨利·格鲁斯·皮埃尔院长信

皮埃尔院长先生|(合)勒尼奥夫人|布尔德奈大街32号|巴黎(1°)|1956年1月13日

院长先生:

您向我索要《Murondins》[1]的小册子,这本书早已脱销;尽管如此,我还是设法找到一本旧的。

---

i 让-皮埃尔·德·蒙莫兰:瑞士银行家,夏尔·爱德华·让纳雷的朋友。→详见收信人目录
ii 喀布尔(Kaboul):阿富汗首都。

这是个不错的想法！但没有取得任何成功。当然，那是在20年前！也许，今天，凭借您的号召力，您将在法国的土地上实现一处Murondin。我要向您指出的是，目前世界范围内仅有一处建成：昌迪加尔（正在建设中的旁遮普的首府）建筑师办公室。那些办公室很美。但它们用不同的材料（及方法）建造而成。

当然，如果万一您有意再版此书，我将给您充分的许可。

院长先生，请相信我最美好的感情。

勒·柯布西耶

1　Murondins：这是勒·柯布西耶钟爱的一个新造词，结合了"墙"（Mur）和"原木"（Rondins）两个词。一种自成体系的建造系统，遵循一个基本的建造原则，可以由使用者自行建造，并可以多栋联立。→见致母亲信28.03.1942 * 信139 注10

223 | 1956年5月9日，致皮埃尔·孟戴斯－弗朗斯信
孟戴斯－弗朗斯先生丨（合）《竞报》丨香榭丽舍大道91号丨巴黎（8°）丨1956年5月9日，于巴黎

亲爱的先生：

我冒昧地给您写这封信。

几天后我将启程赴印度，为了旁遮普首府昌迪加尔的工程。另外，巴基斯坦政府请我在卡拉奇附近建立一座新的联邦首府。关于此事我询问了我的朋友尼赫鲁[i]，他没有提出异议。

另外：纳克斯堡[ii]（美国）规划委员会主席请我建造一座容纳5万居民的新城，"作为美国乃至世界的典范"。

等等，等等……

与此同时，捕风捉影的媒体却在散播无耻的言论。

子夜出版社几周内将出版《勒·柯布西耶的巴黎规划1922～1955》：三十五年的工作、研究、思考、探索、创造、提案。然而，在此期间，当

---

i　贾沃哈里尔·尼赫鲁（Jawaharial Nehru，1889～1964）：印度独立后的首任总理。
ii　纳克斯堡（Fort Knox）：美国肯塔基州（Kentucky）地名。

局竟没有任何意识,以至于巴黎变成今天这个样子。城市规划(三种人类机构[i])是一个社会一个时代能量的催化剂。这是个不争的真理;自1922年,三十年来,一切都被预见性地提出,却遭到人们的嘲笑!……

如果这封信能够让您了解到一些情况,有一天您能觉得这些信息对您有所益用,那我将感到荣幸。在私下的交谈中,我将为您提供我关于这些问题的思考;但绝对不是在委员会议上,在那里一切都将被误解,被歪曲!

我将于4月底从印度返回。

亲爱的先生,请相信我最美好的感情。

勒·柯布西耶

224 | 1956年5月27日,致阿尔伯特·让纳雷信
1956年5月27日,周日

亲爱的老兄阿尔伯特:

我埋头在一堆旧文件之中,翻出你寄来的上一封信。你说你累得筋疲力尽,你在你学生的晚会上演奏了40首乐曲。

你疯了吗!

让我们严肃地谈谈:我曾要求你告诉我你授课收入的一半有多少。

但你没有回答!

那么现在告诉我吧。

我们用不着疲于奔命为我们的继承人(他们在哪里?)留下我们劳动的果实。所以,你应当调整你的生活,就像人生的一个美好的下午,毕竟已历经过风雨。

我将定期寄钱给你,希望你可以放轻松些,并恳请你多让我了解你的近况。那将是寄给老妈生活费以外的另一笔钱。

这对我来说不是难事,缺乏交流才是最可怕的。我为圣诞节见面之后没有再想起此事而感到自责。我指望着你会再来信。

你应当安排四天(周日含在内)完全清闲的时光,作作曲,散散步。

---

i 《三种人类机构》(les 3 Etablissements humains):1944年,德诺埃出版社出版,ASCORAL丛书。

剩下的三天集中教授那些没被撵走的学生（出于健康的原因——考虑到你的年纪，应当减少学生的数量）。既不要做傻子，也不要做使徒，放任那些没有兴趣没有天赋的孩子去吧。

希望老妈的关节痛不至于太严重。伊凡娜正忍受着折磨，我也有一点。我早上会敷些鳕鱼肝油。我被辛苦而繁重的工作压得喘不过气来。

这是我的命运，不尽的苦役，尽管我已拒绝了多项工程。

这次印度归来有许多工作在等着我：回复印度方面提出的问题并解决它们；还要解决我离开这段时间事务所里积压下来的问题，清理战场，为明天作准备。

暂时不用再离开了（我为此感到很高兴）。

里昂夏尔博奈斯艺术节，1956 年 6~10 月，献给柯布的"造型作品"，同 1953 年卡索的展览一样盛大。这是那里一年一度意义最重大的文化活动。当地旅游事业联合会仅为这一项柯布展就投入了 300 万。

轻吻我们亲爱的妈妈。我们在这里向你表达我们绝对的忠诚。

伊凡娜和爱德华

---

225 | 1956 年 7 月 10 日，致马塞尔·费里信

马塞尔·费里院长先生丨维拉索大道 17 号丨贝藏松（杜省）丨1956 年 7 月 10 日，于巴黎

亲爱的院长先生：

梅松涅尔[1]将您的小册子《高地圣母小教堂》交到我的手上。我读得很兴奋，因为您的文字既闪烁着智慧又饱含情感。我没有大肆宣扬我工作中蕴含的理性，有趣的是发现您是我的知音。

当然，涉及我的要点在于您从别处引用的句子（也许不是您，而是玛德莱娜·奥克斯小姐）："神圣的情感激发了我们的力量。"我要补充一点："有些事是神圣的，有些事不是。"这是我遵循的一条人生准则。它不会带来百万的财富，但可以稍稍指引一下方向。

人们开始叫嚣：朗香标志着柯布的没落，倒退到 1900 年的艺术[i]；或者将我与耶稣基督降世 5000 年前的史前基督徒联系起来。这后一种假说

---

i 新艺术运动（Art Nouveau）：1890~1910 年间，以比利时和法国为中心，用流畅自由的曲线（特别以自然植物形状为基础）来造型，广泛流行于欧美的艺术运动。

倒也不赖，因为神圣的情感当时一定业已存在，而学院派还没有诞生。

再次向您对我作品的理解表示感激。请相信我会完成圣账、露天讲坛的华盖，以及一切人们恳请我做的事。

请相信我对您真挚而友好的感情。

勒·柯布西耶

---

1 安德烈·梅松涅尔（André Maisonnier）：法国建筑师。1951~1959年间在LC事务所工作。主要参与朗香高地圣母小教堂的设计与建造。

226 | 1956年7月20日，致苏珊·贝扎尔信
马丁岬罗克布鲁诺 | 1956年7月20日

亲爱的苏珊：

接到您电报的时候，我刚刚收到19日错误地邮寄到24N-C[1]的公共救济事业局的表格。

您看到了，事情是多么莫测！在我离开巴黎的前夜，安迪迈耶医生[2]打电话给我，对我说他非常高兴希望见见贝扎尔[3]……

让娜[i]已经将有关细节告知了家庭服务社会福利员。

然而，万没有想到，死亡突然而至……他一生都在努力地奋斗，在做事。他有一股感性的创造的力量。他具备根本的才华。他将这才华以一种突发的偶然的全然意想不到的方式表现在他的陶瓷制品和绘画中。他还善于在农民肥沃的思想中发挥他的想像力，他带来最基本的实在，并赋予事物以秩序。

除此之外，还有惊人的毅力！这不专属于他？还有您，您在他的身边，也享有创造的益处——心扉朝向广阔的视野敞开。

我个人的人生导致我对那些做事的人毫无限制毫无保留的欣赏。这是些为数不多的有价值的人。您，以及您幼儿园里的孩子们，您们就属于这类人，您们每天都在创造：孩子们在您的组织下绘画，他们的作品简单质朴，而且同样具有创造性。

---

i 让娜·海尔布特：1945~1965年间担任勒·柯布西耶的私人秘书。

死亡？生命中最确定的事。不过贝扎尔没有遗憾，他完成了他想做的事。

他曾提出过这样的要求：请我保管他的瓶瓶罐罐以及他的画作，为了不使它们在随死亡而至的大扫除中消失。我认为，这些东西仍然留在您那里是妥当的。等我回来，我将去看看这些收藏，并告诉您我最终的想法。到时候我将向您以及他的父母提出我的建议，这建议绝对基于他生前对我的叮嘱。

至于是否应当将我这封信的内容传达给他的兄弟和子女，请您自行定夺。

无论如何，苏珊，感谢您为贝尔扎所做的一切。

请相信我对您的尊敬和友好。

您的勒·柯布西耶

我相信给安迪迈耶医生（儿童医院）以及动手术的外科医生每人赠送一个贝尔扎亲手制作的盘子是美好而正当的。

另外，我将试着说服我的朋友，夏悠宫[i] 民俗博物馆的馆长乔治·亨利·里维埃[4]先生，接受贝扎尔的一组陶瓷及绘画作品，将他的作品收藏在博物馆里，作为对他的缅怀。等我回来再落实此事。

小心画廊的投机商，他们中的一些是贪婪而冷酷的家伙。在与我沟通之前<u>什么也不要做</u>。我了解这个圈子！

---

1 朗吉瑟-高利大街24号→见致母亲信28.09.1930 * 信82 注1
2 雅克·安迪迈耶（Jacques Hindermeyer）：医生，勒·柯布西耶的朋友。任职于巴黎儿童医院及圣莫里斯国家康复研究所。勒·柯布西耶曾为安迪迈耶医生利用多色系统在儿童医院设计了一个儿童游戏大厅。
3 诺贝尔·贝扎尔：起先是一名农民，然后成为工人，后来专心于制陶。勒·柯布西耶的朋友。→详见收信人目录
4 乔治·亨利·里维埃→见致詹姆斯·约翰逊·斯威尼信16.07.1955 * 信218 注4

---

i 夏悠宫（Palais de Chaillot）：夏悠宫与埃菲尔铁塔建于同一年代，也是1889年世界博览会的产物。夏悠宫分为两大部分，右边是歌剧院，左边是博物馆。

227 | 1956年9月2日，致玛格丽特·哈里斯·杰德信

哈里斯·杰德夫人 | Vikingsborg | 达里恩，康涅狄格州 | 1956年9月2日，于巴黎

亲爱的夫人，朋友：

这封信将由去拜见您的多明我会的神父带给您。他此行的目的是与您商谈拉图雷特修道院[1]的事宜。这座修道院位于里昂附近，我用3年的时间完成方案的设计，现已动工兴建。

当然，这些先生将与您谈论财务问题，但我希望通过我的这封信使您了解，他们做这些事完全出于无私；而且我希望您知道，里昂多明我会的修士们对最现代的思想报有极开明的态度（他们在勒·柯布西耶事务所邂逅了最恰当的渊源可以上溯到西方建筑诞生伊始那个决定性的时期的思想，那是公元1000或1100年前后，那个时候在圣伯尔纳[i]的倡导下，去除了多余的装饰蕴含巨大建筑力量的修道院建造起来，只有建筑，纯粹的建筑）。

这些多明我会的修士要通过借款和募捐来完成他们的事业，即，最后超出他们预算的几百万。这部分钱我们没办法省出来，我们要保持建筑师的正直与诚实。

我可以肯定地说这几百万将得到妥善应用。我介入这座修道院的建设是受到库蒂里艾神父[2]的影响。他是我的一位朋友，他对于我得到这座修道院的设计委托起到了至关重要的作用。我不知道二战期间您是否在美国见到过库蒂里艾神父；我知道他曾在那里留下许多回忆。

好了，我都对您据实以告了。

亲爱的夫人、朋友，请相信我最美好的感情。

勒·柯布西耶

---

1 拉图雷特修道院：位于里昂附近，埃沃－阿尔布莱斯勒（Eveux-sur-Arbresle）。1953年开始着手方案，1956年8月动工。
2 玛利亚－亚伦·库蒂里艾：多明我会修士、神父，勒·柯布西耶的朋友。→详见收信人目录

---

i 圣伯尔纳（Saint Bernard）：12世纪教会大圣师，中世纪时期基督教的圣地克莱尔沃修道院（Abbaye de Clairvaux）就是由他于公元1115年下令修建的。

228 | 1957年2月5日，致皮埃尔·达罗兹信

达罗兹先生 | 建筑部门主任 | 国务秘书 | 重建及居住部 | 帕西公园大道 | 巴黎（16°）|
1957年2月5日，于巴黎

我亲爱的达罗兹：

1956年11月8日上午9点，在我的住所收到您1956年9月8日的来信；正如您所见，稍有些耽搁！我乘坐机场大巴，11点启程赴印度；我在奥利[i]—德里[ii]之间阅读了您的信。

"我难辞其咎"，您在您的信中这样宣称。为什么不呢？也许这是事实。"以指责的形式题献"……效果也许很好。

一日，我收到卡米耶·莫克莱[1]的一封来信。1931年前后，他在《费加罗报》上发表了15篇抨击我的社论——一次由商会赞助的关于板岩、瓦和木屋架的战役；战役的高潮伴随一本书的出版，这本书拥有一个惊人的标题：

《建筑要死了吗？》——卡米耶·莫克莱

1935年，当我把《光辉城市》[2]寄给他，并附上一段感慨而非指责的题献，他在给我的回信中写道："我之前从未见过您，从未见过一座您盖的房子，从未读过一本您写的书……"这是在《建筑要死了吗？》（凶手是勒·柯布西耶）出版之后。

读了您的信，得知您之前患了阿米巴病，似乎很严重。

很高兴您已经痊愈。

同样令我感到高兴的是您对我说："汉宁[3]具备了不起的组织和工作能力"，您对我表示感激，"因为他是我一手带出来的。"

您还谈到棱堡15的大厦[iii]，您说道："鉴于您（勒·柯布西耶）在世界范围内的名声，您直接参与此事有可能对我们的工作带来不便；相反，您的研究（勒·柯布西耶的研究）被收入到我们的模型和方案中来……您的大厦被纳入到一个更加广泛的对整个内港地块都有利的研究中来……"您补充道："如果……那么我们将很高兴地通知您请您提供帮助。"

上周六出版的《工地》上却宣称：棱堡15的研究方案由利马建筑学校毕业的甘德先生完成。

您还谈到您的部门不涉及城市规划。我早该意识到这一点，因为您的

---

i 奥利（Orly）：巴黎目前第二大机场，位于巴黎南面。
ii 德里：印度首都，印度第三大城市。
iii 参见《勒·柯布西耶全集》第4卷第45页，"阿尔及尔马林区"。

部门将我从圣迪埃和拉罗歇尔撵走[4],而竟然忘了免去我拉罗歇尔城市规划师一职(尽管自 1947 年以来我从未被正式召见过)。

您在信的结尾还对我发出一个小小的友好的邀请:参观阿尔及尔。您对我说:"我们盼望你的到来并准备接受您的批评。"我引用您的一句结束语:"汉宁和我向您表达我们赤诚的忠心,如果您接受的话,以及深深的情义。"谢谢,我不会拒绝!我希望看到友谊的曙光,而非隔阂的铁锈。

我亲爱的达罗兹,请用片刻回想一下:1931~1942,12 年间,我完成了 7 份重要的阿尔及尔的城市规划方案。1931 年,我初到阿尔及尔的时候,这里还是一个小小的殖民地的省会,刚刚送走英国的先生们,处在征服之后壮烈的时刻。我提出了大胆的方案。我记得一位先生(在我对我的方案进行阐释的一次公开的演讲结束后)这样说:"如果这一切都是真实的,那它们终将被实现。"后来,这一切果然实现了,因为它们都是真实的!人们列举诸多事实为了证明柯布的个性很糟糕,很难与其共事;这些事交给别人做还容易些!!1942 年我来到阿尔及尔(以自 1935 年以来受法国政府委派的城市规划委员会代表的身份;这次和 1941 年的那次一样,我被艾莫瑞[i] 的一封急信叫来,他在信中对我说阿尔及尔的城市规划面临危机),阿尔及尔市长豪兹先生从省长办公室出来之后召见了我。后来省长对我说:"市长来这里,为了向我要求拘捕你(著名的巴伯路斯监狱)。"

生活之河在流淌,继续向前,从不停留,好了,好了⋯⋯

我最近给您寄去一本书《勒·柯布西耶的巴黎规划 1922~1956》。34 年间完成的方案能说明一些问题。总会有人从中受益⋯⋯但是,亲爱的朋友,在结束这封友好的信之前,我要对您说:出于各种原因,您不可以越过我着手阿尔及尔摩天楼的建造,无论从道义还是从技术的角度。

您可以通过一个团队将有才干的人组织起来:以您为首,还有汉宁,如果他愿意的话;另外还有您所了解的我在阿尔及尔结交的真正的朋友们。但是您,达罗兹先生,请您不要认为阿尔及尔棱堡 15 是利马建筑学校毕业的甘德先生的作品。

致问候

勒·柯布西耶

---

i 皮埃尔-安德烈·艾莫瑞:建筑师,勒·柯布西耶的朋友。→详见收信人目录

1 卡米耶·莫克莱→见致路易·欧特格尔信 19.01.1943 * 信 141 注 2
2 《光辉城市》（La Ville Radieuse）：今日建筑出版社 1935 年出版。
3 热拉尔·汉宁（Gérald Hanning）：法国建筑师，1939～1944 年间勒·柯布西耶的合作者。
4 影射圣迪埃（Saint-Dié, 1945～1946）和拉罗歇尔－帕利斯（La Rochelle-La Pallice, 1945～1947）的城市规划方案遭到否决。→参见《勒·柯布西耶全集》第 4 卷第 127 页，"圣迪埃的城市化"；第 159 页，"拉罗歇尔－帕利斯的城市化"。

229 | 1957 年 2 月 19 日，致皮埃尔·博杜安

提请皮埃尔·博杜安先生注意 | 1957 年 2 月 19 日，于巴黎

两件新近发生的事：

  1. 由苏黎世市立美术馆组织，将在欧洲及美洲各大城市举办 10 场勒·柯布西耶作品巡回展览（目前合同已经签署）。这些展览将引起极大轰动。

  组织者要求提供绘画、雕塑、以及挂毯作品。其中挂毯作品将占据重要位置。我请皮埃尔·马蒂斯[i]继续出售画作，同样也可以考虑挂毯的出售。

  在这 10 场历时 3 年的展览期间，我保留了更换和刷新艺术作品的权利。

  2. M. R. L.[ii]通知我，马赛公寓屋顶的豪华餐厅刚刚出租给马赛一家最大的饭店经营商，合同规定他们将餐厅的布置和装饰委托给我。

  您知道我曾把这个餐厅构想成一个永久且可变的展出各种挂毯作品的场所，隔断将由织物构成，可沿嵌在顶棚中的滑轨移动，根据意愿自由调整分割。

  潘东、达巴以及比索[1]应当根据销售的情况提供并更新挂毯。另外，我可以结合克什米尔[iii]和东京的挂毯作品组织风格独特的挂毯的编织。它们将具有不同于奥比松[iv]挂毯的价值。我们将推出极受欢迎的产品，前提是您的穿梭工人已经准备就绪。再一次，需要您抖擞精神，有效地行动起来。我们总是不紧不慢，不紧不慢，可能有些过于不紧不慢了！

i 皮埃尔·马蒂斯：亨利·马蒂斯之子，纽约一座艺术画廊的所有者。
ii 重建及居住部（Ministre de la Reconstruction et du Logement）的简称。
iii 克什米尔（Kashmire）：南亚北部和中亚南部之间的一个地区，处于印度、巴基斯坦、阿富汗和中国之间。
iv 奥比松：法国城市，有挂毯之都的美誉。

我请您就这一主题安排一次与潘东的会晤。但我要保持指导操作的权利,直至与日本和印度方面达成新的协议。日本刚刚为新学生会馆剧场的一块 210m² 的挂毯举行了揭幕仪式。这幅挂毯的草图由我于 1956 年 8 月 20 日绘制完成。日本人懂得勤奋地工作!

勒·柯布西耶

---

1 潘东(Pinton)、达巴(Tabard)以及比索(Picaud):位于奥比松(Aubusson)的三处挂毯编织作坊。

230 | 1957 年 4 月 5 日,致乔治·孔伯信

乔治·孔伯信先生 | 副主席 | 建筑研究联谊会 | 墨西拿大街 7 号 | 巴黎(8°)| 1957 年 4 月 5 日,于巴黎

亲爱的先生:

感谢您把建筑研究联谊会[1]的小册子寄给我。在其中我读到您评价弗兰卡斯蒂先生[2]著作的文章,我确实地了解到您的态度,对我,以及对那些在当代建筑及城市规划的残酷的世界中付出代价的人们。

弗兰卡斯蒂先生的评价无关紧要!问题不在于此。我冒昧地给您,C. E. A. 指导委员会主席,写这封信。因为我非常担心从卢佛尔宫到拉德方斯沿凯旋大道的建设所导致的后果。这一切悄无声息地展开,以变巴黎为一座残废的畸形的前途暗淡的城市为代价。我这番话对您讲,恰恰因为您不是一名建筑师;而所有的建筑师在谈论建筑的时候都多多少少会顾及他私人的利益。天晓得,我不至于如此。40 余年,我为公众事业付出了巨大的创造性的努力。

难道您不认为 C. E. A. 有义务加入到一场忠诚的辩论中去吗?这场辩论的主角不是建筑师,而是涉足国家经济的要员。

在奥赛火车站[3]原址上的建设对巴黎的未来而言,将是另一个决定性的考验。我想努力将问题看清楚,但我获得的信息有限!我将很高兴有机会与您讨论这些问题。(如果可能)我将邀请您到我位于朗吉瑟-高利大街 24 号的私人工作室来,这里有画布有颜料,还有一种与我从事的事务迥异的气氛。

另外，既然我知道您对艺术感兴趣，我在信中附上去年在里昂举办的关于我作品的展览目录，它们可以证明我的审美水平，我正是以此为基础在新的机器文明时代思考着和谐与建造领域的问题。

亲爱的先生，请相信我最美好的感情。

勒·柯布西耶

出于各种考虑，我冒昧地将我另外两封信的复印件一并寄给您。一封是我写给亨利·博奈[4]的，另一封是我写给安德烈·杜波瓦[5]的，他们与我们关心的问题有关。以便于您对情况有进一步的了解。

---

1 建筑研究联谊会 C. E. A. （Cercle d'Etudes Architecturales）：建筑师及对建筑感兴趣人士的俱乐部，1952 年创办，主席奥古斯都·佩雷。
2 皮埃尔·弗兰卡斯蒂（Pierre Francastel, 1900 ~ 1970）：艺术史学家。
3 奥赛火车站（La gare d'Orsay）：联系巴黎郊区和市中心的火车站，1939 年起停止使用，并考虑着手拆除。1961 年，勒·柯布西耶参加了一场在其原址建设一座饭店的竞赛，没有中标。（参见《勒·柯布西耶全集》第 7 卷第 219 页，"巴黎—奥赛"）不过，这个火车站最终作为历史文物被保留下来。1979 ~ 1986 年间改造成奥赛博物馆，用以收藏和展示 19 世纪下半叶的艺术作品。
4 亨利·博奈（Henri Bonnet, 1888 ~ 1978）：外交官，法兰西共和国临时政府新闻部长，自 1945 年起担任法国驻美国大使。
5 安德烈·杜波瓦（André Louis Dubois）：1903 年出生，高级官员。1940 年 6 月担任内务部治安及常规事务负责人。维希政府当政期间遭到排挤，1944 年恢复职务。后担任摩洛哥殖民地总督，常驻外交代表及外交官。

---

231 | 1957 年 5 月 22 日，致让·佩蒂信

让·佩蒂先生｜《生命力量》｜乌尔克大街 59 号｜巴黎（19°）｜1957 年 5 月 22 日，于巴黎

我亲爱的佩蒂：

1）您愿意承担创办"勒·柯布西耶基金会"[1]的使命吗？我曾请上了年纪的同辈人来完成这项工作，但这并不合情理。总的来说，这件事的初衷是为了年轻人。

他们（上年纪的同辈人）不理解。

有机会我们谈谈。

2）我与穆勒-瑞潘发生了争执（关于在柏林发表的文章的插图），

请见附在文后的信的复印件。

　　致问候

　　　　　　　　　　　　　　　　　　　　　　　　勒·柯布西耶

1　勒·柯布西耶基金会→见致沃特·格罗皮乌斯信 11.05.1953 * 信 198 注 1

232 | 1957 年 6 月 16 日,致埃德加德·瓦雷兹信
1957 年 6 月 16 日,于巴黎

我亲爱的瓦雷兹:

　　泽纳基斯[1]将回答您的问题。

　　我在此要对您说一切都好,进展顺利。[i] 飞利浦的人忠诚、正直,对我们的工作也很满意。

　　我们这边,我们工作得很认真,而且干劲儿十足。

　　一日我提交了我的脚本(最后几组分镜头)。我将复制一份寄给您。

　　我作了一个决定:您的音乐是自由的,我的脚本[2]是自由的,两者是完全独立的。想像一下,画面在变幻,室内回响着奏鸣曲。眼睛和耳朵都在工作。我想为了在有效的时刻建立两者(戏剧性)的联系,音乐将被打断＝停顿,然后在令人不安的静默后继续,以此把音乐和场景结合起来——纽约、巴黎、埃因霍温、布鲁塞尔,各有不同之处(这是必然的!)。您如何使它们合奏交响??? 不可能,无益;而且,有害。

　　会有意想不到的效果,整件事!音乐被邀请来尽情释放它的喧嚣与悠扬。

　　致友好问候。

　　　　　　　　　　　　　　　　　　　　　　　　勒·柯布西耶

1　雅尼斯·泽纳基斯→见致奥利维尔·梅西昂信 21.05.1955 * 信 215 注 1
2　电子诗篇(Poème Electronique):一出音响和视觉的戏剧,由勒·柯布西耶和埃德加德·瓦雷兹(Edgard Varése)为 1958 年布鲁塞尔世界博览会飞利浦馆共同创作,前者负责画面,后者负责音响。

---

i　参见《勒·柯布西耶全集》第 6 卷第 200 页,"布鲁塞尔博览会飞利浦馆"。

233 | 1957年6月20日,致路易·卡夫信

路易·卡夫先生 | 艺术总监 | 飞利浦股份有限公司 | Kievitlaan 12 号 | 埃因霍温 | 1957年6月20日,于巴黎

亲爱的卡夫先生:

我冒昧地再提起我们在埃因霍温的谈话,关于我的电视机。我不是来乞讨。当然,我会付钱;这是自然的,无可争议。

我希望拥有一部尽可能简单的电视机。我是反电视反机械主义者,我完全不在乎这些东西。我感兴趣的是偶尔可以在巴黎电视台的节目中搜索到一些闪烁着智慧的事物。

所以,没必要向我推荐复杂的可以收看国际转播等等的装置……我求助于您,根本的原因我已向您解释过了。我同意一个朋友在我公寓8层的屋顶上安装了一部天线,他给了我一个电视机供应商的地址。当时我正准备去旅行,于是就仓促同意安装了一部电视机。后来,有一天当我想起支付我的收视税的时候,人们要求我提供我电视机的许可证号:但我的电视机上没有。我询问了我的供货商,他向我解释了一个颇为复杂的故事,他对我说将由他来缴纳这些税款。整件事在我看来太不正当了!目前我的电视机出了毛病,我打算把它扔掉……或者送给救世军。我是个一丝不苟的家伙,我认为应当以正规的渠道纳税。

我不希望陷入不正当的状况中去。

最后再提一点:我讨厌那些德国—美国生产的用来封闭广播或电视装置的匣子。我目前的装置是裸露的:二极管是可见的,喇叭在屏幕旁。我希望把钱花在有意义的地方。我的夫人和我,我们希望能够随意令电视机静音,改变或调解音量……在我看来,电视机将增加离婚夫妇的数量。演员在说话,妻子在说话,丈夫也在说话,一派混乱的局面;您可以想像。

请您简单给我提个建议,或推荐我和巴黎这边的什么人联系。我自己没有时间去市场上比较电视机的产品。

非常感谢您的帮助。

亲爱的卡夫先生,请相信我最美好的感情。

勒·柯布西耶

附1:一张关于电视机摆放位置的草图。
附2:当然,我会付电视机外壳的钱,尽管我将把它留给发货商。
电视机

人们
躺在
这里

夫人
先生

> E2 · 6 15
>
> c'est que ma femme ou moi nous puissions fermer le bec de la télévision à volonté depuis l'oreiller conjugal, ou modifier ou intensifier les voix, etc, etc... La Télévision finira par multiplier les divorces à travers le monde. Quand les acteurs parlent, quand la femme parle, quand le mari parle, c'est le gâchis; vous comprenez tout cela.
>
> Donnez-moi simplement un conseil et un ordre pour que je touche la personne utile ici, à Paris. Je n'ai pas le temps de courir après les appareils moi-même.
>
> Je vous remercie de votre précieux concours.
> Croyez, cher Monsieur Kalff, à mes meilleurs sentiments.
>
> LE CORBUSIER
>
> P.S. Inclus croquis concernant l'emplacement de l'appareil.
> 2ème P.S. Il est bien entendu que je paierai la caisse enveloppante bien que je la laisserai chez le marchand.

1957年6月20日，致路易·卡夫信（第二页）

234 | 1957年6月22日，致埃德加德·瓦雷兹信

埃德加德·瓦雷兹先生 | 沙利文大街188号 | 纽约12 | 1957年6月22日，于巴黎

我亲爱的瓦雷兹：

依照承诺，我完成了27页布鲁塞尔飞利浦馆电子诗篇[1]的脚本插图（以分散的航空挂号信的形式给您寄出）。

您完全没有看明白，太遗憾了！

不过您理解我们营造出连续的氛围（黑，白，红，黄，蓝……）充溢整个展馆的室内。平缓或起伏的（循环的）旋律为色彩的表现注入活力。伴随被赋予色彩的节奏，呈现放大或没有放大的形式，例如插图5；突然闪现人的面孔，例如插图6；间歇地出现数学和人形，插图11，插图12；许多面孔，插图13；然后再现动物的粗野、狰狞，插图14；嚎叫的人群，插图15；泰然的美，插图16；自然的有生命的机体，插图17；粗暴的机器，插图18；然后，突然截断，一种不可言喻的白色氛围，视线里一片空白，绝对的宁静，插图19；然后恢复有色的多彩的生活，插图20；闪现放大或没有放大的画面（焦虑不安的），插图21；在红色的氛围中，一道强光闪过，插图22；闪现各种灾难场景，插图23；重新恢复宁静安详的多色生活，再次出现数学和人形，插图24；表现欢乐和喜悦，插图25；浮现浩渺的宇宙，插图26；最后，或许以劳雷尔和哈迪[i]作为结束，同时呈现孩子的笑脸。

这很傻；但它们可以用作素材。

我重申：音乐不需要与画面保持一致，画面和音乐各行其道，只在第19幅画面的静默处发生联系。

致问候

勒·柯布西耶

---

1 电子诗篇→见致埃德加德·瓦雷兹信16.06.1957 * 信232注2

---

i 斯坦·劳雷尔（Stan Laurel）和奥利弗·哈迪（Oliver Hardy）：一对美国笑星。在30多年的合作中，劳雷尔和哈迪创作了100多部无声和有声影片，其中英语原声片被制作成德语、法语、意大利语和西班牙语的拷贝。在影片中，劳雷尔总演到处闯祸的傻瓜，而哈迪则总是扮演自以为是的戏剧性的庄重人物。

235 | 1957年9月25日，致让－皮埃尔·德·蒙莫兰信

让－皮埃尔·德·蒙莫兰先生 | 普朗 | 纳沙泰尔 | 1957年9月25日，于巴黎

我亲爱的蒙莫兰：

昨晚和拉罗歇[1]及他的妹夫安德雷斯·施帕泽[i]共进晚餐。

我们谈到勒·柯布西耶基金会[2]。他们二人都非常赞成把布朗施博士广场的住宅[ii]变成基金会的巴黎所在地；这个基金会也可能设立在湖滨小住宅[iii]中，如果这样做是有益的话。

我写这封信的目的：可怜的拉罗歇（请保守秘密）气色很不好。

简单明了地讲，你应当与他取得联系，尽早完成有效的编目工作，他也希望能够落实此事。只有你最了解他；他身体不是很好，没法一个人完成这项事业。他的住宅已被整修一新，无懈可击，它确实标志着1923年一个崭新建筑时代的到来。

让·佩蒂[3]等着你来一起制定章程。你曾自发地慷慨自荐，现在时候到了，你会原谅我的早有预谋，不是吗？我要提醒你的是，不久我将有一次重要的旅行，我希望此事可以利用我在巴黎的这段时间商定。

我重申，两件事：刻不容缓的布朗施博士广场住宅的事宜；以及同样不容延迟的基金会章程的制定，这将有效的令基金会的事务纳入正轨。

谢谢，并致友好问候。

勒·柯布西耶

---

1 拉乌尔·拉罗歇：银行家，艺术收藏家，勒·柯布西耶的朋友。→详见收信人目录
2 勒·柯布西耶基金会→见致沃特·格罗皮乌斯信 11. 05. 1953 ∗ 信199 注1
3 让·佩蒂：编辑，勒·柯布西耶的朋友。→详见收信人目录

---

i 安德雷斯·施帕泽（Andreas Speiser, 1885~1970）：医生，拉乌尔·拉罗歇的妹夫。
ii 1923~1924年间，勒·柯布西耶曾为拉乌尔·拉罗歇设计的别墅（见《柯布全集》第1卷第54页，"欧特伊的双宅"）。
iii 湖滨小住宅→见致母亲信 20. 01. 1928 ∗ 信72 注6

1957 年 10 月 1 日，致让－皮埃尔·德·蒙莫兰信

让－皮埃尔·德·蒙莫兰先生 | 普兰 | 纳沙泰尔 | 1957 年 10 月 1 日，于巴黎

我亲爱的朋友：

为了继续勒·柯布西耶基金会[1]的话题，我给你提供以下信息。我的哥哥阿尔伯特[2] 9 月 29 日上周日来见我，我们作了如下决定：

1）作为我们父亲的继承人，湖滨的小住宅及其土地（根据瑞士的法律）归我们二人共同所有，从即日起我们同意将其赠送给正在筹措的基金会，以便根据遗产和继承法的明确规定将其设立在瑞士。

2）这个小住宅同样将用作"阿尔伯特·让纳雷基金会"[3]。让纳雷，音乐家，这里将收藏他数量可观的音乐手稿，这个基金会被授权在未来出版和发行他的音乐作品。

3）应当寻求有效的环节，以便从我们二人——阿尔伯特·让纳雷和勒·柯布西耶——手中接管小住宅的所有权（万一死亡不期而至），因为我们二人均无合法继承人。

4）此外，对于我们这种年纪的先生而言，应当对诡谲的美人鱼投下的诱饵保持警惕，她们让人产生错觉，凭借自然赋予她们的天赋，让她们能够用花言巧语迷惑一位或另一位被她们盯上的七旬老人。一句话，通过当即生效的捐赠以直截了当的事实断绝一切陌生人的觊觎。这就是人们所谓的民族的谨慎与智慧！

我在此对你所说的话非常严肃。我相信必须从现在开始着手这两件事：湖滨小住宅[4]，以及布朗施博士广场住宅的捐赠[5]。

我信任你。

致问候

勒·柯布西耶

附：刚刚收到你 9 月 30 日的来信。我请佩蒂[6]与我共同拟定基金会的社会目标，这项工作大概需要几天时间。

---

1 勒·柯布西耶基金会→见致沃特·格罗皮乌斯信 11. 05. 1953 * 信 199 注 1
2 阿尔伯特·让纳雷：勒·柯布西耶的哥哥。→详见收信人目录
3 这一提案没有实现。
4 湖滨小住宅→见致母亲信 20. 01. 1928 * 信 72 注 6
5 →见致欧仁·克劳迪斯－佩蒂信 14. 09. 1962 * 信 305 注 7
6 让·佩蒂：编辑，勒·柯布西耶的朋友。→详见收信人目录

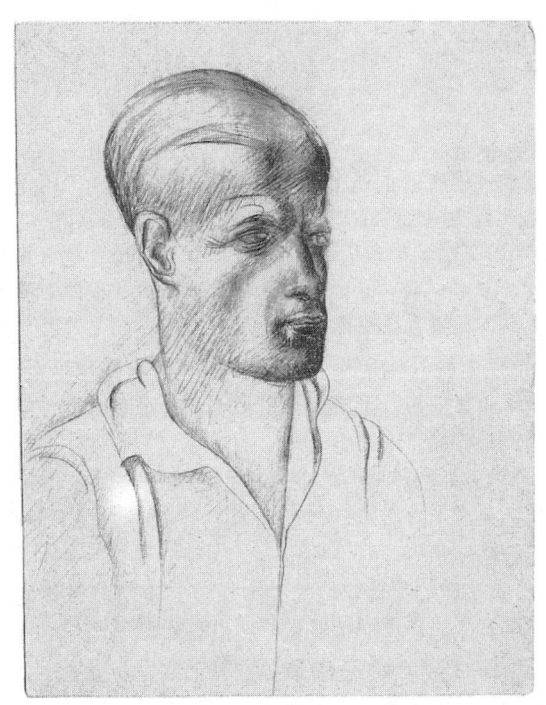

勒·柯布西耶堂弟皮埃尔·让纳雷画像（日期不详）

237 | 1957年10月12日，致皮埃尔·让纳雷信
1957年10月12日

我亲爱的皮埃尔：

　　今天早上收到你7日的亲切来信，给我带来安慰。谢谢。我珍视你的情义。在一束超出想像的强光中，伊凡娜[1]离开了。她仍然留在我心里。

　　此外，我相信可以这样说：对于市政广场[2]工程的结果不应当抱悲观的态度。高瞻远瞩，我们对未来应当有信心。然而，漫不经心将导致前功尽弃，坚持！一项由四五个人的力量发起的事业终将达成辉煌。

　　现在无法确定我什么时候能到昌迪加尔。要等到11月。

勒·柯布西耶

1　伊凡娜·迦丽：勒·柯布西耶的妻子。→详见收信人目录
2　昌迪加尔的市政广场→见致母亲信 17. 11. 1954 ＊ 信 211 注 2

238 | 1957 年 10 月 28 日，致让·洛斯坦信

让·洛斯坦先生 | 巴蒂耶大街 9 号 | 阿莫赫城[i]（塞纳－瓦兹）| 1957 年 10 月 28 日，于巴黎

亲爱的先生：

　　我收到自拉绍德封寄来的在我年逾七旬的时候先生们为我组织的一次展览的目录。

　　我读到您的"向勒·柯布西耶致敬"。拉绍德封的人们很荣幸请到您为展览题献。您的话逼近真理，触及到勒·柯布西耶最深层的意识。这个可怜的家伙一生苦干不停，为了做些关乎人类的涉及生物学的根本的事情；这曾招致学院的反对和抨击……

　　在拉绍德封的展览目录中读到您的话，作为回应，我要向您表达我对您的尊敬，或者，如果您愿意的话，向您作一个更彻底的袒露——我冒昧地借此机会为您献上一本《直角之诗》[1]。这本书由沃维出版社于 1955 年出版，限量发行 250 册。送给您的是编辑留给我的几册中的一本。这本书很沉，分量甚至超出了其所蕴涵的思想的分量！我仅希望以这本书为媒介，向您表达我对您的感激。

　　亲爱的先生，请接受我最美好的感情。

勒·柯布西耶

　　我的秘书将冒昧地给您打电话，询问这本 42×32 的大开本书在何处转交给您方便（而非邮寄）。

1　《直角之诗》→见致母亲信 10. 01. 1948 ＊ 信 151 注 3

i　阿莫赫城（Ville d'Avray）：该城是巴黎的卫星城，距巴黎市中心 20 分钟车程。

239 | 1957 年 11 月 19 日，致雅克·米歇尔信
雅克·米歇尔先生 | 铁钉大街 9 号 | 兰斯[i] | 1957 年 11 月 19 日，于巴黎

我亲爱的米歇尔：

不要担心，不要忧虑，全力以赴！做个棒小伙儿。您是一名优秀的建筑师。过清贫的日子有益无害。去吧，去跟美国的先生们打打交道，在他们的事务所，您将开阔眼界。

附上斯基德莫尔[ii]事务所的简单介绍。（那里有 300 名绘图员；规模极大！）

您的美国之行将是您一生中难忘的经历，或好，或坏……在纽约您将见到斯塔莫·巴巴达奇、尼沃拉、尼兹卡（哈里森事务所总监）、保罗·莱斯特·维纳等人，从他们那里您将谋得生计，在纽约活下去。

在我看来，您不要把时间浪费在美国的其他地方，或试着体验旧金山太平洋沿岸的日光浴。纽约才是必争之地。勇敢些！出发吧！

致真诚问候

勒·柯布西耶

240 | 1958 年 3 月 3 日，致路易·阿尔芒信
路易·阿尔芒先生 | 主席 | 国际铁路联合会 | 普隆尼大街 10 号 | 1958 年 3 月 3 日，于巴黎

亲爱的先生：

两名来自布鲁塞尔的女士，作为代表，邀请我担任建筑组长，负责欧洲机构的建设。她们请我指定一名德国人，一名意大利人，作为我工作的辅助，分享同样的思想。

我了解局势，我可以指定两名人选。而我将代表法国方面。这两位代表对我宣称，这个小组将拥有无上的权力。其中一名代表负责在各国寻找可能的建设用地，她从现在开始将成为受她自己国家（比利时）委派的小

---

i 兰斯（Reims）：位于巴黎东北 142 公里的小城。
ii SOM 建筑设计事务所：美国芝加哥 SOM 建筑设计事务所，成立于 1936 年。路易·斯基德莫尔（Louis Skidmore）和 J·O·梅里尔（John O. Merrill）在芝加哥开始合作，1939 年，N·奥因斯（Nathaniel Owings）加入。事务所按三人的姓氏的第一个字母取名为 SOM。

组的第四名成员。

我不多说了。我周四上午将赴印度待一个月。我将决定"是或否",请原谅我的坦率,但我的"是或否"将取决于您。

我不再有任何充当"英雄好汉"的野心。对于 UNESCO 而言,我是贝壳放逐制度[i]的牺牲品;作为补偿,我被任命为"五人委员会"的首席专家,这个委员会创建的目的是指导建筑师的设计。[1]我认为自己可以这样讲(非常秘密地),如果说目前完成的大厦属于"勒·柯布西耶",那不是没有理由的。实际上,这栋建筑与当下的现代建筑截然不同,鉴于决定其朝向、尺度及有机组织的等级意识。

亲爱的先生,请相信我最美好的感情。

勒·柯布西耶

您的答复将在我印度之旅返回后收到。

---

1 自1951年,勒·柯布西耶为获得巴黎 UNESCO 总部大厦的方案委托所进行的努力以失败告终。几经变故,方案起初委托给了欧仁·博杜安,后来又委托给了贝尔纳·吉尔菲斯、皮埃尔·耐尔维(Pier Luigi Nervi)和马塞尔·布鲁尔(Marcel Breuer)。一个由五名建筑师组成的顾问委员会负责监督方案并向 UNESCO 提出建议。这个委员会的成员包括:勒·柯布西耶、艾耐斯特·罗杰斯、卢西奥·科斯塔、沃特·格罗皮乌斯和斯文·马克利乌斯(Sven Markelius)。

241 | 1958年4月10日,致皮埃尔·博杜安信

皮埃尔·博杜安先生 | 雷恩大街60号 | 巴黎(6°) | 1958年4月10日,于巴黎

我亲爱的博杜安:

昨天,通过您的谈话,您已经稍稍推开了您的一项涉及我的令人兴奋的创举的大门。然而,突然,今天上午我想了想并对自己说:当心!您计划的一部分完全没有实现的可能,我必须向您作如下声明:

---

i 贝壳放逐制度(ostracism):古代雅典人的一种政治措施。当某一公民危及国家的安定时,可不对其控诉而予以流放。规定每年春季召开一次非常公民大会,用口头表决的方式提出是否有要被放逐的人,然后召开第二次公民大会,每个人在贝壳或陶片上写下自己认为应该被放逐的人名。凡被大多数投票认为应该被放逐的人,就被放逐国外10年。

我曾对您提到并重申"勒·柯布西耶巡回展览委员会"是一个以法律为依据而构成的委员会，通过确保展品的安全运输和对各个展览场地的适应，并凭借"经纪人"卡特赞斯坦先生的资助，实现严肃的展览。一份完全符合法律要求且对我有利的合同已在展览委员会和我之间签订。事情开始运作已有14个月了，其间我没有任何哪怕是最微小的担心和忧虑。附带说一句，我近日得知*此次展览惊人的回报，这要归功于我以及展览的组织者。我们不久都将成为亿万富翁！一切都好！！！应当懂得倾听和判断，而不是吞下所有鱼钩。

我现在解释一下。这次巡回展览是一次以建造领域为重点的展览，即，建筑和城市规划。绘画和挂毯只作为补充。如果您也想着手展览，那<u>我不得不禁止您涉及建筑师勒·柯布西耶</u>。您在欧洲可以组织勒·柯布西耶的油画、素描、石版画、水粉画、雕塑，以及挂毯作品的展览，<u>但不可以涉及建筑</u>。（拉绍德封的展览超越了这一限制，通过吉斯伯格出版社出版的《勒·柯布西耶作品全集》中的照片对建筑及城市规划方面的作品进行了展示；结果引发了颇具影响的争论：苏黎世一份重要的报纸称此次展览比勒·柯布西耶巡回展览委员会组织的展览强很多。这是同行之间的竞争，是新闻记者之间的相互挖苦，是笔战！）

自1923年我35岁以来，我创作绘画，但没有通过画廊或博物馆的展览等渠道使人们了解我的绘画及相关的研究……除了个别的例外。评论界完全将我忽略，因为可以说他们从未见过我的作品。我在纽约与皮埃尔·马蒂斯[1]签署了一份合同，将我与三家美国的画廊联系起来。相反，在欧洲则是自由的（德国、斯堪的纳维亚半岛、芬兰、波兰、奥地利、意大利、巴塞罗那、英国、荷兰、比利时、瑞士），还有亚洲（日本、印度），以及非洲那边！好运气！

以上是两三个像你一样的小伙子惊人的工作内容，他们各有所长，但拥有一个共同点，即，统一的艺术观。以我之名，您可以毫不费力地组织展览，并要求接纳展览的城市或机构确保购买承诺（这是问题的关键）。您将有权不支付一分钱，无论对方是谁。我从未为我往昔的画展付过钱（德律艾、莱翁斯·罗森伯格、保罗·罗森伯格、皮埃尔·马蒂斯等人的画廊……阿姆斯特丹博物馆、伦敦当代艺术学会，等等）；我不打算从今开始破例。

您将能够以一定数量的画作构成您的展览，其中一部分在欧洲，另一部分可以暂时从美洲运回来。我还拥有大量的素描、水粉和版画。穆罗[i]已

---

i 穆罗（Mourlot）：世界著名的石版印刷工坊。位于巴黎。

经在着手我20幅石板画的印刷。在里昂的展览中，我用放大到原大的巨幅照片来展示我的壁画作品（瑞士学生公寓，刚刚完成图书室的设施：与壁画相称的珐琅板）。

在您的展览中一方面可以展出挂毯；另一方面，您还可以接到壁画的委托，运用我的方法<u>在这里</u>而非到现场去完成，我了解调整与校准的技术（例如，朗香教堂大门上的珐琅板）。同样，您也能从其他建筑师那里获得挂毯的委托，大型公建的"声学挂毯"，您可以选择在克什米尔这样的地方以较低廉的价格生产。

我可以给您满篇的建议。

但我要向您提两个非常简单<u>非常坚决</u>的要求：您的展览不要穿插在勒·柯布西耶巡回展览之间；不要涉及建筑，<u>出于明智的考虑</u>。您面对一项有巨大商业利益的事业，要以最起码的诚实为基础，不要妥协，不要参与商人的勾当，它们会玷污所有的事物。

这是一个提纲，请您考虑一下！但请您明确：我拒绝一切无论何种形式的与苏黎世展览委员会组织的巡回展构成竞争的展览活动。

致问候

勒·柯布西耶

* 道听途说

---

1 皮埃尔·马蒂斯：亨利·马蒂斯之子，纽约一座艺术画廊的所有者。

242 | 1958年4月22日，致索尔·斯丹伯格、沃特·格罗皮乌斯、马塞尔·布鲁尔、保罗·莱斯特·维纳、斯塔莫·巴巴达奇、契曼耶夫、阿尔博斯、韦尔斯·科茨、密斯·凡·德·罗、尼沃拉信

索尔·斯丹伯格 | 沃特·格罗皮乌斯 | 马塞尔·布鲁尔 | 保罗·莱斯特·维纳 | 斯塔莫·巴巴达奇 | 契曼耶夫 | 阿尔博斯 | 韦尔斯·科茨 | 密斯·凡·德·罗 | 尼沃拉（先生们） | 1958年4月22日，于巴黎

亲爱的朋友们：

非常感谢去年秋天您们把这本美丽的相册寄到我手中，以示友情；那

是在10月6日,我生日的当天。

从您们的国度回来,这份友情的证明为我所珍视,因为它是无私的,是真实的。您们知道您们的国家对我的态度并不友好。我没有被迫害的妄想,但我心里很清楚!

哎!10月6日,10月5日我妻子去世的第二天。所有这些带来一丝安慰,在那些日子里致我生日的问候电报以及友谊的证明与悼念我故去妻子的唁电几乎同时收到。这一切交织在一起,构成一个整体。

再次表示感激。

您们忠实的
勒·柯布西耶

243 | 1958年5月20日,致莫里斯·布塞信

莫里斯·布塞先生 | 法兰西文化学院院长 | 卡尔 – 科普菲尔大街3号 | 因斯克鲁克[i] | 奥地利 | 1958年5月20日,于巴黎

亲爱的布塞先生:

我收到您5月16日的来信,您谈到《直角之诗》[1]。

信中附有索特夫人[2]的译文。我读了译文,她译得很棒。为此,请代我向她表示深深的感谢。

我感动于您友好的忠诚,您为我作品的传播所做的一切;尤其是《直角之诗》,其中蕴涵不少思想,然而有些晦涩的语言构成了一道屏障。

我刚刚收到穆罗[3]送来的正在着手的石版画系列的初印稿。请允许我将它们赠送给您以及索特夫人,并附上一张古旧的我亲手创作的铜版画,这类作品有时被我用作颁布友谊的证书,留给那些深深触动我的朋友们。

您在您的"文化传播领域"之中所做的事非常值得称赞,我"荣幸地"在政府事务中被视为"原则上不受欢迎的人"!不幸的是巴黎的市政官员们对此一无所知:在他们的壁垒之外,公众向着人们真诚给予他们的一切完全敞开了他们的怀抱。

---

i 因斯布鲁克(Innsbruck):奥地利西部蒂罗尔州首府。

亲爱的先生，请相信我最美好的感情。

勒·柯布西耶

---

1 《直角之诗》→见致母亲信 10.01.1948 * 信 151 注 3
2 利丽·索特（Lilly Sauter, 1903~1972）：奥地利艺术史学家，作家，翻译家，恩斯特·贡布里希（Ernst Gombrich）的学生。参与因斯布鲁克法兰西文化学院的一些工作。翻译了《直角之诗》，但未出版。
3 穆罗：世界著名的石版印刷工坊，位于巴黎。勒·柯布西耶的《直角之诗》在这里印刷。

244 | 1958 年 6 月 17 日及 7 月 7 日，致母亲及哥哥信
1958 年 6 月 17 日

亲爱的两位：

周日上午返回巴黎，在罗克布鲁诺公墓度过了一个星期，和贝尔多奇（砖瓦匠，他的儿子是伊凡娜[1]的教子）一起建造了伊凡娜的墓穴。

一个小巢，位于高出我们小木屋 300 米的地方。为了搬运材料，用上了母骡和男人们的肩膀。从周一上午干到周六中午，贝尔多奇完成了挖掘、基础和水泥抹面。

安排妥当！

我本该再次启程去巴格达。但气温！！

我指派了一名助理工程师负责我体育场的方案，那是个大规模的复杂的工程。

昌迪加尔遇到人为的阻碍，皮埃尔在那里竖立了敌人（愣头愣脑的地痞流氓）！但我们的努力还是受到了普遍的认可。（尽管如此，我不会任局势恶化。）

昨天收到你代笔的寄昌迪加尔的老妈的来信。

收到唱片。没有找到 33 转速的唱片机。杜克雷[2]那里有一台。等周六他从哥本哈根回来我去他家。

我埋头于工作。诺[3]棒极了！！完美的家务。我这里一切都好（时常想念您们）。

1958 年 7 月 7 日。20 天过去了。7 月 1 日，我来到拉雪兹神父公墓取出伊凡娜的骨灰盒，驱车前往罗克布鲁诺。杜克雷（和他夫人）驱车

（若非如此＝转运将非常困难）1000 公里。7 月 3 日，周四，上午 10 点，开始下葬。罗伯特[i] 和伊凡娜的七八个好友（一些故交，大都五六十岁）站在墓的周围。揭开顶盖，将骨灰盒放入预留的空腔中。放下一束小小的从拉雪兹神父公墓取下来的我事务所小伙子亨利[4]（他是伊凡娜信任的人）献上的花，放在盒子旁边一起封存起来。人们散去。现在一切又变得有序，恢复了秩序。我有一种平静的感觉，心里想着：她就在那里，"她的家"。1000 公里，往返 2000 公里。柯布 70 岁了！！！

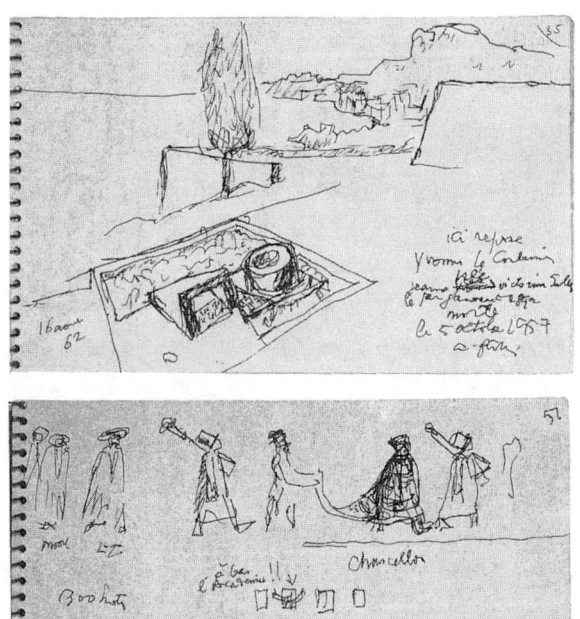

【上】勒·柯布西耶妻子伊凡娜·迦丽墓，位于马丁岬罗克布鲁诺，1965 年勒·柯布西耶的骨灰也安葬于此（1962 年 8 月 16 日）

【下】勒·柯布西耶接受剑桥大学荣誉博士仪式时的队列（1959 年）

---

i 托马斯·罗伯特（Thomas Roberto）：马丁岬海之星小酒馆的老板。→见致伊凡娜·迦丽信 18.07.1952 ∗ 信 188 注 1

你在指挥你的《后宫诱逃》时出了一身的汗！一定酣畅淋漓！

布鲁塞尔的电子诗篇效果很好。我给你出旅费，告诉我你是否可以找到朋友借宿？

我寄出这封分两次完成的信。在伊凡娜的骨灰盒旁边，我预留了自己的位置……

听了你的唱片。有其他人在，我只听了一遍；但我会再听的。注意，你的乐师们似乎没有力气，效果应该可以更好的，或者请专业录音师来灌制？！

致深情问候

您们的爱德华

紧紧拥抱我亲爱的妈妈。我被工作搞得疲惫不堪……

---

1 伊凡娜·迦丽：勒·柯布西耶的妻子。→详见收信人目录
2 保罗·杜克雷：商人，勒·柯布西耶的顾问，朋友。→详见收信人目录
3 诺（Nö）：勒·柯布西耶家的雇工。
4 亨利·布赫（Henri Bruaux）：勒·柯布西耶事务所负责跑腿和采购的雇员。

45 | 1958 年 7 月 15 日，致安德烈·马尔罗信
安德烈·马尔罗先生 | 部长 | 总理代表 | 马提尼翁府[i] | 瓦汉大街 57 号 | 巴黎（7°）|
1958 年 7 月 15 日，于巴黎

我亲爱的马尔罗：

简短言之。布鲁塞尔世博会上的飞利浦馆每天向 12000 名观众（一场 500 人）播放我创造的"电子观演"。我用了两年半的时间来完成这项研究。这是首次电子资源交响式的综合应用。

从此，这将成为向剧作家、社会活动家以及诗人开放的一种新的表达，以一种（特别的）方式对人类的感官起作用，其效果一时间令人震

---

i 马提尼翁府（Hotel Matignon）：法国总理府，是法国历届总理办公的地方。它始建于 1719 年，最早是贵族的官邸。1944 年，戴高乐将它作为法兰西共和国临时政府所在地。1946 年，这里正式成为法兰西第四共和国内阁总理府邸，一直到现今。

惊。布鲁塞尔的"电子观演"长8分钟。听过看过经历过它的人不可能不为所动。

具体的形式多种多样。飞利浦馆是"一种"表达。然而"电子诗篇"却可以在最朴素亦如在最辉煌的背景下上演。您是现代的诗人。我相信在其"放映"期间，您邀请三五好友来布鲁塞尔观看它，将是一件美好的事情。

致友好问候

勒·柯布西耶

246 | 1958年8月25日，致保罗·卡尔内罗信[1]

卡尔内罗先生 | UNESCO | 巴黎 | 1958年8月25日，于马丁岬罗克布鲁讷

亲爱的朋友：

我有一个想法，借此您以及巴西其他的朋友可以向柯布表示您们的友好，还可以为现代建筑增添一块基石。是这样：

主席库比契克[2]先生可以通过安德烈·马尔罗致信戴高乐总理，表示巴西将非常高兴看到由勒·柯布西耶来负责法国驻巴西利亚大使馆的建设，这座建筑将成为屹立在巴西利亚这个杰出地方的生动的法国的证明，法国的思想和艺术的证明，等等，同样也是巴西对勒·柯布西耶（这个屁股被踹出茧子的人）建筑的感激之情的证明。

安德烈·马尔罗[i]及其长官（他的领导）视我为当前建筑及城市规划领域的杰出人物。不出几周，拥有无上权力的总理先生将很高兴地把这项光荣的使命委托给我。一个充满永恒活力的古老国度的现代使馆。

我将于9月1日返回巴黎。这是令人羡慕的机遇也是挑战。

我要补充的是：若克斯和顾夫·德姆维尔[3]一定会同意，关键在于马尔罗。

向您致以亲切问候，并请原谅我的冒昧。

您的勒·柯布西耶

---

i 安德烈·马尔罗：法国作家、政治家。1958年起担任法国总统府国务部长，总理代表。→详见收信人目录

1 参见致卢西奥·科斯塔信 29. 11. 1960 ＊信 281
2 儒塞利诺·库比契克·德奥利维拉（Juscelino Kubitschek de Oliveira, 1902～1976）：1956～1961 年间担任巴西共和国总统。以大规模公共工程闻名，尤其是新都巴西里亚的建设，卢西奥·科斯塔担任城市规划师，奥斯卡·尼迈耶担任建筑师。
3 路易·若克斯（Louis Joxe, 1901～1991），1956～1959 年间担任外交部秘书长。莫里斯·顾夫·德姆维尔（Maurice Couve de Murville, 1907～1999），1958～1968 年间担任外交部部长。

247 ｜ 1958 年 8 月 25 日，致安德烈·马尔罗信
1958 年 8 月 25 日，于马丁岬罗克布鲁诺，海之星

亲爱的马尔罗：
　　首先向您问好，希望您不至于为工作操劳过度。
　　其次为了在"适当的"头脑中明确：解决巴黎问题的关键在于奥塞火车站[1]的治理，即，一场新的体量游戏的展开。
　　哎！后果多么严重！伴随粗暴的行为巴黎将备受蹂躏！直到今天，檐口高度 20 米的限制[i]仍是一道闸门！
　　巴黎的<u>容量分析</u> = 呼吸 = 胸膛、肩膀、肚子……
　　……我的一位朋友对我说乔治·萨雷斯[2]大概已经对您提起过此事。一年或一年半以前，我来到由寄存和保管司监管的奥塞码头[ii]，一名负责建筑的先生（？）接待了我。我受到了怎样的礼遇啊，以至于在码头在新桥上我双眼浸满了泪水。我从未受到过如此的侮辱，粗鲁，<u>粗鲁无礼的行为</u>。

i 巴黎市政当局于 1902 年 8 月 13 日颁布的一道关于建筑檐口高度的限制法令，规定巴黎市内新建建筑檐口高度不得高于 20 米。该法令直至 1967 年才正式废止。1961 年柯布参与"巴黎奥赛火车站改造竞赛"的方案建筑高度达到 100 米以上。
ii 早在 17 世纪时，这里是个货场。1807 年，开始修建奥赛码头（Quai d'Orsay），这项工程耗时一个世纪，到拿破仑一世时期方才结束。1871 年 5 月 23 日，巴黎公社战败的第二天，这一带的建筑被完全烧毁，此后近 30 年都一直是废墟，直到巴黎市政当局在 1900 年世博会之前同意奥尔良铁路公司在奥赛宫废墟上新建火车站。整个工程在两年内完成，于 1900 年 7 月 14 日正式开业，为世博会提供服务。1900～1939 年，奥赛火车站一直是法国南部铁路系统的起点站。然而由于站台太短，无法适应电气化铁路系统发展的需要，1939 年后奥赛火车站只能服务于郊区短途列车。二次大战期间，这里成了专门处理战俘邮件的邮政中心，战后又成为战俘返乡的枢纽，随后这里又作过电影公司的外景地，也作过拍卖场。如今这里已改造成为奥赛博物馆。

439

我哭了，尽管我从不轻易落泪。视线里，右前方，在卡尔塞门[i]前我看到乔治·萨雷斯。我的双脚把我带到那里。我对乔治·萨雷斯讲述了我的遭遇：粗鲁人的巴黎！

之后，我就当什么也没有发生过？巴黎—法国，巴黎—世界，在我肩上，在我心里。我颤抖着！这座愚蠢的美丽的城市！

粗鲁的人用它来做交易，肮脏的交易！但巴黎体量的命运，巴黎体量的命运应当是虔诚的心的对象。

除了虔诚？还有什么！

我认为自己有资格被授权推开这扇迫近行动的决定性的大门。

马尔罗，请原谅，我的信本该结束在第二段。

致问候

勒·柯布西耶

---

1 奥塞火车站→见致乔治·孔伯信 05.04.1957 * 信 230 注 3
2 乔治·萨雷斯（Georges Salles, 1889~1966）：法国艺术史学家，汉学家。巴黎吉美博物馆馆长。1945~1957 年间担任法国博物馆司司长。

248 | 1958 年 11 月 14 日，致约瑟夫·萨维纳信

约瑟夫·萨维纳先生 | Art Celtique | 特雷吉尔（北部滨海省[ii]）| 1958 年 11 月 14 日，于巴黎

我亲爱的萨维纳：

我再次阅读了您 1958 年 10 月 27 日的来信：您打算送您女儿一张挂毯，用来盖在您为她制作的一个大木箱上。

我的看法：

1) 不要把挂毯盖在箱子上；这是犯罪！一张挂毯从地面开始至少 2 米高，否则就不能称之为挂毯。

2) 您将白白浪费很多钱。我可以给您一张 0.95 米长、1.15 米宽的巨

---

i 卡尔赛门（l'Arc du Carrousel）：位于杜乐丽花园入口，有小凯旋门之称。
ii 北部滨海省（Côtes-du-Nord）：这个省在 1790 年成立，原属布列塔尼公国。1990 年名称改成阿摩尔滨海（Côtes-d'Armor）省。

幅粘贴画作为送您女儿的礼物。这是勒·柯布西耶1958年秋天最后的创作，作为您及您女儿的朋友，我为您提供这张画，它将比您的"床前小地毯"强得多，那是我杰出的从事挂毯编织的同事们的下角料。

致友好问候

勒·柯布西耶

249 | 1958年11月17日，致皮耶罗·博尔达里皮信

皮耶罗·博尔达里皮先生 | 建筑学院院长 | （合）米兰理工大学 | 列奥纳多·达芬奇广场 | 米兰 | 1958年11月17日，于巴黎

主席先生：

我从我的朋友沃特·格罗皮乌斯[1]那里得知艾耐斯特·罗杰斯[2]获得候选资格一事。罗杰斯也是我的朋友。我与他相识已有20多年了。

我可以这样对您说，就我个人而言，我一向拒绝所有教师和教授的职位和身份；因为我认为自己不具备这方面的才能。相反，我在罗杰斯那里发现极富人情味的品质，他会解释，会详细说明，会澄清建筑中好的事物与坏的事物。我在这里提到的不是简单的图板上的建筑，而是总体的精神面貌的产物，逐渐表现为技术、造型形式，以及现代文明的建筑的哲学和审美精神。

您的祖国意大利曾在审美、机械、智慧等诸多方面启示了这样一种精神的繁荣。再一次，在现代的氛围里，意大利将再度成为精神领域最具吸引力的世界的中心。

罗杰斯是属于这个时代的人。他是一位杰出的教育家。我能感觉到他的学生以及那些将成为他学生的人是多么幸运。

主席先生，请允许我郑重地对您说：罗杰斯加入米兰建筑学院，在我看来，是件好事。请原谅我冒昧的干预。

主席先生，请相信我最美好的感情。

勒·柯布西耶

1　沃特·格罗皮乌斯→详见收信人目录
2　艾耐斯特·罗杰斯→详见收信人目录

250 | 1958年11月17日,致埃德加德·瓦雷兹信
埃德加德·瓦雷兹先生 | 沙利文大街188号 | 纽约12,纽约 | 1958年11月17日,于巴黎

我亲爱的瓦雷兹:

我想您和我一样都非常繁忙。很遗憾在您离开之前没能去看望您;我要再次对您说,对于您在飞利浦馆电子诗篇[1]中所提供的出色的合作我非常满意。您对所有的褒扬都当之无愧;我宣称您是诗篇的基础,鉴于您精彩的音乐。

我的哥哥(音乐家)也去了布鲁塞尔。(这位72岁的年轻人!)他给我写信描述他的印象。我将他信中涉及您的内容的副本呈给您。

关于飞利浦馆,子夜出版社出版了一本极棒的小册子。其中包含一张抓拍的令人瞠目结舌的照片:你的头和我的头,看上去我们似乎在激烈地争吵——这是从未有过的事,至少在我的记忆中没有;事实恰恰相反。

我向飞利浦的负责人建议将这个展馆及其内部设施再保留5年,在此期间节庆的时候人们可以在这里举行各种展演(见1958年10月3日致亚辛斯基先生信复印件)。然而,民族的智慧认为这将在实际中引发纠纷和意想不到的危险。再一次,天使收起了它本已展开的翅膀!

向瓦雷兹夫人致敬,并向您致以深切的问候。

勒·柯布西耶

---

1 电子诗篇→见致埃德加德·瓦雷兹信 16.06.1957 ∗ 信232 注2

251 | 1958年11月21日,致马塞尔·勒瓦扬信
1958年11月21日,于巴黎

我亲爱的马塞尔:

我隔好久才收到你的信和巧克力!我过着一种令人难以忍受的生活,繁忙的程度达到我能力的极限。

周四,27日,我将乘飞机前往喜马拉雅。在此我要向你表达我真挚的

友情，你是一位永远不变的忠实的朋友。

如今，10月5日和6日[1]，在我的生命里我将这两个日子联系在一起。伊凡娜安息在高出我们小木屋300米的"罗克布鲁诺村镇"公墓之中。从那里可以看到康达米涅[i]，她出生的地方，大海在面前展开……我为她建造了一个舒适的墓穴！

友情，马塞尔。

柯布

---

[1] 1887年10月6日，夏尔·爱德华·让纳雷－勒·柯布西耶出生；1957年10月5日，勒·柯布西耶的妻子伊凡娜·迦丽去世。

252 | 1958年11月25日，致艾耐斯特·罗杰斯信

艾耐斯特·罗杰斯先生 | 《卡萨贝拉》[1] | Via Monte di Pieta15 | 米兰 | 1958年11月25日，于巴黎

我亲爱的罗杰斯：

我翻开《卡萨贝拉》第222期，在第54和55页，我看到一座钢和玻璃的建筑的照片……1908年一个周日的上午，我特意跑去欣赏它；在那个时代，它和其他一些建筑一起已经标志出现代。

1925年，吉迪恩[2]宣称："新精神馆[3]诞生在法国是无法解释的；这是一个不可能的事实。"我回应他："去国家图书馆研究一下法国19世纪的钢和玻璃的建筑，您将看到一些了不起的事物。"于是他写下了一本关于建造的书《钢和玻璃：1926》，我想是的。现在是1958年，离我在巴黎街头研习建筑那段时光已经过去了整整50年，《卡萨贝拉》使我再次想起这段远去的历史。

致友好问候

勒·柯布西耶

---

[i] 摩纳哥（Monaco）全国共分为四区：摩纳哥市（Monaco-Ville）、蒙特卡罗（Monte-Carlo）、康达米涅（Condamine）与方维耶（Fontvieille）。

---

1 《卡萨贝拉》(Casabella)：意大利著名的建筑、家居、家具、工业设计杂志。艾耐斯特·罗杰斯当时担任该杂志主编。
2 西格弗雷德·吉迪恩：建筑评论家，建筑史学家，勒·柯布西耶虔诚的捍卫者。→详见收信人目录
3 新精神馆：建于1925年国际装饰艺术博览会，位于大宫（Grand Palais）附近，代表一种建筑的宣言。一部分由一个别墅—公寓（Immeuble-Villas）的原型构成；另一部分以透视全景图的形式展示勒·柯布西耶的城市规划理论。1977年，一个新建神馆的复制品于在意大利的波伦亚（Bologne）建成。→参见《勒·柯布西耶全集》第1卷第92页，"新精神馆"。

253 | 1958年12月15日，致玛德莱娜·戈索信

玛德莱娜·戈索小姐 | 圣日尔曼大道157号 | 巴黎（6°）| 1958年12月15日，于巴黎

我亲爱的玛德：

您将拥有一台留声机（和我一样老）和一些唱片。它们会使您想起伊凡娜[1]，您曾常与她一起聆听。

附上一个银行账号，作为留声机的修理费，余下的钱可以去买些糖果。

我将出趟远门，1月再回来。

祝新年愉快，向您致以友好问候。

勒·柯布西耶

---

1 伊凡娜·迦丽：勒·柯布西耶的妻子。→详见收信人目录

254 | 1959年1月15日，致勒内·赫伯斯特信

勒内·赫伯斯特先生 | U.A.M. | 里沃利大街107号 | 巴黎（1°）| 1959年1月15日，于巴黎

我亲爱的赫伯斯特：

我上周从印度回来，收到您1月2日的来信，通知我我们的朋友弗朗

西斯·儒尔丹[1]去世的消息。

弗朗西斯·儒尔丹和我，我们彼此之间的友情和好感可以追溯到很久以前（《今日手册》创编的时候），U. A. M. 创办之前。他是个理想主义的、友好的、感性的、慷慨的、利他的人。

哎！死亡构成生命的一部分。到了我这个年纪，叶子在我周围纷纷落下。弗朗西斯·儒尔丹离开尘世的时候一定感到他已完成了他该做的事，这于他是一种内心的喜悦。

我亲爱的赫伯斯特，请相信我最美好的感情。

勒·柯布西耶

---

[1] 弗朗西斯·儒尔丹：建筑师弗朗兹·儒尔丹之子。起初从事绘画，1911 年转向家具设计。1930 年参与创办"现代艺术家联盟"（U. A. M.）。此外，分别于 1927 年和 1932 年参与"苏联之友"及"革命艺术家及作家协会"的创办。

255 | 1959 年 2 月 11 日，致安德烈·马尔罗信

安德烈·马尔罗先生 | 国务部长 | 瓦卢瓦大街 3 号 | 巴黎（1°）| 1959 年 2 月 11 日，于巴黎

部长先生：

广播和电视预告了十万人体育场的建造，作为决定性的国家实力的表征。

一座体育场，十万人坐在那里呐喊，任环境变化，忍受风吹日晒雨淋。这场面一周一次。我承认这样的事物有存在的必要：面包和马戏[i]。

这是 1937 年，我和皮埃尔·让纳雷，我们给自己提出的问题；1937 年国际博览会新时代馆中我们给出了一种解答：一套完整的方案，一个精致的模型，一幅透视全景画。

我们的十万人体育馆名为：

---

[i] 面包和马戏：马戏起源于古罗马时代的斗兽场。当时有"只有面包和马戏"才能使罗马人快乐的说法。早在共和晚期"面包和马戏"（Panem et circenses）就成为新兴权力对民众的刚性承诺，即国家不仅要对公民的物质生活（面包），而且要对公民的精神享受（马戏）提供保障。

"拥有十万参与者的国民欢庆中心"[i]
1. 奥林匹克竞技场
2. 剧院
3. 游行队伍
4. 演说者讲坛
5. 电影院
6. 体操场
7. 用于节日大型表演的四棱台

这个方案发表在吉斯伯格出版社出版的《勒·柯布西耶全集》第3卷，1934～1938年。

还包括三个带环境的在巴黎城市边界植入的提案：万森讷森林，布洛涅森林和尚蒂伊。[ii] 但没有一个提案得到回音。

在如此一个重要的决定将被作出的时刻，我直截了当地提醒您注意一些已有的关于类似计划的研究；这个计划不同于一个体育场：一周一次，在22名球员面前聚集十万名法国人呐喊，并忍受风吹日晒雨淋，而其余6天则闲置（即，一年闲置300天）。

我们的方案将为公众艺术的未来开辟无限前景……在布鲁塞尔的国际博览会上，在距法国馆50米远的地方，我们建成了飞利浦馆。125万名参观者在其中目睹了"电子诗篇"[1]的展开，就此宣告"电子观演"时代的到来。"电子观演"证明10分钟可以征服一群人。

我不乞求也不奢望十万人体育场的建造被委托给我，但我相信自己有责任有义务在这个时候提醒您：像这样的事业应当建立在不仅仅是正当而且是高明的纲领的基础之上。说到底，问题的根源即在于此。（目前我正在为伊拉克政府设计位于巴格达的运动中心[2]，一个综合的体育中心，包括体育场、体育馆、游泳池，等等。）

部长先生，请相信我友好而忠诚的感情。

勒·柯布西耶

附：我冒昧地随本函为您呈上《勒·柯布西耶全集》第3卷（见第90～97页）。

---

i 参见《勒·柯布西耶全集》第3卷第74页，"10万人国民欢庆中心方案"。
ii 万森讷森林（Bois de Vincennes）、布洛涅森林（Bois de Boulogne）、尚蒂伊（Gentilly），分别位于巴黎城市边缘东西南的三处地名，距市中心5～7km。

1 电子诗篇→见致埃德加德·瓦雷兹信 16.06.1957 * 信 232 注 2
2 综合体育中心：包括十万席的体育场、体育馆及游泳池。这个方案由勒·柯布西耶和乔治·普桑德（G. M. Présenté）共同着手。1965 年勒·柯布西耶去世时方案仍未完成，由乔治·普桑德继续负责，于 1980 年建造完成。

256 | 1959 年 2 月 17 日，致莱昂·佩兰信

莱昂·佩兰先生 | 拉绍德封 | 瑞士 | 1959 年 2 月 17 日，于巴黎

我亲爱的佩兰：

你 2 月 1 日的来信令我非常开心，浸透着你对我亲切的情感。

显然，少年时代可以建立足够牢固的友谊，即使由于分离而长久失去音信仍然可以保持。你，我，还有乔治·奥贝尔[1]，我们构成热情的三人小集团；在过去的 50 年之中我时常想起当初的情景。说到 50 年，我不禁有些颤抖；想到我们已经走过人生最重要的部分并即将到达旅途的另一端，太阳在那里落山！不知道那个时候是冬至或夏至。

你对我说，你过着苦行修士般简朴的生活。这是所有做事的人的生活方式，因为精力的分散是创造的敌人。如果我能为你提供什么关于我的情况，我会最诚实地对你说：我每天早上醒来钻进一副傻瓜的皮囊中，晚上我有时给自己一丝安慰，因为一天之中我遇到些比我更愚蠢的家伙……又一次，这是个非常个人化的判断！另一个关于我的特点是几乎每时每刻生活都在迫使我说："我不知道"；以致尽管 50 年的工作让人意识到驴子长出了耳朵，至少形势大不相同了，然而好像转转笼里的松鼠，不知疲倦的行动，却发现仍旧处于原地！

我口授了这封给你的信，放在我上午应处理的邮件之中。我每天上午都有十几或二十几封信要回复，不过它们都不如给你的这般友好亲切！

谢谢你让我有机会重温这段美好的时光。最美好的是我们三个在走廊尽端的画室。我用罐头盒盛满了水放在半掩着的门上，为了欢迎那些不合时宜来打扰我们的好奇的家伙。一天，奥贝尔神父要推门进来——就是他，学校的校长。我有预感，我猛地冲到门口，如果我没记错的话，挨浇的人是我！……

致友好问候

勒·柯布西耶

附1：如果你碰到谢林先生（市长），请替我转达我的歉意，我的毕业文凭放在他那里至今还没有去取。我的确抽不出时间做这件事。这段小小的微不足道的旅程似乎过于复杂，而且我不久又要启程去印度了！

附2：突然，我意识到你也想给我强加另一个文凭。我的皮套筒里已经没有地方了，那里放着我家狗狗的家谱，以及我的学院文凭！这一切是一种可观的泛滥！当然，我同意加入纳沙泰尔学院。私下里，我要告诉你，两年前我拒绝加入法兰西学院。然而，这是另外一件后果更加严重的事。

勒·柯布西耶

---

1 乔治·奥贝尔：画家，勒·柯布西耶青年时期的朋友。→详见收信人目录

257 | 1959年2月24日，致约瑟夫·萨维纳信

约瑟夫·萨维纳先生 | Art Celtique | 特雷吉尔（北部滨海省）| 1959年2月24日，于巴黎

我亲爱的萨维纳：

1）我需要一张图，你那里有原稿（我的蓝图弄丢了）。那是一张铅笔绘制的图，标准图纸大小，您以此为依据制作过一尊雕塑，在附带的草图上用红笔勾勒过轮廓。

我要用这张图制版。您将它交给我保管几日，当然我还会还给您。先向您表示感谢。

2）我给您寄去一张照片，关于我在昌迪加尔完成的一幅画作，是很久以前我为了一尊多色小雕像的制作而绘制的素描新版本。

这张新的画作在我看来足够有气势，适合制成纪念性的雕塑，而且应当具有一定的体量。当然，由我来支付木头的钱，我们一起在巴黎给它上色。

您不认为根据这幅画能做出些什么东西吗？我要提醒您：以字母b标出的部分不是镂空的；那部分就像一个牡蛎壳，白色的，与其他部分的色彩形成对比。

我亲爱的萨维纳，我希望您那边一切都好，您已经开始准备做祖父了吗？我现在正在完成一本书《勒·柯布西耶和他的时代》，一部重要的著

作；其中雕塑占一章，当然这一章也是献给您的。

我希望有机会再见到您。您是最优秀的，您知道我一直非常尊敬您。

向罗斯问好；如果您给您的小儿子写信，一定代我向他问好！！

致友好问候

勒·柯布西耶

附1：我正在准备送给诺拉的粘贴画。

附2：亲爱的萨维纳，请您不要再开玩笑让我担当教父了。我已多次受此殊荣，然而却不具备任何资格，没有尽到责任和义务，完全不称职。因为我自己的生活已着实挤得满满当当，几乎超越了可能的极限！

勒·柯布西耶

1959年4月25日，致戈尔曼·杜克雷信
1959年4月25日，于新德里，中午

亲爱的戈尔曼：

再有一个小时，飞往巴黎的飞机就要起飞了。我一直没有抽出时间给您写信，五周的时间投入辛苦的工作——而非休闲的度假之旅。整天说英语，使我快疯掉了。［日落时分］来杯威士忌！是件惬意的事。

我经常想起您，想起孩子的妈妈。这一页已经翻了过去。展开在面前的将是幸福（有理由相信）。［避免］至少尽量减少让克劳德[1]在可"预见的未来"40年的时间里遭受刺激的可能性，刺激于他是不能承受的。戈尔曼，这对于克劳德来说也许是件极大的好事。在这里，在印度人心中，存在普遍的宗教意识的觉醒。我说<u>意识</u>，而非<u>情感</u>。因为意识更深入存在的本质。

这里的年轻人，尊敬我，将我捧到了天上（云端！）。如果继续发展下去，他们将把我变成一个婆罗门[i]。愚蠢的敌人也迅速增多，但存在一堵情感和力量筑起的高墙。明天上午我再与您细说，还有杜克雷先生。今天，思想的传输不如人的传输那般迅速……这些人是或将成为思想的携带

---

i 婆罗门是祭司贵族，属于印度种姓之一，它主要掌握神权，占卜祸福，垄断文化和报道农时季节，在社会中地位最高。

者和传输者。

印度副总理哈戴克里纳,昨晚我在他家,他送我到门廊下,向我道别。他对我说:"您是一位天才;印度政府将为您效犬马之劳!"

(但没有提及卢比!)

今晚:
柯布
他的眼镜
透过眼镜
印度的月亮像极了伊凡娜——睡在繁星之间,就像卧在一张巨大的草坪上,惹人怜爱。孤单。
I, I excuse me, am sorry
You don't understand, I think the matter is so... and so... and so...
But
Perhaps
Please I am so sorry
I agree... Does not matter...
good nignt
High Level Committee.[i]
湖
"玫瑰湖漫步" =5千米的长堤,风景尽收!
这里是城市的边界。
是我给大坝取的名字!
问候您,您的丈夫及儿子。
友情

柯布

---

1 克劳德·德斯鲁-杜克雷(Claude Desrue-Ducret):戈尔曼·杜克雷(Germaine Ducret)的儿子。这里指的是他受戒一事。→见致克劳德·德斯鲁-杜克雷信20.12.1959 ∗ 信268,及01.01.1963 ∗ 信画信

---

i 此处英文为柯布信中涂鸦。

259 | 1959 年 6 月 8 日,致安德烈·马尔罗信

安德烈·马尔罗先生 | 国务部长 | 瓦卢瓦大街 3 号 | 巴黎（1°）| 1959 年 6 月 8 日,于巴黎

部长先生：

当萨伏伊住宅[1]引发风波的时候我在印度。出发之前我没有介入此事,只是为了回波士顿哈佛大学吉迪恩教授[2]（途经巴黎）的一个电话,询问了一下这座住宅是否准备出售。除此之外,我一无所知,只知道您似乎为来自国外的干涉而烦恼。

为了方便归档,我冒昧在此为您呈上三张照片,它们拍摄于 1930 年。

这座住宅的迷人之处在于它矗立在草坪中央,被自然环抱。偏远和僻静是它吸引人的主要原因。

部长先生,请相信我最忠实的感情。

勒·柯布西耶

---

1 萨伏伊住宅→见致母亲信 25.04.1930 * 信 79 注 12
2 西格弗雷德·吉迪恩：艺术史学家,勒·柯布西耶思想虔诚的捍卫者。→详见收信人目录

260 | 1959 年 6 月 13 日,致丹下健三信

丹下健三先生 |（合）日本大使馆 | 葛尔兹大街 24 号 | 巴黎（16°）| 1959 年 6 月 13 日,于巴黎

我亲爱的丹下：

我收到一封来自《今日建筑》的信,邀请我作为"嘉宾"出席为您安排的晚宴。我不得不回绝,因为我与发出邀请者的关系今非昔比。但是,当然,这丝毫不减损我对您以及您的工作的尊重和重视。

如果在您逗留期间,您能抽出时间我们见上一面,那我将非常高兴。

我亲爱的丹下,请相信我最美好的感情。

勒·柯布西耶

1959 年 7 月 27 日，致布鲁诺·阿尔费埃里信

布鲁诺·阿尔费埃里先生｜《Zodiac》｜曼佐尼大街 12 号｜米兰｜1959 年 7 月 27 日，于巴黎

亲爱的先生：

收到您 7 月 5 日的来信，请我为《Zodiac》撰写几行关于赖特[1]的文字。

"弗兰克·劳埃德·赖特毫无疑问是一位极受尊敬的伟大的人物。我从他那里确切地了解到，他几乎一生都受到嘲讽，突然之间荣誉的号角在美国及世界的天空中吹响。这是他所应得的。

私下里我与赖特并无交往。1937 年世界博览会期间，在巴黎美术学院院长为他和奥古斯都·佩雷准备的宴会上，我坐在长桌的一端，我起身去取甜点，我冒昧地说：'校长，先生们，我在此向当代建筑苍穹中的两颗明星致敬。'

奥古斯都·佩雷坐在美术学院院长的尽左边，赖特坐在尽右边，两人之间的距离大约有 6 米；鄙人在 U 形长桌的另一端。

我们每个人都是一个真实的统一体，顺毛或戗毛，我们为'思想'而战斗，也因'思想'而遭受攻击，在挑战'思想'的同时，他的'思想'也受到其他人的攻击。这是个必然的无限的循环，却不带任何哲学上悲观的色彩。而拥有思想的人，通常是些固执的不妥协的人。

赖特留下不尽的回忆，他留下他的作品。"

亲爱的先生，请相信我最美好的感情。

勒·柯布西耶

---

[1] 弗兰克·劳埃德·赖特：美国建筑师，20 世纪最具影响力的建筑师之一。代表作品有："草原住宅"，东京帝国饭店（1916），流水别墅（1936），约翰逊制蜡公司总部（1939），古根海姆博物馆（1959）。

1959 年 7 月 27 日，致安德烈·马尔罗信

安德烈·马尔罗先生 | 国务部长 | 瓦卢瓦大街 3 号 | 巴黎（1°）| 1959 年 7 月 27 日，于巴黎

提请安德烈·马尔罗部长先生注意

我有义务提醒您注意：在马赛，几位居住单位的居住者正在策划一场阴谋。由于技术和建筑的不足，他们准备向当局和建筑师提起诉讼。为此，共同业主协会的理事安德烈·沃尔梅先生通知我此事，并对我说他打算辞职；将与他一同辞职的还有 MRL 的公务员列奥纳先生，到目前为止一直由他负责马赛居住单位的事宜。沃尔梅先生在我看来是个完美的人，而列奥纳先生做起事来总是全力以赴。

是谁有意重新挑起战斗？

我明确这威胁：一些业主擅自切割楼板和墙壁，全然不顾这样做可能从根本上破坏马赛居住单位完美的声学的解答。

翌日，也就是昨天，我看到一张报纸《新城》（那是一份教会报纸），文中人们感激我在南特－雷泽创造的奇迹，感谢我运用个体和集体的资源安排了无懈可击的家庭生活。个体和集体的资源正是"尺度相当的"居住单位[i]的关键所在（在马赛，在南特－雷泽，在布里埃森林，在柏林，亦如在莫城）。我要提醒您全世界都对马赛抱热情的态度，它的种子已在各地扎根。十几万的参观者为银行家和大厦的共同业主协会带来几百万的收益（当然，建筑师没有碰过一分钱）。

一个能说明问题的事实：一位共同业主擅自将他家的立面（混凝土）粉刷成了黄色，在南立面制造出粗俗的骇人的效果！

总结：探路者遭受痛打，驴子在叫嚷（倘若真的是些驴子，我反倒会对它们很礼貌，因为真的驴子看上去很可爱，而且它们的叫声是不折不扣的荷马式的，是人耳所能听到的最惊人的声音之一。30 年来，我一直梦想着有一位音乐家可以将驴子三倍音高的叫声通过电子直接录音的方式插入到一部交响乐中去！）。

马赛的居住单位，和卢瓦尔的城堡一样，吸引了无数参观者；如今它受到威胁……来自何人的威胁？我对此一无所知，但不应忘记针对这项事业曾展开过残酷的长达 5 年的战斗：以破坏法国风景为由，"法国总体审美协会"曾向我提起诉讼，要求两千万的损害赔偿，这个协会惟一露面的一名成员——一位 84 岁的先生——由于其他原因在诉讼过程中去世。

---

i 参见《勒·柯布西耶全集》第 6 卷第 174 页，"尺度相当的居住单位"。

又一次,是谁?就我个人而言我毫不在乎,然而,相反,现代建筑将再次受到攻击。昌迪加尔的秘书处(各部委所在地)容纳4000名职员,他们在"遮阳"后面工作。在这里,在巴黎,仓促的模仿者们在当前一些规模最宏大的建筑中却忘记了"遮阳"。我们不会忘记1932年(?)前后,《费加罗报》借卡米耶·莫克莱[i]之笔发表了15篇反现代建筑尤以勒·柯布西耶为对象的社论,并以一本标题骇人的书的出版作为这次风波的加冕《建筑要死了吗?》凶手便是敌人!

谨上
勒·柯布西耶

1959年9月26日,致安德烈·马尔罗信

安德烈·马尔罗先生 | 1959年9月26日

我亲爱的马尔罗:

我已返回巴黎。9月10日,值我母亲"百岁生日"之际,您的办公室给我在沃韦的母亲发来了一封贺电,表达了您的祝愿。我深深感动于您如此体贴[友好]的行为!

一个令人感动的仪式在这个往昔(1923年)被宣判为"侵犯自然罪"的湖畔小住宅之中举行,聚集了一群朋友、亲戚、鲜花、贺信和电报。结束了最后的讲话,我挽着老妈的手,把她领到钢琴旁,对她说:"现在,即兴弹奏一曲吧。"音乐响起来!多么动人!

我亲爱的马尔罗,请相信我的友情。

勒·柯布西耶

附上一本《小住宅》[1]

---

1 《小住宅》(Une Petite Maison):1954年吉斯伯格出版社出版(1968年苏黎世建筑出版社再版)。书中介绍了勒·柯布西耶在莱芒湖畔为父母建造的小住宅。附近一个市镇的议会认为这样的房子"侵犯了自然",并明令严禁效仿。

---

i 卡米耶·莫克莱:费加罗报(Figaro)记者。→见致路易·欧特格尔信19. 01. 1943 * 信141 注2

1959 年 10 月 7 日，致安德烈·马尔罗信

安德烈·马尔罗先生 | 1959 年 10 月 7 日，于朗香

亲爱的朋友：

我自朗香给您写信。自 1955 年以来[1]，我还没有再见过这座完工的建筑。我向您保证，这是件动人的作品。

无论远观还是近赏，这里都是一处引发宁静的所在。

"景点委员会"（杜阿梅尔先生，及其他人）拒绝把这里列为受保护的景点（一块和地球的历史一样古老的高地）。

我冒昧地让阿尔弗雷德·卡耐先生[2]（朗香地区的工业家）和勒内·波尔－雷达神甫[3]（管理小教堂的神甫）给您写信——恳切地请求您干预景点的划归[4]。放置教堂装饰物的木棚已经拆除，一切都整洁高尚。如果不有所行动，那么明天或者明年，您将看到一座旅馆拔地而起，破坏这高地，破坏这小山岗。

请相信我

您的朋友勒·柯布西耶

1　1955 年 6 月 25 日，勒·柯布西耶参加了位于朗香的高地圣母小教堂的落成仪式。→见致母亲信 27. 06. 1955 ∗ 信 216

2　阿尔弗雷德·卡耐（Alfred Canet）：工业家，组织小教堂工程的地产业主房地产公司的财务秘书。→见致奥利维尔·梅西昂信 21. 05. 1955 ∗ 信 215 注 3

3　勒内·波尔－雷达神甫（l'Abbé René Bolle-Rédat）：主管朗香高地圣母小教堂的首任神甫，著有《勒·柯布西耶福音书》，塞尔夫（Cerf）出版社 1987 年出版，书中表达了他对勒·柯布西耶作品的虔诚。

4　朗香高地圣母小教堂，1965 年 10 月 5 日列入历史文物清单，1967 年 11 月 8 日正式划归为历史文物。

1959 年 10 月 22 日，致安德烈·马尔罗信

安德烈·马尔罗先生 | 国务部长 | 瓦卢瓦大街 3 号 | 巴黎（1°）| 1959 年 10 月 22 日，于巴黎

提请安德烈·马尔罗先生注意

昨天一位阿尔及尔的信使来看望我，他对我说：

"我的父亲让我告诉您,人们(是些军人)正在谈论拆除卡斯巴[i]。希望您的意见能够被高层了解。"

事实上,卡斯巴是一项建筑及城市规划的杰作。我曾多次在我的著作中提到过,并以图画描述过。目前,这是一座城,其中的房子都有两扇门,一扇在地面,另一扇在屋顶,这户的屋顶与毗邻的屋顶发生关系,从屋顶到屋顶,完全是畅通的。

我的观点:从专业及艺术性的角度来看,卡斯巴是个奇迹,人们无权轻率地牺牲它。阿拉伯人曾实现过杰出的建筑及城市规划(尤其是在卡斯巴)。自莫罕默德征服这座城市以来,来自拜占庭斯坦布尔的巴伯路斯[ii] 加固了卡斯巴。在我所有有关阿尔及尔的规划中(1931~1942年间,我共完成了7份重要的规划方案,当然,全部是无偿的),我对卡斯巴一直保持着虔诚的尊重。

(参见《人类的家》;《勒·柯布西耶全集》第4卷·1938~1946,阿尔及尔指导性规划;《四条路上》及《城市规划的意图》中的草图,等等。)

勒·柯布西耶

266 | 1959年10月24日,致安德烈·马尔罗信

安德烈·马尔罗先生 | 国务部长 | 瓦卢瓦大街3号 | 巴黎(1°) | 1959年10月24日,于巴黎

提请安德烈·马尔罗先生注意:

这段时间人们给我施加了极大的压力,希望我积极参与到建筑教育的改革中去。

---

i 卡斯巴(Casbah):阿尔及尔旧城区统称为"卡斯巴"。卡斯巴,本来是指现在还遗留在山顶上的古城堡。卡斯巴区的山上都有石头垒砌的一二层高的古老房子,中间夹着许多狭窄的、铺着石子的小巷。是典型的麦地那式或伊斯兰式的城市。

ii 巴伯路斯(Barberousse):1516年,西班牙国王斐迪南去引起国内的混乱。趁西班牙难以他顾之机,阿尔及尔城的居民举行起义。起义的头领是阿拉伯人萨里木、图米。萨里木请求巴伯路斯带着他的海盗前来支援。巴伯路斯助了萨里木一臂之力,但起义胜利之后,萨里木当上了阿尔及尔王。这使得巴伯路斯大为不快,巴伯路斯杀死了萨里木,宣布自己是阿尔及尔苏丹,史称巴伯路斯一世。

我不能接受，除非一种可能，即，加入一个人数限制在四至五人的委员会，这个委员会将由知名人士而非建筑的专业人员组成；他们应当掌握：

——现时代的精神，

——机器文明的纲领，

——全面深入的对当前惊人之技术及其后果的认识。

我冒昧地列举他们的名字：部长马尔罗，乔治·萨雷斯[1]，弗朗索瓦·勒·利奥内[2]，及勒·柯布西耶。

我绝不可能加入专业人士组成的委员会，或者领导任何一个部门；我已不在那个年纪，没有那个能力，没有那个兴趣，也没有那个时间。相反，我已经把我的一生奉献给了有关人类问题的研究：居住，以及以人为依据的对领地的规划。

勒·柯布西耶

---

1 乔治·萨雷斯：法国艺术史学家，汉学家。→见致安德烈·马尔罗信25.08.1958 ∗ 信246 注2

2 弗朗索瓦·勒·利奥内（Francois Le Lionnais, 1901～1984）：法国数学家。1960年与雷蒙·格诺（Raymond Qnenean）等人合作创办"潜在文学工作坊"，简称OuLiPo。

267 | 1959年10月27日，致加布里埃尔·瓦赞信

加布里埃尔·瓦赞先生 | 航空-机械公司 | Patures 大街6号 | 巴黎（16°）| 1959年10月27日，于巴黎

我亲爱的朋友：

我大概有34年没有再见到您了！

《三种人类机构》刚刚出版。瓦赞规划[i]构成我研究的一个重要部分的起点。这个以您的名字命名的方案（您还记得吗？）出现在书中第180、181、187页。生活之河在流淌；屁股上挨的脚多了便生出了茧子，思想在风雨后退去了原有的色彩。如今出现了机器文明工作的场所和条件，令人

---

i 瓦赞规划：关于巴黎市中心的一份规划方案，于1925年设计完成，并于同年在装饰艺术世界博览会上，在新精神馆展出。→参见《勒·柯布西耶全集》第1卷第101页，"巴黎瓦赞规划"。

惊异的事物！它们源于偶然性本身：世界在变化，世界已经发生了变化。这一页将翻过去；若非如此，那才是灾难。过去的终将过去！

我亲爱的加布里埃尔·瓦赞，当您在一个离地 100 米的木头盒子里掠过峭壁和海面的时候[i]，您是否想到有一天竟可以运输精确的人，在精确的时间，到达精确的地点。今天，这"精确的人"的运输震惊了整个世界，这是航空学的硕果！

请您——如果您愿意的话——看一看我寄给您的这本书（《三种人类机构》）中的简图。

福瑟斯[1]和我谈起您，我为能够认识您而感到高兴……在法国的某地。借这个机会我要向您问好，并告诉您我这里保存着一份关于您的美好的回忆。当我们命名我们城市规划研究的时候，雪铁龙[ii]拒绝了，珀若[iii]打了退堂鼓，《不妥协者》[iv]也打了退堂鼓。当时我的提议是："汽车毁了城市，当由汽车来拯救城市；你们是否愿意以您们的名字来命名我们在新精神馆[2]展出的规划：巴黎雪铁龙规划，巴黎珀若规划，巴黎不妥协者规划。"最终，我们的方案取名瓦赞规划，这是个多么悦耳的名字。您为我们提供了 25000 法郎，波尔多的弗吕日[3] 25000 法郎，总计 50000 法郎。用这些钱，我们以钢筋混凝土建造了新精神馆：300 平方米的建筑，两层高；一半装备成居住单位[4]的一套标准公寓，另一半用于展示新精神的建筑及城市规划的全景画。一天，这套标准公寓变成了马赛的光辉城市（一个入口门庭，4 部电梯，1600 人居住其中）。继而是雷泽的光辉住宅：1400 人；柏林夏洛登堡的居住单位：2000 人；以及正在建设的布里埃森林的居住单位：1500 人……还有其他目前正在以令人难以置信的高效而大胆的方法实现的作品。

亲爱的朋友，请相信我最美好的感情。

勒·柯布西耶

---

[i] 加布里埃尔·瓦赞（Gabriel Voisin）曾于 1905 年与艾耐斯特·阿奇迪肯（Ernest Archdeacon，法国航空俱乐部创建者）和路易·布莱里奥（Louis Bleriot，飞越英吉利海峡的第一人）共同制造了一架具有莱特的飞行者与盒式翼飞机综合特色的水上飞机。

[ii] 安德烈·雪铁龙：法国机械工程师，于 1919 年创办了雪铁龙汽车品牌。

[iii] 阿尔芒·珀若（Armand Peugeot, 1849~1915）：法国工业家，汽车工业先驱，"法国标致"品牌汽车的创始人。

[iv] 《不妥协者》（l'Intransigeant）：法国一份激进报纸。

1 皮埃尔·福瑟斯（Pierre Faucheux, 1924~1999）：排版工，美术图案设计师，建筑工程承包人。1963年在勒·柯布西耶的事务所工作。
2 新精神馆→见致艾耐斯特·罗杰斯信25.11.1958＊信252注3
3 亨利·弗昌日：法国工业家，佩萨克"现代居住区"方案的资助者。→详见收信人目录
4 居住单位（L'Unité d'habitation）：居住单位是勒·柯布西耶关于集合居住问题所进行的研究的成果。大厦建筑在底层架空柱之上，地面畅通无阻；提高密度，将解放的土地用于绿色空间和体育设施的布置；跃层的单元具备两层通高的起居室；凹阳台提供遮阳；屋顶——露台；公共空间与私密空间紧密而有机的联系。→见致夏洛特·贝茜昂信02.05.1946＊信145注2

268 | 1959年12月20日，致克劳德·德斯鲁-杜克雷信[1]
1959年12月20日，于昌迪加尔

我亲爱的克劳德：
　　我向您道声晚上好，为了即将到来的圣诞之夜。
　　福音书用一种充满光辉的语言描述基督的一生；将思想和爱提升到了顶点……之后是几页恐怖的关于耶稣受难的描写；史诗般残酷的8天，关于人类的罪行与崇高……这牺牲，这死亡，这终结；对于可能的幸福的无限希望是它结出的果实。这希望的种子撒向世界，我以及其他的人们——我们这些人——他们的创作，他们的思想，他们的劳动，他们的忧伤，他们的喜悦。每一个人都有自己的轨迹，自己的命运……亲爱的克劳德，我常常想起，想起您如此温柔的母亲！必须幸福，您和您的母亲——幸福照亮生活的每一天，每一分每一秒；照亮通往彼岸的路。
　　通往彼岸的路，将由我们自己来揭示……
　　我的友情
　　　　　　　　　　　　　　　　　　　　　　　　　　勒·柯布西耶

1 →见致戈尔曼·杜克雷信25.04.1959＊信258，及致克劳德·德斯鲁-杜克雷画信01.01.1963＊信307。

269 | 1960年1月21日,致加缪夫人信

阿尔伯特·加缪夫人 | Madame 大街29号 | 巴黎（6°）| 1960年1月21日,于巴黎

夫人：

我去了印度。在回来的飞机上,在罗马和巴黎之间,我得知阿尔伯特·加缪[1]去世的可怕消息。我一回到巴黎就病了。今天我给您写信,向您表达我最深切的同情。

1931,1932,1933[2],在阿尔及尔,加缪是我们集团的一员,我们曾一同酝酿一场英雄式的冒险！

哎！

夫人,向您致以深深的敬意。

勒·柯布西耶

---

1 阿尔伯特·加缪（Albert Camus, 1913~1960）：法国小说家、戏剧家、评论家。1960年在一场车祸中丧生,享年47岁。
2 这三个年份标志着勒·柯布西耶针对阿尔及尔展开的城市规划研究的开端。→见致皮埃尔·达罗兹信03.06.1954 * 信207及05.02.1957 * 信228

270 | 1960年1月21日,致马克·夏卡尔信

马克·夏卡尔先生 | 《Les Collines》| 旺斯,滨海阿尔卑斯 | | 1960年1月21日,于巴黎

我亲爱的夏卡尔：

我在印度收到雅度[1]的信,邀请我如有可能着手旺斯的夏卡尔博物馆的设计[2]。我刚返回巴黎。

我亲爱的夏卡尔,请不要感到失望,然而如此的一项事业完全超出了我时间及地理的可能性。我现奔波于几个不同的洲,跋涉遥远的距离,着手极复杂规模极宏大的工程。我不得不经常旅行,而且时间不固定。自几年前开始,我不得不谢绝所有私人顾主,因为他们谈及的是个人的建筑,他们翻开一叠厚厚的任务书,每个人都有权要求得到他所理解所感受或揣测到的东西。

到现场去是绝对必要的事：场地,时间,金钱,交流的时间,尤其是

与业主的对话和私下的交谈需要占用一大块可以自由支配的时间。

所有这一切原则上对我来说都是不可能的了，我完全不能够给您的作品带来我希望以及我应当为它带来的东西。

亲爱的夏卡尔，我对您的邀请受宠若惊，并为此再次向您表示感激。请相信我最美好的感情。

勒·柯布西耶

---

1 莫里斯·雅度：路易丝雷希思画廊（Galerie Louise Leiris）历史古迹观察员。→详见收信人目录
2 1966~1972年间，马克·夏卡尔（Marc Chagall）及其夫人将其由10幅油画组成的圣经启示录系列作品（Message Biblique）及一些其他画作捐赠给法国政府。最终，1972~1973年间，收藏这些作品的夏卡尔圣经故事美术馆（Musée Message Biblique Marc Chagall）在法国南部的尼斯（Nice）建造完成，由建筑师安德烈·埃尔芒（André Hermant）设计。

71 | 1960年2月18日，致阿尔伯特·让纳雷信
1960年2月18日

我亲爱的可怜的老兄：

黑色的布满鲜花的灵车，载着我们亲爱的一身玫瑰红安静地躺在盛满鲜花的棺椁中的妈妈，驶上空荡荡的莱温特的街道，雪已经下了厚厚一层，空中还默默地飘着雪花。一辆红色的油罐车驶来，它减慢了速度，跟随着老妈的灵车。所有这一切结束并被掩埋在一片冬日深山的静默之中。

一切都简简单单。两个孤零零的兄弟看着他们的母亲离去。这位耄耋之年的母亲，在70余年的日子里，她的儿子们多么熟悉她那爽朗的笑声。

还记得，老爸和我坐着汽艇回来，年轻的妈妈在岸上等着我们，玫瑰色的裙子，玫瑰色的帽子，偏平的布满绢的玫瑰花。

你的爱德华
问候阿尔伯特

André Wogensky

Cher ami,
J'ai reçu le faire-part de
la mort de votre père. Je vous dis
ici toute ma sympathie. Voulez-vous en
faire part à votre mère si durement frappée.

Vous êtes là, auprès d'elle ; c'est
une grande chance pour elle car vous
êtes un honnête et solide homme.

La mort est la porte de sortie
de chacun de nous. Je ne sais pas pourquoi
on veut la rendre atroce. Elle est
l'horizontale de la verticale : complémentaire
et naturelle.

Croyez, mon cher Wogensky, à
mon amitié
Le Corbusier

19/5/60

1960年5月19日，致安德烈·沃根斯基信

272 | 1960 年 5 月 19 日，致安德烈·沃根斯基信
安德烈·沃根斯基 | 1960 年 5 月 19 日

亲爱的朋友：

我收到您父亲的讣告。在此我向您表示深切同情。并希望您将我的慰问转告您遭受如此沉重打击的母亲。

您在那里，在她的身边，这于她是巨大的安慰，因为您是一位诚实而可靠的人。

死亡对于我们每一个人来说是一扇出去的门。我不理解为什么人们喜欢把它描述得如此残酷。它是垂直线之于水平线：补充的，自然的。

我亲爱的沃根斯基，请相信我的友情。

勒·柯布西耶

273 | 1960 年 6 月 2 日，致《科学与生活》主编信
勒·柯布西耶先生信 | 致《科学与生活》主编先生 | 拉博姆大街 5 号 | 1960 年 6 月 2 日，于巴黎

先生：

我收到您寄来的 1960 年 6 月第 513 期杂志，看到题为《勒·柯布西耶：我将像人们制造汽车那样建造房屋》。

您的文章从技术的角度来讲，完成得很出色，然而文章的结尾出现了一条无法接受的假设："建筑师将变成工程师。"

所以我要求您用一个版面来作必要的更正，配上一幅图画，既可以吸引您的读者，又可以吸引普通大众，尤其吸引从事上面提到的那两种职业的人们：建筑师和工程师。

目前，一本关于我一生，即 50 余年的研究的著作正以多种语言被印刷出版。这本书的最后一页指出一个革命性的事件：持续不断的有成效的对话在建筑师与工程师、工程师与建筑师之间，平等地，以对等的责任和相同的级别为基础展开。这对话是"建造者"之间的对话。

工程师和建筑师——各司其职，各尽其责，各有各的权利和义务——没有他们之间的"持续而有效的"对话，那么这个世界将不会有任何建造。

往昔，在机器文明之初，工程师往往是羞涩的谦恭的；建筑师往往是学院的卓越的自命不凡的。如今工程师变得桀骜不驯咄咄逼人；建筑师却固守在自己的宝座上。冲突爆发，我的示意图带来和平。<u>合作和效率启示建造艺术</u>。

在法国被占领期间[i]，我创办了 ASCORAL[1]。我在一个作为象征的符号中划定了建造者们的任务——建筑师的任务，工程师的任务——彼此关联却又各不相同。我把建筑师的球面安排在上方，工程师的球面安排在下方。

1959 年，在上面提到的这本书中，我把我这幅画旋转了 90°；工程师和建筑师处在同一水平位置，处在同一平面，<u>但彼此承担着不同的责任和义务</u>。

我的结论：

工程师的任务：尊重物理法则，材料力学——材料的限制，演算，安全，（当然由于其他方面的原因还要考虑相对的）经济性。

建筑师的任务：对人的认识和理解，创造性的想像，美，自由的选择（有才智的人）。

同时，在建筑师的球面会浮现工程师的反映：对物理法则的认识。在另一端，在工程师的球面也会浮现建筑师的反映：对人类问题的思考。

示意图中有条纹的面象征工程师的领域，由点构成的面象征建筑师的领域。在这个合成的象征性的符号下方，是两只处于同一平面的兄弟般十指水平交叉的手，将两者团结一致，紧紧联系起来，共同来实现机器文明的设施。这便是"建造者"的标志。

主编先生，向您致以最崇高的敬意。

勒·柯布西耶

---

1 以建筑革新为目的的建造者联盟，ASCORAL→见致加布里埃尔·谢罗信 24.07.1946 ∗ 信 146 注 2

---

i 法国被占领期间（L'Occupation）：特指二战初期，1940～1944 年间德国对法国的占领。

274 | 1960 年 6 月 4 日，致弗朗西斯·奥利特信

弗朗西斯·奥利特先生 | Terrasse Paquin22 | Pontviau，蒙特利尔[i] | 魁北克，加拿大 | 1960 年 6 月 4 日，于巴黎

先生：

从印度回来，我在我办公室的桌子上发现您 1960 年 4 月 22 日的来信。

我认识瓦雷兹[1]是在 1935 年的纽约，在我首次美国之旅的时候。我听他指挥过合唱（如果我没记错的话）。我意识到他身上有某种独特的东西。1956 年，当飞利浦的艺术总监邀请我设计布鲁塞尔飞利浦馆的时候，对我说："您可以完全自由地做您想做的立面……"我的回答是这样的："我不会设计一个展馆，我会创作一首'电子诗篇'[2]以及一个容纳它的瓶子。这个瓶子将作为展馆，这个瓶子将没有立面。"

看到飞利浦的艺术总监卡夫先生（身高接近 2m）站在我面前的时候，我脑子里突然自发地冒出电子诗篇这个概念，即，一个能够通过视—听方法深刻影响人类感觉的作品。好莱坞很久以前就存在交响乐、歌剧，还有书籍、照片和电影；我隐约感觉到，拜电子技术带来的可能的奇迹般的方法所赐，以创造性的方案为基础将诞生某种新的事物：速度，数量，颜色，声音，无限的能量。一切都在闪念之间！如果您发现有人竟能清晰地向您解释一个想法——超出时间和人类意志之外的现象——产生的原因，那您可以让我见识见识！

声音，无限的能量。新的创造在面前展开……我立即想到将近 25 年没有联系的瓦雷兹。这想法如此坚定，以至于可以这样说：如果不是瓦雷兹谱写音乐，我将不会着手这项工作。人们对我说："我们有我们的音乐家，我们有我们的作曲家。"我回答："要么选择他，要么选择不做，而且，我的条件是，必须付给瓦雷兹相称于他的报酬。"这种做法从很大程度上颠覆了像飞利浦馆这样的大房子的通常的经验，然而卡夫先生却非常理解。电子诗篇的实现有卡夫先生很大的功劳。几个月的时间过去了。到时候将由瓦雷兹宣布如何在实验室和埃因霍温的厂棚里安排飞利浦的设备和技术人员。

这让我回想起 1936 年在里约热内卢，我应邀进行巴西大学城的设计[ii]。部长康帕纳姆先生问我："您把音乐学院安排在哪里？"我回答：

---

i 蒙特利尔（Montreal）：位于加拿大魁北克省西南部的城市，是加拿大第二大城市和海港，是仅次于巴黎的世界第二大法语城市。
ii 参见《勒·柯布西耶全集》第 3 卷第 34 页，"巴西大学城规划"。

"音乐会将在这 1 万棵棕榈树环绕而成的巨大的露天音乐厅中间举行。至于教学，根据我的方案，将主要在位于物理学院实验室的工作室里进行。因为声音是一种物理现象，需要像研究物理现象那样被分析被应用被开发（声音，节奏，延缓，加速，减弱，渐强，或温婉，或有力）。物理实验室将是音乐家搞研究搞创作的重要基地……"

瓦雷兹 1957 年 9 月来到埃因霍温，在实验室里工作了七八个月。坦率地说：我完全信任他。我对他说："您将做您想做的；我给您绝对的自由，把您的音乐视为一种围绕着朗诵者的存在，例如，他会读随便一本书或一篇报道，他的耳朵听到外面的声音（手风琴曲，军乐，街头的骚乱，上楼梯或破门的声音）。"我没有命令瓦雷兹与我的脚本保持一致。

我只有一条惟一的强制性的要求：在电子诗篇的正中，我预想了一段骤然的绝对的安静，并闪过一道白光——由此引发听众一阵胃痉挛。结果：一天，在从埃因霍温驶向布鲁塞尔的汽车上，瓦雷兹对我说："我亲爱的柯布，我不能实现这段静默；那恰恰是我乐曲中最喧闹的时刻。"我的回答："行行好吧。没什么要紧！电子诗篇在这个时刻原本也有一些诗句要诵读，它们将被取消，因为这对于作品的统一而言更加有益。"瓦雷兹的倔脾气上来，跟我一样！这段小小的插曲被胶片捕捉下来。在让·佩蒂[i]编辑的"生命力量手册"之《勒·柯布西耶的电子诗篇》中收录的一张照片正是反映这段对话发生时的情景。

瓦雷兹是个恪尽职守的人。他了解他的职业，一个音接着一个音，不可更改，坚持不懈，从头到尾贯彻着坚定的意志。他在他的创作生涯中未曾邂逅司乐的缪斯！他未曾得到她们翅膀温柔的轻抚。我的情况与他相同：没有缪斯翅膀的爱抚，只有拼命的牛马和苦行僧般的工作，坚持不懈，一丝不苟。

瓦雷兹对电子诗篇的贡献令我满意，他起的作用是决定性的，那几乎是整个作品之所以成立的基础。我们共同工作，没有过任何不愉快，一段美好的时光。

述要：为了 480 秒的音乐，瓦雷兹准备了整整 7 个月。他住在埃因霍温的旅馆而非自己的家中，心无旁骛，投入到与飞利浦的技术专家的合作中来。在此正是对这些专家表示赞扬和感激的时候：所有这些正直的勇敢的人，说到底，他们是整个艺术作品的支柱。

勒·柯布西耶

---

i　让·佩蒂：编辑，勒·柯布西耶的朋友。《生命力量》主编。

附：您请瓦雷兹在子夜出版社出版的让·佩蒂编辑的"生命力量手册"之《勒·柯布西耶的电子诗篇》中挑选几张他喜欢的照片。您也可以挑选几张，我将把您的意见转达给摄影师。

1　埃德加德·瓦雷兹→详见收信人目录
2　电子诗篇→见致埃德加德·瓦雷兹信 16.06.1957 ∗ 信 232 注 2

275 | 1960 年 6 月 7 日，致简·德鲁信
简·德鲁夫人 | 格洛斯特广场 63 号 | 伦敦，W1 | 1960 年 6 月 7 日，于巴黎

我亲爱的简：

　　我将绝不可能参加 7 月 5 日举行的毕加索派对。即使我自己的展览我也不会去；我没有那个时间；我没有那个兴趣。我不是热衷频繁社交的人＝我是一个孤僻的家伙。

　　向盛情相邀的朋友表示歉意，致友好问候。

勒·柯布西耶

276 | 1960 年 6 月 30 日，致约内尔·施恩信
约内尔·施恩先生 | 凡尔赛大道 22 号 | 巴黎（16°）| 1960 年 6 月 30 日

亲爱的先生：

　　我满怀兴致地读了您的文章：《关于时下人们对建筑的态度的论述》。您的文章从头到尾充满理性。您接触建筑已有些年头；我接触建筑已有 50 余年。我所经历的一切告诉我要有无限的耐心。现在您们这代人是中坚；您们承担起主要的工作。我小小的创造"三种人类机构"，尤其是"线形工业城市"，跨越国界穿越大陆，在我看来似乎一天比一天更有效更迫切地被需要，以解决当前所面临的问题。

　　亲爱的先生，请相信我最美好的感情。

勒·柯布西耶

附：您们，您们这些年轻人，从哪里搞到这些晦涩难懂的语言？源自东方文学吗？我得承认在您的词汇表面前我感觉自己像头驴子；然而，另一方面，我很高兴自己没有使用它，这使得我与地位低微的人保持联系，他们是我们的对象。

勒·柯布西耶

277 | 1960年9月12日，致皮埃尔·卢吉·耐尔维信

皮埃尔·卢吉·耐尔维教授 | Lungotevere Arnaldo 9号 | 布雷西亚 | 罗马 | 1960年9月12日，于巴黎

我亲爱的朋友：

乔治·普桑德[1]先生和我，在一名绘图员的陪同下，我们希望能够利用一天的时间到罗马一趟，在清场之后参观一下奥运会的设施及空着的场馆。

我们将乘坐9月22日的飞机，23日一天可自由支配，可能24日周六离开。

我亲爱的耐尔维，您是否愿意为我们寻觅一位能够有效引导我们此次参观的年轻人。您大概知道，我正在着手巴格达体育场的方案设计（容纳55000名观众的奥林匹克运动场＋容纳3000～5000观众的游泳馆＋容纳5000～6000观众的体育馆，等等）。

有一些关于内部服务的问题，诸如衣帽寄存、流线、检票（收费入场）、夜间照明。我的所有方案在很久之前业已完成，即将付诸实施。但我仍有种不安，这源自我生活的一个信条，即，我认为总有可能也有必要做得更好（例如，不要忘记给UNESCO的大厦加上遮阳！）。

您将给予我很大帮助，另外我还有一个请求，您是否可以在适当的时候为我们在旅店预定三个单人间，不要排场，不要奢华，我们只要能过夜就好。

在此，我先向您表示深深的感激，请您原谅我给您布置下这项并不十分有趣的任务。

向您致以友好的问候。

勒·柯布西耶

1 乔治·普桑德（Georges Présenté）：1917年出生，工程师，教授，乔治·普桑德研究事务所及菲力普·胡利耶工程有限公司的创始人和董事长。曾在许多方案的研究阶段与勒·柯布西耶合作，诸如：巴西学生公寓（1959），拉图雷特修道院（1960），斐米尼的居住单位（1959~1967），及巴格达综合体育中心的方案。→见致安德烈·马尔罗信11.02.1959 * 信255注2

278 | 1960年9月20日，致勒·盖洛信

勒·盖洛先生 | 塞纳河畔布洛涅市市长 | 安德烈－莫瑞兹大道 | 塞纳河畔布洛涅 | 1960年9月20日，于巴黎

市长先生：

我得知您的市政府将任命一位城市规划师，以组织您广袤的市镇，并为它的繁荣和发展注入必要的活力。现代或是过去的问题在世界范围内已不再被提及。不可能再向后看，历史的车轮义无反顾地向前向着未来。

我的朋友罗歇·奥扎姆[1]先生加入了候选人的行列。我为此感到高兴；我很尊重他，这种尊重以我们长期的合作为基础，他曾在塞维大街35号的事务所工作过7个年头。在被占领期间，奥扎姆先生在参与ASCORAL[2]工作的过程中帮助我完成了《三种人类机构》的图解表达。这本书在解放后出版，并于最近由子夜出版社"生命力量丛书"再版。

您知道，《三种人类机构》向机器文明社会的居民揭示：第三种，一种新的人类机构的诞生，即，"线形工业城市"——请允许我这样说，这将是当前所有国家和地区城市规划所面临的全面混乱的简单而纯粹的解答。

罗歇·奥扎姆长期参与无私的研究，他得以获得对于像您负责的这样的市镇而言非常珍贵的想法。我将这情况告诉您，并请您原谅我的干预。我希望这能对您有所益用。我将随时为您提供咨询（朗吉瑟－高利大街24号）。在莫瑞兹先生任职期间，我曾为圣克卢桥头地区的规划[i]和市府区的治理提出过建议。我这是要告诉您，我对于今天困扰您的问题并非全然陌生。

市长先生，请相信我最美好的感情。

勒·柯布西耶

---

i 圣克卢（Saint-Cloud）：法国上塞纳省城市。位于塞纳河左岸，巴黎以西。→参见《勒·柯布西耶全集》第3卷第48页，"St-Cloud桥头的城市化"。

1 罗歇·奥扎姆（Roger Aujame）：1922年出生，法国建筑师，1940~1949年间勒·柯布西耶的合作者。
2 以建筑革新为目的的建造者联盟 ASCORAL→见致加布里埃尔·谢罗信24.07.1946＊信146注2

279 | 1960年10月12日，致安德烈·马尔罗信

安德烈·马尔罗先生｜国务部长｜文化代办｜瓦卢瓦大街3号｜巴黎（1°）｜1960年10月12日，于巴黎

我亲爱的马尔罗：

苏黎世市政当局将位于从苏黎世湖畔一直延伸至市中心的公园入口处的一块风景极佳的土地70年的使用权授予了一位对我的作品感兴趣的个人，用于在那里建造一座勒·柯布西耶居住之家。在那里，我所有围绕居住之审美问题的研究，融合了自然和几何的赋予日常生活以生命的事物（阳光、空间、绿色），将以一种永久的方式被展示，作为在位于欧洲东西和南北轴的交汇点的苏黎世的中心设立的一座博物馆和信息平台。[1]

地形图刚刚交到我手中，我将毫不迟疑地开始着手此事。这很有意思。在我73岁的时候，这个国家第一次向我做出了一个友好的表示。投来一枚橄榄枝！

我冒昧地将另一件事告诉您：基于另一类审美、技术和精神的纲领，巴西的主席库比契克先生[2]，在他的城市规划师卢西奥·科斯塔[3]和建筑师奥斯卡·尼迈耶[4]的热情支持下，已经向法国政府提出要求由我来负责巴西利亚法国大使馆[i]的建造。巴西利亚，正在建设的巴西的新首都，我的这两位朋友及往昔的合作者（里约热内卢国家教育及公共卫生部大厦）分别担任总规划师及总建筑师。但对于此项任务我可能的介入从未得到过明确的答复，除了一些不实的传闻。我不恳求任何委托和恩典，但我知道在巴西必定有种热忱围绕着我的努力。既然苏黎世以"人类的家"的纲领为基础做出了一个有意义的姿态，那么法国委托我来确保一项有效的精神的表达也许并不为过。

很抱歉打扰您。

---

i 参见《勒·柯布西耶全集》第7卷第11页，"巴西利亚法国大使馆方案"。

我亲爱的马尔罗，请相信我的忠诚。

勒·柯布西耶

---

1 苏黎世市政府将一块土地的使用权授予海蒂·韦伯夫人（Heidi Weber），1967年她在这里在勒·柯布西耶去世后建起了"人类的家"（Maison de l'hommel），该方案由勒·柯布西耶于1964~1965年间拟定。→参见《勒·柯布西耶全集》第7卷第21页，"苏黎士的一个展览馆"；及《勒·柯布西耶全集》第8卷第136页，"苏黎士勒·柯布西耶中心"。
2 儒塞利诺·库比契克·德奥利维拉：见致保罗·卡尔内罗信25.08.1958＊信246注2
3 卢西奥·科斯塔：巴西城市规划师，勒·柯布西耶的朋友。→详见收信人
4 奥斯卡·尼迈耶：巴西建筑师，城市规划师，勒·柯布西耶的朋友。→详见收信人目录

280 | 1960年11月14日，致伯莱斯·桑德拉信
1960年11月14日，于昌迪加尔

亲爱的桑德拉：

听说您近来有恙。自从得知这一消息我便时常想起您。

一个机会允许我给您带去一份小小的"礼物"——用蓝色（以及其他颜色）的丝带捆扎，代表我自喜玛拉雅的一份心意。今年夏天我帮一位买主顺利购得巴托维希[1]位于马丁岬的别墅，其中包含我的6幅画作（往昔无偿绘制的壁画）。我说："您给我些补偿吧，但我向您保证，这补偿将不会有一分钱进入我的口袋……"我没有食言，我为您带来了一份小小的"礼物"。您无需礼尚往来！！

亲爱的桑德拉，为我们真诚的友谊！你还记得：1922年秋季沙龙的展台上，在一幅巨大的城市规划的透视全景画面前，一个家伙走过来对我说："好样的，太棒了！我叫伯莱斯·桑德拉！"这是在遭受一顿痛打之后，我听到的第一声鼓励……

友好地同你握手

你的勒·柯布西耶

---

1 让·巴托维希：法国建筑师，勒·柯布西耶的朋友。→详见收信人目录

281 | 1960 年 11 月 29 日，致卢西奥·科斯塔信[1]

卢西奥·科斯塔先生 | 艺术及历史遗产处 | 国家教育及公共卫生部 | 里约热内卢 | 1960 年 11 月 29 日，于巴黎

我亲爱的科斯塔：

我 24 日从印度回来。法航给我打电话询问我是否参加赴巴西利亚的观光之旅。我拒绝了，因为我一回来就被工作压得喘不过气来。

我给您写这封信是想告诉您，我很希望借最近的机会去巴西利亚看看。关于巴西利亚法国大使馆，我已确定法国政府将把这项建设委托给我。

只盼着一天能有 48 小时，一年能有 400 天！

我常常想起您。我很高兴见到了您可爱的充满激情和幻想的女儿，她从北京回来途经巴黎返回里约热内卢（旅途很愉快！）。

向您及奥斯卡[i] 致以友好问候。

勒·柯布西耶

附：今天上午我收到文化及国务部（马尔罗[ii]）的来信，在信的第三段我得到关于法国大使馆设计委托的明确答复。附上复印件。

---

1 参见致 UNESCO 巴西代表保罗·卡尔内罗信 25. 08. 1958 * 信 246。

282 | 1960 年 11 月 30 日，致莫里斯·雅度信
1960 年 11 月 30 日

亲爱的朋友雅度：

板着的脸，驼着的背，一只死鱼眼，一副破锣嗓，所有这些聚在一起向您道谢，为了您所勾勒的这幅肖像画——一下子，在我生命的秋天，我在异性眼中失去了所有的机会。

该死的肖像画家！

---

i 奥斯卡·尼迈耶：巴西建筑师，城市规划师，勒·柯布西耶的朋友。→详见收信人目录
ii 安德烈·马尔罗：法国作家、政治家。→详见收信人目录

尽管如此不堪,但您用一种温柔体贴的同情包围着这个东西(这个人),使它在晨曦中闪着光。[自青年时起,在拉绍德封(我出生的小城镇)的剧院里听到的一句台词在60年后仍温暖着我的心:"一个小小的锡器柜台……在晨曦中闪闪发光……"]

继而您顺向抚摸:这只刺猬!

这次这只被抚摸的刺猬,敏感而好斗的刺猬,变得像印度的小松鼠那样温顺,转过身来说谢谢,以一种愉快且令人陶醉的语气。

亲爱的雅度,柯布也要对您说声谢谢,为了您在哈德兹[1]的书中用您的天赋和优雅所撰写的那段极友好的序言。这本书的独一无二在于它所汇集的资料,您将从中意识到柯布的天才将编者和作序者紧密地联系在了一起。怎样的天才啊!

诗人的骄傲!

雅度,我开了个玩笑,但我很高兴。每个人都在完成自己的工作,而您的工作完成得尤其出色。

致友好问候

勒·柯布西耶

---

1 热尔·哈德兹(Gerg Hatje):斯图加特出版社编辑,以《Mein Werk》为标题出版了《耐心探索的事务所》(文森特-弗雷勒(Vincent Fréal)出版社1960年出版)的德文译本,其开篇的序言由莫里斯·雅度(Maurice Jardot)撰写。

1960年12月5日,致阿尔伯特·让纳雷信

1960年12月5日,星期一

亲爱的老兄:

你什么时候来这里过圣诞节?请尽快来吧。这将使你恢复活力。你的到来也会令我非常开心。你是否同意留在巴黎呢?

让娜[1]将给你写信,关于录音机的事。飞利浦的制作更为精良。机器将从苏黎世送来,送到沃韦的湖畔小住宅,交到你手上。由我来付款,你不用支付任何费用。大概12月15日前后送到。

迈耶斯坦因(一个大腹便便的家伙),唱片录制部门的主管。我想这

次将获得成功。要抓住这个机会!

我肩头压着沉重的责任。要顶住。1960年12月,又有4本关于柯老爷的书出版。看来我只有与世长辞才能够担保如此之多的著作。

我想你在湖畔小住宅里能够工作得很好、生活得很惬意。你已经整修了老爸老妈的坟吗?你把发票寄给我,我给蒙莫兰[i],让他替我结算。

亲爱的老兄,请原谅我没能及时给你回信。一直没有抽出时间。小心着凉,在锅炉里多添些燃油。

再见老兄

你的柯布

---

1 让娜·海尔布特:1945~1965年间担任勒·柯布西耶的私人秘书。

284 | 1960年12月6日,致路易·卡夫信

路易·卡夫先生 | 飞利浦股份有限公司 | 埃因霍温 | 荷兰 | 1960年12月6日,于巴黎

亲爱的卡夫先生:

我收到为昌迪加尔市政广场加冕的"知之博物馆"的建造委托。这其实是一个"寻求科学解决的电子实验室",一个"咨询、回复、解释、表达的政府中心"[1]。于此,涉及一条我所获得的确定的认识,即,必须借助电子技术才能把这没有边际的繁复的错综的混乱的现代局势看清楚;如果不运用电子学的方法来帮助我们思考,正如它帮助我们计算,那么这混乱的局势将难以被理解。

我的建筑包括一个巨大的在整个平面铺展开来的电子技术人员工作室,上面是4层竖向重叠的电子实验室。流线通向屋顶的一个(政府)国务大厅,朝向风景如画的以喜玛拉雅山为背景的屋顶花园敞开。

我写这封信的目的是:我希望我们能够就以上提到的各个房间相应的设备进行有效的磋商。我的愿望是避免做蠢事。您将给予我极大的帮助。这个在印度得到首次表达的问题,无疑将在世界范围内在每一个总体局势需要得到解答的地方被重复。所以,这是一个极具现实性且紧迫的问题。

---

i 让-皮埃尔·德·蒙莫兰:银行家,勒·柯布西耶的朋友。→详见收信人目录

这是电子诗篇[2]自然的延续。

如果您途经巴黎,那么请您来见我一面,我将很高兴与您探讨这个问题。

致诚挚问候

勒·柯布西耶

---

1 1960年,勒·柯布西耶于此所表达的这个意象,相对于当时电子技术关于认识和判断所提供的可能性而言,过于超前了。"知之博物馆"的方案最终没有实施。→参见《勒·柯布西耶全集》第8卷第64页,"认知博物馆"。
2 电子诗篇→见致埃德加德·瓦雷兹信16.06.1957 * 信232 注2

285 | 1961年3月26日,致阿尔伯特·让纳雷信

阿尔伯特·让纳雷 | 1961年3月26日,于昌迪加尔

亲爱的老兄:

春日里的猎隼

她在前面跑

他在后面追

我收到你1961年3月12日的来信。谢谢。

议会大厦3月6日举行了落成仪式(而非15日),由1500名男男女女(还有驴群)以印度人(类似埃及人)的方式建造而成。

没有电子设备,没有声学设备。

事实上是一座宏伟的宫殿,钢筋混凝土的新艺术。顾主是民主政体:政治家、律师、工人、农民。所有第一次见到它的人都为它窒息……喘不过气来!也就是说目瞪口呆。他们一年有一个月(3月)在此集会,然后又将回到各自的岗位。用了五个月的时间建造完成。真是惊人。这实际上是一座雄伟而大胆的建筑。大胆,即,无所畏惧!

耐心,恒心,细心,非凡的实在的简朴。

我在致阿尔多·达顿的信中这样写道。

我的湖畔之旅?

我乘4月5日从德里途经苏黎世飞巴黎的飞机,将于6日(6时)抵达巴黎。然后坐周六也就是8日的卧车,周日上午抵达沃韦。听阿尔多·

达顿录制的唱片,看 4 月 9 日周日下午的路易·苏提尔[i] 的展览,然后坐 23 点左右的夜车回巴黎。

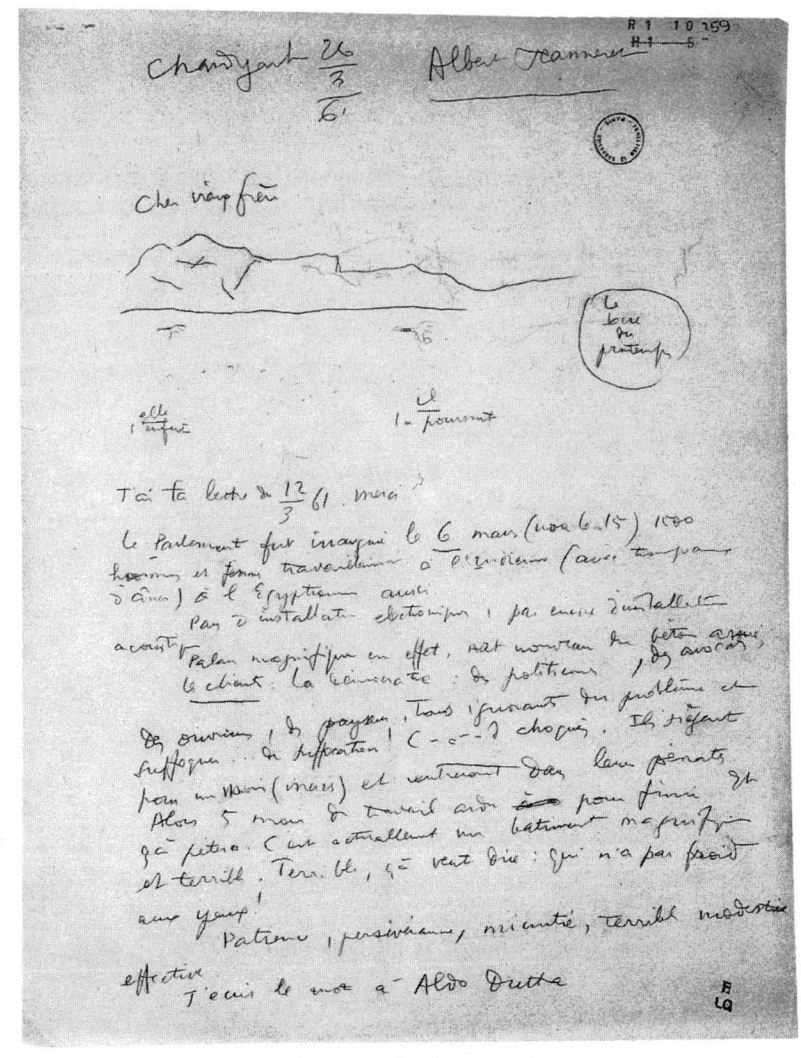

1961 年 3 月 26 日,致哥哥阿尔伯特·让纳雷信(第 1 页)

---

i　路易·苏提尔→详见收信人目录

你知道美国人要为我举行隆重的庆典：在费城接受美国建筑师学会颁发的<u>金质奖章</u>[1]；翌日，4月28日，在纽约，在5000人面前演讲并领受最高荣誉。从一座城市飞到另一座城市。这次庆祝活动——柯布、赖特、格罗皮乌斯、密斯——将持续6周。我将在那里逗留两天。这件事兴师动众：整日接到从华盛顿和纽约打来的电话。我本来拒绝前往，他们恳请道："以国家元首的名义！"

巴黎在等着我，张着它的螃蟹钳！压得人喘不过气来的工作。

人生充满奇特的冒险。我们是一粒沙，一个球，一颗星，一个整体。它滚动，它摩擦，它碰撞，它一面是欢喜，一面是愤怒。我们在各自的球里，每个球都有它自己的轨迹，命运！

可怜的老兄，莱芒湖中的天鹅在交配了吧。这里也是阳光明媚，遍野春花。

我将微笑着聆听你的音乐。我满心喜悦，握你的螃蟹钳子。

你的

---

[1] 勒·柯布西耶1961年被美国建筑师学会授予金质奖章。

286 | 1961年6月8日，致乔治·多扬信

多扬先生 | 加和诺大道18号 | 巴黎（17°） | 1961年6月8日，于巴黎

我亲爱的多扬：

我变得迟钝，而且肚子也起来了！

我刚从印度、美国和意大利回来。

我们是否可以恢复先前的训练？<u>这</u>将使我很开心，而且又将有机会再见到您健美的身材。请给我的秘书打电话，确定两个您认为合适的上午。

致友好问候

勒·柯布西耶

287 | 1961年6月17日，致坂仓准三信

坂仓准三先生 | Akasaka Hinoki-Cho 6号 | Minato-Ku | 东京 | 1961年6月17日，于巴黎

我亲爱的坂仓：

我收到1961年3月1日您从苏黎世寄来的另一封信，关于1961年2月20日在东京松方美术馆[1]结束的巡回展览。

您对我说照片有损坏，模型也有损坏，无法经受海运的颠簸。您宣称惟一的可能性将是我把此次展览的展品作为礼物捐赠给松方美术馆。

这是个棘手的问题。我在此，在巴黎，有道义上的承诺：

1）巡回展览应当在巴黎装饰艺术博物馆落幕。

2）此次展览的物资归我所有，我打算将其赠送给装饰艺术博物馆。装饰艺术博物馆现在准备接受馈赠，因为前任馆长（敌人）辞职了，由克劳迪斯-佩蒂[2]（朋友）取而代之。我的意愿（可能也是我的义务）是将此次展览的展品捐赠给装饰艺术协会，它将欣然接受。

于是，问题在于如何将展览的物资运回法国。我可能会请法国政府负责东京—巴黎的运输。

我信后附上1961年6月3日写给博奥席耶的信的复本，他于6月9日给出了有效的答复。

我亲爱的坂仓，我努力把事情做得尽可能好。巴黎从来都只会用脚踹我的屁股，但这恰恰表明法国的伟大。一粒种子落在法国的土地上，不畏风吹雨打，而且恰恰因为这样，它的根越扎越深。这件事让我们先放一放，等等装饰艺术协会（克劳迪斯-佩蒂）的消息。您知道我对您，以及您富于创造力和勇气的国家深怀好感。

致真诚问候

勒·柯布西耶

---

1 东京国立西洋美术馆：1959年由勒·柯布西耶在东京建造完成，以他的无限生长的博物馆的概念为原型（参见《勒·柯布西耶全集》第4卷第15页，"无限生长的博物馆方案"），这个想法可以上溯到Mundaneum的世界博物馆（参见《勒·柯布西耶全集》第1卷第178页，"Mundaneum方案"）。→见致詹姆斯·约翰逊·斯威尼信27.09.1961 * 信294注2；及致欧仁·克劳迪斯-佩蒂信14.09.1962 * 信305注3

松方幸二（Kojiro Matsukata, 1865~1950），日本商人，曾在法国和美国留学，收藏了大量印象派艺术品和罗丹的雕塑。1939年战争期间这些收藏被法国当局作为战利品没缴，1959年返还日本政府。→参见《勒·柯布西耶全集》第7卷第181页，"东京国家西方美术馆"。

2 欧仁·克劳迪斯-佩蒂：1971~1976年间担任装饰艺术协会主席。→详见收信人目录

288 | 1961年7月10日，致尊敬的奥古斯都-莫里斯·让·科雅克神父信
尊敬的奥古斯都-莫里斯·让·科雅克神父｜《宗教艺术》主编｜塞尔夫出版社｜莫布尔塔大道29号｜巴黎（7°）｜1961年7月10日，于巴黎

我亲爱的神父：

  我收到您6月19日亲切的来信，邀请我参加1961年10月举行的宗教艺术研讨会。遗憾的是我无法给您肯定的回答，因为那个时候我将在印度；另外，我从不参加任何研讨会，因为我既没有时间也没有兴趣。

  此外，我的目的是与您取得联系，探讨我受克劳迪斯-佩蒂[1]之托将在斐米尼建设的教堂的问题。这个设计由他强行委托，但我接受，地形和地理条件是可以的。我完成了一个方案，我希望九、十月份从印度回来可以用一天的时间和您讨论，看您从仪式的角度是否赞同。

  这个方案原则上已被通过。您是否可以抽空来我的事务所一趟？我在此先向您表示深深的谢意。

  我亲爱的神父，请相信我最美好的感情。

勒·柯布西耶

---

1 欧仁·克劳迪斯-佩蒂：勒·柯布西耶虔诚的仰慕者。自1953年起担任斐米尼市市长，在他的帮助下，勒·柯布西耶在这座城市实现了一组重要的建筑，分别于1955~1968年间落成，其中包括：居住单位，体育场—文化中心（参见《勒·柯布西耶全集》第7卷第129页，"斐米尼青年文化中心"；及第134页，"斐米尼—维合特居住单位"）。圣皮埃尔教堂的设计出由勒·柯布西耶和约瑟·乌布赫希（José Oubrerie）于1960年开始着手，1965年勒·柯布西耶去世时仍未动工。在克劳迪斯-佩蒂的坚持下，这项工程于1970年启动；但由于财政困难，在主体工程完成之前被迫停工。

289 | 1961年7月12日，致罗伯特·博尔达斯信
罗伯特·博尔达斯先生｜盖吕萨克大街15号｜巴黎（6°）｜1961年7月12日，于巴黎

主题：莫斯科展览

亲爱的先生及朋友：

  我的脾气并不坏；我也根本算不上苛刻，我只是保持完全客观的态度。

我对您说过我不会给莫斯科展览[1]提供朗香教堂[2]的模型，我已向您解释了原因。关于我可能的参与，我向您明确我的建议并作些补充。我建议您在展厅放置一个70cm×70cm（或其他尺寸）的小桌子，通过封面将《勒·柯布西耶：耐心探索的事务所》一书（文森特－弗雷勒出版社出版）固定在桌子上，提供给参观者翻阅。在上面空着的地方安排另外三本书：《走向新建筑》、《今日之装饰艺术》、《精确性：关于建筑和城市规划的现状》[3]，作为《新精神》三本主要的合集，在35年后，它们由文森特－弗雷勒出版社再版。这些书通过您的加工将拥有纸板封面，以便用小钉子固定在桌面上，正文部分将可以随意翻动。

我不希望有任何"狭隘化"我建筑活动的照片。我的措辞在我看来不是不谦逊，而是客观。如果，万一，它不能使您满意，那么就这样吧，我们依然是朋友。

很遗憾赫尔贝和福舍都没有花更多的时间来跟我讨论这个问题。赫尔贝惟一一次来访的目的是希望我提供一个足尺的莫城居住单位[i]单间的模型，恰恰时值部里在回避此事，似乎要抹去6年来我围绕莫城这项研究付出的所有努力以及11万新法郎[ii]的费用。我的口袋已经空了，我没法给自己提供这笔惊人的开支。

亲爱的朋友，请相信我最美好的感情。

勒·柯布西耶

附：如果有机会到俄罗斯，我希望介入我提出的住宅问题；关于这个问题我四处碰壁，我所有的创举都宣告无效。30年来，我在巴黎以及它的周边地区没有盖起过一栋住宅！！！

勒·柯布西耶

1　莫斯科展览（Exposition de Moscou）：此次展览的组织工作由罗伯特·博尔达斯（Robert Bordaz）负责。
2　朗香教堂→见致母亲及哥哥信10.12.1950＊信169注8
3　《走向新建筑》，《新精神》合集，克莱斯出版社1923年出版；《今日之装饰艺术》，《新精神》合集，克莱斯出版社1925年出版；《精确性：关于建筑和城市规划的现状》，《新精神》合集，克莱斯出版社1930年出版。

---

i　参见《勒·柯布西耶全集》第6卷第198页，"莫城"。
ii　第二次世界大战后，法国再度发生恶性通货膨胀，法郎同英镑比价跌至接近1∶1000。1960年发行新法郎，确定其币值为旧法郎的100倍。

1961年7月12日，致安德烈·马尔罗信

安德烈·马尔罗先生 | 国务部长，文化代办 | 国务部 | 瓦卢瓦大街3号 | 巴黎（1°）|
1961年7月12日，于巴黎

亲爱的朋友：

我将这封写给总统先生的信交给您。

我可以告诉您，关于奥赛[1]的问题，我们，我们塞维大街35号[2]的全体成员，作了一套极精确细致而完整的研究。[i] 而我们的敌人，他们将咆哮，将斥我们为巴黎的毁灭者。

奥赛是巴黎体量的要冲。奥赛面向杜乐丽花园[ii]、里沃利路[iii]、协和广场、塞纳河和河上的桥。艾菲尔铁塔是沿塞纳河庄严的游行队伍最后的标桩，多么生机勃勃。这支队伍在几个世纪的过程中组建而成。

我们将成为舆论的众矢之的。但智者将站在我们这边。我将为您效犬马之劳，投入到这无疑是今天在这个国家掀起的最崇高的一场战斗中来。

我希望能够向您展示我们的方案和模型。我完全听命于您。不过我这周没有时间，我明晚离开，7月18日18时从米兰登机，7月20日14时方能返回巴黎。另一次旅行7月28日启程，要到9月初才能回来。

亲爱的朋友，请相信我最美好的感情和赤诚的忠心。

勒·柯布西耶

---

1 奥赛（Orsay）→见致乔治·孔伯信05.04.1957 ∗ 信230注3
2 塞维大街35号：自1924年9月始至1965年8月勒·柯布西耶去世止，这里一直是勒·柯布西耶事务所（1923~1940年间为LC-PJ事务所）所在地。

---

i 参见《勒·柯布西耶全集》第7卷第219页，"巴黎—奥赛"。
ii 杜乐丽花园（Jardin des Tuileries）：杜乐丽花园原为皇后美迪奇的私产，皇后在花园里建杜乐丽皇宫后，杜乐丽皇宫一直都是皇帝皇后的寝宫，后来凡尔赛皇宫落成，皇帝迁出。杜乐丽花园位于卢佛尔宫与协和广场之间，一边依傍塞纳河。
iii 里沃利路（la rue de Rivoli）：地处协和广场和杜乐丽花园的中轴线上。

291 | 1961年7月18日，致伊夫·贝尔多西信
1961年7月18日

你好，伊夫：

这是给你买鱼钩的钱，不要花在雪茄和贝合诺酒上。

你的柯布

附上一张100新法郎的汇票

292 | 1961年8月25日，致约瑟夫·萨维纳信
1961年8月25日，于海之星

我亲爱的萨维纳：

我将试着清晰地提出我曾向您建议过的关于未来几年的想法：雕塑家"勒·柯布西耶和萨维纳"。

我希望您能够收获您在雕塑方面努力耕耘的果实。在这样的阶段：

a) 您艰难的细木工生涯，面对工人和顾主的刁难；

b) 您的才能得到100%的发挥，您的生活焕发新貌，因为这只牵涉您一个人。

b阶段的产品在经济方面的收益应当与a阶段的相当，而且有可能更多更好。

您惟一的开销将是支付一名"可爱的"小工。

而您将成为一名雕塑家。

根据目前的状况有理由相信我们的雕塑作品将找到买主。苏黎世"夹层"画廊举办了一场仅限于两名雕塑家的展览，在特殊的环境中展示（这个画廊就像一个圣所）。专场，那里只有柯布的作品，素描，水粉，剪贴画，油画和雕塑。"柯布的钟声"敲响了：40年的准备，纯粹而无私的艺术的创作：1918～1961。从未以出售为目的。今天，买主找上门来，而且出价不菲。

我希望能与您分享，因为您曾表现出的热心和慷慨。是的，慷慨。

一本大部头的书正在编纂：《柯布—绘画》（柯布—萨维纳的雕塑）。

苏黎世市议会将一块城市公园里紧邻湖边和一条交通要道的土地70

年的使用权授予一位资助人,以建造"柯布西耶之家"[1]。那里的一切更加纯粹:柯布在建筑和城市规划之外,在细节中被证明。(根据我的方案)"夹层"画廊的展品将转移至此。

一座勒·柯布西耶博物馆——但内容将不断更新。

苏黎世＝南北与东西轴线的交点＝一个醒目的欧洲的中心。

我还有来自斯德哥尔摩"艾伦柏格[2]博物馆"的订单:根据我的方案,这里将设立两个柯布展厅展出大幅的油画和雕塑,另外还有马蒂斯和毕加索厅。

我要着手整理萨伏伊别墅[3](第一次在一位艺术家生前他的作品将被划定为历史文物)。这座别墅将变成柯布的博物馆。

目前的关注是在苏黎世建造关于我艺术作品的展览和销售中心,一个专门面向整个欧洲的中心。皮埃尔·马蒂斯[i]在纽约面对美国的买主。我们的雕塑作品将以很高的价格出售。收入的分配:萨维纳一半,柯布一半。

在这样的环境中,我肯定意图 b(后者)于您将成为一扇通向成熟的快乐之门。考虑一下!萨维纳,告诉我您每年收入的实际数字。我将立刻给您一个答复:做,还是不做!

友谊
勒·柯布西耶

---

1 人类的家:这个建筑依据勒·柯布西耶生前的草图,于 1967 年在苏黎世落成。海蒂·韦伯夫人是这个方案的发起人,致力于勒·柯布西耶造型作品的传播与普及。→见致安德烈·马尔罗信 12.10.1960 ＊信 279 注 1. 及致皮埃尔·博杜安信 23.11.1964 ＊信 318 注 1

2 泰奥多尔·艾伦柏格(Theodor Ahrenberg, 1912 ~ 1989):瑞典一位船商的儿子,商人。自 1940 年起,收藏了大量现代艺术作品。经他的顾问,画廊经营者阿涅斯·威兰(Agnés Widlund)的引荐,与勒·柯布西耶取得联系,并委托柯布在斯德哥尔摩建造一座"展览宫殿"用以展示他的部分藏品。勒·柯布西耶于 1961 ~ 1962 年间着手这一方案,但继藏品在一次税务诉讼中被瑞典政府查封之后,方案被放弃;其中发展起来的想法被勒·柯布西耶运用到苏黎世"人类的家"的方案之中。泰奥多尔·艾伦柏格(Theodor Ahrenberg)及其夫人于拉(Ulla)重新组织现代艺术品的收藏,他们的收藏品在不同国家举办的数次展览中被展出。

3 萨伏伊别墅:在避免了被拆除的厄运后,关于这座建筑的使用曾引发多种假设。勒·柯布西耶本人曾考虑将这里变成勒·柯布西耶基金会所在地。于此,勒·柯布西耶似乎也接受"勒·柯布西耶博物馆"的想法,而之前人们常认为他不会赞同这个提议。→见致母亲信 25.04.1930 ＊信 79注 12

---

i 皮埃尔·马蒂斯:亨利·马帝斯之子,纽约一座艺术画廊的所有者。

1961年9月4日，致雅克·克莱尔信

雅克·克莱尔先生｜《巴黎纵横》主编｜拉马丁大街5号｜巴黎（9°）｜1961年9月4日，于巴黎

亲爱的先生：

您最近一期杂志中《共同语》一文提出了一个令人关注的至关重要的问题。

1928年，值拉莎拉兹城堡 CIAM[1] 成立大会之际，我寄给日内瓦的国际联盟一封信，作为 CIAM 的第一篇咨文，提议如下："在世界范围内的所有小学中必须教授一种<u>人造工作技术语言</u>……"这项建议被搁置，没有得到认真的阅读和采纳。盎格鲁－撒克逊人[i]占了上风，将他们的语言强加于人。作为一名50年来忙于国际事务、周游世界不知疲倦的旅行者，我意识到整个世界被语言的障碍所困扰：交流、公文等等。我强调这个词"<u>人造工作技术语言</u>"。这是问题的解答。这种语言取代世界范围内的200种语言，它将使每一位世界公民理解，并且被理解。

往昔，在牛拉车和步行的时代：一小时行进4公里，一个人类群落的范围是30～40公里，在内部人们以方言和俚语相互交流。然而，聪明的人们已经找到使用一种通用语言的方法：拉丁语使欧洲得以存在。

今天，联合国是主宰，组织各种国际会议、国际研究团体，等等，有可能在实践中制订一种人造语言，这种语言将在有效的新词的使用之中得以丰富。

所有这些就发生在我们眼前，但没有人提出异议。盎格鲁－撒克逊人是主导，他们仍在延用英尺—英寸，由于无穷无尽的换算，这已经成为可怕的羁绊。

埃德加·德·华沃[ii]先生将这种新的语言命名为"共同语"。多么可怕的名称；多么恐怖的字眼！如此的一场冒险无法为自己开辟一条道路，除非有充分的审美与和谐的支持。我顺畅地阅读并非常轻易地理解了您给出的"共同语"的例子："Li introduction del international lingue ne plus es un utopie, ma un problema de practice tecnica. Ma li tecnica exige un lingue de immediate comptrension……"我向德·华沃先生表示祝贺，但为了上帝的爱，

---

i 盎格鲁－撒克逊人（Anglo-Saxon）：被认为是英国人的祖先。
ii 埃德加·德·华沃（Edgar de Wahl, 1867～1948）：教授，语言学家，共同语（interlingue）的发明人和教授者。

希望他能够换个名称。

向您致以真诚问候

勒·柯布西耶

---

1 国际现代建筑年会（C. I. A. M.）→见致让·巴托维希信 19.06.1928 * 信 74 注 2

1961 年 9 月 27 日，致詹姆斯·约翰逊·斯威尼信

詹姆斯·约翰逊·斯威尼先生 | East End 大道 120 号 | 纽约 28，纽约 | 1961 年 9 月 27 日，于巴黎

我亲爱的斯威尼：

最近皮埃尔·马蒂斯[1]对我说："您知道，古根海姆博物馆里没有勒·柯布西耶的画作……"我任对话继续而没有打断，但后来我回想起来，这缺席在美国引起一种判断，即，我的绘画毫无价值；要知道古根海姆博物馆（全世界最"新潮"、最……的博物馆）将其购得的新的画作挂出来在美国是一件决定性的大事。

我没有感到丝毫的忧伤；我不在乎！相反，可以估计到我周围的人，我的朋友是多么地踌躇。

存在选择：

1）这是一位做建筑的画家——做很烂的建筑；
2）这是一位画画的建筑师——画很烂的画。

1947 年，当纽约东河岸联合国总部大厦方案被掠夺之时，由波士顿当代艺术学会（怀特[i]和布劳特[ii]）组织的盛大的柯布展览在波士顿拉开帷幕，原定随即将转展纽约现代艺术博物馆……结果改道旧金山。不需要解释。

皮埃尔·马蒂斯 1956 年组织了"公牛"展。这是一次极棒的展览，包括十五六张巨幅的美丽油画。马蒂斯很诧异地对我说："斯威尼没有来参观，尽管我给他打了许多次电话。"

---

i 弗里德里克·斯托奈赫特·怀特（Frederick Stallknecht Wight, 1902~1986）：波士顿当代艺术学会成员。
ii 詹姆斯·萨克斯·布劳特（James Sachs Plaut, 1912~1996）：波士顿当代艺术学会成员。

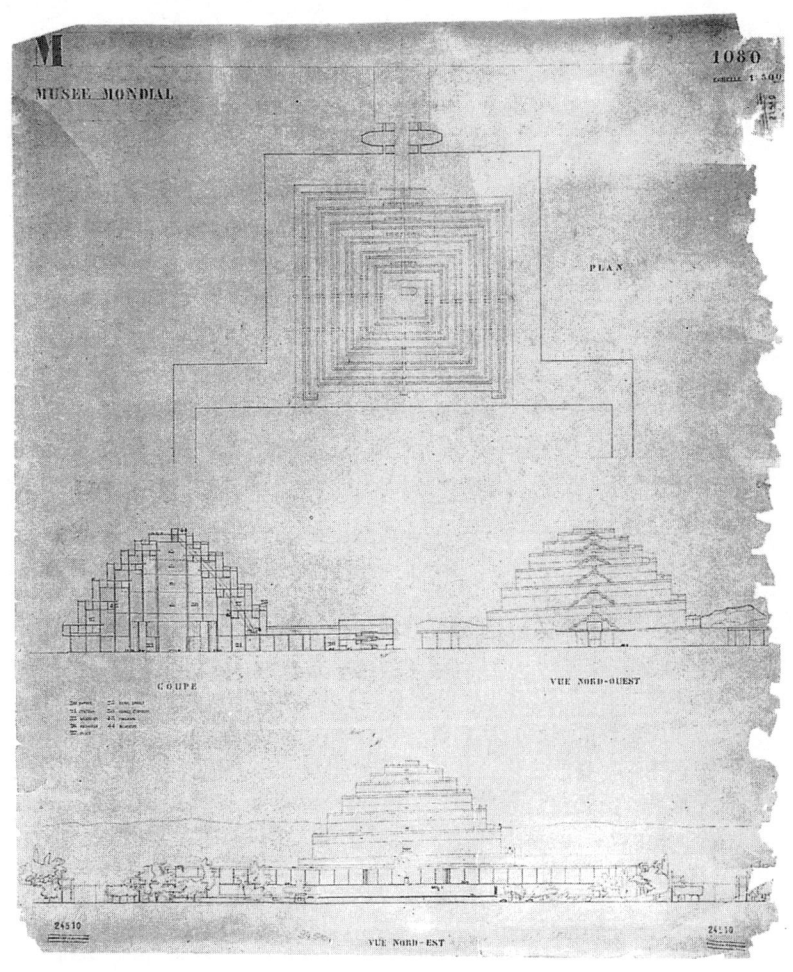

Mundaneum 博物馆方案,平面、剖面、立面(1928 年)

我亲爱的斯威尼,还有一次类似的经历;当时,我没有垂头丧气。那只不过证实了我的观察。美国博物馆的诸负责人来蒙帕纳斯[i]调查巴黎艺

---

i 蒙帕纳斯(Montparnasse):巴黎,塞纳河横贯全城。河右面的陆地称作右岸,河左面的陆地称作左岸。右岸的北郊是蒙马特,左岸的南区是蒙帕纳斯,这两块遥遥相望的高地,20 世纪初,是各国青年艺术家生活和创作的地方。

术家的创作环境。巴黎的艺术家们（其中包括我的朋友费尔南德·莱热[i]）说："柯布不给我们委托。"哎，柯布从来没有绘画方面的主顾。"柯布自己画。柯布几乎随处留下他的'壁画'，暴行！他无偿地创作，只为自己开心。这是不可原谅的。柯布是一名建筑师，他应当将绘画委托给我们。"

最近一周在生病，发烧。我翻阅了几个月前人们寄给我的几本书：彼得·布莱克[ii]的《伟大的建造者》、布鲁诺·赛维[iii]的《如何品评建筑》、本杰明·卡瓦略的《巴西以外的建筑师》、乔治·埃弗拉德·凯德·史密斯[iv]的《欧洲新建筑》。一下子，郁结被打开，人们谈到维特鲁维[v]与勒·柯布西耶，米开朗基罗与勒·柯布西耶，作为具备同样心理特质的艺术家。我不在乎所有这些评价，但我提出这样一个问题：像古根海姆这样一座博物馆拥有建筑师—画家［史上（文艺复兴以来）未见的造成恐怖的神召］勒·柯布西耶的一幅画作是不是一种耻辱。博物馆有使命冒险展出个人在自己家中犹豫收藏的作品。设想这效应：古根海姆博物馆里有一幅勒·柯布西耶的画作！同样，他 1920 年的一幅画作被洛克菲勒现代艺术博物馆馆长巴尔先生[vi]买下。这幅画后来转售出去，现装饰在麦迪逊大道齐肯多夫[vii]的办公室里。

我亲爱的斯威尼，我们的交往已有 30 年。您是个非常热心的人，但您羞怯——正如美国人的羞怯。羞怯的人也有胆量，这是他们个性的平衡锤；但羞怯是他们个性的根本特质。——骰子一掷！马拉美[viii]早就说过："骰子一掷，永远避免不了偶然。"因此，马拉美承认，总存在胜利甚至战胜命运的可能性。马拉美这话说得慷慨，然而需要终其一生的抗争，才能

---

i 费尔南德·莱热：画家，勒·柯布西耶的朋友。→详见收信人目录
ii 彼得·布莱克（Peter Blake）：建筑历史学家，著有《与密斯的谈话》及《伟大的建造者》（The Master Builders）等著作。
iii 布鲁诺·赛维（Bruno Zevi）：意大利罗马大学建筑史教授。著有《现代建筑语言》及《建筑空间论——如何品评建筑》等著作。
iv 乔治·埃弗拉德·凯德·史密斯（George Everard Kidder Smith）：美国作家，摄影家。
v 马尔库斯·维特鲁威·波利奥（Marcus Vitruvius Pollio）：公元 1 世纪初一位罗马建筑师工程师。留下一部建筑学巨著《建筑十书》，其内容涉及罗马的城市规划、工程技术和建筑艺术等各个方面。由于当时在建筑上没有统一的丈量标准，维特鲁威在此书中谈到了把人体的自然比例应用到建筑的丈量上，并总结出了人体结构的比例规律。达·芬奇曾为此书写过一部评论，著名的"维特鲁威人"就是他在 1485 年前后为这部评论所作的插图。
vi 阿尔弗雷德·哈密尔顿·巴尔（Alfred Hamilton Barr, 1902~1981）：MOMA 现代艺术博物馆创始人，第一任馆长。
vii 威廉·齐肯多夫：美国著名房地产开发商。→见致欧仁·克劳迪斯-佩蒂信03.01.1950＊信163 注1
viii 斯特芳·马拉美（Stephane Mallarme, 1842~1898）：法国象征主义诗人和散文家。著有《诗与散文》、诗集《徜徉集》等。《骰子一掷，永远避免不了偶然》是诗人 1897 年的作品。

知道我们是否完成了一件有价值的作品（包括我们自己），才能理解这句话的所指。

一日，当马蒂斯向我表达了他的情感，我说："找机会我会向斯威尼提起此事。"今天，这话兑现了。您将拥有这荣誉，让古根海姆博物馆与勒·柯布西耶没有任何干系；正如您已经获得了这荣誉，让一位憎恨绘画的建筑师来设计您的博物馆。[i]

1928年，勒·柯布西耶设计了 Mundaneum[2]，一座结束在上方尖顶的方螺旋形博物馆。纽约的做法正相反：一个倒置的连续的圆螺旋。圆螺旋标志着机器的特征（机器转动，而当它们停下来的时候，便意味着死亡）。

我亲爱的斯威尼，请相信我这封信不带丝毫辛酸。我寄给您这封信，就像寄给您一盒柯达彩卷，关于我所看到的一场表演。

勒·柯布西耶

附一：这封信的复印件将寄给约瑟·路易斯·舍特先生[3]和皮埃尔·马蒂斯先生。

附二：1）我向您指出，马尔罗[ii] 已把萨伏伊别墅[4]划定为历史文物。由于法国依法只能把已故艺术家的作品划定为历史文物，他特别拟定了一条法令给予在世的勒·柯布西耶以特批。

萨伏伊别墅[5]将成为在我指导下由卡苏[6]、多利瓦尔[7]和布塞[8]组织起来的柯布的博物馆。人们将安排周末或一周其他时间的参观，等等。

2）苏黎世这座城市认为我的艺术作品具有一定的价值，将其城市花园（苏黎世奥尔[iii]）中的一块临湖的土地70年的使用权交出，用以建设一座"勒·柯布西耶之家"（人类之家）[9]，为了在那里（苏黎世＝欧洲的中心，东西和南北轴线的交汇点）展示并向欧洲的购买者提供我的油画、素描、水粉、雕塑、剪贴画，等等，这将是我一生设计的最大胆的一座房子，为了它的建设人们甚至还付给我报酬！！！

3）斯德哥尔摩邀请我去考察它授予发起人的四块土地中的一块，以便让勒·柯布西耶为艾伦柏格[10]的收藏建造一座博物馆。其中将包括毕加索和马蒂斯的展厅……还有两个勒·柯布西耶的展厅，展出油画、雕塑、素描，等等，由发起人出资。

---

i 勒·柯布西耶曾经争取过古根海姆博物馆的设计，但后来方案被委托给弗兰克·劳埃德·赖特，于1943~1959年间在纽约建造完成。→见致希拉·蕾贝信03.03.1938 ＊ 信119。

ii 安德烈·马尔罗：法国作家、政治家。→详见收信人目录

iii 苏黎世奥尔（Zurichhorn）：苏黎世的城市公园，位于苏黎世湖畔。

这座博物馆的用地位于市政厅所在的码头，它将建在浮筒之上，就像一条靠在岸边的船。

勒·柯布西耶

---

1 皮埃尔·马蒂斯：亨利·马蒂斯之子，纽约一座艺术画廊的所有者。
2 Mundaneum：一个理想的博物馆和文化中心的方案，采用阶梯状金字塔的形式，在其中，参观者从中心最高点开始参观按照时间顺序展出的作品。勒·柯布西耶于1928~1929年间在保罗·奥特勒的委托下着手该方案，作为世界文化中心的展望。基址初定在日内瓦，后改到布鲁塞尔和安特卫普。(参见《勒·柯布西耶全集》第1卷第178页，"Mundaneum方案")保罗·奥特勒：布鲁塞尔律师，国际和平主义运动的倡导者，国际联合会的创始人，对国际联盟的创建起了积极的推动作用。他围绕以LC-PJ的方案为支持的国际文化城的构想而展开的努力无果而终。
3 约瑟·路易斯·舍特（José Luis Sert，1902~1983）：建筑师，勒·柯布西耶的朋友。→详见收信人目录
4 萨伏伊别墅→见致母亲信25.04.1930 * 信79 注12。勒·柯布西耶于此的描述并不十分准确。一方面，这座别墅于1965年才正式划定为历史文物。1961年，当时安德烈·马尔罗只是向勒·柯布西耶表达了他准备着手申报手续的意愿。另一方面，事实上，萨伏伊别墅完全有可能成为法国第一座在建筑师生前即被划归为历史文物的建筑，因为没有任何法律上的规定禁止，也不需要任何新的立法来支持。正式的划归工作手续通过决议于1965年12月16日完成。
5 勒·柯布西耶于此对萨伏伊别墅可能作为收藏其作品的博物馆的构想表示赞同，但由于其他原因，这一想法没有落实。→见致约瑟夫·萨维纳信25.08.1961 * 信292 注3
6 让·卡苏（Jean Cassou，1897~1986）：作家，艺术评论家。1946~1965年间担任巴黎现代艺术博物馆馆长。
7 贝尔纳·多利瓦尔（Bernard Dorival）：1914年出生，教授，作家，艺术史学家。1941年担任巴黎现代艺术博物馆馆长，1967~1968年间担任总馆长。另外还担任皇家港博物馆（Musée des Granges de Port-Royal）馆长。
8 莫里斯·布塞：德国教授，作家，艺术史学家。→详见收信人目录
9 人类之家：勒·柯布西耶当时正在构思的一个方案，位于苏黎世，发起人是海蒂·韦伯夫人，勒·柯布西耶去世后，于1967年建成。→见致约瑟夫·萨维纳信25.08.1961 * 信292 注1
10 泰奥多尔·艾伦柏格→见致约瑟夫·萨维纳信25.08.1961 * 信292 注2

| 295 | 1961年10月10日，致巴伯罗·毕加索信
1961年10月10日，于巴黎

亲爱的毕加索：

值您80寿诞，向您表达我的友情；
同样还有我的敬意。

勒·柯布西耶

296 | 1962 年 1 月 6 日，致约瑟·路易斯·舍特信

约瑟·路易斯·舍特先生｜系主任办公室｜哈佛大学｜坎布里奇38，马萨诸塞州｜1962 年 1 月 6 日，于巴黎

我亲爱的舍特：

昨天杰拉多·布罗吉尼[i] 和欧金尼奥·巴尔扎恩国际基金会[1]的主席来拜访我。邀请我参加仿诺贝尔式的颁奖学术协会。我以一封信答复他们，信的复印件附在后面。

他们恳请我为他们推荐一名与柯老爹相当的建筑师。只有你可以代表"如此特殊如此多面的身份"（!!!）。

于是我提供了你的地址，但正如巴奴尔吉[ii] 所说"看看吧"。这些人在我看来有点……

仅供参考。

致问候

勒·柯布西耶

---

1 巴尔扎恩基金会：1956 年昂热拉·里娜·巴尔扎恩（Angela Lina Balzan）为了纪念他的父亲欧金尼奥·巴尔扎恩（Eugenio Balzan）而设立。自 1961 年起，该基金会每年向世界范围内在文化、科学与人道主义领域有杰出贡献的个人颁发四项大奖。欧金尼奥·巴尔扎恩（1874~1953），反法西斯主义者，米兰《晚邮报》（Corriere della Sera）的编辑和所有人。

297 | 1962 年 2 月 14 日，致亨利·布赫信[1]

1962 年 2 月 14 日

亨利：

不要气馁。要有耐心，有信心。您会康复的。医生会找到办法的。

我们抱有对您真诚的友谊。

不要担心费用：请把发票寄给我。

---

i 杰拉多·布罗吉尼（Gerardo Broggini）：米兰大学教授。
ii 巴奴尔吉（Panurge）：弗朗索瓦·拉伯雷（Francois Rabelais, 1494~1553）《巨人传》中的人物。

如果我的夫人还在世，她一定会去医院看望您，逗您开心。
向您致以问候

勒·柯布西耶

1　参见致亨利·布赫信 09. 01. 1964 * 信 314；23. 11. 1964 * 信 318 及 02. 04. 1965 * 信 322。

298 | 1962 年 3 月 5 日，致欧仁·克劳迪斯－佩蒂信
欧仁·克劳迪斯－佩蒂先生 | 巴尔斯大街 17 号 | 巴黎（4°）| 1962 年 3 月 5 日，于巴黎

我亲爱的克劳迪斯：

　　这是给伊莎贝尔和"她的另一半"让·吕克的礼物，一个似乎专门为这场景而制作的珐琅的盘子。没有任何象征意义，只是"恰巧碰上了"。

　　请您，以新娘父亲的身份，将这份代表我心意的微薄礼物交给梅尔·伊莎贝尔，并转告我对她的祝贺。这奏响的是人生交响乐的第二乐章，我真希望自己是新郎，但我恐怕已不在年纪了！

　　向克劳迪斯夫人致敬，并向您全家致以问候。

勒·柯布西耶

299 | 1962 年 5 月 17 日，致约内尔·施恩信
约内尔·施恩先生 | 凡尔赛大道 22 号 | 巴黎（16°）| 1962 年 5 月 17 日，于巴黎

　　城市规划是一个时代活力的表达。
　　建筑是一个时代精神的表达。
　　巴黎是法国的首都，欧洲的眼睛，被全世界人所钟爱的伟大的城市。到目前为止，它是和谐的。如今，人们正用可以友好地定义为无聊的创举伤害它。人们称之为"竖向发展"。人们将其四处散播。巴黎变成了美国或南美洲的某座城市：一只刺猬。
　　50 年来周游世界，对巴黎的情况进行了 40 余年的研究，让我来告诉

您我的所见、我的观察、我的思考，以及我的判断。

40年来，我不断提出建筑和城市规划的建议。这些建议已为众所周知。我带来了建设性的素材，以及这里的人们请我发出的一条宣言，即，<u>混乱侵袭了建筑和城市规划</u>。

请对1918年以来一战后的重建作一总结，看看这个时期的建筑和城市规划作品……

如何？？？

再对1944年二战后的建设作一总结，看看近些年来法国的重建……又如何？？？

结论不是悲观的；而是令人震惊的！

我不是个上了年纪嘟嘟囔囔爱发牢骚的人；我是一名纯粹的建造者。

致问候

勒·柯布西耶

300 | 1962年6月，致伊夫·贝尔多西信
1962年6月，于巴黎

我亲爱的伊夫·贝尔多西：

我以你教母伊凡娜[1]的名义对你讲话。

今天你就成年了，开始成为一个男人。今后，要由你自己来判断你自己的行为：真实，还是虚伪。

要真实。

终其一生要保持<u>诚实</u>。

在你心里，由你自己来判断你是否是<u>一个人</u>，一个了不起的人。

紧握你的手。伊凡娜也会拥抱你。

你的<u>柯布</u>

勒·柯布西耶

---

1 伊凡娜·迦丽：勒·柯布西耶的妻子。→详见收信人目录

301 | 1962 年 6 月 15 日，致苏菲·达里亚信
苏菲·达里亚夫人 | 路易-布莱里奥码头 102 | 巴黎（16°）| 1962 年 6 月 15 日，于巴黎

夫人：

我收到您 1962 年 5 月 17 日的来信，以及塞格斯出版社寄来的书。

很高兴您对我的题材感兴趣，但，请注意！我不是个随和的家伙。我是个反新闻报道者，也就是说，我是个守时而一丝不苟的人。

这本书的筹备工作要等到 9 月我度假回来才能开始，因为现在我非常忙。

不过我希望先与您见上一面，"认识一下"。明天，周六，11 点半，在我的工作室。

夫人，请相信我最美好的感情。

勒·柯布西耶

302 | 1962 年 7 月 30 日，致胡安·米罗信
1962 年 7 月 30 日

我亲爱的米罗：

您的展览太美了。它证明了艺术家的一种新的才能：您不再是手持调色板的画匠，而是一种精神，一刻朝向天地间万物敞开的好奇的心。您用眼睛发现，用手创造。一切都在您面前开启。甚至可以感觉到呼吸！经您之手，绽放诗意。

谢谢您的展览，并向您致以问候。

勒·柯布西耶

303 | 1962年8月27日，致保罗及戈尔曼·杜克雷信
1962年8月27日，于马丁岬罗克布鲁诺

我亲爱的杜克雷夫妇：

真想不到您们在柯布的小木屋附近，拥有一座真正的令人难以置信的格拉尔时期的城堡。还有一口85米深的井（令人印象深刻）。

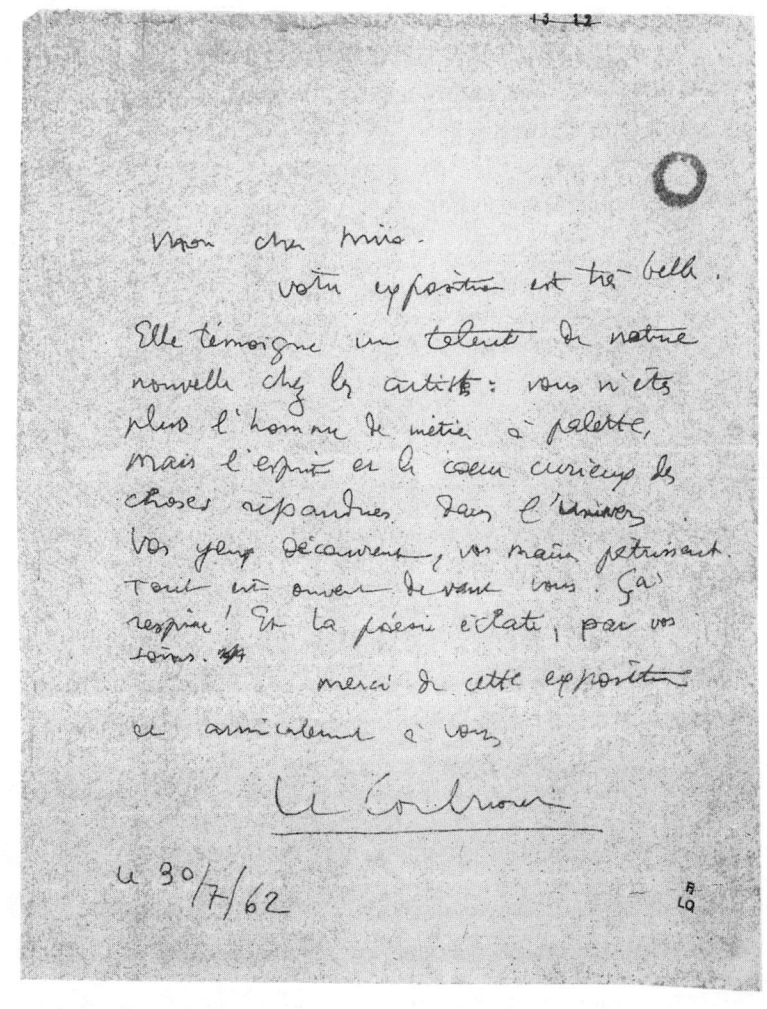

1962年7月30日，致胡安·米罗信

1962年8月27日，致保罗及戈尔曼·杜克雷信您们在献给一对狍鹿伴侣的山谷中的生活"相当惬意"（拉绍德封式的表达）！那小东西，当它跳跃的时候是多么可爱，还有那双迷人的眼睛！

这里的小酒馆[i]要关门了！就像在圣热纳维埃夫图书馆[ii]，人们到时候会喊："关了关了……要关门了！"

我乘周五法航15h的飞机从尼斯返回。诺[1]周五早上到。

不知您们是否愿意找些事做，比如：来24N-C[2]共进晚餐，来奥利[iii]接我*，15：00 + 1/2 旅程 = 16：30 左右抵达奥利。（信息：L1206 航班，8月31日，15h，尼斯）

您们可以上午给诺打个电话（她乘夜车回来），敲定令您们满意的菜单。

好了！

友谊

* 厚着脸皮！！万分感激！！

---

1 诺：勒·柯布西耶家的雇工。
2 朗吉瑟 – 高利大街24号→见致母亲信28.09.1930 * 信82注1

304 | 1962年9月11日，致安德烈·布洛克信
安德烈·布洛克先生 | 主编 | 《今日建筑》出版社 | 巴托迪大街5号 | 塞纳河畔布洛涅 | 1962年9月11日，于巴黎

亲爱的先生：

1）我获悉在您们1962年第4期《建筑+居住》杂志上发表了关于昌迪加尔的文章。

就这篇报道，我1962年6月26日给您写了封信。

---

i 海之星：位于蓝色海岸马丁岬罗克布鲁诺柯布滨海小木屋斜对面的小酒吧。
ii 圣热纳维埃夫图书馆（Bibliotheque Ste Geneviève）：1843～1850年由亨利·拉布鲁斯特（Henri Labrouste）设计。
iii 奥利：巴黎目前第二大机场，位于巴黎南面。

2）同样是在《建筑＋居住》杂志上，您们还发表了关于斐米尼－维合特的教堂[i]、体育场和青年文化中心[ii]的文章。

您没有做到起码的礼貌和尊重给我寄一本发表了以上文章的杂志。您这么做也未经我的授权。

我恳请您将有关的那期寄给我，我将看看是否需要做些什么。

亲爱的先生，请接受我真诚的敬意。

勒·柯布西耶

305 | 1962年9月14日，致欧仁·克劳迪斯-佩蒂信[1]

欧仁·克劳迪斯-佩蒂先生 | 巴尔斯大街17号 | 巴黎（4°）| 1962年9月14日，于巴黎

亲爱的朋友：

1930年，我给塞孚[2]写了一封公开信[iii]，发表在他的杂志上。我为他无偿提供了一个方案："无限生长的博物馆[3]。"一个打算在巴黎的郊区在土豆和甜菜地里建起的方案。

1939年，我为北非城市菲利普维尔拟定了一个"无限生长的博物馆"的方案[iv]，后因战争而放弃。

第一个方案发表在吉斯伯格出版社《勒·柯布西耶全集》第2卷，第72页。

第二个方案发表在吉斯伯格出版社《勒·柯布西耶全集》第4卷，第16、17、19、21页。

如今，在爱伦巴赫，在国际的一个交汇点，在田野间，我正为德国人实施这一方案。[v]他们拥有一个出色的委员会和一个清晰的纲领，您将在他们刚刚寄给我的公报（他们的成员人手一份）中读到。我给您写信以便这公报直接寄到巴尔斯大街，寄到您手中（我只收到一份，附

---

i 参见《勒·柯布西耶全集》第7卷第135页，"斐米尼-维合特的圣皮埃尔教堂"。
ii 参见《勒·柯布西耶全集》第7卷第129页，"斐米尼青年文化中心"。
iii 参见《勒·柯布西耶全集》第2卷第63页，"当代艺术博物馆"。
iv 参见《勒·柯布西耶全集》第4卷第15页，"无限生长的博物馆方案"。
v 参见《勒·柯布西耶全集》第7卷第163页，"爱伦巴赫国际艺术中心"。

在信后)。

您应当理解我前天,9月12日,关于"基金会"⁴的态度。我还没死;我仍是我基金会绝对的主人,直到它正式成立为止。马尔罗办公室的波米⁵拟定了基金会创办协会的章程。

我知道您是柯布的挚友。但"基金会"不应当带有"政治的色彩"。我从未染指政治(尽管我尊重搞政治的人——优秀的人)。我有一个政治的姿态,即"张开的手"。一天为了两种不同的利益而划分世界的两个政党中的一个,希望我加入他们以承担道义上的责任。在那个时候,1951年,在驶向波哥大的飞机上,我画下了这只"张开的手"(关于这个主题,我绘制了150幅左右的图纸,其中包括为市政广场加冕的昌迪加尔的纪念碑⁶)。

我应当召集一次人员会议,包括您,当然如果您愿意参加的话;但名单还有待商榷和讨论。所有这些都是我关注的问题,但并不急迫,慢慢来。一件事,即拉罗歇住宅的捐赠⁷,这里将作为"基金会"的办公地点(萨伏伊别墅⁸将作为基金会⁹的所在地)。

一年前,拉罗歇授予我签署一切公证文件的权利,以便将捐赠的受益人由我过渡给国家。马尔罗办公室的波米找到了合法转让的程序。

自10月10日起,或者稍晚一些,我将占有这场所(拉罗歇住宅),并签署相关文件。

---

1 这封信的旁白处有一段手写的按语,似乎是勒·柯布西耶的秘书所写,据此这封信没有寄发。
2 克里斯蒂昂·塞孚:艺术史学家。《艺术手册》杂志的创办者。→见致让·巴托维希信19.06.1928 ∗ 信74 注3
3 无限生长的博物馆:方案的原则于1929~1930年间确定。这个构思源自 Mundaneum 的研究→见致詹姆斯·约翰逊·斯威尼信27.09.1961 ∗ 信294 注2. ——勒·柯布西耶放弃了棱锥的形式而保留了螺旋的形式。勒·柯布西耶努力寻找机会以实现他无限生长的博物馆的构思。最终他得到三次落实的机会:艾哈迈达巴德(1952~1957)、东京(1952~1957),以及昌迪加尔(1960~1965)。
4 勒·柯布西耶基金会→见致沃特·格罗皮乌斯信11.05.1953 ∗ 信199 注1→见致吉迪恩信(24.11.1953 ∗ 信203)、斯威尼信(16.07.1955 ∗ 信218)、让·佩蒂信(22.05.1957 ∗ 信231)、德·蒙莫兰信(25.09.1957 ∗ 信235 和 01.10.1957 ∗ 信236),及萨维纳信(25.08.1961 ∗ 信292)。
5 米歇尔·波米:法国行政法院审查官,安德烈·马尔罗办公室技术顾问,他在基金会章程的制定和机构筹建的过程中发挥了重要作用。→见致沃特·格罗皮乌斯信11.05.1953 ∗ 信199 注1
6 张开的手的纪念碑:位于昌迪加尔市政广场。→见致母亲信17.11.1954 ∗ 信211 注1→参见《勒·柯布西耶全集》第5卷第145页,"张开的手"。
7 拉乌尔·拉罗歇将自己的住宅捐赠给勒·柯布西耶,以安置勒·柯布西耶基金会。→见致母亲信17.03.1927 ∗ 信64 注3

8 萨伏伊别墅的所有权被收归国有。→见致母亲信25.04.1930 * 信79 注12 及致约瑟夫·萨维纳信 25.08.1961 * 信292 注3
9 勒·柯布西耶基金会是以公益为目的的私人机构,设立在位于巴黎布朗施博士广场拉罗歇—让纳雷别墅中。→见致沃特·格罗皮乌斯信11.05.1953 * 信199 注1

306 | 1962年11月2日,致伯纳德·安托尼奥信
伯纳德·安托尼奥先生 | 特派员 | 国务部文化代办 | 瓦卢瓦大街3 | 巴黎（1°）| 1962年11月2日,于巴黎

亲爱的安托尼奥先生：
　　出于正直和诚实,我要向您指出拉罗歇住宅（1925）以及朗吉瑟—高利大街24号的公寓（1930）由勒·柯布西耶和皮埃尔·让纳雷[1]共同完成。我认为在即将签署的官方文件中,使用我们两人的联名将是正当的。但决定权在您。
　　亲爱的安托尼奥先生,请相信我最美好的感情。

勒·柯布西耶

1 夏尔·爱德华·让纳雷 – 勒·柯布西耶和皮埃尔·让纳雷,这两个堂兄弟,1923~1940年间一直保持合作,这一时期的作品系两人共同完成,而后者常常被忽略。1950年起,为了昌迪加尔的研究及工程的实施,二人再度合作。→详见收信人目录

307 | 1963年1月1日,致克劳德·德斯鲁 – 杜克雷画信

　　两个呆头呆脑的修道士互祝新年快乐,并握握手。
　　1963年元旦

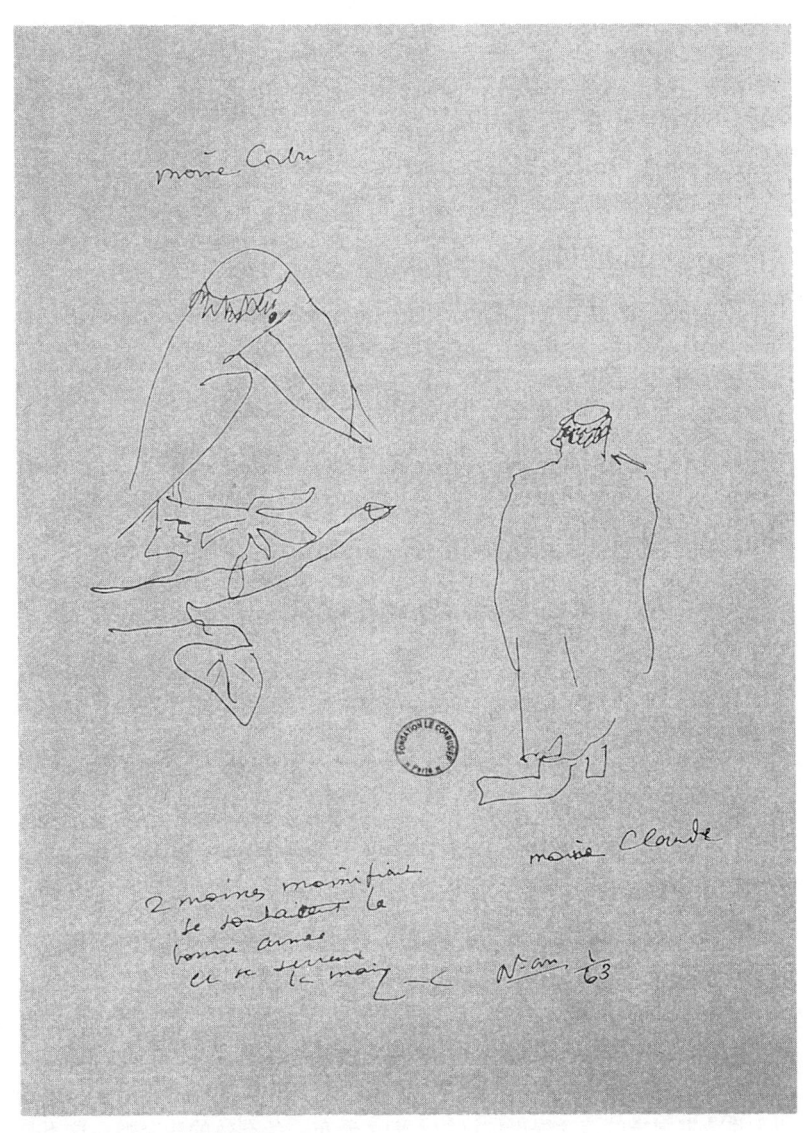

1963年1月1日，致克劳德·德斯鲁－杜克雷画信

1963年2月25日，致共和国总统及总理先生信
1963年2月25日

致总统先生
致总理先生

先生们：

一笔由法国政府欠下的短期债务，如今几个月的时间过去了，尽管为它许下的承诺相对神圣，然而却一直没有得到偿还。

又过去了一段时间，那个当众许下的郑重的诺言仍未兑现。

1962年6月，一个人[1]绝食以吸引全世界——尤其是您们的注意，关注（因道德或宗教上的原因）拒服兵役者的境遇。

当然，不顾一切的反抗，只是勇敢绝食还不够；而且法国政府有权不理睬从病床上发出的无言的抗议。

但您们的政府没有视而不见，它表现出人道——我们中的许多人甚至都认为它是正义的——明确地向路易·勒孔保证：一个关于拒服兵役的法律草案将于7月被提出，然后提交议会表决。

实际上，议员们被召集起来关于此事发表意见，急急忙忙地赶到议院去。然而，他们令我们感到失望：他们推迟了辩论，延期了表决。

此事本该在下一次议院会议上被提出，并得到有效答复。然而，秋天，（我们大概知道这原因）议院没有召开正式的会议。

如今转眼春天快到了——冬季的议会本该召开，如果政府不是为了回避那个令我们所有人都关注的承诺……

总统先生，总理先生，请不要食言！我们恳切地恭敬地请求您们。

为了解决这个棘手的问题，请允许拒服者提交一份可接受的法令草案，让他们在军管之下不至于付出昂贵的代价。

路易·勒孔不能再冒险开始危险的斋戒了，这次恐怕会要了他的命，即使您们将用美好的决定缩短这斋戒的时间。请从现在开始作这个决定吧；请尽快，无论如何请尽快。这将使您们备受尊重。

继美国、英国、德国之后，请您们针对目前作为囚徒的拒服者，以及明天将依据同样的信念提出抗议的人们，颁布一条有效的法令吧。这不是赞成他们，而是不想他们被监禁。这是向一种被英勇地提出并坚持的想法致以敬意。

1 路易·勒孔（Louis Lecoin, 1888~1971）：无政府主义激进分子，拒服兵役者，并为此在监狱囚禁长达12年。1962年6月1日，他开始绝食，为了使法国政府承认拒服兵役者的权利。总理乔治·蓬皮杜（Georges Pompidou）向他承诺政府将于7月议会决议通过承认拒服兵役的法律草案，他于第22天停止绝食。该法案于1963年12月22日颁布。

309 | 1963年5月10日，致欧丽·乔杜里信
1963年5月10日

亲爱的乔杜里夫人：
　　好些了吗？
　　昨天我见到安迪迈耶医生[1]，他对我说他要把您转到他的医院去好好治疗。您将不必支出任何费用。他是个忠实而热心的人。我很高兴他能作这个决定。您可以信赖他。他熟悉您的问题，他本人就是医院的外科医生。
　　您什么时候可以接受探视请通知我。我会去看望您。
　　如果您有什么事要办，请不要犹豫地告诉我。
　　耐心些，勇敢些。
　　致友好问候。

您的勒·柯布西耶

　　您是否想读几本书呢？

1 雅克·安迪迈耶：医生，勒·柯布西耶的朋友。→见致苏珊·贝扎尔信20.07.1956 * 信226注2

310 | 1963年5月27日，致约瑟夫·萨维纳信
约瑟夫·萨维纳先生 | 特雷吉尔（北部滨海省） | 1963年5月27日，于巴黎

我亲爱的萨维纳：
　　我收到了您1963年5月22日的来信，以及两张您最近完成的雕塑的

照片。

照片的背面有一行按语：雕塑萨维纳—勒·柯布西耶《圣像》。请允许我率直地对您说：最好保持原来的叫法，即，雕塑勒·柯布西耶—萨维纳，或者：雕塑勒·柯布西耶，实施萨维纳。

从我们第一尊雕像开始，到目前为止，我们的合作非常高效。我非常高兴您同我一起工作；您是一位优秀的合作者，您对我的雕塑方案有很好的理解。

我希望下次您来巴黎的时候能见到您，我亲爱的萨维纳，请相信我最美好的感情。

勒·柯布西耶

311 | 1963 年 5 月 30 日，致保罗·加布里埃尔信
保罗·加布里埃尔夫人 | 奖学金处处长助理 | 外交部 | 拉贝鲁斯大街 23 号 | 巴黎 (16°) | 1963 年 5 月 30 日，于巴黎

夫人：

应印度籍建筑师乌合米拉·欧丽·乔杜里夫人[1]的请求，我冒昧地给您写这封信。

乔杜里夫人在一次事故中受伤；她到法国不久摔断了一条腿。她的法国之行起因于法国外交部奖学金处。

雅克·安迪迈耶医生[2]——我的一位朋友——儿童医院的外科医生，在为乔杜里夫人做治疗。我是乔杜里夫人在法"实习期间的负责人"，他建议我给您写信：加布里埃尔夫人，奖学金处，拉贝鲁斯大街 23 号，以争取与由于骨折引起的卧床相应的实习期的延长。如此，乔杜里夫人将实现她的承诺，利用她在法国逗留期间完成她的学习。

以我个人的名义，我补充一点：乔杜里夫人非常可靠，她是一名极有能力的建筑师。她在昌迪加尔，旁遮普邦的新首府，拥有一份有可靠保障的工作。

先为您对此事的干预向您表示感谢，夫人，请接受我最崇高的敬意。

勒·柯布西耶

1 乌合米拉·欧丽·乔杜里→详见收信人目录
2 雅克·安迪迈耶：医生，勒·柯布西耶的朋友。→见致苏珊·贝扎尔信20.07.1956 * 信226 注2

312 | 1963年9月16日，致伯纳德·安托尼奥信
伯纳德·安托尼奥先生 | 艺术创作特派员 | 文学与艺术司 | 圣多米尼克大街53号 | 巴黎（7°） | 1963年9月16日，于巴黎

主题：萨伏伊别墅

亲爱的安托尼奥先生：

  萨伏伊别墅[1]已申报历史文物。自二战时起它便无人居住，但是，相反，它被一个青年机构占用，建筑师以为他们有一定的义务负责住宅基本设施的维护。

  然而，几年的时间过去了，建筑遭到破坏。无人看守，无人照管。

  发生了什么？

  我相信，为了能够指导这座别墅的翻新并赋予它用途，我应当被任命为历史文物建筑师。但这需要时间——很长时间，甚至几年……

  趁还不算太晚，请允许我修复这座别墅。当然，这需要经费。

  谁出这笔经费？

  人们踌躇！我对您说过，我作为建筑师的介入将是无偿的。

  亲爱的安托尼奥先生，"应当咬出同党"，应当将断了的线接上。应当在冬季到来之前向我下达修复这建筑的命令。

  好了，亲爱的安托尼奥先生……如果再不行动起来，一切都将付之东流。先行向您表示感激，请相信我最美好的感情。

勒·柯布西耶

---

1 萨伏伊别墅：这座别墅1965年被划定为历史文物。→见致母亲信25.04.1930 * 信79 注12

313 | 1963 年 12 月 2 日，致约内尔·施恩信
约内尔·施恩先生 | 凡尔赛大道 22 号 | 巴黎（16°）| 1963 年 12 月 2 日，于巴黎

亲爱的先生：

感谢您 1963 年 11 月 16 日"极真诚的祝贺"。

我要向您指出的是，威尼斯广场在公爵宫[i]和另一座宫殿之间有两根圆柱，从这两根圆柱之间可以看到圣马可大钟楼和圣乔治－马杰岛的三角楣，还有，威尼斯的天际线比您示意的低很多。

另外，贡多拉从不平行地而是垂直地停靠在码头，我还要向您指出，公爵宫的立面是红色和白色大理石的菱形图案，这座宫殿柱廊的柱头是<u>起拱的尖卷</u>。

致友好问候

勒·柯布西耶

314 | 1964 年 1 月 9 日，致亨利·布赫信[1]
1964 年 1 月 9 日

我亲爱的亨利：

我们很想念您。配合治疗，好好养病。
希望时常得到您的消息。
并告诉我们您有什么需要，致友好问候。

勒·柯布西耶

---

1 参见致亨利·布赫信 14.02.1962 * 信 297；23.11.1964 * 信 318 及 02.04.1965 * 信 322。

---

i 公爵宫（Palazzo Ducale）：作为威尼斯共和国总督的执政厅，是一座建于 814 年的拜占庭式建筑，由于遭遇过多次火灾，现在的建筑物是建于 15 世纪的哥特式建筑。

315 | 1964 年 5 月 14 日，致简·德鲁信
简·德鲁夫人 | 弗赖[i]，德鲁，及其合作者 | 格洛斯特广场63号 | 伦敦，W1 | 1964年5月14日，于巴黎

亲爱的简：
　　对于您1964年5月6日的来信，我的回答是：不，不，不！不会为了举办讲座，为了出席，而共进午餐或晚餐。
　　很高兴您想着为我找些事做，但我的事已经够多了，我不想再接受新的工作。
　　我不知道自"七月中旬"，您便"有喜"（怀孕）了。谁干的？
　　向您致以友好问候。
　　　　　　　　　　　　　　　　　　　　　　　　　　勒·柯布西耶

316 | 1964 年 11 月 14 日，致乔治·多扬信
多扬先生 | （合）罗歇·萨姆先生 | 朱诺大道38号 | 巴黎（18°） | 1964年11月14日，于巴黎

亲爱的多扬（乔治）：
　　当祝健康和荣誉的酒杯被举起的时候，当到场的女士们先生们唱起表达感激和谢意的颂歌的时候，这封信将由您亲手开启。
　　而我，我将在威尼斯，被罗马政府和威尼斯市政当局召去作不定期的逗留。我可能会来一杯（意大利）西昂蒂葡萄酒，并借此寄以我对您友好的思念。
　　谢谢多扬，谢谢您42年来专制的统治！有一件事可以提高您的声望，即，对于我们的驯化，您从未使用过鞭子（请勿与真正的鞭子混淆）。
　　　　　　　　　　　　　　　　　　　　　　　　　　您的柯布西耶

---

i 马斯韦尔·弗赖：英国建筑师，CIAM成员，与妻子简·德鲁、皮埃尔·让纳雷一起成为昌迪加尔建设过程中勒·柯布西耶常驻印度的合作者。

317 | 1964年11月23日，致皮埃尔·博杜安信
皮埃尔·博杜安先生 | 雷恩大街60号 | 巴黎（6°）| 1964年11月23日，于巴黎

我亲爱的博杜安：

人们向我出示了您1964年11月8日致海蒂·韦伯夫人[1]的信。

十分抱歉，我不是合著者。皮埃尔·博杜安不是合著者。勒·柯布西耶完成了挂毯的大幅底图；皮埃尔·博杜安将其实施。

海蒂·韦伯夫人，

皮埃尔·博杜安先生，

勒·柯布西耶先生，

是朋友和同一条战线上的战士。

我友好地与您握手。

勒·柯布西耶

附：问题：为什么我未被邀请到贝希[2]去？

勒·柯布西耶

---

1 海蒂·韦伯：苏黎世的画廊经营者，专心于勒·柯布西耶造型作品的普及和传播。→见致安德烈·马尔罗信12.10.1960＊信279注1及致约瑟夫·萨维纳信25.08.1961＊信292注1
2 皮埃尔·博杜安1954年租下了一处古老弃置的岔道站，位于贝希（Bercy），在那里他整理大尺寸的挂毯底图，柯布曾经常去那里看望他。

318 | 1964年11月23日，致亨利·布赫信[1]
1964年11月23日，星期一

我亲爱的亨利：

怎么样了？

我很想去看望您。

但是不可能，时间和日程表上挤得满满当当的琐事拦住了去路。

好好照顾自己。您无权违背医生的命令。如果您有什么需要，请告诉我。

向您致以真诚问候

勒·柯布西耶

---

1 参见致亨利·布赫信 14. 02. 1962 * 信 297；09. 01. 1964 * 信 314 及 02. 04. 1965 * 信 322。

319 | 1964 年 12 月 10 日，致让娜·阿斯普拉纳多信
让娜·阿斯普拉纳多小姐 |（合）斯坦纳先生 | Passage Grana, 8 号 | 蒙特卡洛 | 摩纳哥公国 | 1964 年 12 月 10 日，于巴黎

亲爱的让娜：

这是来自伊凡娜[1]的小小的纪念。

祝节日快乐，并致问候。

勒·柯布西耶

附上：一张 300 法郎的汇票

---

1 伊凡娜·迦丽：勒·柯布西耶的妻子，摩纳哥人，让娜·阿斯普拉纳多（Jeanne Asplanato）是她的朋友。→详见收信人目录

320 | 1965 年 2 月 9 日，致皮埃尔·博杜安信
皮埃尔·博杜安先生 | 雷恩大街 60 号 | 巴黎（6°）| 1965 年 2 月 9 日，于巴黎

内容：挂毯"女人和马蹄铁匠"[1]的足尺底图

我亲爱的博杜安：

您担心马鬃上的小白点儿。它必须在那里，有朝一日我会向您解释为什么。

致问候

勒·柯布西耶

---

1 女人和马蹄铁匠（La Femme et le Maréchal Ferrant）：挂毯 2.17m×3.62m——博韦（Beauvais）制作——1967 年。

321 | 1965 年 3 月 4 日，致米歇尔·拉贡信
米歇尔·拉贡先生 | 圣多米尼克大街 145 号 | 巴黎（7°）| 1965 年 3 月 4 日，于巴黎

亲爱的先生：

我收到您 1965 年 3 月 1 日的来信，以及您的书《城市与城市规划》。我一有时间一定会满怀兴致地阅读。

另外：模度[1]出现在您的研究中。1947 年，当我发明模度的时候，我确信我为现代社会带来了一件全球化的工具，一种对抗冲突的方法。

很高兴看到您一直在真正的建筑的道路上前行。建筑，城市规划，相互关联，相互依存，一个不可分割的整体。

亲爱的先生，请相信我最美好的感情。

勒·柯布西耶

---

1 模度→见致母亲信 10.01.1948 ∗ 信 151 注 7

322 | 1965 年 4 月 2 日，致亨利·布赫信[1]
1965 年 4 月 2 日

亨利：

友情。

勇气。

很快就可以在事务所再见到您了。

勒·柯布西耶

1 参见致亨利·布赫信 14.02.1962 * 信297；09.01.1964 * 信314 及 23.11.1964 * 信318。

323 | 1965年5月24日，致"勒·柯布西耶"幼儿园孩子们信
1965年5月24日，于巴黎

"勒·柯布西耶"幼儿园的亲爱的小朋友们：
　　你们亲切的老师乌吉埃夫人[1]，最近，5月21日，在途经巴黎的时候，将一块小小的由你们亲手制作的表现居住单位——这座你们居住其中的，由我建造的，由克劳迪斯-佩蒂部长先生于1952年揭幕的房子——南立面的挂毯交给了我的秘书。
　　我祝贺你们完成了如此漂亮的工作，并为此向你们表示感激。
　　向你们致以问候。

勒·柯布西耶

1 利莱特·乌吉埃·里佩尔（Lilette Ougier Ripert, 1918~2000）：马赛居住单位屋顶幼儿园园长，勒·柯布西耶的朋友。

324 | 1965年6月16日，致安德雷斯·施帕泽信
安德雷斯·施帕泽医生 | 1965年6月16日

亲爱的先生：
　　我刚刚得到拉乌尔·拉罗歇[1]去世的消息。
　　在此我向您表示最深切的慰问。
　　我和拉乌尔·拉罗歇的友谊开始于很早以前：大概是1918年。
　　他对现代绘画怀有真正的热情。起初，他并不以为那是严肃的。然而，随后他全心投入其中，很快开始了惊人的收藏。
　　这些收藏在未来将留下他的名字。

请允许我在此与您一同悼念他。

亲爱的施帕泽先生,请相信我的友情。

勒·柯布西耶

---

1 拉乌尔·拉罗歇:银行家,艺术收藏家,勒·柯布西耶的朋友。→详见收信人目录

325 | 1965 年 6 月 24 日,致雅克琳·沃迪埃 – 让纳雷信

雅克琳·沃迪埃 – 让纳雷夫人 | Terreaux du Temple 22 | 日内瓦 | 1965 年 6 月 24 日,于巴黎

亲爱的夫人:

一条来自昌迪加尔的传闻(昌迪加尔建筑师欧丽·乔杜里夫人[1] 1965 年 6 月 19 日的来信)使我得知皮埃尔·让纳雷[2]身体状况欠佳。("皮埃尔变得非常虚弱,如今他已告假。结果建筑师办公室没有了负责人,没有能够指导昌迪加尔和旁遮普建筑的人了。")

问题:您可有相关的消息吗?另外,您知道皮埃尔在哪里,在做什么,能做什么,近况如何吗?

亲爱的夫人,请您相信我最美好的感情。

勒·柯布西耶

---

1 欧丽·乔杜里:1923 年出生,印度建筑师。→详见收信人目录
2 皮埃尔·让纳雷:建筑师,勒·柯布西耶的堂弟,勒·柯布西耶的助手。→详见收信人目录

326 | 1965 年 6 月 26 日,致皮埃尔·博杜安信
1965 年 6 月 26 日

我亲爱的博杜安:

我收到您 6 月 25 日(捎来)的口信。

为了稍稍娱乐一下，可以创建一个疯人庇护所。

第一个疯人将是柯布；其他人，所有的志愿者，凭意愿加入。

上帝造人，给每个人两只眼，两只耳。

还有一副腿脚用于移动（乘坐飞机）。

我们，您、我、伙伴、朋友，我们忠诚、纯净，献身于共同的劳作。

那好，让我们不要再通信了。

您的朋友：勒·柯布西耶

327 | 1965年6月28日，致菲利普·莫勒信
菲利普·莫勒先生 | 巴黎美术学院学生会主席 | 美术学院大街5号 | 巴黎（6°）| 1965年6月28日，于巴黎

先生：

我收到您1965年5月28日的通函。

建筑师关注<u>人</u>，

工程师关注<u>物理</u>。

然而，有一些必需的东西，占据这两位合作者每个人的生活。

先生，请接受我最真诚的敬意。

勒·柯布西耶

328 | 1965年7月5日，致利莱特·乌吉埃·里佩尔信
利莱特·乌吉埃·里佩尔夫人 | 幼儿园园长 | "勒·柯布西耶"居住单位 | 米什莱大道280号 | 马赛8°，罗讷河口省 | 1965年7月5日，于巴黎

亲爱的夫人及朋友：

感谢您寄来的关于马赛"勒·柯布西耶"居住单位"幼儿园"的11张照片。

看到您的孩子们以及您本人在屋顶的水池、假山、坡道、防护墙之间，以远山和大海为背景的同时，却有些东西令人无比气恼，愤怒，

失望。

那张反映孩子们光着身子、小腿垂在突出的女儿墙上晒太阳,以及另一张孩子们在比这座建筑的首层高出 50 米的水池里嬉戏的照片,是非凡的惊人的证据……然而,另一张照片显示就在附近建起的巨大的楼房,每个房子的屋顶上至少竖着 40 根烟囱。这些屋顶是在马赛居住单位落成 15 年后建成的!

人们真应当创建一座坚韧与耐力的庙堂,供终生屁股挨踹的人使用!

亲爱的乌吉埃夫人,应当让这些照片发挥作用。找到可以将其出版的人。我授予您这个权利。

致真诚问候

勒·柯布西耶

329 | 1965 年 7 月 19 日,致里萨·李希德拉·庞蒂信
里萨·李希德拉·庞蒂夫人 | 《Domus》 | Monte di Pieta 大街 15 号 | 米兰 | 1965 年 7 月 19 日,于巴黎

亲爱的夫人:

我收到您 7 月 5 日的来信,您对我说您希望收集一些我最近的绘画、雕塑及素描作品的资料。

如果是关于一篇重要的文章,那么我同意授权给您。

相反,您请求由我来完成您的工作,我不能同意。应当由您向我提供您想要出版的插图的说明。您将在几本重要的书中找到您需要的信息:苏黎世,吉斯伯格出版社《勒·柯布西耶全集》,以及 Brofferio 大街 3 号,都灵 Boringhieri 出版社《勒·柯布西耶(la mia opera)》。我将审查您的方案,并在需要时予以补充。

亲爱的夫人,请相信我最美好的感情。

勒·柯布西耶

附 1:杂志的主编都极富诱惑力。他们对作者说:"我们将为您在我们的杂志中加冕(纸的王冠)。但工作由您自己来完成。请您做我们的工作。我们是不撰稿的编辑。"请用一种更好的态度吧,所有人都将满意。

附 2:我为您的《袖珍 Domus》向您表示祝贺。这本杂志我等了 40

年。如果您能以这样的开本出版一期勒·柯布西耶的专集，那我将不胜荣幸；如果可以，不妨出版两种尺寸：常规的和袖珍的。这本口袋书，我从很久以前就梦寐以求了。

我由衷的敬意
勒·柯布西耶

勒·柯布西耶自画像（日期不详）

收信人目录

收信人 | 日期 | 编号 | 柯布西耶基金会归档码

Adnet | 21.05.1952 | **185** | E1 – 7 – 222
Albers | → Steinberg Saul
Alfieri, Bruno | 27.07.1959 | **261** | R3 – 8 –142
Anthonioz, Bernard | 02.11.1962 | **306** | E2 – 14 – 312
16.09.1963 | **312** | E2 – 14 – 343
Architecture d'aujourd'hui L' | 06.04.1940 | **132** | E2 – 4 – 215
Armand, Louis | 03.03.1958 | **240** | E1 – 3 – 30
Asplanato, Jeanne | 10.12.1964 | **319** | E1 – 4 – 104
Aubert, Georges | 04.05.1927 | **67** | E1 – 4 – 123
Badovici, Jean | 19.06.1928 | **74** | E1 – 5 – 8
14.12.1934 | **95** | E1 – 5 – 16
18.08.1940 | **133** | E1 – 5 – 38
23.08.1950 | **167** | E1 – 5 – 104
Baker, Joséphine | 02.01.1936 | **105** | E1 – 5 – 166
Barnes, Albert Coombs | 13.11.1935 | **102** | E1 – 6 – 31
Bauchant, André | 08.08.1924 | **57** | E1 – 6 – 109
31.10.1949 | **161** | E1 – 6 –176
Baudouin, Pierre | 19.02.1957 | **229** | C3 – 1 – 115
10.04.1958 | **241** | C3 – 1 – 178
23.11.1964 | **317** | C3 – 1 – 410
09.02.1965 | **320** | C3 –1 – 415
26.06.1965 | **326** | C3 – 1 – 420
Baumeister, Willi | 16.02.1931 | **85** | E1 – 6 – 230
13.12.1932 | **92** | E1 – 6 – 233
Behrens, Joseph | 19.01.1931 | **84** | E1 – 7 – 73
Bernard | 06.04.1939 | **127** | E1 – 7 – 114
Bertochi, Yves | 18.07.1961 | **291** | E1 – 7 – 144
06.1962 | **300** | E1 – 7 – 145
Besset, Maurice | 20.05.1958 | **243** | F2 – 20 – 489
Bezard, Norbert | 08.07.1952 | **186** | E1 – 7 – 236
08.10.1952 | **189** | E1 – 7 – 250
05.03.1953 | **194** | E1 – 7 – 266
21.04.1953 | **197** | E1 – 7 – 281
Bézard, Suzanne | 20.07.1956 | **226** | E1 – 7 – 376
Bill, Max | 04.11.1937 | **117** | E1 – 8 – 17
Bloc, André | 11.09.1962 | **304** | E1 – 8 – 48
Bonnier, Louis | 19.03.1924 | **56** | E1 – 9 – 11
Bordaz, Robert | 12.07.1961 | **289** | E1 – 9 – 40
Bottoni, Piero | 15.01.1928 | **71** | E1 – 9 – 101
Bouxin | → Giedion
Brassaï, Gyula Halasz dit | 25.05.1934 | **93** | E1 – 9 – 210
Breuer, Marcel | → Steinberg Saul
Bruaux, Henri | 14.02.1962 | **297** | E1 – 9 – 246
09.01.1964 | **314** | E1 – 9 – 247
23.11.1964 | **318** | E1 – 9 – 248
02.04.1965 | **322** | E1 – 9 – 249
Camus, Francine | 21.01.1960 | **269** | E1 – 12 – 13
Carneiro, P. | 25.08.1958 | **246** | E1 – 12 – 88
Cendrars, Blaise | 14.11.1960 | **280** | E1 – 3 – 22
Chagall, Marc | 21.01.1960 | **270** | E1 – 15 – 3
Chéreau, Gabriel | 24.07.1946 | **146** | E1 – 14 – 47
19.06.1951 | **177** | E1 – 14 – 72
14.06.1954 | **208** | E1 – 14 – 143
Chermayeff, Serge Ivan | → Steinberg Saul
Chowdhury, Eulie | 10.05.1963 | **309** | E1 – 16 – 40
Clair, Jacques | 04.09.1961 | **293** | E1 – 16 – 123
Claudius-Petit, Eugène | 03.01.1950 | **163** | E1 – 16 – 142
16.02.1951 | **174** | E1 – 16 – 166
21.09.1951 | **179** | E1 – 16 – 185
28.09.1953 | **202** | E1 – 16 – 254
05.03.1962 | **298** | E1 – 16 – 308
14.09.1962 | **305** | E1 – 16 – 315
Coates, Wells | → Steinberg Saul
Cocagnac, M. A. (RP) | 10.07.1961 | **288** | E1 – 4 – 49
Combet, Georges | 05.04.1957 | **230** | E1 –13 – 243
Conseil Économique (Président du) | 05.09.1947 | **150** | E1 – 17 – 18

Costa, Lucio | 29.11.1960 | **281** | E1 – 17 – 37
→ Rogers Ernesto
Couturier, Marie Alain (RP) | 11.05.1953 | **198** |
E1 – 17 – 79
Cuttoli, Marie | 20.04.1937 | **115** | E1 – 17 – 199
Czadra Janko | 18.01.1926 | **62** | R3 – 19 – 408
Dalcroze, Jaques | 12.01.1924 | **55** | E1 – 18 – 2
Dalloz, Pierre | 03.06.1954 | **207** | E1 – 18 – 12
05.02.1957 | **228** | E1 – 18 – 16
Daria, Sophie | 15.06.1962 | **301** | E1 – 18 – 78
Dautry, Raoul | 04.02.1935 | **97** | E1 – 18 – 96
Deferre, Gaston | 20.10.1952 | **191** | E1 – 18 – 146
Dermée, Paul | 16.12.1919 | **46** | E1 – 18 – 198
Desrue-Ducret, Claude | 20.12.1959 | **268** |
E1 – 20 – 92
Directeur Général des Beaux-Arts | 09.10.1936 |
111 | E1 – 16 – 383
Dormoy, Marie | 15.03.1938 | **120** | E1 – 19 – 15
Doyen, Georges | 08.06.1961 | **286** | E1 – 19 – 27
14.11.1964 | **316** | E1 – 19 – 32
Drew, Jane | 07.06.1960 | **275** | E1 – 19 – 83
14.05.1964 | **315** | E1 – 19 – 96
Du Bois, Max | 20.03.16 | **34** | E1 – 19 – 232
Ducret, Paul | 30.04.1932 | **91** | E1 – 20 – 5
27.08.1962 | **303** | E1 – 20 – 27
Ducret, Germaine | 25.04.1959 | **258** | E1 – 20 – 54
Duval, Jean-Jacques | 07.12.1944 | **143** |
E1 – 20 – 450
20.05.1948 | **152** | E1 – 20 – 456
30.04.1949 | **156** | E1 – 20 – 465
13.12.1950 | **170** | E1 – 20 – 471
20.12.1950 | **172** | E1 – 20 – 473
Duval, Rémi | 12.08.1948 | **153** | E1 – 20 – 459
12.1948 | **154** | E1 – 20 – 646
Ecole maternelle Le Corbusier | 24.05.1965 | **323** |
E2 – 17 – 383
Emery, Pierre-André | 03.03.1952 | **184** | E2 – 1 – 102
Emery, Pierre-André et Zehrfuss, Bernard |
24.02.1953 | **193** | E1 – 7 – 271
Faure, Elie | 10.01.1931 | **83** | E2 – 2 – 36

Ferry, Marcel | 10.07.1956 | **225** | E2 – 2 – 167
Figaro Le | 20.01.1950 | **164** | R3 – 9 – 62
Fischer, Theodor | 18.04.1932 | **90** | E2 – 2 – 267
Freyssinet, Eugène | 26.10.1923 | **51** | E2 – 2 – 385
Frugès, Henry | 11.12.1951 | **181** | E2 – 2 – 400
Gabriel, Paule | 30.05.1963 | **311** | E1 – 16 – 43
Gallis, Yvonne | 11.01.1926 | **61** | R1 – 12 – 21
31.03.1926 | **63** | R1 – 12 – 22
24.10.1928 | **75** | R1 – 12 – 315
18.09.1940 | **135** | R1 – 12 – 51
04.03.1951 | **175** | R1 – 12 – 89
18.07.1952 | **188** | R1 – 12 – 99
Garnier, Tony | 14.05.1919 | **45** | E2 – 3 – 54
Giedion, Sigfried | 02.04.1927 | **65** | E2 – 3 – 190
Giedion, Sigfried et Bouxin | 24.11.1953 | **203** |
E1 – 9 – 185
Giono, Jean | 16.10.1936 | **112** | R3 – 4 – 344
Goisot, Madeleine | 15.12.1958 | **253** | E2 – 3 – 366
Gropius, Walter | 11.01.1924 | **53** | E2 – 11 – 13
11.05.1953 | **199** | E2 – 11 – 33
→ Steinberg Saul
→ Rogers Ernesto
Harris-Tjader, Marguerite | 14.12.1935 | **103** |
E3 – 10 – 12
09.09.1937 | **116** | E3 – 10 – 24
08.12.1937 | **118** | E3 – 10 – 26
21.03.1939 | **125** | E3 – 10 – 34
22.11.1939 | **130** | E3 – 10 – 37
02.09.1956 | **227** | E3 – 10 – 54
Harrison, Wallace | 15.10.1938 | **121** | E2 – 8 – 59
Hautecœur, Louis | 19.01.1943 | **141** | E2 – 4 – 150
Herbst, René | 15.01.1959 | **253** | R3 – 5 – 171
Hervé, Lucien | 15.12.1949 | **162** | E2 – 4 – 219
Huisman, Georges | 06.04.1936 | **108** |
E2 – 11 – 322
→ Laugier Henri
**Institutrice de l'école maternelle de l'Unité d'habitation
de Marseille** | 17.04.1953 | **196** | E2 – 17 – 362
Jardot, Maurice | 26.04.1950 | **165** | E2 – 5 – 144
30.11.1960 | **282** | E2 – 5 – 201

Jeanneret, Albert (frère) | 26.08.1918 | **42** |
R1 – 10 – 416
27.05.1956 | **224** | R1 – 10 – 434
18.02.1960 | **271** | R1 – 10 – 246
05.12.1960 | **283** | R1 – 10 – 452
26.03.1961 | **285** | R1 – 10 – 259
Jeanneret-Gris, Georges Edouard (père) |
09.1911 | **18** | R1 – 5 – 81 | 11.12.1924 | **58** |
R1 – 6 – 101
Jeanneret-Gris, Georges Edouard (père) et Jeanneret-Perret, Marie (mère) | 14.09.1907 | **1** | R1 – 4 – 10
8.03.1908 | **6** | R1 – 4 – 98
02.06.1908 | **8** | R1 – 4 – 111
29.06.1910 | **12** | R1 – 5 – 18
17.02.1918 | **41** | R1 – 6 – 13
09.01.1919 | **44** | R1 – 6 – 49
10.11.1920 | **48** | R1 – 6 – 93
1922 (-?) | **50** | R1 – 6 – 185
Jeanneret-Perret, Marie (mère) | 1926 | **60** |
R1 – 6 – 145
17.03.1927 | **64** | R1 – 6 – 154
03.05.1927 | **66** | R1 – 6 – 159
08.05.1927 | **68** | R1 – 6 – 61
1928 | **70** | R2 – 1 – 31
20.01.1928 | **72** | R2 – 1 – 1
07.02.1928 | **73** | R2 – 1 – 2
28.11.1928 | **76** | R2 – 1 – 25
29.10.1929 | **77** | R2 – 1 – 63
11.01.1930 | **78** | R2 – 1 – 75
25.04.1930 | **79** | R2 – 1 – 81
18.07.1930 | **81** | R2 – 1 – 86
28.09.1930 | **82** | R2 – 1 – 92
01.09.1931 | **85** | R2 – 1 – 131
10.10.1931 | **87** | R2 – 1 – 134
15.12.1931 | **89** | R2 – 1 – 138
03.11.1934 | **94** | R2 – 1 – 191
24.12.1934 | **96** | R2 – 1 – 193
03.08.1935 | **100** | R2 – 1 – 197
10.01.1937 | **113** | R2 – 1 – 210
18.08.1940 | **134** | R2 – 4 – 13

31.10.1940 | **136** | R2 – 4 – 17
28.03.1942 | **139** | R2 – 4 – 55
20.02.1947 | **149** | R2 – 4 – 99
10.01.1948 | **151** | R2 – 4 – 118
07.09.1949 | **159** | R2 – 2 – 8
12.03.1951 | **176** | R2 – 2 – 39
15.10.1952 | **190** | R2 – 2 – 65
07.09.1954 | **209** | R2 – 2 – 166
17.11.1954 | **211** | R2 – 2 – 103
27.06.1955 | **216** | R2 – 2 – 125
Jeanneret-Perret, Marie (mère) et Jeanneret, Albert (frère) | 07.1935 | **99** | R2 – 1 – 196
28.03.1941 | **137** | R2 – 4 – 28
02.06.1941 | **138** | R2 – 4 – 33
29.12.1946 | **148** | R2 – 4 – 96
03.07.1949 | **157** | R2 – 2 – 2
10.12.1950 | **169** | R2 – 2 – 26
01.03.1954 | **204** | R2 – 2 – 92
31.08.1955 | **219** | R2 – 2 – 130
13.01.1956 | **221** | R2 – 2 – 170
17.06.1958 | **244** | R2 – 2 – 137
Jeanneret, Pierre | 12.10.1957 | **237** | E2 – 13 – 54
Jourdain, Frantz | 03.11.1931 | **88** | E2 – 5 – 322
Jouvenel, Renaud de | 04.04.1939 | **126** |
E1 – 4 – 108
Kalff, L. C. | 20.06.1957 | **233** | E2 – 6 – 14
06.12.1960 | **284** | E2 – 6 – 25
Klipstein, August | 13.02.1911 | **14** | E2 – 6 – 164
10.03.1911 | **15** | E2 – 6 – 128
11.1911 | **19** | E2 – 6 – 132
20.08.1912 | **22** | E2 – 6 – 152
Klipstein, Felix | 19.01.1939 | **123** | E2 – 6 – 96
La Roche, Raoul | 05.04.1921 | **49** | E2 – 7 – 126
Laugier, Henri | 24.03.1953 | **195** | E2 – 7 – 322
Laugier, Henri; Serre, Philippe et Huisman, Georges |
03.09.1939 | **129** | E2 – 7 – 333
Le Gallo, Alphonse | 20.09.1960 | **278** |
E1 – 4 – 155
Léger, Fernand | 17.11.1938 | **122** | E2 – 8 – 63
18.02.1939 | **124** | E2 – 8 – 37

517

L'Eplattenier, Charles | 01.11.1907 | **2** | E2 – 12 – 12
26.02.1908 | **3** | E2 – 12 – 23
02.03.1908 | **4** | E2 – 12 – 28
02.03.1908 | **5** | E2 – 12 – 32
22.11.1908 | **9** | E2 – 12 – 38
28.10.1910 | **13** | E2 – 12 – 78
08.05.1911 | **16** | E2 – 12 – 84
Levaillant, Marcel | 11.12.1923 | **52** | H3 – 7 – 86
19.09.1927 | **69** | H3 – 7 – 181
09.09.1953 | **200** | H3 – 7 – 197
21.11.1958 | **251** | H3 – 7 – 224
Lipchitz, Jacob dit Jacques | 14.11.1925 | **59** | E2 – 9 – 26
Loos, Adolf | 21.07.1920 | **47** | E2 – 9 – 72
Malécot, Yves Directeur de l'Administration des Monnaies | 04.11.1954 | **210** | E2 –7 – 75
Mallet-Stevens, Robert | 16.01.1937 | **114** | E2 – 14 – 96
Malraux, André | 15.07.1958 | **245** | E2 – 14 – 102
25.08.1958 | **247** | E2 – 14 – 111
11.02.1959 | **255** | E2 – 14 – 117
08.06.1959 | **259** | E2 – 14 – 133
27.07.1959 | **262** | E2 – 14 – 150
26.09.1959 | **263** | E2 – 14 – 161
07.10.1959 | **264** | E2 – 14 – 175
22.10.1959 | **265** | E2 – 14 – 170
24.10.1959 | **266** | E2 – 14 – 179
12.10.1960 | **279** | E2 – 14 – 221
12.07.1961 | **290** | E2 – 14 – 272
Mandrot, Hélène de | 28.06.1930 | **80** | E2 – 14 – 400
Marcel, Roland | 25.03.1935 | **98** | R3 – 4 – 376
Markelius, Sven | → Rogers Ernesto
Matisse, Henri | 24.08.1951 | **178** | E2 – 15 – 164
Mendès-France, Pierre | 09.03.1956 | **223** | E2 – 15 – 276
Merklen, P. | 16.01.1953 | **192** | E1 – 12 – 64
Messiaen, Olivier | 21.05.1955 | **215** | E2 – 15 – 290
Michel, Jacques | 19.11.1957 | **239** | E2 – 15 – 439
Mies Van der Rohe, Ludwig | → Steinberg Saul
Miro, Joan | 30.07.1962 | **302** | E2 – 16 – 7

Molle, Philippe | 28.06.1965 | **327** | E2 – 3 – 473
Montmollin, Jean.Pierre de | 05.07.1955 | **217** | E1 – 16 – 99
25.09.1957 | **235** | E2 – 16 – 111
01.10.1957 | **236** | E2 – 16 – 112
Monnaies Directeur de l'administration des |
15.02.1951 | **173** | E2 – 7 – 65
Nef, John | 06.03.1936 | **106** | R3 – 4 – 311
Nehru, Jawaharlàl | 23.09.1953 | **201** | E2 – 17 – 5
Nervi, Pier Luigi | 12.09.1960 | **277** | E2 – 17 – 19
Niemeyer, Oscar | 18.02.1946 | **144** | E2 – 17 – 41
Nivola Costantino | → Steinberg Saul
Osthaus, Karl Ernst | 28.07.1911 | **17** | E2 – 17 – 335
27.03.1912 | **21** | E2 –17 – 341
05.10.1912 | **236** | E2 – 17 – 339
Ouellette, F. | 04.06.1960 | **274** | R3 – 6 – 76
Ougier-Rippert, Lilette | 17.04.1953 | **196** | E2 – 17 – 362
05.07.1965 | **328** | E2 – 17 – 385
Papadaki, Stamos | → Steinberg Saul
Paulhan, Jean | 17.01.1940 | **131** | E2 – 18 – 111
Perret, Auguste | 15.04.1908 | **7** | E1 – 11 – 25
27.11.1913 | **25** | E1 – 11 – 86
07.12.1913 | **26** | E1 – 11 – 88
01.07.1914 | **28** | E1 – 11 – 112
16.08.1914 | **29** | E1 – 11 – 117
03.05.1915 | **30** | E1 – 11 – 164
21.07.1916 | **36** | E1 – 11 – 213
Perret, Auguste Madame | 01.03.1954 | **205** | E1 – 11 – 267
Perret, frères | 14.03.1912 | **20** | E1 – 11 – 46
Perriand, Charlotte | 02.05.1946 | **145** | E2 – 18 – 230
Perrin, Léon | 17.02.1959 | **256** | E2 – 18 – 254
Petit, Jean | 28.03.1955 | **214** | E1 – 10 – 12
22.05.1957 | **231** | E1 – 10 – 70
Picasso, Pablo | 27.07.1942 | **140** | E2 – 19 – 21
21.03.1949 | **155** | E2 – 19 – 28
23.08.1949 | **158** | E2 – 19 – 30
10.10.1961 | **295** | E2 – 19 – 39
Pierre, Henri Grouès dit L'Abbé Pierre | 13.01.1956 | **222** | E1 – 1 – 2

Ponti, Lisa Licitra | 19.07.1965 | **329** | E2 – 19 – 174

Portaluppi, Pierre | 17.11.1958 | **249** | R3 – 1 – 182

Président de la République et Premier Ministre |
25.02.1963 | **308** | E2 – 8 – 12

Ragon, Michel | 04.03.1965 | **321** | E2 – 20 – 32

Rebay, Hilla | 03.03.1938 | **119** | E2 – 20 – 173

Reconstruction et du logement Ministère de la |
28.10.1955 | **220** | E2 – 15 – 494

Régamey, Pie Raymond (R.P.) | 07.02.1955 | **213** |
E1 – 4 – 21

Ritter, William | 1910 (- ?) | **10** | R3 – 18 – 4

21.06.1910 | **11** | R3 – 18 – 28

09.05.1913 | **24** | R3 – 18 – 265

1914 | **27** | R3 – 18 – 329

09.06.1915 | **31** | R3 – 18 – 431

17.07.1915 | **32** | R3 – 18 – 467

18.12.1915 | **33** | R3 – 18 – 521

04.07.1916 | **35** | R3 – 19 – 46

31.10.1916 | **37** | R3 – 19 – 69

13.01.1917 | **38** | R3 – 19 – 101

09.02.1917 | **39** | R3 – 19 – 119

08.03.1917 | **40** | R3 – 19 – 134

01.10.1918 | **43** | R3 – 19 – 288

18.01.1926 | **62** | R3 – 19 – 408

Rogers, Ernesto | 25.01.1952 | **182** | R3 – 1 – 103

25.11.1958 | **252** | R3 – 1 – 175

Rogers, Ernesto; Costa, Lucio; Gropius, Walter;
Markelius, Sven | 25.01.1952 | **183** | R3 – 1 – 104

Rostand, Jean | 28.10.1957 | **238** | R3 – 1 – 332

Sakakura, Junzo | 17.06.1961 | **287** | R3 – 2 – 104

Savina, Joseph | 05.03.1944 | **142** | F3 – 18 – 8

27.12.1946 | **147** | F3 – 18 – 10

29.09.1949 | **160** | F3 – 18 – 42

18.05.1950 | **166** | F3 – 18 – 46

15.12.1950 | **171** | F3 – 18 – 57

13.07.1952 | **187** | F3 – 18 – 82

14.11.1958 | **248** | F3 – 18 – 179

24.02.1959 | **257** | F3 – 18 – 81

25.08.1961 | **292** | F3 – 18 – 210

27.05.1963 | **310** | F3 – 18 – 290

Schein, Ionel | 30.06.1960 | **276** | R3 – 3 – 80

17.05.1962 | **299** | R3 – 3 – 98

02.12.1963 | **313** | R3 – 3 – 109

Science et Vie | 02.06.1960 | **273** | E2 – 5 – 194

Serre, Philippe | → Laugier Henri

Sert, Jose Luis | 30.11.1950 | **168** | R3 – 3 – 292

06.01.1962 | **296** | R3 – 3 – 426

Silva, Minette de | 30.11.1951 | **180** | R3 – 4 – 16

Soutter, Louis | 04.10.1935 | **101** | R3 – 4 – 300

24.12.1935 | **104** | R3 – 4 – 343

06.03.1936 | **107** | R3 – 4 – 313

28.05.1936 | **110** | R3 – 4 – 322

Speiser, Andréas | 16.06.1965 | **324** | R3 – 4 – 371

Steinberg, Saul; Gropius, Walter; Breuer, Marcel;
Wiener, Paul Lester; Papadaki, Stamos; Chermayeff,
Serge Ivan; Albers, Josef; Coates, Wells; Mies Van der
Rohe, Ludwig; Nivola, Costantino | 22.04.1958 |
242 | E2 – 17 – 101

Sweeney, James Johnson | 16.07.1955 | **218** |
R3 – 4 – 475

27.09.1961 | **294** | R3 – 4 – 493

Tange, Kenzo | 13.06.1959 | **260** | R3 – 5 – 4

Tengbom, Ivar | 15.05.1936 | **109** | R3 – 5 – 66

U. P. réunis à Brno . Etablissements | 11.01.1924 |
54 | R3 – 4 – 224

Varèse, Edgard | 16.06.1957 | **232** | R3 – 6 – 57

22.06.1957 | **234** | R3 – 6 – 58

17.11.1958 | **250** | R3 – 6 – 71

Vauthier-Jeanneret, Jacqueline | 24.06.1965 | **325** |
R3 – 6 – 117

Voisin, Gabriel | 27.10.1959 | **267** | R3 – 6 – 208

Wiener, Paul Lester | → Steinberg Saul

Wogenscky, André | 19.05.1960 | **272** | R3 – 8 – 147

Who's who in France | 29.12.1954 | **212** |
R3 – 7 – 101

Zay, Jean | 04.07.1939 | **128** | R3 – 9 – 146

Zehrfuss, Bernard | → Emery Pierre-André

Nombreux destinataires d'un courrier concernant
le Poëme de l'angle droit | 21.04.1954 | **206** |
H3 – 7 – 198

收信人简介

该目录中夏尔·爱德华·让纳雷-勒·柯布西耶统称为勒·柯布西耶,简称为柯布,即使在勒·柯布西耶这个名字尚未被正式采用之前亦以此为指代。

阿德奈兄弟 ADNET

让·阿德奈(Jean Adnet):毕业于国立高等装饰艺术学校(l'Ecole Nationale Supérieure des Arts Décoratifs)。曾与他的孪生哥哥雅克·阿德奈(Jacques Adnet)一起参加过装饰艺术沙龙及 1925 年世界博览会的展览。1928 年起,成为莱法耶特画廊(Galeries Lafayette)陈设部门负责人。

雅克·阿德奈:建筑师,室内家具设计师。

约瑟夫·阿尔博斯 ALBERS Josef

约瑟夫·阿尔博斯(1888~1976):画家,造型艺术家。出生于德国。曾在魏玛的包豪斯(Bauhaus)学习并留任教师。1932 年纳粹党强行关闭包豪斯后,于 1933 年移居美国。1933~1949 年间担任黑山学院(Black Mountain College)教授,1950~1958 年间担任耶鲁大学教授。

布鲁诺·阿尔费埃里 ALFIERI Bruno

布鲁诺·阿尔费埃里:意大利记者,1927 年出生。

伯纳德·安托尼奥 ANTHONIOZ Bernard

伯纳德·安托尼奥(1921~1994):编辑,1958~1962 年间任文化部部长安德烈·马尔罗办公室特派员,后任技术顾问。1962~1979 年间任艺术创作部主任,1979 年任艺术创作总监察员,1976 年任书画刻印及造型艺术国家基金会秘书长。勒·柯布西耶基金会理事。

《今日建筑》ARCHITECTURE D'AUJOURD'HUI(l')

法文建筑杂志,由卡昂(M. E. Cahen)和安德烈·布洛克(André Bloc)于 1930 年创办,并于 1966 年前一直由安德烈·布洛克任主编。

路易·阿拉贡 ARAGON Louis

路易·阿拉贡(1897~1982):法国诗人、小说家,超现实主义文学运动奠基人之一,法国共产党党员,第二次世界大战法国抵抗运动成员。

路易·阿尔芒 ARMAND Louis

路易·阿尔芒(1905~1971):法国工程师,企业家,法国国家铁路公司(SNCF)及欧洲原子能共同体(Euratom)主席。

奥维·艾卢普 ARUP sir Ove
奥维·艾卢普（1895~1988）：英国工程师，与英国建筑师有大量合作，1971~1977年间协助伦佐·皮亚诺（Renzo Piano）和理查德·罗杰斯（Richard Rogers）完成巴黎乔治·蓬皮杜中心（Centre Georges Pompidou）的设计与建造。

让娜·阿斯普拉纳多 ASPLANATO Jeanne
让娜·阿斯普拉纳多：伊凡娜·迦丽的朋友，生活在摩纳哥。

乔治·奥贝尔 AUBERT Georges
乔治·奥贝尔（1886~1961）：画家，勒·柯布西耶青年时期的朋友，出生于拉绍德封。拉绍德封工艺美术学校及日内瓦装饰艺术学校学生。1912年，与勒·柯布西耶和莱昂·佩兰一同在他们的老师夏尔·艾普拉特尼尔新创办的拉绍德封工艺美术学校建筑及家具设计系任教。创办沃韦（Vevey）艺术协会，并在洛桑艺术学校任教授。创办奥贝尔工作室一学校。

让·巴托维希 BADOVICI Jean
让·巴托维希（1893~1956）：建筑师，海上救生及安全器材专家，勒·柯布西耶的朋友。1923年起在莫朗斯出版社《有生命的建筑》杂志编辑部担任主编，该杂志刊载了大量柯布的作品，1924年柯布在他的《新精神》杂志上为它辩护。1926~1929年间，与艾琳·格瑞（Eileen Gray）合作在马丁岬建造了一座别墅，柯布曾在那里逗留，并在那里完成了数幅壁画（1930~1960年修改）。他在韦泽莱（Vezelay）也有一处住宅，柯布曾在其中小住，并在那里完成了几部书稿和一幅壁画。

约瑟芬·贝克 BAKER Joséphine
约瑟芬·贝克（1906~1975）：出生在美国的黑人歌舞表演者，1925年，凭借《黑色歌舞》（la Revue Nègre）的演出在巴黎一举成名。1929年，她与勒·柯布西耶在一次横渡大西洋的旅行中（当时正是勒·柯布西耶首次南美之旅）结识，柯布为她绘制过数幅肖像。

阿尔伯特·巴恩斯 BARNES Albert Cooms
阿尔伯特·库姆斯·巴恩斯（1872~1951）：美国籍犹太人，医生，作家，著名的艺术品收藏家。他的收藏保存在费城巴恩斯艺术基金会。

安德烈·波夏特 BAUCHANT André
安德烈·波夏特（1873~1958）：法国天真派画家，起先是名苗圃工作者，直到1918年才全身心地投入到绘画之中。作品有《地上的乐园》，《自画像》等等。1921年作品在秋季沙龙展出。勒·柯布西耶是其画作最初的购买者之一，并成为他的朋友。他为柯布画过数幅画，其中一幅在柯布的婚礼上作为礼物送给柯布。

皮埃尔·博杜安 BAUDOUIN Pierre
皮埃尔·博杜安（1921~1970）：画家，奥比松国立艺术学校艺术史及绘画教授，致力于促进画家将他们的画作转换成挂毯的大幅底图，协助沟通创造者和编织工人。他与勒·柯布西耶的合作始于 1948 年，直至 1965 年柯布去世才结束，其间共完成了 20 幅挂毯作品。

威利·鲍梅斯特 BAUMEISTER Willi
威利·鲍梅斯特（1889~1955）：德国画家，起初是结构主义，后成为超现实主义画家。勒·柯布西耶的朋友。

彼得·贝伦斯 BEHRENS Peter
彼得·贝伦斯（1868~1940）：德国著名建筑师，设计师，工业产品设计先驱，"德意志制造联盟"的首席建筑师，曾任杜塞尔多夫艺术学校校长。沃特·格罗皮乌斯和密斯·凡·德·罗曾在他的事务所工作过，勒·柯布西耶本人也曾于 1910~1911 年间在那里工作了 5 个月。

伯纳德 BERNARD（-?）
伯纳德：西班牙和捷克艺术家及建筑师接待委员会成员。

伊夫·贝尔多西 BERTOCCHI Yves
伊夫·贝尔多西：为勒·柯布西耶工作过的一个砖石工程承包人的儿子，伊凡娜·迦丽的教子。

莫里斯·布塞 BESSET Maurice
莫里斯·布塞：1921 年出生，德国教授，作家，艺术史学家。1948~1958 年间任因因斯布鲁克法语学校校长，1958~1960 年间任柏林法语学校校长，1960~1965 年间任巴黎现代艺术国立美术馆馆长。勒·柯布西耶的朋友及遗嘱执行人，勒·柯布西耶基金会理事。1965~1969 年间任贝藏松大学教授，1969~1975 年间任格勒诺布尔（Crenoble）大学教授，兼任格勒诺布尔博物馆负责人，1975~1991 年间任日内瓦大学教授。

诺贝尔·贝扎尔 BÉZARD Norbert
诺贝尔·贝扎尔（？~1956）：萨尔特省（Sarthe）农民。在巴黎雷诺工厂做过八年工。农村土地集体开发原则（保持个人所有权由生产合作社负责联合经营）的捍卫者和倡导者。勒·柯布西耶农田改组、农民居住及农业合作中心的方案，从他的思想中汲取了灵感。参与了勒·柯布西耶于 1943 年创办的以建筑革新为目的的建造者联盟（ASCORAL）的工作，并在柯布的推荐下参与了国际现代建筑协会（CIAM）的工作。参与新时代馆（1937 年）的方案设计，撰写了《三种人类机构》（1945 年）其中的一节。后专心于制陶，柯布曾为他谋得多份订单。

苏珊·贝扎尔 BÉZARD Suzanne
苏珊·贝扎尔：诺贝尔·贝扎尔的前妻，小学教师。

马克思·比尔 BILL Max
马克思·比尔（1908~1994）：瑞士建筑师、雕塑家、平面设计师。早期包豪斯的毕业生，1953 年被称为战后包豪斯的德国乌尔姆（Ulm）艺术学院校舍设计者及第一任校长。

安德烈·布洛克 BLOC André

安德烈·布洛克（1896～1966）：工程师，建筑师，画家，雕塑家。1930～1966年间《新建筑》及《今日建筑》杂志主编。以造型艺术之综合为目的的联盟的第二副主席，该联盟的创立主要由勒·柯布西耶发起，亨利·马蒂斯任主席，柯布任第一副主席。

路易·博尼埃 BONNIER Louis

路易·博尼埃（1856～1946）：巴黎市政城市建设科总建筑师，其作品主要在巴黎，包括一些公寓、酒店及公建。

罗伯特·博尔达斯 BORDAZ Robert

罗伯特·博尔达斯（1908～1996）：海军特派员，律师，国务参赞。1948年任重建部部长欧仁·克劳迪斯-佩蒂（Eugène Claudius-Petit）办公室主任。1960年任巴黎大区城市规划及治理学会主席。1961年莫斯科法兰西展览的组织者，1962年任法国广播电视公司（RTF）负责人，波堡中心（Centre Beaubourg），即后来的蓬皮杜国家艺术和文化中心主席。

皮耶罗·波多尼 BOTTONI Piero

皮耶罗·波多尼（1903～1973）：意大利建筑师，城市规划师，教授。1926年组建的7人组（Gruppo7）的成员之一，理性建筑积极的倡导者，CIAM 意大利代表。

安德烈·布克希 BOUXIN André

安德烈·布克希：建筑师，ASCORAL 秘书长，联合国教科文组织成员。

布拉塞 BRASSAI，原名格尤拉·哈拉斯·布拉萨特 BRASSAT Gyula Halàsz

布拉塞（1899～1984）：法国摄影师，出生于匈牙利，1932年出版摄影集《夜幕下的巴黎》，在摄影史上奠定了不可动摇的大师地位。

马塞尔·布鲁尔 BREUER Marcel

马塞尔·布鲁尔（1902～1981）：匈牙利建筑师，设计师。1925年设计了世界上第一把钢管椅，为纪念他的老师瓦西里·康定斯基（Wassily Kandinsky）而命名为"瓦西里椅"。1925～1928年间在包豪斯任教，后担任室内设计系系主任。1935年移居美国，任哈佛大学教授。1953～1958年间与耐尔维和吉尔菲斯共同设计并建造了位于巴黎的联合国总部大厦。

亨利·布赫 BRUAUX Henri

亨利·布赫：1916年出生，勒·柯布西耶事务所雇员。

弗朗辛·加缪（富尔）Francine Camus（Faure）

弗朗辛·加缪：阿尔伯特·加缪的第二任妻子。阿尔伯特·加缪：法国小说家、戏剧家、评论家，1913年出生于阿尔及利亚，1960年在米歇尔·加利马尔（Michel Gallimard）的车中，二人同死于车祸。加缪的文学作品中有他出生地的深刻烙印，他于1957年获诺贝尔文学奖。

保罗·卡尔内罗 CARNEIRO Paulo

保罗·卡尔内罗（Paulo Estevão Berredo Carneiro，1901~1982）：1958 年担任巴西驻联合国教科文组织代表，人类文化及科学史国际研究委员会主席。

伯莱斯·桑德拉 CENDRARS Blaise，原名弗雷德里克·索瑟 SAUSER Frédéric

伯莱斯·桑德拉（1887~1961）：瑞士法语作家。出生于瑞士拉绍德封，勒·柯布西耶的朋友。少年时代开始环球旅行。桑德拉自称世界公民，他把第一本诗集定名为《来自全世界》。《旅途散记》和《南美洲人》（1924）为诗人旅行见闻瞬息镜头的纪实。

建筑研究联谊会 CERCLE D'ETUDES ARCHITECTURALES

建筑师及对建筑感兴趣人士俱乐部，成立于 1952 年，奥古斯都·佩雷任名誉主席。

马克·夏卡尔 CHAGALL Marc

马克·夏卡尔（1887~1985）：法国画家，室内装饰家，原籍俄罗斯。他的作品从民间艺术以及俄国的童话和犹太人传统充满神秘色彩的宗教中吸取灵感。他的作品包括：油画，彩绘玻璃窗，巴黎歌剧院天花，耶路撒冷议会大厦的挂毯和镶嵌画，剧场布景，图书插图。由 10 幅画作组成的圣经启示录系列（Message Biblique）讲述十诫的故事，奠定了夏卡尔 20 世纪著名画家的地位，他将他的这组作品捐赠给法国政府，为此，1973 年由建筑师安德烈·埃尔芒（André Hermant）在尼斯设计并建造了一座博物馆。起初想邀请勒·柯布西耶在旺斯实现这座博物馆，但柯布以当时正在着手的尤其是印度的几项工程负担过重为由，谢绝了邀请。

加布里埃尔·谢罗 CHÉREAU Gabriel

加布里埃尔·谢罗：1909 年出生，南特律师团律师，律师公会会长，勒·柯布西耶的朋友，ASCORAL 的成员。在 1945 年起任 CIAM 通讯员。1968~1970 年间任勒·柯布西耶基金会第一任主席。

塞吉·伊凡·契曼耶夫 CHERMAYEFF Serge Ivan

塞吉·伊凡·契曼耶夫（1901~1996）：建筑师，设计师，原籍俄罗斯。很早便在英国定居并在那里完成学业，而后移居美国。1934 年成为艾里希·门德尔松（Erich Mendelsohn）的合伙人。1952 年在麻省理工学院（MIT）任教授，1953~1962 年间在哈佛大学任教授，1963 年起在耶鲁大学任教授。

乌合米拉·欧丽·乔杜里 CHOWDHURY Urmila Eulie

乌合米拉·欧丽·乔杜里：1923 年出生，印度建筑师，毕业于希德尼大学（l'Université de Sidney）。1963 年 4 月~8 月期间在勒·柯布西耶事务所实习，在她抵达巴黎一周后，在一次意外中一条腿两处骨折。

雅克·克莱尔 CLAIR Jacques

雅克·克莱尔：《巴黎纵横》主编。

欧仁·克劳迪斯-佩蒂 CLAUDIUS-PETIT Eugène

欧仁·克劳迪斯-佩蒂（1907～1989）：曾是一名细木工匠，第二次世界大战期间法国抵抗运动成员，政治家，众议员。1948～1952年间任重建及居住部部长，1953～1971年间任斐米尼市市长，1971～1976年间任装饰艺术总会主席。勒·柯布西耶的朋友，二人结识于1945年前后。在马赛居住单位方案实施过程中起了决定性的作用，并在许多尤其是朗香圣母高地小教堂的方案及建造过程中对柯布提供了有力的支持。以斐米尼市市长的身份，将该市一组重要的建筑委托给了勒·柯布西耶，这也是柯布在法国本土接到的最大的建筑委托，其中包括：一个居住单位，一个文化中心一体育场，以及一个教堂，教堂在柯布生前尚未动工，但随后的工程又由于经费紧缺而中断。勒·柯布西耶基金会理事。

韦尔斯·威特穆特·考特斯 COATES Wells Wintemute

韦尔斯·威特穆特·考特斯（1895～1958）：建筑师，1929～1939年间在英国居住，后在加拿大定居。1932年发起现代建筑研究社 MARS（Modern Architectural Research Group）。

奥古斯都-莫里斯·科雅克 COCAGNAC Auguste-Maurice

奥古斯都-莫里斯·科雅克：1924年出生，多明我会修士，1954～1970年间担任《宗教艺术》杂志联合主编。

乔治·孔伯 COMBET Georges

乔治·孔伯（1895～1980）：工程师，曾就读于（巴黎）综合工科学校、道桥学校、高等电力学校。法国天然气公司总经理。1957年任建筑研究联谊会副主席。工业设计学会主席。

经济委员会 CONSEIL ECONOMIQUE

以经济及社会问题为目的的研讨委员会，1946年10月27日在法兰西第四共和国组织下成立，扮演政府及国民议会咨询委员会的角色，拥有十大类169名会员。1947年勒·柯布西耶和其他7名会员被政府提名为"法兰西思想代表"。

卢西奥·科斯塔 COSTA Lúcio

卢西奥·科斯塔：建筑师，城市规划师，1902年出生于法国土伦。1956年巴西新首都巴西利亚城市规划方案设计者。里约热内卢巴西国家教育及公共卫生部大厦合作设计者，另一位主要建筑师是奥斯卡·尼迈耶，勒·柯布西耶任顾问。1953～1959年间，柯布巴黎大学城巴西馆合作设计者。

玛利亚-亚伦·库蒂里艾 COUTURIER Marie-Alain

玛利亚-亚伦·库蒂里艾（1897～1954）：多明我会修士。1937～1939年、1945～1954年间，与雷卡迈神父（Régamey）一同担任约瑟夫·皮夏尔（Joseph Pichard）于1936年创刊的《宗教艺术》杂志的联合主编。第二次世界大战期间在美国居住，与夏卡尔（Chagall）、莱热和奥赞方一同在纽约高级法语培训学校创立法兰西现代艺术学会。与他那个时代的许多重要的艺术家都有交往，包括：夏卡尔、莱热、马内西耶（Manessier）、马蒂斯、毕加索、鲁奥（Rouault）……他积极促成当代艺术家对奥丹库尔（Audincourt）、布黑泽（Bréseux）、阿希（Assy）、及旺斯各地宗教建筑设计的参与，扮演了将现代艺术引入天主教的重要角色。他与勒·柯布西耶建立了深厚的友情，曾积极捍卫圣博姆（Saint-Baume）的方案。与弗朗索瓦·马泰（Francois Mathey）、莫里斯·雅度（Maurice Jardot）和议事司铎吕西安·勒德尔（Lucien Ledeur）一同说服起初持保留意见的勒·柯布西耶最终接受朗香高地圣母小教堂的设计，并一直支持柯布完成方案的设计和建造。他本身也是一名艺术家，主要作品有奥古斯都·佩雷任建筑师的邯锡圣母教堂（Eglise Notre-Dame du Raincy）彩绘大玻璃窗。

玛丽·居多丽 CUTTOLI Marie

玛丽·居多丽（1879~1973）：法国艺术活动家，使一些画家如让·吕萨（Jean Lurcat）、马蒂斯和毕加索开始关注挂毯设计。1935年结识勒·柯布西耶，并支持他的挂毯创作。

埃米尔·雅克·达尔克罗茨 DALCROZE Emile Jaques

→见 JAQUES-DALCROZE Emile

皮埃尔·达罗兹 DALLOZ Pierre

皮埃尔·达罗兹：自1948年起，为重建及城市规划部部长欧仁·克劳迪斯－佩蒂办公室成员，后任重建及城市规划部建筑科主任。

苏菲·达里亚 DARIA Sophie

苏菲·达里亚：新闻记者，作家。著有《勒·柯布西耶：城市规划之社会学家》（1964年塞格斯出版社出版）。

拉乌尔·多迪 DAUTRY Raoul

拉乌尔·多迪（1880~1951）：法国工程师，（巴黎）综合工科学校毕业生。北方铁路局及后来国家铁路总局工程师，军械部部长，对社会居住及建筑问题极感兴趣。1934年前后与勒·柯布西耶结识。1939年委托柯布在奥比松附近设计一处弹药制造厂，后因战争而中断。二战结束后，出任第一任重建及城市规划部部长，委托柯布着手拉罗歇尔－帕利斯（La Rochelle-La Pallice）的重建及马赛居住单位的项目。

加斯东·德费尔 DEFERRE Gaston

加斯东·德费尔（1910~1986）：法国政治家，1944~1945年以及1953~1986年间担任马赛市市长。工人国际法国支部（S.F.I.O.，法国社会党的前身）成员，二战法国抵抗运动成员。1944~1945年、1953~1986年间，担任马赛市市长，并于第四、第五共和国期间多次出任部长。

德鲁瓦 DELLOYE

德鲁瓦：圣戈班（Saint-Gobain）集团总经理。

保罗·戴尔梅 DERMÉE Paul，原名卡米耶·扬森 JANSEN Camille

保罗·戴尔梅（1888~1951）：法国诗人，1920年与阿梅戴·奥赞方和勒·柯布西耶共同创办《新精神》杂志。

克劳德·德斯鲁 – 杜克雷 DESRUE-DUCRET Claude
克劳德·德斯鲁 – 杜克雷：戈尔曼·杜克雷的儿子，保罗·杜克雷（Paul Ducret）的继子，修士。

工艺美术司司长 DIRECTEUR GENERAL DES BEAUX-ARTS
截止到 1958 年为止，工艺美术司一直是国家教育部主管艺术的一个部门。1959 年更名为艺术与文学司，与建筑司一同成为安德烈·马尔罗任部长的文化部的一个新的重要的组成部分。→见乔治·惠斯曼和安德烈·马尔罗

玛丽·多曼尼 DORMOY Marie
玛丽·多曼尼：法国记者，作家。埃米尔·安托万·布德尔（Emile Antoine Bourdelle）、安德烈·纪德（Andre Gide）、奥古斯都·佩雷及保罗·莱奥托（Paul Léautaud）的朋友。20世纪 30 年代，在发表于《今日建筑》与《艺术之爱》杂志的文章中，首次对立地提出侧重理性的建筑师奥古斯都·佩雷、亨利·索瓦吉（Henri Sauvage）、托尼·卡涅与侧重审美艺术的建筑师勒·柯布西耶、罗伯特·玛莱 – 史提文斯（Robert Mallet-Stevens）等。

乔治·多扬 DOYEN Georges
乔治·多扬：体操教练，勒·柯布西耶 40 多年来一直跟随他健身。

简·德鲁 DREW Jane
简·德鲁（1911~1996）：英国建筑师，与马斯韦尔·弗赖一同接受勒·柯布西耶的委托，协助皮埃尔·让纳雷完成印度昌迪加尔的方案实施。

马克思·杜·布瓦 DU BOIS Max
马克思·杜·布瓦（1884~1989）：工程师，出生于距拉绍德封 8 公里的洛科（Locle），毕业于苏黎世综合工科学校。勒·柯布西耶童年的朋友。1907 年定居法国，1909 年以《钢筋混凝土》为题翻译了埃米尔·莫施（Emil Morsh）教授 1906 年出版的著作《Eisenbeton und Bau》。工业应用公司（SAI）股东，在法国组织瑞士股份投资电力的生产和传输。鼓励柯布来巴黎发展。1914 年与柯布一同研究一种简单、经济、模块化的钢筋混凝土的建造系统，同年柯布将这一研究成果发表并申请专利，名为"多米诺"。1910 年成立钢筋混凝土应用公司（SABA），柯布初到巴黎曾在该公司任顾问建筑师。与工程师埃德加 – 路易·波恩（Edgard-Louis Bornand）共同经营 1916 年在柯布提议下创办的工业生产及研究公司（SEIE），柯布负责经营该公司名下位于巴黎附近阿佛尔维拉（Alfortville）的一处小砖厂。他对柯布将他的名字从他们共同的研究成果"多米诺住宅"的作者人名中抹去表示不满。

让·杜贝森 DUBUISSON Jean
让·杜贝森：1914 年出生，法国建筑师，建筑研究联谊会主席。

保罗·杜克雷 DUCRET Paul
保罗·杜克雷：1902 年出生，工艺与制造工程师，勒·柯布西耶亲密的朋友及顾问。

戈尔曼·杜克雷 DUCRET Germaine
戈尔曼·杜克雷：保罗·杜克雷的妻子，勒·柯布西耶亲密的朋友。

让-雅克·杜瓦尔 DUVAL Jean-Jacques
让-雅克·杜瓦尔：1912 年出生，圣迪埃（Saint-Dié）针织品工业家，工程师。1937 年造访勒·柯布西耶向他表达仰慕，二人建立了深厚的友谊，在许多领域有相同见解。1945 年，在他发起的一个灾民联合会的影响下，圣迪埃市议会将该城重建方案的设计委托给了柯布（这座城市在 1944 年 11 月的解放战争中大部分毁于战火）；但在当地建筑师、建筑手工业者及大部分市民的反对下，柯布的方案未获通过。1951 年，他将自己针织厂的重建委托给柯布。他让自己的儿子雷米·杜瓦尔认柯布为教父。他曾完成过一部讨论建筑师的书稿，柯布阅读过原稿，但未出版。

雷米·杜瓦尔 DUVAL Rémi
雷米·杜瓦尔：让-雅克·杜瓦尔的儿子，勒·柯布西耶的教子。1948 年出生，巨蟹座。

米歇尔·埃科沙尔 ÉCOCHARD Michel
米歇尔·埃科沙尔（1905~1985）：法国建筑师，城市规划师，CIAM 成员。勒·柯布西耶的朋友。他最重要的作品在中东和北非。他回国后，柯布给他许多帮助，并向尼赫鲁（Nehru）推荐他担任印度政府城市规划研究办公室主任，未果。

勒·柯布西耶幼儿园 ECOLE MATERNELLE LE CORBUSIER
位于米什莱大道马赛居住单位屋顶的幼儿园。第一任园长利莱特·乌吉埃·里佩尔是柯布热忱的崇拜者、仰慕者和朋友。

希拉·凡·埃亨维艾森 EHRENWIESEN Hilla Von
→见希拉·蕾贝 REBAY Hilla

皮埃尔-安德烈·艾莫瑞 ÉMERY Pierre-André
皮埃尔-安德烈·艾莫瑞（1903~1982）：法国建筑师，城市规划师，原籍瑞士。1924 年 11 月~1926 年 11 月间在 LC-PJ 事务所工作。勒·柯布西耶的朋友。1930~1942 年间协助柯布完成多份阿尔及尔城市规划方案，1937 年加入 CIAM，1963 年在哈佛大学任教，1965 年任格勒诺布尔（Grenoble）城市规划小组负责人。他大部分作品在阿尔及利亚。

埃利·富尔 FAURE Élie
埃利·富尔（1873~1937）：亨利·柏格森（Henri Bergson）的学生。医生，教授，作家，艺术史学家。著有《艺术历史》（1909~1921 年），《形式之精神》（1927 年）等著作。布德尔（Bourdelle）、莫奈、雷诺阿、罗丹等艺术家的朋友。地理学家无政府主义者埃利兹·

雷克吕斯（Elisée Reclus）的侄子和教子。

马塞尔·费里 FERRY Marcel

马塞尔·费里（1912~1992）：法国神甫，曾是（巴黎）高等师范学校学生。1957年担任朗香教堂从属的贝藏松教区委员会秘书。负责监管朗香高地圣母小教堂的工程和内部陈设。

《费加罗报》FIGARO

由亨利·德·威尔梅桑（Henri de Villemesant）于1854年创办。最初为周刊，1866年改为日报，1870年后因逐步加强政治报道而成为巴黎主要的政论报纸之一。二战期间，《费报》因拒绝同占领军合作1942年11月自行停刊，巴黎解放后于1944年8月复刊。

泰奥多尔·菲舍尔 FISCHER Theodor

泰奥多尔·菲舍尔（1862~1938）：德国建筑师，教授，德意志制造联盟的创始人之一及第一任主席。他捍卫钢筋混凝土，视其为一种新材料而非其他材料的替代品。1910年，勒·柯布西耶在德国考察时曾拜访过他。

阿尔伯特·弗雷 FREY Albert

阿尔伯特·弗雷（1903~1998）：美国建筑师，曾在LC-PJ事务所实习。

欧仁·弗雷西内 FREYSSINET Eugène

欧仁·弗雷西内（1879~1962）：法国土木工程师，钢筋混凝土的技术革新者，发明振捣（1917年）和预应力混凝土（1926年）。1905年在穆兰（Moulins）任桥梁和道路工程师时，曾建造了许多钢筋混凝土桥梁。1914年他任梅西埃利穆赞建筑工程公司（Mercier Limousin & Cie）经理，该公司1916年更名为弗雷西内利穆赞工程公司。

亨利·弗吕日 FRUGÈS Henry

亨利·弗吕日（1879~1974）：制糖业企业家，居住在波尔多。艺术爱好者，艺术事业投资人，音乐家，作曲家，热衷现代建筑。1924年委托勒·柯布西耶完成花园城——弗吕日现代居住区——的设计与建造，这是一个在乡间城市化、建造技术及建筑多色系统三方面具有实验性的工人住宅集群。后放弃工业从事绘画。

保罗·加布里埃尔 GABRIEL Paule

保罗·加布里埃尔：1963年担任法国外交部奖学金司司长助理。

伊凡娜·迦丽 GALLIS Yvonne，原名，让娜·维克托里纳·迦丽 Jeanne Victorine Gallis

伊凡娜·迦丽（1892~1957）：摩纳哥模特，勒·柯布西耶的妻子。二人1922年邂逅，1930年12月8日正式结婚。妻子去世后柯布为她设计并建造了墓和墓碑，位于马丁岬罗克布鲁诺（Cap Martin Roquebrune），其中安放着二人的骨灰。

托尼·卡涅 GARNIER Tony

托尼·卡涅（1869~1948）：法国建筑师，城市规划师，里昂人，《工业城市》（1901~1917）的作者，他在书中提出了一种新的城市规划模型。其代表作品全部在里昂，有拉姆斯屠宰场（Abattoirs de La Mounche）、市镇体育场，并组织筹办了里昂国际城市规划博览会（1913~1914）。勒·柯布西耶与他初次见面大概是在1907年。

西格弗雷德·吉迪恩 GIEDION Sigfried

西格弗雷德·吉迪恩（1888~1968）：瑞士艺术史学家，教授，沃尔夫林（Wolfflin）的学生。CIAM创始人之一，截至1956年一直担任CIAM秘书长。勒·柯布西耶的朋友。代表著作有《空间、时间与建筑》（1941年）。

让·吉奥诺 GIONO Jean

让·吉奥诺（1895~1970）：法国著名作家，他生长在法国南部风景如画的上普罗旺斯地区（Haute Provence），创作灵感主要来自当地的自然和环境。

玛德莱娜·戈索 GOISOT Madeleine

玛德莱娜·戈索：让·巴托维希（Jean Badovici）、勒·柯布西耶及其妻子伊凡娜·迦丽的朋友。1946~1956年间在摩洛哥生活。她的工作涉及高级时装、织物、艺术品、古董及手工艺品。柯布曾因她传播自己的画作而付她报酬。

沃特·格罗皮乌斯 GROPIUS Walter

沃特·格罗皮乌斯（1883~1969）：德国建筑师，1919年创办魏玛的包豪斯（Bauhaus）。1938年移居美国，与马塞尔·布鲁尔同在哈佛大学教书。

热拉尔·汉宁 HANNING Gérald

热拉尔·汉宁：法国建筑师，1939~1944年间在LC-PJ事务所工作。

玛格丽特·哈里斯·杰德 HARRIS TJADER Marguerite

玛格丽特·哈里斯·杰德（1901~1986）：勒·柯布西耶母亲的朋友，居住在美国，1932年柯布受她之托在瑞士为她设计了一处私宅，但未实施。1935年柯布首次美国之旅期间受到她热情接待并成为朋友。1937~1945年间在美国主编艺术杂志《方向》，初为月刊，后为季刊，她在其中发表了一些关于柯布作品的文章。翻译了《当大教堂是白色的时候》，柯布修订过译稿，但未出版。

瓦莱斯·科克曼·哈里森 HARRISON Wallace Kirkman Harrison

瓦莱斯·科克曼·哈里森（1895~1981）：美国建筑师，高层建筑专家。1947~1953年间与马克思·阿布拉莫维茨（Max Abramovitz）共同完成纽约联合国总部大厦的建造，该工程以勒·柯布西耶的草案为基础，但有较大改动。

路易·欧特格尔 HAUTECOEUR Louis

路易·欧特格尔（1884~1973）：法国艺术史学家，教授，公务员。1938~1940年间任卢森堡博物馆馆长，1941~1944年间担任巴黎美术学院秘书长。著有《法国古典建筑史》（1943~1957）。

勒内·赫伯斯特 HERBST René

勒内·赫伯斯特（1891~1982）：法国建筑师，室内装饰师。1929年与罗伯特·玛莱-史提文斯（Robert Mallet-Stevens）、弗朗西斯·儒尔丹及夏洛特·贝茜昂（Charlotte Perriand）共同创办现代艺术家联盟（UAM），该联盟于1930年首次举办展览。1949年，有益形式联盟创始人之一。

吕西安·埃尔维 Lucien Hervé，原名拉兹罗·埃尔坎 ELKAN Lazlo

吕西安·埃尔维：1910年出生，法国摄影师，原籍匈牙利。他大部分摄影作品是关于勒·柯布西耶的建筑。

乔治·惠斯曼 HUISMAN Georges

乔治·惠斯曼（1889~1957）：1934~1940年间，担任法国教育部工艺美术司司长。

埃米尔·雅克·达尔克罗茨 JAQUES-DALCROZE Émile

埃米尔·雅克·达尔克罗茨（1865~1950）：瑞士作曲家、音乐教育家。研究韵律和身体之间的关系，将音乐感知与身体运动联系起来的教育法的创始人。勒·柯布西耶的哥哥阿尔伯特·让纳雷曾作过他的学生，并深受其影响。

莫里斯·雅度 JARDOT Maurice

莫里斯·雅度：1911年出生，路易丝雷希思画廊历史文物观察员，后任该画廊负责人。出生于朗香附近的埃沃特（Evette），与弗朗索瓦·马泰、议事司铎吕西安·勒德尔（Lucien Ledeur）和库蒂里艾神父一同说服起初持保留意见的勒·柯布西耶最终接受朗香高地圣母小教堂的设计委托。1959年，他建议他的朋友马克·夏卡尔将在旺斯的圣保罗建造收藏画家向国家捐赠系列画作的博物馆的项目委托给柯布，但柯布谢绝了，最终该博物馆由建筑师安德烈·埃尔芒在尼斯设计并建造完成。系列丛书"伟大画家之画作"中《勒·柯布西耶，绘画》（1955年两个世界出版社出版）一书的作者。1960年他在由文森特·弗雷勒（Vincent Freal）等人编辑的《勒·柯布西耶，耐心探索的事务所》一书中撰写前言。勒·柯布西耶基金会理事。

阿尔伯特·让纳雷 JEANNERET Albert

阿尔伯特·让纳雷（1886~1973）：勒·柯布西耶的哥哥，音乐家，作曲家。先在柏林跟随安德烈斯·莫泽尔（Andreas Moser）后在日内瓦跟随亨利·马尔托（Henri Marteau）学习小提琴，之后又师从埃米尔·雅克·达尔克罗茨（Emile Jaques-Dalcroze）——利奥·德里布（Léo Delibes）的学生。但他的小提琴演奏事业似乎受到了他左手罹患的某种功能障碍的影响。曾在巴黎圣歌学院（Schola Cantorum）任教。1923年在巴黎创办体操及韵律舞学校，任校长；该学校教授体操和舞蹈课程，加布里埃尔·福列（Gabriel Fauré）曾出任该校教务会成员。1923年6月26日与原籍瑞典的阿克塞尔·拉弗（Axel Raaf）的前妻洛蒂·罗夫（Lotti Roaf）结婚，柯布在布朗施医生广场紧邻拉罗歇别墅为他们二人设计了一座住宅。离婚后，与瑞士高尔索－沃韦（Corseaux-Vevey）的母亲生活在一起。柯布从不间断地从精神和物质上支持他的哥哥，尽管他哥哥的事业从未获得过成功。

乔治·爱德华·让纳雷－格里斯 JEANNERET-GRIS Georges Édouard

乔治·爱德华·让纳雷－格里斯（1855～1926）：勒·柯布西耶的父亲，表壳雕镂工。1883年5月11日与玛丽·夏洛特·艾米莉·佩雷（Marie Charlotte Amélie Perret）结婚。登山俱乐部成员。1912年柯布在故乡拉绍德封为父母建造让纳雷别墅，1925年在高尔索－沃韦莱芒湖畔为父母建造小住宅。

玛丽·夏洛特·艾米莉·让纳雷－佩雷 JEANNERET-PERRET Marie Charlotte Amélie

玛丽·夏洛特·艾米莉·让纳雷－佩雷（1860～1960）：勒·柯布西耶的母亲，音乐家，钢琴教师。弗雷德里克·路易·玛丽·佩雷（Frédéric Louis Marie Perret）与艾米莉·番蓉（Amélie Pingeon）之女。1883年5月11日与乔治·爱德华·让纳雷－格里斯结婚。

皮埃尔·让纳雷 JEANNERET Pierre

皮埃尔·让纳雷（1896～1967）：勒·柯布西耶第三亲等的堂弟，建筑师。1923～1940年间以合伙人身份在巴黎塞维大街35号的事务所与柯布共同工作。1951～1965年间，二人再度合作，在昌迪加尔负责柯布在印度方案的实施，被任命为旁遮普邦建筑师及城市规划师，昌迪加尔建筑学校校长，他在印度也留下了一些自己的作品。1940～1951年间，独立工作，其间主要和让·普鲁威、乔治·布朗颂（Georges Blanchon）、多米尼克·埃斯考萨特（Dominique Escorsat）及夏洛特·贝茜昂合作。

弗朗兹·儒尔丹 JOURDAIN Frantz

弗朗兹·儒尔丹（1847～1935）：法国建筑师，作家，原籍比利时。秋季沙龙（创办于1903年）最重要的创始人之一。

勒诺·德·儒弗 JOUVENEL Renaud de

勒诺·德·儒弗：作家，电影艺术家。1939年任援助西班牙逃亡知识分子救济委员会主席。

路易·卡夫 KALFF Louis

路易·卡夫：1957～1960年间任埃因霍温飞利浦公司经理。1958年勒·柯布西耶和埃德加德·瓦雷兹为布鲁塞尔国际博览会飞利浦馆谱写的电子诗篇，在他的大力支持下得以实现。

奥古斯都·克里普斯坦因 KLIPSTEIN August

奥古斯都·克里普斯坦因（1885～1951）：艺术史学家，享誉世界的15、16世纪雕刻艺术品专家及商人。1910年与勒·柯布西耶结识，他激发了柯布对地中海文化的兴趣。他与柯布一同展开了东方之旅，一个长长的学习之旅，从德国到奥地利，到巴尔干半岛国家，到土耳其，再到希腊，之后柯布独自去了意大利。关于这次旅行，柯布在《拉绍德封生活报》上发表了一系列随感文章。二人维持着深厚的友情，直至克里普斯坦因去世。

费利克斯·克里普斯坦因 KLIPSTEIN Félix

费利克斯·克里普斯坦因：奥古斯都·克里普斯坦因的哥哥，画家。

拉乌尔·拉罗歇 LA ROCHE Raoul

拉乌尔·拉罗歇（1889~1965）：银行家，法国商业银行副经理，1962年后回到他的出生地巴塞尔居住。艺术事业资助人，现代绘画收藏家，在奥赞方和勒·柯布西耶的建议下主要收藏立体主义和纯粹主义的画作，柯布画作最早的买主之一。1923年委托柯布在布朗施医生广场为他建造了一座别墅，他离开巴黎后将这座以他名字命名的别墅赠予柯布作为勒·柯布西耶基金会的所在地。1920年《新精神》出版社股东。他去世后将他主要的艺术收藏品遗赠给了巴塞尔博物馆。

亨利·洛纪 LAUGIER Henri

亨利·洛纪（1888~1973）：玛丽·居多丽和勒·柯布西耶的朋友。1937年任外交部部长办公室主任。1953年任国际政治杂志《民主战士》主编。

阿尔方斯·勒·盖洛 LE GALLO Alphonse

阿尔方斯·勒·盖洛（1902~1965）：法国政治家，市政官员。1945~1965年间任塞纳河畔布洛涅市市长。塞纳地区顾问，议员，1958~1959年任该地区议会主席。

费尔南德·莱热 LEGER Fernand

费尔南德·莱热（1881~1955）：法国画家。1903年开始学习绘画，受立体派影响，1920年起，对机械结构产生浓厚兴趣，越来越倾向于在画面中混合工业、机器和人体的形象。少年时曾做过建筑学徒。他1900年去巴黎，当过建筑绘图员，曾在一家照相馆修描照片。1924年结识奥赞方和勒·柯布西耶。柯布的朋友。1930年与柯布、阿尔伯特·让纳雷和皮埃尔·让纳雷同赴西班牙旅行。1940~1945年间在美国生活。

夏尔·艾普拉特尼尔 L'EPLATTENIER Charles

夏尔·艾普拉特尼尔（1874~1946）：画家，深受新艺术运动影响。拉绍德封工艺美术学校教授，1905年开设高等装饰课程，1911年开办一处新的分部，并任命勒·柯布西耶为建筑及装饰课程讲师（1912~1913）。他对柯布的启蒙起了至关重要的作用。"他希望我成为一名建筑师。我讨厌建筑和建筑师。当时我16岁，我接受并服从老师的意见；我开始学习建筑"（1953年11月~1954年1月，巴黎现代艺术国立美术馆勒·柯布西耶展序言）。柯布结束东方之旅后，在他这位老师家中住了4周。柯布就审美观念与老师逐渐分道扬镳，并在一些与威廉·怀特往来的书信中用尖刻的语气提及此事。艾普拉特尼尔主要艺术作品——壁画、雕塑——在拉绍德封。

马塞尔·勒瓦扬 LEVAILLANT Marcel

马塞尔·勒瓦扬（1890~1972）：瑞士钟表工业家，音乐家，勒·柯布西耶青年时期的朋友。勒内·施沃布（René Schwob）夫人是他的侄女。自1914年起，柯布为他在拉绍德封设计并指导了数项室内装饰工程，还帮他贝藏松的姐姐完成家装。1926年柯布为他创作了一系列共50

幅水彩画作：以马戏团、夜总会和巴黎夜生活为主题，名为"杂耍歌舞"或"幻像的真实"，这些画作在1972年日内瓦的一次拍卖会上被分散售出。他与柯布的友谊一直维系到柯布去世。

雅克·里普希茨 LIPCHITZ Jacques

雅克·里普希茨（1891~1973）：雕刻家，原籍波兰，自1909年定居巴黎，深受立体主义影响。1941年移民美国。勒·柯布西耶的朋友。作为里普希茨—米斯查尼诺夫（Miestchaninoff）—加纳尔（Canale）三位艺术家住宅方案（1923~1927）之一，柯布于1923~1925年间为他设计并建造了位于布洛涅的住宅—工作室。柯布在新精神馆（1925）和位于勒普拉德的德·曼德洛特（de Mandrot）夫人别墅（1929~1931）中引入了他的雕塑作品。

阿道夫·路斯 LOOS Adolf

阿道夫·路斯（1870~1933）：奥地利建筑师。在美国学习期间，深受沙利文的思想和著作的影响。他回到维也纳开展他的事业，是维也纳分离派（Sécession）及维也纳装饰运动的反对者。他的建筑作品形式极其简单朴素，追求比例的和谐及材料的丰富。1908年发表宣言《装饰与罪恶》。

伊夫·马雷果 MALÉCOT Yves

伊夫·马雷果（1914~1998）：财政部高级官员。1952年任铸币及像章署行政主管，1958年任人事及物资处负责人。

罗伯特·玛莱－史提文斯 MALLET-STEVENS Robert

罗伯特·玛莱－史提文斯（1886~1945）：法国建筑师。现代艺术家联盟成员。形式单纯几何化衔接明确的建筑风格的创立者。1927年在巴黎16°区一条街道两侧建造了数座别墅，后来这条街道以他的名字命名，1923~1925年间勒·柯布西耶在布朗施医生广场建造的拉罗歇－让纳雷别墅就位于这条街道附近。

安德烈·马尔罗 MALRAUX André

安德烈·马尔罗（1901~1976）：法国作家，政治家。参加过西班牙内战，支持共和主义。在戴高乐将军（Général de Gaulle）手下，1958年起担任法国总统府国务部长，总理代表。1959~1969年间任文化部部长。他的文学作品主要探讨文学与历史以及艺术与文明之间的关系。常与勒·柯布西耶交换意见，但没有正式委托柯布设计过大型公共建筑，后来委托柯布设计拉德方斯大型文化综合项目的方案，柯布刚刚绘制完草图便去世了。1965年9月1日，马尔罗在卢佛尔宫方庭（Cour Carrée）宣读了缅怀柯布的悼词。

艾莱娜·德·曼德洛特 MANDROT Hélène de

艾莱娜·德·曼德洛特（1867~1948）：1928年第一届CIAM大会在她位于日内瓦近郊的拉莎拉兹城堡（Chateau de La Sarraz）举行。勒·柯布西耶的朋友、支持者和顾客。

罗兰·马塞尔 MARCEL Roland

罗兰·马塞尔（1879~1955）：法国作家，1935年担任旅游局总特派员。

斯文·高特弗瑞德·马克利乌斯 MARKELIUS Sven Gottfrid

斯文·高特弗瑞德·马克利乌斯（1889~1972）：瑞典建筑师，城市规划师。先后担任过斯德哥尔摩、耶鲁、剑桥、伯克利教授。UNESCO 巴黎总部建设咨询委员会五名成员之一。

亨利·马蒂斯 MATISSE Henri

亨利·马蒂斯（1869~1954）：法国画家，野兽派领军人物。他的作品越来越倾向于极简单的方法，极朴素的图形的表达，常常运用色彩强烈的平涂和拼贴。他的作品涉及彩绘玻璃窗和挂毯。晚年在法国南部蓝色海岸的尼斯度过，1941 年患肠道疾病，经历两次手术后身体日渐虚弱，无法站在画布前作画，于是开始了新的艺术创作——剪纸。他经常亲自动手，染出自己需要的彩纸，靠在床上剪，然后拼贴成画。1947 年出版感想及绘画作品纪念册《爵士》（Jazz）。勒·柯布西耶在完成同一系列的他的著作《直角之诗》（1955）时参考了此书。1947~1950 年间，马蒂斯完成了位于法国南部小城旺斯的一座"多明我会"教堂罗塞尔小教堂（Chapelle du Rosaire）的室内装饰。柯布 1951 年参观了这座小教堂。

皮埃尔·孟戴斯－弗朗斯 MENDÈS-FRANCE Pierre

皮埃尔·孟戴斯－弗朗斯（1907~1982）：法国律师、政治家。1954~1955 年间任内阁总理。第五共和国期间戴高乐将军反对派的主要首领之一。

皮埃尔·梅克朗 MERKLEN P.

皮埃尔·梅克朗：婚前名科莱特·梅克朗－卡宾（Colette Merklen-Carabin），雕塑家室内装饰家勒·柯布西耶的朋友鲁伯特·卡宾（Rupert Carabin）的女儿。

奥利维尔·梅西昂 MESSIAEN Olivier

奥利维尔·梅西昂（1908~1992）：法国作曲家、管风琴家、音乐教育家、鸟类学家。他作品灵感主要来自三个方面：他的天主教信仰，鸟鸣，亚洲和南美洲的传统音乐。

雅克·米歇尔 MICHEL Jacques

雅克·米歇尔：法国建筑师，毕业于哈佛大学。去美国留学之前，1952~1956 年间在勒·柯布西耶事务所工作。

路德维希·密斯·凡·德·罗 MIES VAN DER ROHE Ludwig

路德维希·密斯·凡·德·罗（1886~1969）：德国建筑师，1944 年加入美国国籍。1910 年，在勒·柯布西耶之前在贝伦斯事务所工作。1927 年在斯图加特组织魏森霍夫建筑展，柯布参加了此次展览。1930 年任包豪斯校长。1937 年移民美国，被任命为美国伊利诺伊理工大学（Illinois Institute of Technology）建筑系主任。

胡安·米罗 MIRO Joan

胡安·米罗（1893~1983）：西班牙画家、雕塑家、陶艺家、版画家，起初受野兽派影响，后受立体派影响。和超现实主义者接触后，他的题材多涉及荒诞和梦境。

菲力普·莫勒 MOLLE Philippe

菲力普·莫勒：法国建筑师，1965 年任巴黎高等美术学院 E. N. S. B. A. 建筑系学生主席，即，通过选举产生的学生代表。

铸币及像章署 DIRECTION DES MONNAIES ET MÉDAILLES

隶属财政部，负责硬币及历史或纪念像章铸造的机构。

让－皮埃尔·德·蒙莫兰 MONTMOLLIN Jean-Pierre de

让－皮埃尔·德·蒙莫兰：银行家，原籍瑞士，顶点（Zénith）钟表公司主席。与勒·柯布西耶保持深厚的友谊，直至柯布去世。

约翰·奈夫 NEF John Ulric

约翰·奈夫（1899～1987）：1929 年任芝加哥大学经济史教授。勒·柯布西耶曾为他做过一个私人住宅的设计，未建成。

贾沃哈里尔·尼赫鲁 NEHRU Jawaharial

贾沃哈里尔·尼赫鲁（1889～1964）：印度律师，国务活动家，一生致力于印度的独立运动，曾担任甘地的副手长达 17 年。1947～1964 年间，印度独立后的首任总理。

皮埃尔·卢吉·耐尔维 NERVI Pier Luigi

皮埃尔·卢吉·耐尔维（1891～1979）：意大利工程师，建筑师。将最先进的钢筋混凝土技术应用于形式作品的革新者。

奥斯卡·尼迈耶·索拉斯·费尔霍 NIEMEYER SOARES FILHO Oscar

奥斯卡·尼迈耶：出生于 1907 年，巴西建筑师，城市规划师。他的建筑作品用钢筋混凝土表达对主要由弧线、拱和柱廊构成的形式的研究。1936～1943 年间，在里约热内卢与卢西奥·科斯塔共同完成巴西国家教育及公共卫生部大厦的设计与建造，勒·柯布西耶任顾问。自 1956 年起，在卢西奥·科斯塔任城市规划师的巴西新首都巴西利亚完成了许多大型公共建筑。在法国的作品有法国共产党总部（1968～1971），博比尼（Bobigny）劳工联合会堂（1975～1980），勒阿弗尔（Le Havre）文化馆（1978～1983）。

康斯坦蒂诺·尼沃拉 NIVOLA Constantino

康斯坦蒂诺·尼沃拉（1911～1988）：雕塑家，居住在美国纽约州长岛（Long-Island），原籍希腊，勒·柯布西耶的朋友。1953～1957 年间指导哈佛大学的一个绘画工作室，1961～1963 年间在哥伦比亚大学教书。或在长岛，或在第八大道的工作室，柯布曾去他那里小住过几次，尤其是 1946 年，并在那里完成了一些画作和雕塑。

卡尔·恩斯特·奥斯特豪斯 OSTHAUS Karl Ernst

卡尔·恩斯特·奥斯特豪斯：银行家，艺术事业资助人。位于北维斯特伐利亚（Nord Westphalie）的哈根弗克旺博物馆（Folkwang Museum de Hagen）的创始人。委托亨利·范·

德·维尔德（Henry van de Velde）完成博物馆的室内设计（1902），并委托他设计自己位于哈根的住宅（1907～1908）。1911 年 5 月，勒·柯布西耶去拜访过他，并参观了这两栋建筑。

弗朗西斯·奥利特 OUELLETTE F

弗朗西斯·奥利特：勒·柯布西耶在蒙特利尔的通信者。

利莱特·乌吉埃·里佩尔 OUGIER RIPERT Lilette

利莱特·乌吉埃·里佩尔（1918～2000）：马赛居住单位屋顶幼儿园第一任园长，勒·柯布西耶的朋友。

斯塔莫·巴巴达奇 PAPADAKI Stamo

斯塔莫·巴巴达奇（1906～1992）：建筑师，编辑，原籍希腊，1935 年定居美国。CIAM 通讯员。著有《勒·柯布西耶：建筑师，画家，作家》（1948），并发表了一篇关于模度的文章（1958）。

让·波朗 PAULHAN Jean

让·波朗（1884～1968）：法国作家，1925 年起任《法兰西新杂志》（Nouvelle Revue francaise，简称 NFR）主编。

佩雷兄弟 PERRET

奥古斯都·佩雷（Auguste Perret，1874～1954）；古斯塔夫·佩雷（Gustave Perret，1876～1952）；克劳德·佩雷（Claude Perret，1880～1960）

法国建筑师，建筑工程承包人，将钢筋混凝土运用于经典传统建筑表达的先驱。作品主要在巴黎，包括公寓、文化及祭祀建筑：富兰克林大街 25 号乙公寓，香榭丽舍剧院，邯锡圣母教堂，土木工程博物馆，国家家具寄存库；还有北非的一些工程，以及 1945 年开始的勒阿弗尔的重建。1908 年 2 月～1909 年底，勒·柯布西耶曾在佩雷兄弟事务所工作。柯布长期与三兄弟之首的奥古斯都·佩雷保持书信往来，并表达出对这位前辈的尊重和敬仰，但后来二人逐渐疏远，柯布对他持保留态度。

夏洛特·贝茜昂 PERRIAND Charlotte

夏洛特·贝茜昂（1903～1999）：室内建筑师，设计师。1927 年在装饰艺术家沙龙展出了她用折叠钢板、钢和铝管实现的系列家具：屋顶酒吧。1927～1937 年间在 LC-PJ 事务所工作，负责居住设施的问题。1928～1930 年间与勒·柯布西耶和皮埃尔·让纳雷共同构思钢管家具原型：躺椅、方沙发等。指导了事务所设计的别墅和公寓的室内布置。另外还发展了自然材料在家具设计中的应用。1937～1940 年间与皮埃尔·让纳雷合作，1940～1944 年间暂居日本。和让·普鲁威合作完成过一些方案。1945～1952 年间为马赛居住单位的设施再度与柯布事务所合作。1929 年，现代艺术家联盟创始成员之一。勒·柯布西耶基金会理事。

莱昂·佩兰 PERRIN Léon

莱昂·佩兰（1886～1978）：雕塑家，画家，勒·柯布西耶青年时期的朋友。曾在拉绍德封工艺美术学校学习。1907年9月，柯布与他在佛罗伦萨重聚，二人同游意大利，随后来到维也纳，并在那里一同跟随卡尔·斯汤姆雷克（Karl Stemlack）学习雕塑。1912年他在柯布设计的法弗尔－雅各别墅和让纳雷别墅中实现了一些雕刻元素。1912年，与柯布和乔治·奥贝尔（Georges Aubert）一同在他们的老师夏尔·艾普拉特尼尔新创办的拉绍德封工艺美术学校建筑及家具设计系任教。主要作品有莫提尔斯城堡（Chateau de Motiers）博物馆雕塑，洛科及拉绍德封公墓，在那里他还为柯布的外祖父母佩雷夫妇设计并打造了墓碑。

巴伯罗·鲁伊斯·毕加索 PICASSO Pablo Ruiz

巴伯罗·鲁伊斯·毕加索（1881~1973）：西班牙油画家、版画家、素描画家及雕塑家。1904年后定居法国。与乔治·勃拉克（Georges Braque）一起成为立体派运动领军人物（1907年画作《阿维尼翁的少女》）。他后来形态繁杂庞大的艺术作品中显现出某种超现实主义倾向、对战争的焦虑，以及肉欲和色情的表达。尽管勒·柯布西耶1918年对立体派保持距离，但他曾多次向毕加索表达过他的仰慕。1949年9月，在柯布的邀请下，毕加索参观了马赛居住单位的工地。

亨利·格鲁斯·皮埃尔 PIERRE Henri Groues，人称皮埃尔院长

亨利·格鲁斯·皮埃尔：1912年出生，法国神父，修道院院长。埃玛斯协会（Association Emmaus）创办者，该协会致力于通过成员们使用过的物品的再出售募集的资金为无家可归者提供庇护。

里萨·李希德拉·庞蒂 PONTI Lisa Licitra

里萨·李希德拉·庞蒂：意大利记者。

皮耶罗·博尔达里皮 PORTALUPPI Piero

皮耶罗·博尔达里皮（1888~1967）：意大利建筑师，1958年担任米兰建筑学院院长。

米歇尔·拉贡 RAGON Michel

米歇尔·拉贡：1924年出生，法国作家，除创作小说外，他的大部分写作关注艺术、建筑和城市规划的问题。1965年成立国际建筑展望小组。

希拉·蕾贝 REBAY Hilla

希拉·蕾贝（1890~1967）：婚前名凡·埃亨维艾森（Von Ehrenwiesen），所罗门·罗伯特·古根海姆（Solomon Robert Guggenheim）先生的艺术顾问。纽约古根海姆博物馆第一任馆长。

重建及居住部 RECONSTRUCTION et du LOGEMENT（Ministere de la），简称 MLR

法国建设部几经易名。1944年成立时名"重建与城市规划部"（MRU），后改名"重建及居住部"（MRL），1966年部委调整后改为"装备部"（ME），现为"装备、住房、交通、旅游与海洋部"（MELTM）。

皮·雷蒙·雷卡迈 RÉGAMEY Pie Raymond fr.

皮·雷蒙·雷卡迈（1900～1996）：多明我会修士，作家。1937～1939年、1945～1954年间，与玛利亚-亚伦·库蒂里艾神父一同担任约瑟夫·皮夏尔于1936年创刊的《宗教艺术》杂志的联合主编。

威廉·怀特 RITTER William

威廉·怀特（1867～1955）：小说家，画家，艺术评论家，教授。皮埃尔·洛蒂（Pierre Lotti）的朋友，并深受其影响。1910年5月，阅读了怀特著作的勒·柯布西耶深受感染，拜访了怀特并向他表达了自己的仰慕和兴趣。二人缔结了长久而深厚的友谊，柯布在二人往来的大量书信中表达了对这位忘年之交的好友的钦佩和敬仰。他在艺术方面对柯布有很深的影响，尤其是有关地中海文化。截止到第一次世界大战之前，居住在慕尼黑，随后在莫里兹（Monruz）居住过一段时间，之后在距纳沙泰尔（Neuchatel）不远的比尔湖上的朗德宏（Landeron）定居。柯布在致他的书信中常提到的卡德哈·雅戈（Czadra Janko）是怀特的密友。

艾耐斯特·纳丹·罗杰斯 ROGERS Ernesto Nathan

艾耐斯特·纳丹·罗杰斯（1909～1969）：意大利建筑师，CIAM 成员。1946～1947年间任《Domus》主编，1953～1965年间任《Casabella》主编。UNESCO 巴黎总部大厦建设咨询委员会五名成员之一。

让·洛斯坦 ROSTAND Jean

让·洛斯坦（1894～1977）：法国作家，生物学家。

坂仓准三 SAKAKURA Junzo

坂仓准三（1901～1969）：日本建筑师，1931～1935年间在 LC-PJ 事务所工作。

约瑟夫·萨维纳 SAVINA Joseph

约瑟夫·萨维纳（1901～1983）：布列塔尼手工艺人，细木工匠，雕塑家。居住在特雷吉尔（Treguier）。1935年与勒·柯布西耶结识。经1936年初次尝试后，自1948年起，以柯布的草图为基础并在柯布的指导下完成了一系列木雕作品。将近20年的特殊的合作共产生了44件雕塑作品，这些作品或保持木头原色，或经柯布多色处理。

约内尔·施恩 SCHEIN Ionel

约内尔·施恩：1927年出生，法国建筑师，曾在 LC-PJ 事务所工作。

《科学与生活》SCIENCE ET VIE

法文科普杂志，月刊，由保罗·杜比（Paul Dupuy）于1913年4月创刊。

菲利普·塞尔 SERRE Philippe

菲利普·塞尔：1901年出生，法国律师，政治家。默尔特-摩泽尔省（Meurthe-et-Moselle）议员，劳工部部长，后出任第三共和国内阁副总理。勒·柯布西耶的朋友。

约瑟·路易斯·舍特 SERT Jose Luis

约瑟·路易斯·舍特（1902~1983）：西班牙建筑师。1928年与勒·柯布西耶结识，自1930年起在LC-PJ事务所工作。1932~1935年间与柯布合作完成巴塞罗那的城市规划方案。1937年在巴黎居住，1939年移民美国。作了大量城市规划的研究，其中包括巴西、秘鲁和哥伦比亚。1950年与柯布合作完成波哥大的研究。1947年任CIAM主席。哈佛大学建筑系主任，委托柯布设计卡彭特视觉艺术中心，该方案于1961~1964年间在哈佛建造完成。他在法国的代表作品有位于旺斯圣保罗的玛格艺术基金会（Fondation Maeght, 1964），在西班牙的代表作品有位于巴塞罗那的米罗基金会（Fundacio Miro, 1975）。

米涅·德·希尔瓦 SILVA Minette de

米涅·德·希尔瓦：锡兰山国（Ceylan，今斯里兰卡）建筑师。

路易·苏提尔 SOUTTER Louis

路易·苏提尔（1871~1942）：勒·柯布西耶与皮埃尔·让纳雷的堂兄。油画家，素描画家。

安德雷斯·施帕泽 SPEISER Andréas

安德雷斯·施帕泽：医生，拉乌尔·拉罗歇的妹夫。

索尔·斯坦伯格 STEINBERG Saul

索尔·斯坦伯格（1914~1999）：建筑师，素描画家，漫画家。原籍罗马尼亚，1941年移居美国。

詹姆斯·约翰逊·斯威尼 SWEENEY James Johnson

詹姆斯·约翰逊·斯威尼（1900~1986）：美国作家，艺术评论家。现代艺术博物馆顾问委员会委员，同时也是美国文化自由委员会成员。曾担任过纽约古根海姆博物馆负责人。

丹下健三 TANGE Kenzo

丹下健三（1931~2004）：日本建筑师，勒·柯布西耶弟子及曾经的助手前川（Maekawa）的合作者。

伊瓦尔·坦鲍姆 TENGBOM Ivar

伊瓦尔·坦鲍姆（1878~1968）：瑞典建筑师。斯德哥尔摩音乐厅最初的设计师。斯德哥尔摩音乐厅落成于1926年，是诺贝尔奖颁奖仪式举行的地方。1924年国际联盟为其在日内瓦总部的建设而组织的国际竞赛评审委员会成员。同为该委员会成员的还有瑞士建筑师卡尔·莫瑟（Karl Moser），他曾努力捍卫LC-PJ的方案。

布尔诺 U. P. 集团 U. P. réunis à Brno

捷克公司，专门生产家具和现代艺术物品，1924年初与勒·柯布西耶取得联系。

埃德加德·瓦雷兹 VARÈSE Edgard

埃德加德·瓦雷兹（1883~1965）：法国作曲家，后加入美国国籍。1915年定居美国。1921年创立国际作曲家协会，致力于发展现代音乐事业。电子音乐先驱。1958年勒·柯布西耶为布鲁塞尔国际博览会飞利浦馆所作的电子诗篇的谱曲者。

雅克琳·沃迪埃·让纳雷 VAUTHIER-JEANNERET Jacqueline

雅克琳·沃迪埃·让纳雷：皮埃尔·让纳雷的表妹。

加布里埃尔·瓦赞 VOISIN Gabriel

加布里埃尔·瓦赞（1880~1973）：法国工程师、工业家。1902年起成为航空业先驱，1908年创建了世界上第一家飞机厂，1918年起开始制造汽车。一战后尝试工业化可运输小住宅的生产和推广。他是1925年装饰艺术博览会新精神馆的资助人。勒·柯布西耶为了向他致敬，将自己的巴黎城市规划方案命名为"瓦赞规划"。柯布曾拥有一辆瓦赞14CV四门四座厢式小卧车。

法国人名词典 WHO'S WHO IN FRANCE

保罗·莱斯特·维纳 WIENER Paul Lester

保罗·莱斯特·维纳（1895~1967）：美国建筑师，城市规划师，约瑟·路易斯·舍特的主要合伙人。他的城市规划方案涉及许多南美和一些美国城市。

安德烈·沃根斯基 WOGENSCKY André

安德烈·沃根斯基（1916~2004）：法国建筑师，城市规划师，自1945年起，成为勒·柯布西耶的合作者，于1957年前担任柯布事务所的负责人。在许多方案，尤其是马赛居住单位的方案设计中扮演重要的角色。个人独立创作主要在1957年后。继加布里埃尔·谢罗之后勒·柯布西耶基金会第二任主席。

让·扎伊 Jean ZAY

让·扎伊（1904~1944）：法国政治家，激进社会党代表人物。1936~1939年间担任法国国家教育部部长。二战法国抵抗运动成员。遭民兵暗杀。

贝尔纳·吉尔菲斯 ZEHRFUSS Bernard

贝尔纳·吉尔菲斯（1911~1996）：法国建筑师，他的作品包括许多重要的公共和私人建筑，大部分作品在突尼斯和阿尔及利亚。在法国他主要参与了拉德方斯国家工业与技术展览中心（Palais du CNIT, 1958）和UNESCO巴黎总部大厦的建设（1958~1969）。

名词索引

人名，地名，机构及著作名
数字对应书信编号。柯布的著作及方案名以斜体表示。

Aalto A. | 122
Acropole | 27, 56, 20
Adrien (Villa d') → Villa Adriana
Ahmedabad | 201, 205
Ahrenberg, T. (Collection) | 294
Albert → Jeanneret, Albert
Alfortville | 41
Alger | 125, 139, 207, 228, 265
Allemagne | 3, 4, 5, 6, 9, 11, 14, 15, 16, 90
Alpes | 30
Amez, Droz | 44
Anatole → Schwob Anatole
Angelico Fra | 1
Angleterre | 11, 136
Apollinaire, Guillaume | 43
Aprés le Cubisme | 43
Architecture d'aujourd'hui (l') | 151, 260
Argentine | 77
Armée du Salut | 72
Art décoratif d'aujourd'hui (l') | 289
Arthuys, Jacques | 64
Ascoral | 146, 149, 155, 193, 273, 278
Assise | 19
ATBAT | 145
Athènes | 19, 21
Aubert, Georges | 8, 256
Aujame, Roger | 278
Austin Everett A., Jr | 116
Autriche | 11
Avenue Triomphale – Paris | 230

Badovici, Jean | 65, 157, 280
Baedecker | 1, 2, 15
Bagdad | 255
Balkans | 21
Baptistère de Florence | 19, 79
Barbéris, Charles | 188
Bargello | 1
Barr | 121
Bastion Kellermann | 94
Bata | 100
Bauchant, André | 72
Bauen-Wohnen | 304
Beaudouin, Eugène | 184
Beck, Arnold | 19
Beethoven, Ludwig Van | 8
Beguins, Gaston | 38
Behrens, Peter | 3, 10, 13, 14, 15, 36, 37
Belgique | 11, 29, 30
Bergery, Gaston | 139
Berlin | 3, 6, 13, 15, 16
Berner, Paul | 38
Bertocchi | 244
Besnard, Albert | 2
Besset, Maurice | 294
Bessie | 68, 86
Bestégui, Charles de | 79
Bezard, Norbert | 185, 193, 226
Bézard, Suzanne | 189
Billon (demoiselles) | 1
Billoux, François | 145
Blake, Peter | 294
Blanqui (Monument à) | 38
Bloc, André | 120
Blum, Léon | 148
Bogota | 157
Bohème | 14, 15
Bolle-Redat, René | 264

543

Bologne | 2
Bonnet, Henri | 230
Bosshard | 67
Botticelli | 1
Bouboule Mlle | 1
Bourdelle, Antoine | 2, 21, 29
Brasilia | 246, 281
Brême | 16
Broggini, Gerardo | 296
Bruaux, Henri | 244
Bruneleschi, Filippo | 2
Bucarest | 15
Bucher, Jeanne | 81
Budapest | 14, 16
Buenos Aires | 77, 100, 125
Buisson | 50
Byzance | 17

C. I. A. M. | 146, 163, 168, 169, 180, 193, 203, 293
Cabanon (le) | 219
Calvacanti → Cavalcanti
Camus, Albert | 270
Canet, Alfred | 264
Capitole de Chandigarh | 204, 211, 237
Carabin, Rupert | 34, 142, 192
Caracalla (Thermes de) | 19
Caradjale, I. L. | 15
Carlyle, Thomas | 99
Carrache | 2
Carré, Louis | 125
Carrel, Alexis | 131, 139
Carvalho, Benjamin | 294
Casabella | 252
Casals, Pablo | 8
Casbah d'Alger | 265
Cassou, Jean | 218, 294
Castellane Boniface de | 44
Cathédrale de Strasbourg | 28
Cavalcanti, Emilio dit Di
Cavalcanti | 114

Cendrars, Blaise | 79
Centre national de réjouissance populaire de 100.000 *places* | 255
Cercle d'Etudes Architecturales | 184, 230
Chagall, Marc | 270
Chandigarh | 175, 180, 201, 284, 304
Chapallaz, René | 3, 5, 6, 9
Chapelle Notre-Dame-du-Haut de Ronchamp | 169, 174, 215, 216, 225, 264, 289
Chapelle Sixtine | 19
Charlotte → Perriand Charlotte
Chartreuse d'Ema | 1, 79
Chartreuse de Pavie | 1
Chowdhury, Eulie | 325
Cinéma *La Scala* | 35, 36
Cirque (le) de Fernand Léger | 151, 206
Cité Industrielle (la) | 45
Cité de refuge | 79
Citroën, André | 43
Claudius-Petit, Eugène | 168, 169, 184, 287, 288
Clermont en Argonne | 30
Colette, Sidonie | 60
Colonne Edouard | 8
Cologne | 16, 28
Comité d'accueil aux architectes et artistes espagnols et tchèques | 127
Comité d'études de l'habitation et de l'urbanisme de Paris | 139
Comité de patronnage d'aide aux intellectuels espagnols réfugiés | 126
Comité des études préliminaires d' urbanisme | 130
Commission d'études des problèmes de l'habitation et de la construction immobilière | 138
Conseil économique | 151, 163
Constantinople | 14, 15, 17, 19, 21, 39
Costa, Lucio | 184, 221, 279
Courbet, Gustave | 31
Couturier, Marie-Alain | 213, 227
Couvent de La Tourette | 227

Cuttoli, Marie | 113
Czadra, Janko | 10, 11, 38, 41, 43

Daguerre, Louis | 31
Dalloz, Pierre | 184
Dampt, Jean | 2
Darmstadt | 6, 9, 11
Dautry, Raoul | 131, 184, 207
Debussy, Claude | 29
Déjeuner sur l'herbe (le) | 20, 21, 31
Denis, Maurice | 21, 23, 29
Des canons des munitions ... | 136
Desvallières, Georges | 2
Destin de Paris | 136
Diaghilev, Serge | 72
Dieu | 8
Direction | 125, 130
Ditis, Paul | 28, 29
Divertissement de Rouault | 206
Donatello | 1, 2
Dorival, Bernard | 294
Doubs | 30
Dresde | 6, 10, 13, 14, 15, 16
Drew, Jane | 168
Droz, Amez voir Amez
Dubois | 64
Dubois, André-Louis | 230
Ducommun, Jules | 44
Ducret, Paul | 244
Dürer Albrecht | 1
Düsseldorf | 6, 14
Dutto, Aldo | 285

École des Beaux-Arts | 139
Égypte | 19, 21
Élan (l') | 43
Électro-chimie d'Ugines (société d') | 139
Émery, Pierre-André | 168, 194, 207
Esprit Nouveau (l') | 51, 67
Espagne | 81

Europe | 29, 30
Exposition Städtebau | 11
Exposition universelle de Bruxelles – 1958 | 245

Fallet, Louis | 2, 4
Fallières, André | 72
Fantin Latour, Henri | 2
Faroux, Henriette | 151
Faucheux, Pierre | 184, 267
Fauré, Gabriel | 8
Fayeton, Jean | 184
Ferrare | 2
Festival de Lyon Charbonnières | 224
Fiesole | 1
Figaro (le) | 163, 228
Firminy (église de) | 288
Firminy-vert | 304
Florence | 1, 2, 19
Foch (statue du Maréchal) | 128
Folain Jean | 207
Fondation Albert Jeanneret | 236
Fondation internationale du Prix E. Balsan | 296
Fondation Le Corbusier | 199, 203, 218, 231, 235, 236, 305
Forces vives | 214
Fourreau | 72
Francastel, Pierre | 230
France | 5, 21, 29, 30, 136, 287
Franche Comté | 30
Frey, Emil | 15
Freyssinet, Eugène | 139, 184
Frugès, Henry | 60, 267
Fry, Maxwell | 168, 169, 175

Gaddi Taddeo | 1
Galerie Charpentier | 161
Galerie Denise René | 166
Galerie Grégoire | 43
Galerie Thomas | 44

545

Gallet, Louis | 3, 5
Gallis, Yvonne | 76, 77, 79, 81, 89, 133, 134, 136, 137, 148, 157, 176, 204, 221, 237, 244, 251, 300, 319
Gandouin | 42
Garde lac de | 2
Gare d'Orsay | 230, 247, 290
Garnier, Tony | 68
Garrano, Gonzales | 77
Gaulle, Charles de | 246
Gauthier, Maximilien | 161
Gazette de Lausanne | 67
Gênes | 1
Genève | 8
Gide André | 148
Giedion, Sigfried | 137, 252, 259
Giorgione | 19
Giotto | 1, 2, 8
Girard, C. | 1
Giraudoux, Jean | 130, 131, 132, 137, 139
Gould, Anna | 44
Grandjean Mlle. | 3, 6
Grasset, Eugène | 3, 8, 9
Grèce | 16, 17
Gropius, Walter | 179, 184, 249, 285
Grünewald (retable de) | 15, 28
Gueguen, Pierre | 133
Guevrékian, Gabriel | 74
Guggenheim, Solomon | 119
Guinands | 1
Gunther | 228
Gutman, Henri | 44

Hagen | 16, 21
Hambourg | 11, 15, 16
Hanning, Gérald | 228
Harris, Marguerite → Tjader Harris
Hartford (Atheneum de) | 116
Hatje | 282
Hearst, William Randolph | 79
Hellerau | 11, 23

Hennebique, François | 45
Henri (oncle Henri Jeanneret) | 1, 113
Henri → Bruaux Henri
Hildebrandt, Hans | 85
Himbert | 44
Hindermeyer, Jacques | 226, 309
Hitler, Adolf | 136
Hodler, Ferdinand | 8, 11
Hoffmann, Josef | 3, 6, 8, 37
Hollande | 11
Hongrie | 15
Hospice de la Charité à Marseille | 165
Hyères | 30

Icône | 310
Impartial (l') | 151
Indes | 223
Indy, Vincent d' | 26
Institut d'Art contemporain de Boston | 294
Institut de France | 221
Istanbul | 16
Italie | 2, 3, 8, 19

Jaques Dalcroze, Émile | 10
Jaquemet, Ulysse-Jules | 2, 3
Jardot, Maurice | 218
Jazz de Matisse | 151, 206
Jeanneau, Guillaume | 124
Jeanneret, Albert (frère de Le Corbusier) | 1, 8, 12, 24, 41, 43, 44, 48, 60, 68, 73, 76, 79, 81, 82, 87, 96, 99, 100, 113, 134, 148, 149, 157, 236
Jeanneret-Gris, Georges Edouard (père de Le Corbusier) | 24, 62
Jeanneret, Gustave | 35
Jeanneret, Pierre | 59, 60, 64, 68, 82, 133, 168, 169, 175, 176, 306, 325
Jésus-Christ | 87, 268
Jolas, Maria Mc Donald | 125

Joliot-Curie, Jean-Frédéric | 151
Jourdain, Francis | 25, 26, 29, 254
Jourdain, Frantz | 9, 73
Jura | 4

Kalff, L. C. | 274
Karlsruhe | 15
Klipstein, August | 18, 40
Kreis, Max Hans | 3
Kubitschek de Oliveira, Juscelino | 221, 246, 279
Kühne, Wilhelm | 3
Kunsthaus de Zurich | 118

L. F. Jeanne | 113
La Charité de Marseille → Hospice de la Charité
La Chaux de Fonds | 3, 12, 21, 39
La Feuille d'Avis | 16
La Feuille du Dimanche | 16
La Roche, Raoul | 79, 81, 305, 324
La Rochelle | 228
La Sarraz | 74, 293
La Sentinelle | 16
Laboratoire électronique de décision scientifique | 284
Laferre | 44
Lallement, Jean-Charles | 173, 210
Lamour, Philippe | 79
Lamoureux (concerts) | 8
Lang, Robert | 203
Lannemezan | 133
Laubach | 15, 16, 22
Laurens, Henri | 142, 151
Le Gréco | 15, 19
L'Impartial | 16
Le Lac | 116, 149, 157, 218, 236, 263
Le Landeron | 38, 62
Le Lionnais, Francois | 266
Le Maresquier, Charles | 89
Le National | 16
Lecoin, Louis | 308

Ledeur, Lucien | 215
Lefèbvre, Jacques Louis | 145
Léger, Fernand | 79, 81, 94, 115, 151, 294
Léman (lac) | 100
L'Eplattenier, Charles | 1, 6, 8, 12, 21, 22, 24
Levaillant, Marcel | 33, 60
Lie Trygve | 151
Lipchitz, Jacob dit Jacques | 81
Loos, Adolf | 25
Lossow, William | 3
Loucheur, Louis | 43, 108
Louise (tante) | 1
Lübeck | 16
Lucques | 2
Lugano | 1
Lyautey Maréchal | 72
Lyon, Gustave | 76

M → Pétain, Philippe
Magne, Lucien | 9
Mahagonny | 92
Maillol, Aristide | 27, 38, 43
Maillol, Gaspard | 38
Maillol, Jeanne | 38
Main Ouverte (la) | 211, 305
Maison Le Corbusier à Zurich | 294
Maisonnier, André | 225
Maison Bouteille | 36
Maison de Poissy → *Villa Savoye*
Maison des hommes (la) | 138, 184
Mallarmé, Stéphane | 294
Mallet-Stevens, Robert | 67
Malraux, André | 246, 294
Maman → Perret, Marie épouse Jeanneret
Mandrot, Hélène de | 79
Manet, Edouard | 11, 20, 31
Manière de penser l'urbanisme | 207
Mantegna | 2
Mantoue | 2
Maréchal ou M^{al} → Pétain, Philippe

Markelius, Sven Gottfrid | 184
Marseille | 31, 157, 182
Marteau, Henri | 8
Matarazzo, Francisca | 186, 189, 193
Matisse, Henri | 11, 151, 159, 221, 292
Matisse, Pierre | 241, 292, 294
Matthey, Octave | 15
Mauclair, Camille | 141, 228
Maures (massif des) | 31
Mayence | 16
Mère → Perret, Marie épouse Jeanneret
Mercure de France | 43
Meunier Constantin | 2
Michel-Ange | 19, 294
Mies Van der Rohe, Ludwig | 285
Milan | 1
Modène | 2
Modulor | 151, 184
Monet, Claude | 11
Mont Athos | 21
Montandon, Marcel | 38
Montmollin, Jean-Pierre de | 42, 63, 81
Monzie, Anatole | 60
Monzie, Gabrielle de → Villa Stein de Monzie
Moscou | 75, 76, 108, 111
Moser, Karl | 68, 109
Moser, Koloman | 3, 4, 6
Motta, Giuseppe | 70
Mourlot frères | 243
Mundaneum | 294
Munich | 5, 6, 12, 14, 15
Murondins | 139, 222
Musée à croissance illimitée | 305
**Musée d'art moderne de
New-York** | 121, 294
Musée de la Connaissance à Chandigarh | 278
Musée du Louvre | 6
Musée national d'art moderne de Paris | 181, 218, 221
Musée des Offices | 1, 19

Musée Guggenheim | 218, 294
Musée du Jeu de Paume | 34
Musée Matsukata de Tokyo | 287
Museum of Knowledge à Chandigarh → *Musée de la Connaissance*
Music-Hall | 69

Nantes-Rezé | 208
Naples | 19
National (le) | 151
Nemours-Algérie | 121
New-York | 103, 149
Niemeyer, Oscar | 279
Nô | 244
Noailles Comtesse de | 72
Notre Dame de Paris | 6, 8, 9
Nüremberg | 11
Nuss, Berthe | 64, 94, 134, 149

Ochsé, Madeleine | 225
Olbrich, Joseph Maria | 3, 5, 6
Ordre des architectes | 184
Orcagna Andrea Di Cione dit l' | 19, 28
Orient | 30
Orvieto | 19
Ougier-Rippert, Lilette | 323
Ozenfant, Amédée | 41, 42, 43, 44, 46, 57

Padoue | 2
Palais de l'Assemblée-Chandigarh | 211
Palais de l'industrie légère-Moscou | 111
Palais de la Haute Cour-Chandigarh | 204, 211
Palais des Nations-Genève | 64, 66, 67, 70, 72, 73, 111, 141
Palais des Soviets-Moscou | 111
Palais du Gouverneur-Chandigarh | 204, 211
Palais du Parlement-Chandigarh | 285
Palais Vieux-Florence | 1, 19
Paquet, Pierre-Anne | 9
Paraguay | 77

Paris | 3, 4, 5, 6, 8, 9, 20, 30, 41, 132, 139, 184, 230, 247, 299

Paris-Match | 184

Parodi Mme | 149

Parthénon | 19, 20, 27

Passion (la) | 268

Pauline (tante Pauline Jeanneret) | 1, 68, 73

Pavillon de l'Esprit nouveau | 252, 267

Pavillon Philips | 255

P.d.N. → *Palais des Nations*

Pendjab | 168, 169, 201

Penseur de Rodin le | 2

Pera | 17, 21, 31

Perret, Auguste | 9, 18, 20, 31, 37, 45, 68, 90, 139, 184, 205, 261

Perret frères | 9, 13, 21, 37

Perret, Marie épouse Jeanneret (mère de Le Corbusier) | 24, 33, 263, 271

Perriand, Charlotte | 184

Perrin, Jean | 115

Perrin, Léon | 1, 3, 6, 8, 9, 13, 16, 44

Perrochet | 8

Pessac | 60

Pétain, Philippe | 137, 138, 139

Petit, Jean | 235, 236

Peyrouton, Marcel | 137

Philadelphie | 102, 285

Philips (société) | 283

Picasso, Pablo | 43, 159, 171, 181, 275, 292

Picaud | 229

Pierrefeu, François de | 137, 138, 139

Pinceau | 100

Pinton | 229

Piquey (le) | 99, 100

Pise | 1, 19, 28, 79

Place de la Seigneurie-Florence | 19

Place Stanislas – Nancy | 29

Plan Voisin de Paris | 64, 79

Plumet, Charles | 5

Poème de l'Angle droit | 151, 206, 238, 243

Poème électronique | 234, 244, 250, 255, 274, 284

Poiret, Paul | 41

Polignac Princesse de | 72

Pomey, Michel | 305

Pompeï | 19

Pont des Arts à Paris | 41

Potsdam | 13

Prado | 77

Prague | 14, 15, 16

Précisions sur un état présent de l'architecture et de l'urbanisme | 79, 289

Présenté, Georges | 277

Prix E. Balzan | 296

Propos d'urbanisme | 184, 207

Prost, Henri | 139, 184

Prouvé, Jean | 184

Puget, Pierre | 165

Puvis de Chavanne | 8

Quand les cathédrales étaient blanches | 130, 149

Raaf, Lotti | 64, 68

Raphaël | 1, 2

Ravenne | 2

Rebutato Thomas dit Roberto | 188

Redressement Français (le) | 73

Rembrandt | 1, 19

Renaissance | 9

Rhadekrina | 258

Rhin | 16

Ring – Vienne | 3

Rio de Janeiro | 77, 83

Ritter, William | 15, 16, 38, 41, 79

Rivière, Georges-Henri | 218, 226

Robert, Th. | 44

Roberto → **Rebutato, Thomas**

Rockefeller, Nelson | 121

Rodin, Auguste | 2, 8, 27, 29, 38

Rogers, Ernesto | 184

Rome | 14, 16, 19, 277
Romier, Lucien | 76
Ronchamp → Chapelle Notre-Dame-du-Haut
Rosenberg, Paul | 149
Rosis | 228
Roth, Alfred | 168
Roumanie | 15, 21
Rousseau (-?) | 2
Roux-Spitz, Michel | 184
Rue Jacob | 44, 82, 101
Rue Nungesser et Coli | 101
Russie | 108, 111

S. A. B.A. | 34, 44
S.d.N. → Société des Nations
Saint Pierre de Rome | 19
Saint Dié | 143, 169, 228
Sainte Sophie de Constantinople | 14, 17
Salle Pleyel | 89
Salles, Georges | 218, 247, 266
Salon d'automne | 23, 88, 280
Salubra | 84
Salute Santa Maria del | 2
Sao Paulo | 77
Sauter Mme | 243
Sauvage, Henri | 9, 28
Savina, Joseph | 148
Savoye → Villa Savoye
Scala → Cinéma La Scala
Scaliger | 2
Schär | 15
Schwob, Anatole | 52
Schwob, Louis | 6, 151
Schwob, René | 79
Sécession | 6
Secrétariat – Chandigarh | 211
Senger, Alex von | 141
Serbie | 21
Sert, Jose Luis | 218, 294
Sienne | 2, 19

Signac | 17
Simla | 175, 180
Société d'entreprises industrielles et d'études | 44, 45
Société des Nations | 65, 68, 293
Soutter, Louis | 107, 112, 116
Spohr, Louis | 8
Stanboul | 17, 18, 19
Stotzer, Albert | 2, 3
Strasbourg | 184
Strauss, Richard | 8
Stuttgart | 11, 14, 15
Suède | 11
Suisse | 29, 65, 82
Suisses (les) | 29, 42, 217
Sur les quatre routes | 130, 131, 138

Tabard | 229
Taine, Hippolyte | 2
Télemly (ponts du) | 184
Tériade | 151, 206
Tessenow, Heinrich | 10
Thapan, P. N. | 176
Théatre des Champs-Elysées | 20, 21, 31
Thibaud, Jacques | 8
Tintoret | 2, 15
Titien | 1, 31
Tjader-Harris, Marguerite | 113, 149
Tombarel | 184
Torres-Bodet | 183
Tour Eiffel | 128
Toutou | 103
Trocadéro | 6, 128
Trochu, Robert | 184

Ucello Paolo Di Dono dit Paolo | 19
Une maison un palais | 70, 73, 85
Unesco | 184, 194, 203, 211, 240
Unité d'habitation | 220, 262, 267
Unité d'habitation de Berlin | 262

Unité d'habitation de Briey en Forêt | 262
Unité d'habitation de Marseille | 145, 158, 162, 179, 182, 188, 196, 220, 262
Unité d'habitation de Meaux | 262
Unité d'habitation de Nantes-Rezé | 220, 262
Unité Michelet → **Unité d'habitation de Marseille**
U. R. S.S.S. | 111

Valette, Alfred | 43
Van de Velde, Henry | 20, 21, 28
Van Dongen, Kees | 11
Van Gogh, Vincent | 11
Varèse, Edgard | 274
Velasquez | 1
Venise | 2, 313, 316
Vérone | 2
Verrocchio | 1
Vers une Architecture | 51, 54, 55, 60, 73, 289
Vézelay | 131, 133
Vichy | 135, 136, 137, 139
Vidal ou Etablissements Vidal | 100
Vienne | 1, 3, 6, 8, 9, 11, 14, 15, 16
Vildrac, Charles | 26, 29
Villa Adrianna | 19, 21
Villa Jacot | 27
Villa La Roche | 64, 305
Villa Stein-de Monzie | 72
Villa Savoye | 79, 203, 259, 292, 294, 312
Ville radieuse | 83, 157
Ville radieuse (la) | 94
Vinci, Léonard de | 2
Vitruve | 294
Voie triomphale | 132

Voirol | 20, 36
Vosges | 30
Voyage d'Orient | 134
Voyagence | 220
Vvon ou Von ou Vonvon → **Gallis Yvonne**

Wagner, Otto | 3, 4, 6
Wahl, Edgar de | 293
Weber, Heidi | 317
Weidel et Bisschoff | 5
Weil, Kurt | 92
Weimar | 11, 14, 16
Weingartner, Felix von | 8
Werkbund (Deutscher) | 28
Wien → **Vienne** | 28
Wiener, Paul Lester | 168
Winter, Pierre | 113, 136, 137, 139
Wogenscky, André | 145, 175, 184
Woos | 44
Wright, Frank Lloyd | 261, 285

Xenakis, Iannis | 215, 232

Yv ou Yvonne → **Gallis Yvonne**

Zarathushtra | 12
Zekendorf, William | 163, 164
Zehrfuss, Bernard | 184, 194
Zervos, Christian | 74, 81, 305
Zevi, Bruno | 294
Zurich | 4, 5, 11, 217, 279
Zwahlen, Georges | 157

插图目录

彩色部分

页码 | 插图 | 柯布西耶基金会注释

323 | 夏尔·爱德华·让纳雷-勒·柯布西耶自画像(日期不详) | F. L. C. 5131

323 | 1937 年 3 月 23 日,致母亲玛丽·夏洛特·艾米莉·让纳雷-佩雷信
及狂欢日乔装后自画像 | F. L. C. R1-6-156

324 | 1960 年 2 月 18 日,致哥哥阿尔伯特·让纳雷信
母亲葬礼之后 | F. L. C. R1-10-246

325 | 勒·柯布西耶妻子伊凡娜·迦丽像(日期不详) | F. L. C. 4524

325 | 伊凡娜·迦丽遗像(1957 年)
"10 月 8 日,早 9 点" | F. L. C. 4759

326 | 堂弟皮埃尔·让纳雷(日期不详) | F. L. C. 4892

326 | 堂弟皮埃尔·让纳雷(日期不详) | F. L. C. 4845

327 | 【上】夏尔·爱德华·让纳雷-勒·柯布西耶 1917~1934 年间在巴黎雅各布大街的工作室(日期不详) | F. L. C. 5215
【下】绘在 1935 年 12 月 14 日致玛格丽特·哈里斯·杰德信末的画
玛格丽特·哈里斯·杰德凝望勒·柯布西耶的客轮离开纽约向公海驶去

328 | 勒·柯布西耶与约瑟芬·贝克,在里约热内卢的面包山前 | carnet de croquis B4
勒·柯布西耶与约瑟芬·贝克在朱利奥·凯撒号上识别,这幅画绘制在一张客轮节日委员会的会议邀请卡上(1929 年 12 月)

329 | 1955 年 8 月 31 日,致母亲玛丽·夏洛特·艾米莉·让纳雷-佩雷及哥哥阿尔伯特·让纳雷信,配以一幅图例说明的画,画上是勒·柯布西耶在马丁岬的海滨木屋 |

R2-2-130

330 | 1958 年 6 月 17 日,致母亲玛丽·夏洛特·艾米莉·让纳雷-佩雷及哥哥阿尔伯特·让纳雷信,画上是位于马丁岬罗克布鲁诺的勒·柯布西耶妻子伊凡娜·迦丽的墓,1965 年勒·柯布西耶的骨灰也安放在这里 | R2-2-137

331 | 【上】勒·柯布西耶绘制的关于马赛的两张速写。勒·柯布西耶想保护马赛老港以及一座 17 世纪由皮埃尔·普杰建造的古老的慈善收容所(1950 年) | carnet de croquis D16
【中左】露天午餐 "1952 年 10 月 3 日,根据 8 月的一张速写创作"于马丁岬? | carnet de croquis F26
【下右】位于马丁岬罗克布鲁诺的勒·柯布西耶妻子伊凡娜·迦丽的墓,1965 年勒·柯布西耶的骨灰也安放在这里(1963 年 8 月 2 日) | carnet de croquis T69

332 | 【上】位于朗香的高地圣母小教堂方案 | carnet de croquis J35
【下】Mundaneum 博物馆。透视图,背景为萨雷布峰(1928 年?) | F. L. C. S190

333 | 【上】勒·柯布西耶的母亲玛丽·夏洛特·艾米莉·让纳雷-佩雷在小住宅前 1924 年勒·柯布西耶在高尔索-沃韦的莱芒湖畔为父母建造了这栋别墅 | Extrait du livre Une petite maison(10 septembre 1951)
【下】1953 年 12 月 9 日,致妻子伊凡娜·迦丽生日信 | F. L. C. R1-12-104

334 | 《直角之诗》1955 年(节选)
【左】模度 | Lithographie du Poème de l'Angle Droit (1955)

【右】新建筑五点：自由平面，自由立面，水平长条窗，底层架空柱，屋顶花园 | Lithographie extraite du Poème de l'Angle droit (1955)

334 | 斯坦因 - 德 - 蒙奇住宅方案（露台）正等测图（1926 年？）| F. L. C. 10587

黑白部分

页码 | 插图 | 柯布西耶基金会注释

31 | 夏尔·爱德华·让纳雷（勒·柯布西耶）自画像（日期不详）| F. L. C. 4724

74 | 威廉·怀特画像（1915？）| carnet de croquis A2

74 |《威廉·怀特写生路上》（1916 年 1 月 23 日）| carnet de croquis A1

79 | 1910 年 6 月 29 日，致父母信，及一张自画像 | R1 - 5 - 18

95 |【上】勒·柯布西耶的父亲乔治·爱德华·让纳雷 - 格里斯在田间（日期不详）| F. L. C. 4763

95 |【下】勒·柯布西耶的父亲乔治·爱德华·让纳雷 - 格里斯身着睡衣伏案阅读（日期不详）| F. L. C. 5086

117 | 1914 年 8 月 31 日，致威廉·怀特信 | R3 - 18 - 349

126 | 长窗前的奥古斯都·佩雷；他是勒·柯布西耶提出的水平长条窗的反对者（1924 年 7 月）| F. L. C. 2453

130 | 1915 年 7 月 17 日，致威廉·怀特信 | R3 - 18 - 467

134 | 1915 年 12 月 18 日，致威廉·怀特明信片 | R3 - 18 - 521
另附一张速写，画中是夏尔·爱德华·让纳雷的母亲玛丽·夏洛特·艾米莉·让纳雷 - 佩雷和马塞尔·勒瓦扬（让纳雷一家的朋友）在一起弹钢琴

137 | 1916 年 7 月 21 日，致奥古斯都·佩雷信（第一页，第二页）| R3 - 19 - 46

150 | 1917 年 2 月 9 日，致威廉·怀特信（正面/背面）| R3 - 19 - 119

153 | 1917 年 3 月 8 日，致威廉·怀特信（第二页）| R3 - 19 - 134

157 | 阿梅戴·奥赞方像（1918 年），选自《立体主义之后》| carnet La Roche

181 | 画家安德烈·波夏特像（日期不详）| F. L. C. 4650

182 |【上】乔治·爱德华·让纳雷 - 格里斯，勒·柯布西耶的父亲，坐在位于高尔索 - 沃韦的"小别墅"的窗前（1925 年 12 月 28 日）| F. L. C. 4764

182 |【下】玛丽·夏洛特·艾米莉·让纳雷 - 佩雷，勒·柯布西耶的母亲（日期不详）| F. L. C. 4773

184 | 位于佩萨克的"弗吕日现代居住区"（1924～1927），透视图 | F. L. C. 19880

188 | 勒·柯布西耶的父亲乔治·爱德华·让纳雷 - 格里斯像（1925 年 11 月 13 日，于克莱恩诊所）| F. L. C. 4770

188 | 勒·柯布西耶的父亲乔治·爱德华·让纳雷 - 格里斯临终肖像（1926 年 1 月 11 日，4 点）| F. L. C. 4769

192 |【上】日内瓦国际联盟官方案（1926～1931），透视图 | F. L. C. 23384

192 |【下】拉罗歇别墅，最初的方案之一（1923 年 5 月）| F. L. C. 15113

193 |【左】勒·柯布西耶的妻子伊凡娜·迦丽像（日期不详）| F. L. C. 2551

193 |【右】勒·柯布西耶的母亲玛丽·夏洛特·艾米莉·让纳雷 - 佩雷像（日期不详）| F. L. C. 4771

198 | 1927 年 5 月 3 日，致母亲信（第一页），附有关于父亲墓碑的设计图 | R1 - 6 - 154

215 | 莫斯科中央局大厦方案（1933），轴测图 | F. L. C. 16222

219 |【上】位于普瓦西的萨伏伊别墅（1928～1931），透视图 | F. L. C. 2007

219 |【下】巴黎救世军庇护城方案（1929～1933）| F. L. C. 10913

234 | 莫斯科苏维埃宫方案（1931～1932）总平面 | F. L. C. 27513

246 | 小狗速写（日期不详）| F. L. C. 1289

253 | 约瑟芬·贝克像（1929）| F. L. C. 57

256 | 卢舍尔住宅区（1928），透视图 | Œuvre complète, /1910 - 1929

271 | 费尔南德·莱热像（日期不详）| F. L. C. 4798

285 | 1940年8月18日，致母亲信（节选）| R2-4-13

295 |【上】Murondins住宅（1942）| F. L. C. 28928

295 |【下】模度（1943~1946）

314 | 1948年圣诞，致雷米·杜瓦尔（勒·柯布西耶的教子）信 | E1-20-646

320 | 1949年9月7日，致母亲信，配以"人生三个阶段"的图解 | R2-2-8

350 | 关于铸币及像章厂制作勒·柯布西耶纪念像章的图案研究（1950年6月18日）| carnet de croquis D14

352 | 1951年3月4日，致妻子伊凡娜·迦丽信 | R1-12-89

357 | 1951年8月24日，致亨利·马蒂斯信 | E2-15-164

371 | 1952年7月13日，致约瑟夫·萨维纳信（第一页，第二页）| F3-18-82

376 |【上】马赛居住单位方案（1945~1952）立面 | F. L. C. 26824

376 |【下】昌迪加尔城市规划方案（1954~1965）全景透视 | Œuvre complète, 5/119, 1946-1952

381 | 位于埃沃-阿尔布莱斯勒的拉图雷特修道院方案（1953~1960）| F. L. C. 1244

384 | 1953年9月9日，致马塞尔·勒瓦扬信 | H3-7-197

403 |【上】勒·柯布西耶母亲玛丽·夏洛特·艾米莉·让纳雷-佩雷肖像（日期不详）| F. L. C. 5084

403 |【下】朗香高地圣母小教堂（1954）平面及立面，最初的草图 | carnet de croquis E18

424 | 1957年6月20日，致路易·卡夫信（第二页）| E2-6-14

428 | 勒·柯布西耶堂弟皮埃尔·让纳雷画像（日期不详）| F. L. C. 4656

436 |【上】勒·柯布西耶妻子伊凡娜·迦丽墓，位于马丁岬罗克布鲁诺，1965年勒·柯布西耶的骨灰也安葬于此（1962年8月16日）| carnet de croquis S67

436 |【下】勒·柯布西耶接受剑桥大学荣誉博士仪式时的队列（1959）| carnet de croquis N57

462 | 1960年5月19日，致安德烈·沃根斯基信 | R3-8-147

476 | 1961年3月26日，致哥哥阿尔伯特·让纳雷信（第一页）| R1-10-259

486 | Mundaneum博物馆方案，平面、剖面、立面（1928）| F. L. C. 24510

494 | 1962年7月30日，致胡安·米罗信 | E2-16-7

495 | 1962年8月27日，致保罗及戈尔曼·杜克雷信

500 | 1963年1月1日，致克劳德·德斯鲁-杜克雷画信

514 | 勒·柯布西耶自画像（日期不详）| F. L. C. 235

封底 |（1949?）9月25日，致伊凡娜·迦丽 | F. L. C. R1 12 68

生平介绍

日 期	事 件
1887 年 10 月 6 日	夏尔·爱德华·让纳雷-格里斯出生在瑞士的拉绍德封
1900 年	进入拉绍德封工艺美术学校学习雕镂技术。在那里遇到他的启蒙老师深受新艺术运动影响的画家夏尔·艾普拉特尼尔,启发他对绘画和建筑的兴趣
1905~1912 年	
1907 年	意大利之旅:托斯卡纳(参观了佛罗伦萨附近的艾玛-查尔特勒修道院),拉文纳,布达佩斯,随后来到维也纳,在那里结识建筑师约瑟夫·霍夫曼
1908 年	初到巴黎,结识欧仁·格拉塞、奥古斯都·佩雷。去里昂拜访托尼·卡涅
1909 年	第二次来到巴黎。旁听了巴黎美术学院的课程。在佩雷兄弟事务所工作了 15 个月(1908 年 2 月~1909 年底)
1910 年 4 月~1911 年 5 月	受拉绍德封工艺美术学校委派赴德国考察工业与装饰艺术运动的关系
1910 年 11 月~1911 年 3 月	在柏林彼得·贝伦斯事务所工作 5 个月
1911 年	东方之旅:和朋友奥古斯都·克里普斯坦因一同展开长达五个月的在中欧和巴尔干半岛地区的旅行,途经维也纳、多瑙河沿岸、布达佩斯、罗马尼亚、土耳其、希腊——圣山、雅典——,随后夏尔·爱德华·让纳雷只身继续前往意大利那不勒斯、庞贝、罗马、佛罗伦萨。 老师夏尔·艾普拉特尼尔在拉绍德封工艺美术学校创立了一个新的分部
1912 年	
1912~1913 年	在拉绍德封工艺美术学校新分部教授建筑与家具课程。其间去过几次巴黎

建筑及城市规划	造型作品	写 作
在拉绍德封建造佛雷、斯特兹和雅克迈别墅		
		关于东方之旅，柯布在《拉绍德封生活报》上以连载形式发表了一系列随感文章
在洛科建造法弗尔-雅各别墅，在拉绍德封为父母建造让纳雷别墅		
	在秋季沙龙展出旅行水彩画作系列（1907~1913），名为"石头的语言"	《德国装饰艺术运动调查》

日 期	事 件
1914 年	创办联合艺术工作室,在拉绍德封实现了一些装饰工程
1916 年	
1916~1918 年	任钢筋混凝土应用公司(SABA)顾问建筑师,工业生产及研究公司(SEIE)董事
1917 年	居住在巴黎雅各布大街 20 号,办公地点在巴伦瑟斯大街 13 号,后迁至阿瑟多各大街 29 号。 结识阿梅戴·奥赞方
1918 年	
1919 年	
1920 年	经营位于巴黎附近阿佛尔维拉的一处小砖厂
1921 年	阿佛尔维拉砖厂倒闭
1922 年	与堂弟皮埃尔·让纳雷在巴黎共同创办建筑事务所,他们的合作将截止到 1940 年,事务所位于塞维大街 35 号,那里原是一处古耶稣会修道院的一段廊道

建筑及城市规划	造型作品	写　作
申请"多米诺住宅"专利		
拉斯卡拉电影院和施沃布别墅的建造，这是他在拉绍德封完成的最后两项工程；为保罗·波烈在法国南部蓝色海岸的伯禾姆－雷－米摩撒设计别墅		
	第一幅油画：壁炉 第一次画展：与奥赞方一同在巴黎托马斯画廊举办画展	与奥赞方合著《立体主义之后》
为特鲁瓦设计工业化住宅		
雪铁龙住宅 $N°1$； 整体住宅		与保罗·戴尔梅和阿梅戴·奥赞方共同创办《新精神》（1920~1925，共28期）——起初是美学杂志，后成为关注当代活动的综合杂志；勒·柯布西耶这个来自于他母亲祖上一位先人名字的笔名首次出现在《新精神》杂志中一篇署名 Le Corbusier-Saugnier 的文章。其中，Saugnier 是奥赞方的笔名
	德律艾特画廊个人画展	
奥赞方住宅－工作室，巴黎； 沃克雷松别墅； 雪铁龙住宅 $N°2$； 别墅公寓； 300万人口当代城市	秋季沙龙展览	

日　期	事　件
1923 年	
1924 年	
1925 年	与奥赞方的友谊破裂 皮埃尔－安德烈·艾莫瑞在 LC-PJ 事务所工作
1926 年 1 月 11 日	父亲去世
1926 年	
1927 年	参加日内瓦国际联盟总部大厦方案竞赛，引起风波

建筑及城市规划	造型作品	写 作
巴黎拉罗歇-让纳雷别墅，巴黎	独立沙龙展览；巴黎莱翁斯·罗森伯格画廊画展	《走向新建筑》
里普希茨-米斯查尼诺夫住宅，塞纳河畔布洛涅；让·巴托维希编辑 Morancé 出版社出版《作品全集》第一卷；列日城（Cité Lège），液尔多附近；阿梅戴·奥赞方工作室—别墅，于巴黎；标准化住宅；艺术家住宅；布朗耶周末住宅		
新精神馆；弗内斯现代居住区，波尔多-佩萨克；在高尔索-沃韦莱芒湖畔为父母建造小住宅；巴黎瓦赞规划；迈耶夫人别墅；大学城学生公寓		《新精神》停刊；《现代绘画》（与奥赞方合著）；《今日之装饰艺术》；《城市规划》（汇集了《新精神》中的文章）
丹尼尔住宅，塞纳河畔布洛涅；库克住宅，塞纳河畔布洛涅；吉耶特住宅，安特卫普；救世军人民宫宿舍，巴黎；"最小"住宅		《现代建筑年鉴》
斯坦-德·蒙奇，加歇；魏森霍夫居住区参展的两栋住宅，斯图加特；普拉尼克斯住宅，巴黎；国际联盟总部大厦方案，日内瓦		

日　期	事　件
1928 年	首次莫斯科之旅； 国际现代建筑协会（CIAM）在瑞士拉莎拉兹城堡召开首届年会； 日内瓦建筑师阿莱克斯·凡·森日尔发表抨击柯布的文章：布尔什维克主义的特罗伊木马
1929 年	首次南美之旅，伴随一系列巡回讲演； 结识约瑟芬·贝克； 首次阿尔及尔之旅； 秋季沙龙展出与皮埃尔·让纳雷和夏洛特·贝茜昂共同合作的家具——椅子，格架； 第二届 CIAM 年会在法兰克福召开； 前川国男和约瑟·路易斯·舍特进入 LC-PJ 事务所工作
1930 年 9 月 19 日	加入法国国籍
1930 年 12 月 18 日	与伊凡娜·迦丽结婚
1930 年	与费尔南德·莱热、阿尔伯特·让纳雷和皮埃尔·让纳雷同赴西班牙旅行； 夏洛特·贝茜昂进入 LC-PJ 事务所工作； 第三届 CIAM 年会在布鲁塞尔召开
1931 年	让·博叙和坂仓准三进入 LC-PJ 事务所工作
1932 年	法兰西研究院成员路易·豪蒂和巴黎美术学院教授古斯塔夫·云普顿斯多克在巴黎的讲座中宣称柯布思想的危险性

建筑及城市规划	造型作品	写　作
雀巢亭，巴黎； 瓦纳尔公寓，日内瓦		《住宅—宫殿》
别墅改扩建，阿莫赫城； 拜佐别墅，迦太基； 卢舍尔住宅； Mundaneum 和日内瓦世界城； 蒙得维的亚，圣保罗，布宜诺斯艾利斯和里约热内卢的城市规划		沃特·博奥席耶编辑瑞士出版社出版《勒·柯布西耶全集》第 1 卷
阿尔及尔规划（方案A）	参加法国抽象艺术小组"方圆"在毕加索住所首层举办的展览	《精确性：关于建筑和城市规划的现状》
萨伏伊别墅，普瓦西； 德·曼德洛特夫人别墅，勒普拉德； 贝斯德吉公寓，巴黎； 救世军的漂流庇护所，巴黎； 当代艺术博物馆，巴黎； 苏维埃宫，莫斯科； 艾拉苏里兹住宅，智利		
光明公寓，日内瓦； 巴黎大学城瑞士馆，巴黎； 人寿保险公司大厦，苏黎世		

日 期	事 件
1933 年	路易·米盖尔进入 LC-PJ 事务所工作； 费加罗报记者卡米耶·莫克莱出版《建筑要死了吗？论"全面的泛混凝土主义"的危机》一书猛烈抨击柯布
1934 年	第四届 CIAM 年会在从马赛驶往雅典的游轮 Patris 号上召开； 迁入巴黎朗吉瑟 – 高利大街 24 号的新居
1935 年	捷克斯洛伐克之旅，结识让·巴塔； 在阿尔及尔结识阿尔伯特·加缪； 应纽约现代艺术博物馆之邀，首次美国之旅
1936 年	第二次南美之旅
1937 年	第五届 CIAM 年会在巴黎召开； 被授予骑士勋位（五等）

建筑及城市规划	造型作品	写 作
救世军庇护城，巴黎； 莫利托门公寓（柯布自己的公寓—工作室位于顶层），巴黎朗吉瑟-高利大街24号； 轻工业部大厦（中央局），莫斯科； 马斯亚规划，巴塞罗那； 迪朗 Oued-Ouchaia 居住区，阿尔及尔； 出租公寓，阿尔及尔； 埃斯考河左岸的城市化，安特卫普		《十字军东征：学院派的黄昏》
阿尔及尔的城市化（方案B，C）； 讷穆尔的城市化，阿尔及利亚； 光辉农场（农田改组）		CIAM 通过的《雅典宪章》的主要拟定者； 《勒·柯布西耶全集》第 2 卷
六分议别墅，雷马黛斯； 周末住宅，圣克鲁驿； 巴黎城市及国家博物馆； 海洛考特的城市化，法国； 芝兰山谷的控制性规划，捷克斯洛伐克	在让·巴托维希位于维泽莱的住宅中完成了几幅壁画； 在朗吉瑟-高利大街顶层公寓柯布自己的绘画工作室中举办"原始"艺术展	《光辉城市》，今日建筑出版社出版； 《飞机》
不洁的住宅群 N°6，巴黎； 巴黎规划1937； 凯勒芒棱堡的一个居住单位，巴黎； 大学城，里约热内卢		
新时代馆，巴黎； 十万人国民欢庆中心，巴黎； 保罗·瓦扬·库迪里耶纪念碑，维勒瑞夫； 1939 列日 "水之博览会" 方案		《当大教堂是白色的时候——羞怯之国纪行》

日 期	事 件
1938 年	游泳时被汽艇螺旋桨划伤,进入圣特罗佩医院手术
1939 年	安德烈·沃根斯基进入 LC-PJ 事务所工作
1940 年	与妻子伊凡娜和堂弟奥宗皮埃尔·让纳雷一同蛰居在上比利牛斯省的奥宗
1941 年 1 月	暂居维希
1942 年 7 月 1 日	离开维希
1943 年	创办以建筑革新为目的的建造者联盟（ASCORAL）
1944 年 4 月 13 日	注册进入建筑师协会
1944 年	罗歇·奥扎姆进入 LC 事务所工作
1945 年	杰吉·索尔当进入 LC 事务所工作； 结识欧仁·克劳迪斯－佩蒂
1946 年	弗拉迪米尔·博迪安斯基和乔治·康迪利斯进入 LC 事务所工作； 晋升为军官勋位（四等）
1947 年	第六届 CIAM 年会在英国布里奇沃特召开； 纽约联合国总部大厦建设建筑师委员会成员； 经济大会法兰西思想代表

建筑及城市规划	造型作品	写 作
国家教育及公共卫生部大厦，里约热内卢，与卢西奥·科斯塔和奥斯卡·尼迈耶合作； 法院，阿尔及尔； 马林区摩天楼，阿尔及尔； 笛卡尔摩天楼； 合作村庄； 为国际展览设计的法国馆； 布宜诺斯艾利斯规划	在让·巴托维希位于马丁岬的住宅中完成了几幅壁画； 巴黎路易·卡雷画廊画展； 苏黎世市立美术馆造型作品展； 玛丽·居多丽吸引柯布关注挂毯艺术	《枪炮，弹药？不，谢谢！请给我们住宅》 《勒·柯布西耶全集》第3卷
无限生长的博物馆		《新时代的抒情诗与城市规划》
		《巴黎命运》； 《四条路上》
马林区摩天楼（方案B），阿尔及尔； 阿尔及尔指导性规划		《自助建造Murondins》； 《人类的家》（与弗朗索瓦·德·皮埃尔合著
线形工业城； 绿色工厂		《雅典宪章》，让·吉罗杜作序； 《与建筑系学生的谈话》
临时居住单位		
圣迪埃重建方案	由明尼阿波利斯艺术中心组织的美国巡回展览	《城市规划思维方式》
拉罗歇尔-帕利斯重建方案		《三种人类机构》 《城市规划的意图》 《勒·柯布西耶全集》第4卷
纽约联合国总部大厦	创作塞维大街工作室壁画	

日　期	事　件
1948 年	"模度"的研究取得成果
1949 年	第七届 CIAM 年会在意大利的贝尔伽默召开； 沙德里奇·伍兹和雅尼斯·泽纳基斯进入 LC 事务所工作
1950 年	
1951 年	第八届 CIAM 年会在英国荷迭斯顿召开； 被任命为旁遮普邦昌迪加尔建设顾问建筑师
1952 年	晋升为司令勋位（三等）
1953 年	第九届 CIAM 年会在普罗旺斯 - 艾克斯召开； 李维斯·芒福德在《纽约客》上抨击马赛的居住单位：马赛的愚蠢之举； 在伦敦接受英国皇家建筑师协会颁发的建筑师皇家金质奖章
1954 年	
1955 年	
1956 年	第十届 CIAM 年会在南斯拉夫杜布罗夫尼召开
1957 年 10 月 5 日	伊凡娜去世

建筑及城市规划	造型作品	写作
圣博姆朝圣地	波士顿当代艺术研究中心举办美国巡回展览； 与约瑟夫·萨维纳合作木雕； 巴黎大学城瑞士馆壁画	
库鲁切特医生住宅，阿根廷； "Roq—Rob"度假村，马丁岬	第一幅为挂毯创作的底图，与皮埃尔·博杜安合作	
波哥大的城市规划方案		《模度1》 《阿尔及尔的诗篇》
昌迪加尔城市规划方案		
居住单位，马赛； 雷米·杜瓦尔制衣厂，圣迪埃； 小木屋，马丁岬； 马赛南的城市化	开始创作系列画作"公牛"	
圣母高地小教堂，朗香； 居住单位，南特-雷泽	在伦敦和巴黎现代艺术博物馆举办造型作品展览	《勒·柯布西耶全集》第5卷
棉纺织协会总部，艾哈迈达巴德； 纪念碑张开的手，昌迪加尔	在巴黎丹尼斯·勒内画廊举办挂毯展览； 伯尔尼艺术馆展览	《一座小住宅》
政府广场，昌迪加尔； 萨拉巴伊别墅，艾哈迈达巴德； 新街区，莫城	开始创作系列画作"圣像"	《直角之诗》 《模度2》
大法院，昌迪加尔； 肖特汉住宅，艾哈迈达巴德； 总督府，昌迪加尔	在拉绍德封举办挂毯展览	《勒·柯布西耶：巴黎规划1956~1962年》

日 期	事 件
1957 年	获文学与艺术勋章
1958 年	第十一届即最后一届 CIAM 年会在荷兰欧特罗召开
1959 年	
1960 年 2 月 15 日	柯布母亲去世,享年 100 岁
1960 年	
1961 年	接受美国建筑师协会金质奖章
1962 年	
1963 年	晋升为大军官勋位(二等)

建筑及城市规划	造型作品	写 作
博物馆，艾哈迈达巴德； 贾奥尔住宅，塞纳河畔讷伊	苏黎世市立美术馆勒·柯布西耶作品大型国际巡回展览（作为一次全面的回顾展，此次展览将历时四年）开幕式	《勒·柯布西耶全集》第6卷
居住单位，柏林； 莫城的居住单位； 布鲁塞尔国际博览会飞利浦馆电子诗篇，与埃德加德·瓦雷兹合作； 秘书处，昌迪加尔； 50个金属盒子构成的居住区，拉尼，与让·普鲁威合作； 柏林中心重建		
拉图雷特修道院，埃沃； 国立现代西方美术馆，东京； 巴黎大学城巴西学生公寓，与卢西奥·科斯塔合作； 居住单位，布里埃森林		
电子决策中心（认知博物馆），昌迪加尔	十幅系列黑白石版画：小秘密 巴黎拉德穆尔画廊挂毯展览	《耐心探索的事务所》
议会大厦，昌迪加尔	昌迪加尔大法院挂毯底图	
展览馆，斯德哥尔摩	巴黎国家现代艺术博物馆回顾展； 昌迪加尔议会大厦珐琅大门	
奥赛码头旅馆，巴黎； 奥利维蒂电子计算中心，罗城； 国际艺术中心，爱伦巴赫； 圣皮埃尔教堂，斐米尼	佛罗伦萨斯特罗兹宫巡回展览	

日　期	事　件
1964 年	
1965 年	
1965 年 8 月 27 日	在马丁岬游泳时溺水而亡
1966 年	
1967 年	
1968 年	勒·柯布西耶基金会宣告成立，柯布生前既将其全部有形和无形资产遗赠给这个机构

注：建筑及城市规划方案中斜体字为未实现的方案。

建筑及城市规划	造型作品	写　作
哈佛大学视觉艺术中心，剑桥； 国会大厦，斯特拉斯堡		
体育场—青年文化中心，斐米尼； 威尼斯医院； 法国大使馆，巴西利亚； 20世纪博物馆，楠泰尔		《勒·柯布西耶全集》第7卷
	《校准》	
人类的家展览馆（苏黎世勒·柯布西耶中心），苏黎世		《作品全集》（1910~1965）
居住单位，斐米尼		

参考文献

勒·柯布西耶的著作

Œuvre complète 1910–1965 | Ed. Artemis – Zurich 1967
Vers une architecture | Ed. Arthaud – Paris 1977
L'art décoratif d'aujourd'hui | Ed. Arthaud – Paris 1980
Quand les cathédrales étaient blanches: voyage au pays des timides | Ed. Denoël – Paris 1977
Une petite maison | Ed. Artemis – Zurich 1981
Mise au point | Ed. Forces vives – Paris 1966
Une maison un palais – Collection de l'Esprit nouveau | Ed. G. Grès – Paris 1928
Précisions sur un état présent de l'architecture et de l'urbanisme | Ed. Altamira – Paris 1994
Destin de Paris | Ed. Denoël-Gonthier – Paris 1970
Les constructions Murondins | Ed. Chiron – Paris, Clermont-Ferrand 1942
Le Modulor | Ed. Denoël-Gonthier – Paris 1977
Le voyage d'Orient | Ed. Parenthèses – Marseille 1987
Sketchbooks (4 volumes) | Ed. The Architectural history Foundation New York, The MIT Press Cambridge, Fondation Le Corbusier – Paris 1981
Le voyage d'Orient – Carnets | Ed. Electa – Fondation Le Corbusier – Milan – Paris 1987
Le voyage d'Allemagne – Carnets | Ed. Electa – Fondation Le Corbusier – Milan – Paris 1994

L'ouvrage *Le Corbusier une encyclopédie* indiqué ci-dessous comporte une excellente bibliographie détaillée des ouvrages et écrits de l'architecte.

关于勒·柯布西耶的著作

Tim Benton – *Les villas de Le Corbusier 1920–1930* | Ed. La Villette / Philippe Sers – Paris 1984
Maurice Besset – *Le Corbusier* | Ed. Skira – Genève 1987
François Biot et Françoise Perrot – *Le Corbusier et l'architecture sacrée* | Ed. La Manufacture – Lyon 1984
Allen Brooks – *Le Corbusier archive 1887–1965* | Ed. Electa – Milan 1993
Allen Brooks – *Le Corbusier's formative's years* | Ed. The University of Chicago Press Chicago/Londres 1987
Kenneth Frampton – *Le Corbusier* | Ed. Hazan – Paris 1997
Jean Jenger – *Le Corbusier l'architecture pour émouvoir* | Collection Découvertes Ed. Gallimard – Paris 1993
Pierre Joly – *Le Corbusier à Paris* | Ed. La Manufacture – Lyon 1987
Jacques Lucan (Sous la direction de) – *Le Corbusier une encyclopédie* | Ed. Centre Georges Pompidou – Paris 1987
Gérard Monnier – *Le Corbusier qui êtes-vous?* | Ed. La Manufacture – Lyon 1996
Jean Petit – *Le Corbusier lui-même* – Collection Forces vives | Ed. Rousseau – Genève 1970

Claude Prelorenzo (Sous la direction de) – Actes des rencontres 1991 de la Fondation – Le Corbusier *Le Corbusier et la nature* | Ed. Fondation Le Corbusier – Paris 1991

Claude Prelorenzo (Sous la direction de) – Actes des rencontres 1995 de la Fondation Le Corbusier- *Le Corbusier la ville, l'urbanisme* | Ed. Fondation Le Corbusier – Paris 1995

Claude Prelorenzo (Sous la direction de) – Actes des rencontres 1992 de la Fondation Le Corbusier – *Le Corbusier et la couleur* | Ed. Fondation Le Corbusier – Paris 1992

Jacques Sbriglio – *Le Corbusier. L'unité d'habitation de Marseille* | Ed. Parenthèses – Marseille 1992

Paul V. Turner – *La formation de Le Corbusier. Idéalisme et mouvement moderne* | Ed. Macula – Paris 1987

杂志

L'architecture d'aujourd'hui – N° 249 février 1987

Casabella – N° 531–532 janvier-février 1987

Technique et architecture – N° 373–1987

展览目录

Le Corbusier – Savina Dessins et sculptures | Ed. Philippe Sers – Paris 1984

Le Corbusier Pittore e scultore | Ed. Arnoldo Mondadori – Milan 1986

Le Corbusier Œuvre tissé | Ed. Philippe Sers – Paris 1987

Le Corbusier Architect of the Century | Ed. Arts Council of Great Britain 1987

手册

Deborah Gans – *The Le Corbusier guide* | Ed. Princeton Architectural press 1987

Danièle Pauly – *Le Corbusier: La Chapelle de Ronchamp* ouvrage bilingue français-anglais | Ed. Fondation Le Corbusier – Birkhäuser – Paris-Bâle 1997

Philippe Potié – *Le Corbusier: Le Couvent de La Tourette* ouvrage bilingue français-anglais | Ed. Fondation Le Corbusier – Birkhäuser – Paris-Bâle 2001

Gilles Ragot et Mathilde Dion – *Le Corbusier en France projets et réalisations* | Ed. Le Moniteur – Paris 1997

Jacques Sbriglio – *Immeuble 24 N. C. et appartement Le Corbusier* ouvrage bilingue français-anglais | Ed. Fondation Le Corbusier – Birkhäuser – Paris-Bâle 1996

Jacques Sbriglio – *Le Corbusier: La Villa Savoye* ouvrage bilingue français-anglais | Ed. Fondation Le Corbusier – Birkhäuser – Paris-Bâle 1999

Jacques Sbriglio – *Le Corbusier: Les Villas La Roche–Jeanneret* ouvrage bilingue français-anglais | Ed. Fondation Le Corbusier – Birkhäuser – Paris-Bâle 1997

其他关于勒·柯布西耶的论述

Jacques Guiton – *Le Corbusier, textes choisis. Architecture et urbanisme* | Ed. Le Moniteur – Paris 1982

Guillemette Morel Journel – *Le Corbusier: un écrivain de la modernité* | Mémoire de diplôme d'architecte, unité pédagogique d'architecture n° 1 – Paris 1986

Claude Prelorenzo (Sous la direction de) – *Le Corbusier écritures* – Actes des rencontres 1993 de la Fondation Le Corbusier | Ed. Fondation Le Corbusier – Paris 1993

Marie-Victoire de Vaubernier – *Le livre d'architecte: l'exemple de Le Corbusier* | Mémoire de D. E. A. sous la direction de Pierre Vaisse-Université de Paris X – Nanterre 1990

多媒体

Le Corbusier – Film en trois parties réalisé par Jacques Barsac, co-produit par Ciné-service technique, Antenne 2, la Sept, Mission câble, Fondation Le Corbusier, Thomson techniques de communication 1987. Existe en cassettes vidéo.

Le Corbusier, architecte, artiste – CD-Rom Mac/Pc 6 | Ed. Infinitium publication et Fondation Le Corbusier – Paris 1996